자바프로그래밍의 기초부터 안드로이드까지

절대 JAVA

강환수 · 조진형 공저

자바의 기본원리를 이해하기 위한 자세한 설명으로 학습을 유도
개발자가 반드시 알아야 하는 핵심내용을 자세하게 그림으로 정리
객체지향 개념에 대한 쉽고 깊이 있는 설명

INFINITY
BOOKS

강 환수 교수

저자 강 환수 교수는 서울대학교의 계산통계학과에서 학사 학위를 취득하였고, 서울대학교 전산과학과에서 전산학 이학 석사(M.S.)를 취득하였다. 1998년까지 삼성 SDS의 정보기술연구소에서 선임연구원으로 재직 중에 지식관리시스템과 그룹웨어시스템 개발 프로젝트에 참여하여 프로젝트 매니저로 시스템 개발을 수행하였다. 1998년에 동양미래대학교로 자리를 옮겨, 현재 동양미래대학교의 인터넷정보과의 교수로 재직하고 있으며, 서울대학교 컴퓨터공학부 박사과정을 수료하였다. 지금까지 프로그램 언어 교육에 관련된 서적인 "알기 쉬운 자바(영한, 1998)", "비주얼 베이직 6.0 프로그래밍(글로벌, 1999)", "C로 배우는 프로그래밍 기초(학술정보, 2003)", "Java로 배우는 프로그래밍 기초(학술정보, 2005)", "Perfect C(인피니티북스, 2007)", "유비쿼터스 시대의 컴퓨터 개론(인피니티북스, 2008)", "Perfect JSP 웹 프로그래밍(인피니티북스, 2009)", "C언어 스케치(인피니티북스, 2011)" 등을 저술하였으며 역서로는 "비주얼 베이직으로 배우는 프로그래밍 기초"(학술정보, 2005) 등이 있다.

> 서울대학교 계산통계학과 졸업
> 서울대학교 전산과학전공 석사
> 서울대학교 컴퓨터공학부 박사 수료
> 전 삼성SDS 정보기술연구소 선임연구원
> 현 동양미래대학교 전산정보학부 교수

조 진형 교수

저자 조 진형 교수는 서울대학교 컴퓨터공학과에서 학사학위를 취득하였고, 한국과학기술원(KAIST) 정보 및 통신공학과(컴퓨터공학 전공)에서 공학석사와 서울대학교 기술경영대학원에서 박사를 취득하였다. 1990년에서 1997년까지 현대전자 소프트웨어연구소에서 선임연구원으로 재직하면서 현대그룹 통합 네트워크관리시스템 및 스마트카드 운영체제 개발 프로젝트 등 다양한 신규 개발사업의 프로젝트 매니저로서 참여하였다. 1999년에 동양공업전문대학으로 자리를 옮겨, 현재에는 동양미래대학교 전산정보학부 인터넷정보과 교수로 재직하고 있다.

> 서울대학교 컴퓨터공학과 졸업
> 한국과학기술원(KAIST) 정보 및 통신공학과(컴퓨터공학 전공) 석사
> 전 현대전자 소프트웨어연구소 선임연구원
> 서울대학교 기술경영대학원 박사
> 현 동양미래대학교 전산정보학부 교수

1995년에 발표된 자바는 현재 안드로이드가 탑재된 스마트폰과 같은 소형 기기에서부터 대규모의 전사적 시스템에 이르기까지 다양한 시스템 개발 플랫폼으로 발전되어 널리 활용되고 있다. 이러한 자바의 발전에 따라 많은 대학의 프로그래밍 언어 및 자료구조 교과목에서 자바를 기본 프로그램 언어로 채택하여 운영하고 있다. 자바가 대학이나 학원에서 교육용 프로그램 언어로 널리 활용되고 있는 또 다른 이유는 자바를 대상으로 하는 강력한 공개용 소프트웨어를 제공한다는 것이다. 현재 널리 활용되고 있는 강력한 자바용 공개 통합개발환경으로는 이클립스와 넷빈을 예로 들 수 있다. IBM이 주도하는 이클립스 컨소시엄에서는 이클립스를 발전시키고 있으며, 썬 마이크로시스템 사가 주도하는 넷빈 컨소시엄에서는 넷빈을 발전시키고 있다.

객체지향 언어인 자바를 처음 접하는 사람에게 자바 프로그래밍 학습이 그리 쉬운 일은 아니다. 많은 사람이 자바를 학습하지만 만족할 만한 학습 효과를 얻기란 쉽지 않다. 저자가 이 책을 집필한 이유가 여기 있으며 본서에서는 자바 언어를 보다 쉽게 배우는 효과적인 학습 방안을 제시할 것이다. 본 서적은 자바 언어를 처음 학습하는 독자들에게 가능한 한 쉬운 해설로 빠른 시간에 자바 언어 기본을 학습하여 응용 프로그램을 작성하기 위한 지침서이다. 본문에서는 자바 언어 문법을 기초부터 쉬운 예제로 해설하여 일반적인 컴퓨터의 기초 상식으로 문제를 해결할 수 있도록 하였다. 특히 모든 내용이 한 눈에 들어올 수 있도록 두 페이지에 학습 내용을 담아 보았다. 저자는 다년 간의 실무 프로젝트 개발 경험과 대학 및 교육 센터의 강의 경험을 기반으로 자바를 보다 쉽게 배울 수 있도록 이 책을 기획하고 저술하였다. 자바 언어 관련 서적이 넘치는 현실에서 자바 언어를 처음 접하는 독자에게 본 서적이 효과적인 학습 지침서가 되기를 희망한다.

이 책의 특징

이 책은 자바 언어를 처음 학습하는 독자들에게 가능한 한 쉬운 해설로 빠른 시간에 자바 언어 기본을 학습하여 응용 프로그램을 작성할 수 있도록 길잡이가 되기 위한 지침서이다. 본서는 자바 개발도구인 Java Platform SE(Standard Edition) 7.0을 기준으로 문법을 설명하고 있으며 자바 통합개발환경(IDE)으로 이클립스를 활용한다. 또한 자바 언어 문법을 기초부터 쉬운 예제로 해설하여 일반적인 컴퓨터의 기초 상식으로 문제를 해결할 수 있도록 구성되었다. 특히 강단에서 다양한 프로그램 언어를 강의하면서 얻은 경험을 바탕으로 독자들이 어려워하는 부분을 보다 쉽게 해설하려고 노력하였다. 또한 쉬운 해설을 위해 다양한 그림과 표 그리고 예제를 구성하였으며, 독자들의 이해 점검을 위하여 단원 마지막에 내용 점검과 프로그래밍 연습을 구성하였다. 이 책으로 자바를 학습하는 독자 여러분이 마지막 단원까지 얻고자 하는 바를 모두 얻을 수 있기를 간절히 기원한다.

- 쉬운 해설로 빠른 시간에 자바 언어 기본을 학습하여 응용 프로그램을 작성하기 위한 지침서

- 자바 언어 문법을 기초부터 쉬운 예제로 해설하여 일반적인 컴퓨터의 기초 상식으로 문제를 해결할 수 있도록 구성

- 최근 많은 개발자가 이용하는 통합개발환경인 이클립스를 활용한 프로그래밍 개발 방법으로 설명

- 최신 버전인 J2SE 7.0에 새로이 추가된 기능을 설명

- 쉬운 설명을 위한 다양한 그림과 표 그리고 [이것이 궁금합니다]와 [팁]을 효과적으로 구성

- 300여 개의 다양한 프로그래밍 예제를 통하여 자바를 이해하기 쉽게 설명

- 각 단원마다 학습자의 이해 증진을 위한 적절한 [내용 점검]과 [프로그래밍 연습]을 제공하여 학습자의 프로그래밍 능력 향상

이 책은 모두 13개의 단원으로 나누어 자바 프로그래밍 언어의 기본 문법과 프로그래밍 요소를 기술하였다.

- **Chapter01 [자바 개요]**에서는 프로그램 언어로서의 자바를 쉽게 이해할 수 있도록 자바의 특징 및 실행 개념, 자바의 개발환경을 이해하고 자바 개발 환경의 한 예인 이클립스를 소개하는 내용으로 구성된다.

- **Chapter02 [자바 프로그래밍 기초]**에서는 자바 문법을 배우기 위한 기본적인 문법과 표준 입력과 출력에 대하여 학습한다.

- **Chapter03 [연산자와 조건]**에서는 자바에서 사용할 수 있는 다양한 연산자와 논리 값의 결과에 따라 문장을 수행하는 조건에 대하여 학습한다.

- **Chapter04 [반복과 배열]**에서는 while, do while, for 문의 반복을 학습하고 대표적인 참조형인 배열에 대하여 학습한다.

- **Chapter05 [객체지향과 클래스]**에서는 객체지향의 개념과 객체와 클래스를 학습하고 클래스를 정의하는 방법을 학습한다.

- **Chapter06 [상속과 다형성]**에서는 객체지향의 특징인 상속을 학습하고 메소드 오버로딩과 오버라이딩의 다형성에 대하여 학습한다.

- **Chapter07 [자바 클래스 라이브러리]**에서는 자바가 제공하는 클래스 라이브러리에서 패키지 java.lang과 java.util에 소속된 대표적인 클래스와 컬렉션 프레임워크, 그리고 일반화 방법 및 열거형에 대하여 학습한다.

- **Chapter08 [예외처리와 스레드]**에서는 자바의 예외처리 방식과 실행 제어 흐름을 여러 개 활용할 수 있는 스레드에 대하여 학습한다.

- **Chapter09 [스윙 프로그래밍]**에서는 자바의 그래픽 사용자 인터페이스 방식을 학습하고 스윙 방식의 다양한 배치관리와 콤포넌트에 대하여 학습한다.

- **Chapter10 [이벤트 프로그래밍]**에서는 스윙에서 이벤트 처리 방식과 그래픽 프로그래밍과 함께 글자와 이미지 처리에 대하여 학습한다.

- **Chapter11 [입출력과 네트워크]**에서는 다양한 목적지를 이용한 입력과 출력 방식을 학습하고 입출력이 확장된 네트워크 프로그래밍 방식을 학습한 후 소켓 프로그래밍에 대하여 학습한다.

- **Chapter12 [JDBC 프로그래밍]**에서는 자바를 이용한 데이터베이스 프로그래밍인 JDBC 프로그래밍에 대하여 학습한다.

- **Chapter13 [안드로이드 프로그래밍]**에서는 안드로이드 플랫폼의 스마트폰 애플리케이션을 개발하는 기본 방법을 학습한다.

학습목표

다음은 단원별 학습목표를 정리한 표이다.

단원	학습목표
01장 자바 개요	**자바와 관련된 다음 용어를 이해하고 설명할 수 있다.** • 객체지향 프로그래밍 언어, 애플릿, 핫자바 • 그린 프로젝트, 제임스 고슬링, Oak, C++ **자바의 특징을 이해하고 설명할 수 있다.** • 단순하며 객체지향 언어이다. • 시스템에 독립적이며 번역 언어이다. **자바 프로그램과 환경에 관련된 다음 용어를 이해하고 설명할 수 있다.** • 자바 소스, 컴파일, 바이트코드 • 자바 플랫폼, 자바 가상 기계, 자바 API • JRE, JDK, 자바 통합개발환경 **다음의 자바 개발 환경을 내려받아 설치할 수 있다.** • JDK, 이클립스 **이클립스를 사용한 자바 개발 과정을 이해하고 자바 프로그램을 개발할 수 있다.** • 작업공간, 자바 프로젝트, 자바 클래스 • 퍼스펙티브와 뷰 • 첫 자바 프로그램 작성 및 실행
02장 자바 프로그래밍 기초	**자바의 구조와 프로그래밍을 위한 다음 기본 지식을 이해하고 설명할 수 있다.** • 자바 클래스 구조, 필드와 메소드 • 패키지, 메소드 구현과 호출 • 키워드와 식별자 • 문장과 주석 **자바의 자료형과 변수 선언 방법을 이해하고 설명할 수 있다.** • 자바의 기본 자료형 키워드와 크기 • 자바의 참조 자료형 분류 • 자바의 상수와 그 표현 방법 • 변수 선언과 초기화 방법 • 소속변수와 지역변수의 구분과 초기화 **자바 프로그램에서 입력과 출력에 다양한 자료형을 사용할 수 있다.** • 클래스 Scanner를 이용하여 정수, 실수, 문자열과 같은 다양한 자료형의 입력 • 메소드 print()와 println()을 이용하여 정수, 실수, 문자열과 같은 다양한 자료형의 출력 • 메소드 printf()와 format()에서 형식 지정자 지정 방법 • 메소드 printf()와 format()을 이용하여 정수, 실수, 문자열과 같은 다양한 자료형의 출력

단원	학습목표
03장 연산자와 조건	**자바 연산자의 개요에 대해 다음 기본 지식을 이해하고 설명할 수 있다.** • 연산자와 피연산자 • 표현식과 그 결과 • 연산자 종류 • 연산자 우선순위 **다음의 다양한 연산자를 프로그래밍에 활용할 수 있다.** • 대입 연산자 = += -= *= /= %= • 산술 연산자 + - * / % • 증감 연산자 ++ -- • 조건 연산자 ? I • 관계 연산자 ⟨ ⟩ ⟨= ⟩= != == • 논리 연산자 && || ! • 비트 연산자 ⟪ ⟫ ⟫⟩ & I ^ • 형변환 연산자 (type) • 연산 우선 순위 **다음의 다양한 조건문을 이해하고 프로그래밍에 활용할 수 있다.** • if • if else • if else if else • switch
04장 반복과 배열	**자바의 실행흐름에 대해 이해하고 설명할 수 있다.** • 순차적 실행 • 제어문 • 조건문 • 반복문 **다음의 다양한 반복문을 이해하고 프로그래밍에 활용할 수 있다.** • while • do while • for • break • continue **배열의 필요성과 선언과 생성에 대하여 이해하고 설명할 수 있다.** • 자료형, 배열이름, 배열크기를 이용한 배열선언과 생성 • 생성된 배열에서 원하는 원소의 참조 • 배열선언 시 동시에 초기 값 지정 방법 • 배열 복사를 위한 System.arraycopy() • 이차원 이상의 다차원 배열, 래기드 배열 • 배열의 순차적 참조를 위한 for each

단원	학습목표
05장 객체지향과 클래스	**객체지향 프로그래밍에 대해 이해하고 설명할 수 있다.** • 객체지향과 절차적 프로그래밍 방식 • 클래스와 객체 • 추상화, 캡슐화, 상속, 다형성 **클래스와 객체의 생성을 이해하고 프로그래밍에 활용할 수 있다.** • 클래스 생성 시 필드와 메소드의 구현 • 키워드 new를 사용한 객체의 생성 • 객체 변수에서 필드와 메소드 참조 방법 • 필드 참조 메소드인 getter와 setter 구현과 사용 방법 **생성자 개념과 구현 방법을 이해하고 프로그래밍에 활용할 수 있다.** • 생성자의 필요성 • 생성자 구현 방법 • 생성자 오버로딩 개념과 구현 방법 • 다른 생성자를 호출하기 위한 this() **키워드 static과 final의 사용 방법을 알고 활용할 수 있다.** • 클래스 소속을 위한 static • 변수를 상수로 하기 위한 final
06장 상속과 다형성	**객체지향의 특징인 상속에 대해 이해하고 프로그래밍에 활용할 수 있다.** • 클래스 간의 상속 관계를 구현 • 키워드 this와 super • 상위 생성자의 호출 super() • 접근 지정자 public protected default private의 활용 **객체지향의 특징인 다형성에 대해 이해하고 프로그래밍에 활용할 수 있다.** • 참조형에서 변환 연산인 업 캐스팅과 다운 캐스팅 • 객체 확인 연산자 instanceof • 하위 클래스에서 상위 클래스의 메소드를 재정의하는 메소드 오버라이딩의 이해 • 메소드 오버라이딩의 동적 바인딩 이해 **추상 클래스와 인터페이스를 이해하고 프로그래밍에 활용할 수 있다.** • 추상 클래스의 의미와 구현 • 추상 메소드의 필요성과 구현 • 인터페이스의 의미와 구현 • 인터페이스의 필요성과 구현
07장 자바 클래스 라이브러리	**자바 클래스 라이브러리를 이해하고 다음의 패키지와 클래스를 프로그래밍에 활용할 수 있다.** • 패키지 java.lang • 클래스 Object, Math, String, StringBuffer • 랩퍼 클래스 Byte, Short, Integer, Long, Float, Double, Boolean, Character **다음의 패키지와 클래스를 프로그래밍에 활용할 수 있다.** • 패키지 java.util • 클래스 Random, StringTokenizer • 클래스 Calendar, GregorianCalendar, Date **자바 컬렉션 프레임워크를 이해하고 다음의 클래스와 인터페이스를 프로그래밍에 활용할 수 있다.** • 인터페이스 Collection, List, Queue, Set, Map • 클래스 LinkedList, Vector, HashSet, HashMap

단원	학습목표
08장 예외처리와 스레드	**예외와 예외처리를 이해하고 프로그래밍에 활용할 수 있다.** • 에러와 예외의 차이와 클래스 계층구조 • 체크 예외와 비체크 예외의 차이와 처리 방법 • 새로운 예외 클래스의 생성과 사용 방법 **스레드를 이해하고 스레드를 프로그래밍에 활용할 수 있다.** • 다중 작업과 스레드의 이해 • 클래스 Thread를 상속받아 처리하는 스레드 구현 • 인터페이스 Runnable을 구현하여 처리하는 스레드 구현 **스레드 상태와 우선순위, 동기화를 이해하고 프로그래밍에 활용할 수 있다.** • 스레드 상태와 전이 방법 • 스레드 우선순위의 지정 방법 • 스레드에서 자원의 공유 문제와 동기화 처리 • Object의 wait( )와 notify( )를 사용한 동기화
09장 스윙 프로 그래밍	**그래픽 사용자 인터페이스를 이해하고 스윙 프로그래밍에 활용할 수 있다.** • 그래픽 사용자 인터페이스 이해와 컴포넌트 분류 • AWT와 스윙의 공통점과 차이점 • 스윙의 주요 클래스와 계층구조 **스윙을 이용하여 간단한 윈도 프로그래밍에 활용할 수 있다.** • JFrame의 이해 • 윈도우의 제목, 크기, 바탕색 수정 방법 • 간단한 컴포넌트 추가하기 **자바의 배치관리자의 필요성을 이해하고 프로그래밍에 활용할 수 있다.** • 컨테이너의 기본 배치관리자 • 배치관리자 BorderLayout, FlowLayout, GridLayout의 이해 • 배치관리자 BoxLayout의 이해 • 배치관리자를 해지하고 컴포넌트 삽입 방법 **스윙의 다양한 컴포넌트를 이해하고 프로그래밍에 활용할 수 있다.** • JComponent의 이해 • JButton, JCheckBox, JRadioButton의 이해 • JTextField, JTextArea의 이해 • JList, JComboBox, JScrollPane의 이해 • JSlider, JTabbedPane의 이해

단원	학습목표
10장 **이벤트 프로그래밍**	**이벤트 처리 개념을 이해하고 관련 클래스와 리스너를 활용할 수 있다.** • 이벤트 처리 개요와 관련 클래스 • 이벤트 객체와 이벤트 리스너 • 스윙의 주요 클래스와 계층구조 **이벤트 처리를 위한 다양한 프로그래밍을 할 수 있다.** • 버튼의 이벤트 프로그래밍 • 마우스의 이벤트 프로그래밍 • 이벤트 리스너의 구현 **이벤트 처리에서 어댑터 클래스의 필요성을 이해하고 프로그래밍에 활용할 수 있다.** • 어댑터 클래스의 필요성과 주요 어댑터 클래스 **다양한 콤포넌트에서 이벤트 처리 프로그래밍을 할 수 있다.** • 콤포넌트, 아이템 이벤트 처리 • 콘테이너, 포커스 이벤트 처리 **그래픽 프로그래밍 개요를 이해하고 글자와 이미지 처리 프로그래밍을 할 수 있다.** • 그래픽 프로그래밍을 이해하고 색상과 문자열, 직선과 사각형 그리기 • 글자를 위한 폰트 처리와 이미지 처리
11장 **입출력과 네트워크**	**입력과 출력의 개념을 이해하고 바이트 기반의 다양한 입출력을 활용할 수 있다.** • 입력과 출력, 스트림의 이해 • InputStream과 OutputStream의 이해 • FileInputStream과 FileOutputStream의 이해 • BufferedInputStream과 BufferedOutputStream의 이해 **문자 기반의 다양한 입출력을 활용할 수 있다.** • 바이트 기반의 입출력과 차이점을 이해 • Reader와 Writer의 이해 • FileReader와 FileWriter의 이해 • 파일을 읽어 새로운 파일을 생성하는 방법의 이해 • 버퍼링을 사용하여 효율적인 파일 처리 • 파일과 폴더의 정보를 처리하는 클래스 File **네트워크와 URL을 이해하고 프로그래밍에 활용할 수 있다.** • IP 주소의 이해 및 정보 처리 • 웹 페이지에 접근하여 내용을 출력하는 방법의 이해 **자료 통신을 위한 소켓 프로그래밍을 이해하고 프로그래밍에 활용할 수 있다.** • TCP와 UDP의 차이를 이해 • 통신을 위한 TCP 소켓 프로그래밍의 이해 • 통신을 위한 UDP 소켓 프로그래밍의 이해

단원	학습목표
12장 JDBC프로 그래밍	**데이터베이스를 이해하고 DBMS인 MySQL을 설치할 수 있다.** • 데이터베이스와 DBMS의 이해 • MySQL 설치파일을 내려 받아 설치 **데이터베이스에서 사용하는 SQL을 이해하고 관련 문장을 사용할 수 있다.** • DML과 DDL의 이해 • 데이터베이스 생성, 테이블 생성, 테이블 조회 관련 문장 **JDBC와 드라이버에 대해 이해하고 JDBC 프로그래밍 6단계를 구현할 수 있다.** • JDBC 의미와 드라이버의 필요성 • JDBC 프로그래밍 6단계 구현 • JDBC 관련 클래스의 이해 **JDBC 프로그래밍 방법을 이해하고 구현할 수 있다.** • JDBC 드라이버 로드와 데이터베이스 연결 방법 • 원하는 테이블 생성 및 레코드 삽입 • 테이블 내용 조회
13장 안드로이드 프로그래밍	**안드로이드를 이해하고 안드로이드 앱 개발을 위한 개발환경을 설정할 수 있다.** • 안드로이드 개념과 구조 이해 • 안드로이드 SDK 내려받기와 설치 • 이클립스에 ADT 플러그인 설치 • 안드로이드 SDK 관리자로 필요한 버전 설치 • AVD 관리자로 AVD 실행 **이클립스로 안드로이드 앱을 위한 프로젝트를 생성하여 실행할 수 있다.** • 안드로이드 앱 프로젝트 생성 • 안드로이드 앱 실행 • 안드로이드 앱 프로젝트의 주요 파일 이해 **기초적인 안드로이드 앱 프로그래밍 방법을 학습하여 프로그래밍에 활용할 수 있다.** • 앱 전체의 정보를 저장하는 메니페스트 파일 이해 • 액티비티의 작업 처리 이해 • 액티비티의 레이아웃 이해 • 다양한 문자열 관리 방법 이해 • 리소스의 상수 관리 방법 이해

학습일정

이 책은 대학이나 교육 센터의 교재로서 널리 활용될 수 있도록 개발되었으며, 대학에서 교재로 이용한다면 한 학기 또는 두 학기용으로 사용 가능하다. C와 같은 다른 언어를 학습한 학생을 대상으로 하는 강좌라면 한 학기용으로 가능하며, 프로그램 언어를 처음 접하는 저학년 학생이라면 두 학기용으로도 이용 가능하다. 다음 표를 참고로 자바나 프로그램 언어 관련 강좌로 운영한다면 만족할 만한 성공을 얻을 수 있으리라 믿는다. 프로그램 언어 초보자로서 개인적으로 학습하는 사용자라면 약 4주 정도 정도의 학습 일정 계획을 수립하도록 권장한다.

단원		대학 강좌				개인학습
		두 학기용		한 학기 초급용	한 학기용	
		1학기	2학기			
1장	자바 개요	1주	1주	1주	1주	1일
2장	자바 프로그래밍 기초	2~3주	1주	2주	2주	2~3일
3장	연산자와 조건	4~5주	2주	3주	3주	4~5일
4장	반복과 배열	6~7주	2주	4주	4주	6~7일
5장	객체지향과 클래스	9~10주	3주	5주	5주	8~10일
6장	상속과 다형성	11~12주	3주	6주	6주	11~13일
7장	자바 클래스 라이브러리	13~14주	4주	7주	7주	14~15일
8장	예외처리와 스레드	14~15주	5주	9~10주	9주	16~17일
9장	스윙 프로그래밍		6~7주	11~12주	10주	18~19일
10장	이벤트 프로그래밍		9~10주	13~14주	11~12주	20~22일
11장	입출력과 네트워크		11~12주	15주	13주	23~24일
12장	JDBC 프로그래밍		13~14주		14주	25~26일
13장	안드로이드 프로그래밍		15주		15주	27~28일

이 책이 출간되기까지 저를 도와준 여러분께 감사의 말을 전하려한다. 본서를 함께 공저한 조진형 교수에게 감사의 뜻을 전하며, 본서가 나오기까지 많은 배려를 아끼지 않으신 전산정보학부 모든 교수님께 감사의 말을 전한다. 그리고 항상 저와 함께하는 아내와 딸 유림에게 고마움을 전하며, 본서를 기획하는 데 도움을 준 형과 항상 저를 도와주는 부모님 그리고 가족들에게 감사드린다.

마지막으로 본서를 출간할 수 있도록 도와준 인피니티북스의 대표이신 채희만 사장님께 깊이 감사드린다.

차례

CHAPTER

01

자바 개요

INTRODUCTION TO JAVA PROGRAMMING

1장에서는 자바에 대한 개요를 설명한다. 자바란 무엇인지 알아보고 자바의 기술과 자바의 특징을 살펴 보기로 하자. 또한 자바 플랫폼, 바이트코드, 자바 가상 기계 등의 새로운 개념을 알아보자. 마지막으로 자바 개발 환경을 설치하고 간단한 프로그램 개발과정을 알아보자. 1장은 자바 프로그래밍을 하기 위한 준비 단계이다. 이 단원에 흥미를 느낀다면 여러분은 벌써 자바 언어를 습득할 많은 준비가 되어 있다고 볼 수 있다.

자바와 관련된 다음 용어를 이해하고 설명할 수 있다.
- 객체지향 프로그래밍 언어, 애플릿, 핫자바
- 그린 프로젝트, 제임스 고슬링, Oak, C++

자바의 특징을 이해하고 설명할 수 있다.
- 단순하며 객체지향 언어이다.
- 시스템에 독립적이며 번역 언어이다.

자바 프로그램과 환경에 관련된 다음 용어를 이해하고 설명할 수 있다.
- 자바 소스, 컴파일, 바이트코드
- 자바 플랫폼, 자바 가상 기계, 자바 API
- JRE, JDK, 자바 통합개발환경

다음 자바 개발 환경을 내려받아 설치할 수 있다.
- JDK, 이클립스

이클립스를 사용한 자바 개발 과정을 이해하고 자바 프로그램을 개발할 수 있다.
- 작업공간, 자바 프로젝트, 자바 클래스
- 퍼스펙티브와 뷰
- 첫 자바 프로그램 작성 및 실행

자바 소개

1. 자바의 등장

자바는 객체지향 프로그래밍 언어이다.

현재 자바는 인터넷과 유비쿼터스 컴퓨팅에 적합한 플랫폼으로 서버와 클라이언트, 그리고 휴대폰, 스마트 카드와 같이 여러 하드웨어 플랫폼에서 운영될 수 있는 소프트웨어 가상 플랫폼^{software-only platform}으로 알려져 있다. **자바는 좁은 의미로 썬 마이크로시스템즈**^{Sun Microsystems} **사가 1995년에 공식 발표한 객체지향 프로그래밍 언어이다.**

썬 마이크로시스템즈 사는 1995년 5월에 SunWorld 95에서 자바를 공식 발표한다. 썬 사는 이 전시회에서 범용적인 프로그래밍 언어 자바의 개발 도구인 JDK^{Java Development Kit}를 발표한다. 또한 동시에 자바 언어를 이용하여 개발한 웹 브라우저인 핫자바^{HotJava}를 발표한다. **핫자바는 자바 언어로 만든 애플릿**^{Applet}**을 실행할 수 있는 전용 인터넷 브라우저이다.** 애플릿의 출현은 인터넷 서비스의 커다란 변화를 가져왔으며 자바가 성공하는 데 많은 기여를 한다.

그림 1-1 ● 핫자바 브라우저

더알아보기

애플릿이란?

애플릿은 자바로 만들어진 프로그램으로 인터넷 브라우저에서 실행되는 프로그램이다. 애플릿은 첫 자바 언어를 발표하면서 자바의 우수성을 알리기 위해 만들어진 기술이다. 1990년 중반 애플릿의 출현은 인터넷 서비스의 커다란 변화를 가져왔으며 자바가 성공하는 데 많은 기여를 하게 된다.
애플릿 데모 프로그램이 있는 사이트에 접속하여 애플릿을 실행해 보도록 하자.

The Sorting Algorithm Demo (1.1)
Bubble Sort / Bi-Directional Bubble Sort / Quick Sort
The Sources
The applet.
The "generic" sorting algorithm.
The Bi-directional Bubble Sort algorithm.
The Bubble Sort algorithm.
The Quick Sort algorithm.

그림 1-2 ● 애플릿 데모 프로그램(java.sun.com/applets/jdk/1.4)

자바의 역사

자바 개발의 역사는 1990년으로 거슬러 올라간다. 썬 마이크로시스템즈 사는 1990년 초 **양방향 TV를 만드는 제어박스의 개발을 위한 그린 프로젝트**^{Green Project}를 시작한다. 이 프로젝트가 진행되면서 각종 하드웨어에서 작동할 수 있는 시스템 소프트웨어를 개발하기 위하여 초기에는 객체지향 언어로 광범위하게 이용되고 있는 C++ 언어를 이용하게 된다. 그러나 다양한 하드웨어를 지원하는 분산 네트워크 시스템 개발에 C++ 언어가 부족하다고 판단하여 **C++ 언어를 기반으로 오크**^{Oak 떡갈나무}**라는 언어를 직접 개발**하게 된다. 이 개발의 책임자인 **제임스 고슬링**^{James Gosling}**은 이 오크 언어를 발전시켜 자바라는 범용적인 프로그래밍 언어를 개발**하게 된다. 자바는 인터넷 이용에 적합하도록 만들어져 현재까지 여러 분야에 사용되는 프로그래밍 언어로 발전하게 되었다. 2009년 썬 마이크로시스템즈 사는 오라클^{Oracle}에 합병되어 자바는 현재 오라클의 기술이 되었다.

그림 1-3 ● 제임스 고슬링의 홈페이지
(nighthacks.com/roller/jag/resource/bio.html)

자바의 특징

❶ 단순하다

자바는 단순^{simple}**하다.** 자바는 C++ 언어를 기초로 만든 언어이므로 그 문법이 C++ 언어와 유사하다. 또한 문법이 쉬운 자바는 C++ 언어보다 학습하기 편하다. 즉 자바는 프로그래머가 어려워하는 포인터^{pointer}를 이용하지 않으며 메모리 관리가 보다 쉽고 간편하다.

❷ 객체지형 언어이다

자바는 객체지향^{object oriented} **언어이다.** 프로그램 언어 C는 함수를 프로그램 단위로 개발하는 절차적 언어^{procedural language}이다. 그러나 자바는 클래스를 프로그램 단위로 개발하며, 여러 개의 클래스를 이용하여 하나의 프로그램이 실행된다. 이와 같이 클래스와 클래스의 실례^{instance}인 객체를 중심으로 프로그램을 개발하는 언어를 객체지향 프로그래밍 언어^{object oriented programming language}라 한다.

❸ 시스템에 독립적이다

자바는 시스템에 독립적^{system independence}**이다.** 하나의 플랫폼에서 만든 자바 프로그램은 다른 플랫폼에서 다른 작업 없이 실행이 가능하다. 시스템에 독립적인 특징을 가능하게 하는 기술은 자바 가상 기계^{Java Virtual Machine}와 자바 바이트코드^{Java Bytecode}이다.

❹ 번역 언어이다

자바는 번역 언어^{interpreted language}**이다.** 번역 언어의 대표적인 언어는 베이직 언어이다. 번역 언어의 특징은 실행 시 실행을 도와주는 번역기^{interpreter}가 있다는 것이다. 즉 자바의 프로그램 소스는 중간 코드인 바이트코드로 변환되고, 바이트코드는 자바 가상 기계에서 인터프리터의 도움으로 실행된다.

2. 자바의 다양한 기술

자바 플랫폼 기술은 소형기기를 위한 임베디드 응용^{embedded applications}에서부터 기업 ^{Enterprise} 운영 시스템에 이르는 다양한 기술을 제공한다. 주요 자바 기술로는 자바 기업 버전^{Java EE: Java Platform, Enterprise Edition}, 자바 표준 버전^{Java SE: Java Platform, Standard Edition}, 자바 소형 버전^{Java ME: Java Platform, Micro Edition} 등이 있다.

Java SE

Java SE는 임베디드 환경과 개인용 컴퓨터 그리고 서버에서 활용될 자바 응용 프로그램^{applications}을 개발하고 구현하는 기술이다. 자바 언어를 이용하여 프로그램을 개발하기 위한 주요 도구인 컴파일러, 실행환경, 클래스 라이브러리 API^{Application Programming Interface} 등을 제공한다. Java SE는 자바 기술의 기본이자 핵심으로 클라이언트와 서버, 개인용 컴퓨터에서 대형시스템에 이르기까지 다양한 시스템의 자바 해결 방법을 제공한다.

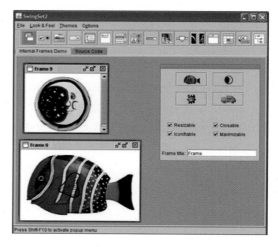

그림 1-4 ● 자바 SE인 스윙을 사용한 그래픽 프로그램

Java EE

자바 플랫폼 기업 버전은 다중계층^{multitier}의 대규모 기업 응용 시스템을 개발하기 위한 표준 플랫폼을 제공한다. 기업 버전에서는 기업 자바빈즈 콤포넌트^{Enterprise JavaBeans Component}, 자바 서블릿^{Java Servlets}, 자바 서버 페이지^{Java Server Pages}, XML^{eXtended Markup Language} 기술에 필요한 여러 자료 및 소프트웨어를 제공한다.

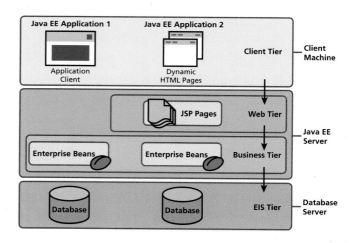

그림 1-5 ● 자바 EE 기술인 자바빈즈와 JSP

Java ME

Java ME는 모바일 전화기 및 PDA, TV 셋탑박스, 이동 차량에 부착된 각종 장치 및 여러 임베디드 장치^{embedded devices}를 위한 자바 플랫폼이다. Java ME는 메모리 및 여러 용량이 작은 장치 및 임베디드 장치를 위한 자바 기술을 제공한다.

3. 스마트폰 앱 개발 언어인 자바

여러 분야에 이용되던 자바는 스마트폰^{smart phone}으로 대표되는 모바일^{mobile} 분야에도 널리 사용되고 있다. 특히 현재 세계적으로 가장 많이 사용되고 있는 **스마트폰의 운영체제** ^{operating system}**인 안드로이드**^{android}**와 관련 응용 프로그램이 자바로 개발되고 있다.**

그림 1-6 ● 다양한 스마트폰

스마트폰 운영체제 안드로이드 개발 언어

스마트폰은 사용자 기호에 적절한 응용 프로그램인 앱^{app}을 서버에서 내려 받아 설치할 수 있는 똑똑한 휴대전화기이다. 개인용 컴퓨터의 윈도우 7^{Windows 7}과 같이 스마트폰에도 운영체제가 있으며, 현재 대표적인 운영체제는 안드로이드와 iOS이다. 인터넷 검색 회사로 알고 있는 구글^{google}에서 2007년 발표한 **안드로이드는 자바로 만든 모바일 운영체제이다.** 사용자의 도우미 인조인간이라는 의미의 안드로이드는 특정 업체에 종속되지 않은 개방형 운영체제로서 삼성, LG, HTC와 같은 여러 회사의 스마트폰에 사용되고 있다. **iOS는 애플이 만든 운영체제**이며 아이폰에서만 사용되는 폐쇄적인 특징이 있다.

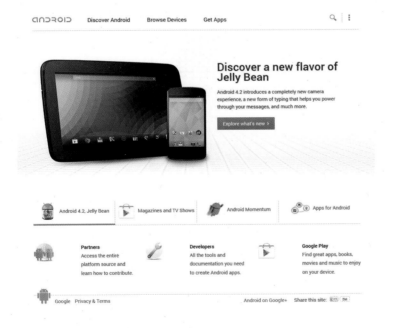

그림 1-7 ● 안드로이드 홈페이지(www.android.com)

자바와 Objective-C

안드로이드에서 실행되는 앱은 자바로 개발하며 iOS에서 실행되는 앱은 Objective-C라는 언어로 개발된다. 자바와 Objective-C는 모두 C 언어와 유사한 언어로 객체지향 언어라는 공통점이 있다.

그림 1-8 ● Objective-C로 개발되는 아이폰의 앱

02 자바 프로그램과 환경

1. 자바 프로그래밍

자바 소스

자바 소스 파일의 확장자는 java이다. 예를 들어 자바 소스 파일은 HelloWorld.java와 같으며 대소문자를 구분한다. **자바 소스 파일은 소스에서 public인 클래스 이름과 동일**해야 한다. 즉 다음 소스는 public인 클래스 이름이 HelloWorld이므로 소스파일은 반드시 HelloWorld.java이어야 한다.

```
 1
 2  public class HelloWorld {
 3
 4      public static void main(String[] args) {
 5
 6          System.out.println("안녕하세요. 여러분!");
 7
 8      }
 9
10  }
11
```
클래스 이름

그림 1-9 ● 자바 소스 파일 HelloWorld.java

컴파일러

소스는 텍스트 파일로 소스 자체가 실행될 수는 없다. 그러므로 소스 파일은 컴파일compile 과정을 거쳐 실행될 수 있는 파일로 변환되어야 한다. 즉 **컴파일러compiler는 소스 파일에서 실행파일을 생성하는 소프트웨어**이다. 일반적으로 변환된 실행 파일은 이진 파일로 컴퓨터가 이해할 수 있는 기계어로 구성된다. 즉 컴퓨터는 단지 0과 1의 조합인 기계어만을 인식하므로, 프로그래밍 언어로 컴퓨터에게 명령을 내리기 위해서는 자바와 같은 프로그래밍 언어를 기계어로 변환하는 컴파일러라는 통역사가 필요하다.

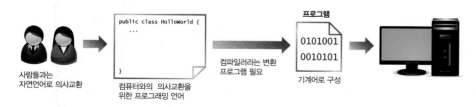

사람들과는
자연언어로 의사교환

컴퓨터와의 의사교환을
위한 프로그래밍 언어

컴파일러라는 변환
프로그램 필요

프로그램
0101001
0010101
기계어로 구성

그림 1-10 ● 컴파일러의 역할

바이트코드^{bytecode}

자바 언어에서는 자바 소스를 컴파일^{compile}하면 바이트코드^{bytecode}라 불리는 파일이 생성된다. 바이트코드의 확장자는 class이다. 즉 위 소스 HelloWorld.java로 컴파일하면 바이트코드인 HelloWorld.class가 생성된다. C 언어로 생성된 실행파일은 플랫폼에 의존하는 기계어로 구성된다. 그러나 자바의 바이트코드는 플랫폼에 독립적인 명령어로 구성된 이진 파일^{binary file}이다. 바이트코드는 자바 플랫폼에서 인터프리터^{interpreter}에 의해 실행되는 파일이다. 즉 바이트코드는 플랫폼에 독립적으로 자바 플랫폼이 설치된 여러 플랫폼에서 실행될 수 있다.

그림 1-11 ● 자바 소스와 바이트코드

컴파일과 실행

자바에서 컴파일러는 파일 javac.exe가 담당한다. 마찬가지로 자바에서 인터프리터는 파일 java.exe가 담당한다. 자바를 개발하기 위해 설치한 JDK에서 프로그램을 만드는 과정을 살펴보면 옆 그림과 같이 컴파일러인 javac.exe와 인터프리터인 java.exe를 사용한 명령어 입력에 의해 가능하다.

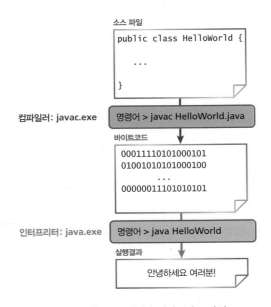

그림 1-12 ● 컴파일과 인터프리트 과정

2. 플랫폼에 독립적

플랫폼platform

플랫폼은 각종 프로그램이 실행되는 하드웨어와 소프트웨어로 구성된 실행 환경이다. 컴퓨터로 예를 들자면 애플Apple의 맥Mac 시스템, MS 윈도우 계열 개인용 시스템, 유닉스 시스템 등이 플랫폼의 예이다. 또한 스마트폰으로 예를 들자면 삼성의 갤럭시 S, 갤럭시 노트, 애플의 아이폰, 아이패드 등을 들 수 있다. **이 플랫폼을 구성하는 주요 요소는 하드웨어인 CPU와 소프트웨어인 운영체제이다.**

그림 1-13 ● 다양한 플랫폼

자바 플랫폼

자바 플랫폼 Java Platform**은 여러 플랫폼에서 운영될 수 있는 소프트웨어로만 구성된 플랫폼이다. 자바 플랫폼은 자바 가상 기계**JVM: Java Virtual Machine**와 자바 응용 프로그래밍 인터페이스**Java API: Application Programming Interface**로 구성된다.**

자바 가상 기계

자바 가상 기계JVM: Java Virtual Machine**는 CPU와 같이 실행할 명령어 집합을 갖는 소프트웨어로 제작된 추상의 기계이다. 자바 컴파일러에 의해 생성된 확장자가 .class인 바이트코드는 자바 가상 기계의 명령어인 기계어로 구성된 이진 파일이다.** 그러므로 자바 가상 기계만 설치된다면 어떠한 플랫폼에서도 자바 바이트코드는 실행될 수 있는 특징이 있다.

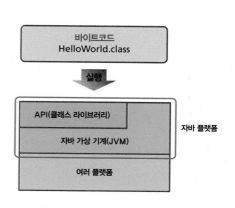

그림 1-14 ● 자바 플랫폼에서 실행되는 자바 바이트코드

자바 API^{Application Programming Interface}

자바 API는 자바 프로그램을 실행하기 위한 각종 클래스 라이브러리^{class library}이다. 자바 API는 확장자가 jar인 압축파일로 제공된다. 자바 API를 구성하는 클래스는 java.lang 과 같은 패키지^{package}라는 폴더에 저장된다. 즉 패키지는 관련 클래스가 저장되는 폴더이 며 패키지 java.lang은 java 하부 폴더 lang을 의미한다. 자바 프로그래밍을 위한 기본 API를 자바 SE API^{Java Standard Edition Application Programming Interface}라 한다.

User Interface Toolkits	Swing		Java 2D		AWT		Accessibility		
	Drag and Drop		Input Methods		Image I/O		Print Service		Sound
Integration Libraries	IDL	JDBC		JNDI	RMI		RMI-IIOP	Scripting	
Other Base Libraries	Beans		Int'l Support		Input/Output			JMX	
	JNI		Math		Networking			Override Mechanism	
	Security		Serialization		Extension Mechanism			XML JAXP	
lang and util Base Libraries	lang and util		Collections		Concurrency Utilities			JAR	
	Logging		Management		Preferences API			Ref Objects	
	Reflection		Regular Expressions		Versioning		Zip	Instrumentation	
Java Virtual Machine	Java HotSpot Client and Server VM								

그림 1-15 ● 자바 SE API

플랫폼에 독립적

자바 가상 기계에서 실행되는 자바 바이트코드는 플랫 폼에 독립적이다. 즉 윈도우 시스템에서 컴파일된 바 이트코드는 어떠한 플랫폼에서도 실행될 수 있다. 이 러한 자바의 플랫폼에 독립적인 특징을 표현하는 말로 "Write Once, Run Anywhere!"를 들 수 있다. 즉 **자바 로 한 번 작성된 프로그램은 어느 플랫폼에서도 실행될 수 있다.**

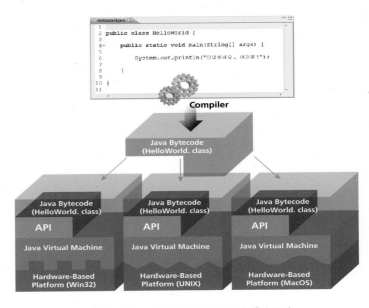

그림 1-16 ● 자바의 "플랫폼에 독립적"인 특징

3. 자바 개발 환경

JRE

JRE^{Java Runtime Environment}는 자바 API와 자바 가상 기계 그리고 자바 프로그램을 실행하기
위한 여러 콤포넌트^{component}로 구성된 자바 실행 환경이다.

Java Language						
	Java Language					
	java	javac	javadoc	jar	javap	JPDA
Tools & Tool APIs	JConsole	Java VisualVM	Java DB	Security	Int'l	RMI
	IDL	Deploy	Monitoring	Troubleshoot	Scripting	JVM TI / Web Services
Deployment	**Java Web Start**			**Applet / Java Plug-in**		
User Interface Toolkits	**JavaFX**					
	Swing		Java 2D	AWT	Accessibility	
	Drag and Drop		Input Methods	Image I/O	Print Service	Sound
Integration Libraries	IDL	JDBC	JNDI	RMI	RMI-IIOP	Scripting
Other Base Libraries	Beans	Int'l Support		Input/Output	JMX	
	JNI	Math		Networking	Override Mechanism	
	Security	Serialization		Extension Mechanism	XML JAXP	
lang and util Base Libraries	lang and util	Collections		Concurrency Utilities	JAR	
	Logging	Management		Preferences API	Ref Objects	
	Reflection	Regular Expressions		Versioning	Zip	Instrumentation
Java Virtual Machine	**Java HotSpot Client and Server VM**					

그림 1-17 • JRE와 JDK

JDK

자바 언어를 이용하여 프로그램을 개발하기 위한 최소한의 환경을 JDK^{Java Development Kit}
라 한다. JDK는 자바 컴파일러^{Compiler}, 자바 인터프리터^{Interpreter}, 자바 디버거^{Debugger} 등
의 개발도구와 함께 자바 프로그램이 실행될 수 있는 환경인 자바실행환경 JRE^{Java Runtime}
^{Environment}를 제공한다.

JDK는 1995년 5월 JDK 베타버전 발표 이후 현재 JDK 7이 출시되었다. 특히 버전 1.2부
터는 개발도구 개념에서 발전되어 플랫폼이라는 의미로 J2SE^{Java 2 Platform Standard Edition}라고
부르기도 하였다. 현재는 기본 플랫폼에서 사용되는 응용 프로그램 개발을 위한 에디션
^{edition}이라는 의미로 Java SE^{Standard Edition}라고 부른다.

그림 1-18 • 자바 로고

4. 자바 통합 개발 환경

프로그램 개발에 필요한 컴파일러[compiler], 디버거[debugger], 링커[linker], 에디터[editor] 등을 통합적으로 제공하는 개발 환경을 통합 개발 환경[IDE: Integrated Development Environments]이라 한다. 자바 출시 이후 무료로 각종 개발환경을 배포하고 소스도 공개하는 컨소시엄이 늘어나고 있다. 이러한 **자바 기반의 대표적 컨소시엄이 넷빈**[netbean.org]**과 이클립스**[eclipse.org]**이다.** 넷빈은 오라클이, 이클립스는 IBM이 주도하는 컨소시엄이다.

이클립스

이클립스[eclipse]**는 이클립스 컨소시엄이 개발하는 자바 통합개발환경이다.** 이클립스는 2001년 5월에 버전 1.0을 출시한 이후 현재 가장 많이 이용하는 자바 통합개발환경 중의 하나이다. 이클립스는 **플러그인 개발환경**[Plug-in Development Environment]으로 C/C++, Java, COBOL 등의 다양한 언어와 다양한 도구를 플러그인하여 이용할 수 있는 개방형 개발 플랫폼이다. 이클립스의 버전 3.3은 유로파[Europa]라는 코드이름을 붙였으며 계속해서 3.4는 가니메데[Ganymede] 그리고 3.5는 갈릴레오[Galileo]라고 목성의 위성이름을 붙였다.

넷빈

넷빈은 넷빈 컨소시엄에서 개발하는 무료 통합개발환경으로 그 소스도 공개되어 있다. 현재 넷빈 IDE의 버전은 7.1로 데스크탑, 웹, 모바일, 무선 등 여러 플랫폼의 응용 프로그램을 개발할 수 있는 우수한 통합 개발 환경이다.

그림 1-19 ● 이클립스 홈페이지(eclipse.org)

그림 1-20 ● 넷빈 홈페이지(netbeans.org)

03

자바 개발 환경 설치

1. Java SE 설치

Java SE 다운로드 페이지 접속

Java SE를 내려받으려면 오라클의 Java SE 다운로드 페이지^{www.oracle.com/techne-twork/java/javase/}
^{downloads}에 접속한다. Java Platform, Standard Edition은 크게 JDK와 JRE로 나뉜다. 자
바 개발자는 JDK를 설치하도록 한다.

① JDK^{Java Development Kits}
자바 언어를 이용하여 응용프로그램,
애플릿 등을 개발하기 위한 환경으로
개발을 위한 유용한 도구와 자바 실행
환경 JRE를 포함한다.

② JRE^{Java Runtime Environment}
자바 개발을 하지 않고 자바 프로그램
만 실행하려면 JRE를 설치한다.

JDK 데모 프로그램과 예제 소스를 살펴보
려면 JDK demos and Samples를 내려받
아 이용할 수 있다.

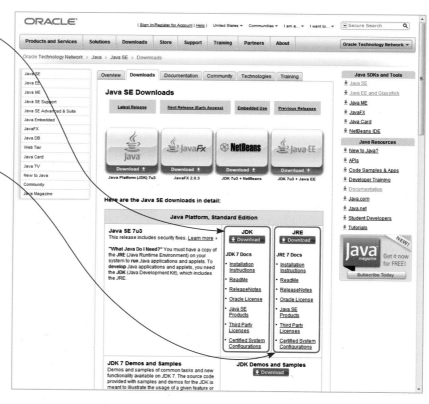

그림 1-21 ● Java SE 다운로드 페이지

JDK 내려받기

리눅스Linux, 솔라리스Solaris, 윈도우Windows 기반의 다양한 제품 중에서 설치하려는 플랫폼에 적합한 JDK 버전을 내려받는다. 일반 윈도우 시스템이라면 32비트인 windows x86 제품인 파일 jdk-7u3-windows-i586.exe를 내려받는다. [Accept License Agreement]버튼을 누른 후, 선택한 파일을 누르면 내려받을 수 있다.

Java SE Development Kit 7u3

You must accept the Oracle Binary Code License Agreement for Java SE to download this software.

Accept License Agreement   Decline License Agreement

Product / File Description	File Size	Download
Linux x86 (32-bit)	63.65 MB	jdk-7u3-linux-i586.rpm
Linux x86 (32-bit)	78.66 MB	jdk-7u3-linux-i586.tar.gz
Linux x64 (64-bit)	64.53 MB	jdk-7u3-linux-x64.rpm
Linux x64 (64-bit)	77.3 MB	jdk-7u3-linux-x64.tar.gz
Solaris x86 (32-bit)	135.96 MB	jdk-7u3-solaris-i586.tar.Z
Solaris x86 (32-bit)	81.4 MB	jdk-7u3-solaris-i586.tar.gz
Solaris SPARC (32-bit)	138.92 MB	jdk-7u3-solaris-sparc.tar.Z
Solaris SPARC (32-bit)	86.07 MB	jdk-7u3-solaris-sparc.tar.gz
Solaris SPARC (64-bit)	16.14 MB	jdk-7u3-solaris-sparcv9.tar.Z
Solaris SPARC (64-bit)	12.31 MB	jdk-7u3-solaris-sparcv9.tar.gz
Solaris x64 (64-bit)	14.46 MB	jdk-7u3-solaris-x64.tar.Z
Solaris x64 (64-bit)	9.25 MB	jdk-7u3-solaris-x64.tar.gz
Windows x86 (32-bit)	84.12 MB	jdk-7u3-windows-i586.exe
Windows x64 (64-bit)	87.41 MB	jdk-7u3-windows-x64.exe

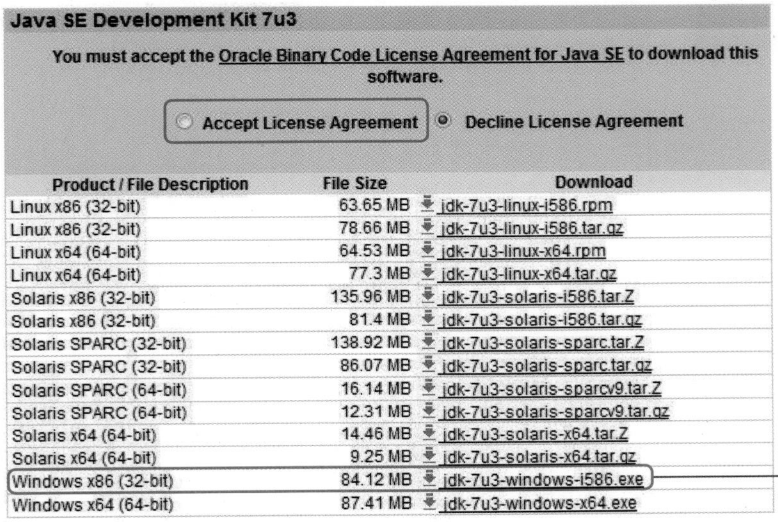

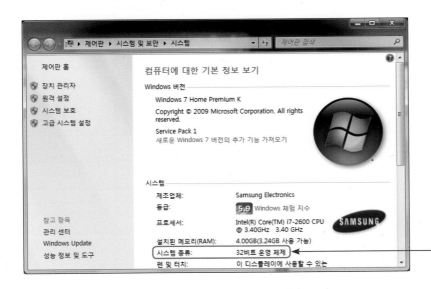

그림 1-22 • JDK의 다양한 제품

윈도우 시스템에서 자신의 시스템 종류를 확인하려면 [컴퓨터]의 [속성] 화면에서 확인할 수 있다.

그림 1-23 • 윈도우 시스템 확인 방법

JDK 설치

JDK 설치 파일 jdk-7u3-windows-i586.exe를 두 번 눌러 설치를 시작한다.

① JDK의 설치 폴더는 [C:\Program Files\Java\jdk1.7.0_03]이 기본이다. [change] 버튼을 누르면 수정할 수 있다.

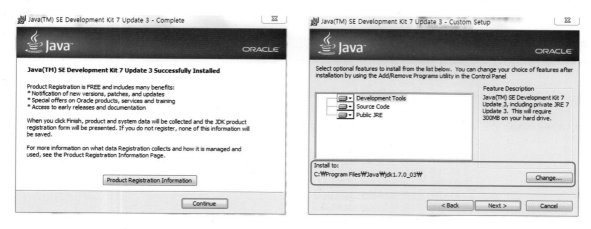

그림 1-24 ● JDK 설치 시작과 설치 폴더 확인

② JDK가 설치되면 바로 JRE의 설치를 묻는 대화상자가 나타난다. JRE의 설치 폴더는 [C:\Program Files\Java\jre6]이 기본이다. [change] 버튼을 누르면 수정할 수 있다.

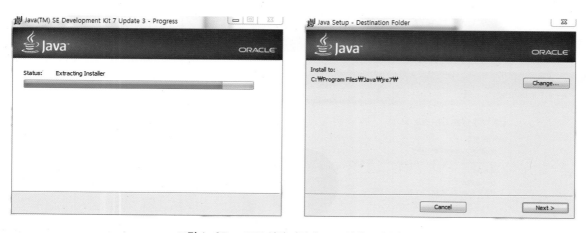

그림 1-25 ● JDK 설치 과정과 JRE 설치 폴더 확인

③ JDK 설치과정이 표시되고 설치가 완료되면 설치완료 대화상자가 나타나고 대화상자를 종료하여 설치를 종료한다. 버튼 [continue]를 누르면 계속해서 JavaFX라는 제품을 계속 설치할 수 있으나 여기에서는 필요 없는 제품이다.

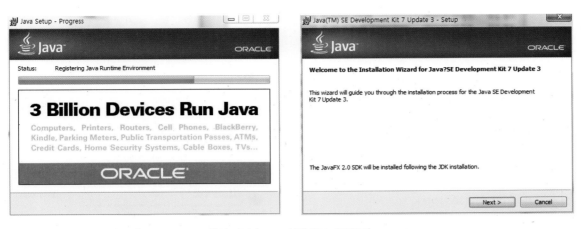

그림 1-26 ● JRE 설치 과정과 JDK 설치 완료 대화상자

Java SE 문서

Java SE 문서^{docs.oracle.com/javase/7/docs}는 JDK 관련 문서와 튜토리얼^{tutorial} 등을 제공한다. 특히 Java SE API 문서^{docs.oracle.com/javase/7/docs/api}는 Java SE에서 제공하는 자바 클래스의 설명서로 프로그래밍에 유용하게 사용된다.

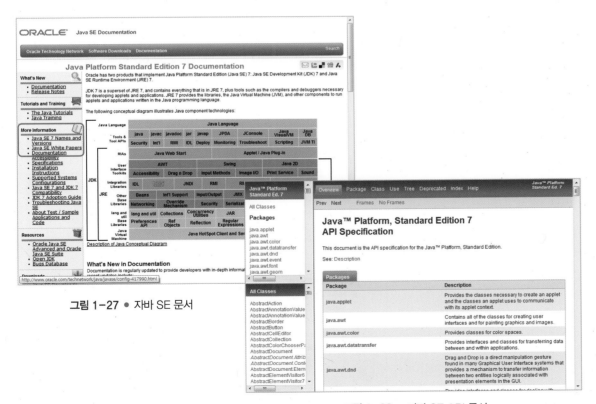

그림 1-27 ● 자바 SE 문서

그림 1-28 ● 자바 SE API 문서

2. 이클립스 설치

이클립스 내려받기

이클립스를 내려 받으려면 이클립스 다운로드 페이지^{www.eclipse.} ^{org/downloads}**에 접속한다.** 다음과 같은 다양한 제품 중에서 [Eclipse Standard] 또는 [Eclipse IDE for Java Developers]를 내려 받는다. 일반 윈도우 시스템이라면 32비트와 64비트 중에서 선택하여 내려 받는다. 현재 이클립스 버전은 4.3으로 코드이름이 케플러^{Kepler, 독일의 천문학자}이며, 설치 파일은 확장자가 zip인 압축파일이다.

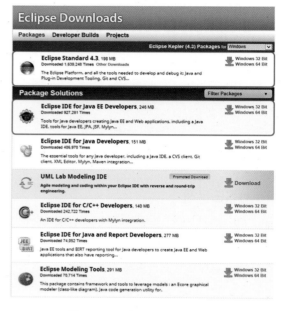

그림 1-29 ● 이클립스의 다양한 제품

이클립스 설치

이클립스 설치 파일은 압축을 풀 폴더를 지정하고 **압축을 풀면 설치가 완료**된다. 다음과 같이 압축 폴더를 [N:\Kang Java]로 지정하면 폴더 [N:\Kang Java\eclipse]에 이클립스가 설치된다. 이클립스가 설치 지정 폴더 하부에 [eclipse] 폴더가 생성되고 그 하부에 관련 파일이 설치된다. **이클립스 실행 파일**은 [eclipse] 폴더에 있는 **eclipse.exe**이다.

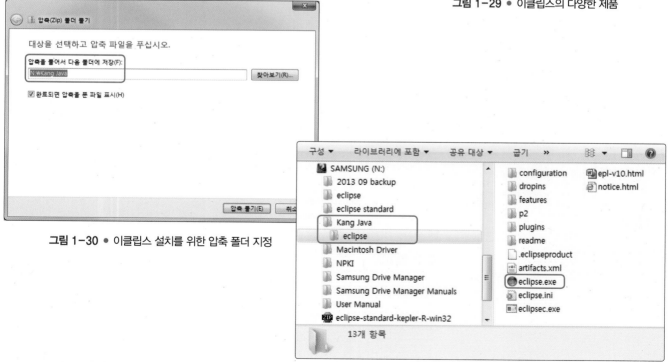

그림 1-30 ● 이클립스 설치를 위한 압축 폴더 지정

그림 1-31 ● 이클립스 실행 파일 eclipse.exe

ADT 플러그

이클립스는 플러그인^{plug-in}을 설치하여 그 기능을 확장할 수 있다. 한 예로 이클립스에서 요즘 많은 각광을 받고 있는 스마트폰 앱 개발이 가능하며, 안드로이드 제공자인 구글은 이클립스 개발 플러그인인 ADT^{Anroid Development Tool}를 제공한다. 즉 안드로이드 기반 앱 개발을 하기 위해서는 이클립스에 ADT를 설치해야 한다.

ADT 설치

ADT는 안드로이드 앱 개발을 위한 다양한 기능을 제공한다. 이클립스에서 ADT를 설치하기 위해서는 [Help/Install New Software…] 메뉴를 선택한다. 설치할 사이트를 알려주기 위해 [add] 버튼을 누른다. [Add Repository] 대화상자에서 이름과 배포될 사이트인 http://dl-ssl.google.com/android/eclipse를 입력한다. 설치 화면의 [Work with]를 확인한 후, Name 목록의 Developer Tech의 체크를 선택한다. [Next] 버튼으로 이동하여 라이선스 동의 버튼을 누른 후 [Finish]를 누르면 설치가 진행되는 대화상자가 나타난 후 설치가 완료된다.

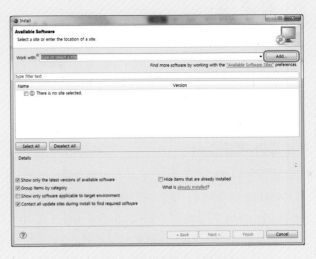

그림 1-32 ● 이클립스 플러그인 설치 대화상자

그림 1-33 ● ADT 플러그인 설치 지정

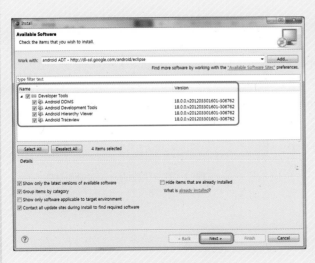

그림 1-34 ● ADT 설치 목록

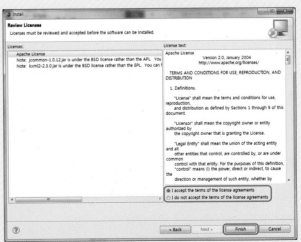

그림 1-35 ● 설치 동의 확인

04

자바 개발 과정

1. 자바 개발과 작업공간

자바 프로그램 개발 순서

통합개발환경^{IDE}인 이클립스를 사용한 자바 프로그램의 개발 과정을
살펴보자. 이클립스를 사용한 개발 과정에서 컴파일 과정은 따로 없
으며 소스를 작성하여 저장하는 순간 컴파일이 자동으로 수행된다.
이클립스에서 자바 소스는 자바 프로젝트 내부에서 만들며, 자바 소
스는 자바 클래스로 생성한다. 다음은 자바 프로그램 개발 과정이다.

① 작업공간^{workspace} 지정
② 자바 프로젝트^{Java Project} 생성
③ 자바 클래스^{Java Class} 생성
④ 소스 작성
⑤ 자바 응용 프로그램 실행

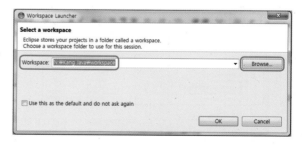

그림 1-36 ● 이클립스 실행 로고

이클립스 실행과 작업공간 지정

이클립스를 실행하려면 실행 파일 eclipse.exe를 실행한다. 이클
립스가 실행되면 이클립스 로고가 나타난 후 바로 [Workspace
Launcher] 대화상자가 나타난다. **이클립스에서 작업공간^{workspace}은
프로그램 개발 과정에서 생성되는 여러 파일이 저장되는 장소이다.**
작업공간은 다음 [Workspace Launcher] 대화상자에서 [Browse…]
버튼을 사용하여 폴더로 바로 지정할 수 있다. 작업공간으로 사용할
폴더가 없다면 자동으로 생성되므로 필요한 작업공간인 폴더를 바로
입력할 수 있다.

그림 1-37 ● 작업공간 지정 대화상자

> **TIP** **이클립스 여러 개 실행하기**
>
> 이클립스는 작업공간만 다르면 여러 개를 동시에 실행할 수 있다. 그러므로 작업공간을 다르게 지정한
> 다면 여러 프로젝트를 실행하여 동시에 작업을 진행할 수 있다.

그림 1-38 ● Welcome 창

자바 프로젝트 생성

새로운 작업공간에서 처음으로 이클립스가 실행되면 [그림 1-38]과 같이 Welcome 창이 나타난다. Welcome 창을 종료하고 **[File/New/Java Project] 메뉴를 선택하여 자바 프로젝트를 생성**한다. 대화상자 [New Java Project]에서 프로젝트 이름을 ch01로 지정한다. 프로젝트 ch01은 지정된 작업공간 하부의 폴더인 [작업공간폴더\ch01]로 생성된다.

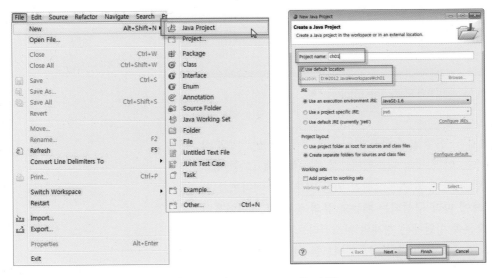

그림 1-39 ● Java Project 메뉴 선택

2. 이클립스 환경과 클래스 생성

퍼스펙티브와 뷰

이클립스에서 표시되는 하나의 전체 화면 구성을 퍼스펙티브^{perspective}라 한다. 그리고 퍼스펙티브 화면을 구성하는 각각의 창을 뷰^{view}라 한다. 다음은 자바 프로젝트 ch01 이 생성된 [Java] 퍼스펙티브 화면이다. 위에서 생성한 자바 프로젝트 ch01은 [Package Explorer] 뷰에서 확인할 수 있다.

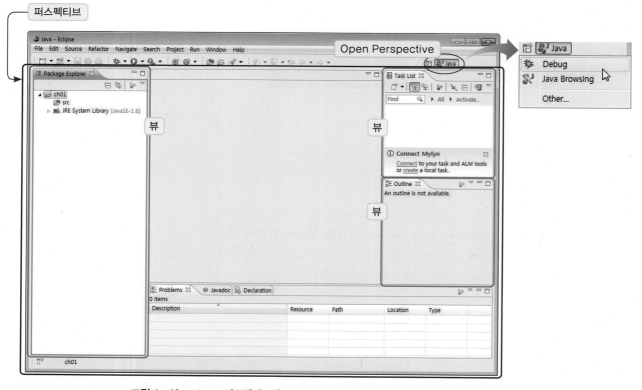

그림 1-40 ● Java 퍼스펙티브와 Package Explorer 뷰

이클립스에서 퍼스펙티브는 특정 작업^{task} 유형을 수행하거나 특정 자원 유형에 대해 작업할 기능 세트를 제공한다. 이클립스는 여러 개의 퍼스펙티브를 제공하는데 그 중 대표적인 것이 [Java]와 [debug]이다. 일반 자바 응용 프로그램을 위한 기본 퍼스펙티브가 바로 [Java]이다. **이클립스는 퍼스펙티브에 따라 구성되는 메뉴와 뷰의 종류 및 레이아웃이 달라진다.** 실행된 이클립스 화면의 오른쪽 상단에는 현재의 퍼스펙티브가 표시된다. 퍼스펙티브를 수정하려면 [Open Perspective]를 눌러 다른 퍼스펙티브를 선택할 수 있다.

자바 클래스 생성

자바 소스를 생성하려면 메뉴 [File/New/Class]를 선택한다. 대화상자 [New Java Class]에서 클래스 이름을 HelloJava로 입력하고 체크박스 [public static void main(String [] args)]를 체크한 후 [Finish] 버튼을 선택한다. **클래스 이름은 대소문자를 구분**하므로 주의해야 한다.

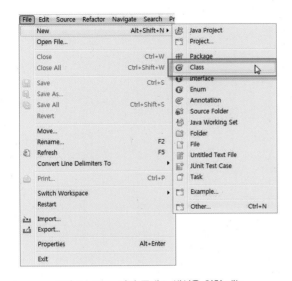

그림 1-41 ● 자바 클래스 생성을 위한 메뉴

그림 1-42 ● 클래스 생성 대화상자

자바 클래스 HelloJava가 생성되면 다음과 같이 화면 중앙에 소스 파일 HelloJava.java가 나타난다. 이클립스와 같은 통합개발환경을 사용하면 다음과 같이 소스 파일의 기본 골격을 자동으로 생성해 주는 장점이 있다.

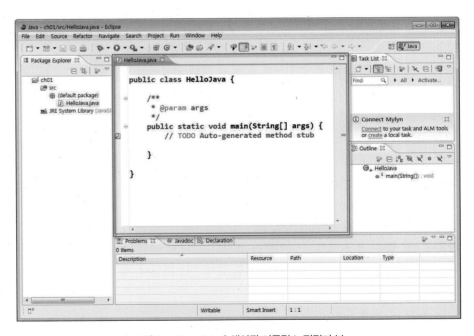

그림 1-43 ● 소스가 생성된 이클립스 편집기 뷰

3. 첫 번째 소스 작성과 실행

실습예제 1-1 │ 간단한 문장을 출력하는 첫 프로그램

HelloJava.java

```
01    public class HelloJava {
02
03        /**
04         * @param args
05         */
06        public static void main(String[] args) {
07            // TODO Auto-generated method stub
08
09            System.out.println("자바의 첫 프로그램입니다.");
10
11        }
12
13    }
```

결과 자바의 첫 프로그램입니다.

HelloJava.java

HelloJava.java는 간단한 문장을 출력하는 첫 프로그램이다. 자동으로 생성된 소스에서 System.out.println("자바의 첫 프로그램입니다."); 문장을 main() 메소드 내부에 삽입한다. 자바 문장도 대소문자를 구분하니 주의하여 코딩하도록 하자. **문장 System. out.println(자료값);은 콘솔에 자료 값을 한 행에 출력하는 기능을 수행한다.**

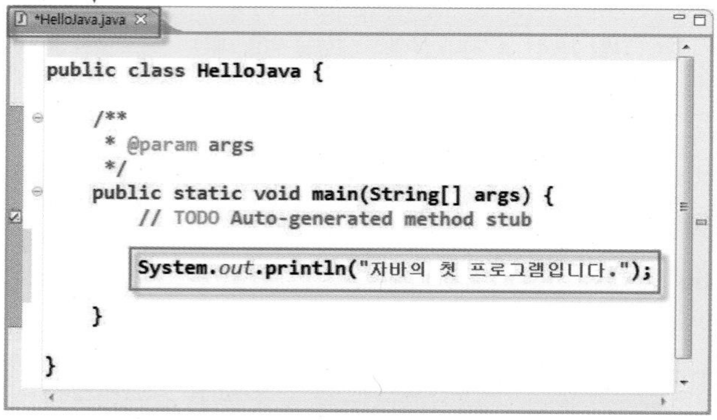

그림 1-44 • 오류가 없이 코딩된 소스

오류 발생

문법적으로 잘못된 입력이 있다면 오류가 발생한다. 자동으로 생성된 main() 메소드뿐만 아니라 모든 문장을 잘 살펴야 한다. 다음은 소스 HelloJava.java가 완성된 편집기 뷰의 모습이다. 자바 소스가 문법에 어긋나면 편집기에 붉은 밑줄이 나타나고 **행의 왼쪽에 x를 품은 전구 모양의 아이콘이 표시**된다. 파일 이름 앞에도 x 모양의 경고가 표시된다. **파일 이름 앞에 *는 파일이 저장되지 않은 것을 의미**하므로 수시로 저장하도록 한다. 다음은 흔히 발생하는 오류이니 주의하길 바란다.

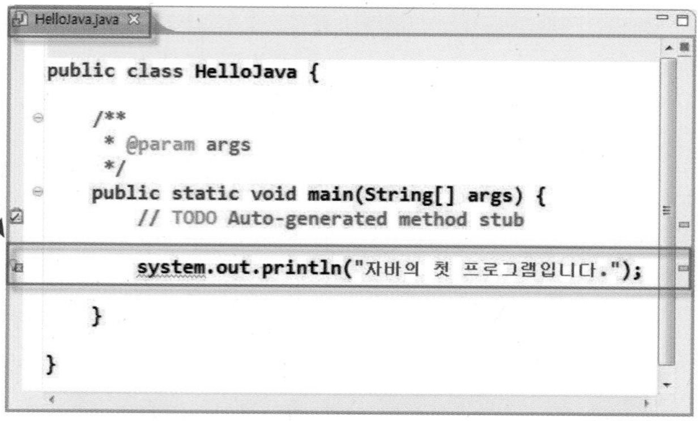

그림 1-45 • 오류가 발생한 편집기 뷰

① 괄호나 중괄호 또는 큰따옴표 등이 빠지면 오류가 발생

② 키워드 static void 등이 잘못 입력되거나 빠지면 오류가 발생

③ String 또는 System 등에서 S를 소문자로 잘못 입력한 경우 오류가 발생

④ 문장 뒤에 세미콜론 ;이 빠진 경우 오류가 발생

⑤ public class에서 순서가 바뀌어도 오류가 발생

자바 프로그램 실행

소스가 완성되면 메뉴 [Run/Run As/Java Application]을 선택하여 실행한다. 메뉴는 소스에서 마우스의 오른쪽 버튼으로도 선택할 수 있다. 또한 화살표 모양을 아이콘을 펼쳐 [Run As/Java Application]을 선택할 수도 있다. 단축 키 [ctrl]+[F11]로도 가능하다. **프로그램이 정상적으로 실행되면 [Console] 뷰에서 실행 결과를 확인할 수 있다.**

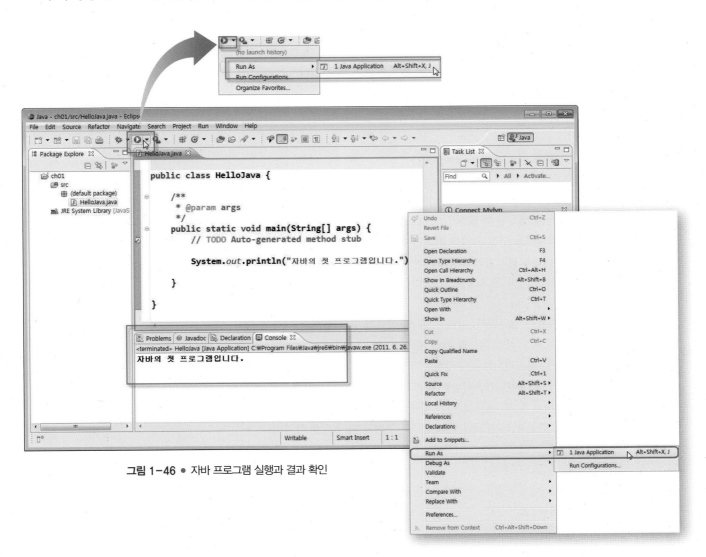

그림 1-46 ● 자바 프로그램 실행과 결과 확인

내용점검 연습

INTRODUCTION TO **JAVA** PROGRAMMING

1. 다음에서 서술 내용이 맞으면 O, 틀리면 X 하시오.

   ❶ 자바는 객체지향 프로그래밍 언어이다. (　　)
   ❷ 핫자바는 컴파일러이다. (　　)
   ❸ 자바는 C++ 언어를 기초로 만든 언어이다. (　　)
   ❹ 자바 소스의 파일 이름은 소스에서 public인 클래스 이름과 동일해야 한다. (　　)
   ❺ 자바 소스를 컴파일compile하면 바이트코드bytecode라 불리는 파일이 생성된다. (　　)
   ❻ 바이트코드의 확장자는 java이다. (　　)
   ❼ C 언어로 생성된 실행파일은 플랫폼에 의존하는 기계어로 구성된다. (　　)
   ❽ 이클립스를 사용하여 자바 프로그램을 개발할 경우 JDK는 필요 없다. (　　)
   ❾ 이클립스에서 자바 소스는 클래스로 생성한다. (　　)
   ❿ 자바의 주요 기술로는 Java SE, Java EE, Java ME 등이 있다. (　　)

2. 다음에서 비어있는 부분을 적당히 채우시오.

   ❶ 　　　　　　(은)는 각종 프로그램이 실행되는 하드웨어와 소프트웨어로 구성된 실행 환경이다.
   ❷ 자바 컴파일러에 의해 생성된 확장자가 .class인 　　　　　　(은)는 자바 가상 기계의 명령어인 기계어로 구성된 이진 파일이다.
   ❸ 　　　　　　(은)는 자바 컴파일러Compiler, 자바 인터프리터Interpreter, 자바 디버거Debugger 등의 개발도구와 함께 자바 프로그램이 실행될 수 있는 환경인 자바실행환경 JRE^Java Runtime Environment를 제공한다.
   ❹ 프로그램 개발에 필요한 컴파일러, 디버거, 링커, 에디터 등을 통합적으로 제공하는 개발환경을 　　　　　　(이)라 한다.
   ❺ 이클립스에서 하나의 퍼스펙티브를 구성하는 각각의 창을 　　　　　　(이)라 한다.
   ❻ 자바 기반의 대표적 프로젝트 컨소시엄은 넷빈과 　　　　　　(이)다.
   ❼ 　　　　　　(은)는 자바 API와 자바 가상 기계 그리고 자바 프로그램을 실행하기 위한 여러 콤포넌트component로 구성된 자바 실행 환경이다.
   ❽ 문장 　　　　　　(은)는 콘솔에 여러 자료 값을 한 행에 출력하는 기능을 수행한다.
   ❾ 이클립스에서 　　　　　　(은)는 프로그램 개발 과정에서 생성되는 여러 파일이 저장되는 장소이다.

⑩ 이클립스는 ▨▨▨▨▨▨▨ 에 따라 구성되는 메뉴와 뷰의 종류 및 레이아웃이 달라진다.

3. 다음 각각의 문제에서 가장 적절한 것을 하나 선택하시오.

❶ 다음 중 자바와 관련이 가장 적은 것은 무엇인가? (   )
　가) 그린 프로젝트　　　　　　나) 바이트코드
　다) 제임스 고슬링　　　　　　라) C언어

❷ 다음 중 자바의 특징과 가장 관련이 적은 것은 무엇인가? (   )
　가) 단순하다.　　　　　　　　나) 절차적 언어이다.
　다) 시스템에 독립적이다.　　　라) 번역 언어이다.

❸ 다음은 자바에 대한 설명이다. 다음 중 잘못 설명한 것은 무엇인가? (   )
　가) 자바는 포인터^{pointer}를 이용하지 않으며 메모리 관리가 보다 쉽고 간편하다.
　나) 자바는 함수를 클래스 단위로 개발하는 객체지향 언어이다.
　다) 하나의 플랫폼에서 만든 자바 프로그램은 다른 플랫폼에서 다른 작업 없이 실행이
　　　가능하다.
　라) 자바 바이트코드는 닷넷 프레임워크에서 인터프리터의 도움으로 실행된다.

❹ 다음 중 자바가 시스템에 독립적인 특징을 가능하게 하는 기술은 무엇인가? (   )
　가) 자바 소스와 이클립스　　　나) 자바 가상 기계와 자바 바이트코드
　다) JDK와 핫자바　　　　　　라) 자바 소스와 자바 API

❺ 다음 중 문자열을 출력하는 자바 문장으로 바른 것은 무엇인가? (   )
　가) System.out.println("자바");
　나) System.out.println("자바")
　다) System.out.println("자바");
　라) system.out.println("자바");

❻ 다음 중 자바 프로그램을 개발하기 위해 반드시 필요한 개발환경은 무엇인가? (   )
　가) 메모장　　　　　　　　　　나) 넷빈
　다) 이클립스　　　　　　　　　라) JDK

❼ 일반적으로 이클립스를 실행하면 제일 먼저 설정하도록 하는 것은 무엇인가? (   )
　가) 클래스　　　　　　　　　　나) 작업공간
　다) 자바 프로젝트　　　　　　라) 패키지

❽ 다음 중 이클립스를 사용한 자바 프로그램 개발 순서가 바른 것은 무엇인가? (   )
　가) 자바 프로젝트 생성 → 소스 작성 → 자바 클래스 생성 → 실행
　나) 소스 작성 → 자바 프로젝트 생성 → 자바 클래스 생성 → 실행

다) 자바 프로젝트 생성 → 자바 클래스 생성 → 소스 작성 → 실행

라) 소스 작성 → 자바 클래스 생성 → 자바 프로젝트 생성 → 실행

❾ 다음 중 소스파일 Hello.java를 컴파일하면 생성되는 파일 이름과 명칭이 바른 것은 무엇인가? (　)

가) hello.exe, 실행파일　　　　　나) Hello.class, 바이트코드

다) Hello.class, JVM　　　　　　라) hello.class, 실행파일

❿ 다음은 자바에 대한 설명이다. 다음 중 바르게 설명하고 있는 것은 무엇인가? (　)

가) 자바는 C#을 기본으로 개발된 언어이다.

나) 자바는 절차지향 언어이다.

다) 자바는 인터프리터 언어이다.

라) 자바는 시스템에 의존적인 언어이다.

4. 다음 이클립스의 소스 편집기를 보고 오류를 수정하시오.

❶
```
HelloJava.java ⊠
1
2 public class Hellojava {
3
4 }
5
```

❷
```
HelloWorld.java ⊠
1
2 public class HelloWorld {
3
4⊖    public static void main(String[] args) {
5        system.out.println("Hello World!");
6    }
7
8 }
9
```

❸
```
HelloEclipse.java ⊠
1
2 public class HelloEclipse {
3
4⊖    public static void main(String[] args) {
5        sysout("Hello Eclipse!");
6    }
7
8 }
9
```

❹

```
HelloNetbeans.java ⊠
1
2  public class HelloNetbeans {
3
4⊖     public static void main(String[] args) {
5          System.out.printline("Hello Netbeans!");
6      }
7
8  }
9
```

❺

```
HelloAndroid.java ⊠
1
2  public class HelloAndroid {
3
4⊖     public static void main(String[] args) {
5          System.out.println("Hello Android!);
6      }
7
8  }
9
```

5. 다음 프로그램 소스에서 오류를 찾아 수정하시오.

❶
```
class public JavaTest1 {
   public static void main(String[] args) {
      System.out.println("Java is simple.")
   }
}
```

❷
```
public class JavaTest2 {
   public static void main(String[] args)
      System.out.println("Java is simple.");
   }
}
```

❸
```
public class JavaTest3 {
   public static void main(String[] args) {
      System.out.println("Java is simple.");

   }
```

❹
```
public class JavaTest4
   public static void main(String[] args) {
      System.out.println("Java is simple.");
   }
}
```

❺

```
public class JavaTest5 {
    public static main(String[] args) {
        System.Out.println("Java is simple.");
    }
}
```

프로그래밍 연습

I N T R O D U C T I O N   T O   **J A V A**   P R O G R A M M I N G

1. 본인의 컴퓨터에 다음 프로그램의 최신 버전을 설치하고 설치된 폴더의 화면을 캡처하시오.
   - JDK
   - 이클립스: Eclipse IDE for Java Developers

2. 이클립스를 사용하여 다음 작업공간과 프로젝트를 생성하고 프로젝트 폴더의 화면을 캡처하시오.
   - 작업공간: [C:\Perfect Java]
   - 프로젝트 이름: exercise01

3. 위에서 만든 프로젝트에 클래스 **MyFirst**를 생성하시오.
   - 소스 파일이 있는 폴더를 캡처하시오.
   - 바이트코드가 있는 폴더를 캡처하시오.

4. 클래스 **MyFirst**에서 본인의 다음 정보를 각각 한 줄에 출력하는 프로그램을 작성하시오.
   - 대학
   - 학과
   - 학번

5. 위와 같은 프로젝트에 클래스 **MySecond**를 생성하여 다음과 같은 정보를 출력하는 프로그램을 작성하시오.

   자바는
   시스템에 독립적인
   객체지향 프로그래밍 언어이다.

CHAPTER
02

자바 프로그래밍 기초

INTRODUCTION TO JAVA PROGRAMMING

자바의 구조와 프로그래밍을 위한 다음 기본 지식을 이해하고 설명할 수 있다.

- 자바 클래스 구조, 필드와 메소드
- 패키지, 메소드 구현과 호출
- 키워드와 식별자
- 문장과 주석

자바의 자료형과 변수 선언 방법을 이해하고 설명할 수 있다.

- 자바의 기본 자료형 키워드와 크기
- 자바의 참조 자료형 분류
- 자바의 상수와 그 표현 방법
- 변수 선언과 초기화 방법
- 소속변수와 지역변수의 구분과 초기화

자바 프로그램에서 입력과 출력에 다양한 자료형을 사용할 수 있다.

- 클래스 **Scanner**를 이용하여 정수, 실수, 문자열과 같은 다양한 자료형의 입력
- 메소드 **print()**와 **println()**을 이용하여 정수, 실수, 문자열과 같은 다양한 자료형의 출력
- 메소드 **printf()**와 **format()**에서 형식 지정자 지정 방법
- 메소드 **printf()**와 **format()**을 이용하여 정수, 실수, 문자열과 같은 다양한 자료형의 출력

1. 자바 클래스와 패키지

클래스

자바의 프로그램 단위는 클래스이다. 일반적으로 하나의 클래스는 하나의 소스로 구성되며 클래스는 클래스 이름 이후에 중괄호의 블록^{block}으로 구성된다. **클래스 이름은 대소문자를 구분하며 public인 경우 반드시 파일 이름과 일치해야 한다.**

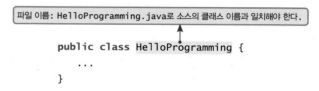

> 파일 이름: HelloProgramming.java로 소스의 클래스 이름과 일치해야 한다.

```
public class HelloProgramming {
    ...
}
```

그림 2-1 ● 자바 클래스

패키지

패키지는 관련된 다양한 자바 클래스가 모여있는 폴더이다. 패키지는 package 문장으로 패키지를 생성할 수 있다. package 문장은 자바 소스에서 맨 앞에 위치해야 한다. 패키지 이름에서 마침표(.)를 이용하여 하부 폴더를 정의할 수 있다. 다음 소스는 패키지 programming.basic을 생성하고 그 하부에 클래스 HelloProgramming을 생성한다.

> 패키지 이름: 마침표(.)는 하부 폴더를 의미한다.

```
package programming.basic;
```

> 클래스 HelloProgramming은 programming/basic 폴더에 생성된다.

```
public class HelloProgramming {

    ...

}
```

그림 2-2 ● [New Java Class] 대화상자에서 패키지 programming.basic 생성

이클립스에서 패키지는 쉽게 생성할 수 있다. 프로젝트에서 클래스 생성 시 이용하는 [New Java Class] 대화상자에서 [Package:] 이름을 기술하면 생성되는 소스에 자동으로 package 문장이 삽입된다. 패키지만을 따로 생성하려면 메뉴 [File/New/Package]를 선택하여 나타난 대화상자 [New Java Package]에서 [Name:]에 패키지 이름을 기술하여 생성할 수 있다.

TIP **이클립스에서 패키지의 생성**

이클립스에서 패키지만을 만드는 방법을 알아보자. 패키지는 클래스를 만들면서 생성할 수도 있으나 필요하면 패키지만을 먼저 만들 수도 있다. [패키지 탐색기]의 만들려는 패키지가 위치할 src 폴더에서 오른쪽 마우스를 눌러 메뉴 [New/Package]를 선택한다. 표시된 대화상자 [New Java Package]에서 [Source folder]를 확인하고 만들 패키지 이름을 입력한 후 [Finish] 버튼으로 패키지를 생성할 수 있다. 처음 만들어진 패키지는 다음 그림과 같이 빈 꾸러미 모양으로 표시된다. 패키지에서 바로 클래스를 생성하면 자동으로 지정한 패키지 이름으로 소스가 생성된다.

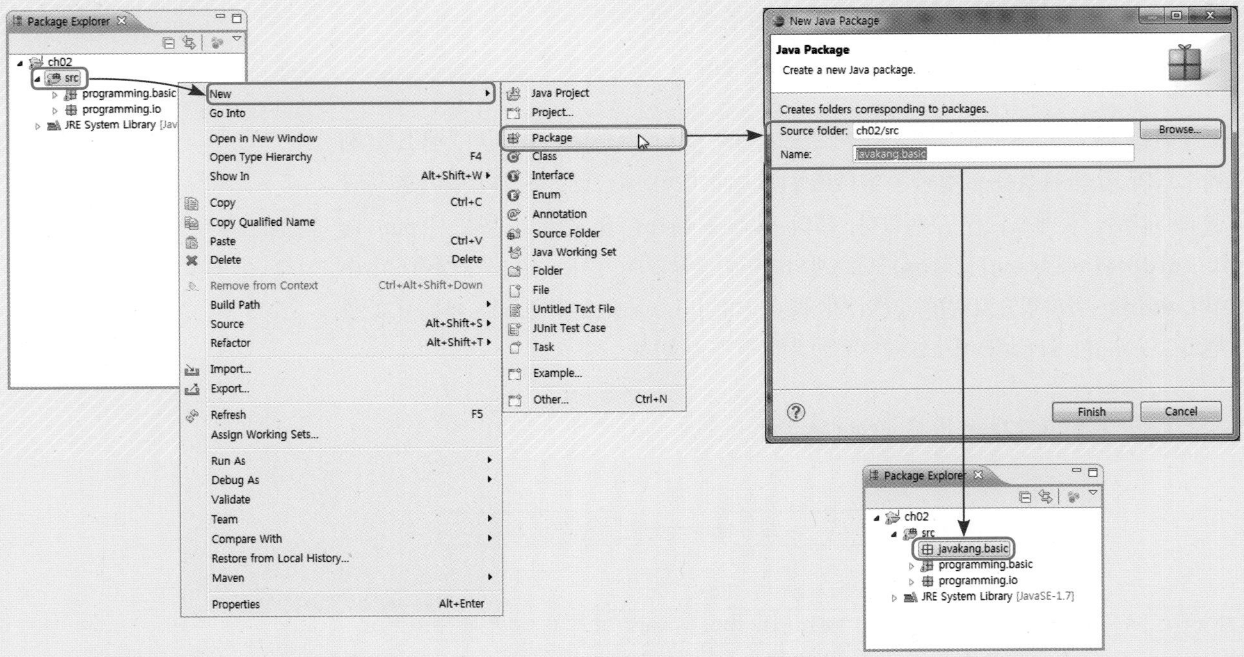

그림 2-3 • 이클립스에서 패키지 생성 방법

2. 자바 클래스 구조

필드와 메소드

자바의 클래스 내부는 필드field**와 메소드**method**로 구성된다.** 필드는 소속변수membered variables라고도 하며 메소드는 절차지향 언어procedural language에서 말하는 함수function와 같은 기능을 수행한다. 특히 **main() 메소드는 특별한 메소드로 자바 프로그램이 실행되는 문장이 기술**된다.

Note

메소드 main()이 속한 클래스만이 인터프리터에 의해 실행될 수 있다.

```
public class 클래스이름 {
    //필드 (소속변수) 선언
    ...
    //메소드 구현
    ...
}
```

그림 2-4 ● 클래스 구조

메소드 구현은 메소드 헤드method head와 메소드 블록method block으로 구성된다. 메소드 헤드는 메소드의 여러 특성을 표현한 수정자 반환형 메소드이름(인자목록)으로 구성되며 이후 중괄호의 블록 내부에서 메소드를 구현한다. 특히 메소드 main()은 헤드가 반드시 public static void main(String[] args)으로 정의되어야 한다. 여기서 public static이 수정자이며, void는 반환형으로 반환 값이 없다는 의미이다. main()이 메소드 이름이고 괄호 내부의 String[] args를 메소드 인자method arguments라 한다.

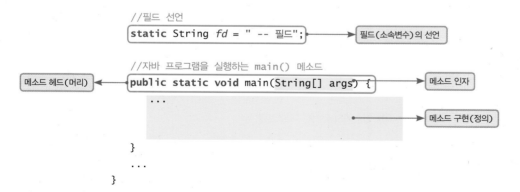

그림 2-5 ● 클래스 내부의 필드와 메소드

메소드 구현과 호출

다음 프로그램 HelloProgramming은 필드 2개를 선언하고, main() 메소드와 write() 메소드를 구현^{implementation}한 클래스이다. 소스의 10줄에서 14줄까지 main() 메소드가 구현되고 있으며, 17줄에서 19줄까지 write() 메소드가 구현되어 있다. main() 메소드 내부에서 write() 메소드를 두 번 호출하고 있다. 메소드 호출$^{method call}$은 구현된 메소드를 실행시키는 방법으로 메소드 이름에 적절한 인자를 넣어 기술해야 한다. 즉 12줄과 13줄의 write(fd), write(md)에서 write() 메소드를 호출하고 있다.

실습예제 2-1 │ 자바의 클래스 구조를 알기 위한 프로그램

HelloProgramming.java

```
01    package programming.basic;
02
03    public class HelloProgramming {
04
05        //필드 선언
06        static String fd = " -- 필드";
07        static String md = " -- 메소드";
08
09        //자바 프로그램을 실행하는 main() 메소드 구현
10        public static void main(String[] args) {
11            System.out.println("자바 클래스의 구조");
12            write(fd);
13            write(md);
14        }
15
16        //프로그래머가 정의하는 메소드 write()의 구현
17        public static void write(String word) {
18            System.out.println(word);
19        }
20    }
```

→ 메소드 헤드(머리)

→ 메소드 구현(정의)

write() 메소드 호출

Note

메소드 main()의 구현 11, 12, 13줄을 실행하고 종료한다. 각각 12, 13줄에서 17줄로 이동하여 18줄의 출력을 실행한 후 다시 main()으로 돌아온다.

결과 자바 클래스의 구조
　　　 -- 필드
　　　 -- 메소드

3. 이클립스 설정

이클립스에서 환경설정 메뉴는 [Window/Preferences]이다. 편의를 위한 몇 가지 환경설정에 대하여 알아보자.

줄 번호 보이기

편의를 위하여 이클립스 편집기에서 소스의 줄 번호가 보이도록 환경을 설정하자. 메뉴 [Window/Preferences]를 선택한다. [Preferences] 대화상자에서 왼쪽의 설정 항목에서 [General]을 펼쳐 [Editors] 하부 [Text Editors]를 클릭한다. 대화상자의 오른쪽에 나타난 자바 편집기에 대한 설정에서 체크 박스 [Show line numbers]를 선택한다. 또한 하단부의 [Appearance color options]에서 [Line number foreground]을 누르고 기본 값인 검은 색을 원하는 색상으로 수정할 수 있다.

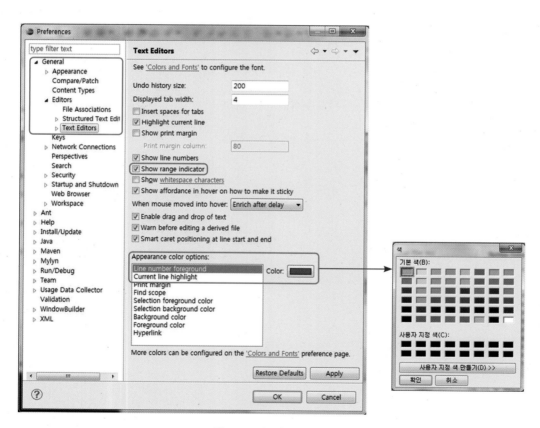

그림 2-6 ● 줄 번호 표시 선택

편집기 폰트 수정

편집기 폰트를 수정하려면 [Preferences] 대화상자에서 왼쪽의 설정 항목에서 [General]을 펼쳐 [Appearance] 하부 [Colors and Fonts]를 클릭한다. 대화상자의 오른쪽에서 [Basic] 하부 [Text Font]를 선택한 후 [Edit] 버튼을 눌러 원하는 폰트로 수정할 수 있다.

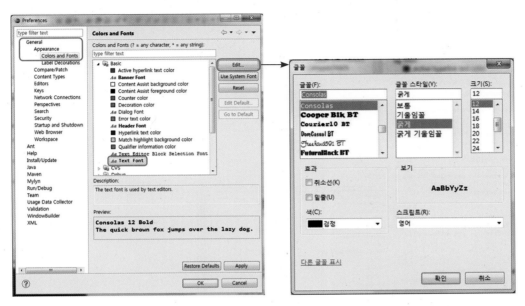

그림 2-7 ● 편집기 폰트 수정

자바의 다양한 실행 방법

자바 프로그램을 실행하는 방법은 다양하다. 패키지 탐색기 뷰나 편집기에서 실행할 파일을 선택한 후 이클립스의 도구상자에서 [Run] 아이콘을 누르면 바로 실행된다. 또는 [Run] 아이콘의 아래 화살표를 눌러 이전에 실행된 클래스를 선택하여 실행할 수 있으며, 메뉴 [Run As/Java Application]으로도 실행 가능하다. 주메뉴 [Run/Run] 또는 [Run/Debug]으로도 실행할 수 있으며, 간단히 단축 키 [F11]^{debug} 또는 [Ctrl]+[F11]^{run}로도 가능하다.

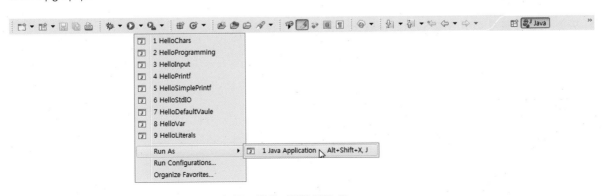

그림 2-8 ● 도구상자를 이용한 다양한 실행 메뉴

4. 이클립스 단축 키와 아웃라인 뷰

단축 키 보기

이클립스에서 사용될 수 있는 다양한 단축 키는 [Ctrl]+[Shift]+[L]을 누르면 이클립스의 우측 하단에서 볼 수 있다. 또한 주 메뉴에서 [Help/Key Assist…]의 선택으로도 가능하다.

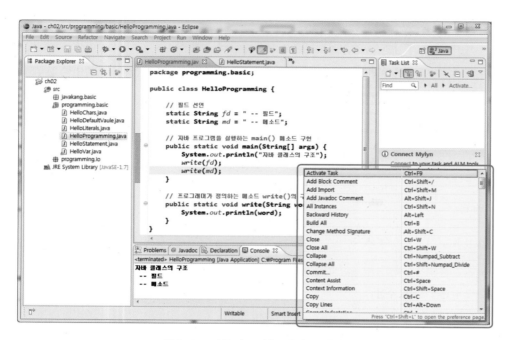

그림 2-9 ● 단축 키 보기 [Ctrl]+[Shift]+[L]

[Ctrl] + [Space] 키 활용

이클립스에서 소스 작성 시 활용할 수 있는 기능 중에 코드 도움 키가 있다. 즉 코드 작성 중에 [Ctrl]+[Space] 단축 키를 누르면 도움 코드가 표시된다. 또는 자주 사용하는 코드에 대해 간단한 단어를 입력하고 [Ctrl]+[Space] 단축 키를 누르게 되면 완성된 코드를 화면에 표현해 주는 기능이다. **표준출력을 위하여 간단히 sysout을 입력한 후 [Ctrl]+[Space] 단축 키를 누르게 되면 문장 System.out.println();이 완성된다.** 또한 편집기에서 [Ctrl]+[Shift]+[F] 단축 키는 소스의 들여쓰기 등 포맷^{format}을 정리해 준다.

Note

주요 단축 키

- [Ctrl]+[F11]: 실행
- [Ctrl]+[L]: 편집기에서 원하는 줄 번호로 이동
- [Ctrl]+[Space]: 코드 도움 또는 템플릿 호출
- [Ctrl]+[Shift]+[F]: 코드 포맷팅
- [Ctrl]+[Shift]+[O]: 필요한 클래스의 패키지 import하기

그림 2-10 ● 코드 템플릿 호출 [Ctrl]+[Space]

아웃라인 뷰

다음은 예제 HelloProgramming을 실행한 후의 이클립스 화면이다. 화면의 가장 오른쪽 하단에 있는 아웃라인^{Outline} 뷰를 살펴보면 클래스 HelloProgramming의 내부 메소드의 이름과 필드를 요약하여 설명하고 있는 것을 볼 수 있다. 즉 아웃라인 뷰는 클래스의 내부 정보인 필드와 메소드를 요약한 화면이다. 아웃라인 뷰의 클래스 이름, 필드 이름, 메소드 이름 등을 클릭하면 편집기의 그 부분으로 이동할 수 있다.

그림 2-11 ● 아웃라인 뷰

그림 2-12 ● 정돈된 이클립스 화면

5. 키워드와 식별자

키워드

프로그래밍 언어에서 **문법적으로 의미 있는 단어로 사용하기 위해 미리 정의해 놓은 단어를 키워드**^{keyword}라 한다. 키워드는 예약어^{reserved word}라고도 한다. 다음은 자바에서 사용하는 48개 키워드이다. 키워드 goto와 const는 현재 자바 키워드이나 실제 사용하지는 않는다.

abstract	class	extends	import	private	switch	volitile
assert	const *	final	instanceof	protected	synchronized	while
boolean	continue	finally	int	public	this	
break	default	float	interface	return	throw	
byte	do	for	long	short	throws	
case	double	goto *	native	static	transient	
catch	else	if	new	strictfp	try	
char	enum	implements	package	super	void	

그림 2-13 ● 자바의 키워드

식별자

식별자^{identifiers}**는 프로그래머가 정의하여 사용하는 단어**이다. 대표적인 식별자로는 클래스 이름, 변수 이름과 함수 이름 등을 들 수 있다. 식별자는 대소문자 알파벳의 영문자, 숫자(0~9), 밑줄(_), 달러 기호($)로 구성되며 다음과 같은 규칙이 있다.

① 키워드는 식별자로 이용할 수 없다. 즉 키워드 byte, case 등은 식별자가 될 수 없다.
② 식별자의 첫 문자로 숫자가 나올 수 없다. 즉 77fortran, 2020year 등은 식별자가 될 수 없다.
③ 식별자는 대소문자를 구별하므로 변수 Count, count, COUNT는 모두 다른 변수로 취급되며 중간에 공백^{space} 문자가 들어갈 수 없다.
④ 자바는 유니코드^{unicode}를 지원하므로 식별자로 한글을 이용할 수 있으나 실무 프로그램에서 한글 사용은 권장하지 않는다.

> **Note**
>
> 다음은 잘못된 식별자이다.
>
> • int, double, static, switch, while
> • 2016olympic, 2014worldcup
> • World cup
> • lee@gmail.com
> • var1+var2

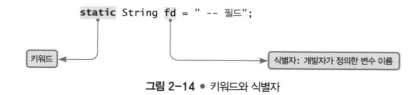

그림 2-14 ● 키워드와 식별자

키워드 색상 수정

키워드 색상을 수정하려면 [Preferences] 대화상자에서 왼쪽의 설정 항목에서 [Java]를 펼쳐 [Editors] 하부 [Syntax Coloring]을 클릭한다. 대
화상자의 오른쪽에서 [Java] 하부 [Keywords excluding 'return']을 선택한 후 [색상]을 눌러 원하는 색으로 수정할 수 있다.

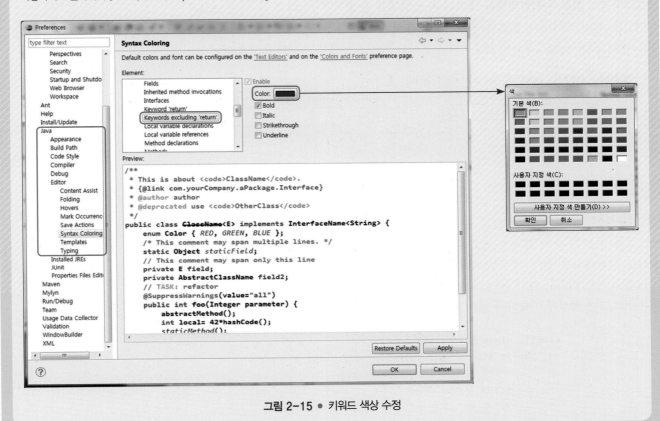

그림 2-15 ● 키워드 색상 수정

6. 문장과 주석

문장과 블록

프로그램에서 **컴퓨터에게 명령을 내리는 최소 단위를 문장**statement이라 한다. 자바 문장은 세미콜론 ;으로 종료된다. 블록은 중괄호를 사용하며 여러 문장으로 구성된다. 블록은 클래스 정의 또는 메소드 정의에 사용되며 사용자가 임의로 블록을 구성할 수도 있다.

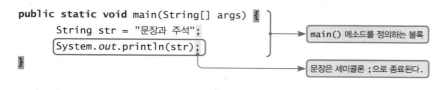

```
public static void main(String[] args) {
    String str = "문장과 주석";
    System.out.println(str);
}
```

main() 메소드를 정의하는 블록

문장은 세미콜론 ;으로 종료된다.

그림 2-16 • 문장과 블록

인덴테이션

프로그램 소스 작성 시 **클래스 정의에서 필드나 메소드의 첫 글자는 탭**tab**만큼 들여쓰는 방식을 인덴테이션**indentation 들여쓰기 **이라 한다.** 메소드 정의의 블록에서 첫 문장은 메소드 헤드 문장에서 탭만큼 다시 들여써야 한다. 블록에서는 항상 들여쓰기를 한다. **인덴테이션은 프로그램 작성에 익숙하지 않은 초보자에게는 매우 중요한 코딩 방식이다.**

Note

이클립스 편집기에서 코딩 시 인덴테이션은 자동으로 수행된다. 인덴테이션이 바르지 않다고 판단되어 단축 키 [Ctrl]+[Shift]+[F]를 누르면 코드 모양이 바로 잡힌다.

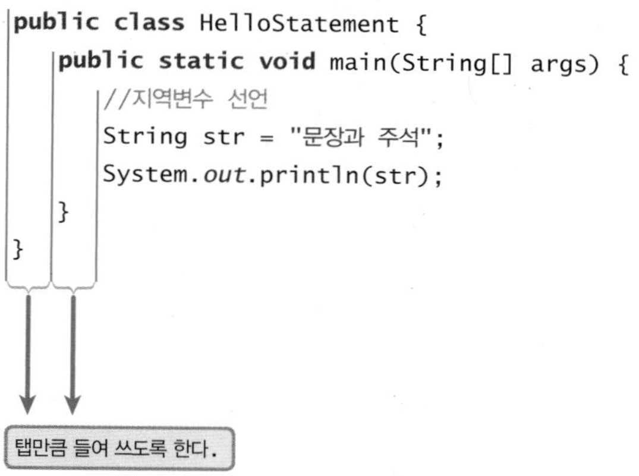

```
public class HelloStatement {
    public static void main(String[] args) {
        //지역변수 선언
        String str = "문장과 주석";
        System.out.println(str);
    }
}
```

탭만큼 들여 쓰도록 한다.

그림 2-17 • 인덴테이션

주석 //와 /* … */

문장과 달리 프로그램 내용에는 전혀 영향을 미치지 않는 설명문을 주석^{comments}**이라 한**
다. 주석 //은 한 줄 주석으로 // 이후부터 그 줄의 마지막까지 주석으로 인식한다. 블
록 주석 /*은 주석 시작을 표시하며 */은 주석 종료를 표시한다. 그러므로 주석 /* … */
은 여러 줄에 걸쳐 주석을 사용할 수 있다. 프로그램의 처음 부분에는 작성자와 소스파일
관련 정보를 주석으로 처리한다. 주석은 프로그래밍을 하는 본인뿐만 아니라 프로그램을
읽는 모든 사람이 이해할 수 있도록 기술되어야 한다.

| 실습예제 2-2 | 자바의 문장과 주석을 알기 위한 프로그램

HelloStatement.java

```
01   /*                  ▶ 주석 시작
02   *   작성자: 강 환수
03   *   프로젝트: Chapter 02                    블록 주석
04   *   파일: HelloStatement.java
05   *   내용: 문장과 주석을 살펴보는 프로그램
06   */                  ▶ 주석 종료
07
08   //패키지 정의                               한 줄 주석
09   package programming.basic;
10
11   public class HelloStatement {
12       public static void main(String[] args) {
13           //키워드 case는 식별자로 사용 불가
14           //String case = "문장과 주석";
15
16           //지역변수 선언
17           String str = "문장과 주석";
18           System.out.println(str);
19       }
20   }
```

결과 　문장과 주석

02 자료형과 변수

1. 자바의 자료형

기본형과 참조형

자바의 자료형^{data types}은 크게 기본형과 참조형으로 분류한다. 기본형^{primitive data type}은 다시 논리형, 문자형, 정수형, 실수형으로 나누고 참조형^{reference data type}은 배열^{array}, 클래스^{class}, 인터페이스^{interface}로 나눈다. 기본형으로 사용되는 자료형은 boolean, char 등 8가지 키워드이다. 참조형은 프로그래머가 직접 생성할 수 있으므로 매우 다양한 이름이 사용된다.

기본형은 변수의 저장공간에 값 자체가 저장된다. 그러나 참조형은 변수의 저장 공간에 참조 값이 저장된다. 참조 값이

구분	분류	키워드
기본형	논리형	boolean
	문자형	char
	정수형	byte, short, int, long
	실수형	float, double
참조형	배열	int [], float [] 등 다양
	클래스	String, Date 등 다양
	인터페이스	Runnable, Enumeration 등 다양

표 2-1 ● 자바의 자료형

란 C 언어의 주소와 같이 실제 값이 저장된 객체^{object}를 가리키는 참조 값을 의미한다. 다음 그림과 같이 참조형은 개념적으로 객체를 가리킨다는 의미의 화살표로 이해하면 편리하다.

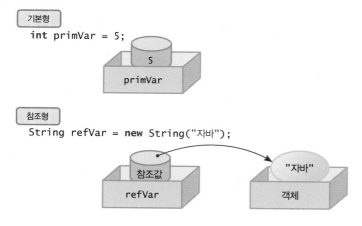

그림 2-18 ● 기본형과 참조형의 차이

자료형 크기

정수와 실수를 표현하는 자료형이 다양한 이유는 그 표현 범위가 다르기 때문이다. 다음은 기본형의 키워드와 크기, 값의 범위를 나타낸다. 문자형과 정수형은 크게 보면 모두 정수를 표현하는 같은 유형의 자료형이라 볼 수 있으나 문자형은 문자 코드 값인 양수만을 2바이트로 표현하며, 정수형은 음수와 양수 모두를 표현할 수 있다. 그러므로 char와 short는 크기는 같더라도 표현 범위는 다르다.

Note

자바 기본 자료형과 크기는 암기하면 편리하다. 일반적으로 n비트 크기의 저장 공간에서 표현할 수 있는 정수의 종류는 2^n가지이며 범위로는 $0 \sim 2^n-1$ 또는 $-2^{n-1} \sim 2^{n-1}-1$ 이다.

분류	키워드	크기	상대적 크기 비교	최소 ~ 최대	지수형태 범위
논리형	boolean	1바이트		false, true	
문자형	char	2바이트		\u0000 ~ \uffff, [0 ~ 65,535]	$0 \sim 2^{16}-1$
정수형	byte	1바이트		−128 ~ 127	$-2^7 \sim 2^7-1$
	short	2바이트		−32,768 ~ 32,767	$-2^{15} \sim 2^{15}-1$
	int	4바이트		−2,147,483,648 ~ 2,147,483,647	$-2^{31} \sim 2^{31}-1$
	long	8바이트		$-2^{63} \sim 2^{63}-1$	$-2^{63} \sim 2^{63}-1$
실수형	float	4바이트		(+, −)1.4E-45 ~ 3.4028235E38	
	double	8바이트		(+, −)4.9E-324 ~ 1.7976931348623157E308	

표 2-2 • 자바의 자료형

자료형 byte는 크기가 1바이트로 −128에서 127까지 표현이 가능하다. 자료형 int는 음수와 양수로 약 21억 정도까지 표현이 가능하다. 그러므로 지구에서 태양까지 거리인 약 1500억 m를 저장하려면 자료형 long을 사용해야 한다. 마찬가지로 실수에서보다 크거나 정밀한 실수를 사용하려면 4바이트인 float보다 8바이트인 double을 사용해야 한다.

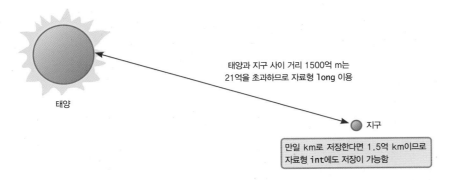

태양과 지구 사이 거리 1500억 m는
21억을 초과하므로 자료형 long 이용

태양

지구

만일 km로 저장한다면 1.5억 km이므로
자료형 int에도 저장이 가능함

그림 2-19 • 적절한 범위의 자료형 사용

2. 상수와 표현

상수

프로그램에서 상수^{literals}란 소스에 그대로 표현할 수 있는 다양한 자료 값을 말한다. 즉 10, 24.3과 같은 수, "자바는 흥미롭습니다."와 같은 문자열이 그 예이다. 상수는 다음 표와 같이 논리, 문자, 정수, 실수, 문자열 등이 있다. **정수 상수에서 숫자 앞의 0^{zero}은 8진수를, 0x 또는 0X는 16진수를 나타낸다.** 또한 **0b1010과 같이 01로만 구성되는 수 앞에 0b를 붙이면 이진수 표현 방법**^{자바 SE 7.0에 추가된 기능}**으로 사용할 수 있다.**

분류	자료형	상수	비고
논리형	boolean	true, false	2개 이외에는 없음
문자형	char	'A', '자', '%', '\\','\n', '\23'(8진수 코드 값) '\u2344' (16진수 코드 값)	작은 따옴표로 표기
정수형	int	10, 45(십진수), 0b1010(이진수 1010), 020(8진수 20), 0x1d(16진수 1d)	0X1D와 같이 대문자도 가능
	long	32l, 220000000L	정수 뒤에 l이나 L 표기
실수형	float	3.14f, 5.25F	반드시 실수 뒤에 f나 F 표기
	double	$2.98e2(2.98*10^2)$ $5.8E-2(5.8*10^{-2})$ 3.75, 3.2d, 5.78D	e와 E 모두 가능 실수 뒤에 d나 D도 사용 가능
문자열	String	"문자의 모임이 문자열이래!"	큰 따옴표로 표기

표 2-3 • 자바의 다양한 상수

숫자에 사용하는 밑줄 _

숫자 상수를 표현하는 중간에 밑줄 _은 자릿수를 구분하는 구분자^{자바 SE 7.0에 추가된 기능}**로 사용할 수 있다.** 일상 생활에서 쉼표를 사용하여 32,767과 같이 사용하듯이 32_767이라고 사용할 수 있다. 이 밑줄 사용은 어느 위치에도 사용될 수 있다.

```
long creditCardNumber = 1234_5678_9012_3456L;
long socialSecurityNumber = 999_99_9999L;
short sh = 32_767;
float pi = 3.14_15F;
```

그림 2-20 • 숫자 상수의 _사용

HelloLiterals.java

```
01  /*
02   * 내용: 상수와 그 표현을 살펴보는 프로그램
03   */
04  package programming.basic;
05
06  public class HelloLiterals {
07      static long creditCardNumber = 1234_5678_9012_3456L;
08      static long socialSecurityNumber = 999_99_9999L;
09      static float pi = 3.14_15F;
10
11      public static void main(String[] args) {
12          System.out.println(0b1010);        //이진수
13          System.out.println(016);           //8진수
14          System.out.println(0x1F);          //16진수
15          System.out.println(3.14f);         //float 형
16          System.out.println(3.1415D);       //double 형
17          System.out.println(creditCardNumber);
18          System.out.println(socialSecurityNumber);
19          System.out.println(pi);
20      }
21  }
```

결과
```
10
14
31
3.14
3.1415
1234567890123456
999999999
3.1415
```

특수문자

인쇄할 수 없는 문자나 특수한 문자를 표현하고자 하는 경우는 역슬래시(\)를 쓰고 문자나 숫자를 써서 나타낼 수 있다. 다음은 자바에서 표현되는 다양한 문자 표현 방법이다. 자바는 유니코드를 지원하므로 한글문자 '가'는 유니코드 표현 방식인 '\uac00'으로 표현 가능하다.

문자표현	이름	의미
\n	New line	새로운 행으로 이동
\t	Tab	탭만큼 이동
\b	Back space	하나 뒤로 이동
\r	Carriage return	현재 행의 처음으로 이동
\f	Form feed	새 페이지의 처음으로 이동
\\	Back slash	\(역슬래시) 문자
\'	Single quote	'(작은 인용부호) 문자
\"	Double quote	"(큰 인용부호) 문자
\ddd	d는 8진수의 한 자릿수	\0에서 \377(\u00ff)까지, 8비트의 정보만 입력 가능
\udddd	d는 16진수의 한 자릿수	반드시 4자리를 기술

표 2-4 ●특수 문자 표현 방법

더알아보기

유니코드(Unicode)

범위	문자	문자 셋
\u0030 ~ \u0039	0-9	ISO-LATIN-1 digits
\u0024	$	Dollar Sign
\u0041 ~ \u005a	A-Z	Latin Capital
\u0061 ~ \u007a	a-z	Letters
\uac00 ~ \ud7a3	가-힣	Latin Small

먼저 유니코드의 탄생 배경을 살펴보자. 아스키 코드는 영어 문자를 기반으로 하는 문자를 위한 코드 체계로 한 문자를 1바이트로 표현한다. 그러므로 이러한 코드는 한글과 같은 동양권의 2바이트 문자 체계를 수용하기에는 무리가 있다. 또한 동양권의 컴퓨터 관련 시장을 공략하기 위해서도 미국 등의 유수의 S/W, H/W 업체에게는 문자코드 문제가 가장 시급한 걸림돌이었다. 이러한 문제를 해결하기 위한 방법으로 기존의 아스키에서 사용하는 8비트 체계에서 벗어나 전 세계의 문자를 모두 표현하기 위한 2바이트인 16비트로 확장된 코드 체계가 유니코드이다. 1980년 중반부터 논의가 시작되어 1995년 65,536자의 코드영역에 언어학적으로 분류하여 한·중·일을 포함해 세계 유수의 언어 문자를 배열해 만든 유니코드가 ISO에 상정 확정되었으며, 현재 계속 수정 보완하고 있다. 프로그램 언어에서 문자를 저장할 때 문자 코드를 이용하는데, C 언어에서는 아스키 코드를 이용하고 있으며, 자바 언어는 유니코드를 이용한다. 유니코드의 표현은 주로 \u로 시작하는 16진수의 4자리로 2바이트의 코드 값을 표현한다. 즉 유니코드의 코드 영역은 \u0000에서 \uFFFF까지 모두 65536개이다. 유니코드에서 완성형 한글은 \uAC00에서 \uD7A3을 이용하며, 문자 '가'에서 '힣'까지 표현 가능하다. 유니코드 \uAC00은 비트로 '1010 1100 0000 0000'인 2바이트의 표현을 간결하게 한 표현으로 문자 '가'를 표현한다. 또한 한글 문자에서 문자 '한'은 유니코드로 \uD55C이며, '글'은 \uAE00이다. 유니코드의 홈페이지는 www.unicode.org이며, 유니코드의 전체 코드 표는 다음 주소를 참조하자.

ftp://ftp.unicode.org/Public/UNIDATA/UnicodeData.txt

HelloLiterals.java

```
01   /*
02    * 내용: 문자와 특수 문자의 표현 방법을 알아보는 프로그램
03    */
04   package programming.basic;
05
06   public class HelloChars {
07      public static void main(String[] args) {
08         System.out.println('a');              //일반문자
09         System.out.println('\\');             //특수문자
10         System.out.println('\142');           //코드 값 8진수 표현
11         System.out.println('\uAC00');         //코드 값 16진수
12         System.out.println('\uAC01');         //코드 값 16진수
13         System.out.println('강');             //일반문자
14      }
15   }
```

결과

```
a
\
b
가
각
강
```

3. 변수 선언과 초기화

변수 선언

변수^{variables}는 자료 값을 저장하는 공간이다. 변수를 사용하기 위해서는 먼저 변수 선언^{variables} ^{declaration} 과정이 필요하다. 변수 선언은 자료형과 변수 이름^{variable name}을 나열하여 표시한다. 선언된 변수에 자료 값을 저장하려면 대입연산^{assignment operator}의 기호인 =를 사용한다.

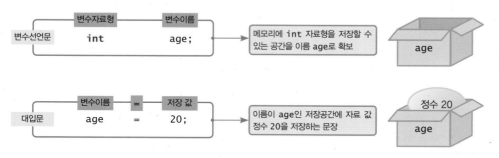

그림 2-21 ● 변수선언과 대입문

초기 값 지정

변수를 선언한 이후에는 반드시 값을 저장하도록 한다. 이를 변수의 초기화^{variables initialization}라 한다. 다음과 같이 변수를 선언하면서 바로 초기 값을 저장하는 방법도 제공한다.

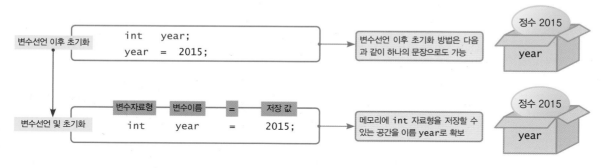

그림 2-22 ● 변수선언과 초기화 방법

여러 변수의 선언

하나의 변수선언 문장으로 여러 개의 변수를 선언할 수 있다. 변수선언 문장에서 자료형 키워드 이후에 여러 변수를 콤마로 구분하여 나열한다. 또한 이 문장에서 필요한 변수에 각각 초기 값 저장도 가능하다.

```
int a, b, c;                   //여러 변수선언
int x, y = 3, x = 1;           //부분적으로 초기값 대입
int num1 = 30, num2 = 20;      //모든 초기값 대입
```

그림 2-23 ● 여러 변수의 선언과 초기 값 대입

실습예제 2-5 │ 변수 선언과 초기 값 대입을 알아보는 프로그램

HelloVar.java

```
01  /*
02   * 내용: 변수의 선언과 초기 값 대입 프로그램
03   */
04  package programming.basic;
05
06  public class HelloVar {
07     public static void main(String[] args) {
08        byte b = 0xA;
09        short s = 32767;                 //32768은 문법 오류 발생
10        long distance = 1500_00_000000L; //21억을 초과하므로 L은 반드시 필요
11        double d = 1500E8D;              //정수형이 아님에 주의
12        //변수 x는 사용하지 않으므로 경고 발생
13        int x, y = 10, z = 20;           //int 형의 여러 변수 선언
14
15        System.out.println(b);
16        System.out.println(s);
17        System.out.println(distance);
18        System.out.println(d);
19        System.out.println(y);
20        System.out.println(z);
21     }
22  }
```

결과
```
10
32767
150000000000
1.5E11
10
20
```

4. 소속변수와 지역변수, 변수의 기본 값

소속변수의 기본 값

자바의 변수는 지역변수^{local variables}와 소속변수^{membered variables}로 나눌 수 있다. 소속변수는 클래스 내부에 소속된 변수로서 대부분의 메소드에서 사용할 수 있으며, 필드^{field}라고도 부른다. 반면 지역변수는 메소드 내부에서 선언되는 변수로 선언된 메소드 내부에서만 사용할 수 있다.

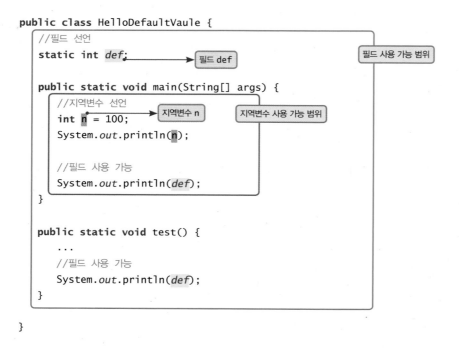

```
public class HelloDefaultVaule {
    //필드 선언
    static int def;                          → 필드 def        필드 사용 가능 범위

    public static void main(String[] args) {
        //지역변수 선언
        int n = 100;              → 지역변수 n     지역변수 사용 가능 범위
        System.out.println(n);

        //필드 사용 가능
        System.out.println(def);
    }

    public static void test() {
        ...
        //필드 사용 가능
        System.out.println(def);
    }
}
```

그림 2-24 ● 필드와 지역변수의 선언과 사용

소속변수는 변수 선언 시 초기 값을 저장하지 않아도 기본 값^{default value}이 저장된다. 필드의 기본 값은 다음과 같이 자료형에 따른 0에 해당하는 값이다. 참조형인 String 자료의 기본 값은 null이다.

자료형	byte, short, int	long	float	double	char	boolean	참조 자료형
기본 값	0	0L	0.0F	0.0D	'\u0000'	false	null

표 2-5 ● 필드의 기본 값

지역변수의 초기 값 미지정 오류

필드와 달리 지역변수는 변수 선언 시 초기 값을 저장하지 않고 사용하면 컴파일 오류가 발생한다. 그러므로 지역변수는 선언 후 사용 전에 반드시 초기 값을 저장한 후 사용해야 한다.

```
public static void main(String[] args) {
    int n;
    System.out.println(n);
}
```

위와 같은 오류가 발생하며 초기 값이 없는 지역변수는 사용할 수 없다.

The local variable n may not have been initialized

그림 2-25 ● 지역변수의 초기 값 미지정 오류

| 실습예제 2-6 | 필드와 지역변수의 초기 값을 알기 위한 프로그램

HelloDefaultValue.java

```java
01  /*
02   * 내용: 필드와 지역변수의 초기 값 체크 프로그램
03   */
04  package programming.basic;
05
06  public class HelloDefaultVaule {
07      //필드 선언
08      static int def;        //현재 static을 빼면 문법오류 발생
09      static boolean bool;   //현재 static을 빼면 문법오류 발생
10      static String name;    //현재 static을 빼면 문법오류 발생
11
12      public static void main(String[] args) {
13          //지역변수 선언
14          int n = 100;
15          System.out.println(n);
16
17          //필드 사용 가능
18          System.out.println(def);
19          System.out.println(bool);
20          System.out.println(name);
21      }
22  }
```

결과
```
100
0
false
null
```

03

자료의 입력과 출력

1. 클래스 Scanner를 이용한 자료형의 입력

클래스 Scanner

콘솔에 입력하는 다양한 자료 값을 입력받으려면 클래스 java.util.Scanner를 사용한다. 즉 클래스 Scanner는 패키지가 java.util이므로 클래스를 사용할 때 java.util.Scanner로 사용한다. 콘솔 입력을 위한 객체 input을 만들려면 다음과 같이 ①번 문장을 사용해야 한다. 즉 input은 자료형을 java.util.Scanner로 선언하여 객체를 저장한다. 생성된 객체 input을 이용하여 실제 문자열을 하나 입력받으려면 ②번 문장과 같이 input.next()를 호출하여 반환 값을 문자열 변수에 저장한다.

> 객체를 만들려면 키워드 new 다음에 생성자를 호출

```
① java.util.Scanner input = new java.util.Scanner(System.in);
```

| 자료형 | 변수이름 = **new** | 클래스이름(인자) ; |

```
② String name = input.next();
```

그림 2-26 ● 문자열 입력 방법

다양한 메소드의 이용

콘솔로부터 다음 토큰인 문자열을 입력받으려면 java.util.Scanner의 메소드 next()를 사용한다. 마찬가지로 정수를 입력받으려면 메소드 nextInt(), nextLong() 등을 사용한다. 메소드 nextInt(2)는 콘솔로부터 다음 토큰인 정수를 이진수로 입력받아 int형으로 반환한다. 마찬가지로 8진수는 nextInt(8), 16진수는 nextInt(16)이 가능하다. 다음 표는 클래스 java.util.Scanner의 다양한 입력 메소드이다.

Scanner의 메소드	설명
String next()	토큰을 읽어 문자열로 반환
int nextInt() int nextInt(int radix)	다음 정수를 읽어 int로 반환 다음 정수를 인자인 radix 진법으로 읽어 int로 반환
long nextLong() long nextLong(int radix)	다음 정수를 읽어 long으로 반환 다음 정수를 인자인 radix 진법으로 읽어 long으로 반환
float nextFloat() double nextDouble()	다음 실수를 읽어 float로 반환 다음 실수를 읽어 double로 반환
String nextLine()	다음 줄의 내용을 모두 읽어 문자열로 반환
boolean nextBoolean()	다음 논리 값을 읽어 boolean으로 반환

표 2-6 ● 표준입력을 위한 Scanner의 다양한 메소드

HelloInput.java

```
01   package programming.io;
02
03   public class HelloInput {
04      public static void main(String[] args) {
05         java.util.Scanner input = new java.util.Scanner(System.in);
06         System.out.println("이름과 학번을 입력하세요.");
07         String name = input.next();
08         int num = input.nextInt();
09         System.out.print("이름: " + name + ", 학번: " + num);
10      }
11   }
```

결과 이름과 학번을 입력하세요.
홍길동 2013
이름: 홍길동, 학번: 2013

클래스 **java.util.Scanner** 객체는 사용자가 콘솔에 입력하는 값을 공백문자와 함께 **['\t', '\f', '\r', '\n']으로 구분하여 입력받는다.** 즉 위 프로그램을 실행하여 [홍길동 2013] 으로 입력하면 공백문자로 구분되는 토큰은 문자열 "홍길동"과 정수 2013으로, 각각 next()와 nextInt()로 입력 값을 반환하여 저장할 수 있다. 물론 입력 값이 호출되는 메소드의 자료형과 다르면 실행 오류가 발생할 수 있으니 주의하길 바란다. 이름 입력을 성과 이름을 분리하여 입력한다면 다음과 같은 InputMismatchException이 발생한다. 일반적으로 자바에서 발생하는 오류를 예외^{exception}라 하여 오류발생 원인에 따라 각각 다른 이름이 정해져 있다. 입력 값의 분리자는 공백 문자이므로 "홍"과 "길동"이 다른 입력 토큰이 되어 메소드 nextInt()에 "길동"이 입력되고 InputMismatchException이 발생한다.

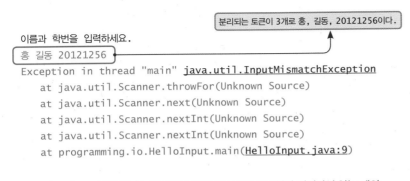

그림 2-27 ● 입력 값과 프로그램의 입력 메소드의 자료형이 일치하지 않는 예외

2. 다양한 입·출력 메소드

클래스 System의 필드 out, in, err

콘솔^{console}**에 표준 출력**^{standard output}**하기 위해 클래스 System의 필드 out을 사용한다.** 클래스 System은 기본 패키지인 java.lang에 속하며, 소속변수 out은 static한 필드이므로 그대로 System.out을 사용할 수 있다. 클래스 System의 필드는 다음과 같이 err, in, out 3가지가 있다. 다음 예제에서 보듯이 이클립스에서 System.err를 사용하여 출력하면 붉은 색으로 출력되는 것을 알 수 있다.

필드선언	설명
static PrintStream err	표준 에러 출력 스트림
static InputStream in	표준 입력 스트림
static PrintStream out	표준 출력 스트림

표 2-7 ● 클래스 System의 입출력을 위한 필드

| 실습예제 2-8 | 클래스 System의 필드 out, in, err 사용 프로그램

```
HelloStdIO.java
01  package programming.io;
02
03  public class HelloStdIO {
04      public static void main(String[] args) {
05          java.util.Scanner input = new java.util.Scanner(System.in);
06          System.out.println("정수와 실수를 각각 입력하세요.");
07          int i = input.nextInt();
08          double d = input.nextDouble();
09          System.out.println("i = " + i + ", d = " + d);
10          System.err.println("에러는 없습니다.");
11      }
12  }
```

결과
```
정수와 실수를 각각 입력하세요.
32 4.76                        ──────▶  정수와 실수를 하나씩 직접 입력하세요.
i = 32, d = 4.76
에러는 없습니다.  ◀──────
```

출력을 위한 다양한 메소드의 이용

클래스 PrintStream의 패키지는 java.io이다. 클래스 PrintStream 자료형 필드인 out은 다양한 종류의 자료를 출력하는 메소드를 지원한다. 즉 **문장 System.out.print()는 콘솔의 현재 줄에 다양한 자료형의 인자를 출력한다. 또한 문장 System.out.println() 은 콘솔의 현재 줄에 다양한 자료형의 인자를 출력하고 다음 줄로 이동하여 출력을 준비한다.** 그리고 문장 System.out.printf()는 C 언어의 printf()와 같은 기능의 출력함 수로 다음과 같이 출력형태를 문자열로 표시하고 실제 출력 인자는 뒤에 기술하는 방식

이다. 메소드 **printf()**의 첫 번째 인자는 **형식 문자열**^{format string}이며 내부의 **%d**는 이후 인자의 값이 대체되어 출력되는 **형식 지정자**^{format specifiers}이다. 또한 메소드 format()은 printf()와 같은 기능을 수행한다.

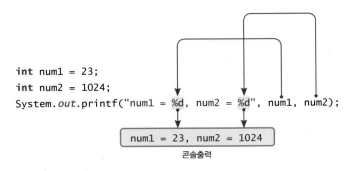

```
int num1 = 23;
int num2 = 1024;
System.out.printf("num1 = %d, num2 = %d", num1, num2);
```

num1 = 23, num2 = 1024

콘솔출력

그림 2-28 ● 메소드 printf( )의 출력 형태

다음은 필드 out에서 사용할 수 있는 출력 메소드이다. 메소드 print()와 println() 은 인자가 없는 메소드에서 boolean, char, char[], double, float, int, long, Object, String에 이르는 다양한 자료형의 인자를 출력하는 메소드이다.

메소드	설명
void print() void print(boolean b) void print(char c) void print(char[] s) void print(double d) void print(float f) void print(int i) void print(long l) void print(Object obj) void print(String s)	다양한 자료형을 출력
void println() void println(print()와 같은 다양한 자료형)	다양한 자료형을 출력하고 그 줄을 종료한 후 다음 줄로 이동
PrintStream format(String format, Object... args) PrintStream printf(String format, Object... args)	다양한 자료형인 목록 args 를 format 문자열 형식에 맞게 출력
PrintStream format(Locale l, String format, Object... args) PrintStream printf(Locale l, String format, Object... args)	다양한 자료형인 목록 args 를 l 지역정보와 format 문자열 형식에 맞게 출력

표 2-8 ● 클래스 PrintStream의 주요 메소드

메소드 printf( )의 형식 지정자

메소드 printf()의 형식 지정자는 %로 시작하며 출력될 종류를 지정하는 변환 문자로 구성된다. 즉 **정수를 10진수로 출력하려면 %d로, 실수로 출력하려면 %f, 문자를 출력하려면 %c 또는 %C, 문자열을 출력하려면 %s 또는 %S 등을 사용한다. 또한 % 자체를 출력하려면 %%를 사용하며, 8진수와 16진수로 출력하려면 각각 %o와 %x 또는 %X를 사용한다.** 다음은 다양한 형식 지정자를 설명하는 표이다.

다음 예제에서 보듯이 출력하려는 문자열 중간에 자료형에 따라 %d, %f, %s, %c 등을 삽입한 후, 뒤에 출력 인자로 변수나 상수를 기술한다.

출력 지정자	설명
%b %B	논리 값 출력
%h %H	16진수로 출력
%s %S	문자열 출력
%c %C	문자 출력
%d	십진수로 출력
%o	8진수로 출력
%x %X	16진수로 출력
%f	실수로 출력
%%	% 출력
%n	새로운 줄(new line)로 이동

표 2-9 ● 메소드 printf( )의 다양한 형식 지정자

실습예제 2-9 │ 메소드 printf( )의 다양한 형식 지정자

HelloSimplePrintf.java

```
01   package programming.io;
02
03   public class HelloSimplePrintf {
04       public static void main(String[] args) {
05           byte age = 27;
06           int weight = 70;
07           double height = 175.8;
08
09           System.out.printf("나이: %d, 몸무게: %d, 키: %f, ", age, weight, height);
10           System.out.printf("%s: %c 형", "혈액형", 'O');
11       }
12   }
```

결과 나이: 27, 몸무게: 70, 키: 175.800000, 혈액형: O 형

%로 시작하는 형식 지정자는 변환 문자뿐 아니라 그 앞에 다음과 같이 인자 첨자[argument_index], 부호[sign] 및 정렬[align], 너비 또는 폭[width], 소수점 이하 자릿수[precision]를 지정할 수 있다. 변환 문자 앞에 나오는 다양한 형식 지정자는 모두 생략이 가능한 옵션이며 자세한 지정 방법은 다음과 같다.

```
%[argument_index$][+ 또는 -][width][.precision]conversion
```

- **argument_index** : 인자의 순서 값으로 1부터 시작하는 첨자 정수
- **+**   : +가 나타나도록 하는 부호 표시
- **-**   : 왼쪽 정렬
- **width**   : 전체 출력 폭
- **.precision**   : 실수인 경우 소수점 이하 자릿 수
- **conversion**   : 변환문자

그림 2-29 • 형식 지정자^{format specifiers} 지정 방법

형식 지정자 %6.2f는 실수를 전체 폭이 6, 소수점 폭을 2로 출력한다. 인자 첨자는 형식 지정자 이후의 출력 인자를 변환 문자의 순서와 상관없이 인자를 지정할 수 있는 방법으로 1$로 시작하며 n$와 같이 지정할 수 있다. 즉 **1$는 첫 번째 출력 인자를 가리킨다.** 정렬은 오른쪽 정렬이 기본이며 '-'는 왼쪽 정렬을 나타낸다.

실습예제 2-10 │ 메소드 printf( )와 format( )의 사용

HelloPrintf.java

```java
01  package programming.io;
02
03  public class HelloPrintf {
04     public static void main(String[] args) {
05        System.out.println("123456 123456 123456");
06        System.out.println("-------------------");
07        System.out.format("%6d %6o %6h %n", 10, 10, 10);      //10을 십진수, 8진수, 16진수로 출력
08        System.out.format("%-6d %-6o %-6x %n", 20, 20, 20);   //20을 왼쪽정렬로 출력
09        System.out.format("%+6d %6o %6H %n", 30, 30, 30);     //30을 + 부호가 표시되도록 출력
10        System.out.format("%1$6d %1$6o %1$6h %n", 128);       //인자 128 하나로 여러 진법으로 출력
11        System.out.printf("%1$6.2f %1$6.3f %1$6.4f %n", 3.141592);  //실수를 다양한 폭으로 출력
12     }
13  }
```

결과
```
123456  123456  123456
-------------------
    10      12       a
20      24      14
   +30      36      1E
   128     200      80
  3.14   3.142  3.1416
```

import 문장

표준입력을 위해 클래스 java.util.Scanner를 사용하였다. 매번 java.util.Scanner를 사용하려면 여간 번거로운 일이 아니다. 즉 **java.lang을 제외한 모든 패키지는 클래스 이름 앞에 모두 패키지 이름을 기술해야 한다.** 이러한 번거로움을 피하기 위한 문장이 **import 문장이다.** import 문장은 package 문장 다음, 클래스를 정의하기 이전에 사용하며 다음과 같이 import 이후에 java.util.Scanner 또는 java.util.*라고 기술한다. 여기서 *의 의미는 패키지 java.util에 속한 모든 클래스를 사용할 수 있다는 의미이다. 문장 import도 자바 문장이므로 세미콜론 ;으로 종료되어야 한다.

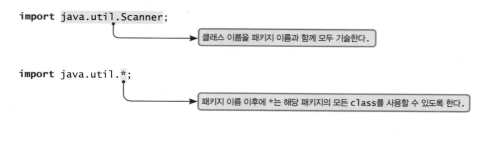

```
import java.util.Scanner;
```
클래스 이름을 패키지 이름과 함께 모두 기술한다.

```
import java.util.*;
```
패키지 이름 이후에 *는 해당 패키지의 모든 class를 사용할 수 있도록 한다.

그림 2-30 • import 문장

| 실습예제 2-11 | import 문장의 사용

HelloOutput.java

```
01    package programming.io;
02
03    import java.util.Scanner;
04
05    public class HelloOutput {
06       public static void main(String[] args) {
07          Scanner input = new Scanner(System.in);
08
09          System.out.println("십진수와 이진수를 각각 입력하세요.");
10          int num1 = input.nextInt();
11          int num2 = input.nextInt(2);
12          System.out.println("num1 = " + num1 + ", num2 = " + num2);
13          System.out.printf("num1 = %d, num2 = %d", num1, num2);
14       }
15    }
```

하부 소스에서 Scanner를 사용하고 자동으로 적절한 import 문은 [Ctrl]+[Shift]+[O]로 삽입 가능하다.

결과
십진수와 이진수를 각각 입력하세요.
20 10111
num1 = 20, num2 = 23
num1 = 20, num2 = 23

TIP **클래스 Scanner의 소스 보기**

자바 클래스 라이브러리의 소스는 공개되어 있어 필요하면 볼 수 있다. 이미 배운 클래스 Scanner의 소스를 살펴보자. 다음이 자바 클래스 라이브러리 소스를 보는 방법이다.

① 패키지 탐색기 뷰에서 [JRE System Library] 폴더를 확장하여 rt.jar 파일을 선택하여 확장한다.
② 패키지 java.util 하부에서 자바 바이트코드 Scanner.class를 선택하여 더블 클릭한다.
③ 편집기에 나타난 Scanner.class 파일에서 [Attach Source…] 버튼을 클릭한다.
④ 표시된 [Source Attachment Configuration] 대화상자에서 [External File…] 버튼을 사용하여 Location Path에 소스 압축파일인 src.zip을 입력한 후 [OK]를 선택한다.
⑤ 소스 압축파일인 src.zip을 한 번만 설정하면 그 이후로는 편집기에서 모든 클래스 라이브러리 소스를 바로 볼 수 있다.

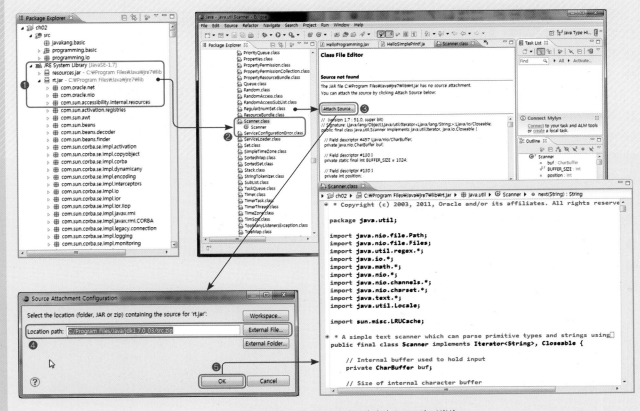

그림 2-31 ● 클래스 라이브러리의 소스 보는 방법

내용점검 연습

1. 다음에서 서술 내용이 맞으면 O, 틀리면 X 하시오.

❶ 프로그램에서 컴퓨터에게 명령을 내리는 최소 단위를 문장statement이라 한다. (   )

❷ 블록block은 소괄호(…)로 나타내며 여러 문장의 집합을 의미한다. (   )

❸ 식별자는 대소문자 영문자 알파벳, 숫자(0에서 9), 원화표시(\) 그리고 밑줄(_)로 구성된다. (   )

❹ 문자열 출력은 System.out.println("자바"); 문장을 이용한다. (   )

❺ 특수문자 '\n'은 새로운 줄new line로 이동을 지시하는 문자이다. (   )

❻ 프로그램에서 상수literals란 소스에 그대로 표현할 수 있는 다양한 자료 값을 말한다. (   )

❼ 자바의 변수는 전역변수와 지역변수로 나눌 수 있다. (   )

❽ 메소드 블록 내부에서 선언되는 변수를 지역변수라 한다. (   )

❾ 자바 자료형의 기본형은 문자, 논리, 정수, 실수, 배열로 나눌 수 있다. (   )

❿ 자바에서 문자는 아스키코드를 사용한다. (   )

2. 다음에서 비어있는 부분을 적당히 채우시오.

❶   (은)는 자료 값을 저장하는 공간이다.

❷   (은)는 여러 자바 클래스가 모여있는 폴더이다.

❸ 자바의 클래스 내부는   (와)과 메소드method로 구성된다.

❹ 프로그래밍 언어에서 문법적으로 의미 있는 단어로 사용하기 위해 미리 정의해 놓은 단어를   (이)라 한다.

❺ 자바는   (을)를 지원하므로 식별자로 한글을 이용할 수 있다.

❻ 문장과 달리 프로그램 내용에는 전혀 영향을 미치지 않는 설명문을   (이)라 한다.

❼ 자바의 자료형data types은 크게 기본형과   (으)로 분류한다.

❽ 자료형 byte는 크기가 1바이트로 −128에서   까지 표현 가능하다.

❾ 변수를 사용하기 위해서는 먼저   과정이 필요하다.

❿ 자바의   (은)는 절차지향 언어에서 말하는 함수function이다.

3. 다음 각각의 문제에서 가장 적절한 것을 하나 선택하시오.

❶ 다음은 자바 프로그래밍에 대한 설명이다. 다음 중 잘못 설명하고 있는 것은 무엇인가?
( )

가) 자바는 함수 단위로 프로그래밍한다.

나) 패키지는 여러 자바 클래스가 모여있는 폴더이다.

다) 자바의 클래스 내부는 필드와 메소드로 구성된다.

라) 메소드 구현은 메소드 헤드와 메소드 블록으로 구성된다.

❷ 다음은 자바의 main() 메소드에 대한 설명이다. 다음 중 잘못 설명하고 있는 것은 무엇인가? ( )

가) 메소드 main()은 특별한 메소드로 자바 프로그램이 실행되는 문장이 기술된다.

나) 메소드 main()은 특수 메소드이므로 클래스 외부에 정의될 수 있다.

다) 메소드 main()은 public static void main(String[] args)으로 헤드가 정의된다.

라) 자바 인터프리터로 메소드 main()이 있는 클래스를 실행할 수 있다.

❸ 다음은 자바의 키워드에 대한 설명이다. 다음 중 잘못 설명하고 있는 것은 무엇인가?
( )

가) 프로그래밍 언어에서 문법적으로 의미 있는 단어로 사용하기 위해 미리 정의해 놓은 단어를 키워드[keyword]라 한다.

나) byte, short, int, long, float, double 등은 자바의 키워드이다.

다) 키워드는 식별자라고도 한다.

라) 키워드 goto와 const는 현재 자바 키워드이나 실제 사용하지는 않는다.

❹ 다음 중에서 자바의 식별자로 바르지 못한 것은 무엇인가? ( )

가) month   나) year

다) 99fortran   라) Basic

❺ 다음 중 자바의 변수 선언에서 문법적으로 잘못된 것은 무엇인가? ( )

가) int age = 22;   나) long byte = 22;

다) char ch = 'A';   라) boolean bool = true;

❻ 다음 중에서 문자 상수 표현이 잘못된 것은 무엇인가? ( )

가) '가'   나) '\\'

다) '/34'   라) '\uac00'

❼ 다음 상수 중에서 그 수의 표현 값이 다른 것은 무엇인가? ( )

가) 15   나) 017

다) 0xf   라) 0b1110

❽ 다음 중에서 자바의 자료형 중에서 기본형이 아닌 것은 무엇인가? (   )

가) 문자열   나) 문자

다) 정수   라) 논리

❾ 다음 자료형 중에서 정수 1024를 저장할 수 없는 것은 무엇인가? (   )

가) byte   나) short

다) int   라) long

❿ 다음 중 자바의 변수 선언에서 문법적으로 잘못된 것은 무엇인가? (   )

가) double value = 2016.4567D;

나) float ft = 3.78;

다) long dt = 2100000000L;

라) double db = 3.14e-4;

4. 다음 프로그램의 결과를 기술하시오.

❶
```java
public class PrintInt {
    public static void main(String[] args) {
        System.out.println(1);
        System.out.println(12);
        System.out.println(123);
    }
}
```

❷
```java
public class PrintString {
    public static void main(String[] args) {
        System.out.print("C");
        System.out.print("C++");
        System.out.println("Java");
    }
}
```

❸
```java
public class PrintDouble {
    public static void main(String[] args) {
        System.out.println(12.5);
        System.out.println(3.4);
        System.out.println(8.9);
    }
}
```

5. 다음 프로그램 소스에서 오류를 찾아 수정하시오.

❶
```java
class public JavaTest1 {
    public static void main(String[] args) {
        System.out.println("Java is simple.");
    }
}
```

❷
```java
public class JavaTest2 {
    public static void main(String[] args) {
        system.out.println(3 + 4);
    }
}
```

❸
```java
public class JavaTest3 {
    public static void main(String[] args)
        System.out.println('A');
    }
}
```

❹
```java
public class JavaTest4 {
    public static void main(String[] args) {
        System.out.println(4.5)
    }
}
```

❺
```java
public class JavaTest5 {
    public static main(String[] args) {
        System.out.println("자바는 " + "객체지향 언어이다.");
    }
}
```

6. 다음에서 인덴테이션과 문법 오류를 수정하시오.

❶
```java
public class PrintfTest1 {
    public static void main(String[] args) {
    System.out.printf("%d %d %d", 10, 3.7854, "정수");
    }
}
```

❷
```java
public class PrintfTest2 {
    public static void main(String[] args) {
        int year = 2014;
        double amount = 1_000_000;
        System.out.format("%1$d %2$f %2$8d %1$f", year, amount);
    }
}
```

❸
```java
public class InitValue {
static String name = "Java";
public static void main(String[] args) {
    int year;
    System.out.format("%s는 %d년도에 개발되었다.", name, year);
  }
}
```

❹
```java
public class Declaration {
    public static void main(String[] args) {
    year = 1995;
    System.out.format("자바는 %i년도에 개발되었다.", year);
  }
}
```

❺
```java
public class TypeTest {
public static void main(String[] args) {
    System.out.format("%c%n", '\uac');
    System.out.format("%c%n", '\128');
    System.out.format("%f%n", 30);
    System.out.format("%d%n", 3.4e3);
    System.out.format("%c%n", true);
  }
}
```

프로그래밍 연습

INTRODUCTION TO **JAVA** PROGRAMMING

1. 다음 조건을 만족하는 클래스 HelloJava를 구현하여 테스트하는 프로그램을 작성하시오.
   - 필드로 정적인 name: 자료형 String: 초기 값: "Hello, Java Application!"
   - 위의 필드를 출력

2. 다음 조건을 만족하는 TypeInt 클래스를 구현하여 테스트하는 프로그램을 작성하시오.
   - 정수 4종류의 자료형을 모두 선언한 후 초기 값을 저장
   - 위의 변수를 모두 메소드 printf()로 출력

3. 다음 조건을 만족하는 클래스 HelloAndroid를 구현하여 테스트하는 프로그램을 작성하시오.
   - 패키지 exercise에 구현
   - 지역변수로 문자열을 저장할 str 선언 후 초기 값으로 "Hello, Android Application!" 저장
   - 변수 str을 출력

4. 다음 조건을 만족하는 클래스 ToYard를 구현하여 테스트하는 프로그램을 작성하시오.
   - 패키지 conversion에 구현
   - 지역변수로 meter를 double로 선언하여 100.785를 저장
   - 100.785미터meter를 야드yard로 변환하여 출력
   ※ 1미터는 1.0936야드

5. 다음 조건을 만족하는 클래스 CharTest를 구현하여 테스트하는 프로그램을 작성하시오.
   - 패키지 character에 구현
   - 지역변수를 하나 선언하여 문자 'B'를 저장
   - 위의 변수를 각각 println()과 printf()로 2번 출력

6. 다음 조건을 만족하는 ToCode를 구현하여 테스트하는 프로그램을 작성하시오.

   - 문자를 저장할 변수를 선언하여 문자 '자'를 저장
   - 위 문자를 출력
   - 다시 위의 변수에 '\uc790'을 저장한 후 메소드 printf()에서 문자를 출력

7. 다음 조건을 만족하는 클래스 PersonInfo를 구현하여 테스트하는 프로그램을 작성하시오.

   - 몸무게(정수)와 키(실수)를 표준입력을 처리하여 적당한 변수에 저장
   - 입력받은 몸무게와 키를 출력

8. 다음 조건을 만족하는 클래스 ToPound를 구현하여 테스트하는 프로그램을 작성하시오.

   - 단위 kg의 무게를 표현하는 실수 1개를 표준입력으로 입력받아 적당한 변수에 저장
   - 입력받은 값을 출력
   - 입력받은 값을 파운드(lb) 단위로 출력
     ※ 1 kg은 2.2 lb

9. 다음 조건을 만족하는 클래스 ToDigit를 구현하여 테스트하는 프로그램을 작성하시오.

   - 정수를 하나 표준입력을 처리하여 적당한 변수에 저장
   - PrintStream의 메소드 printf()를 사용하여 입력 받은 정수를 각각 8진수, 10진수, 16진수로 출력

10. 다음 조건을 만족하는 클래스 NumberTable을 구현하여 테스트하는 프로그램을 작성하시오.

   - 정수 1에서 15까지의 수를 이진수 상수로 표현하여 각각 8진수, 10진수, 16진수로 출력
   - PrintStream의 메소드 format()을 사용
     ※ System.out.format("%1$o %1$d %1$x %n", 0b1);

INTRODUCTION TO **JAVA** PROGRAMMING

CHAPTER
03

연산자와 조건

INTRODUCTION TO **JAVA** PROGRAMMING

자바 연산자의 개요에 대해 다음 기본 지식을 이해하고 설명할 수 있다.

- 연산자와 피연산자
- 표현식과 그 결과
- 연산자 종류
- 연산자 우선순위

다음의 다양한 연산자를 프로그래밍에 활용할 수 있다.

- 대입 연산자 = += -= *= /= %=
- 산술 연산자 + - * / %
- 증감 연산자 ++ --
- 조건 연산자 ? :
- 관계 연산자 < > <= >= != ==
- 논리 연산자 && || !
- 비트 연산자 << >> >>> & | ^
- 형변환 연산자 (type)
- 연산 우선 순위

다음의 다양한 조건문을 이해하고 프로그래밍에 활용할 수 있다.

- if
- if else
- if else if else
- switch

01

연산자 개요

1. 표현식과 연산자 종류

연산자와 피연산자

연산자^{operator}는 +, -, * 기호와 같이 이미 정의된 연산을 수행하는 문자 또는 문자 조합 기호이다. 그리고 **연산**^{operation}에 참여하는 변수나 상수를 **피연산자**^{operand}라 한다.

그림 3-1 ● 연산자와 피연산자

표현식 평가

프로그래밍 언어에서 연산자와 피연산자의 조합으로 구성된 연산식을 표현식^{expression}**이라 한다.** 피연산자는 변수나 상수 또는 다른 표현식으로 구성될 수 있다. **표현식은 항상 하나의 결과 값을 반드시 갖는다.** 즉 표현식 2 * 3 + 4의 결과 값은 10이다.

> **Note**
>
> 일반적으로 곱하기는 더하기보다 먼저 수행한다. 그러므로 2*3+4는 (2*3)+4를 의미한다. 연산의 순서를 바꾸려면 괄호를 사용할 수 있다. 즉 2*(3+4)의 결과는 14이다.

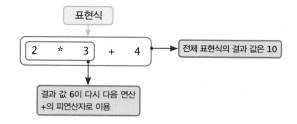

그림 3-2 ● 표현식과 결과 값

연산자 종류와 우선순위

연산자는 종류에 따라 하나, 둘 또는 세 개의 피연산자가 필요하다. 이와 같이 피연산자의 수에 따른 구분을 단항^{unary operator}**, 이항**^{binary operator}**, 삼항 연산자**^{ternary operator}**라 부른다.** 단항 연산자는 연산자의 위치에 따라 전위^{prefix}와 후위^{postfix}로 나눌 수 있다. 즉 증가 연산자인 ++는 ++a처럼 연산자가 앞에 있으면 전위연산자라 부르며, a++와 같이 연산자가 뒤에 있으면 후위연산자라고 한다. 삼항 연산자는 조건 연산자 ?: 하나이며, expr ? x : y와 같이 사용한다.

자바 언어는 다음과 같이 다양한 연산자를 제공함으로써 복잡한 연산도 간단히 구현할 수 있다. 다양한 연산자로 구성된 표현식에서 다음 우선순위에 따라 먼저 계산한다. 물론 괄호 ()를 사용하면 그 연산을 먼저 수행한다. 대입 연산자는 오른쪽에서 왼쪽으로 연산하며 그 외의 모든 이항 연산자는 모두 왼쪽에서 오른쪽으로 연산한다.

우선순위	연산자 이름	연산자	연산방향
1	후위 단항	var++ var--	왼쪽에서 오른쪽으로 ⟶
2	전위 단항	++var --var +expr -expr ~ !	
3	곱셈 부류	* / %	
4	덧셈 부류	+ -	
5	비트 이동	<< >> >>>	
6	관계	< > <= >= instanceof	
7	동등	== !=	
8	비트 AND	&	
9	비트 배타적 OR	^	
10	비트 OR	|	
11	논리 AND	&&	
12	논리 OR	||	
13	조건 삼항	expr ? x : y	
14	대입	= += -= *= /= %= &= ^= |= <<= >>= >>>=	⟵

표 3-1 ● 자바의 연산자와 우선순위

02

다양한 연산자

1. 대입 연산자와 산술 연산자

대입 연산자

대입 연산자^{assignment operator}는 연산자의 오른쪽 값을 왼쪽 변수에 저장하는 연산자이다. 대입 연산자의 **왼쪽은 반드시 값을 저장할 수 있는 변수**이어야 한다. 대입 연산자는 할당 또는 치환 연산자라고도 부른다.

> **Note**
>
> 이미 선언된 변수 x, y에 다음과 같은 대입 연산 문장도 가능하다.
>
> x = y = 10;
>
> 위 문장은 x = (y = 10);으로 해석되어 x, y 모두 10이 저장된다.

```
int day = 365;
```
day | = | 365

그림 3-3 ● 대입 연산자

부호 연산자는 음수와 양수를 표현하는 +, -이다. 산술 연산자는 가장 간단한 더하기^{additive operator}, 곱하기^{multiplication operator}, 빼기^{subtraction operator}, 나누기^{division operator}와 나머지 연산자이다. 나머지 연산자^{remainder operator}는 %이며, 7%2는 7을 2로 나눈 나머지인 1이 결과 값이다.

구분	연산자	연산자 의미	예	결과	비고
부호 연산자	+	양수 부호	+3	3	
	-	음수 부호	-7	-7	
산술 연산자	+	더하기	3 + 7	10	문자열 연결 연산자 "java" + "lang"
	-	빼기	7 - 3	4	
	*	곱하기	7 * 3	21	별표 * 기호^{asterisk}
	/	나누기	7 / 2	3	정수와의 나누기는 결과도 정수
	%	나머지	7 % 2	1	백분율이 아님

표 3-2 ● 부호 연산자와 산술 연산자

축약 대입 연산자

산술 연산자와 대입 연산자가 붙어 있는 연산자 +=, -= 등이 축약 대입 연산자이다. 축약 대입 연산자는 복합 대입 연산자^{compound assignment operator}라고도 부른다. **대입 연산식 x = x + y는 축약 대입 연산자를 이용하면 간결하게 x += y로 표현할 수 있다.** 축약 대입 연산의 결과 값은 왼쪽 변수에 저장되는 값이다. 즉 a += 1은 a = a + 1의 대입연산을 의미하므로 결과 값은 a의 이전 값에서 1이 증가된 값이다.

연산자	연산 예	연산자 의미
+=	x += y	x = x + y
-=	x -= y	x = x - y
*=	x *= y	x = x * y
/=	x /= y	x = x / y
%=	x %= y	x = x % y

표 3-3 ● 축약 대입 연산자

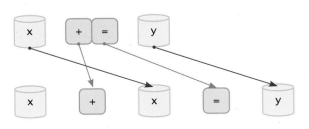

그림 3-4 ● 축약 대입 연산자

실습예제 3-1 │ 대입, 산술, 축약 대입 연산자를 이용한 프로그램

BasicOP.java

```java
01    package operator;
02
03    public class BasicOP {
04        public static void main(String[] args) {
05            int day, remainder;
06            day = remainder = 365;          // day = (remainder = 365);
07            int week = 365 / 7;             // 정수/정수 결과는 정수
08
09            System.out.format("1년은 %d일이며 %d주이다.%n", day, week);
10            System.out.println(remainder %= 7);
11            // remainder에 저장되는 값이 결과 값
12            System.out.println(remainder); // 위 결과와 일치
13        }
14    }
```

결과
```
1년은 365일이며 52주이다.
1
1
```

2. 증감 연산자와 조건 연산자

증가 연산자와 감소 연산자

증가 연산자 ++는 변수 값을 1 증가시키고, 감소 연산자 --는 1 감소시키는 기능을 수행한다. 즉 n++와 ++n은 모두 n=n+1의 기능을 수행한다. 마찬가지로 n--와 --n은 n=n-1의 기능을 수행한다.

증감 연산자는 모두 단항 연산자이다. 증감 연산자는 변수만을 피연산자로 사용할 수 있으며 상수나 일반 수식을 피연산자로 사용할 수 없다. 이러한 증가, 감소 연산자는 전위prefix와 후위postfix에 따라 다른 결과 값을 반환하는 연산자이므로 주의가 필요하다.

연산자 위치	연산자	연산 결과 값	연산 후 n의 값
전위	++n	n+1(이전 n에서 1 증가된 값)	1 증가
	--n	n-1(이전 n에서 1 감소된 값)	1 감소
후위	n++	n(그대로 이전 n 값)	1 증가
	n--	n(그대로 이전 n 값)	1 감소

표 3-4 ●증가 · 감소 연산자

증가 연산자에서 n++와 같이 후위이면 1 증가되기 이전 값이 연산 결과 값이다. 반대로 ++n과 같이 전위이면 1 증가된 값이 연산 결과 값이다. 마찬가지로 감소 연산자에서 n--와 같이 후위이면 1 감소되기 이전 값이 연산 결과 값이다. 반대로 --n이면 1 감소된 값이 연산 결과 값이다.

Note

증감연산자에서 피연산자는 변수만 가능하다. 그러므로 다음은 잘못된 연산이다.

    100++;
    --(n+3);

실습예제 3-2 │ 증가와 감소 연산자를 위한 프로그램

IncDecOP.java

```
01    package operator;
02
03    public class IncDecOP {
04        public static void main(String[] args) {
05            int m = 50, n = 30;
06            System.out.printf("%d %d %n", m--, n++);      // 50 30
07            System.out.printf("%d %d %n", m, n);          // 49 31
08            System.out.printf("%d %d %n", --m, ++n);      // 48 32
09            System.out.printf("%d %d %n", m, n);          // 48 32
10        }
11    }
```

결과
```
50 30
49 31
48 32
48 32
```

조건 연산자

조건 연산자^{conditional operator}는 조건의 논리 값에 따라 2개의 피연산자 중 하나가 결과 값이 되는 연산자이다. 조건 연산자는 유일한 삼항 연산자^{ternary operator}이다. 즉 연산식 (x ? a : b)에서 피연산자는 x, a, b 세 개이며, 첫 번째 피연산자인 x가 true이면 결과는 a이며, x가 false이면 결과는 b이다. 여기서 x는 반드시 boolean값으로 평가되는 연산식이어야 한다.

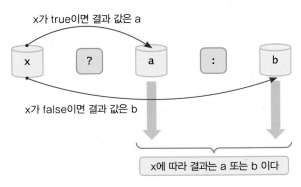

그림 3-5 ● 조건 연산자

| 실습예제 3-3 | 유일한 삼항 연산자인 조건 연산자를 이용한 짝수 홀수 판정 프로그램

CondOP.java

```
01  package operator;
02
03  public class CondOP {
04      public static void main(String[] args) {
05          int point = 31;
06          String str = (point%2 == 0) ? "짝수" : "홀수" ;
07          System.out.printf("%d은 %s다. %n", point, str);
08
09          double x = 3.45, y = 6.79;
10          double max = (x > y) ? x : y ;
11          System.out.printf("%f와 %f 중에서 %f가 더 크다.", x, y, max) ;
12      }
13  }
```

결과
31은 홀수다.
3.450000와 6.790000 중에서 6.790000가 더 크다.

3. 관계 연산자와 논리 연산자

관계 연산자

관계 연산자^{relational operators}는 2개의 피연산자 크기를 비교하는 연산자이다. 관계 연산자의 결과 값은 **boolean** 값인 **true** 또는 **false**이다. 관계연산자는 다음과 같이 모두 6개이며 관계 연산자의 피연산자는 정수형, 실수형, 문자형이 이용될 수 있다. 특히 피연산자가 문자라면 문자 코드 값에 대한 비교 결과이다.

연산자	연산 예	비고	연산 결과
>	5 > 3		true
>=	3.0 >= 4.0 - 1.0	3.0 >= (4.0 - 1.0)	true
<	3 * 2 < 4	(3 * 2) < 4	false
<=	3 <= 3		true
==	'A' == 'a'	대문자와 소문자는 다름	false
!=	3 % 2 != 2	(3 % 2) != 2	false

표 3-5 ● 관계 연산자

실습예제 3-4 │ 표준입력의 두 정수를 이용한 관계 연산자 프로그램

RelationalOP.java

```
01    package operator;
02
03    import java.util.Scanner;
04
05    public class RelationalOP {
06        public static void main(String[] args) {
07            Scanner input = new Scanner(System.in);
08            System.out.println("두 정수를 입력 >> ");
09            int x = input.nextInt();
10            int y = input.nextInt();
11            System.out.format("%d > %d -> %b %n", x, y, x>y);
12            System.out.format("%d >= %d -> %b %n", x, y, x>=y);
13            System.out.format("%d < %d -> %b %n", x, y, x<y);
14            System.out.format("%d <= %d -> %b %n", x, y, x<=y);
15            System.out.format("%d == %d -> %b %n", x, y, x==y);
16            System.out.format("%d != %d -> %b %n", x, y, x!=y);
17        }
18    }
```

결과
```
두 정수를 입력 >>
30 40
30 > 40 -> false
30 >= 40 -> false
30 < 40 -> true
30 <= 40 -> true
30 == 40 -> false
30 != 40 -> true
```

논리 연산자

논리 연산자는 &&, ||, ^, ! 4개로 이는 **각각 and, or, xor, not의 논리 연산이며 피연산자는 반드시 boolean형이어야 하며 그 결과도 true 아니면 false이다.** 논리 연산자 &&는 두 피연산자가 모두 true인 경우만 true이며 나머지는 모두 false이다. 논리 연산자 ||는 두 피연산자 중에서 하나만 true이면 true이고 모두 false이면 false이다. 논리 연산자 !는 전위인 단항 연산자로 피연산자가 true이면 결과는 false이고 false이면 결과는 true이다. **논리 연산자 &&와 ||는 피연산자 두 개 중에서 왼쪽 피연산자만으로 전체 결과가 결정된다면 오른쪽 피연산자는 평가하지 않는다.**

연산자	이름	연산 예	결과	연산자 의미
&&	AND	(3 > 4) && (3 == 4)	false	피연산자가 모두 true인 경우만 true, 아니면 false
||	OR	(3 <= 4) || (3 == 4)	true	피연산자가 모두 false인 경우만 false, 아니면 true
^	XOR	(3 >= 4) ^ (3 < 4)	true	피연산자가 서로 다르면 true, 같으면 false
!	NOT	! (3/2 == 1)	false	!x에서 x의 논리 값과 반대

표 3-6 ● 논리 연산자

| 실습예제 3-5 | 논리 연산자를 알기 위한 프로그램

LogicalOP.java

```
01  package operator;
02
03  public class LogicalOP {
04      public static void main(String[] args) {
05          System.out.format("%5b && %5b | %b %n", true, true, true && true);
06          System.out.format("%5b && %5b | %b %n", true, false, true && false);
07          System.out.format("%5b && %5b | %b %n", false, true, false && true);
08          System.out.format("%5b || %5b | %b %n", true, false, true || false);
09          System.out.format("%5b || %5b | %b %n", false, true, false || true);
10          System.out.format("%5b || %5b | %b %n", false, false, false || false);
11          System.out.format("!%5b | %b %n", true, !true);
12          System.out.format("!%5b | %b %n", false, !false);
13      }
14  }
```

앞의 값으로 논리 값이 이미 결정되므로 Dead code라는 경고가 발생한다.

결과
```
 true && true  | true
 true && false | false
false && true  | false
 true || false | true
false || true  | true
false || false | false
! true | false
!false | true
```

4. 비트 연산자

비트 논리 및 보수 연산자

비트 논리 연산자는 **피연산자 정수 값을 비트 단위로 논리 연산을 수행**하는 연산자이다. 자바의 비트 논리 연산자는 &, |, ^, ~ 4가지이다. 연산자 ~는 전위인 단항 연산자이며 나머지는 모두 이항 연산자이다. 비트 논리 연산자에 이용되는 피연산자의 자료형은 정수형에 해당하는 byte, short, int, long, char면 가능하다. **비트 연산은 각 피연산자를 int 형으로 변환하여 연산하며 결과도 int 형이다.** 다음은 비트 연산자의 결과를 알 수 있는 연산표이다.

x(비트1)	y(비트2)	x & y	x | y	x ^ y	~x
0	0	0	0	0	1
0	1	0	1	1	1
1	0	0	1	1	0
1	1	1	1	0	0

표 3-7 ● 각 비트 연산법

연산자	연산자 이름	사용	의미
&	비트 AND	op1 & op2	비트가 모두 1이면 결과는 1, 아니면 0
|	비트 OR	op1 | op2	비트가 적어도 하나 1이면 결과는 1, 아니면 0
^	비트 배타적 OR(XOR)	op1 ^ op2	비트가 서로 다르면 결과는 1, 같으면 0
~	보수(complement)	~op1	비트가 0이면 결과는 1, 0이면 1

표 3-8 ● 비트 논리 연산자

다음은 3 & 5를 구하는 예를 그림으로 나타내고 있다. 이 연산은 피연산자인 3과 5를 각각 이진수로 표현하여 각각의 비트를 AND 연산으로 수행한 결과를 정수 값으로 평가한 값이다.

```
3           00000000   00000000   00000000   00000011
5           00000000   00000000   00000000   00000101
        ←
3 & 5 = 1   00000000   00000000   00000000   00000001
```

그림 3-6 ● 비트 논리 연산 3 & 5

연산자 ~은 단항 연산자로 보수 연산자^{unary bitwise complement}라고 부른다. 연산자 ~는 각 비트를 0은 1로, 1은 0으로 바꾼다. 다음과 같이 1이나 4의 보수를 취하면 다음과 같은 결과가 나온다.

피연산자		보수 연산	
수	비트표현(이진수)	보수 연산 결과	십진수
1	000000000 000000000 000000000 000000001	11111111 11111111 11111111 11111110	~1 = −2
4	000000000 000000000 000000000 000000100	11111111 11111111 11111111 11111011	~4 = −5

표 3-9 ● 보수 연산 예

음수의 비트 표현은 2의 보수 표현인 ((보수+1)이다. 즉 −1은 ((~1)+1)로 비트로 표현하면 32비트가 모두 1이다. 그러므로 양수인 x에서 (~x)+1은 음수가 된다. 비트 논리 연산식 x&-1은 정수 x를 −1로 논리 and 연산을 수행하는 식으로 결과는 x이다. 비트 논리 연산식 x|0은 정수 x를 0으로 논리 or 연산을 수행하는 식으로 결과는 x이다.

| 실습예제 3-6 | 비트 논리 연산자를 알기 위한 프로그램

BitLogicalOP.java

```
01    package operator;
02
03    public class BitLogicalOP {
04       public static void main(String[] args) {
05          int x = 4, y = 7;
06          System.out.format("%x & %8x -> %-8x %n", x, -1, x & -1);
07          System.out.format("%x & %8x -> %-8x %n", y, -1, y & -1);
08          System.out.format("%x | %-8x -> %-8x %n", x, 0, x | 0);
09          System.out.format("%x | %-8x -> %-8x %n", y, 0, y | 0);
10          System.out.format("(%x ^ 1) ^ 1 -> %1$-4d %n", x, (x ^ 1) ^ 1);
11          System.out.format("%1$-8x %1$-4d %n", (~x) + 1);
12          System.out.format("%1$-8x %1$-4d %n", (~y) + 1);
13       }
14    }
```

결과
```
4 & ffffffff -> 4
7 & ffffffff -> 7
4 | 0   -> 4
7 | 0   -> 7
(4 ^ 1) ^ 1 -> 4
fffffffc -4
fffffff9 -7
```

비트 이동 연산자

다음은 비트 이동 연산자$^{bit shift operators}$ >>, <<, >>>에 대하여 알아보자. 이동 연산자는 비트 단위로 연산자의 방향인 왼쪽이나 오른쪽으로 이동시키는 연산자이다.

연산자	이름	사용	연산 방법	새로 채워지는 비트
>>	Signed left shift	op1 >> op2	op1을 오른쪽으로 op2 비트만큼 이동	가장 왼쪽 비트인 부호 비트는 원래의 비트로
<<	Signed right shift	op1 << op2	op1을 왼쪽으로 op2 비트만큼 이동	가장 오른쪽 비트를 모두 0으로 채움
>>>	Unsigned right shift	op1 >>> op2	op1을 오른쪽으로 op2 비트만큼 이동	가장 왼쪽 비트인 부호 비트는 모두 0으로 채워짐

표 3-10 ● 비트 이동 연산자

왼쪽 비트 이동 연산식 3 << 2를 생각해 보자. 이 연산식은 좌변의 피연산자인 3의 이진 수 표기 값을 우변에 지정한 숫자인 2만큼 왼쪽으로 이동하는 연산이다. 다음 그림으로 보듯이 왼쪽으로 한 비트 이동하면 2배씩 커지는 것을 알 수 있으며 연산식 3 << 2의 결과는 12이다. 같은 원리로 연산식 3 >> 2는 2번 오른쪽으로 이동하므로 한 번에 2배씩 감소하므로 결과는 0이다. 연산자 >>>은 양수에 대해서는 >>와 결과가 같으나 음수는 모두 양수가 된다.

그림 3-7 ● 비트 논리 연산 3 << 2와 3 >> 2

BitShiftOP .java

```
01    package operator;
02
03    public class BitShiftOP {
04        public static void main(String[] args) {
05            int x = -24, y = 3;
06            System.out.format("%d(%s) >> %d 결과 %d(%s) %n", x, Integer.toBinaryString(x),
07                    y, x>>3, Integer.toBinaryString(x>>3));
08            System.out.format("%d(%s) << %d 결과 %d(%s) %n", x, Integer.toBinaryString(x),
09                    y, x<<3, Integer.toBinaryString(x<<3));
10            System.out.format("%d(%s) >>> %d 결과 %d(%s) %n", x, Integer.toBinaryString(x),
11                    y, x>>>3, Integer.toBinaryString(x>>>3));
12        }
13    }
```

결과
-24(11111111111111111111111111101000) >> 3 결과 -3(11111111111111111111111111111101)
-24(11111111111111111111111111101000) << 3 결과 -192(11111111111111111111111101000000)
-24(11111111111111111111111111101000) >>> 3 결과 536870909(11111111111111111111111111111101)

TIP   비트 연산자를 이용하여 정수에서 오른쪽 n번째 비트 값 알기

임의 정수 x의 비트 연산 x&1의 결과는 0 또는 1이다. 즉 결과는 정수 x의 가장 오른쪽 비트 값이 0이
면 0, 1이면 1이 된다. 그렇다면 어느 정수에서 오른쪽 n번째 비트 값을 알 수 있는 방법을 생각해 보
자. 비트 연산 x >> (n-1)은 x의 오른쪽 n번째 비트를 가장 오른쪽으로 이동시킨다. 그러므로 비트 연
산 (x >> (n-1)) & 1의 결과가 바로 정수에서 오른쪽 n번째 비트 값이라는 것을 알 수 있다. 이와 같은
비트 연산을 이용하면 정수를 이진수로 표현할 수 있다.

```
int x = 28756;
System.out.format("%d의 이진수: %s %n", x, Integer.toBinaryString(x));
System.out.format("%d의 5번째 비트 값: %s %n", x, x>>4 & 1);
System.out.format("%d의 4번째 비트 값: %s %n", x, x>>3 & 1);
System.out.format("%d의 3번째 비트 값: %s %n", x, x>>2 & 1);
System.out.format("%d의 2번째 비트 값: %s %n", x, x>>1 & 1);
System.out.format("%d의 1번째 비트 값: %s %n", x, x & 1);
```

비트 축약 대입 연산자

산술연산과 대입연산을 축약한 연산처럼 다양한 비트 연산과 대입 연산을 축약한 연산자가 비트 축약 대입 연산자이다. 대입 연산과 같이 비트 축약 대입 연산자도 왼쪽 피연산자에 저장되는 값이 표현식의 결과 값이다.

비트 AND 연산자 &는 모든 비트가 1인 수와 연산하면 자기 자신이 된다. 어느 정수를 다른 동일한 정수로 비트 XOR 연산 ^을 2번 수행하면 원래 정수를 얻을 수 있다. 즉 (x ^ y) ^ y == x 가 성립한다. 그러므로 연산자 ^는 간단한 암호화에 사용될 수 있다.

연산자	연산 예	연산자 의미
<<=	x <<= y	x = x << y
>>=	x >>= y	x = x >> y
>>>=	x >>>= y	x = x >>> y
&=	x &= y	x = x & y
|=	x |= y	x = x | y
^=	x ^= y	x = x ^ y

표 3-11 ● 비트 축약 대입 연산자

실습예제 3-8 │ 비트 축약 대입 연산자를 알기 위한 프로그램

BitComp.java

```
01    package operator;
02
03    public class BitComp {
04        public static void main(String[] args) {
05            int x = 3;
06            int y = 0xffff_ffff;              // 모든 비트가 1인 정수
07            System.out.format("%d의 이진수: %s %n", y, Integer.toBinaryString(y));
08            System.out.println(x &= y);       // x = x & y, 저장 값이 결과 값
09            System.out.println(x);            // 위와 같은 결과
10
11            int key = 120;
12            System.out.println(x ^= key);     // 암호화된 값
13            System.out.println(x ^= key);     // 다시 원래의 값
14        }
15    }
```

결과
```
-1의 이진수: 11111111111111111111111111111111
3
3
123
3
```

음수의 표현

정수 x에서 (~x + 1)을 2의 보수 2's complement라 한다. 2의 보수를 사용하여 정수의 음수를 표현한다. 즉 양의 정수 x에서 음수는 (~x + 1)이 된다. 음의 정수에서 가장 왼쪽 비트는 항상 1이다. 이 비트를 부호비트 또는 MSB$^{Most\ Significant\ Bit}$라 한다.

비트 마스크

정수에서 특정 비트가 0인지 1인지를 확인하려면, 확인할 비트만 1로 지정된 정수와 비트 AND 연산을 수행해 그 결과가 0인지 0이 아닌지를 확인하면 된다. 이 경우 확인할 비트만 1로 설정된 숫자를 흔히 비트 마스크$^{bit\ mask}$라 부른다. 즉 5번째 비트만 1인 비트 마스크는 1 << 4로 만들 수 있다. 그러므로 정수 x에서 오른쪽 n번째 비트 값은 연산식 ((x & (1 << n−1)) == 0) ? 0 : 1의 결과이다.

실습예제 3-9 │ 비트 마스크를 알기 위한 프로그램

BitMask.java

```
01   package operator;
02
03   public class BitMask {
04      public static void main(String[] args) {
05         int plus = 1, minus = -1;
06         System.out.format("%d의 이진수: %s %n", plus, Integer.toBinaryString(plus));
07         System.out.format("%d의 이진수: %s %n", minus, Integer.toBinaryString(minus));
08         System.out.format("%d의 이진수: %s %n", ~plus + 1, Integer.toBinaryString(minus));
09
10         int x = 287956;
11         System.out.format("%d의 이0진수: %s %n", x, Integer.toBinaryString(x));
12         int num = 4;                //4번째 비트 값을 알아내기
13         int mask = 1 << num-1;      //4번째 비트만 1인 mask 지정
14         System.out.format("%d의 오른쪽에서 %d번째 비트 값: ", x, num);
15         System.out.format("%d %n", ((x & mask) == 0) ? 0 : 1);
16      }
17   }
```

결과
1의 이진수: 1
−1의 이진수: 11111111111111111111111111111111
−1의 이진수: 11111111111111111111111111111111
287956의 이진수: 1000110010011010100
287956의 오른쪽에서 4번째 비트 값: 0

5. 형변환 연산자

명시적 형변환

실수를 정수로 변환하거나 범위가 큰 정수형에서 더 작은 정수형으로 변환하려면 명시적 형변환^{explicit type cast}**이 필요하다.** 즉 자료형 int는 자료형 앞에 괄호를 사용하여 (byte)를 표시하여 **byte** 자료형으로 변환할 수 있다. 이와 같은 자료형 변환을 명시적 형변환이라 한다. 정수 −129는 byte형의 범위를 벗어나는 수로 (byte) −129로 변환하면 127이 된다. 이와 같이 명시적 형변환은 정보 손실이 있을 수 있다.

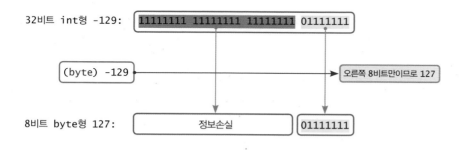

byte bt = (byte) -129;

그림 3-8 ● 명시적 형변환

다음의 첫 번째 문장에서 나누기 연산의 결과인 double 형을 int 형 변수에 저장해야 하므로 문법오류가 발생한다. 이러한 오류를 제거하려면 결과 값의 정보 손실을 감수하더라도 (int)로 형변환해야 한다.

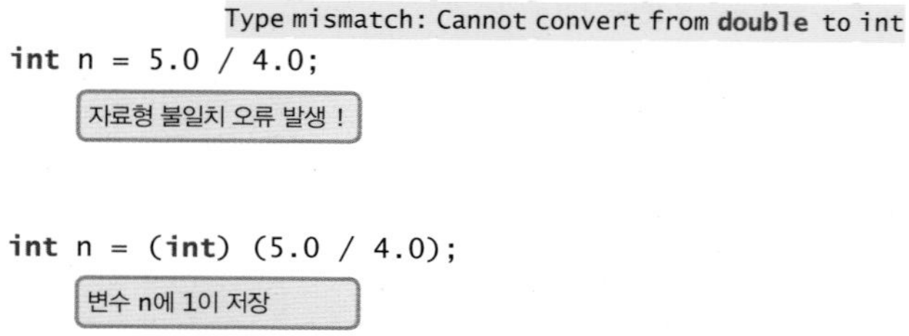

Type mismatch: Cannot convert from **double** to int

int n = 5.0 / 4.0;

자료형 불일치 오류 발생 !

int n = (int) (5.0 / 4.0);

변수 n에 1이 저장

그림 3-9 ● 대입에서의 명시적 형변환

자동 형변환

자바 연산은 동일한 형의 피연산자로 연산을 수행한다. 즉 표현식 3 / 4.0에서 표현 범위가 작은 int 형 3이 자동으로 4.0인 double로 변환된다. 이와 같이 **컴파일러에 의해 표현 범위가 넓은 자료형으로 변환되는 것을 자동 형변환**^{implicit type cast}이라 한다. 그러므로 표현식 3 / 4.0의 결과 값은 3.0 / 4.0으로 0.75이다.

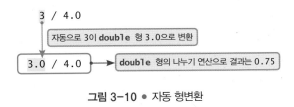

그림 3-10 ● 자동 형변환

| 실습예제 3-10 | 자동 형변환과 명시적 형변환 프로그램

TypeCast.java

```java
01    package operator;
02
03    public class TypeCast {
04        public static void main(String[] args) {
05            byte bt = (byte) -129;
06            System.out.format("%d의 이진수: %s %n", -129, Integer.toBinaryString(-129));
07            System.out.format("%d의 이진수: %s %n", bt, Integer.toBinaryString(bt));
08
09            //int n = 5.0 / 4.0;              //오류발생
10            int n = (int) (5.0 / 4.0);
11            System.out.println(n);            //1
12            System.out.println(3 / 4);        //0
13            System.out.println(3 / 4.0);      //0.75
14
15            double d = 3 + 4*2;               //int 형 값은 double 형으로 자동 변환되어 저장
16            System.out.println(d);            //double 형 11.0
17        }
18    }
```

결과
-129의 이진수: 11111111111111111111111101111111
127의 이진수: 1111111
1
0
0.75
11.0

6. 연산 우선순위와 산술연산 주의점

우선순위

자바의 연산자 우선순위 표를 정리하면 다음과 같이 요약된다. 즉 단항 연산을 가장 먼저 수행하고 대입 연산을 가장 나중에 수행한다. 산술 연산도 이항 연산 중에서 가장 먼저 수행하고 삼항인 조건 연산은 대입 연산 전에 수행한다. 또한 관계, 동등, 논리 연산은 그 결과 값이 boolean 값이므로 주의가 필요하다.

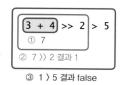

① 7

② 7 〉〉 2 결과 1

③ 1 〉 5 결과 false

단항 > 산술 > 이동 > 관계 > 동등 > 비트논리 > 논리 > 조건 > 대입

그림 3-11 ● 연산자 우선순위

실습예제 3-11 │ 연산자 우선순위를 알기 위한 프로그램

PriorityOP.java

```
01  package operator;
02
03  public class PriorityOP {
04     public static void main(String[] args) {
05        System.out.println(3 + 4 >> 2 > 5);          //false
06        System.out.println(((3 + 4) >> 2) > 5);      //false
07        System.out.println(3*4 & 4-3 << 5);          //0
08        System.out.println(3*4 & (4-3 << 5));        //0
09        System.out.println((3*4 & 4-3) < 5);         //true
10        System.out.println((1&0) != 1 && 3<<2 > 5);  //true
11     }
12  }
```

결과
```
false
false
0
0
true
true
```

산술연산의 주의점

정수를 0으로 나누면 ArithmeticException이라는 예외가 실행 중에 발생하며 실수인 0.0으로 나누면 무한대를 의미하는 Infinity가 출력된다. 표현식 0.0/0.0은 NaN[Not a Number]가 출력된다.

자료형 byte와 short의 산술 연산은 모두 int로 변환되어 연산을 수행한다. 그러므로 다음의 data1 + data2의 결과는 int이므로 자료형 변환 오류가 발생한다. 그러므로 (short)(data1 + data2)와 같이 결과를 short로 변환해야 한다.

```
short data1 = 32766;
short data2 = 1;
short data3 = data1 + data2;              //오류발생
short data3 = (short)(data1 + data2);     //수정
```

> 표현식 (short) data1 + data2도 data1을 먼저 short로 변환하므로 오류가 발생한다.

그림 3-12 ● 산술연산의 주의

실습예제 3-12 │ 자료형 변환과 0으로 나눌 때 주의가 필요

DevideByZero.java

```
01    package operator;
02
03    public class DevideByZero {
04        public static void main(String[] args) {
05            short data1 = 32766;
06            short data2 = 1;
07            //short data3 = data1 + data2;  //오류발생
08            short data3 = (short)(data1 + data2);
09            short data4 = 32766 + 1;
10            System.out.println(data3 + " " + data4);
11
12            System.out.println(0.0 / 0.0);  //NaN
13            System.out.println(3 / 0.0);    //Infinity
14            System.out.println(3 / 0);      //예외발생
15        }
16    }
```

> 더한 결과가 short의 범주인 −32768에서 32767 사이면 오류가 발생하지 않음.

결과
```
32767 32767
NaN
Infinity
Exception in thread "main" java.lang.ArithmeticException: / by zero
    at operator.DevideByZero.main(DevideByZero.java:14)
```

SECTION 03 | INTRODUCTION TO **JAVA** PROGRAMMING

조건문

1. 조건에 따른 if

간단한 if

문장 **`if`는 조건의 논리 값에 따라 선택을 지원하는 구문**이다. `if` 문의 형태는 `if (cond) stmt;`이다. `if` 문에서 조건 `cond`가 `true`이면 `stmt`를 실행하고, `false`이면 `stmt`를 실행하지 않는다. 이 `stmt`는 여러 문장이 필요하면 블록으로 구성될 수 있다. 다음 `if` 문장에서 기온을 저장한 degree가 30도 이상이면 "날씨가 덥습니다."가 출력되고, 이 조건을 만족하지 않으면 "날씨가 덥습니다."가 출력되지 않는다.

> **Note**
>
> **기본형식**
>
> ```
> if (논리연산식)
>     문장;
>
> if (논리연산식) {
>     문장1;
>     문장2;
>     ...
> }
> ```

```
int degree = 30;
if (30 <= degree)
    System.out.println("날씨가 덥습니다.");
```

조건식은 괄호가 필요하며 결과는 `boolean` 값이어야 한다.

이 문장은 블록으로 구성될 수 있으며, 블록인 경우 블록의 모든 문장이 실행된다.

그림 3-13 • 조건 if 문

| 실습예제 3-13 | 온도로 날씨를 표현

Weatherif.java

```java
package control.ifcondition;

public class Weatherif {
   public static void main(String[] args) {
      int degree = 30;

      if (30 <= degree)
         System.out.println("날씨가 덥습니다.");

      System.out.println("날씨 예보였습니다.");
   }
}
```

`if` 문 다음 문장은 항상 실행되어 "날시 예보였습니다."는 항상 출력된다.

결과

```
날씨가 덥습니다.
날씨 예보였습니다.
```

조건에 따른 2가지 선택 if else

if 문은 조건이 만족되면 문장을 실행하는 구문이다. 반대로 조건이 만족되지 않은 경우에 실행할 문장이 있다면 else를 사용한다. 조건문 if에서 키워드 else를 사용하여 조건식이 false이면 else 이후의 문장을 실행하는 구문을 만들 수 있다. 조건문 if (cond) stmt1; else stmt2;는 조건 cond가 true하면 stmt1을 실행하고, false이면 stmt2를 실행하는 문장이다. 다음 문장에서 score가 60이상이면 "합격입니다."를 출력하고, score가 60미만이면 "불합격입니다."를 출력한다.

기본형식

```
if (논리연산식)
    문장1;
else
    문장2;

if (논리연산식) {
    문장1;
    문장2;
    ...
} else {
    문장3;
    문장4;
    ...
}
```

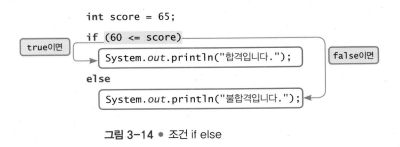

```
int score = 65;
if (60 <= score)
    System.out.println("합격입니다.");
else
    System.out.println("불합격입니다.");
```
true이면   false이면

그림 3-14 ● 조건 if else

| 실습예제 3-14 | 60점을 기준으로 합격 불합격 판정을 하는 프로그램

Scoreifelse.java

```
01  package control.ifcondition;
02
03  public class Scoreifelse {
04      public static void main(String[] args) {
05          int score = 65;
06
07          if (60 <= score)
08              System.out.println("합격입니다.");
09          else
10              System.out.println("불합격입니다.");
11      }
12  }
```

결과 합격입니다.

계속된 조건 if else if else

조건문 if else 이후에 계속하여 if else를 구현할 수 있다. 이러한 계속된 if else 문장은 다음과 같이 성적에 따른 학점 처리에 매우 적합하다.

```
if (90 <= point)
    grade = 'A';
else if (80 <= point)
    grade = 'B';
...
else
    grade = 'F';
```

이 문장이 실행되는 조건은 else if (80 <= point)이므로 실제 (80 <= point && point < 90)이 된다.

그림 3-15 ● 학점 처리 if else 문장

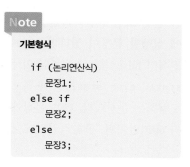
실습예제 3-15 │ 입력한 성적으로 학점 출력

Gradeifelse.java

```java
01  package control.ifcondition;
02
03  import java.util.Scanner;
04
05  public class Gradeifelse {
06      public static void main(String[] args) {
07          Scanner input = new Scanner(System.in);
08          System.out.print("성적 입력: ");
09          int point = input.nextInt();
10          char grade;
11
12          if (90 <= point)
13              grade = 'A';
14          else if (80 <= point)
15              grade = 'B';
16          else if (70 <= point)
17              grade = 'C';
18          else
19              grade = 'F';
20          System.out.println("학점: " + grade);
21      }
22  }
```

결과
성적 입력: 89
학점: B

중첩된 if

자동차 면허 필기 시험은 1종과 2종으로 구분되며 1종은 70점 이상, 2종은 60점 이상이 합격이다. 필기 시험 종류와 점수를 입력 받아 합격 여부를 판단하는 프로그램에서 if와 else 내부에 다시 if 문을 사용하는 중첩된 if 문이 효과적으로 사용될 수 있다. 프로그램의 이해력을 위해 외부 if와 else 다음에 블록 { }을 사용하는 것이 좋다.

| 실습예제 3-16 | 중첩된 if 문을 이용한 자동차 면허 필기시험 합격 여부 판정 프로그램

NestedIf.java

```java
01  package control.ifcondition;
02
03  import java.util.Scanner;
04
05  public class NestedIf {
06      public static void main(String[] args) {
07          Scanner in = new Scanner(System.in);
08          System.out.print("면허시험 종류선택 (1[1종] 또는 2[2종] 입력) >> ");
09          int type = in.nextInt();
10          System.out.print("필기 면허시험 점수 입력 >> ");
11          int score = in.nextInt();
12
13          if (type == 1) {                                    외부 if에서 면허 종류를 먼저 구분한다.
14              if (score >= 70)
15                  System.out.println("1종 면허 시험 합격");
16              else                                            내부에서 점수로 합격 판정을 수행한다.
17                  System.out.println("1종 면허 시험 불합격");
18          } else if (type == 2) {
19              if (score >= 60)
20                  System.out.println("2종 면허 시험 합격");
21              else
22                  System.out.println("2종 면허 시험 불합격");
23          }
24      }
25  }
```

결과 1
면허시험 종류선택 (1[1종] 또는 2[2종] 입력) >> 1
필기 면허시험 점수 입력 >> 70
1종 면허 시험 합격

결과 2
면허시험 종류선택 (1[1종] 또는 2[2종] 입력) >> 2
필기 면허시험 점수 입력 >> 50
2종 면허 시험 불합격

2. 다양한 경로를 표현하는 switch

switch (exp)

switch 문은 주어진 연산식의 결과 값에 따라 여러 개의 실행 경로 중 하나를 실행하는 문장이다. 즉 **switch (exp) {...} 문은 표현식 exp 결과 값 중에서 case의 값과 일치하는 내부 문장을 실행**한다. 기본으로 exp는 byte, short, char, int의 정수형을 허용한다. 그러므로 실수형은 지원하지 못한다. 자바 기능이 확장되면서 exp는 열거형^{enumerated types}과 문자열을 표현하는 String 클래스, 그리고 기본형의 랩퍼 클래스^{wrapper class}인 Character, Byte, Short, Integer 클래스도 지원한다.

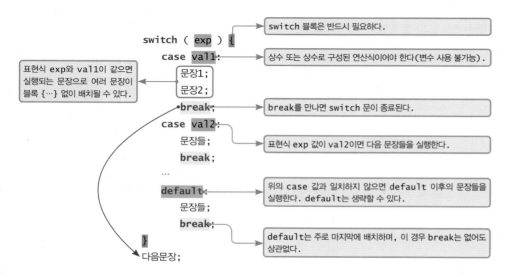

그림 3-16 ● switch 문장 구조

| 실습예제 3-17 | swicth 문을 이용한 두 실수의 +, −, *, / 연산

BasicSwitch.java

```
01    package control.switchcondition;
02
03    import java.util.Scanner;
04
05    public class BasicSwitch {
06       public static void main(String[] args) {
07          double x, y;
08          int op;
09          Scanner input = new Scanner(System.in);
10          System.out.print("두 실수 입력: ");
11          x = input.nextDouble(); y = input.nextDouble();
12          System.out.print("번호선택 1(+), 2(-), 3(*), 4(/): ");
13          op = input.nextInt();
```

```
14
15          switch (op) {
16              case 1:
17                  System.out.printf("%.2f + %.2f = %.2f\n", x, y, x + y);
18                  break;
19              case 2:
20                  System.out.printf("%.2f - %.2f = %.2f\n", x, y, x - y);
21                  break;
22              case 3:
23                  System.out.printf("%.2f * %.2f = %.2f\n", x, y, x * y);
24                  break;
25              case 4:
26                  System.out.printf("%.2f / %.2f = %.2f\n", x, y, x / y);
27                  break;
28              default:
29                  System.err.printf("연산자 번호를 잘못 입력했습니다.\n");
30          }
31      }
32  }
```

이클립스 콘솔에서 붉은 색으로 출력되도록 한다.

결과 1 두 실수 입력: 3.45 6.89
번호선택 1(+) , 2(−) , 3(*) , 4(/) : 1
3.45 + 6.89 = 10.34

결과 2 두 실수 입력: 3.45 6.89
번호선택 1(+) , 2(−) , 3(*) , 4(/) : 5
연산자 번호를 잘못 입력했습니다.

모든 switch 문은 if else 문으로 대체될 수 있다. 일반적으로 if else가 여러 번 반복되면 이해력이 떨어질 수 있으므로 switch 문이 효과적일 수 있다. 다음은 위 예제의 switch를 if else로 수정한 문장이다.

```
if (op == 1) {
    System.out.printf("%.2f + %.2f = %.2f\n", x, y, x + y);
} else if (op == 2) {
    System.out.printf("%.2f - %.2f = %.2f\n", x, y, x - y);
} else if (op == 3) {
    System.out.printf("%.2f * %.2f = %.2f\n", x, y, x * y);
} else if (op == 4) {
    System.out.printf("%.2f / %.2f = %.2f\n", x, y, x / y);
} else {
    System.err.printf("연산자 번호를 잘못 입력했습니다.\n");
}
```

그림 3-17 ● switch를 if else로 변환

switch의 break

switch에서 일치하는 case 문 내부를 실행한 후 break 문이 없다면 break 문을 만나기 전까지 무조건 다음 case 내부 문장을 모두 실행한다. 그러므로 다음과 같이 break 없이 case를 계속해서 여러 개 나열하면 month 값이 1 또는 2 또는 3이면 "1분기입니다."를 출력하는 기능을 수행한다. 그러나 **switch 문에서 하나의 case에 여러 개의 정수를 콤마로 나열할 수 없다.** 즉 case 4, 5와 같은 나열은 문법 오류가 발생하니 주의하자.

Note

```
int m = 1;
switch (m) {
    case 0:
      System.out.printf("0");
    case 1:
      System.out.printf("1");
    default:
      System.out.printf("2");
}
```

위 모듈 실행 결과는 120이다.

```
switch ( month ) {
    case 1 :
    case 2 :        → case 1, 2, 3 : //잘못된 표현으로 오류 발생
    case 3 :
        System.out.printf("%d월은 1분기입니다.\n", month);
        break;
    …
}
```

그림 3-18 ● break 없는 case의 이용

더알아보기

default의 위치

switch 문에서 default는 일반적으로 마지막에 배치한다. 만일 switch 문에서 처음이나 중간에 default를 배치한다면 break를 기술해야 default 이후의 case 문 내부를 실행하지 않는다. 그러나 이러한 default의 배치는 좋은 코딩 방식이 아니다.

```
int n = 5;
switch (n % 2) {
    default:•         → 위치에 상관없이 하위 case의 값들을 모두 검사한
        System.err.printf("모름\n");    후 일치하는 항목이 없는 경우 실행된다.
        break;•       → break가 없다면 case 0의 내부 문장이 실행된다.
    case 0:
        System.out.printf("짝수\n");
        break;
    case 1:
        System.out.printf("홀수\n");
        break;
}
```

그림 3-19 ● default의 위치에 따른 break의 역할

BreakSwitch.java

```
01    package control.switchcondition;
02
03    import java.util.Scanner;
04
05    public class BreakSwitch {
06        public static void main(String[] args) {
07            Scanner input = new Scanner(System.in);
08            System.out.println("년의 월(month)을 입력: ");
09            int month = input.nextInt();
10
11            switch ( month ) {
12                case 1 :
13                case 2 :
14                case 3 :
15                    System.out.printf("%d월은 1분기입니다.\n", month);
16                    break;
17
18                case 4 : case 5 : case 6 :
19                    System.out.printf("%d월은 2분기입니다.\n", month);
20                    break;
21
22                case 7 : case 8 : case 9 :
23                    System.out.printf("%d월은 3분기입니다.\n", month);
24                    break;
25
26                case 10 : case 11 : case 12 :
27                    System.out.printf("%d월은 4분기입니다.\n", month);
28                    break;
29
30                default :
31                    System.err.printf("월(month)을 잘못 입력하셨습니다.\n");
32            }
33        }
34    }
```

결과

```
년의 월(month)을 입력:
5
5월은 2분기입니다.
```

문자와 문자열을 지원하는 switch

switch의 연산식 결과는 문자를 지원하므로 다음과 같이 문자가 저장된 변수 op를 사용하여 원하는 switch 문을 활용할 수 있다.

```java
char op = '+';
double x = 3.45, y = 9.83;
switch (op) {
    case '+':
        System.out.printf("%f + %f = %f\n", x, y, x+y);
        break;
    case '-':
        System.out.printf("%f - %f = %f\n", x, y, x-y);
        break;
    …
}
```

그림 3-20 ● switch에서 문자 지원

자바 SE 7에서는 switch의 연산식 결과로 클래스 String 객체와 Byte, Short, Integer, Character 등의 랩퍼 클래스 객체도 지원한다. 그러므로 다음과 같이 문자열이 저장된 변수 nation을 사용하여 원하는 switch 문을 활용할 수 있다.

```java
String nation = "한국";
switch ( nation ) {
    case "한국" :
    case "일본" :
    case "중국" :
        System.out.printf("%s은(는) 아시아입니다.\n", nation);
        break;
    …
}
```

그림 3-21 ● switch에서 문자열 지원

StringSwitch.java

```java
01  package control.switchcondition;
02
03  import java.util.Scanner;
04
05  public class StringSwitch {
06      public static void main(String[] args) {
07          Scanner input = new Scanner(System.in);
08          System.out.println("나라 이름을 입력: ");
09          String nation = input.next();
10
11          switch ( nation ) {
12              case "한국" :
13              case "일본" :
14              case "중국" :
15                  System.out.printf("%s은(는) 아시아입니다.\n", nation);
16                  break;
17              case "남아프리카" : case "수단" : case "모로코" :
18                  System.out.printf("%s은(는) 아프리카입니다.\n", nation);
19                  break;
20              case "미국" : case "멕시코" : case "브라질" :
21                  System.out.printf("%s은(는) 아메리카입니다.\n", nation);
22                  break;
23              case "스위스" : case "영국" : case "독일" :
24                  System.out.printf("%s은(는) 유럽입니다.\n", nation);
25                  break;
26
27              default:
28                  System.out.printf("나라 이름을 잘못 입력하셨습니다.\n");
29          }
30      }
31  }
```

결과
```
나라 이름을 입력:
한국
한국은(는) 아시아입니다.
```

내용점검 연습

1. 다음에서 서술 내용이 맞으면 O, 틀리면 X 하시오.

❶ 프로그램 언어에서 연산자와 피연산자의 조합으로 구성된 식을 표현식이라 한다. (   )

❷ 표현식은 항상 하나의 결과 값을 갖는다. (   )

❸ 산술 연산자는 +, -, *, /, %로 각각 더하기, 빼기, 곱하기, 나누기, 나머지 연산자이다.
(   )

❹ 비트 연산자의 피연산자는 부동소수도 가능하다. (   )

❺ 논리연산자 **&&**와 ||는 피연산자 두 개 중에서 왼쪽 피연산자만으로 전체 결과가 결정
된다면 오른쪽 피연산자는 평가하지 않는다. (   )

❻ 대입연산자의 왼쪽 부분에는 반드시 하나의 변수만이 올 수 있다. (   )

❼ 대입연산식 a = a+b는 간결하게 a =+ b로 쓸 수 있다. (   )

❽ 증가연산자에서 n++와 같이 연산자 ++가 피연산자 n보다 뒤에 위치하면 1 증가되기 전
값이 연산 결과 값이다. (   )

❾ 조건연산자는 조건에 따라 주어진 피연산자가 결과 값이 되는 이항연산자이다. (   )

❿ 증감연산자는 변수만을 피연산자로 사용할 수 있으며 상수나 일반 수식을 피연산자로
사용할 수 없다. (   )

2. 다음에서 비어 있는 부분을 적당히 채우시오.

❶ 나머지 연산식 [   ] 의 결과는 a를 b로 나눈 나머지 값이다.

❷ 축약 대입연산식 [   ] (은)는 a = a+2의 대입연산을 의미한다.

❸ 증가연산자 [   ] (은)는 변수 값을 1 증가시키고, 감소연산자 [   ] (은)는 1 감소
시키는 기능을 수행한다.

❹ 논리연산자 [   ] (은)는 두 피연산자가 모두 true여야 결과가 true이며, 나머지 경
우는 모두 false이다.

❺ 연산식 10 >> 2의 결과 값은 [   ] (이)다.

❻ 연산식 [   ] 에서 피연산자는 x, a, b 세 개이며, 첫 번째 피연산자인 x가
true이면 결과는 a이며, x가 false이면 결과는 b이다.

❼ 형변환연산자 (type)를 사용하여 변환하는 방식을 [   ] (이)라고 한다.

❽ switch (exp) { … } 문은 표현식 exp 결과 값은 기본형 중에서는 byte, short,
[   ] , int의 정수형을 허용한다.

❾ 조건문 if (cond) stmt1; [   ] stmt2;는 조건 cond가 true하면 stmt1을
실행하고, false이면 stmt2를 실행하는 문장이다.

⑩ switch의 연산식 결과로 클래스 String 객체와 Byte, Short, Integer, ▨▨▨▨▨ 등
의 랩퍼 클래스 객체도 지원한다.

3. 다음 각각의 문제에서 가장 적절한 것을 하나 선택하시오.

❶ 다음 중에서 이항연산자가 아닌 것은 무엇인가? ( )
가) %   나) /
다) &&   라) !

❷ 다음 중에서 결과 값이 다른 하나는 무엇인가? ( )
가) !false || false   나) true && !false
다) 3 > 2   라) 4 == 3

❸ 다음 중에서 결과 값이 다른 하나는 무엇인가? ( )
가) 3 + 4 * 2   나) 4 / 2 * 6
다) 4 * 6 / (2 % 6)   라) 2 * 8 - 14 / 3

❹ 다음 중에서 결과 값이 다른 하나는 무엇인가? ( )
가) 'a' < 'c'   나) 3 == 4
다) 3 >= 3 / 2   라) 3.0 != 4

❺ 다음 중에서 결과 값이 다른 하나는 무엇인가? ( )
가) 1 | 2   나) 6 >> 1
다) 2 << 1   라) 3 & 3

❻ 다음 중에서 오류가 발생하는 문장은 무엇인가? ( )
가) int a = (int) 3.4   나) int a = (int) (2.6 + 1.9)
다) int a = (int) (2.4 + 1.5) 라) int a = (int) 2.6 + 1.5

❼ 다음 중에서 자동 형변환이 발생하지 않는 것은 무엇인가? ( )
가) 3 + 4.0   나) 3 + (int) 4.0
다) double a = 3;   라) 3 / 4.0

❽ 다음 중에서 결과 값이 다른 하나는 무엇인가? ( )
가) (int) 3.4 + (int) 2.9   나) 17 % 6
다) (double) 11 / 2   라) 17 / 3

❾ 다음은 연산자 우선순위에 대한 설명이다. 다음 중에서 잘못 설명하고 있는 것은 무엇
인가? ( )
가) 조건연산자는 대입연산자보다 먼저 계산한다.
나) *, /, %는 연산자 중에 가장 먼저 계산한다.
다) 단항연사자는 모든 이항연산자보다 먼저 계산한다.
라) 대입연산자는 가장 나중에 계산한다.

⑩ 다음 중에서 우선순위가 가장 빠른 연산자는 무엇인가? (   )

　　가) /　　　　　　　　　　　　나) &&

　　다) +=　　　　　　　　　　　라) instanceof

4. int 형 변수 값이 각각 a=1, b=5, c=10일 때 다음 연산식 결과의 자료형과 값을 쓰시오.

❶ a++

❷ ++a

❸ ++a + --c

❹ --c - b--

❺ c /= --b

❻ a += ++c + b

❼ c++ % b

❽ ++c / ++a

❾ (double) c / b

❿ (double) (c / ++a)

5. double 형 변수 값이 각각 x=3.4, y=7.9, z=1.5일 때 다음 연산식 결과의 자료형과 값을 쓰시오.

❶ x + y

❷ (int) x + y

❸ (int) x + (int) y

❹ (int) (x + y)

❺ (int) (x + y + z)

❻ x > y + 2

❼ x <= z * 2

❽ x == z + 1.9

❾ x != z - y

❿ x + y >= y + z

6. 다음 부분 소스와 연산식에서 오류를 찾아 수정하시오.

❶ int a = b = 3;

❷ a + 1 = 3;

❸ b ++= 3;

❹ 100 > x > 0

❺ a =/ b;

❻ (a+1)++

⑦ 3.1 ^ 4

⑧ 3 >> 1.0

⑨ 3 =! 4

⑩ int 3.4

7. 다음 연산식 결과 값을 쓰시오.

❶ 3<4 && 5<7

❷ 3>4 || 5<7

❸ (3<4) ^ (5<7)

❹ 2+3 & 5

❺ 1 | 2

❻ 1 ^ 0

❼ 23 >> 2

❽ 2 << 2

❾ 20 >>> 3

❿ 2 < 3 ? 1 : 2

8. 다음 프로그램 소스에서 문법 오류 및 논리 오류를 찾아 수정하시오.

❶
```java
int n = 20;
if (n%2 == 0)
    System.out.println("짝수");
System.out.println("홀수");
```

❷
```java
double x = 3.8, y = 4.9;
double max = x > y ? x : y;
double min = x < y ? y : x;

System.out.printf("최대: %f\n", max);
System.out.printf("최소: %f\n", min);
```

❸
```java
int n = 5;
switch (n % 3) {
    case 0:
        System.out.printf("3의 배수입니다.\n");
    case 1: case 2:
        System.out.printf("3의 배수가 아닙니다.\n");
        break;
}
```

❹
```java
int x = 20;
switch (x) {
    case x > 0:
        System.out.printf("양수\n");
        break;
    case x < 0:
        System.out.printf("음수\n");
}
```

9. 다음 프로그램의 결과를 기술하시오.

❶
```java
int op = 2, m = 1;
switch (op) {
case 1: m++;
    break;
case 2: m++;
case 3: m++;
case 4: m++;
}
System.out.println(m);
```

❷
```java
int score = 99;
char grade;
switch (score/10) {
case 10: case 9:
    grade = 'A';
    break;
case 8:
    grade = 'B';
    break;
case 7:
    grade = 'C';
    break;
case 6:
    grade = 'D';
    break;

default:
    grade = 'F';
}
System.out.println(grade);
```

프로그래밍 연습

1. 표준입력으로 두 실수를 입력 받아 합과 평균을 구하여 출력하는 프로그램을 작성하시오.
   - 합과 평균 모두 실수로 출력

2. 위 프로그램에서 다음 조건을 만족하는 프로그램으로 수정하여 작성하시오.
   - 입력받은 두 실수를 모두 정수로 변환하여 합과 평균 모두 실수로 출력

3. 무게의 단위인 킬로그램(kg)을 소수로 입력받아 파운드(pound)로 계산하여 소수점 3자리까지 출력하는 프로그램을 작성하시오.
   - 1파운드(pound)는 0.453592킬로그램(kg)

4. 문자 하나와 온도를 실수형으로 입력받아, 문자가 F나 f이면 입력받은 값을 화씨로 간주하여 섭씨로 바꾸고, 입력받은 문자가 C나 c이면 입력받은 값을 섭씨로 간주하여 화씨로 바꾸어 결과를 출력하는 프로그램을 작성하시오.
   - F = (9.0 / 5.0)*C + 32
   - C = (5.0 / 9.0)*(F - 32)

5. 다음을 참고로 표준입력으로 받은 년도의 윤년을 판단하는 프로그램을 if 문을 사용하여 작성하시오.
   - 기원 연수가 4로 나누어 떨어지는 해는 우선 윤년으로 하고,
   - 1번 중에서 100으로 나누어 떨어지는 해는 평년으로 하며,
   - 다만 400으로 나누어 떨어지는 해는 윤년으로 정한다

6. 천만 이하의 정수 하나를 입력 받아 우리가 사용하는 단위인 만, 천, 백, 십, 일 단위로 출력하는 프로그램을 작성하시오.
   - 즉 입력이 2347653이면 "234만 7천 6백 5십 3입니다."로 출력

7. 조건연산자를 이용하여 임의의 달을 입력받아 이 달이 상반기이면 "상반기입니다."를 하반기이면 "하반기입니다."를 출력하는 프로그램을 작성하시오.

8. 세 수를 입력받아 가장 큰 수를 구하는 프로그램을 조건 연산자를 이용하여 작성하시오.

9. 표준입력으로 키와 몸무게를 실수로 입력받아 다음 조건을 이용하여 정상인지, 비만인지 출력하는 프로그램을 작성하시오.
   - (몸무게 <= (키 - 100) * 0.9)이면 정상, 아니면 비만

10. 지불할 금액을 정수로 입력받아 화폐단위가 각각 몇 개씩 필요한지 출력하는 프로그램을 작성하시오.
    - 입력은 최소 천 원 단위로 입력
    - 화폐단위는 50000, 10000, 5000, 1000 4가지이며, 가능한 큰 화폐단위로 지불
    - 입력이 236,000이면 50000원권 4개, 10000원권 3개, 5000원권 1개, 1000원권 1개

CHAPTER
04

반복과 배열

INTRODUCTION TO **JAVA** PROGRAMMING

01

제어문 개요

실행 흐름

다양한 제어문

일반적으로 프로그램의 문장은 위에서 아래로 순서대로 실행된다. 그런데 **제어문**control flow statements**은 이러한 실행 흐름을 변형하여 조건에 따라 실행하거나 지정된 블록을 반복하거나 또는 다른 곳으로 이동하여 실행한다.** 조건에 따라 실행 흐름이 변형되는 문장으로는 이미 학습한 if, switch 등이 있다. for, while, do while 문장은 반복조건에 따라 일정 영역을 반복 실행하며, break, continue, return 문장은 지정된 영역으로 이동하여 다음 문장을 실행한다.

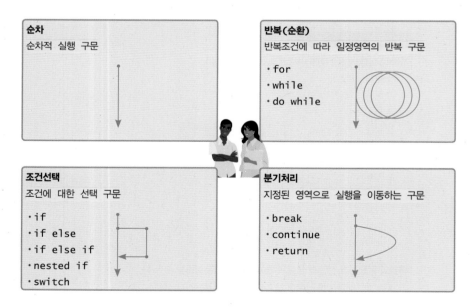

순차
순차적 실행 구문

반복(순환)
반복조건에 따라 일정영역의 반복 구문

· for
· while
· do while

조건선택
조건에 대한 선택 구문

· if
· if else
· if else if
· nested if
· switch

분기처리
지정된 영역으로 실행을 이동하는 구문

· break
· continue
· return

그림 4-1 ● 제어문의 종류

이클립스에서 소스 파일의 복사, 붙여넣기, 이름바꾸기, 이동

소스 파일을 복사하려면 파일 선택한 후 [Copy] 메뉴를 선택한다. 마찬가지로 복사된 소스 파일을 붙여 넣으려면 원하는 패키지를 선택한 후 [Paste] 메뉴를 선택한다. 그리고 소스 파일의 이름을 수정하려면 파일 선택한 후 [Refactor/Rename] 메뉴를 선택한다. 또한 소스 파일을 이동하려면 파일 선택한 후 [Refactor/Move] 메뉴를 선택한다. 소스 파일의 이동은 패키지 탐색기에서 마우스로 끌어 놓기^{drag and drop}로도 가능하다.

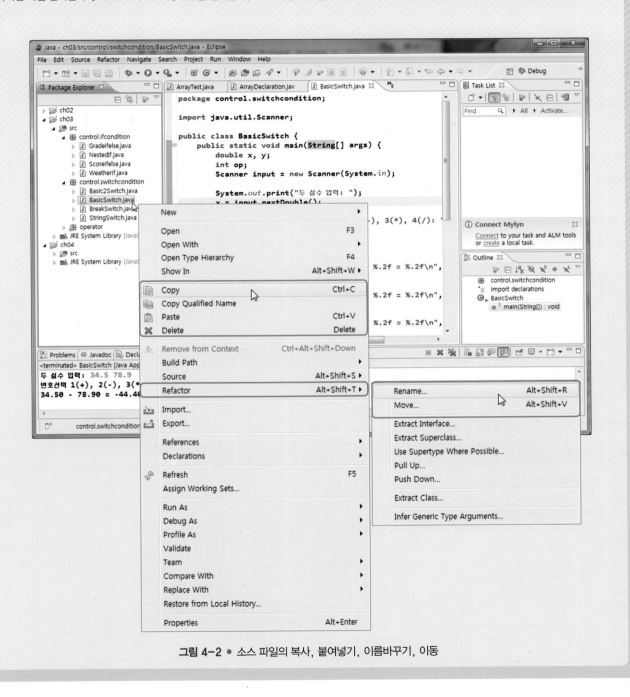

그림 4-2 ● 소스 파일의 복사, 붙여넣기, 이름바꾸기, 이동

02

반복문

1. while

간편한 while 구문

일정한 형태의 구문을 여러 번 실행해야 하는 경우 요구되는 문장이 반복문이다. **반복문으로는 while, do while, for 문이 있다.** while 문은 3개의 반복 문장 중에서 가장 간편한 반복 구문이다. 문장 while (cond) stmt;는 반복 조건식인 cond를 평가하여 false이면 while 문장을 종료하며, true이면 반복몸체인 stmt를 실행하고 다시 반복조건 cond를 평가하여 while 문 종료 시까지 반복한다. 반복몸체인 stmt가 여러 문장이라면 블록으로 구성한다.

Note

기본 형식

```
while (반복조건식)
    반복문장;

while (반복조건식) {
    반복문장1;
    반복문장2;
}
```

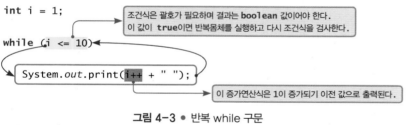

그림 4-3 ● 반복 while 구문

| 실습예제 4-1 | 1에서 10까지 출력하는 while문

While.java

```
01  package control.loop;
02
03  public class While {
04      public static void main(String[] args) {
05          int i = 1;
06
07          while (i <= 10)
08              System.out.print(i++ + " ");
09
10          System.out.println();
11      }
12  }
```

블록이 없는 반복몸체인 하나의 반복문장도 들여쓰기를 하며, 반복몸체가 아닌 다음 문장은 while 정렬에 맞춘다.

결과 1 2 3 4 5 6 7 8 9 10

2. do while

반복조건이 나중에 있는 do while

while 문은 반복 전에 반복조건을 평가한다. 이와 다르게 **do while 문은 반복몸체 수행 후에 반복조건을 검사한다.** 그러므로 do while 문은 반복조건을 나중에 검사해야 하는 반복에 적합하다. 특히 반복 횟수가 정해지지 않고 입력받은 자료 값에 따라 반복 수행의 여부를 결정하는 구문에 유용하다. **반복몸체에 특별한 구문이 없는 경우, 반복문 do while의 몸체는 적어도 한 번은 실행된다.** 코딩 시 주의할 것은 do {…} while;과 같이 while 이후의 세미콜론은 반드시 필요하다는 것이다. 반복몸체인 stmt가 여러 문장이라면 블록으로 구성한다.

Note

기본 형식

```
do
    반복문장;
while (반복조건식);

do {
    반복문장1;
    반복문장2;
} while (반복조건식);
```

```
int i = 1;
do
    System.out.print(i++ + " ");
while (i <= 10);
```

do while 문의 종료를 나타내는 세미콜론은 반드시 있어야 한다.

그림 4-4 ● 반복문 do while 구문

| 실습예제 4-2 | 1에서 10까지 출력하는 do while 문

Dowhile.java

```
01    package control.loop;
02
03    public class Dowhile {
04        public static void main(String[] args) {
05            int i = 1;
06
07            do
08                System.out.print(i++ + " ");
09            while (i <= 10);
10
11            System.out.println();
12        }
13    }
```

결과   1 2 3 4 5 6 7 8 9 10

3. for

반복 횟수 제어에 적합한 for 문

반복문 for (init; cond; inc) stmt;에서 **init에서는 주로 초기화**^{initialization}가 이루어지며, **cond에서는 반복을 수행할 조건**^{condition}**을 검사**하고, **inc에서는 주로 반복을 결정하는 제어문자의 증감연산**^{increment}**을 수행**한다. for(; ;)의 괄호 내부에서 세미콜론으로 구분되는 항목은 모두 생략할 수 있으나 2개의 세미콜론은 반드시 필요하다. **반복조건 cond를 생략하면 반복이 계속된다는 것을 의미**한다. 반복할 문장인 반복몸체 stmt가 여러 개라면 반드시 블록으로 묶어야 한다. 반복문은 정해진 횟수만큼 반복하는 데 유용한 문장이다. 다음과 같은 문장에서 **반복조건에 이용되는 변수 i를 반복 제어변수**^{loop control variable}라 한다.

Note

기본 형식

for (초기화; 조건검사; 증감)
    반복문장;

for (초기화; 조건검사; 증감)
{
    반복문장1;
    반복문장2;
}

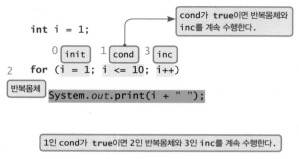

순서	의미	문장
0	init (한 번만 실행됨)	i = 1
1	cond (결과가 boolean)	i <= 10
2	반복몸체 (여러 개면 블록으로)	...print(i + " ");
3	inc (주로 증감 연산 문장)	i++

그림 4-5 • for 반복문

for 문의 init 부분과 inc 부분에는 콤마로 구분되어 여러 문장이 있을 수 있다. 그러므로 inc 부분이 하나의 반복 몸체 역할을 수행할 수 있다. 다음 소스는 제어변수의 합을 수행하는 문장은 inc 부분에 배치하여 반복몸체가 없지만 변수 sum에 1에서 10까지의 합이 저장된다. 주의할 점은 반복몸체가 있는 경우 for(...); 반복몸체 ;와 같이 반복몸체 전에 세미콜론을 넣으면 반복몸체가 순환되지 않는다는 것이다. 또한 inc 부분에는 변수의 선언도 가능하다. 그러나 inc 에서 선언된 변수는 for 문 블록에서만 사용할 수 있는 블록 내부의 지역 변수이므로 for 문 종료 이후에는 사용할 수 없다.

Note

다음 for 행의 마지막에 ;을 넣으면 문법 오류는 발생하지 않으나 반복몸체가 for 에 의해 반복이 실행되지 않고 1회만 실행된다.

for (초기화; 조건검사; 증감);
    반복몸체;

```
for (i = 1, sum = 0; i <= 10; sum += i, i++);
```

동일한 기능을 수행하는 for 문

```
for (i = 1, sum = 0; i <= 10; i++)
    sum += i;
```

그림 4-6 ● for에서의 초기화와 증감연산 부분에 여러 문장을 허용

| 실습예제 4-3 | 1에서 5까지의 합을 출력하는 for 문

For.java

```
01   package control.loop;
02
03   public class For {
04      public static void main(String[] args) {
05         int i = 1;
06         for (i = 1; i <= 10; i++)
07            System.out.print(i + " ");
08         System.out.println();
09
10         int sum = 0;
11         for (i = 1, sum = 0; i <= 10; sum += i, i++);
12         //for (i = 1, sum = 0; i <= 10; i++)
13         // sum += i;
14         System.out.printf("합: %d%n", sum);
15
16         for (int j = 1, total = 0; j <= 5; j++) {
17            total += j;
18            System.out.printf("1에서 %d까지 합은 %d입니다.%n", j, total);
19         }
20         //다음 문장 오류 발생, 변수 j와 total은 사용 불가
21         //System.out.printf("1에서 %d까지 합은 %d입니다.%n", j-1, total);
22      }
23   }
```

변수 j와 total은 for 문에서만 사용 가능하다.

결과
```
1 2 3 4 5 6 7 8 9 10
합: 55
1에서 1까지 합은 1입니다.
1에서 2까지 합은 3입니다.
1에서 3까지 합은 6입니다.
1에서 4까지 합은 10입니다.
1에서 5까지 합은 15입니다.
```

4. 반복 내부의 반복과 반복문 비교

중첩된 반복문

반복문 내부에 반복문이 다시 있는 구문을 중첩된 반복문nested loop**이라 한다.** 다음 그림은 for 문의 중첩된 반복문의 설명으로, 외부 for 문의 제어변수는 m이며, 내부 for 문의 제어변수는 n이다. 외부반복에서 m은 1에서 4까지 반복된다. m 값이 1인 경우, 다시 내부반복에서 n이 1에서 3까지 반복된다. 마찬가지로 m 값이 2인 경우도 n은 1에서 3까지 반복된다. 즉 m의 모든 값에서 n은 1에서 3까지 동일한 반복이 실행된다.

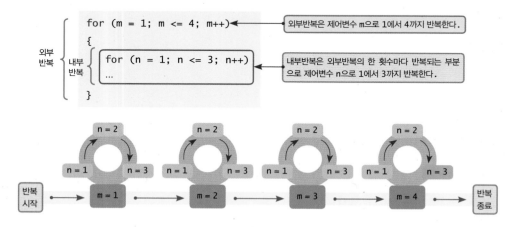

그림 4-7 ● 중첩된 for 문에서 제어변수의 변화(외부반복 제어변수: m, 내부반복 제어변수: n)

다음 예제는 구구단 프로그램이다. 외부 제어변수 i는 2에서 9까지 반복하며, 하나의 i에 대해 내부 제어변수 j는 1에서 5까지 반복을 수행한다. 내부 반복에서 조건검사를 j<=9로 수정하면 모든 구구단이 출력된다.

| 실습예제 4-4 │ 2단에서 5단까지의 구구단 출력

Nestedfor.java

```
01    package control.loop;
02
03    public class Nestedfor {
04        public static void main(String[] args) {
05            int i, j;
06
07            for (i = 2; i <= 9; i++) {
08                for (j = 1; j <= 5; j++)
09                    System.out.printf("%d*%d = %2d  ", i, j, i*j);
```

```
10              System.out.println();
11          }
12      }
13  }
```

결과
```
2*1 = 2  2*2 =  4  2*3 =  6  2*4 =  8  2*5 = 10
3*1 = 3  3*2 =  6  3*3 =  9  3*4 = 12  3*5 = 15
4*1 = 4  4*2 =  8  4*3 = 12  4*4 = 16  4*5 = 20
5*1 = 5  5*2 = 10  5*3 = 15  5*4 = 20  5*5 = 25
```

for와 while 문의 비교

for 문은 주로 반복횟수를 제어하는 제어변수를 사용하며 초기화와 증감부분이 있는 반복문에 적합하다. while 문은 문장구조가 간단하므로 다양한 구문에 이용될 수 있다. 특히 **while 문은 반복횟수가 정해지지 않고 특정한 조건에 따라 반복을 결정하는 구문에 적합하다.** for 문과 while 문은 서로 변환이 가능하다. 다음 설명과 같이 for 문장 pre; for (A;B;C) body;는 pre; A; while(B) {body; C;}로 변환이 가능하다. 간단한 예로 1에서 n까지 합을 구하는 모듈도 다음과 같이 간단히 서로 변환이 가능하다.

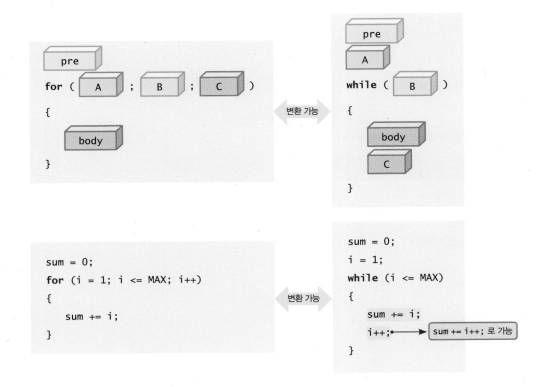

그림 4-8 ● 반복문 for와 while 간의 변환

5. break와 continue

반복을 종료하는 break

반복 내부에서 강제로 반복을 종료하려면 break 문을 사용한다. 만일 반복문이 중첩되어 있다면 break를 포함하는 가장 근접한 내부반복을 종료하고 반복문 다음 문장을 실행한다. switch에서 보았듯이 break는 반복문의 종료뿐만 아니라 switch 문의 종료에도 이용된다.

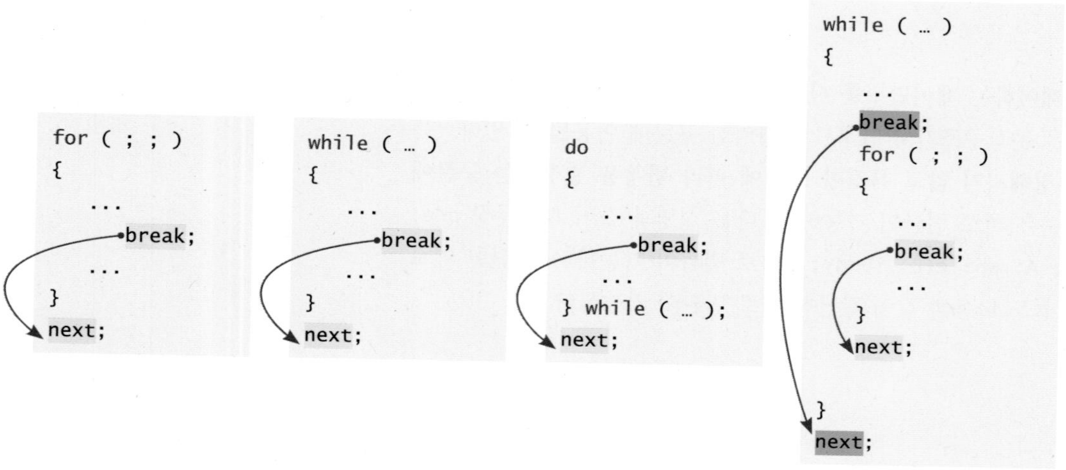

```
for ( ; ; )
{
    ...
    break;
    ...
}
next;
```

```
while ( … )
{
    ...
    break;
    ...
}
next;
```

```
do
{
    ...
    break;
    ...
} while ( … );
next;
```

```
while ( … )
{
    ...
    break;
    for ( ; ; )
    {
        ...
        break;
        ...
    }
    next;
}
next;
```

그림 4-9 • break 문의 역할

| 실습예제 4-5 | 1에서 10까지 출력하는 중간에 7을 출력하고 반복을 종료

Break.java

```java
01  package control.loop;
02
03  public class Break {
04      public static void main(String[] args) {
05          int i = 1;
06          for (i = 1; i <= 10; i++) {
07              System.out.print(i + " ");
08              if (i == 7) break;
09          }
10          System.out.println();
11      }
12  }
```

결과
```
1 2 3 4 5 6 7
```

반복을 계속하는 continue

**continue 문은 반복몸체의 나머지 부분을 실행하지 않고 다음 반복을 계속 유지하는 문
장이다.** 반복문 while과 do while 반복 내부에서 continue를 만나면 조건검사로 이동하
여 실행한다. 반복문 for 문에서 continue 문을 만나면 증감연산 부분으로 이동하여 다
음 반복 실행을 계속한다.

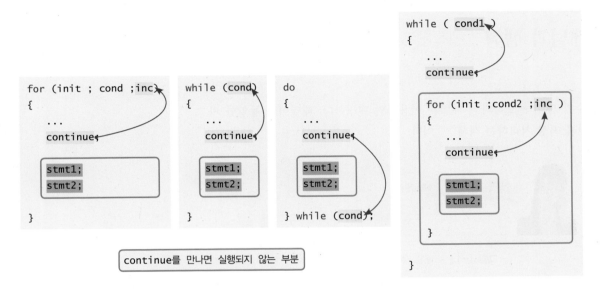

그림 4-10 ● continue 문의 역할

| 실습예제 4-6 | 1에서 10까지 수 중 3의 배수가 아닌 것만 출력하는 for 문

Continue.java

```
01    package control.loop;
02
03    public class Continue {
04        public static void main(String[] args) {
05            int i = 1;
06            for (i = 1; i <= 10; i++) {
07                if (i%3 == 0) continue;
08                System.out.print(i + " ");
09            }
10            System.out.println();
11        }
12    }
```

continue를 만나면 반복몸체의 나머지인 출력문은
실행하지 않고 i++로 이동한다.

결과 1 2 4 5 7 8 10

배열

1. 배열의 개념과 생성

배열이란?

동일한 자료형 변수가 많이 필요하다면 배열을 이용하면 편리하다. **배열이란 동일한 자료형을 정해진 수만큼 저장 처리하는 객체**object**이다.**

그림 4-11 • 배열 개념

동일한 자료형으로 배열을 구성하는 항목을 원소element라 한다. 원소는 0으로 시작하는 수의 첨자index에 의해 참조된다. 배열 원소 수를 배열 크기array length라 한다. 만일 **배열 크기가 n이면 첨자는 0에서 n-1까지 유효하다.** 자바에서 배열은 참조형으로 배열 원소를 위한 공간과 함께 배열 크기가 저장되는 공간 필드 length의 객체를 가리킨다. 배열 이름이 array라면 두 번째 원소는 array[1]로 참조된다. 그리고 **array.langth로 배열 크기**를 참조할 수 있다. 즉 배열 array의 배열 크기가 4라면 array.length는 4를 나타낸다.

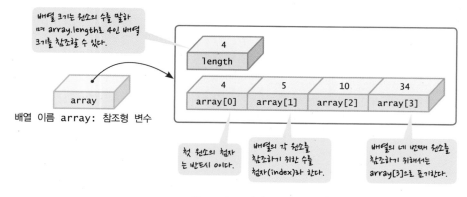

그림 4-12 • 배열 정의

배열 객체를 참조하는 배열 변수 선언

배열 선언 문장에서 자료형과 대괄호를 이용하여 int[]와 같이 표현한다. 즉 float 형 배열은 float[], double 형 배열은 double[]이다. 즉 배열은 배열형과 배열 이름으로 선언한다. 또한 다음과 같이 대괄호가 배열 이름 앞에 위치할 수도 있다. **배열 선언에서는 절대로 배열 크기를 표시할 수 없다.** 배열은 실제 배열 객체를 가리키는 참조형이다.

Note

다음은 C 언어에서는 가능하나 자바에서는 잘못된 문장이다.

```
int month[5];
double values[10];
```

```
//배열 선언              //다음도 가능
int month[];            int []month;
double values[];        double []values;

int[] ary1, ary2;       //모두 int[] 배열
int ary3[], i;          //ary3은 int[] 배열이나 i는 int
```

아직 참조하는 배열이 없음.
month

아직 참조하는 배열이 없음.
values

그림 4-13 ● 배열 선언

배열 객체의 생성

위와 같이 배열 변수 선언 후, 배열 원소를 생성하여 그 참조 값을 저장하려면 다음 문장과 같이 new를 사용하여 배열 원소를 생성하여 저장한다. 처음 생성된 배열 원소에는 자료형에 적합한 0과 같은 기본 값이 저장된다.

Note

배열 원소에 자동으로 저장되는 기본 값은 다음과 같다.

- 정수형: 0
- 실수형: 0.0
- 논리형: false
- 참조형: null

```
//배열 생성
month = new int[4];
values = new double[3];
```

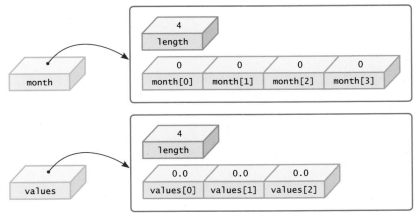

그림 4-14 ● 배열 객체 생성

2. 배열 선언과 생성 그리고 참조

배열 선언과 생성을 한 문장으로

지금 알아보았던 배열 선언과 생성은 다음과 같이 한 문장으로도 가능하다. 또한 이미 선언된 변수는 다른 배열 객체를 생성하여 저장할 수 있다. 물론 이전에 사용하던 배열은 더 이상 사용하지 못할 수 있다.

```
int[] month = new int[4];          //int month[]; month = new int[4];
double[] values = new double[3];   //double values[]; values = new double[3];
```

그림 4-15 • 한 문장으로 구현한 배열 선언과 생성

실습예제 4-7 │ 배열의 선언과 생성, 그리고 필드 length 사용

ArrayDeclaration.java

```java
01   package array.basic;
02
03   public class ArrayDeclaration {
04      public static void main(String[] args) {
05          //배열 선언과 생성을 분리
06          int[] month;                    //int month[];
07          double[] values;                //double values[];
08
09          //배열 생성
10          month = new int[4];
11          values = new double[3];
12          System.out.println(month.length);  //month의 배열 크기 출력
13          System.out.println(values.length); //values의 배열 크기 출력
14
15          //배열 선언과 생성을 하나의 문장으로
16          char[] ch = new char[6];
17          float[] data = new float[5];
18          data = new float[7];            //다른 배열 객체를 생성하여 저장
19          System.out.println(ch.length);    //ch의 배열 크기 출력
20          System.out.println(data.length);  //data의 배열 크기 출력
21      }
22   }
```

결과
```
4
3
6
7
```

배열 원소 참조

생성된 배열에서 배열 원소를 참조하려면 month[0]과 같이 배열 이름[첨자]를 사용한다. 여기서 주의할 점은 배열첨자가 그 유효범위를 벗어나면 실행 시 [배열첨자 범위초과 예외] ArrayIndexOutOfBoundsException가 발생한다는 것이다. 즉 첨자는 0에서 [배열 크기-1]까지 유효하므로 주의가 필요하다.

```
double[] points = new double[3];

points[0] = 28;      //첨자가 0에서 3까지 유효
points[3] = 31;      //실행 시 오류 발생
```

그림 4-16 ● 배열 원소 참조와 배열첨자 범위초과 예외

실습예제 4-8 │ 배열의 선언과 생성 그리고 배열 원소 참조

ArrayBasic.java

```java
01  package array.basic;
02
03  public class ArrayBasic {
04      public static void main(String[] args) {
05          //배열 선언
06          double[] points = new double[3];
07
08          points[0] = 28;      //첨자가 0에서 3까지 유효
09          points[1] = 29;
10          points[2] = 30;
11          //points[3] = 31;  //실행 시 오류 발생
12
13          System.out.println(points.length);   //points의 배열 크기 출력
14          System.out.println(points[0]);       //points[0]의 배열 원소 출력
15          System.out.println(points[1]);       //points[1]의 배열 원소 출력
16          System.out.println(points[2]);       //points[2]의 배열 원소 출력
17          System.out.println(points[3]);       //실행 시 다음 오류 발생
18      }
19  }
```

결과
```
3
28.0
29.0
30.0
Exception in thread "main" java.lang.ArrayIndexOutOfBoundsException: 3
    at array.basic.ArrayBasic.main(ArrayBasic.java:17)
```

첨자 유효 값을 벗어난 값: 3

3. 배열 초기화

배열 초기화

배열은 배열을 선언하면서 동시에 원소 값을 손쉽게 저장하는 **배열 선언 초기화**initialization 방법을 제공한다. 배열 선언 초기화 구문은 배열 선언을 하면서 대입연산자를 이용하며 **중괄호 사이에 여러 원소 값을 쉼표로 구분하여 기술**하는 방법이다. 이 때 배열 크기는 기술하지 말아야 하며, 중괄호에 있는 원소 수가 자동으로 배열 크기가 된다. 다음 세 번째 문장에서 data와 values 모두 int 형 배열로 선언되면서 초기 값이 저장된다. 마지막 문장에서 ary는 double 형 배열이나 d는 단순히 double 형으로 선언된다.

Note

다음과 같이 초기화에서 배열 크기를 표시하는 것은 C 언어에서는 가능하나 자바에서는 잘못된 문장이다.

```
int data[3] = {1, 2, 3};
```

> 배열 크기는 기술할 수 없다. 초기 값을 기술한 수인 3이 자동으로 배열 크기가 된다.

```
double dScore[] = {2.78, 4.28, 3.18};
String sbjt[] = {"국어", "영어", "수학"};

int[] data = {3, 4, 6}, values = {12, 82, 65};
double ary[] = {3.23, 5.24, 9.67}, d = 3.2678; //d는 double 기본형
```

그림 4-17 ● 배열 초기화

| 실습예제 4-9 | 배열 초기화 활용

ArrayInit.java

```
01   package array.basic;
02
03   public class ArrayInit {
04       public static void main(String[] args) {
05           double dScore[] = {2.78, 4.28, 3.18};
06           String sbjt[] = {"국어", "영어", "수학"};
07
08           System.out.println(sbjt[0] + ": " + dScore[0]);
09           System.out.println(sbjt[1] + ": " + dScore[1]);
10           System.out.println(sbjt[2] + ": " + dScore[2]);
11       }
12   }
```

결과
```
국어: 2.78
영어: 4.28
수학: 3.18
```

배열 선언 이후의 초기화와 다른 배열의 대입

배열의 초기화는 일반적으로 배열 선언과 함께 바로 실행한다. 그러므로 다음과 같이 **배열 선언 이후 배열 이름으로 초기 값을 저장하면 오류가 발생**한다. 배열 선언 이후 배열 이름에 초기 값을 저장하려면 다음과 같이 **초기 값을 위한 중괄호 앞에 new 자료형[]을 기술**한다. 배열로 선언된 변수에 다른 배열을 대입하면 이전의 배열은 더 이상 사용할 수 없으며 새로운 배열 객체가 저장된다.

```
    int score[];
    score = {2, 4, 7};                    //오류발생
❶  score = new int[] {2, 4, 7};          //배열 선언 이후 초기화 방법
    ...
❷  score = new int[] {23, 46, 78};       //다른 배열을 생성하여 대입
```

그림 4-18 ● 배열 선언 이후 배열 초기화 오류와 수행 방법

| 실습예제 4-10 | 배열 선언 이후 배열 초기화 활용

ArrayInit2.java

```
01  package array.basic;
02
03  public class ArrayInit2 {
04      public static void main(String[] args) {
05          int score[];
06          //score = {2, 4, 7}; //오류 발생
07          score = new int[] {2, 4, 7};        //배열 선언 이후 초기화 방법
08          System.out.printf("%d %d %d %n", score[0], score[1], score[2]);
09
10          score = new int[] {23, 46, 78};     //다른 배열을 생성하여 대입
11          System.out.printf("%d %d %d %n", score[0], score[1], score[2]);
12      }
13  }
```

결과
```
2 4 7
23 46 78
```

4. 배열 복사와 원소 출력

배열 복사

자바의 System 클래스는 배열을 쉽게 복사할 수 있는 메소드 arraycopy()를 제공한다.
메소드의 인자 src와 dest는 각각 복사할 배열과 복사될 배열의 객체이다. 정수 인자 3
개는 각각 복사할 원본 배열의 시작 위치와 복사될 목적 배열의 시작 위치 그리고 복사할
원소의 수이다.

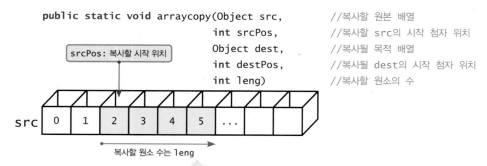

```
public static void arraycopy(Object src,        //복사할 원본 배열
                             int srcPos,         //복사할 src의 시작 첨자 위치
                             Object dest,        //복사될 목적 배열
                             int destPos,        //복사될 dest의 시작 첨자 위치
                             int leng)           //복사할 원소의 수
```

System.arraycopy(src, 2, dest, 4, 4);

그림 4-19 ● 클래스 System의 arraycopy() 메소드

배열 원소 출력을 위한 for

배열 원소를 순차적으로 출력하려면 다음과 같이 배열 이름.length를 조건검사에 이용하
는 for 문을 주로 사용한다.

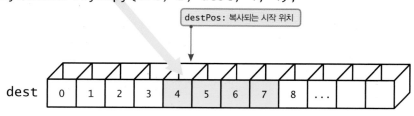

```
int[] copyFrom = {1, 2, 3, 4, 5, 6, 7};

for (int i = 0; i < copyFrom.length; i++)
    System.out.print(copyFrom[i] + " ");
```

그림 4-20 ● for 문의 이용한 배열 원소의 출력

배열 원소 출력을 위한 for each

좀 더 쉽게 배열 원소를 순차적으로 출력하려면 for each 문장을 사용한다. 다음 for (int vaule : copyTo)에서 value는 반복이 진행되면서 배열 원소가 저장되는 변수이며, copyTo는 참조할 배열이다. **for each 문장에서 반복은 배열 원소 순서로 순차적 처리되며 각각의 반복 시 변수 vaule에 적당한 원소 값이 저장되어 수행된다.**

> **Note**
> for each 문은 자바 1.5부터 지원하는 기능이며, 배열에서 각각의 원소 값을 순차적으로 처리할 때 효과적이나, 순서를 바꾸거나 배열 원소 값을 수정할 수 없다.

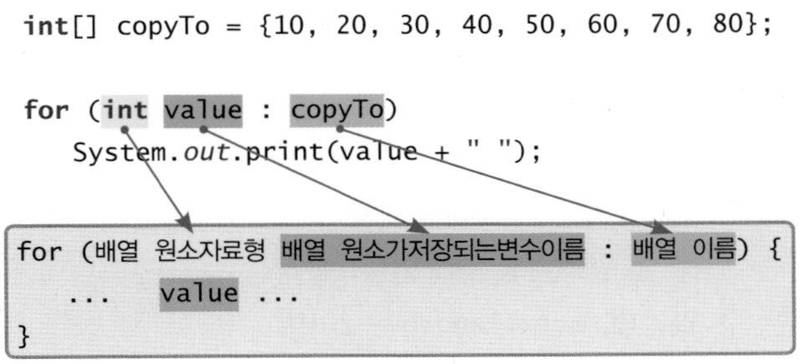

그림 4-21 ● 배열의 원소를 쉽게 출력하는 for each 문

실습예제 4-11 | 배열을 복사하는 System.arraycopy()의 활용

Arraycopy.java

```java
package array.basic;

public class Arraycopy {
   public static void main(String[] args) {
      int[] copyFrom = {1, 2, 3, 4, 5, 6, 7};
      int[] copyTo = {10, 20, 30, 40, 50, 60, 70, 80};
      System.arraycopy(copyFrom, 4, copyTo, 1, 3);

      for (int i = 0; i < copyFrom.length; i++)
         System.out.print(copyFrom[i] + " ");
      System.out.println();

      for (int value : copyTo)
         System.out.print(value + " ");
   }
}
```

결과
```
1 2 3 4 5 6 7
10 5 6 7 50 60 70 80
```

5. 다차원 배열

이차원 배열

이차원 배열은 행^{row}과 열^{column}의 구조로 표현할 수 있어 테이블 형태의 구조를 표현하는 데 편리하다. 즉 수학의 행렬^{matrix}을 표현하는 데 이차원 배열이 적합하다. 이차원 배열 선언에서 빈 2개의 대괄호가 필요하다. 실제 배열 원소를 생성할 때 **첫 번째 대괄호에는 배열의 행 크기, 두 번째는 배열의 열 크기**를 지정한다. 다음은 2행 3열의 이차원 배열을 생성하는 문장이다. 이차원 배열에서 필요한 대괄호 2개의 위치는 자료형과 배열 이름 사이에 위치할 수 있으며, 배열 이름 앞과 뒤에 하나씩 나누어 배치할 수 있다. 이차원 배열 이름인 mtrx는 참조형 변수로 mtrx[0]과 mtrx[1]을 참조하며, 다시 mtrx[0]은 3개의 첫 번째 행 원소들을 참조하며, mtrx[1]은 3개의 두 번째 행 원소들을 참조한다. 배열 이름은 배열 크기를 표현하는 length 필드를 참조할 수 있는데, mtrx.length는 2이며 mtrx[0].length와 mtrx[1].length는 모두 3이다.

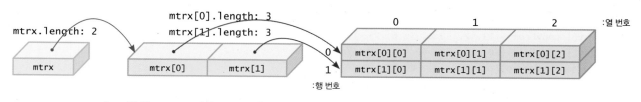

다음과 같은 구조를 표현하는 배열 생성 방법

```
int mtrx[][];
mtrx = new int[2][];
mtrx[0] = new int[3];
mtrx[1] = new int[3];
```

```
int mtrx[][];
mtrx = new int[2][3];
```

mtrx.length: 2

mtrx[0].length: 3
mtrx[1].length: 3

mtrx

mtrx[0]   mtrx[1]

:열 번호

	0	1	2
0	mtrx[0][0]	mtrx[0][1]	mtrx[0][2]
1	mtrx[1][0]	mtrx[1][1]	mtrx[1][2]

:행 번호

```
int [][]mtrx;   //int mtrx[][]; 와 동일
int []mtrx[];   //int mtrx[][]; 와 동일
```

그림 4-22 ● 이차원 배열 선언과 생성

이차원 배열 원소 참조

이차원 배열의 선언과 생성은 다음과 같이 하나의 문장으로도 가능하다. 이차원 배열의 각 원소를 참조하려면 mtrx[0][0]과 같이 행과 열의 첨자를 사용하여 참조한다.

```
int mtrx[][] = new int[2][3];
mtrx[0][0] = 3; mtrx[0][1] = 5; mtrx[0][2] = 0;
mtrx[1][0] = 7; mtrx[1][1] = 2; mtrx[1][2] = 8;
```

그림 4-23 ● 이차원 배열 선언과 생성 및 원소 참조

이차원 배열의 원소를 출력하려면 중첩된 for 문을 주로 이용한다. 행을 나타내는 제어변수 i로 외부 반복을 i<mrtx.length 조건으로 반복하며, 열을 나타내는 제어변수 j로 내부 반복을 j<mrtx[i].length 조건으로 수행하며 원소 mtrx[i][j]를 참조한다.

| 실습예제 4-12 | 이차원 배열의 활용

MultiDimArray.java

```
01    1package array.basic;
02
03    public class MultiDimArray {
04        public static void main(String[] args) {
05            int mtrx[][];
06            //int [][]mtrx; //OK
07            //int []mtrx[]; //OK
08            mtrx = new int[2][3];
09            //int mtrx[][] = new int[2][3];
10
11            mtrx[0][0] = 3; mtrx[0][1] = 5; mtrx[0][2] = 0;
12            mtrx[1][0] = 7; mtrx[1][1] = 2; mtrx[1][2] = 8;
13
14            for (int i=0; i < mtrx.length; i++) {
15                for (int j=0; j < mtrx[i].length; j++)
16                    System.out.print(mtrx[i][j] + " ");
17                System.out.println();
18            }
19        }
20    }
```

결과
```
3 5 0
7 2 8
```

6. 래기드 배열과 이차원 배열 초기화

래기드 배열

일반적으로 이차원 배열에서 모든 행의 열 수는 동일하다. **래기드 배열**^{ragged array}**은 행마다 열의 수가 다른 들쑥날쑥한 모양의 배열을 말한다.** 즉 첫 번째 행은 열 수가 2, 두 번째 행은 열 수가 3과 같은 배열이 래기드 배열이다. 래기드 배열을 선언하려면 이차원 배열 생성에서 행의 수를 나타내는 첫 번째 크기만 지정한다. 이후 각각의 행에서 다시 열 수를 생성하는 방식이다. 즉 다음 소스와 같이 배열 ragA는 2행으로 구성된 이차원 배열로 첫 번째 행의 열 수는 2, 두 번째 행의 열 수는 3인 래기드 배열이다.

Note

C 언어에서 래기드 배열은 지원하지 않는다.

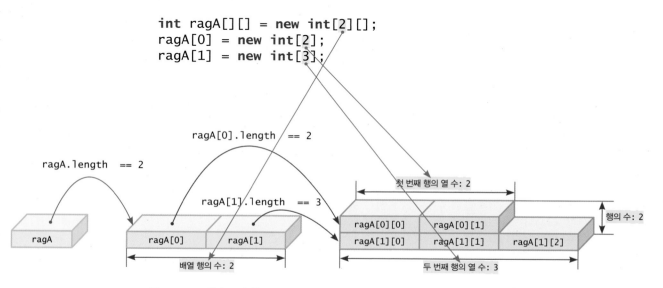

그림 4-24 ● 래기드 배열(ragged array) 생성

이차원 배열 초기화

이차원 배열도 중괄호를 중복적으로 이용하여 초기 값을 저장할 수 있다. 래기드 배열 ragAry2도 초기 값을 열 수에 맞도록 저장하면 초기화가 가능하다.

Note

C 언어에서는 이차원 배열의 초기화도 하나의 중괄호로 가능하나 적어도 배열의 열 수인 두 번째 크기는 지정해야 한다.

int data[][3] = {1, 2, 3, 4, 5, 6};
int data[][3] = {{1, 2, 3}, {4, 5, 6}};

```
//이차원 배열의 초기화
int ary[][] = {{2, 3, 5}, {2, 6, 5}, {4, 2, 9}};
//래기드 이차원 배열의 초기화
int ragAry2[][] = {{2, 3}, {3, 6, 9}, {4, 5, 7, 8}};
```

그림 4-25 ● 이차원 배열의 초기화

이차원 배열도 일차원 배열과 같이 new int[][]를 초기화 앞에 사용하면 배열 선언 후
초기 값 저장이 가능하다.

```
int ragAry2[][];
ragAry2 = new int[][] {{2, 3}, {3, 6, 9}, {4, 5, 7, 8}};
```

그림 4-26 ● 이차원 배열 선언 이후 초기화

실습예제 4-13 │ 이차원 배열의 초기화 활용

MultiDimArrayInit.java

```
01    package array.basic;
02
03    public class MultiDimArrayInit {
04       public static void main(String[] args) {
05          //래기드 이차원 배열의 생성
06          int ragAry1[][] = new int[2][];
07          ragAry1[0] = new int[2];
08          ragAry1[1] = new int[3];
09
10          ragAry1[0][0] = 4; ragAry1[0][1] = 2;
11          ragAry1[1][0] = 7; ragAry1[1][1] = 3; ragAry1[1][2] = 6;
12
13          System.out.print(ragAry1.length + ", ");
14          System.out.print(ragAry1[0].length + " ");
15          System.out.println(ragAry1[1].length + " ");
16
17          //래기드 이차원 배열의 초기화
18          int ragAry2[][] = {{2, 3}, {3, 6, 9}, {4, 5, 7, 8}};
19          System.out.print(ragAry2.length + ", ");
20          System.out.print(ragAry2[0].length + " ");
21          System.out.print(ragAry2[1].length + " ");
22          System.out.println(ragAry2[2].length);
23
24          for (int i=0; i<ragAry2.length; i++) {
25             for (int j=0; j<ragAry2[i].length; j++)
26                System.out.print(ragAry2[i][j] + " ");
27             System.out.println();
28          }
29       }
30    }
```

결과
```
2, 2 3
3, 2 3 4
2 3
3 6 9
4 5 7 8
```

7. 문자열을 위한 배열과 이차원 배열을 위한 for each

참조형 원소를 위한 배열

배열의 원소는 모든 자료형이 가능하므로 참조형의 배열도 가능하다. 참조형인 String
배열 이름 name을 선언하면서 초기화로 생성하면 다음과 같다.

$$\text{String name[] = \{"C++", "Java", "C\#"\};}$$

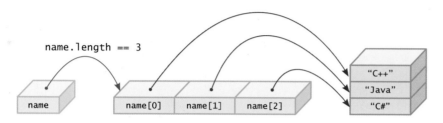

그림 4-27 ● 문자열을 위한 String 배열 선언과 초기화

문자열을 위한 이차원 배열

문자열 이차원 배열은 다음과 같이 선언하면서 초기화가 가능하다. 메모리 모습을 살펴
보면 다음과 같다.

$$\text{String data[][] = \{\{"홍", "길동"\}, \{"최", "경", "주"\}, \{"Tiger", "Woods"\}\};}$$

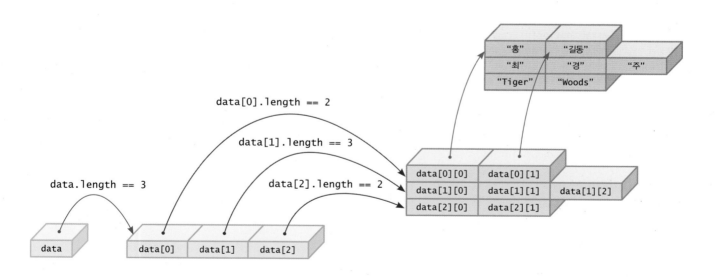

그림 4-28 ● 문자열을 위한 이차원 String 배열 선언과 초기화

이차원 배열을 위한 for each

String 이차원 배열에서 for each 문을 사용하여 원소를 참조하려면 다음과 같이 중첩된 for each 문을 사용한다. 외부 for each에서 일차원 문자열 배열 ary을 선언하여 참조하며 내부 for each에서 문자열 value를 선언하여 참조한다.

```
String data[][] = {{"홍", "길동"}, {"최", "경", "주"}, {"Tiger", "Woods"}};

for (String ary[] : data) {          ← 반복 시 저장될 일차원 배열을 위한 변수
    for (String value : ary)         ← 반복 시 저장될 배열 원소를 위한 변수
        System.out.print(value + " ");
    System.out.println();
}
```

그림 4-29 ● 이차원 배열을 위한 for each

| 실습예제 4-14 | 이차원 배열의 초기화 활용

UsingArray.java

```
01  package array.basic;
02
03  public class UsingArray {
04      public static void main(String[] args) {
05          //참조형 문자열 일차원 배열의 생성
06          String name[] = {"C++", "Java", "C#"};
07          //for each 문으로 이차원 배열 출력
08          for (String str : name)
09              System.out.print(str + " ");
10          System.out.println();
11
12          //래기드 문자열 이차원 배열의 생성
13          String data[][] = {{"홍", "길동"}, {"최", "경", "주"}, {"Tiger", "Woods"}}
14          //for each 문으로 이차원 배열 출력
15          for (String ary[] : data) {
16              for (String value : ary)
17                  System.out.print(value + " ");
18              System.out.println();
19          }
20      }
21  }
```

결과
```
C++ Java C#
홍 길동
최 경 주
Tiger Woods
```

8. 배열 크기 지정과 명령행 인자

배열 크기 지정

자바에서 배열 크기를 상수뿐 아니라 변수로도 지정이 가능하다. 그러므로 배열 크기를 프로그램 실행 중에 표준입력으로 지정할 수 있다. 즉 배열 크기를 프로그램 실행 도중에 정할 수 있다. 그러나 한 번 할당된 배열 객체의 원소 수를 늘리거나 줄이는 것은 불가능하다.

Note

C 언어에서 배열의 크기는 변수로 지정할 수 없다. 즉 C 언어에서 배열 크기는 컴파일 시간에 상수에 의해 한번 정해지면 수정될 수 없다.

```
int size = 4;
int score[] = new int[size];
```

그림 4-30 ● 배열 크기를 변수로 지정 가능

| 실습예제 4-15 | 배열 크기를 표준입력으로 처리

ArraySum.java

```
01    package array.app;
02
03    import java.util.Scanner;
04
05    public class ArraySum {
06        public static void main(String[] args) {
07            Scanner input = new Scanner(System.in);
08            System.out.print("배열 크기 입력 > ");
09            int size = input.nextInt();
10
11            int score[] = new int[size];
12
13            System.out.print("성적 입력 > ");
14            for (int i=0; i<score.length; i++)
15                score[i] = input.nextInt();
16
17            for (int value: score)
18                System.out.print(value + " ");
19        }
20    }
```

결과
배열 크기 입력 〉 4
성적 입력 〉 34 67 87 89
34 67 87 89

명령행 인자

자바 프로그램 실행 시 인자^{command}를 받아 처리할 수 있다. 이를 명령행 인자$^{command\ line}$ ^{arguments}라 하며 메소드 main(String[] args)의 변수 args에 자료가 전달된다. 즉 다음과 같이 **프로그램 Command를 실행하면서 뒤에 여러 개의 인자를 입력하면 문자열 배열 args에 저장되어 프로그램에 전달**된다. 명령행 인자는 쉼표나 탭과 같은 분리자^{separator}로 구분되며 정수나 실수의 숫자 형태도 모두 문자열^{string}로 전달된다.

Note

명령행 인자인 숫자도 모두 문자열로 전달되므로 이를 정수로 인식하려면 클래스 Integer의 다음 메소드를 사용한다.

• Integer.parseInt("129") : 문자열 "129"를 정수 129로 변환하여 반환

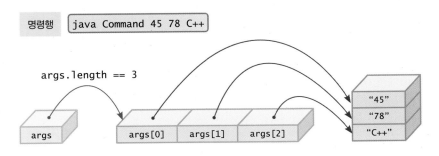

명령행 `java Command 45 78 C++`

args.length == 3

args → args[0] args[1] args[2] → "45" "78" "C++"

그림 4-31 ● 명령행 인자 전달

| 실습예제 4-16 | 명령행 인자를 출력

Command.java

```
01   package array.app;
02
03   public class Command {
04       public static void main(String[] args) {
05           System.out.println("명령행 인자 갯수 > " + args.length);
06
07           for (String value: args)
08               System.out.print(value + " ");
09       }
10   }
```

결과
명령행 인자 갯수 〉 4
45 78 98 java

이클립스에서 직접 명령행 인자를 입력하려면 [Run As/Run Configurations···] 메뉴의 대화상자에서 Main 탭의 실행 클래스를 선택하고 Arguments 탭에서 인자를 입력한 후 실행하도록 한다.

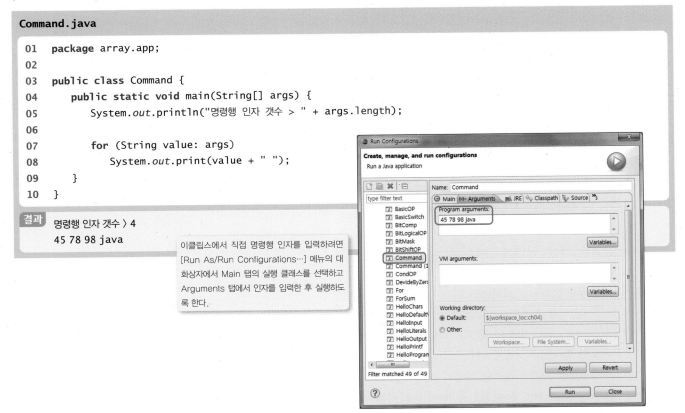

1. 다음에서 서술 내용이 맞으면 O, 틀리면 X 하시오.

❶ 순차적 실행을 변형한 구문을 제어문^{control statement}이라 한다. (   )

❷ 자바 언어에서 제공하는 제어문은 조건선택, 반복(순환), 분기처리로 나눌 수 있다.
(   )

❸ 반복문 for (init; cond; inc) stmt;에서 cond에서는 초기화가 이루어진다.
(   )

❹ for(; ;)의 괄호 내부에서 2개의 세미콜론은 반드시 필요하다. (   )

❺ 문장 for (i=1; i<=10; i++) System.out.printf("%3d ", i);은 1부터 11까지
출력하는 for 문이다. (   )

❻ 반복문 do while 문은 반복몸체 수행 후에 반복조건을 검사한다. (   )

❼ break는 반복문의 종료에만 이용된다. (   )

❽ while ( ) 또는 do while ( )과 같이 반복조건 부분이 아예 없으면 오류가 발생한다.
(   )

❾ 배열 선언 초기화 구문은 배열 선언을 하면서 대입연산자를 이용하며 중괄호 사이에
여러 원소 값을 쉼표로 구분하여 기술하는 방법이다. (   )

❿ 자바의 System 클래스는 배열을 쉽게 복사할 수 있는 메소드 arraycopy()를 제공
한다. (   )

2. 다음에서 비어있는 부분을 적당히 채우시오.

❶ 자바 언어는 3개의 반복문 [   ], [   ], [   ]를(을) 지원한다.

❷ 반복문 for (init; cond; inc) stmt;에서 [   ]에서는 주로 초기화가 이루어
지며, cond에서는 반복을 수행할 조건을 검사하고, [   ]에서는 주로 증감연산을 수
행한다.

❸ for 문 pre; for (A;B;C) body;는 pre; A; while(B) { [   ] }(으)로
변환이 가능하다.

❹ 반복 내부에서 반복을 종료하려면 [   ] 문장을 사용한다.

❺ [   ] 문은 키워드 의미 그대로 반복을 계속 유지하는 문장이다.

❻ [   ]은(는) 한 자료형의 저장공간인 원소를 동일한 자료형으로 지정된 배열 크기
만큼 확보한 연속된 저장공간이다.

❼ 배열을 구성하는 각각의 항목을 배열의 [   ](이)라 한다.

❽ 이차원 배열 선언 int num[][] = new int[3][4];으로 할당되는 배열 원소 수는

_____개이다.

❾ 이차원 배열은 테이블 형태의 구조를 나타낼 수 있으므로 _____(와)과 _____의 구조로 표현할 수 있다.

❿ 배열을 선언하면서 동시에 원소 값을 손쉽게 저장하는 배열 선언 _____ 방법을 제공한다.

3. 다음 각각의 문제에서 가장 적절한 것을 하나 선택하시오.

❶ 다음 중에서 무한반복이 발생하지 않는 소스는 무엇인가? (   )

가) for (; ;) { }   나) while (true) { }

다) do { } while (true);   라) for (true) { }

❷ 다음 중에서 결과 값이 다른 하나는 무엇인가? (   )

가) for (i=1; i<=10; i++) System.out.printf("%d ", i);

나) for (i=1; i<=10; ++i) System.out.printf("%d ", i);

다) for (i=1; i<=10;) System.out.printf("%d ", ++i);

라) for (i=1; i<=10;) System.out.printf("%d ", i++);

❸ 다음 소스에서 출력되는 모든 정수의 합은 얼마인가? (   )

```
int n = 3;
while (n < 7)
    System.out.println(++n);
```

가) 21   나) 22

다) 23   라) 24

❹ 다음 while 문의 결과 값은 무엇인가? (   )

```
int n = 0;
while (n <= 10) {
   if (n%2 == 0) {
       n++;
       continue;
   }
   System.out.print(n++ + " ");
}
```

가) 1 3 5 7 9   나) 1 2 3 4 5 6 7 8 9 10

다) 2 4 6 8 10   라) 1 3 5 7

⑤ 다음 do while 문의 결과 값은 무엇인가? (   )

```
int i = 1;
do {
    System.out.print(i + " ");
    if (i%5 == 0) break;
} while (i++ <= 10);
```

가) 1 2 3 4 5 6   나) 5 10

다) 1 2 3 4 5 6 7 8 9 10   라) 1 2 3 4 5

⑥ 다음 중에서 문법적으로 오류가 발생하는 문장은 무엇인가? (   )

가) int ary[3] = {10, 20, 30};

나) double dAry[] = new double[5];

다) char cAry[] = {'a', 'b', 'c'}

라) int score[]; score = new int[] {89, 78, 99};

⑦ 다음은 배열 선언과 생성 문장이다. 잘못된 문장은 무엇인가? (   )

가) double []ouput;

나) int height[3] = new int[];

다) short weight[] = new short[5];;

라) char ch[]; ch = new char[3];

⑧ 다음은 이차원 배열 선언 문장이다. 각각 data.length, data[0].length 값은 무엇인가? (   )

```
int data[][] = new int[2][]; data[0] = new int[3]; data[1] = new int[5];
```

가) 2, 3   나) 2, 5

다) 3, 5   라) 3, 2

⑨ 다음은 배열 선언 문장이다. 바른 문장은 무엇인가? (   )

가) int[] num = new num[5];

나) int num[5] = new num[];

다) int num[] = new num(5);

라) int num[] = new int[5];

⑩ 다음 문장에서 밑줄 부분에 들어갈 수 없는 문장은 무엇인가? (   )

```
double values[];   values = _____;
```

가) {3.4, 5,7 8.2}

나) new double[] {3.4, 5,7, 8.2}

다) new double[4];

라) new double[] {3.4, 5,7, 8.2, 8.5}

4. 다음 부분 소스에서 문법오류 및 논리오류를 찾아 수정하시오.

❶ `int temperature[5];`

❷ `int input(3);`

❸ `int[3] data = new int[];`

❹ `int score[2] = {3.1, 4.5};`

❺ `double values[3][4];`

❻ `double[3] eval[4];`

❼ `double unit[2][2] = {1.1  2.3  3.4  4.5};`

❽ `double price[];`
`price = {2.3, 3.4, 5.6, 2.1};`

❾ `double amount[][];`
`amount = {{3.1, 5.4, 7.3}  {4.3}};`

❿ `double time[2][] = {{6.1, 7.2}, {3.4, 5.6}, {3.9}};`

5. 다음에서 설명하는 문장을 작성하시오.

❶ double 형 배열 real을 선언하면서 값 2.13, 5.71, 2.87, 7.89를 초기화하는 문장

❷ 1차원 int 배열 ary를 원소 수 12로 선언 및 생성 문장과 세 번째 원소에 10을 저장하는 문장

❸ int 형 이차원 배열 two를 3행, 4열로 선언 및 생성하는 문장과 2행 3열에 20을 저장하는 문장

❹ int 형 배열 cnt에서 원소 20개를 생성하여 모든 원소 값이 0이 저장되도록 하는 문장

❺ int 형 이차원 배열 matrixA에서 다음을 행렬을 초기화하는 문장

$$\begin{bmatrix} 12 & 23 \\ 3 & 73 \\ 43 & 2 \end{bmatrix}$$

6. 다음 부분 소스에서 프로그램 실행 결과를 기술하시오.

❶
```
for (i=1, sum=0; i<=10; i++)
    sum += i;
System.out.printf("%d, %d\n", i, sum);
```

❷
```
for (i=1, sum=0; i<=10; )
    sum += i++;
System.out.printf("%d, %d\n", i, sum);
```

❸
```
for (i=0, sum=0; i<=9; )
```

```
        sum += ++i;
    System.out.printf("%d, %d\n", i, sum);
```

❹
```
    for (i=1, sum=0; i<=10; sum += i++);
    System.out.printf("%d, %d\n", i, sum);
```

❺
```
    for (i=0, sum=0; i<=9; sum += ++i);
    System.out.printf("%d, %d\n", i, sum);
```

❻
```
    i = 1; sum = 0;
    do
    {
        sum += i++;
    } while (i <= 10);
    System.out.printf("%d, %d\n", i, sum);
```

❼
```
    i = 1; sum = 0;
    while (i <= 10)
        sum += i++;
    System.out.printf("%d, %d\n", i, sum);
```

❽
```
    i = 1; sum = 0;
    while (i <= 10)
        sum += ++i;
    System.out.printf("%d, %d\n", i, sum);
```

❾
```
    i = 1;
    while (i < 3) i += 2;
    System.out.printf("%d\n", i);
```

❿
```
    i = 1;
    do
        i += 2;
    while (i < 10);
    System.out.printf("%d\n", i);
```

7. 다음 부분 소스에서 문법오류 및 논리오류를 찾아 수정하시오.

❶
```
    for (int i = 1, sum = 0; i <= 10; i++)
        sum += i;
    System.out.println(sum + " ");
```

❷
```
    int sum;
    for (int i = 1, sum = 0; i <= 10; i++);
        sum += i;
    System.out.println(sum + " ");
```

❸
```
for (int i = 1; i <= 10; i++);
    System.out.println(i + " ");
```

❹
```
int i = 1;
while (i < 10)
    if (i%2)
        continue;
    else
        System.out.println(i++);
```

❺
```
int j = 1, sum = 0, mult = 1;
do
    sum += i; mult *= i;
while (++i <= 10)
```

8. 다음 프로그램의 결과를 기술하시오.

❶
```java
public class Result01 {
    public static void main(String[] args) {
        int [] a = {3, 7, 8, 9};
        int [] b = {23, 72, 97};
        a = b;

        for (int value: a)
            System.out.print(value + " ");
        System.out.println();
    }
}
```

❷
```java
public class Result02 {
    public static void main(String[] args) {
        int unit[] = { 1, 2, 3, 9, 11 };
        char ch[] = { '@', '#', '$', '&' };

        System.out.printf("%d %d\n", unit.length, ch.length);
        System.out.printf("%c %c\n", ch[unit[1]], ch[unit[2]]);
    }
}
```

❸
```java
public class Result03 {
    public static void main(String[] args) {
        for (int i=1; i<=20; i++) {
            if (i%3 != 0)
                continue;
            System.out.printf("%d ", i);
        }
    }
}
```

④
```java
public class Result04 {
    public static void main(String[] args) {
        int n = 10;

        for (int i = 1; i <= n; i++) {
            int mult = 1;
            for (int j = 1; j <= i; j++)
            {
                System.out.printf("%d", j);
                String str = j == i ? " = " : " * ";
                System.out.printf("%s", str);
                mult *= j;
            }
            System.out.printf("%d\n", mult);
        }
    }
}
```

⑤
```java
public class Result05 {
    public static void main(String[] args) {
        String name1[] = {"최 경주", "김 경태", "김 비오", "배 상문"};
        String name2[] = {"타이거 우즈", "스티븐 스트리거", "리키 파울러", "이안 폴터", "캐빈 나"};

        System.arraycopy(name1, 0, name2, 0, name1.length);
        for (String name: name2)
            System.out.print(name + "  ");
        System.out.println();
        for (String name: name1)
            System.out.print(name + "  ");
    }
}
```

프로그래밍 연습

INTRODUCTION TO **JAVA** PROGRAMMING

1. 1에서 100까지의 정수 중에서 2, 3, 5, 7의 배수를 제외한 수를 한 행에 10개씩 출력하는 프로그램을 작성하시오.

2. 다음을 출력하는 프로그램을 중첩된 for 문을 이용하여 작성하시오.

```
        0
       101
      21012
     3210123
    432101234
   54321012345
  6543210123456
 765432101234567
```

3. 표준입력으로 입력한 정수에서 각각의 자리에 해당하는 수를 반대로 출력하는 프로그램을 do while 문을 이용하여 작성하시오.

4. 다음 수식과 내용을 참고로 해당하는 x와 y 값을 출력하는 프로그램을 작성하시오.
   - $y = 4x^3 + 5x^2 + x + 2$, x는 5에서 10사이 0.5씩 증가하도록

5. 다음 조건을 만족하는 프로그램을 작성하시오.
   - 원금이 1,000,000인 경우, 예치 기간을 1년에서 10년까지 매년 말에 받을 총 금액을 출력
   - 년단위 단리이자 = 원금 * 이율(4.5%) * 년(예치기간)
   - 만기 시 총 수령액(단리적용) = 원금(1 + 이율(4.5%) * 년(예치기간))

6. 다음 식을 참고로 섭씨 온도(C)를 화씨 온도(F)로 변환하는 프로그램을 다음과 같은 출력이 나오도록 작성하시오.
   - F = (9.0 / 5.0)*C + 32
   - 섭씨온도가 −60부터 140까지 20씩 증가, 이 때의 화씨온도를 구하여 출력하는데, 온도는 모두 정수 형태로 출력

7. 1부터 n까지의 합 중에서 5000을 넘지 않는 가장 큰 합과 그 때의 n을 구하는 프로그램을 작성하시오.

8. 다음과 같은 래기드 배열을 만든 후, 다음 배열 값을 출력하면서 각 행의 합과 평균도 함께 출력하는 프로그램을 작성하시오.

78	48	78	98
99	92		
29	64	83	
34	78	92	56

9. 다음 [에라토스테네스의 체] 알고리즘을 이용하여 1에서 1000까지 소수를 구해 한 행에 20개씩 출력하는 프로그램을 작성하시오.

- 2에서 n(1000)까지 수를 모두 체에 삽입
  ※ 정수형 배열 prime을 배열 크기 1001개를 선언하여 모두 0을 대입한 후, 다시 배열 prime[2]에서 prime[1000]까지 1을 대입, 즉 prime[i]가 1이면 i는 소수
- 2의 2번째 배수부터 배수는 소수에서 제거, 3의 2번째 배수부터 배수는 소수에서 제거, sqrt(n)의 배수까지 소수에서 제거하면 나머지는 모두 소수
- 제거되지 않은 수는 소수이므로 출력
  ※ 이제 i를 2에서 1000까지 prime[i] == 1 이면 i를 출력

10. 다음을 참고로 [파스칼의 삼각형]을 출력하는 프로그램을 작성하시오.

- 정수형 이차원 배열을 다음과 같이 [파스칼의 삼각형]을 저장할 수 있도록 래기드 배열로 처리
- 1행에서 10행까지 위에서 정의된 래기드 배열에 [파스칼의 삼각형]의 다음 값을 저장 후 출력
  ※ $_nC_r = n! \ / \ (\ r!(n-r)! \ )$

$_0C_0$					
$_1C_0$	$_1C_1$				
$_2C_0$	$_2C_1$	$_2C_2$			
$_3C_0$	$_3C_1$	$_3C_2$	$_3C_3$		
$_4C_0$	$_4C_1$	$_4C_2$	$_4C_3$	$_4C_4$	
$_5C_0$	$_5C_1$	$_5C_2$	$_5C_3$	$_5C_4$	$_5C_5$
...					

```
1
1  1
1  2   1
1  3   3   1
1  4   6   4   1
1  5  10  10   5    1
1  6  15  20  15    6    1
1  7  21  35  35   21    7    1
1  8  28  56  70   56   28    8    1
1  9  36  84 126  126   84   36    9   1
```

INTRODUCTION TO **JAVA** PROGRAMMING

CHAPTER
05

객체지향과 클래스

INTRODUCTION TO *JAVA* PROGRAMMING

01 객체지향 프로그래밍의 이해

1. 객체지향 개요

객체지향과 절차적 프로그래밍 방식

자바는 객체지향 프로그래밍 언어^{object-oriented programming language}이다. **객체지형 프로그래밍 언어의 원조는 시뮬라^{simula}라는 프로그래밍 언어로서 클래스라는 개념을 처음으로 도입하였다. 객체지향 프로그래밍은 클래스^{class}를 생성하고 클래스로부터 객체^{object}를 만들어 객체 간의 상호작용을 이용하여 주어진 문제를 해결하는 프로그래밍 방식이다.** C 언어와 같은 절차적 프로그래밍^{procedural programming} 방식은 데이터^{data}를 정의하고 데이터를 처리하는 절차를 함수^{function}로 구현하는 방식이다. 절차적 프로그래밍이 데이터와 함수의 프로그램이라면 **객체지향 프로그래밍은 데이터인 필드^{filed}와 절차인 메소드^{method}를 하나로 묶은 클래스 단위의 프로그램**이라 할 수 있다.

Note

애플의 아이폰 앱 개발 언어인 Objective-C도 객체지향 언어이다.

객체지향 프로그래밍

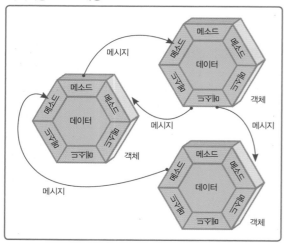

절차적 프로그래밍

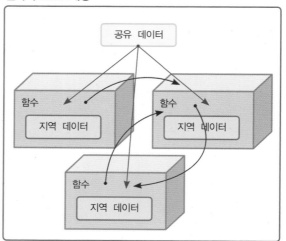

그림 5-1 ● 객체지향과 절차적 프로그래밍 방식

필드와 메소드

객체^{object}란 현실 세계의 사물이나 개념을 시스템에서 이용하기 위해 현실 세계를 자연스럽게 표현하여 손쉽게 이용할 수 있도록 만든 소프트웨어 모델이다. 객체는 속성^{attributes, properties}과 행동^{messages, behaviors}으로 구성된다. **속성은 객체의 특성을 표현하는 정적인 성질이며, 행동은 객체 내부의 일을 처리하거나 객체들간의 서로 영향을 주고 받는 동적인 일을 처리하는 단위**이다. 이러한 객체의 속성과 행동은 실제 세계의 사물에서 유추한 성질이다. 프로그래밍에서 속성은 필드^{field}라하며, 행동은 메소드^{method}라 한다.

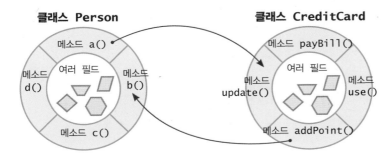

그림 5-2 ● 객체지향 프로그래밍

객체와 클래스

클래스는 객체를 만들기 위한 모형이자 틀^{template}이다. 객체를 만들려면 반드시 객체의 다양한 특성을 표현할 수 있는 모형인 클래스가 필요하다. 클래스로부터 실제 여러 속성값이 주어지는 다양한 객체는 클래스로부터 만들어져 프로그램에서 사용된다. 즉 **객체는 클래스의 구체적인 하나의 실례**^{instance}이다. 즉 실생활에서 객체와 클래스의 예를 살펴보면 붕어빵과 붕어빵을 만드는 틀이다. 즉 붕어빵 틀이 클래스라면 붕어빵은 객체이다. 붕어빵의 내용물과 반죽 종류를 여러 가지로 달리하여 붕어빵을 만들 수 있다. 그러나 붕어빵 자체의 외형을 바꾸려면 붕어빵 틀을 고쳐야한다. 객체의 필드와 메소드 구성을 수정하려면 클래스를 수정해야 한다.

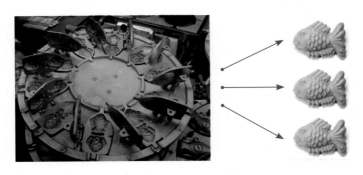

그림 5-3 ● 클래스(붕어빵 틀)와 객체(붕어빵)

2. 추상화와 캡슐화

추상화

현실 세계의 사실에서 주어진 문제의 중요한 측면을 주목하여 설명하는 방식을 추상화 abstraction라 한다. 객체지향에서는 클래스를 통해서 추상화를 지원하고 있으며 클래스는 다른 전통적 프로그래밍보다 강력한 추상화 방법이다. 전통적인 절차적 언어에서도 추상화를 지원하고 있으나 절차적 추상화 방식은 속성과 행동을 별도로 구별하여 추상화함으로써 내부 정보가 철저하게 숨겨지지 못하여 추상화의 발전 과정이라 볼 수 있다. 객체지향 언어에서는 **클래스를 이용함으로써 속성과 행동을 함께 추상화의 구조에 넣어 보다 완벽한 추상화를 실현**하고 있다.

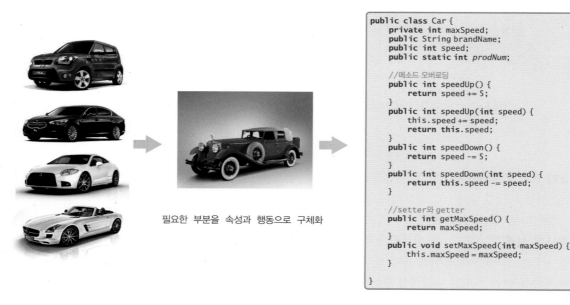

필요한 부분을 속성과 행동으로 구체화

```java
public class Car {
    private int maxSpeed;
    public String brandName;
    public int speed;
    public static int prodNum;

    //메소드 오버로딩
    public int speedUp() {
        return speed += 5;
    }
    public int speedUp(int speed) {
        this.speed += speed;
        return this.speed;
    }
    public int speedDown() {
        return speed -= 5;
    }
    public int speedDown(int speed) {
        return this.speed -= speed;
    }

    //setter와 getter
    public int getMaxSpeed() {
        return maxSpeed;
    }
    public void setMaxSpeed(int maxSpeed) {
        this.maxSpeed = maxSpeed;
    }
}
```

그림 5-4 ● 추상화 과정

객체지향에서는 추상화 과정을 통하여 클래스를 생성한다. 클래스는 객체를 만드는 틀이므로 사용하려는 여러 객체의 공통적인 특징을 모아 속성과 메소드로 구성하는 과정이 추상화 과정이다. 즉 **추상화 과정은 실세계의 객체에서 불필요한 부분을 제거하여 필요한 부분만을 간결하고 이해하기 쉬운 클래스로 만드는 작업**이라 할 수 있다.

캡슐화

객체와 객체 간의 의사 소통을 위한 정보만을 노출시키고 실제 내부 구현 정보는 숨기는 원리를 캡슐화^{encapsulation}라고 한다. 즉 추상화 과정에서 클래스를 정의할 때 객체의 자료와 행위를 클래스 단위로 하나로 묶고, 실제 내부 구현 내용을 외부에 감추는 것을 말한다. **캡슐화 과정에서 클래스 내부 구현을 외부에 숨기는 정보 은닉**^{information hiding}**이 발생**한다.

그림 5-5 ● 캡슐약과 자동판매기

캡슐화는 일상 생활에서도 많이 이용되는데 용어도 같은 캡슐약을 예로 들 수 있다. 캡슐약은 이 약을 복용하는 환자는 캡슐로 싸여진 내부 약이 무엇인지 알 필요도 없으며, 단순히 캡슐로 싸여진 약을 쉽게 먹기만 하면 그 목적을 달성한다. 이러한 캡슐약은 내용물이 보이는 가루약을 먹는 것보다 환자의 입장에서 훨씬 편하다. 또 하나의 예로 위에서 나온 자동판매기를 들 수 있다. 자동판매기를 이용하는 사용자는 자동판매기 내부가 어떻게 만들어졌는지 알 필요가 없으며, 단지 돈을 넣고 원하는 제품을 얻으면 된다. 이러한 목적에 맞게 자동판매기는 캡슐화가 되어 제작된다.

자그마한 많은 알약이 캡슐약 내부에 숨겨 있듯이 캡슐화 과정을 통해 정의된 클래스의 내부는 특성을 저장할 속성과 기능을 수행할 메소드로 구성되어 외부에 숨겨진다. **클래스의 단위의 내부 기능 중 일부는 외부에 공개되어 다른 객체와 메시지 전달과 수신을 하며 외부와의 통로 역할**을 수행한다.

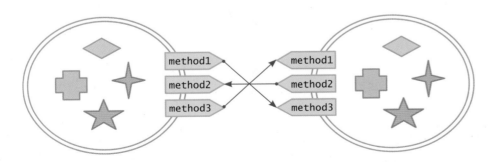

그림 5-6 ● 캡슐화와 메시지 전달의 통로인 메소드

3. 상속과 다형성

상속

우리 일상에서 상속하면 떠오르는 것은 '부모의 재산을 자식이 물려받는 것'일 것이다. **이러한 '물려받는다'라는 특징의 상속**inheritance**은 객체지향의 가장 핵심이 되는 개념으로 프로그램을 쉽게 확장할 수 있도록 해주는 강력한 수단**이 된다. 추상화와 캡슐화는 절차적 프로그래밍 방식으로도 흉내낼 수 있으나 **상속은 객체지향만의 고유한 특징**이다.

예를 들어, 대학교에 근무하는 교직원은 교수와 직원으로 구분된다. 이때 교직원이라는 정보는 교직원의 이름과 주소, 교직원번호, 성별 등의 공통된 속성을 가지고 있다. 교수는 논문과 강좌, 직원은 부서와 업무분야 등 고유의 속성들을 가진다. 물론 교수와 직원은 모두 교직원이라는 클래스의 속성과 기능을 그대로 물려받는다. 여기에 추가하여 고유의 속성을 정의하게 되는 것이다. 교직원은 클래스 계층에서 보면 상위 클래스super class가 되고 교수와 직원은 하위 클래스sub class가 된다. 이러한 **상위 클래스와 하위 클래스 간의 관계가 객체지향의 상속의 개념**이다. 즉 다음과 같은 클래스 간의 계층도hierarchical diagram를 살펴보면 대학생은 학생의 하위 클래스이며, 학생은 대학생의 상위 클래스이다.

Note

상위 클래스는 부모parent, 슈퍼super, 기본base 클래스라고도 부르며 하위 클래스는 자식child, 서브sub, 유도derived 클래스라고도 부른다.

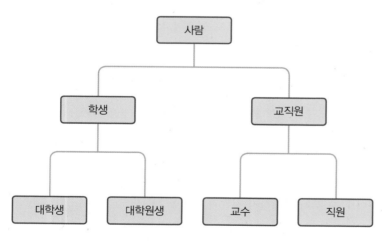

그림 5-7 ● 객체지향의 상속

객체지향 프로그램에서 '사람' 클래스를 잘 정의한다면, 나머지 모든 하위 클래스에서 '사람' 클래스의 코드를 그대로 물려받아 사용하고 필요하다면 각 클래스의 고유한 특징의 코드만을 추가해 **중복적인 코드를 줄이고 보다 간편히 나머지 클래스를 구현**할 수 있다.

상속의 장점

상속의 효과는 클래스를 계층적으로 체계화할 수 있으며, 기존의 클래스로부터 확장이 쉽다는 것이다. 필요한 정보를 하위 클래스에서는 따로 정의하지 않고 상위 클래스의 내용에다 추가적인 특성을 덧붙이기만 하면 되므로 매우 효율적이다. 또한 **공통의 특성을 하위 클래스마다 반복적으로 기술하지 않고 한 번만 기술하기 때문에 중복을 줄여 재사용성의 효과**가 있다. 또한 상위 클래스의 유형의 변수로 모든 하위 클래스를 저장하여 보다 융통성 있는 프로그래밍이 가능하도록 한다.

Note

상위 클래스는 하위 클래스의 모든 특징을 공통으로 가지며 보다 넓은 개념을 포함하는 클래스이다.

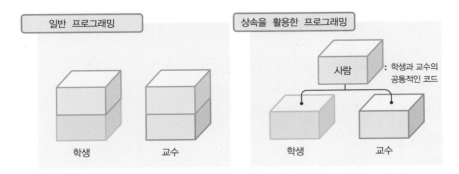

그림 5-8 ● 상속을 통한 중복을 줄인 재사용의 효과

다형성

다형성^{polymorphism}이란 원래 생물학적 용어로 여러^{poly} 형태^{morphy}를 의미한다. 객체지향에서 **다형성이란 외부에 보이는 모습은 한 가지 형태이지만 실질적으로 쓰이는 기능은 여러 가지 역할을 수행한다는 의미**이다. 이러한 다형성은 실제 프로그래밍에서 여러 가지로 나타나는데 **오버로딩^{overloading}이나 오버라이딩^{overriding}을 다형성의 예**로 들 수 있다.

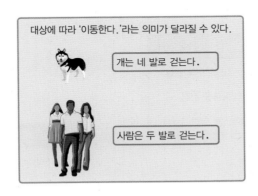

그림 5-9 ● 다형성 개념

SECTION | INTRODUCTION TO JAVA PROGRAMMING

02 클래스와 객체의 생성

1. 클래스의 필드 구현

필드 구현

신용카드를 추상화한 클래스 CreditCard를 구현해 보자. 가장 먼저 신용카드의 주요 속성을 필드로 만든다. 신용카드의 속성으로 카드번호 number, 소유자 owner 등을 고려할 수 있다. 클래스 필드는 속성에 적당한 자료형의 변수 선언으로 구현한다.

```
public class CreditCard {
    public long number;       //16자리 카드번호
    public String owner;      //카드 소유자
    …
}
```

그림 5-10 ● 신용카드를 추상화한 클래스 CreditCard의 속성인 필드 선언

필드 선언 시 자료형 앞에는 **필드 특성을 표현하는 지정자**modifiers인 다양한 키워드가 위치할 수 있다. 클래스 CreditCard의 필드에서 표기된 **private**, **public 등은 접근 지정자**access modifiers이다. 접근 지정자 이외에 final, static 등과 같은 변수의 특성을 나타내는 지정자가 있다.

특성 종류	키워드	의미
상수	final	필드를 수정될 수 없는 상수로 한정
접근 지정자	public protected private	필드의 참조권한의 종류를 지정
정적	static	필드의 소속을 클래스로 한정

표 5-1 ● 필드 지정자의 종류

필드의 선언에서 필요하면 초기 값을 지정할 수 있다. 필드의 초기 값은 객체가 생성될 때 처음으로 저장되는 값이다. 만일 클래스 정의에서 초기 값이 없다면 다음과 같은 기본 값이 객체의 필드 초기 값으로 저장된다.

필드의 자료형	기본 값
byte short int long	0
char	'\0'
float double	0.0f, 0.0
boolean	false
참조형	null

표 5-2 ● 필드 기본 값

객체 생성과 필드 참조 연산자

구현된 클래스를 이용하여 객체를 생성하기 위해서는 키워드 new 이후에 CreditCard() 와 같이 생성자를 호출한다. 생성된 객체는 자료형^CreditCard의 변수 myCard에 저장하여 사용한다. 이제 **참조형 변수인 myCard를 사용하여 참조 가능한 필드 owner와 number를 참조하려면 myCard.owner와 같이 참조연산자 .를 사용한다.**

```
CreditCard myCard = new CreditCard();          자료형(클래스 이름)  변수 =  new  클래스 이름();
myCard.number = 3456_7654_8765_5647L;          변수이름.필드이름
myCard.owner = "유 재석";
```

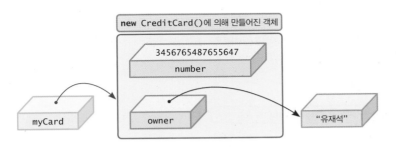

그림 5-11 ● 객체 생성과 필드 참조

| **실습예제 5-1** | 클래스 CreditCard의 객체 생성과 사용

CreditCard.java

```
01    package obj.field;
02
03    public class CreditCard {
04        private long number;   //16자리 카드번호
05        public String owner;   //카드 소유자
06
07        public static void main(String[] args) {          ← 클래스 CreditCard에 만든 main() 메소드에서 클래스
08            CreditCard myCard = new CreditCard();              CreditCard의 객체를 생성해 테스트할 수 있다.
09
10            myCard.number = 3456_7654_8765_5647L;
11            myCard.owner = "유 재석";
12            System.out.print("카드번호: " + myCard.number);
13            System.out.println(", 카드소유자: " + myCard.owner);
14        }
15    }
```

결과 카드번호: 3456765487655647, 카드소유자: 유 재석

2. 클래스의 메소드 구현

메소드 구현

신용카드를 사용하는 메소드 use()와 매월 또는 수시로 카드 비용을 지불하는 메소드 payBill()을 다음과 같이 구현할 수 있다. 즉 카드의 사용 기능을 구현한 메소드 use() 에서 인자로 사용 금액인 amount를 사용하여 현재까지의 카드 사용 금액인 balance 에 amount를 더하는 기능을 구현한다. 카드사용 대금 지불 메소드 payBill()에서는 지 불액인 amount를 balance에서 차감하고 정해진 카드 포인트를 추가하기 위해 메소드 addPoint(amount)를 호출한다.

```
public void use(int amount) {
    balance += amount;
}
public void payBill(int amount) {
    balance -= amount;
    addPoint(amount);
}
private void addPoint(int amount) {
    point += amount/1000;
}
```

지정자 반환형 메소드이름(인자목록) {
　　구현;
}

구현한 메소드 addPoint()를 호출

1000원에 1포인트를 추가하기 위한 연산식

그림 5-12 ● 메소드 use( ), payBill( ), addPoint( ) 구현

메소드 지정자

메소드 구현 시 반환형 앞에는 메소드 특성을 표현하는 지정자modifiers인 다양한 키워드가 위치할 수 있다. 클래스 CreditCard의 메소드에서 표기된 private, public 등은 접근 지정자access modifiers이며 필드의 접근 지정자와 종류가 같다.

특성 종류	키워드	의미
메소드 재정의 제한	final	하위 클래스에서 메소드를 더 이상 재정의할 수 없도록 한정
접근 지정자	public protected private	메소드의 참조권한의 종류를 지정
정적	static	메소드의 소속을 클래스로 한정
추상	abstract	구현이 없는 추상 메소드 지정
동기	synchronized	다중 스레드에서 메소드 동기화 지정

표 5-3 ● 메소드 지정자의 종류

다음 프로그램은 클래스 CreditCard를 모두 구현한 프로그램이다. 클래스 CreditCard
에서 포인트 점수를 위한 point, 현재까지 사용액 balance 그리고 메소드 addPoint()의
접근 지정자를 private로 지정하였다.

| 실습예제 5-2 | 신용카드를 추상화하여 여러 필드와 메소드로 구성된 클래스

CreditCard.java

```java
01  package obj.basic;
02
03  public class CreditCard {
04      private long number;        //16자리 카드번호
05      public String owner;        //카드 소유자
06      private int point;          //카드 포인트
07      private int balance;        //현재까지 사용액
08
09      //카드 사용 메소드
10      public void use(int amount) {
11          balance += amount;
12          System.out.println("현재 카드 사용액: " + balance);
13      }
14      //카드 비용 지불 메소드
15      public void payBill(int amount) {
16          balance -= amount;
17          System.out.println("지불액: " + amount + ", 지불 잔액: " + balance);
18          addPoint(amount);
19      }
20      //카드 포인트 추가 메소드
21      private void addPoint(int amount) {
22          point += amount/1000;
23          System.out.println("보너스 포인트: " + point);
24      }
25      public static void main(String [] args) {
26          CreditCard myCard = new CreditCard();        ──→ 동일한 클래스 내부라 private 필드도 참조가 가능
27          myCard.number = 3456_7654_8765_5647L;
28          myCard.owner = "이수강";
29          System.out.print("카드번호: " + myCard.number);
30          System.out.println(", 카드소유자: " + myCard.owner);
31          myCard.use(30000);                           ──→ myCard에서 30000원을 사용하는 기능을 호출
32          myCard.payBill(10000);                       ──→ myCard에서 10000원의 대금을 지불하는 기능을 호출
33      }
34  }
```

결과
```
카드번호: 3456765487655647, 카드소유자: 이수강
현재 카드 사용액: 30000
지불액: 10000, 지불 잔액: 20000
보너스 포인트: 10
```

3. 객체 생성과 참조

클래스로부터 객체 생성

클래스는 객체를 만드는 모형이다. 그러므로 객체는 클래스로부터 만들어진다. 키워드 new 이후에 CreditCard()와 같이 클래스의 생성자constructor를 호출하여 객체를 생성한다. 생성된 객체를 사용하려면 클래스 자료형인 변수에 생성된 객체 참조 값을 대입하여 이용한다. 다음 소스에서 클래스 CreditCard 형인 변수 myCard와 yourCard에 각각 객체를 생성하여 저장한 소스이다. 즉 참조 변수 myCard와 yourCard는 각각 생성자에 의해 할당된 객체를 가리키는 변수이다. 이러한 메모리의 모습을 표현하면 다음 그림과 같다. 객체 필드의 값은 클래스에서 지정된 값이 없으므로 모두 기본 값으로 저장된다.

Note

new CreditCard()는 기본 생성자를 호출하는 문장이다. 생성자는 다음 절에서 자세히 알아보자.

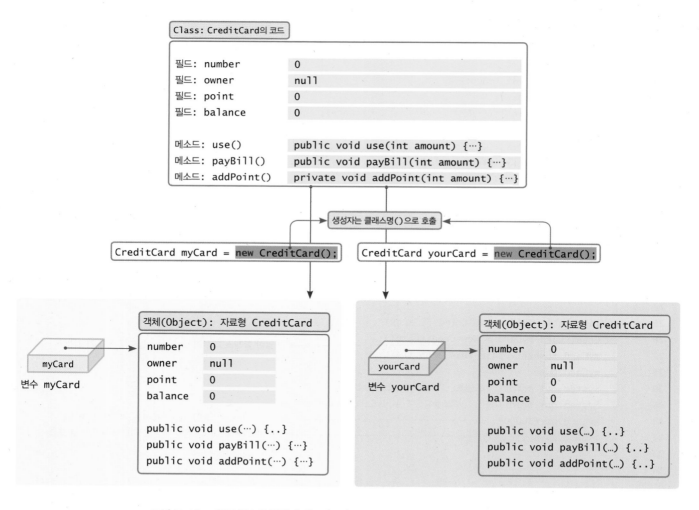

그림 5-13 ● 참조 변수와 객체의 메모리 모습

객체의 필드와 메소드 참조

참조 연산자 .를 사용하여 참조 변수의 필드와 메소드를 사용할 수 있다. 즉 객체변수.필드 문구를 사용하여 객체의 필드에 접근한다. 다음 클래스 CreditCardTest의 main() 메소드에서 클래스 CreditCard의 객체를 생성하여 카드 사용과 대금 지불 과정을 구현한 프로그램이다. 즉 **구현된 클래스 CreditCard는 참조 가능하다면 어느 클래스에서나 자료형으로 사용될 수 있으며 객체 생성도 가능**하다.

다음 클래스 CreditCardTest의 내부에서는 클래스 CreditCard의 접근지정자가 private한 필드 number를 참조할 수 없다. 그러나 접근지정자가 public한 필드 owner는 참조가 가능하다.

실습예제 5-3 │ 클래스 CreditCard의 객체 생성과 메소드 활용

CreditCardTest.java

```
01   package obj.basic;
02
03   public class CreditCardTest {
04      public static void main(String [] args) {
05         CreditCard yourCard = new CreditCard();
06         //다음과 같이 변수 선언과 객체 생성 대입의 분리 가능
07         //CreditCard yourCard;
08         //yourCard = new CreditCard();
09
10         yourCard.owner = new String("이민정");
11         //yourCard.number = 6953_8723_8643_9836L; //오류 발생
12         //System.out.print("카드번호: " + yourCard.number); //오류 발생
13         System.out.println(", 카드소유자: " + yourCard.owner);
14         yourCard.use(150000);
15         yourCard.use(100000);
16         yourCard.payBill(100000);
17      }
18   }
```

클래스 CreditCard의 필드인 number의 접근 제어자는 private이다.

```
public class CreditCard {
   private long number;
   ...
}
```

클래스 CreditCard 내부가 아니므로 접근이 불가능

결과
카드소유자: 이민정
현재 카드 사용액: 150000
현재 카드 사용액: 250000
지불액: 100000, 지불 잔액: 150000
보너스 포인트: 100

4. Getter와 Setter의 구현과 호출

필드 참조 메소드 getter와 setter 구현

필드의 값을 저장하고 반환하는 메소드를 각각 setter와 getter라 한다. 주로 접근 지정자가 private과 같이 외부에서 바로 참조할 수 없는 필드에 대해 getter와 setter를 생성한다. 그러므로 getter와 setter의 접근 지정자는 주로 public으로 구현된다. 즉 필드 number에 대한 getter는 public long getNumber()이며 setter는 public void setNumber(long numer)로 구현한다. long getNumber()는 number를 반환해야 하므로 반환형이 long이며, setNumber(long number)는 인자로 number를 지정하고 반환형이 없으므로 void이다. Setter의 구현 문장 this.number = number;에서 **this는 객체 자신을 의미하는 키워드**로 메소드 내부에서 필드를 참조할 때 유용하게 사용된다. getter와 setter는 접근이 불가능한 필드에 대한 접근 방법뿐만 아니라 필드 값에 대한 검증^{verification} 수행을 위한 모듈도 함께 구현될 수 있다.

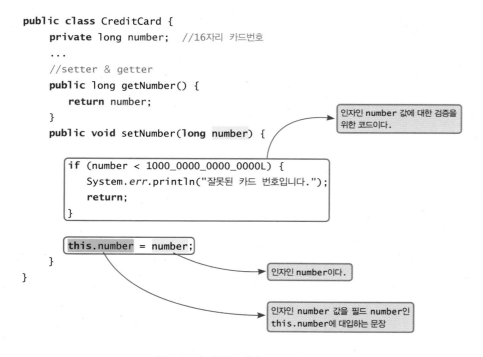

```
public class CreditCard {
    private long number;   //16자리 카드번호
    ...
    //setter & getter
    public long getNumber() {
        return number;
    }
    public void setNumber(long number) {

        if (number < 1000_0000_0000_0000L) {
            System.err.println("잘못된 카드 번호입니다.");
            return;
        }

        this.number = number;
    }
}
```

인자인 number 값에 대한 검증을 위한 코드이다.

인자인 number이다.

인자인 number 값을 필드 number인 this.number에 대입하는 문장

그림 5-14 ● 클래스에서 getter와 setter의 구현

다음 예제는 클래스 CreditCard에서 private한 필드인 number, point, balance 3개 필드에 대한 getter와 setter를 모두 구현한 프로그램이다.

CreditCard.java

```java
01    package obj.setter;
02
03    public class CreditCard {
04        public String owner;    //카드 소유자
05        private long number;    //16자리 카드번호
06        private int point;       //카드 포인트
07        private int balance;    //현재까지 사용액
08
09        //카드 사용 메소드
10        public void use(int amount) {
11            balance += amount;
12        }
13        //카드 비용 지불 메소드
14        public void payBill(int amount) {
15            balance -= amount;
16            addPoint(amount);
17        }
18        //카드 포인트 추가 메소드
19        private void addPoint(int amount) {
20            point += amount/1000;
21        }
22
23        //setter & getter
24        public long getNumber() {
25            return number;
26        }
27        public void setNumber(long number) {
28            //this.number = number;
29            if (number < 1000_0000_0000_0000L) {
30                System.err.println("잘못된 카드 번호입니다.");
31                return;
32            }
33
34            this.number = number;
35        }
36        public int getPoint() {
37            return point;
38        }
39        public void setPoint(int point) {
40            this.point = point;
41        }
42        public int getBalance() {
43            return balance;
44        }
45        public void setBalance(int balance) {
46            this.balance = balance;
47        }
48    }
```

주로 **setter**에서 인수로 입력된 값에 대한
검증 모듈이 있을 수 있다.

메소드 getter와 setter 호출

다음 클래스 CreditCardTest는 바로 구현해 본 클래스 CreditCard 객체 변수를 생성해
카드 사용과 지불을 구현하기 위해 다음과 같이 getter와 setter를 사용하는 프로그램
이다.

실습예제 5-5 │ 클래스 CreditCard의 객체 생성과 getter와 setter 사용

CreditCardTest.java

```
01  package obj.setter;
02
03  public class CreditCardTest {
04      public static void main(String [] args) {
05          CreditCard parkCard = new CreditCard();
06          CreditCard leeCard = new CreditCard();
07
08          parkCard.owner = "박지성";
09          parkCard.setNumber(2378_7643_7634_9825L);        ──────────→ parkCard에 카드번호를 지정하는 setter 호출
10          leeCard.owner = "이민정";
11          leeCard.setNumber(6456_9876_4521_6838L);
12
13          parkCard.use(100000);        //카드사용  100000원
14          leeCard.use(15000);          //카드사용  15000원
15          parkCard.payBill(50000);     //카드대금 지불 50000원
16          leeCard.payBill(10000);      //카드대금 지불 10000원
17          System.out.println(parkCard.owner + ": " + parkCard.getNumber());
18          System.out.println("카드대금 잔액: " + parkCard.getBalance());
19          System.out.println("카드포인트: " + parkCard.getPoint());
20          System.out.println(leeCard.owner + ": " + leeCard.getNumber());
21          System.out.println("카드대금 잔액: " + leeCard.getBalance());
22          System.out.println("카드포인트: " + leeCard.getPoint());
23      }
24  }
```

결과

박지성 카드 사용액: 100000
이민정 카드 사용액: 15000
박지성 지불액: 50000, 지불 잔액: 50000
박지성 보너스 포인트: 50
이민정 지불액: 10000, 지불 잔액: 5000
이민정 보너스 포인트: 10
박지성: 2378764376349825
카드대금 잔액: 50000
카드포인트: 50
이민정: 6456987645216838
카드대금 잔액: 5000
카드포인트: 10

기본적인 getter와 setter는 이클립스에서 손쉽게 구현할 수 있다. [Source/Generate Getters and Setters …] 메뉴를 선택하여 열린 대화상자에서 원하는 getter와 setter의 체크박스를 채우고 [OK] 버튼을 누르면, getter와 setter는 손쉽게 구현할 수 있다. getter와 setter에서 필요한 검증을 위해 수정하려면 이클립스에서 자동으로 생성된 getter와 setter에서 원하는 부분을 추가하도록 한다.

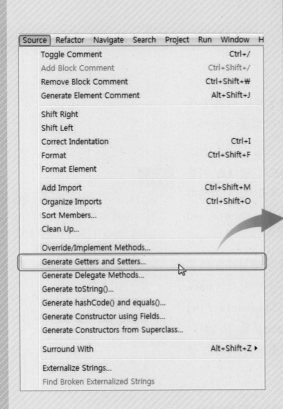

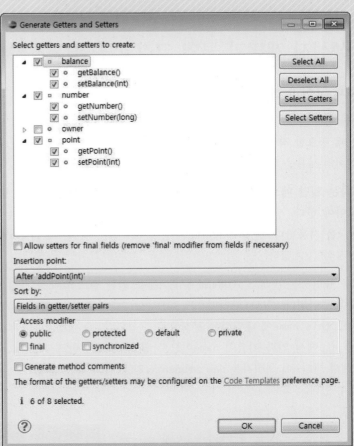

그림 5-15 ● 이클립스에서 getter와 setter의 자동 구현

1. 생성자 개념과 구현 그리고 활용

생성자 구현과 객체 생성에서 활용

객체를 만드는 틀인 클래스에서 필요하면 생성자를 구현할 수 있다. **생성자는 객체가 생성될 때 필요한 작업을 수행하는 특별한 메소드**로 주로 객체 필드에 초기 값을 저장하거나 객체의 사용을 위해 필요한 초기화 작업이 수행된다.

생성자는 일반 메소드와는 달리 반환형을 기술하지 않으며 이름은 반드시 클래스 이름과 같아야 한다. 생성자의 인자는 필요하면 기술할 수 있다. **생성자는 주로 접근 지정자 public을 사용한다.** 만일 필요하다면 생성자의 접근 지정자도 private 또는 protected 등을 지정할 수 있다.

Note

일반 메소드는 반환형을 반드시 기술하며, 생성자는 반환형을 기술하지 않는다는 것이 메소드와 생성자의 다른 점이다.

학생을 표현하는 클래스 Student에서 이름을 위한 필드 name을 지정하는 생성자는 다음과 같이 구현된다. 즉 setter 메소드 setName(String name)의 구현과 같이 인자인 name을 필드 this.name에 대입하는 문장으로 구성된다. 즉 생성자 public Student(String name) {...}에서 인자 이름이 name이므로 필드 name은 반드시 this.name으로 참조하여 사용해야 한다. 이 생성자는 new Student("김민정")과 같은 문장으로 호출되어 객체를 생성할 수 있다.

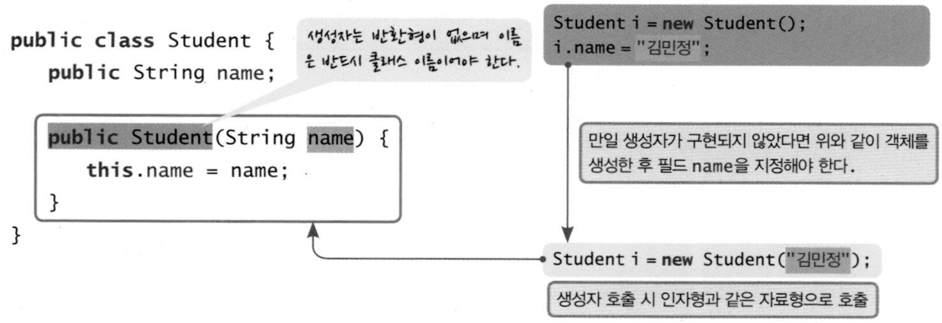

```
public class Student {
    public String name;

    public Student(String name) {
        this.name = name;
    }
}
```

생성자는 반환형이 없으며 이름은 반드시 클래스 이름이어야 한다.

```
Student i = new Student();
i.name = "김민정";
```

만일 생성자가 구현되지 않았다면 위와 같이 객체를 생성한 후 필드 name을 지정해야 한다.

```
Student i = new Student("김민정");
```

생성자 호출 시 인자형과 같은 자료형으로 호출

그림 5-16 ● 클래스 Student의 생성자와 생성자 호출

객체 생성을 위한 생성자 호출

객체를 만들기 위해서는 new 이후에 생성자의 호출이 필요하다. 클래스 Student에 구현된 생성자를 호출하여 객체 변수 i에 대입한 문장 이후의 메모리 모습을 살펴보면 다음과 같다.

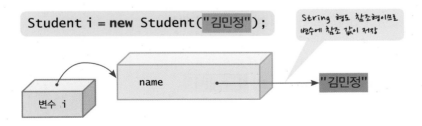

그림 5-17 ● 생성자로 만들어진 객체와 객체변수

다음 Student는 학생을 추상화한 클래스이다. 클래스 Student는 main() 메소드도 구현하고 있어 실행이 가능하다. main() 메소드에서 student 객체 변수 i에 "김미정" 학생을 생성하여 정보를 참조한다.

| 실습예제 5-6 | 학생을 위한 클래스의 생성자 구현과 객체 생성

Student.java

```java
01   package obj.constructor;
02
03   public class Student {
04       public String name;
05
06       public Student(String name) {
07           this.name = name;
08       }
09
10       public void print() {
11           System.out.println("학생이름: " + this.name);
12       }
13
14       public static void main(String[] args) {
15           Student i = new Student("김민정");
16           System.out.println(i.name);
17           i.print();
18       }
19   }
```

결과
김민정
학생이름: 김민정

2. 기본 생성자

기본 생성자: 인자가 없는 생성자

클래스 Student에서 생성자가 하나도 구현되지 않았다면, new Student()와 같이 인자가 없는 생성자를 호출하여 객체를 생성할 수 있다. 이와 같이 **인자가 없는 생성자를 기본 생성자**^{default constructor}라 한다. 즉 생성자를 전혀 구현하지 않은 클래스는 자동으로 기본 생성자를 제공한다. 즉 다음 첫 번째 클래스 Student와 같이 **생성자가 전혀 구현되지 않은 클래스는 기본 생성자를 호출하여 객체를 생성**할 수 있다. 그러나 이름을 인자로 하는 생성자가 구현되지 않았으므로 당연히 이름을 인자로 하는 생성자를 호출할 수 없다.

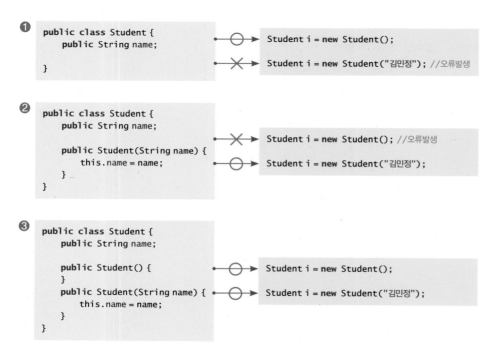

그림 5-18 ● 클래스의 기본 생성자 사용

기본 생성자의 구현

위 두 번째 클래스 Student와 같이 이름을 인자로 하는 생성자를 하나 구현한다면 구현한 인자가 있는 생성자와 함께 기본 생성자도 사용할 수 있을까? 결론은 이 경우 더 이상 기본 생성자는 구현하지 않고는 사용할 수 없다는 것이다. 즉 **클래스에서 인자가 있는 생성자가 적어도 하나 구현되었다면 더 이상 기본 생성자는 자동으로 사용할 수 없다. 인자가 있는 다른 생성자가 구현된 클래스에서 기본 생성자를 사용하려면 기본 생성자도 직접 구현해야 한다.** 위 세 번째 클래스 Student는 기본 생성자와 이름이 인자인 생성자가 모두 구현되어 두 생성자를 모두 사용할 수 있다.

| 실습예제 5-7 | 학생을 위한 클래스의 여러 생성자 구현과 객체 생성

Student.java

```
01   package obj.defaultconstructor;
02
03   public class Student {
04      public String name;
05
06      //기본 생성자 구현
07      public Student() {
08      }
09
10      //이름을 지정하는 생성자 구현
11      public Student(String name) {
12          this.name = name;
13      }
14
15      public void print() {
16          System.out.println("학생이름: " + this.name);
17      }
18
19      public static void main(String[] args) {
20          Student lee = new Student("이승훈");
21          lee.print();
22
23          //이름을 인자로 하는 생성자가 구현되어 있으므로
24          //기본 생성자를 직접 구현해야 다음과 같이 기본 생성자로 객체 생성 가능
25          Student kim = new Student();
26          kim.name = "김다빈";
27          kim.print();
28      }
29   }
```

결과　학생이름: 이승훈
　　　　　학생이름: 김다빈

3. 생성자 오버로딩

필요한 여러 생성자 구현

하나의 클래스에서 인자가 다르면 생성자를 여러 개 만들 수 있다. 이러한 특징을 생성자 오버로딩^{constructor overloading}**이라 한다.** 생성자에서 인자가 다르다는 것은 인자 수가 다르거나 인자 수가 같더라도 인자의 자료형 순서가 다른 것을 의미한다. 다양한 생성자의 구현은 객체를 생성하는 방법을 다양하게 제공한다는 것을 의미한다.

Note

생성자 오버로딩은 생성자 다중정의 또는 중복정의라고도 부른다.

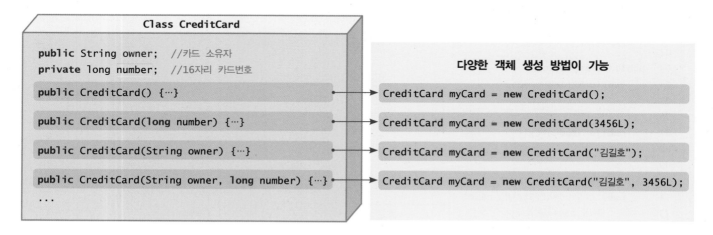

그림 5-19 ● 생성자 오버로딩과 다양한 객체 생성 방법

클래스 CreditCard에서 필요한 생성자를 만들어 보자. 이미 살펴본 소스 클래스 CreditCard에서 생성자를 하나도 구현하지 않았으므로 자동으로 사용할 수 있는 기본 생성자만이 이용 가능했다. 카드번호와 소유자 이름을 지정하여 객체를 만들기 위해 클래스 CreditCard의 필드 number와 owner를 인자로 하는 생성자를 구현할 수 있다.

```java
public CreditCard(String owner, long number) {
    this.owner = owner;
    this.number = number;
}
```

그림 5-20 ● 카드번호와 소유자 이름을 인자로 하는 생성자 구현

다음은 생성자를 세 개 구현하고 필드 number에 대한 getter를 구현한 CreditCard 프로그램이다. 다음 클래스 CreditCard에서 기본 생성자를 사용할 수 없다. 객체 card1의 이름은 생성자로 지정하였으나 number는 지정하지 않아 초기 값인 0이 출력되는 것을 알 수 있다.

CreditCard.java

```java
01  package obj.constructor;
02
03  public class CreditCard {
04      public String owner;   //카드 소유자
05      private long number;   //16자리 카드번호
06
07      //생성자 구현
08      public CreditCard(String owner) {
09          this.owner = owner;
10      }
11      public CreditCard(long number) {
12          this.number = number;
13      }
14      public CreditCard(String owner, long number) {
15          this.owner = owner;
16          this.number = number;
17      }
18
19      //getter
20      public long getNumber() {
21          return number;
22      }
23
24      public static void main(String [] args) {
25          CreditCard card1 = new CreditCard("권해동");
26          CreditCard card2 = new CreditCard(3452_4587_2345_9845L);
27          card2.owner = "권순미";
28          CreditCard card3 = new CreditCard("권다혜", 5638_8627_8623_8249L);
29
30          System.out.println("card1: " + card1.owner + " " + card1.getNumber());
31          System.out.println("card2: " + card2.owner + " " + card2.getNumber());
32          System.out.println("card3: " + card3.owner + " " + card3.getNumber());
33      }
34  }
```

결과
```
card1: 권해동 0
card2: 권순미 3452458723459845
card3: 권다혜 5638862786238249
```

4. 다른 생성자 호출 this(…)

자기 자신의 다른 생성자 호출

자기 자신의 객체를 의미하는 this를 이용한 this(…)는 구현된 자기 자신의 다른 생성자를 호출하는 문장이다. **생성자 구현에서 첫 줄에는 this(인자)**로 다른 생성자를 호출하여 사용할 수 있다. 이미 살펴본 클래스 CreditCard에서 owner와 number를 인자로 하는 생성자의 첫 줄에서 this(owner)를 사용할 수 있다. 즉 생성자의 첫 문장 this.owner = owner;는 this(owner)로 대체 가능하다. 즉 생성자 구현 첫 줄에서 필요하다면 클래스 내부 다른 생성자를 호출하여 구현할 수 있다. 그러나 **this(…)는 두 번째 줄 이상에서는 절대 사용할 수 없다.**

```java
public CreditCard(String owner) {
    this.owner = owner;
}
...
public CreditCard(String owner, long number) {
    this(owner);
    this.number = number;
}
```

첫 줄에서는 클래스 내부의 다른 생성자를 호출하여 구현 가능
this.owner = owner; 와 같은 기능을 수행

그림 5-21 ● 생성자 첫 줄에서 구현 가능한 this( ) 생성자 호출

다음은 은행의 계좌를 위한 클래스 Account이다. 클래스 Account는 계좌주를 위한 필드 owner와 잔고를 위한 필드 balance를 가지며 생성자는 세 개로 구성된다. 계좌주와 잔고를 인자로 하는 생성자 Account(String owner, long balance) 구현의 첫 줄에서 this(owner)로 계좌주를 지정할 수 있다. 그러나 계속해서 그 다음 줄에 this(balance)는 사용할 수 없다는 것에 주의하자.

```java
public Account(String owner) {
    this.owner = owner;
}
public Account(String owner, long balance) {
    this(owner);
    this.balance = balance;
}
```

다음에서 첫 줄이 아닌 this(…)는 모두 문법 오류 발생

```java
public Account(String owner, long balance) {
    this(owner);
    this(balance); //오류 발생
}
```

```java
public Account(String owner, long balance) {
    this.owner = owner;
    this(balance); //오류 발생
}
```

그림 5-22 ● 클래스 Account에서 this(…) 활용

Account.java

```java
01  package obj.constructor;
02
03  public class Account {
04      public String owner;
05      public long balance;
06
07      //생성자 구현
08      public Account(String owner) {
09          this.owner = owner;
10      }
11      public Account(long balance) {
12          this.balance = balance;
13      }
14      public Account(String owner, long balance) {
15          this(owner);
16          //this(balance);
17          //this.owner = owner;
18          this.balance = balance;
19      }
20
21      public static void main(String[] args) {
22          Account act1 = new Account("최여진");
23          Account act2 = new Account(1000000);
24          act2.owner = "홍혜빈";
25          Account act3 = new Account("신세경", 200000);
26
27          System.out.printf("act1: %s %d %n", act1.owner, act1.balance);
28          System.out.printf("act2: %s %d %n", act2.owner, act2.balance);
29          System.out.printf("act3: %s %d %n", act3.owner, act3.balance);
30      }
31  }
```

결과

```
act1: 최여진 0
act2: 홍혜빈 1000000
act3: 신세경 200000
```

다음은 자동차를 표현한 클래스 Car로 최고 속도, 브랜드 이름, 현재 속도의 필드와 생성
자 및 메소드를 갖는 클래스이다.

실습예제 5-10 │ 자동차를 표현한 클래스

Car.java

```
01  package obj.constructor;
02
03  public class Car {
04      private int maxSpeed;          //최고 속도
05      public String brandName;       //브랜드이름
06      public int speed;              //현재 속도
07
08      //브랜드 이름을 지정하는 생성자
09      public Car(String brandName) {
10          this.brandName = brandName;
11      }
12      //브랜드 이름과 최고 속도를 지정하는 생성자
13      public Car(String brandName, int maxSpeed) {
14          this(brandName);
15          this.maxSpeed = maxSpeed;
16      }
17
18      //속도 관련 메소드
19      public int speedUp() {
20          return speed += 30;
21      }
22      public int speedDown() {
23          return speed -= 20;
24      }
25
26      //maxSpeed의 setter와 getter
27      public int getMaxSpeed() {
28          return maxSpeed;
29      }
30      public void setMaxSpeed(int maxSpeed) {
31          this.maxSpeed = maxSpeed;
32      }
33
34      public static void main(String[] args) {
35          Car mycar = new Car("포르쉐", 300);
36          mycar.speedUp();
37          mycar.speedUp();
38          System.out.print("차종: " + mycar.brandName);
39          System.out.print(", 최고 속도: " + mycar.getMaxSpeed());
40          System.out.println(", 현재 속도: " + mycar.speedDown());
41      }
42  }
```

결과   차종: 포르쉐, 최고 속도: 300, 현재 속도: 40

이클립스에서 생성자도 손쉽게 구현할 수 있다. [Source/Generate Constructor using Fields…]메뉴를 선택하여 열린 대화상자에서 생성자의
인자로 원하는 필드의 체크박스를 채우고 [OK] 버튼을 누르면, 생성자를 손쉽게 구현할 수 있다.

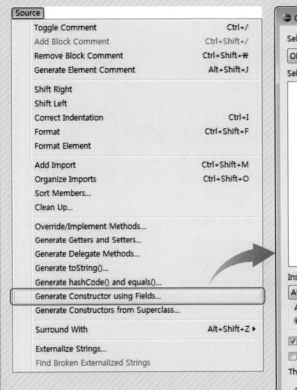

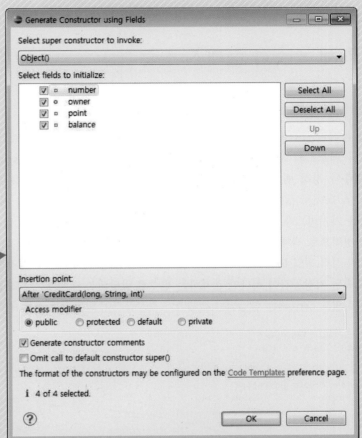

그림 5-23 ● 이클립스에서 생성자 자동 구현

1. 객체 소속과 클래스 소속

정적 필드와 메소드를 위한 키워드 static

지정자 키워드 static은 필드와 메소드 양쪽 모두에 사용할 수 있다. **키워드 static은 필드나 메소드의 소속을 클래스로 제한하는 키워드이다.** 그러므로 **static을 사용한 정적 변수나 정적 메소드는 클래스 변수와 클래스 메소드라** 한다. 원을 위한 다음 클래스 OldCircle에서 필드 radius와 메소드 getArea()는 모두 static이 아닌 비정적non static 특성을 가지며 모두 객체에 소속된 변수와 메소드이다. 즉 **static이 없는 변수와 메소드는 비정적으로 객체 변수, 객체 메소드라 한다.** 원을 위한 다음 클래스 Circle은 원주율이 저장된 정적 필드 PI를 추가하여 메소드 getArea()에서 사용한다. **정적 필드 PI는 클래스에 소속된 저장공간이 하나만 존재하는 변수로 할당되는 객체에는 저장공간이 없다.** 반면 비정적 필드 radius는 할당되는 객체마다 저장공간이 할당되는 객체 소속 변수이다.

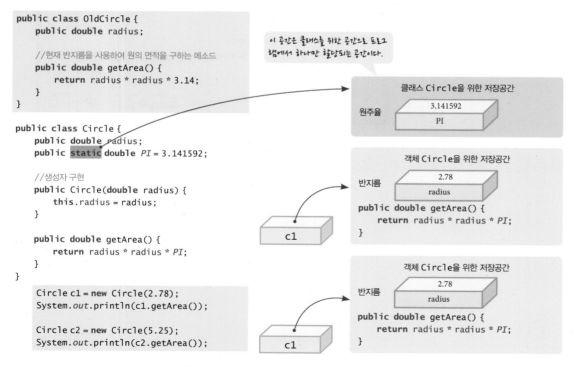

그림 5-24 ● 정적과 비정적의 비교

정적 필드 참조 방법

정적 필드는 Circle.PI와 같이 클래스이름.정적필드로 참조하는 방법이 원칙이나 c1.PI나 c2.PI와 같이 객체 이름으로도 참조 가능하다. 다만 이클립스에서는 객체 이름으로 정적 필드를 참조하면 경고가 발생하나 실행에는 전혀 문제가 없다.

| 실습예제 5-11 | 클래스 Circle에서 원주율 PI를 정적으로 선언하여 사용

Circle.java

```java
01   package obj.basic;
02
03   public class Circle {
04       public double radius;
05       public static double PI = 3.141592;
06
07       //생성자 구현
08       public Circle(double radius) {
09           this.radius = radius;
10       }
11       //현재 반지름을 사용하여 원의 면적을 구하는 메소드
12       public double getArea() {
13           return radius * radius * PI;
14           //return radius * radius * Circle.PI; //OK
15           //return radius * radius * this.PI; //오류 발생
16       }
17       //주요 정보 출력
18       public void print() {
19           System.out.printf("반지름이 %f인 원의 면적은 %f이다. %n", radius, getArea());
20       }
21
22       public static void main(String[] args) {
23           System.out.println("원주율: " + Circle.PI);
24
25           Circle c1 = new Circle(2.78);
26           c1.print();
27           Circle c2 = new Circle(5.25);
28           c2.print();
29
30           c1.PI = 3.14159265;
31           System.out.println("원주율: " + c2.PI);
32       }
33   }
```

자기 자신의 객체를 표현하는 this로는 정적 멤버를 참조 불가능

클래스 이름으로 정적 멤버를 참조 가능

객체 이름으로 정적 멤버를 참조 가능, 이클립스에서 경고가 발생하나 실행에는 전혀 문제가 없음

결과
원주율: 3.141592
반지름이 2.780000인 원의 면적은 24.279480이다.
반지름이 5.250000인 원의 면적은 86.590130이다.
원주율: 3.14159265
변수를 상수로 만드는 final

2. 변수를 상수로 만드는 final

지역 변수의 상수

변수 선언 시 저장된 값을 더 이상 수정할 수 없도록 하려면 변수 선언 시 자료형 앞에 키워드 **final**을 **명시**한다. 상수^{constant variables}로 만들기 위한 final을 사용하여 변수를 선언할 때는 반드시 상수 값을 저장하도록 한다. 상수는 선언 이후에 절대로 수정할 수 없기 때문이다.

```
public static void main(String[] args) {
    final int maxSize = 5;
    //maxSize = 8;  //오류 발생
}
```

그림 5-25 ● 지역 변수의 상수

실습예제 5-12 │ 지역 변수의 상수 선언

Const.java

```
01  package obj.basic;
02
03  public class Const {
04      public static void main(String[] args) {
05          final int maxSize = 5;
06          //maxSize = 8;  //오류 발생
07          int data[] = new int[maxSize];
08          System.out.println("배열 크기: " + data.length);
09          System.out.println("배열 크기: " + maxSize);
10      }
11  }
```

상수는 반드시 초기 값이 저장되어야 하며, 더 이상 수정될 수 없다.

결과
배열 크기: 5
배열 크기: 5

필드의 상수

상수를 위한 키워드 final은 소속 변수인 필드에도 사용할 수 있다. **소속 변수인 필드를 상수로 선언하기 위해 final을 사용하는 경우, static도 함께 사용하여 정적으로 하는 편이 좋다.** 상수는 수정할 수 없으므로 정적으로 클래스 변수로 만들어 하나의 저장공간만 사용하는 편이 좋기 때문이다.

```java
public class Circle {
    public double radius;
    public static final double PI = 3.141592;
    ...
}
```

그림 5-26 ● 필드를 final로 상수 만들기

실습예제 5-13 │ 클래스 Circle에서 면적과 원의 둘레 길이 구하기

Circle.java

```java
01   package obj.field;
02
03   public class Circle {
04       public double radius;
05       public static final double PI = 3.141592;
06
07       //생성자 구현
08       public Circle(double radius) {
09           this.radius = radius;
10       }
11       //현재 반지름을 사용하여 원의 면적을 구하는 메소드
12       public double getArea() {
13           return radius * radius * PI;
14       }
15       //현재 반지름을 사용하여 원의 둘레 길이를 구하는 메소드
16       public double getCircumference() {
17           return 2 * PI * radius;
18       }
19       //주요 정보 출력
20       public void print() {
21           System.out.printf("반지름이 %.2f인 원의 면적은 %.2f이고,", radius, getArea());
22           System.out.printf(" 둘레 길이는 %.2f이다. %n", getCircumference());
23       }
24
25       public static void main(String[] args) {
26           Circle c1 = new Circle(2.78);
27           c1.print();
28
29           Circle c2 = new Circle(5.25);
30           c2.print();
31       }
32   }
```

결과 반지름이 2.78인 원의 면적은 24.28이고, 둘레 길이는 17.47이다.
반지름이 5.25인 원의 면적은 86.59이고, 둘레 길이는 32.99이다.

내용점검 연습

1. 다음에서 서술 내용이 맞으면 O, 틀리면 X 하시오.

❶ 자바는 객체지향 프로그래밍 언어이다. (   )

❷ 객체지형 프로그래밍 언어의 원조는 시뮬라^{simula}라는 프로그래밍 언어로서 클래스라는 개념을 처음으로 도입하였다. (   )

❸ 행동은 객체의 특성을 표현하는 정적인 성질이며, 속성은 객체 내부의 일을 처리하거나 객체들간의 서로 영향을 주고 받는 동적인 일을 처리하는 단위이다. (   )

❹ 객체는 클래스를 만들기 위한 모형이자 틀 이다. (   )

❺ 키워드 new 이후에 클래스의 생성자를 호출하여 객체를 생성한다. (   )

❻ 필드의 값을 저장하고 반환하는 메소드를 각각 getter와 setter라 한다. (   )

❼ 생성자를 전혀 구현하지 않은 클래스는 자동으로 기본 생성자를 제공한다. (   )

❽ 참조 연산자 →를 사용하여 참조 변수의 필드와 메소드를 사용할 수 있다. (   )

❾ 클래스에서 인자가 있는 생성자가 적어도 하나 구현되었다면 더 이상 기본 생성자는 자동으로 사용할 수 없다. (   )

❿ 키워드 static을 사용한 정적 변수나 정적 메소드는 클래스 변수와 클래스 메소드라 한다. (   )

2. 다음에서 비어있는 부분을 적당히 채우시오.

❶ _____ 프로그래밍은 클래스를 생성하고 클래스로부터 객체를 만들어 객체 간의 상호작용을 이용하여 주어진 문제를 해결하는 프로그래밍 방식이다.

❷ C 언어와 같은 _____ 프로그래밍 방식은 데이터를 정의하고 데이터를 처리하는 절차를 함수로 구현하는 방식이다.

❸ _____ (이)란 현실 세계의 사물이나 개념을 시스템에서 이용하기 위해 현실 세계를 자연스럽게 표현하여 손쉽게 이용할 수 있도록 만든 소프트웨어 모델이다.

❹ 현실 세계의 사실에서 주어진 문제의 중요한 측면을 주목하여 설명하는 방식을 _____ (이)라 한다.

❺ 객체와 객체 간의 의사 소통을 위한 정보만을 노출시키고 실제 내부 구현 정보는 숨기는 원리를 _____ (이)라고 한다.

❻ _____ (은)는 객체 자신을 의미하는 키워드로 메소드 내부에서 필드 또는 메소드를 참조할 때 사용한다.

❼ 생성자는 일반 메소드와는 달리 _____ (이)가 없으며 이름은 반드시 클래스 이름과 같아야 한다.

❽ 인자가 없는 생성자를 ░░░░░░░░ (이)라 한다.

❾ 하나의 클래스에서 인자가 다르면 생성자를 여러 개 만들 수 있다. 이러한 특징을 ░░░░░░░░ (이)라 한다.

❿ 변수 선언 시 저장된 값을 더는 수정할 수 없도록 하려면 변수 선언 시 자료형 앞에 키워드 ░░░░ (을)를 명시한다.

3. 다음 각각의 문제에서 가장 적절한 것을 하나 선택하시오.

❶ 다음 중에서 객체지향의 특징이 아닌 것은 무엇인가? (　)
　가) 캡슐화　　　　　　　　나) 다형성
　다) 상속　　　　　　　　라) 함수

❷ 다음은 클래스 구현에 대한 설명이다. 다음 중 잘못 설명하고 있는 것은 무엇인가?(　)
　가) 필드는 초기 값을 설정할 수 없다.
　나) 정수형 필드는 초기 값을 설정하지 않으면 0이 저장된다.
　다) 필드와 메소드의 접근 지정자의 종류는 같다.
　라) 메소드 구현의 첫 줄에서 클래스 내부 다른 메소드를 호출할 수 있다.

❸ 다음 중에서 필드의 지정자로 사용될 수 없는 키워드는 무엇인가? (　)
　가) `static`　　　　　　　　나) `protected`
　다) `final`　　　　　　　　라) `synchronized`

❹ 다음 중에서 메소드의 구현으로 알맞은 문장은 무엇인가? (　)
　가) **`public void use(int amount)`** ` { balance += amount; }`
　나) **`void public use(int amount)`** ` { balance += amount; }`
　다) **`public void use(int)`** ` { balance += amount; }`
　라) **`public void use(amount)`** ` { balance += amount; }`

❺ 접근 지정자 중에서 클래스 내부에서만 참조할 수 있는 가장 제한적인 참조 지정자 키워드는 무엇인가? (　)
　가) `private`　　　　　　　　나) `protected`
　다) `default`　　　　　　　　라) `public`

❻ 다음에서 상위 클래스와 하위 클래스 관계를 표현하는 객체지향 특징은 무엇인가?(　)
　가) 추상화　　　　　　　　나) 캡슐화
　다) 다형성　　　　　　　　라) 상속

❼ 다음은 객체와 클래스에 대한 설명이다. 다음 중 잘못 설명하고 있는 것은 무엇인가? (　)

가) 클래스는 객체의 구체적인 하나의 실례^{instance}이다.

나) 붕어빵 틀이 클래스라면 붕어빵은 객체이다.

다) 클래스는 객체를 만들기 위한 모형이자 틀^{template}이다.

라) 실제 여러 속성 값이 주어지는 다양한 객체는 클래스로부터 만들어져 프로그램에서 사용된다.

❽ 다음은 생성자에 대한 설명이다. 다음 중 잘못 설명하고 있는 것은 무엇인가? (　)

가) 인자가 없는 생성자를 기본 생성자^{default constructor}라 한다.

나) 생성자가 전혀 없는 클래스는 기본 생성자를 호출하여 객체를 생성할 수 있다.

다) 생성자는 일반 메소드와는 달리 반환형이 없으며 이름은 반드시 클래스 이름과 같아야 한다.

라) 인자가 있는 다른 생성자가 구현된 클래스에서 기본 생성자도 자동으로 사용할 수 있다.

❾ 다음은 생성자에 대한 설명이다. 다음 중 잘못 설명하고 있는 것은 무엇인가? (　)

가) this(...)는 구현된 자기 자신의 다른 생성자를 호출하는 문장이다.

나) 생성자 구현 내부의 어디에서나 필요하다면 클래스 내부의 다른 생성자를 호출하여 구현할 수 있다.

다) 생성자 구현 내부에서 인자가 다르더라도 this(...)를 여러 번 호출할 수 없다.

라) 생성자 구현 내부에서 자기 자신의 생성자는 호출할 수 없다.

❿ 다음은 키워드 static에 대한 설명이다. 다음 중 잘못 설명하고 있는 것은 무엇인가? (　)

가) 키워드 static은 변수와 필드 모두에 이용될 수 있다.

나) static을 사용한 정적 변수나 정적 메소드는 클래스 변수와 클래스 메소드라 한다.

다) 정적 필드는 할당되는 객체마다 저장공간이 할당되는 객체 소속 변수이다.

라) 정적 필드는 Circle.PI와 같이 클래스 이름.정적필드로 참조할 수 있다.

4. 다음 부분 소스에서 문법오류 및 논리오류를 찾아 수정하시오.

❶ 지역변수 선언
```
    public int num = 3;
```

❷ 필드 선언
```
    int public num = 3;
```

❸ 필드 선언
```
    public synchronized amount = 300;
```

❹ 상수 필드 선언

```
public static double PI = 3.14;
```

❺ 메소드 구현

```
public void add(int amount) {
    return this.amount += amount;
}
```

❻ 메소드 구현

```
public int speedDown() {
    speed -= 20;
}
```

❼ 클래스 Circle의 기본 생성자 구현

```
public void Circle() {
}
```

❽ 클래스 Circle의 생성자 구현

```
public double Circle(double radius) {
    this.radius = radius;
    return this.radius;
}
```

5. 다음 클래스에서 주어진 문제를 해결하도록 클래스를 다시 구현하시오.

```
public class Person {
    String name;
    int age;
}
```

❶ 가능한 모든 생성자 구현

❷ 가능한 모든 getter와 setter의 구현

❸ 생성자 구현에서 this(...)를 사용

6. 다음 클래스에서 주어진 문제를 해결하여 클래스를 다시 구현하시오.

```
public class Rectangle {
    double width, height;

    public Rectangle(double width) {
        this.width = width;
    }

    public Rectangle(double width, double height) {
        this.height = height;
        this(width);
    }
}
```

❶ 위 소스에서의 문법 오류를 찾아 수정하시오.

❷ 위 클래스 Rectangle의 객체를 생성하기 위해 다음 문장을 사용하면 오류가 발생한다. 문제 발생의 이유를 설명하고 이 문제를 해결하도록 클래스 Rectangle을 다시 구현하시오.

```
Rectangle rc = new Rectangle();
```

7. 다음 프로그램의 결과를 기술하시오.

❶
```java
public class Result01 {
    double x, y;

    public double add() {
        return x + y;
    }
    public double subtract() {
        return x - y;
    }

    public static void main(String[] args) {
        Result01 r1 = new Result01();
        r1.x = 4.79;
        r1.y = 2.21;
        System.out.println(r1.add());
        System.out.println(r1.subtract());
    }
}
```

❷
```java
public class Result02 {
    static int objCnt;
    int cnt = 6;

    public static void main(String[] args) {
        Result02 r1 = new Result02();
        r1.objCnt = 5;
        r1.cnt = 7;

        Result02 r2 = new Result02();
        r2.objCnt = 10;
        r2.cnt = 9;

        System.out.printf("%d %d %d %n", r1.objCnt, r2.objCnt, Result02.objCnt);
        System.out.printf("%d %d %n", r1.cnt, r2.cnt);
    }
}
```

❸
```java
public class Result03 {
    int data = 0;

    public Result03() {
        System.out.println(data);
        data++;
    }
    public Result03(int data) {
        System.out.println(this.data);
        this.data += data;
    }

    public static void main(String[] args) {
        Result03 r1 = new Result03();
        System.out.println(r1.data);
        Result03 r2 = new Result03(5);
        System.out.println(r2.data);
    }
}
```

❹
```java
public class Result04 {
    double value = 3.4;

    public double getValue() {
        return value;
    }
    public void setValue(double value) {
        this.value = value;
    }
    public double add(double value) {
        return this.value += value;
    }

    public static void main(String[] args) {
        Result04 rs = new Result04();
        rs.setValue(7.3);
        rs.add(2.7);
        System.out.println(rs.getValue());
    }
}
```

8. 다음 프로그램에서 빈 부분을 채우거나 잘못된 부분을 수정하시오.

❶
```java
public class Dog {
    String name;

    public void Dog(String name) {
```

```
        this.name = name;
    }

    public static void main(String[] args) {
        Dog doori = new Dog("Doori");
        System.out.println(doori.name);
    }
}
```

❷
```
public class Person {
    String name;

    public Person(String name) {
        this.name = name;
    }

    public static void main(String[] args) {
        Person p = new Person("예진");
        System.out.println(p.name);
        p = new Person();
        p.name = "진태";
        System.out.println(p.name);
    }
}
```

❸
```
public class Calculator {
    public static double add(double x, double y) {
        return x + y;
    }
    public static void main(String[] args) {
        System.out.println(Calculator.add(3.4, 6.7));
    }
}
```

❹
```
public class Professor {
    String dept;
    int uNumber;

    public Professor(int uNumber) {
        this.uNumber = uNumber;
    }
    public Professor(String dept) {
        this.dept = dept;
    }
    public Professor(String dept, int uNumber) {
        this(dept);
        this(uNumber);
    }
}
```

프로그래밍 연습

1. 다음을 만족하는 Student 클래스를 작성하시오.

- String 형의 학과와 정수형의 학번을 필드로 선언
- Student 클래스의 main() 메소드에서 Student 객체를 생성하여 학과와 학번 필드에 적당한 값을 입력 후 출력

2. 위에서 구현한 Student 클래스를 다음을 만족하도록 기능을 추가하여 작성하시오.

- 필드를 모두 private로 하고, getter와 setter를 구현하고
- Student 클래스의 main() 메소드에서 Student 객체를 생성하여 setter를 사용하여 학과와 학번 필드에 적당한 값을 입력 후 출력

3. 다음에 구현된 Circle 클래스를 참고로 다음을 만족하는 Cylinder 클래스를 작성하시오.

- 원통을 나타내는 Cylinder 클래스는 Circle 형의 원과 실수형의 높이를 필드로 선언
- 메소드 getVolume()은 원통의 부피를 반환
- Cylinder 클래스의 main() 메소드에서 반지름이 2.8, 높이가 5.6의 원통의 부피를 출력
- 다음은 원을 나타내는 클래스 Circle

```java
public class Circle {
    public double radius;
    public static double PI = 3.141592;

    //생성자 구현
    public Circle(double radius) {
        this.radius = radius;
    }
    //현재 반지름을 사용하여 원의 면적을 구하는 메소드
    public double getArea() {
        return radius * radius * PI;
    }
}
```

4. 위에서 구현한 Cylinder를 다음 조건에 맞도록 기능을 추가하여 작성하시오.

- 다음과 같은 객체 생성이 가능하도록 생성자를 구현

```java
Cylinder cd = new Cylinder(new Circle(2.8), 5.6);
```

5. 다음을 만족하는 클래스 SalaryMan을 작성하시오.

- 필드 salary는 월 급여액을 저장하며, int형으로 초기 값으로 1000000 저장
- 메소드 getAnnualGross()는 연봉을 반환하는 메소드로 월급에 보너스 500%로 계산
- 기본 생성자에서 필드 salary의 초기 값을 사용하며, 정수형 인자인 생성자에서 인자가 월 급여액으로 지정
- 다음과 같이 객체를 생성하여 메소드 getAnnualGrass()를 호출하여 출력

```
System.out.println(new SalaryMan().getAnnualGross());
System.out.println(new SalaryMan(2_000_000).getAnnualGross());
```

6. 다음을 만족하는 클래스 Account를 작성하시오.

- 다음의 2개의 필드를 선언

```
private String owner;
private long balance;
```

- 위 모든 필드에 대한 getter와 setter의 구현
- 위 모든 필드를 사용하는 가능한 모든 생성자의 구현

7. 위에서 구현된 클래스 Account에서 다음 기능을 추가하여 작성하시오.

- 메소드 deposit()의 헤드는 다음과 같으며 인자인 금액을 저축하는 메소드

```
public long deposit(long amount)
```

- 메소드 withdraw()의 헤드는 다음과 같으며 인자인 금액을 인출하는 메소드

```
public long withdraw(long amount)
```

- Account 클래스의 main() 메소드에서 Account 객체를 생성하여 적당한 저축과 인출을 수행한 후 잔금을 출력

8. 위에서 구현된 메소드 withdraw()를 다음 조건에 맞게 다시 작성하시오.

- 인출 상한 금액은 잔액까지로 하며, 이 경우 이러한 상황을 출력
- 클래스 AccountTest의 main() 메소드에서 인출 상한 이상의 금액을 인출하려는 메소드를 호출하여 출력

9. 다음을 만족하는 클래스 Rectangle을 작성하시오.

- 사각형의 가로와 세로로 객체를 생성하는 생성자
- 면적을 반환하는 메소드 getArea(), 둘레를 반환하는 메소드 getCircumference(),
- 다음과 같이 클래스 Rectangle 이용

```
Rectangle rc = new Rectangle(3.82, 8.65);
System.out.println("면적: " + rc.getArea());
System.out.println("둘레: " + rc.getCircumference());
```

10. 다음을 만족하는 클래스 Computer를 작성하시오.

- 다음을 상수 필드로 선언

```
public … String[] osType = {"윈도7", "애플 OS X", "안드로이드"};
```

- 다음과 같은 클래스 Computer의 객체의 사용 결과에 적합하도록 생성자와 메소드 구현

```
Computer pc = new Computer(0, 16);
        Computer apple = new Computer(1, 32);
        Computer galaxy = new Computer(2, 16);
        pc.print();
        apple.print();
        galaxy.print();
```

```
운영체제: 윈도7,  메인메모리: 16
운영체제: 애플 OS X,  메인메모리: 32
운영체제: 안드로이드,  메인메모리: 16
```

CHAPTER
06

상속과 다형성

INTRODUCTION TO **JAVA** PROGRAMMING

학습목표

객체지향의 특징인 상속에 대해 이해하고 프로그래밍에 활용할 수 있다.
- 클래스 간의 상속 관계를 구현
- 키워드 this와 super
- 상위 생성자의 호출 super()
- 접근 지정자 public protected default private의 활용

객체지향의 특징인 다형성에 대해 이해하고 프로그래밍에 활용할 수 있다.
- 참조형에서 변환 연산인 업 캐스팅과 다운 캐스팅
- 객체 확인 연산자 instanceof
- 하위 클래스에서 상위 클래스의 메소드를 재정의하는 메소드 오버라이딩의 이해
- 메소드 오버라이딩의 동적 바인딩 이해

추상 클래스와 인터페이스를 이해하고 프로그래밍에 활용할 수 있다.
- 추상 클래스의 의미와 구현
- 추상 메소드의 필요성과 구현
- 인터페이스의 의미와 구현
- 인터페이스의 필요성과 구현

상속

1. 상속 정의

상속의 개념과 사례

일상 생활에서 차량^{vehicle}은 자전거와 자동차 그리고 기차 등으로 분류할 수 있다. 차량과 이들을 클래스로 추상화한다면 이들 간의 관계를 계층 구조로 표현할 수 있다. 차량의 하위로 자전거와 자동차, 기차 등으로 분류할 수 있다. 또한 자전거는 하위로 다시 레저용과 산악용 등으로 세분화할 수 있다. 지금까지 살펴본 차량을 다음과 같은 계층 구조로 표현하면 하위인 자전거와 자동차 그리고 기차는 상위인 차량이라는 특성을 모두 물려받을 수 있다. 그러므로 차량, 자전거, 자동차, 기차를 클래스로 표현하면 이들 클래스 간의 계층 구조에서 상속^{inheritance}이라는 특징을 파악할 수 있다. 즉 **상속이란 하위 클래스는 상위 클래스의 특징인 필드와 메소드를 그대로 물려받을 수 있는 특성**이다.

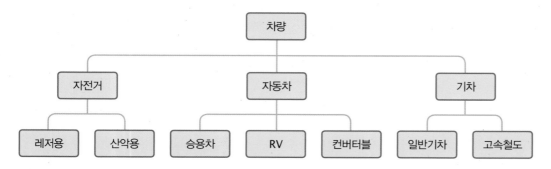

그림 6-1 ● 차량의 계층 구조 및 상속 관계

키워드 extends

두 클래스 A와 B에서 [A는 B이다]와 같이 [이다 관계^{is-a relationship}]가 성립하면 B는 상위 클래스, A는 하위 클래스 관계로 규정할 수 있다. 여기서 하위 클래스는 상위 클래스의 필드와 메소드를 상속받을 수 있는 특징이 바로 상속이다. 즉 [자동차는 차량이다]가 성립하므로 차량에 정의될 수 있는 필드와 메소드는 모두 자동차에서 상속받을 수 있다. **상위 클래스는 슈퍼^{super} 클래스 또는 부모^{parent} 클래스, 기본^{base} 클래스라고도 부르며, 하위 클래스는 서브^{sub} 클래스 또는 자식^{child} 클래스, 유도^{derived} 클래스라고 부른다.**

그림 6-2 ● 상위 클래스와 하위 클래스

자바의 상속 관계 구현을 살펴보면, 하위 클래스 정의에서 **키워드 extends를 사용하여**
하위 클래스이름 extends 상위 클래스이름으로 상위와 하위 클래스의 관계를 규정한다. 다음은
차량, 자전거, 자동차, 기차의 계층 구조와 이를 구현한 자바 소스이다. 우리가 설계하는
최상위 클래스인 차량^{Vehicle}**은 무조건 자바가 제공하는 클래스 Object를 부모 클래스**로
갖는다.

Note

자바의 최상위 클래스는 무조건 Object
이다. 클래스 Object는 8장에서 자세히
알아 보자.

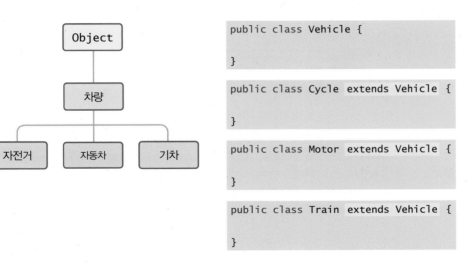

그림 6-3 ● 상속의 구현

2. 상속 구현

상위 클래스의 필드와 메소드를 상속

하위 클래스는 일반적으로 상위 클래스의 필드와 메소드를 그대로 상속받는다. 그러므로 **하위 클래스에서는 상위 클래스의 멤버인 필드와 메소드를 다시 구현 없이 사용**할 수 있다. 그러나 이름이 동일한 필드가 각각 필요하다면 하위 클래스에서 다시 선언하여 사용할 수 있다. 하위 클래스 Motor는 상위 클래스 vehicle에 선언된 이름, 최대속도, 정원 등을 위한 필드 name, maxSpeed, seater를 그대로 상속받아 사용할 수 있으며, 이름과 배기량을 위한 필드 name, displacement를 추가하여 사용할 수 있다.

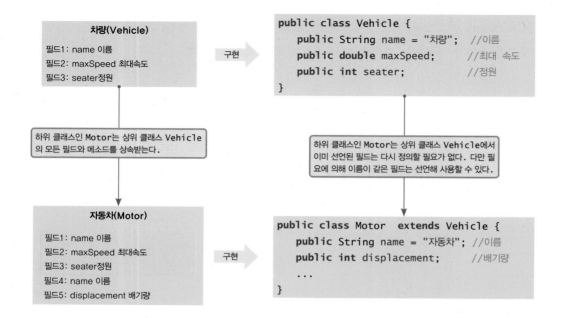

그림 6-4 ● 필드 상속의 구현

상위 클래스 Vehicle과 하위 클래스 Motor

다음은 필드 3개로 구성된 상위 클래스 Vehicle이다.

실습예제 6-1 │ 차량을 위한 클래스

Vehicle.java

```
01   public class Vehicle {
02       public String name = "차량";   //이름
03       public double maxSpeed;        //최대 속도
04       public int seater;             //정원
05   }
```

다음은 상위 클래스 Vehicle의 하위 클래스로 정의된 클래스 Motor이다. 클래스 Motor 는 Vehicle의 3개 필드를 모두 상속받고 추가로 2개의 필드를 선언하며, 2개의 메소드를 구현한다. 클래스 Motor 내부 또는 객체에서 참조하는 필드 name은 Motor의 필드 name 이다.

실습예제 6-2 │ 차량의 하위 클래스인 자동차를 위한 클래스

Motor.java

```
01   public class Motor extends Vehicle {
02       public String name = "자동차";        //이름
03       public int displacement;             //배기량
04
05       public void printInfo() {
06           System.out.print("name: " + name);
07           System.out.println(", 최대속도: " + maxSpeed + " km");
08           System.out.print("정원: " + seater + " 명");
09           System.out.println(", 배기량: " + displacement + " cc");
10       }
11
12       public static void main(String[] args) {
13           Motor myCar = new Motor();
14           myCar.maxSpeed = 160;
15           myCar.seater = 5;
16           myCar.displacement = 1500;
17           myCar.printInfo();
18       }
19   }
```

이 name은 Motor의 name으로 Vehicle의 name과 다르다.

결과
```
name: 자동차, 최대속도: 160.0 km
정원: 5 명, 배기량: 1500 cc
```

3. 자기 자신과 상위 객체의 구분

this와 super

this는 객체 자신을 의미하는 키워드이다. 마찬가지로 **super는 상위 객체를 의미하는 키워드**이다. 클래스 Vehicle과 클래스 Motor에서 모두 선언된 필드 name은 Vehicle과 Motor에서 각각 달리 사용할 수 있는 필드이다. 그러므로 Motor 내부에서 this.name과 name은 모두 Motor에서 할당된 name을 가리키며, super.name은 상위 객체인 Vehicle의 name을 말한다. 상위 클래스 Vehicle의 필드인 maxSpeed, seater는 이름이 충돌하지 않으므로 하위 클래스에서도 그대로 사용할 수 있다. 또한 클래스 Motor 내부에서 super.maxSpeed와 super.seater 또는 this.maxSpeed와 this.seater로도 사용될 수 있다. 클래스 Motor의 필드인 displacement는 그대로 사용하거나 this.displacement로 사용될 수 있다.

> **Note**
>
> this와 super는 모두 객체 소속인 비정적 필드와 메소드를 참조하는데 사용할 수 있다.

```java
public class Vehicle {
    public String name = "차량";          //이름
    public double maxSpeed;               //최대 속도
    public int seater;                    //정원
}


public class Motor extends Vehicle {
    public String name = "자동차";         //이름
    public int displacement;              //배기량

    public void printInfo() {
        System.out.println(super.name + ": " + this.name);
        System.out.println("최대속도: " + maxSpeed + " km");
        System.out.println("정원: " + seater + " 명");
        System.out.println("배기량: " + displacement + " cc");
    }
}
```

그림 6-5 ● this와 super의 사용

다음은 Motor 객체를 하나 생성하여 필드 maxSpeed, seater 그리고 displacement에 적당한 값을 저장하는 setter 메소드를 호출한 후 메소드 printInfo()를 호출하여 자동차 객체의 정보를 출력하는 프로그램이다. Motor 형인 객체 변수 myCar에서 상위 클래스인 Vehicle과 자신인 Motor의 필드와 메소드를 아무런 문제없이 참조할 수 있다.

실습예제 6-3 | 차량의 하위 클래스인 자동차를 위한 클래스

Motor.java

```
01    package inheritance.basic;
02
03    public class Motor extends Vehicle {
04        public String name = "자동차";      //이름
05        public int displacement;           //배기량
06
07        public void setMaxSpeed(int maxSpeed) {
08            this.maxSpeed = maxSpeed;
09        }
10        public void setSeater(int seater) {
11            this.seater = seater;
12        }
13        public void setDisplacement(int displacement) {
14            this.displacement = displacement;
15        }
16
17        public void printInfo() {
18            System.out.print(super.name + ": " + this.name);
19            System.out.println(", 최대속도: " + maxSpeed + " km");
20            System.out.print("정원: " + seater + " 명");
21            System.out.println(", 배기량: " + displacement + " cc");
22        }
23
24        public static void main(String[] args) {
25            Motor myCar = new Motor();
26            myCar.setMaxSpeed(300);
27            myCar.setSeater(2);
28            myCar.setDisplacement(3500);
29            myCar.printInfo();
30        }
31    }
```

결과 차량: 자동차, 최대속도: 300.0 km
      정원: 2 명, 배기량: 3500 cc

4. 상위 생성자 호출

생성자 구현 첫 줄에서의 super( )

생성자의 첫 줄에서 상위 생성자를 호출하는 **super()** 또는 **super(...)**를 명시적으로 호출
하지 않는다면 첫 줄에서 무조건 자동으로 **super()**를 호출한다. 그러므로 자동으로 사용
되는 기본 생성자의 첫 줄은 무조건 super()를 호출한다. **super()는 상위 클래스의 기본
생성자를 호출하는 문장이다.** 다음은 클래스 Motor에 생성자가 전혀 없으므로 자동으로
사용되는 기본 생성자의 소스를 살펴본 그림이다.

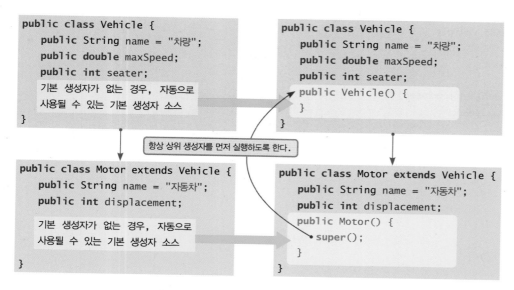

그림 6-6 ● 자동으로 사용되는 기본 생성자 소스

생성자 호출에 의해 객체가 생성될 때 항상 **상위 객체를 위한 필드와 메소드가 먼저 생성
된 후 하위 객체가 생성**된다. 다음은 new Motor()에 의해 생성되는 객체의 그림이다.

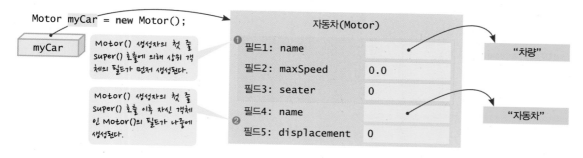

그림 6-7 ● 객체 생성 과정

상위 클래스에서 기본 생성자 구현의 중요성

사용자가 직접 구현하는 생성자에서 첫 줄이 상위 생성자의 호출인 **super()** 또는 **super(인자)**가 아니면 자동으로 기본 생성자 **super()**를 호출한다. 그러므로 super()를 호출하는 경우, 상위 클래스에서 기본 생성자를 사용할 수 없다면 문법 오류가 발생하므로 주의가 필요하다.

```java
public class Vehicle {
    public String name = "차량";
    public double maxSpeed;
    public int seater;

    public Vehicle() {
    }

    public Vehicle(double maxSpeed, int seater) {
        this.maxSpeed = maxSpeed;
        this.seater = seater;
    }
}
```

> 하위 클래스인 Motor에서 Super()를 사용하므로 이 기본 생성자는 반드시 구현되어야 한다.

```java
Motor myCar = new Motor(300, 4, 5000);
```

```java
public class Motor extends Vehicle {
    public String name = "자동차";
    public int displacement;

    public Motor() {
        super();        //생략 가능
    }
    public Motor(double maxSpeed, int seater, int displacement) {
        super(maxSpeed, seater);
        this.displacement = displacement;
    }
}
```

> 이 문장이 없거나 다른 상위 생성자를 호출하지 않는다면 자동으로 Super()를 호출한다.

그림 6-8 ● 상위 클래스 생성자 호출과 생성자의 구현

상위 클래스에서 기본 생성자가 없는 경우의 문제

다음 Vehicle과 같이 인자가 있는 **생성자를 구현한다면 더 이상 기본 생성자는 구현 없이 자동으로 사용될 수 없다.** 그러므로 하위 클래스 생성자 구현에서 super()를 사용한다면 문법 오류가 발생한다. 다음 그림 왼쪽 Motor의 생성자를 살펴보면, 사용할 수 없는 상위의 기본 생성자를 직접 super()로 호출하므로 오류가 발생한다. 물론 super()를 기술하지 않아도 자동으로 super()를 호출하므로 오류가 발생한다. 마찬가지로 오른쪽 Motor를 살펴보면, 생성자의 첫 줄이 생성자의 호출이 아니므로 자동으로 super()를 호출하게 된다. 그러므로 이 생성자도 오류가 발생한다. 이러한 오류를 방지하려면 상위 클래스 Vehicle에 기본 생성자를 구현하든지 아니면 생성자의 첫 줄에서 이미 구현된 인자가 있는 상위 생성자를 호출하도록 한다.

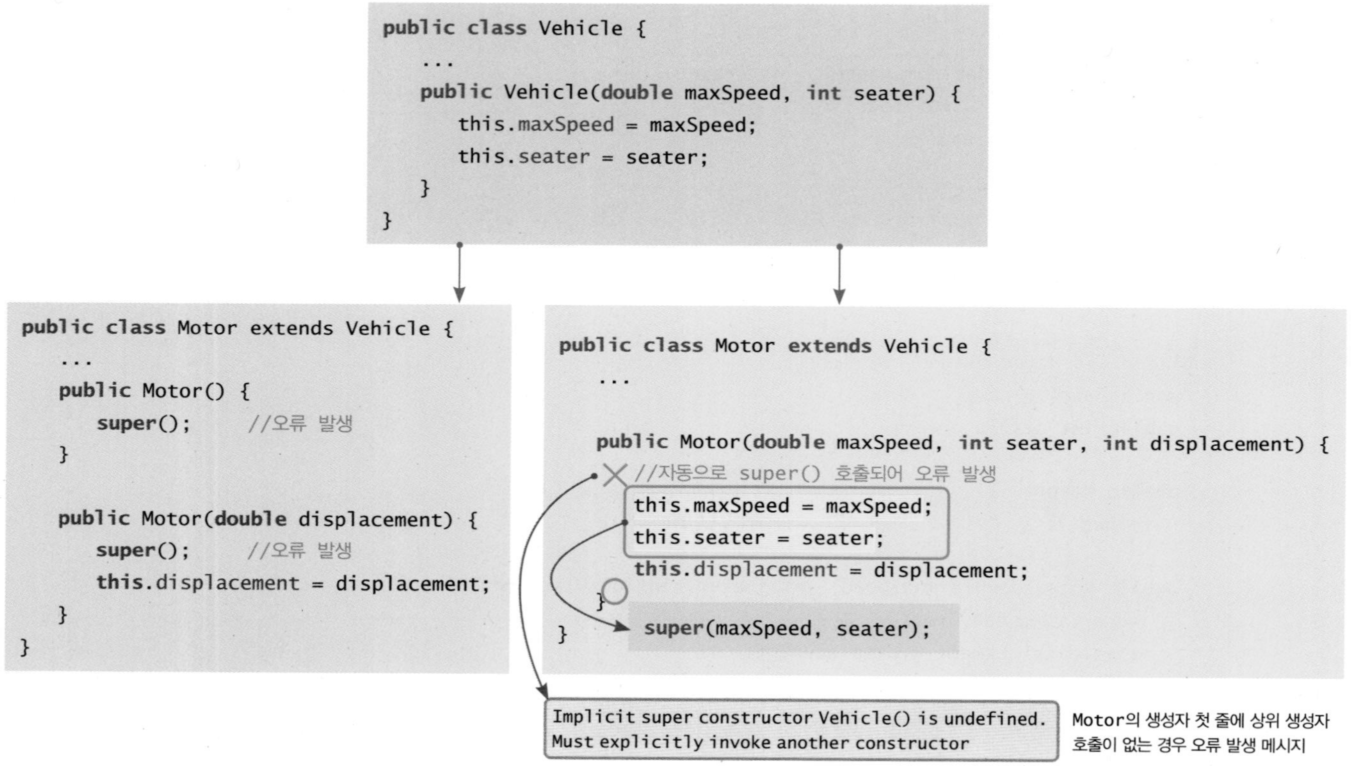

```java
public class Vehicle {
    ...
    public Vehicle(double maxSpeed, int seater) {
        this.maxSpeed = maxSpeed;
        this.seater = seater;
    }
}
```

```java
public class Motor extends Vehicle {
    ...
    public Motor() {
        super();        //오류 발생
    }

    public Motor(double displacement) {
        super();        //오류 발생
        this.displacement = displacement;
    }
}
```

```java
public class Motor extends Vehicle {
    ...

    public Motor(double maxSpeed, int seater, int displacement) {
       X //자동으로 super() 호출되어 오류 발생
        this.maxSpeed = maxSpeed;
        this.seater = seater;
        this.displacement = displacement;
    }
          super(maxSpeed, seater);
}
```

Implicit super constructor Vehicle() is undefined.
Must explicitly invoke another constructor

Motor의 생성자 첫 줄에 상위 생성자 호출이 없는 경우 오류 발생 메시지

그림 6-9 ● 하위 생성자 구현에서 오류 발생

다음 프로그램은 클래스 Vehicle과 Motor에서 기본 생성자와 함께 필드 2~3개를 인자로 하는 생성자를 구현한 소스이다. Motor의 main() 메소드에서 필드 maxSpeed, seater 그리고 displacement를 인자로 하는 생성자를 호출하여 Motor 객체를 생성한다.

Vehicle.java

```
01    package inheritance.constructor;
02
03    public class Vehicle {
04        public String name = "차량";      //이름
05        public double maxSpeed;          //최대 속도
06        public int seater;               //정원
07
08        public Vehicle() {
09        }
10        public Vehicle(double maxSpeed, int seater) {
11            this.maxSpeed = maxSpeed;
12            this.seater = seater;
13        }
14    }
```

실습예제 6-5 │ 자동차를 위한 생성자의 구현과 객체의 생성

Motor.java

```
01    package inheritance.constructor;
02
03    public class Motor extends Vehicle {
04        public String name = "자동차";     //이름
05        public int displacement;          //배기량
06
07        public Motor() {
08            super();  //생략 가능
09        }
10
11        public Motor(double maxSpeed, int seater, int displacement) {
12            super(maxSpeed, seater);
13            //this.maxSpeed = maxSpeed;
14            //this.seater = seater;
15            this.displacement = displacement;
16        }
17
18        public void printInfo() {
19            System.out.print(super.name + ": " + this.name);
20            System.out.println(", 최대속도: " + maxSpeed + " km");
21            System.out.print("정원: " + seater + " 명");
22            System.out.println(", 배기량: " + displacement + " cc");
23        }
24
25        public static void main(String[] args) {
26            Motor myCar = new Motor(300, 4, 5000);
27            myCar.printInfo();
28        }
29    }
```

> **결과**
> 차량: 자동차, 최대속도: 300.0 km
> 정원: 4 명, 배기량: 5000 cc

5. 접근 지정자

클래스 접근 지정자

클래스 접근 지정자는 public과 [default] 방식이 있다. 키워드 public을 사용한 클래스는 다른 모든 클래스에서 사용할 수 있다. 그러나 접근 지정자를 아무것도 기술하지 않은 default 클래스는 동일한 패키지의 다른 클래스에서만 사용할 수 있다. 그러므로 **default 클래스는 package 클래스**라고도 부른다.

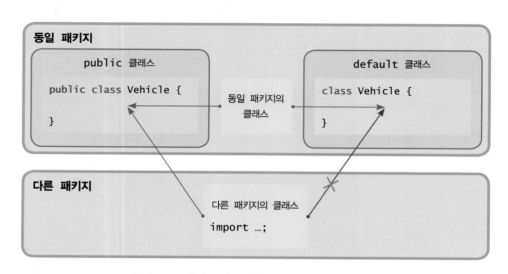

그림 6-10 ● 클래스 접근 지정자 public과 default의 차이

필드와 메소드 접근 지정자

필드와 메소드인 **멤버의 접근을 제한하는 접근 지정자로는 public, protected, default, private**가 있다. 접근 지정자 키워드는 public, protected, private이며 default는 접근 지정자를 아무것도 기술하지 않는 방식으로 package 방식이라고도 부른다. 접근 지정자

공개적 순위	키워드	클래스 내부	동일 패키지		다른 패키지	
			하위 클래스	일반클래스	하위 클래스	일반클래스
1	public	O	O	O	O	O
2	protected	O	O	O	O	X
3	default	O	O	O	X	X
4	private	O	X	X	X	X

표 6-1 ● 필드와 메소드의 접근 지정자 종류

public은 가장 공개적인 지정자로 다른 모든 클래스에서 멤버를 모두 사용될 수 있도록 하며, 접근 지정자 protected는 2번째로 공개적인 지정자로 같은 패키지와 다른 패키지라도 하위 클래스에서는 모두 사용될 수 있도록 한다. default 방식은 3번째로 공개적인 방식으로 같은 패키지에서만 멤버가 사용되도록 하며, private 지정자는 가장 폐쇄적인 지정자로 클래스 내부에서만 사용이 가능하며 절대 외부에서는 사용할 수 없도록 제한하는 키워드이다.

다음은 클래스 Account의 4가지 접근 지정자를 가진 필드 name, open, number, balance의 접근 제한을 한 눈에 알아볼 수 있는 그림이다. 클래스 Account와 같은 패키지에 있는 클래스 SavingAccount와 AccountTest에서는 private 멤버만을 제외하곤 모든 멤버를 접근할 수 있다. 클래스 Account의 하부 클래스로 다른 패키지에 있는 클래스 CheckAccount에서는 default와 private 멤버는 접근할 수 없다. 클래스 Account와 다른 패키지에 있는 일반 클래스 CheckTest에서는 public 멤버만을 접근할 수 있다.

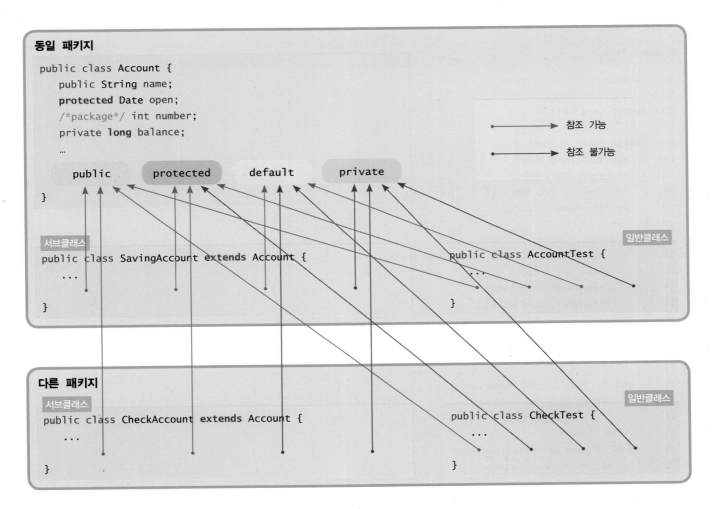

그림 6-11 ● 멤버 접근 지정자 public, protected, default, private의 차이

은행계좌를 추상화한 상위 클래스인 Account

다음은 클래스 Account로 은행계좌를 구현한 프로그램이다. 클래스 Account는 계좌주, 개설일자, 계좌번호, 잔고를 표현한 name, open, number, balance필드가 있으며, 이 필드는 서로 다른 모두 4가지 종류의 접근 지정자를 가진다. 또한 클래스 Account는 생성자 하나와 일반 메소드 3개로 구성된다. 메소드 deposit(long amount)는 인자 amount를 저축하는 메소드이며, 메소드 withdraw(long amount)는 인자 amount를 인출하는 메소드이다.

│ 실습예제 6-6 │ 은행계좌를 추상화한 상위 클래스

Account.java

```
01  package inheritance.access;
02
03  import java.util.Date;
04
05  public class Account {
06      public String name;
07      protected Date open;
08      /*package*/ int number;
09      private long balance;
10
11      //생성자(동일 패키지, 하위 클래스에서 사용 가능)
12      protected Account(String name, int number) {
13          this.name = name;
14          this.number = number;
15          this.open = new Date();
16      }
17
18      /*일반 메소드*/
19      //입금 메소드
20      public long deposit(long amount) {
21          return balance += amount;
22      }
23      //출금 메소드
24      public long withdraw(long amount) {
25          return balance -= amount;
26      }
27      //계좌정보 및 잔액출력 메소드
28      public long checkBalance() {
29          System.out.println(name + ": 계좌번호 " + number + ", 잔액 " + balance);
30          return balance;
31      }
32  }
```

저축계좌를 추상화한 하위 클래스 SavingAccount

다음 클래스 SavingAccount는 클래스 Account의 하위 클래스로 이율 rates 필드를 가지며, private 지정자인 balance를 제외하고 상위 클래스 Account의 name, open, number는 모두 접근 가능하다. 클래스 SavingAccount는 이름, 계좌번호, 이율을 인자로 하는 생성자를 구현한다. 정적인 main() 메소드의 SavingAccount 객체 myAccount에서 private한 필드인 balance는 참조할 수 없는 것을 알 수 있다.

| 실습예제 6-7 | 저축계좌를 표현한 클래스

SavingAccount.java

```
01   package inheritance.access;
02
03   public class SavingAccount extends Account {
04      public double rates;   //이자율
05
06      public SavingAccount(String name, int number, double rates) {
07         super(name, number);
08         this.rates = rates;
09      }
10
11      public static void main(String[] args) {
12         SavingAccount myAccount = new SavingAccount("김태희", 234567654, 0.34);
13         myAccount.deposit(400000);
14         myAccount.withdraw(50000);
15         myAccount.checkBalance();
16
17         System.out.println(myAccount.name);        //접근 가능
18         System.out.println(myAccount.open);        //접근 가능
19         System.out.println(myAccount.number);      //접근 가능
20         //System.out.println(myAccount.balance);   //접근 불가
21      }
22   }
```

결과
김태희: 계좌번호 234567654, 잔액 350000
김태희
Sat Nov 12 18:03:58 KST 2011
234567654

Account, SavingAccount와 동일한 패키지의 클래스 AccountTest

다음 클래스 AccountTest는 main() 메소드에서 SavingAccount 객체 myAccount를 생성해 여러 필드를 참조하는 프로그램이다. 클래스 Account의 private한 필드인 balance는 참조할 수 없으나 그 외의 다른 접근 지정자로 지정된 필드는 모두 접근 가능하다는 것을 확인할 수 있다.

| 실습예제 6-8 | 동일한 패키지의 SavingAccount의 사용

AccountTest.java

```
01    package inheritance.access;
02
03    public class AccountTest {
04        public static void main(String[] args) {
05            SavingAccount myAccount = new SavingAccount("강민경", 123567834, 0.32);
06            myAccount.deposit(50000);
07            myAccount.withdraw(4000);
08            myAccount.checkBalance();
09
10            System.out.println(myAccount.name);        //접근 가능
11            System.out.println(myAccount.open);        //접근 가능
12            System.out.println(myAccount.number);      //접근 가능
13            //System.out.println(myAccount.balance);   //접근 불가
14        }
15    }
```

결과
```
강민경: 계좌번호 123567834, 잔액 46000
강민경
Sat Nov 12 18:15:11 KST 2011
123567834
```

다른 패키지의 Account를 상위 클래스로 하는 CheckAccount

클래스 CheckAccount는 이자가 없으며 수표나 직불카드가 발급되는 계좌를 추상화한 클래스이다. 다음 클래스 CheckAccount는 다른 패키지에 속한 Account를 상위 클래스로 한다. 그러므로 상위 클래스인 Account의 public 필드 name과 protected 필드 open은 참조할 수 있으나, default인 number와 private한 balance는 접근 불가능하다. 또한 상속 관계가 없는 다른 패키지의 일반 클래스인 SavingAccount의 protected 필드 open은 참조할 수 없다.

CheckAccount.java

```java
01   package inheritance.control;
02
03   import inheritance.access.Account;
04   import inheritance.access.SavingAccount;
05
06   public class CheckAccount extends Account {
07      long minimum;    //최소 잔액 금액
08
09      public CheckAccount(String name, int number, long minimum) {
10         super(name, number);
11         this.minimum = minimum;
12         super.deposit(minimum);   //deposit(minimum);으로도 가능
13      }
14
15      public static void main(String[] args) {
16         SavingAccount myAccount = new SavingAccount("김태희", 234567654, 0.34);
17         myAccount.deposit(250000);
18         myAccount.withdraw(50000);
19         myAccount.checkBalance();
20
21         System.out.println(myAccount.name);          //접근 가능
22         //System.out.println(myAccount.open);        //접근 불가
23         //System.out.println(myAccount.number);      //접근 불가
24         //System.out.println(myAccount.balance);     //접근 불가
25
26         CheckAccount cAccount = new CheckAccount("이민정", 87542356, 500000);
27         cAccount.deposit(250000);
28         cAccount.withdraw(50000);
29         cAccount.checkBalance();
30
31         System.out.println(cAccount.name);           //접근 가능
32         System.out.println(cAccount.open);           //접근 가능
33         //System.out.println(cAccount.number);       //접근 불가
34         //System.out.println(myAccount.balance);     //접근 불가
35      }
36   }
```

결과
```
김태희: 계좌번호 234567654, 잔액 200000
김태희
이민정: 계좌번호 87542356, 잔액 700000
이민정
Sat Nov 12 18:22:18 KST 2011
```

다른 패키지에서 SavingAccount를 사용하는 클래스 CheckTest

다음 클래스 CheckTest는 클래스 SavingAccount의 객체와 클래스 CheckAccount의 객체를 생성하여 public 필드 name을 출력하는 프로그램이다. 클래스 CheckTest에서는 다른 패키지에 있으며 상하 관계가 없는 SavingAccount의 public 필드만 접근 가능하다는 것을 확인할 수 있다.

실습예제 6-10 │ 다른 패키지의 클래스 SavingAccount와 CheckAccount의 사용

CheckTest.java

```
01   package inheritance.control;
02
03   import inheritance.access.SavingAccount;
04
05   public class CheckTest {
06      public static void main(String[] args) {
07         SavingAccount myAccount = new SavingAccount("김태희", 234567654, 0.34);
08         myAccount.deposit(400000);
09         myAccount.withdraw(50000);
10         myAccount.checkBalance();
11
12         System.out.println(myAccount.name);           //접근 가능
13         //System.out.println(myAccount.open);         //접근 불가
14         //System.out.println(myAccount.number);       //접근 불가
15         //System.out.println(myAccount.balance);      //접근 불가
16
17         CheckAccount cAccount = new CheckAccount("이민정", 87542356, 500000);
18         cAccount.deposit(250000);
19         cAccount.withdraw(50000);
20         cAccount.checkBalance();
21
22         System.out.println(cAccount.name);            //접근 가능
23         System.out.println(cAccount.minimum);         //접근 가능
24         //System.out.println(cAccount.open);          //접근 불가
25         //System.out.println(cAccount.number);        //접근 불가
26         //System.out.println(myAccount.balance);      //접근 불가
27      }
28   }
```

결과
김태희: 계좌번호 234567654, 잔액 350000
김태희
이민정: 계좌번호 87542356, 잔액 700000
이민정
500000

TIP **이클립스의 아웃라인 뷰**

이클립스의 아웃라인 뷰outline view는 클래스의 필드와 메소드를 한 눈에 볼 수 있는 요약된 정보가 표시된다. 아웃라인 뷰에서는 패키지 문장이 꾸러미 모양의 아이콘으로 표시되며, 클래스 내부의 필드와 생성자 그리고 메소드를 접근 지정자와 특성 지정자 별로 다른 아이콘으로 표시된다. 즉 색상과 모양을 살펴보면 접근 지정자 public은 녹색의 원모양으로, protected는 노란색의 마름모 모양, default는 파란색의 삼각형 모양, private는 붉은색의 사각형 모양 아이콘으로 표시되는 것을 볼 수 있다. 여기서 필드는 작은 아이콘으로 속이 약간 비어 있으며, 메소드는 큰 아이콘으로 모두 색상이 채워져 있다. 또한 생성자는 C 문자, 지정자 static은 S 문자, 지정자 final은 F 문자가 표시되는 것도 알 수 있다.

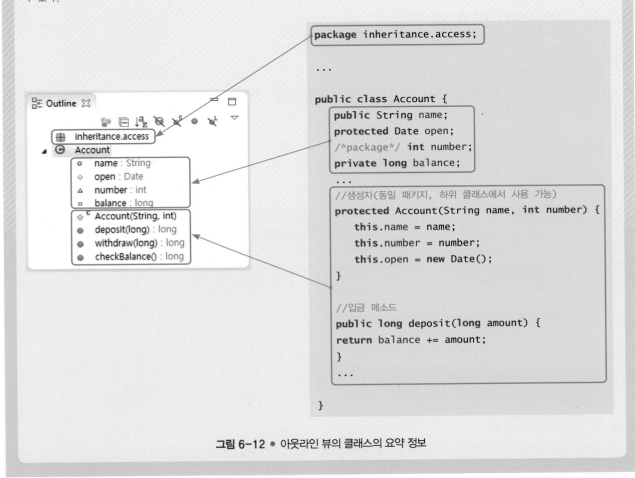

그림 6-12 ● 아웃라인 뷰의 클래스의 요약 정보

1. 학생과 교직원의 상속관계

클래스 Person

학교의 교직원과 학생 정보를 표현하기 위한 계층 구조를 살펴보자. 클래스 Person을 상위 클래스로 다음과 같은 클래스의 상속 관계를 생각할 수 있다.

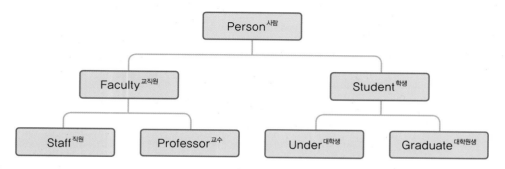

그림 6-13 ● 교직원과 학생에서 도출한 클래스와 계층 구조

상위 클래스 Person은 이름과 주민번호를 저장할 필드 name, number와 이 필드의 초기화를 위한 생성자로 구성된다. 생성자 첫 줄의 super()는 생략 가능하다.

| 실습예제 6-11 | 사람을 표현한 클래스

Person.java

```
01   package inheritance.typecast;
02
03   public class Person {
04      public String name;    //이름
05      public long number;    //주민번호
06
07      public Person(String name, long number) {
08         super();            //생략 가능
09         this.name = name;
10         this.number = number;
11      }
12   }
```

클래스 Person을 상위로 하는 클래스 Faculty

클래스 Faculty는 Person을 상위 클래스로 하며 소속대학과 사원번호를 저장할 필드 univ, number를 갖는다. 필드 number는 상위 클래스 Person에 있는 number와 다른 필드이다. 4개 필드의 초기화를 위한 생성자에서 첫 줄의 super(name, number)는 반드시 필요하다. 메소드 getSNumber()는 상위 클래스 Person의 number인 주민번호를 반환하는 메소드이다.

실습예제 6-12 | 사람의 하위 클래스인 교직원을 표현한 클래스

Faculty.java

```
01   package inheritance.typecast;
02
03   public class Faculty extends Person {
04       public String univ;
05       public long number;
06
07       public Faculty(String name, long number, String univ, long idNumber) {
08           super(name, number);
09           this.univ = univ;
10           this.number = idNumber;
11       }
12
13       public long getSNumber() {
14           return super.number;
15       }
16   }
```

> this.number는 사원번호,
> super.number는 주민번호를 위한 필드이다.

> 주민번호를 반환해야 하므로 반드시
> super.number가 필요하다.

클래스 Faculty를 상위로 하는 클래스 Staff

클래스 Staff는 Faculty를 상위 클래스로 하며 소속부서를 저장할 필드 division을 갖는다. 4개 필드의 초기화를 위한 생성자에서 첫 줄의 super(name, number, univ, idNumber)는 반드시 필요하다.

실습예제 6-13 | 교직원의 하위 클래스인 직원을 표현한 클래스

Staff.java

```
01   package inheritance.typecast;
02
03   public class Staff extends Faculty {
04       public String division;
05
06       public Staff(String name, long number, String univ, long idNumber) {
07           super(name, number, univ, idNumber);
08       }
09   }
```

> 이 super(…)가 없다면 자동으로 super()를 호출하는데, Faculty에 기본 생성자가
> 구현되어 있지 않으므로 오류가 발생한다.

2. 참조형 변환: 업 캐스팅

하위 객체를 상위 클래스형 변수에 대입

다음은 상속 관계에 있는 사람 클래스인 Person, 교직원 클래스인 Faculty와 직원 Staff 의 주요 속성과 메소드를 표현한 그림이다. 교직원 객체 Faculty를 생성하면 상위인 Person 객체가 먼저 만들어지고 Faculty 객체가 생성된다. Person 형 변수 p에 Faculty 객체의 정보를 참조하는 객체변수 f의 대입이 가능하다. 즉 **하위 객체는 상위 클래스형 변수에 대입이 가능**하다. 이러한 **상위로의 자료형 변환을 업 캐스팅**up casting**이라 하며 자동으로 수행**된다. 즉 이러한 업 캐스팅은 하위인 교직원은 상위인 사람이라는 개념이 성립하기 때문이다. 그러나 **업 캐스팅된 변수로는 하위 객체의 멤버를 참조할 수 없는 제약**이 따른다.

Note

업 캐스팅은 형 넓히기로 기본형의 다음과 같이 자동으로 수행된다.

```
double d = 5;
```

클래스자료형 변수 = 하위_클래스_자료형의_객체_또는_변수;

```
Faculty f = new Faculty("김영태", 1145782, "연한대학교", 38764);
Person p = f;
```

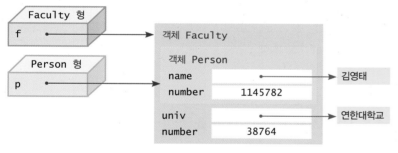
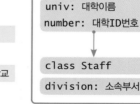

그림 6-14 ● 상속 관계에서 업 캐스팅

즉 위 소스에서 Faculty 형 변수 f로는 접근 지정자만 허용하면 모든 멤버를 접근할 수 있지만 Person 형 변수 p로는 Person의 멤버인 name과 number만 접근이 가능하다. 그러므로 f.number는 대학ID 번호인 38764를 참조하며, p.number는 주민번호인 1145782를 각각 참조한다. 변수 f를 사용하여 Person의 주민번호를 참조하려면 자료형 변환 연산자를 사용하여 ((Person) f).number로 참조할 수 있다.

다음 클래스 UpCasting은 상속 관계에 있는 클래스 Person, Faculty, Staff에서 업캐스팅을 알아보는 프로그램이다. **직원인 Staff 객체를 저장한 Staff 형 변수 s는 상위인 Person 형 변수뿐 아니라 Faculty 형 변수에도 대입이 가능하다.** 그러나 Person 형 변수로는 Person의 멤버만 참조할 수 있으며, Person 형 변수로는 Faculty의 멤버만 참조할 수 있다.

| 실습예제 6-14 | 참조형의 형 넓히기 변환

UpCasting.java

```
01    package inheritance.typecast;
02
03    public class UpCasting {
04        public static void main(String[] args) {
05            Person she = new Person("이소라", 2056432);
06            System.out.println(she.name + " " + she.number);
07
08            Faculty f = new Faculty("김영태", 1145782, "연한대학교", 38764);
09            Person p = f;                    //업캐스팅
10            System.out.print(p.name + " " + p.number + " ");
11            //System.out.print(p.univ);  //참조 불가능
12            System.out.println(f.name + " " + ((Person) f).number);
13            System.out.println(f.univ + " " + f.number);
14
15            Staff s = new Staff("김상기", 1187543, "강서대학교", 3456);
16            s.division = "교학처";
17            Person pn = s;                   //업캐스팅
18            Faculty ft = s;                  //업캐스팅
19            System.out.print(pn.name + " " + pn.number + " ");
20            System.out.print(ft.univ + " " + ft.number + " ");
21            System.out.println(s.division);
22        }
23    }
```

결과 이소라 2056432
김영태 1145782 연한대학교 38764
김상기 1187543 강서대학교 3456 교학처

3. 참조형 변환: 다운 캐스팅

상위 객체를 하위 클래스형 변수에 대입

Person 형 변수 p에 업 캐스팅을 이용하여 객체 Staff의 저장이 가능하다. Staff 형 변수 s에 이 Person 형 변수 p를 저장하려면 반대로 다운 캐스팅^{down casting}이 필요하다. **상위 클래스 형을 하위 클래스 형으로 변환하는 다운 캐스팅은 반드시 명시적인 형변환 연산자(*하위 클래스*)가 필요**하다. 만일 형변환 연산자가 없으면 컴파일 시간에 다음과 같이 자료형 불일치^{type mismatch} 오류가 발생한다.

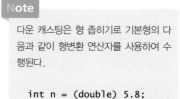

클래스자료형 변수 = (클래스자료형) 상위_클래스_자료형의_객체_또는_변수;

```
Person p = new Staff("김상기", 1187543, "강서대학교", 3456);
Staff s = (Staff) p;

s.division = "교학처";
```

Staff s = p;
Type mismatch cannot convert from Person to Staff

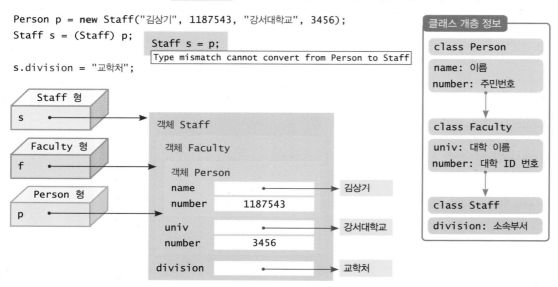

그림 6-15 ● 상속 관계에서 다운 캐스팅

다운 캐스팅은 항상 바르게 실행되는 것은 아니다. 다운 캐스팅은 다운 캐스팅할 객체가 메모리에 할당되어야 성공적으로 수행된다. 다음과 같이 형변환 (Faculty) 이용하여 Faculty 형 변수 f에 객체 Person의 변수 she를 저장하는 문장은 문법 오류가 발생하지 않는다. 그러나 실행 시간에 f는 오류가 발생한다. 즉 f는 Person 정보는 있어도 Faculty 정보는 전혀 없기 때문이다. **컴파일 시간에 상속 관계만 성립하면 다운 캐스팅은 가능하나 실제 객체가 할당되지 않았다면 실행 시간에 오류가 발생**한다.

```
Person she = new Person("이소라", 2056432);
//Faculty f = she;           //컴파일 오류
//Faculty f = (Faculty) she;   //실행 오류
```

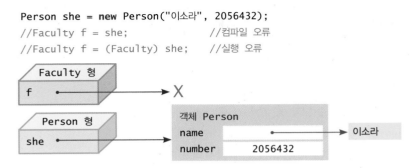

그림 6-16 ● 상속 관계에서 다운 캐스팅 실행 오류

다음의 클래스 DownCasting은 상속 관계에 있는 클래스 Person, Faculty, Staff에서 다운 캐스팅을 알아보는 프로그램이다.

실습예제 6-15 │ 참조형의 형 좁히기 변환

DownCasting.java

```
01    package inheritance.typecast;
02
03    public class DownCasting {
04        public static void main(String[] args) {
05            Person she = new Person("이소라", 2056432);
06            System.out.println(she.name + " " + she.number);
07            //Faculty f = she;              //컴파일 오류
08            //Faculty f1 = (Faculty) she;   //실행 오류
09
10            Person p = new Staff("김상기", 1187543, "강서대학교", 3456);
11            //Staff s = p;                  //컴파일 오류
12            Staff s = (Staff) p;
13            s.division = "교학처";
14            System.out.print(p.name + " " + p.number + " ");
15            System.out.print(s.univ + " " + s.number + " ");
16            System.out.println(s.division);
17        }
18    }
```

결과 이소라 2056432
      김상기 1187543 강서대학교 3456 교학처

4. 객체 확인 연산자

연산자 instanceof

연산자 intanceof는 첫 번째 피연산자 객체변수가 참조하는 객체가 실제 두 번째 피연산자 클래스 이름이면 true를, 아니면 false를 반환한다. 그러므로 실행 시간에 다운 캐스팅의 오류를 범하지 않으려면 연산자 intanceof를 사용하는 편이 좋다. 만일 피연산자인 객체변수와 클래스이름 간에 상속 관계가 전혀 없다면 문법 오류가 발생하니 주의가 필요하다.

```
Person she = new Person("이소라", 2056432);
if (she instanceof Staff)
    Staff st1 = (Staff) she;
} else {
    System.out.print("she는 Staff 객체가 아닙니다. ");
}
```

> 사용법: 객체변수 instanceof 클래스이름

그림 6-17 ● 연산자 instanceof

| 실습예제 6-16 | 연산자 instnaceof 사용법을 알아보는 예제

Instanceof.java

```
01  package inheritance.typecast;
02
03  public class Instanceof {
04      public static void main(String[] args) {
05          Person she = new Person("이소라", 2056432);
06          if (she instanceof Staff) {
07              Staff st1 = (Staff) she;
08          } else {
09              System.out.println("she는 Staff 객체가 아닙니다.");
10          }
11
12          Person p = new Staff("김상기", 1187543, "강서대학교", 3456);
13          if (p instanceof Staff) {
14              System.out.println("p는 Staff 객체입니다.");
15              Staff st2 = (Staff) p;
16          }
17      }
18  }
```

결과
she는 Staff 객체가 아닙니다.
p는 Staff 객체입니다.

다음은 상위 클래스인 과일^{Fruit}과 하위 클래스인 사과^{Apple}, 배^{Pear}, 포도^{Grape}의 객체를 사용하여 연산자 instanceof의 기능을 알아보는 프로그램이다. 다음과 같이 **Apple 형**의 **변수 a를 Grape로 instanceof를 사용하면 Apple과 Grape는 상속 관계가 아니므로 컴파일 시간에 문법 오류가 발생한다.**

```
Apple a = new Apple();
System.out.println(a instanceof Grape);        //문법 오류
```

그림 6-18 ● 연산자 instanceof의 문법 오류

실습예제 6-17 | 연산자 Fruit 사용법을 알아보는 예제

Fruit.java

```
01   package inheritance.typecast;
02
03   public class Fruit {
04      public static void main(String[] args) {
05         Fruit f = new Fruit();
06         System.out.println(f instanceof Fruit);
07         System.out.println(f instanceof Apple);
08         System.out.println(f instanceof Grape);
09         Fruit fa = new Apple();
10         System.out.println(fa instanceof Fruit);
11         System.out.println(fa instanceof Apple);
12         System.out.println(fa instanceof Pear);
13         Apple a = new Apple();
14         System.out.println(a instanceof Fruit);
15         System.out.println(a instanceof Apple);
16         //System.out.println(a instanceof Grape); 컴파일 오류
17      }
18   }
19
20   class Apple extends Fruit {
21   }
22
23   class Pear extends Fruit {
24   }
25
26   class Grape extends Fruit {
27   }
```

결과
```
true
false
false
true
true
false
true
true
```

5. 오버라이딩

오버라이딩 정의와 필요성

상위 클래스의 동일한 메소드를 하위 클래스에서 다시 정의하는 것을 메소드 오버라이딩 method overriding이라 한다. 메소드 오버라이딩은 메소드 재정의method redefinition 또는 메소드 대체method replacement 라고도 표현한다. 상속 관계에서 발생하는 **메소드 오버라이딩의 목적 은 상위 클래스에서 이미 정의한 메소드를 다시 수정하지 않고 하위 클래스에서 좀 더 보 완 수정하거나 완전히 새로운 것으로 대체하기 위한 방법**이다.

상위 클래스 Person의 printInfo()는 이름과 주민번호를 출력하는 메소드로 정의한 다. Person의 하위 클래스 Faculty의 printInfo()는 메소드를 다시 정의하여 이름과 주민번호뿐 아니라 소속대학과 사번도 출력한다. 다시 Faculty의 하위 클래스 Staff의 printInfo()는 이름과 주민번호, 소속대학, 사번과 함께 소속부서도 출력하도록 메소드 를 다시 정의할 수 있다.

```java
public class Person {
   public String name;
   public long number;
   ...

   public void printInfo() {
      System.out.println("이름: " + name + " 주민번호: " + number);
   }
}
```

메소드 오버라이딩

```java
public class Faculty extends Person {
   public String univ;
   public long number;
   ...

   public void printInfo() {
      System.out.print("이름: " + super.name + " 주민번호: " + super.number);
      System.out.println(" 대학: " + univ + " 직원번호: " + number);
   }
}
```

메소드 오버라이딩

```java
public class Staff extends Faculty {
   public String division;
   ...

   public void printInfo() {
      System.out.print("이름: " + super.name + " 주민번호: " + super.getSNumber());
      System.out.print(" 대학: " + univ + " 직원번호: " + super.number);
      System.out.println(" 부서: " + division);
   }
}
```

그림 6-19 ● 메소드 오버라이딩

final 클래스와 final 메소드

클래스 앞의 final은 클래스가 더 이상 상속되지 못한다는 의미의 키워드이다. 또한 **메소드 반환형 앞의 지정자 final은 더 이상 하위 클래스에서 메소드 오버라이딩이 허용되지 않도록 지정하는 키워드**이다. 그러므로 다음 클래스 Staff는 더 이상 상속되지 않으며, 메소드 printInfo()는 더 이상 오버라이딩될 수 없다.

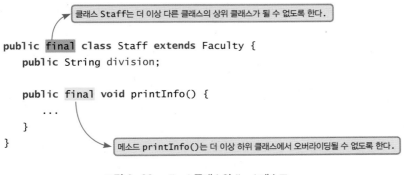

```
                    ┌─ 클래스 Staff는 더 이상 다른 클래스의 상위 클래스가 될 수 없도록 한다. ┐
public final class Staff extends Faculty {
    public String division;

    public final void printInfo() {
        ...
    }
}                   ┌─ 메소드 printInfo()는 더 이상 하위 클래스에서 오버라이딩될 수 없도록 한다. ┐
```

그림 6-20 ● final 클래스와 final 메소드

오버라이딩 조건

오버라이딩의 조건을 살펴보면 다음과 같다.

❶ **메소드의 반환 값과 메소드 이름, 매개변수는 반드시 같아야 한다.**

❷ **접근 지정자는 하위 클래스의 메소드가 보다 공개적이어야 한다.** 즉 상위 클래스의 메소드가 public이면 오버라이딩되는 메소드는 public만 가능하며, 상위 메소드가 protected이면 하위 메소드는 public과 protected만 가능하고, 상위 메소드가 default이면 하위 메소드는 public과 protected, default만 가능하다.

❸ **메소드 수정자가 final, private인 메소드는 오버라이딩될 수 없다.**

static하지 않은 메소드는 하위 클래스에서 static 메소드로 재정의할 수 없으며, 반대로 static한 메소드는 하위 클래스에서 static 하지 않은 메소드로 다시 구현할 수 없다. 또한 static한 정적 메소드는 동일한 메소드를 하위 클래스에서 static하게 구현할 수 있으나 진정한 의미의 메소드 오버라이딩은 아니며 동적 바인딩도 실행되지 않는다.

메소드 printInfo( )의 오버라이딩

다음은 클래스 Person과 Person을 상위 클래스로 하며 주요 정보를 출력하는 메소드
printInfo()를 재정의하는 클래스 Faculty를 구현한 프로그램이다.

실습예제 6-18 │ 사람을 표현한 클래스로 주요 정보 출력 메소드 printInfo( ) 구현

Person.java

```
01   package inheritance.overriding;
02
03   public class Person {
04       public String name;
05       public long number;
06
07       public Person(String name, long number) {
08           super();
09           this.name = name;
10           this.number = number;
11       }
12
13       public void printInfo() {
14           System.out.println("이름: " + name + " 주민번호: " + number);
15       }
16   }
```

실습예제 6-19 │ Person의 하위 클래스 Faculty에서 주요 정보 출력 메소드 printInfo( ) 오버라이딩

Faculty.java

```
01   package inheritance.overriding;
02
03   public class Faculty extends Person {
04       public String univ;
05       public long number;
06
07       public Faculty(String name, long number, String univ, long idNumber) {
08           super(name, number);
09           this.univ = univ;
10           this.number = idNumber;
11       }
12
13       public long getSNumber() {
14           return super.number;
15       }
16
17       public void printInfo() {
18           System.out.print("이름: " + super.name + " 주민번호: " + super.number);
19           System.out.println(" 대학: " + univ + " 직원번호: " + number);
20       }
21   }
```

다음은 상위 클래스에 정의된 메소드 printInfo()에서 주요 정보를 출력하는 메소드
printInfo()를 재정의하는 클래스 Staff를 구현한 프로그램이다.

| 실습예제 6-20 │ Faculty의 하위 클래스 Staff에서 주요 정보 출력 메소드 printInfo( ) 오버라이딩

Staff.java

```
01   package inheritance.typecast;
02   package inheritance.overriding;
03
04   public class Staff extends Faculty {
05       public String division;
06
07       public Staff(String name, long number, String univ, long idNumber, String division) {
08           super(name, number, univ, idNumber);
09           this.division = division;
10       }
11
12       public void printInfo() {
13           System.out.print("이름: " + super.name + " 주민번호: " + super.getSNumber());
14           System.out.print(" 대학: " + univ + " 직원번호: " + super.number);
15           System.out.println(" 부서: " + division);
16       }
17
18       public void printFacultyInfo() {
19           super.printInfo();
20       }
21
22       public static void main(String[] args) {
23           Person she = new Person("이소라", 2056432);
24           she.printInfo();
25
26           Faculty i = new Faculty("김영태", 1145782, "연한대학교", 38764);
27           i.printInfo();
28
29           Staff he = new Staff("최영기", 1167429, "남도대학교", 1287, "기획처");
30           he.printInfo();
31           he.printFacultyInfo();
32       }
33   }
```

결과 이름: 이소라 주민번호: 2056432
　　　이름: 김영태 주민번호: 1145782 대학: 연한대학교 직원번호: 38764
　　　이름: 최영기 주민번호: 1167429 대학: 남도대학교 직원번호: 1287 부서: 기획처

6. 동적 바인딩

오버라이딩 메소드 호출: 가장 하위 객체의 메소드 실행

객체 Staff를 생성하여 Person 형 변수 he에 저장하여 메소드 printInfo()를 호출하면 Person의 메소드 printInfo()가 실행되지 않고 **동적 바인딩**[dynamic binding]**이 발생하여 가장 하위 객체인 Staff에서 마지막으로 다시 구현된 메소드 printInfo()가 실행**된다. 마찬가지로 he를 Faculty 형 변수 f에 저장해 메소드 printInfo()를 호출해도 동적 바인딩이 발생하여 Staff의 메소드 printInfo()가 실행된다. Staff 형 변수 s에서 메소드 printInfo()를 호출하면 당연히 Staff의 메소드 printInfo()가 실행된다. 만일 Person과 Faculty 클래스에서 printInfo() 메소드가 없다면 컴파일 시간에 참조할 메소드 printInfo()가 없으므로 문법 오류가 발생한다. 즉 **하위 클래스에서 동적 바인딩 효과를 얻기 위해서는 상위 클래스에서 메소드 printInfo() 정의가 반드시 필요**하다.

```
Person he = new Staff("최영기", 1167429, "남도대학교", 1287, "기획처");
he.printInfo();
Faculty f = (Faculty) he;
f.printInfo();
Staff s = (Staff) he;
s.printInfo();
```

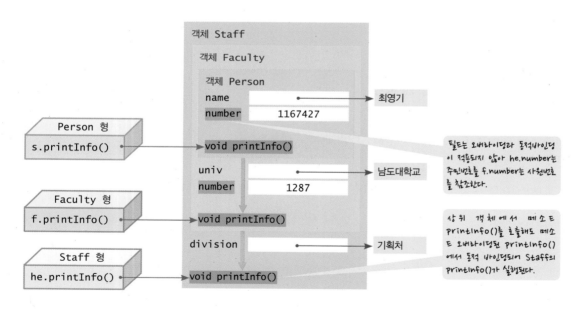

그림 6-21 ● 오버라이딩과 동적 바인딩

다음은 위의 클래스 Person, Faculty, Staff를 사용하여 메소드 오버라이딩
된 printInfo()의 동적 바인딩을 알아보는 프로그램이다. Staff 객체에서 직접
printInfo()를 호출하면 항상 오버라이딩이 발생하여 Staff 객체에 printInfo()가 실행
된다.

| 실습예제 6-21 | 메소드 재정의를 알아보는 예제

Overriding.java

```
01    package inheritance.overriding;
02
03    public class Overriding {
04        public static void main(String[] args) {
05            Person she = new Person("이소라", 2056432);
06            she.printInfo();
07
08            Person i = new Faculty("김영태", 1145782, "연한대학교", 38764);
09            i.printInfo();
10
11            Person he = new Staff("최영기", 1167429, "남도대학교", 1287, "기획처");
12            he.printInfo();
13            Faculty f = (Faculty) he;
14            f.printInfo();
15            Staff s = (Staff) he;
16            s.printInfo();
17        }
18    }
```

결과
이름: 이소라 주민번호: 2056432
이름: 김영태 주민번호: 1145782 대학: 연한대학교 직원번호: 38764
이름: 최영기 주민번호: 1167429 대학: 남도대학교 직원번호: 1287 부서: 기획처
이름: 최영기 주민번호: 1167429 대학: 남도대학교 직원번호: 1287 부서: 기획처
이름: 최영기 주민번호: 1167429 대학: 남도대학교 직원번호: 1287 부서: 기획처

7. 메소드 오버로딩

이름이 같으며 인자가 다른 여러 메소드 구현

하나의 클래스 또는 상속 관계에 있는 **클래스 내부에서 인자가 다르나 이름이 같은 메소드가 여러 개 정의될 수 있는 특징을 메소드 오버로딩**^{method overloading}이라 한다. 메소드 오버로딩은 메소드 다중정의 또는 중복정의라고도 부른다. 메소드 중복정의의 예를 들자면 다음과 같이 인자의 자료형이 다르거나 인자 수가 다른 여러 개의 동일한 메소드 add()가 구현될 수 있는 것을 말한다. 메소드 오버로딩에서 메소드의 반환형이나 지정자는 달라도 상관없다. 즉 메소드를 호출할 때 지정된 인자로 호출하는 메소드를 구분할 수 있으면 메소드 오버로딩이 가능하다. 즉 **메소드 오버로딩은 반환값이나 지정자가 다르더라도 인자가 같으면 더 이상 동일한 이름으로 메소드를 만들 수 없다.**

> **Note**
>
> 오버로딩은 생성자 오버로딩과 메소드 오버로딩이 있다.

실습예제 6-22 │ 메소드 오버로딩을 알아보는 예제

Sum.java

```java
01  package inheritance.overloading;
02
03  public class Sum {
04      public int add(int a, int b) {
05          return a+b;
06      }
07      public int add(int a, int b, int c) {
08          return a+b+c;
09      }
10      public int add(int a[], int n) {
11          int sum = 0;
12          for (int i=0; i<n; i++)
13              sum += a[i];
14          return sum;
15      }
16
17      public static void main(String[] args) {
18          Sum adder = new Sum();
19          System.out.println(adder.add(3, 6));
20          System.out.println(adder.add(3, 6, 9));
21          System.out.println(adder.add(new int[] {3, 6, 9, 12}, 4));
22      }
23  }
```

```
 Sum
    add(int, int) : int
    add(int, int, int) : int
    add(int[], int) : int
```

이름은 add()로 같지만 실인자의 자료형으로 호출할 메소드를 구분할 수 있다.

결과
```
9
18
30
```

정적 메소드와 비정적 메소드의 오버로딩

메소드 오버로딩은 정적과 비정적은 무관하며, 메소드의 이름이 같으며 인자가 다르면 가능하다. 즉 다음 클래스 MyMath의 메소드 multiply()에서 인자가 없는 메소드는 객체 메소드로 필드의 곱을 반환한다. 인자가 두 개인 메소드 multiply(double a, double b)는 클래스 소속으로 인자의 곱을 반환한다. **주의할 점은 클래스에 소속된 정적 메소드 내부에서는 객체에 소속된 변수와 메소드를 참조할 수 없다는 것이다.**

❶ 정적 메소드 내부에서는 비정적 필드와 비정적 메소드를 참조할 수 없다.

❷ 정적 메소드 내부에서는 **this**와 **super**를 사용할 수 없다.

─┤ 실습예제 6-23 │ 정적 메소드의 오버로딩 구현

MyMath.java

```java
01   package inheritance.overloading;
02
03   public class MyMath {
04      double x, y;
05
06      public MyMath(double x, double y) {
07         this.x = x;
08         this.y = y;
09      }
10
11      public double multiply() {
12         return x * y;
13      }
14      public static double multiply(double a, double b) {
15         return a * b;
16         //return x * y;              //오류 발생
17         //return this.x * this.y;    //오류 발생
18      }
19
20      public static void main(String[] args) {
21         MyMath math = new MyMath(3.4, 6.7);
22         System.out.println(math.multiply());
23         System.out.println(MyMath.multiply(3.4, 6.7));
24      }
25   }
```

결과
```
22.78
22.78
```

03

추상 클래스와 인터페이스

1. 추상 클래스

추상 클래스 의미

추상 클래스^{abstract class}**는 개념적으로 클래스 간의 계층구조에서 상위에 존재하여 하위 클래스를 대표하는 클래스**이다. 이 추상 클래스는 다른 일반 클래스와 같이 메소드와 변수를 갖는 클래스이나 다른 일반 클래스와 구별되는 다음과 같은 특징을 갖는다.

① 추상 클래스는 직접 홀로 객체화^{instantiation}될 수 없다. 즉 생성자를 사용하여 객체를 생성할 수 없다.

② 추상 클래스는 다른 클래스에 의하여 상속되어야 한다. 즉 하위 클래스가 없는 추상 클래스는 의미가 없다.

③ 추상 클래스는 하위 클래스가 있어야 하므로 추상 클래스 구현 시 클래스 앞에 키워드 final이 올 수 없다.

추상 클래스에서 추상의 의미대로 "구체적"이지 않은 클래스로 보다 구체적^{concrete}**인 하위 클래스를 대표하는 클래스**이다. 다음과 같이 클래스 Shape, Circle, Triangle, Rectangle의 계층 구조를 생각해 보자. 클래스 Shape는 계층구조 상위에 있으면서 전체적인 클래스를 대표하며 그 클래스 자체만이 객체로 생성될 필요 없는 클래스로 볼 수 있다. 즉 클래스 Shape는 아직 도형의 성질이 구체적이지 않으며 다른 도형의 공통적인 성질만을 갖는다고 볼 수 있다. 그러므로 클래스 Shape를 추상 클래스로 정의할 수 있다.

이러한 상위 클래스가 필요하면 추상 클래스로 정의할 수 있다.

```
        Shape
          |
  ┌───────┼───────┐
Circle  Triangle  Rectangle
```

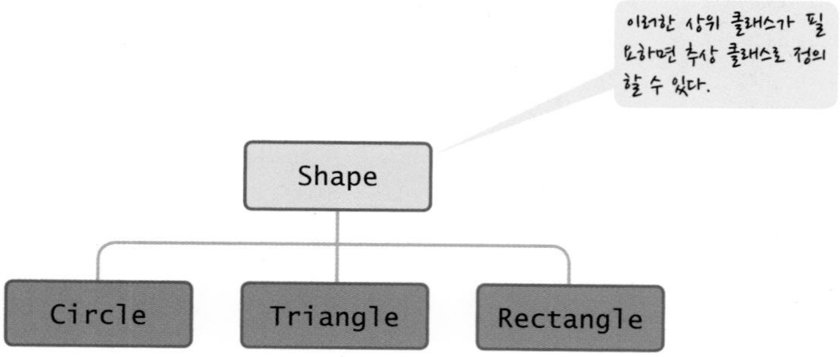

그림 6-22 ● 클래스 Shape를 추상 클래스로 정의

추상 클래스 지정자 abstract

추상 클래스는 클래스 정의 시 키워드 class 앞에 abstract 키워드를 기술하여 구현한다. 다음은 클래스 Shape를 추상으로 구현한 예이다. 다음과 같이 추상 클래스는 일반 클래스와 별 다른 차이점이 없다. 다만 추상 클래스는 홀로 객체화될 수 없는 특징이 있다. 그런데 다음에서 생성자 Shape(double x, double y)는 왜 구현했을까? 결론은 하위 클래스의 생성자에서 필요하다면 구현해야 한다는 것이다. 그러나 추상 클래스 Shape는 **new**를 이용하여 Shape의 생성자를 직접 호출하여 객체를 만들 수 없다[cannot instantiate].

```
public abstract class Shape {
   protected double x, y;

   public Shape(double x, double y) {
      this.x = x;
      this.y = y;
   }
   ...
}
```

Shape s = new Shape(3.1, 4.5); //객체화 오류
cannot instantiate the type Shape

그림 6-23 ● 추상 클래스 구현과 객체화 오류

이클립스에서 추상 클래스를 생성하기 위해서는 클래스 생성 대화상자에서 지정자 abstract 체크박스를 지정하여 추상 클래스를 생성할 수 있다.

그림 6-24 ● 추상 클래스 생성 화면

2. 추상 클래스 내부의 추상 메소드

추상 메소드와 추상 클래스

추상 메소드는 메소드 몸체가 없는 메소드이다. 추상 메소드 정의 시 반환형 앞에 키워드 abstract를 기술하고, 메소드 몸체 구현 없이 바로 세미콜론을 넣어주면 추상 메소드가 완성된다. 또한 **추상 메소드는 메소드 오버라이딩에 지정할 수 없는 접근 지정자 private와 오버라이딩 제한 지정자 final이 사용될 수 없다.**

다음 Shape의 draw()가 추상 메소드이다. 여기서 기억해야 할 중요한 점이 하나 있다. **적어도 하나 이상의 추상 메소드를 가진 클래스는 반드시 추상이어야 한다는 것이다.** 즉 추상 클래스는 일반 메소드와 추상 메소드를 모두 가질 수 있으며, 적어도 하나의 추상 메소드를 갖는 클래스는 반드시 추상 클래스이어야 한다. 그러므로 다음과 같이 draw()를 추상으로 정의한다면 이 클래스 Shape는 반드시 추상 클래스로 구현해야 한다.

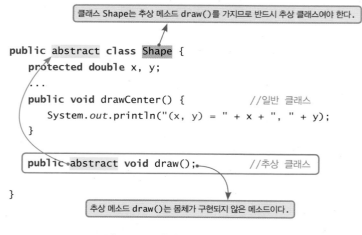

```
                        클래스 Shape는 추상 메소드 draw()를 가지므로 반드시 추상 클래스여야 한다.

public abstract class Shape {
    protected double x, y;
    ...
    public void drawCenter() {              //일반 클래스
        System.out.println("(x, y) = " + x + ", " + y);
    }

    public abstract void draw();            //추상 클래스

}
                        추상 메소드 draw()는 몸체가 구현되지 않은 메소드이다.
```

그림 6-25 ● 추상 메소드와 추상 클래스

구현이 없는 추상 메소드 draw()는 어떻게 사용될까? 추상 메소드는 하위 클래스에서 이 메소드를 상속받아 구현되어야 한다. 즉 이미 학습한 메소드 오버라이딩재정의 기능을 사용해야 한다. 그러므로 **추상 클래스는 클래스 정의 시 클래스 앞에 키워드 final을 함께 이용할 수 없다.** 왜냐하면 키워드 final이 클래스 앞에 있으면 더 이상 하위 클래스를 만들 수 없으므로 추상 클래스의 의미와 상충되기 때문이다.

하위 클래스에서 추상 메소드의 구현

다음은 추상 클래스 Shape의 하위 클래스 Rectangle과 Circle에서 메소드 draw()를 구현한 그림이다. 만일 클래스 Rectangle과 Circle에서 메소드 draw()를 구현하지 않으면 Rectangle과 Circle 정의에서 추상 메소드 Shape.draw()를 구현하라는 문법 오류가 발생한다.

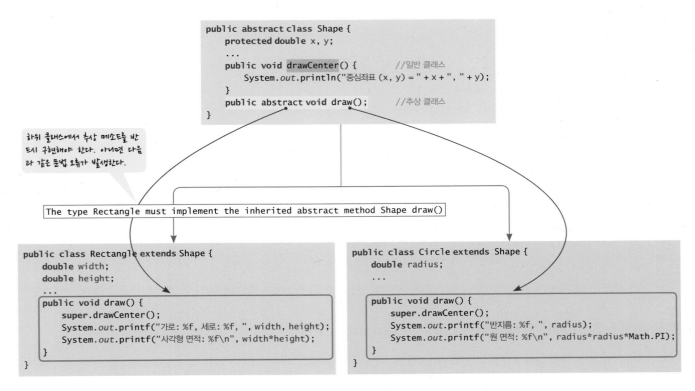

그림 6-26 ● 추상 메소드 구현

추상 클래스 Shape 구현

다음은 지금까지 살펴본 추상 클래스 Shape 프로그램이다.

| 실습예제 6-24 | 사각형, 원, 삼각형 등의 도형을 대표한 추상 클래스

Shape.java

```java
01  package inheritance.abstratinterface;
02
03  public abstract class Shape {
04      protected double x, y;
05
06      public Shape(double x, double y) {
07          this.x = x;
08          this.y = y;
09      }
10
11      public void drawCenter() {          //일반 클래스
12          System.out.println("(x, y) = " + x + ", " + y);
13      }
14      public abstract void draw();        //추상 클래스
15
16      public static void main(String [] args) {
17          //Shape s = new Shape(3.1, 4.5); //객체화 오류
18      }
19  }
```

추상 클래스 Shape의 하위 클래스 Circle, Rectangle 구현

다음은 추상 클래스 Shape를 상속받는 클래스 Circle 프로그램이다.

| 실습예제 6-25 | 원을 표현한 클래스로 상위 클래스 Shape의 추상 메소드 draw( )를 구현

Circle.java

```java
01  package inheritance.abstratinterface;
02
03  public class Circle extends Shape {
04      double radius;
05
06      public Circle(double x, double y, double radius) {
07          super(x, y);
08          this.radius = radius;
09      }
10      public void draw() {
11          super.drawCenter();
12          System.out.printf("반지름: %f, ", radius);
13          System.out.printf("원 면적: %f\n", radius*radius*Math.PI);
14      }
15  }
```

다음은 추상 클래스 Shape를 상속받는 클래스 Rectangle 프로그램이다.

| 실습예제 6-26 | 사각형을 표현한 클래스로 상위 클래스 Shape의 추상 메소드 draw( )를 구현

Rectangle.java

```java
01    package inheritance.abstratinterface;
02
03    public class Rectangle extends Shape {
04        double width;
05        double height;
06
07        public Rectangle(double x, double y, double width, double height) {
08            super(x, y);
09            this.width = width;
10            this.height = height;
11        }
12
13        public void draw() {
14            super.drawCenter();
15            System.out.printf("가로: %f, 세로: %f, ", width, height);
16            System.out.printf("사각형 면적: %f\n", width*height);
17        }
18    }
```

다음은 Rectangle과 Circle 객체를 Shape 변수에 저장하여 메소드 draw()를 호출하는
프로그램이다.

| 실습예제 6-27 | 추상 클래스 Shape 형의 변수로 객체의 추상 메소드 호출

Abstract.java

```java
01    package inheritance.abstratinterface;
02
03    public class Abstarct {
04        public static void main(String[] args) {
05            Shape r = new Rectangle(2, 3, 3.67, 7.89);
06            Shape c = new Circle(3, 4, 4.82);
07            r.draw();
08            c.draw();
09
10            Shape sa[] = {new Rectangle(2.5, 3.1, 1.67, 3.89), new Circle(4.2, 3.8, 1.56)};
11            sa[0].draw();
12            sa[1].draw();
13        }
14    }
```

Shape 배열이지만 원소에 저장된 객체의 종류에 따라
자신 도형의 메소드 draw()가 호출된다.

결과
중심좌표 (x, y) = 2.0, 3.0
가로: 3.670000, 세로: 7.890000, 사각형 면적: 28.956300
중심좌표 (x, y) = 3.0, 4.0
반지름: 4.820000, 원 면적: 72.986737
중심좌표 (x, y) = 2.5, 3.1
가로: 1.670000, 세로: 3.890000, 사각형 면적: 6.496300
중심좌표 (x, y) = 4.2, 3.8
반지름: 1.560000, 원 면적: 7.645380

3. 인터페이스

인터페이스의 의미와 정의

컴퓨터와 프린터 또는 외장하드 등의 주변기기를 연결할 때 사용하는 인터페이스와 같이 정보기술 분야에서 인터페이스interface란 용어는 자주 등장한다. 여기서 인터페이스는 컴퓨터와 다른 주변기기를 연결하는 표준을 의미한다. 이러한 표준이 있어야 서로 다른 회사지만 표준에 맞추어 제작한 컴퓨터와 주변기기는 쉽게 연결이 가능하다.

| 컴퓨터 | 다양한 인터페이스 표준 | 주변기기 |

그림 6-27 ● 인터페이스의 일반적 의미

자바에서 인터페이스interface**는 해야 할 작업의 구체적 구현 없이 기능만 선언한 클래스**이다. 인터페이스를 상속받는 클래스에서 구체적인 기능은 반드시 구현되어야 한다. 즉 **자바의 인터페이스는 하위 클래스가 수행해야 하는 메소드와 필요한 상수만을 미리 추상적으로 정의해 놓은 특별한 클래스**이다. 자바의 일반 클래스는 부모 클래스를 단 하나만 가져야 하므로 여러 부모 클래스를 갖는 다중 상속multiple inheritance을 지원하지 않는다. 그러나 **인터페이스는 추상 클래스보다 더 추상적인 클래스로 여러 인터페이스를 상속받는 다중 상속을 지원**한다.

인터페이스 키워드 interface

인터페이스도 넓은 의미의 클래스이나 일반 클래스와 다르게 인터페이스로 정의한다. **인터페이스의 구현에서 class 대신 키워드 interface를 사용하며, 구현 없이 기능만 정의되는 메소드는 public abstract의 추상 메소드로만 정의되어야 한다.** 추상 메소드에서 지정자 public abstract 없이 바로 반환형이 나오면 지정자 public abstract가 무조건 생략된 것으로 간주한다. 또한 **인터페이스는 일반 필드의 선언을 허용하지 않으며 public static final을 사용한 상수만 정의**할 수 있다. 메소드와 마찬가지로 필드 정의에서 지정자 public static final 없이 자료형이 나오면 public static final이 무조건 생략된 것으로 간주한다. 그러나 인터페이스도 클래스이므로 컴파일한 결과 파일의 확장자는 class이다.

Note

인터페이스는 이를 상속받는 클래스가 있어야 의미가 있는 특별한 클래스이므로 인터페이스 및 모든 접근 지정자가 public이어야 한다.

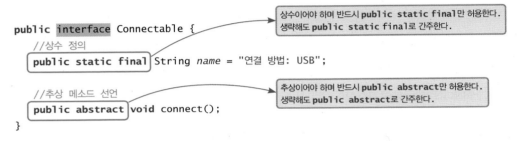

```
public interface Connectable {
    //상수 정의
    public static final String name = "연결 방법: USB";

    //추상 메소드 선언
    public abstract void connect();
}
```

상수이어야 하며 반드시 **public static final**만 허용한다.
생략해도 **public static final**로 간주한다.

추상이어야 하며 반드시 **public abstract**만 허용한다.
생략해도 **public abstract**로 간주한다.

그림 6-28 ● 인터페이스 구현

이클립스에서 인터페이스를 만들려면 [New/Interface] 메뉴를 선택하여 인터페이스 생성 대화상자를 사용한다. 대화상자에서 인터페이스 이름을 입력하고 접근 지정자는 public과 default 중 하나를 선택하여 생성할 수 있다.

그림 6-29 ● 인터페이스 생성 화면

4. 인터페이스 활용

인터페이스 상속

인터페이스는 이를 상속받는 하위 클래스가 반드시 존재해야 의미가 있다. 인터페이스는 추상 클래스와 같이 독자적인 객체화가 가능하지 않다. 인터페이스는 일반 클래스에서 허용하지 않는 다중 상속을 지원한다. **인터페이스 구현에서 인터페이스들 간의 상속은 키워드 extends를 사용**하며, **다중 상속인 경우 상위 인터페이스 여러 개를 쉼표로 구분하여 나열할 수 있다.**

```
public interface Interface1 extends OtherInterface {
    ...
}
        Interface1 f = new Interface1();        //객체화 오류

public interface Interface2 extends Other1, Other2, Other3 {
    ...
}
```

그림 6-30 • 인터페이스 간의 상속과 다중 상속

인터페이스를 상속받는 하위 클래스를 정의할 때는 키워드 implements를 사용한다. 하위 클래스는 하나의 상위 클래스를 상속받을 수 있으며 동시에 여러 개의 인터페이스를 상속구현할 수 있다. 이 때 키워드 extends는 implements보다 앞에 위치해야 한다. **인터페이스를 상속받는 클래스는 상위 인터페이스에서 정의한 모든 추상 메소드를 구현**해야 한다. 상속받은 추상 메소드 중에서 하나라도 구현하지 않으면 상위 인터페이스의 추상 메소드를 구현하라는 지시의 컴파일 오류가 발생한다.

```
public class HPPrinter implements Connectable {
    ...
        상위 인터페이스 Connectable에 정의한 추상 메소드를
        반드시 구현해야 한다.
}


public class HPPrinter extends Device implements Connectable1, Connectable2 {
    ...
        상위 클래스 Device와 상위 인터페이스 Connectable
        에 정의한 추상 메소드를 반드시 구현해야 한다.
}
```

그림 6-31 • 하위 클래스에서 클래스의 상속과 인터페이스의 구현

인터페이스 설계

프린터와 USB 메모리를 추상화한 클래스 HPPrinter와 USBMemory를 생각해 보자. 클래스 HPPrinter와 USBMemory의 상위 클래스로 추상 메소드 print()를 갖는 Device를 정의하자. 그러므로 하위 클래스 HPPrinter와 USBMemory는 메소드 print()를 구현해야 한다. 인터페이스 Connectable은 컴퓨터와 주변기기의 연결 방법을 USB로 가능하게 하는 추상 메소드 connect()만을 선언한 인터페이스로 정의하자. 그러므로 주변기기인 HPPrinter와 USBMemory를 정의할 때 연결 방법을 USB로 사용하려면 인터페이스 Connectable을 상속받아 추상 메소드 connect()를 구현해야 한다.

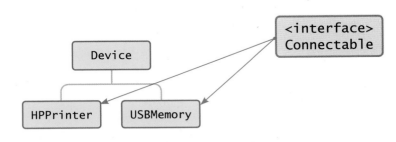

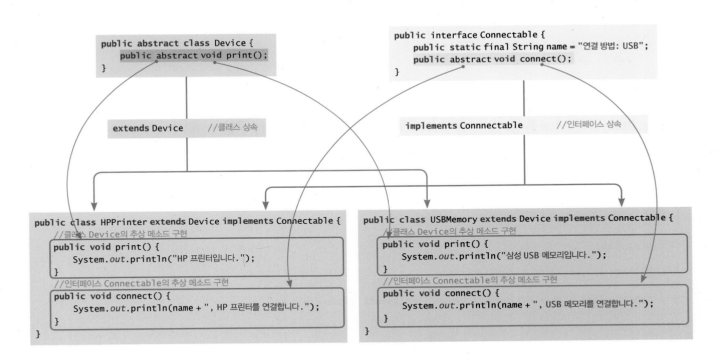

그림 6-32 ● 하위 클래스에서 상위 클래스와 인터페이스의 추상 메소드 구현

인터페이스 Connectable과 추상 클래스 Device 구현

다음은 지금까지 살펴본 인터페이스 Connectable과 추상 클래스 Device 프로그램이다.

| 실습예제 6-28 | 컴퓨터와의 연결 방법 기능인 메소드 connect( )만을 선언한 인터페이스

Connectable.java

```
01   package inheritance.abstratinterface;
02
03   public interface Connectable {
04       //상수 정의
05       public static final String name = "연결 방법: USB";
06
07       //추상 메소드 선언
08       public abstract void connect();
09   }
```

| 실습예제 6-29 | 클래스 HPPrinter와 USBMemory를 대표하는 추상 클래스

Device.java

```
01   package inheritance.abstratinterface;
02
03   public abstract class Device {
04       public abstract void print();
05   }
```

Connectable과 Device를 상속받는 클래스 HPPrinter와 USBMemory 구현

다음은 인터페이스 Connectable과 추상 클래스 Device를 상속받는 클래스 HPPrinter
와 USBMemory 프로그램이다.

| 실습예제 6-30 | 프린터를 추상화한 클래스

HPPrinter.java

```
01   package inheritance.abstratinterface;
02
03   public class HPPrinter extends Device implements Connectable {
04       //클래스 Device의 추상 메소드 구현
05       public void print() {
06           System.out.println("HP 프린터입니다.");
07       }
08       //인터페이스 Connectable의 추상 메소드 구현
09       public void connect() {
10           System.out.println(name + ", HP 프린터를 연결합니다.");
11       }
12   }
```

상위 인터페이스에 선언된 name은 정적이므로 super.name으로 참조가 불가능하다.

USBMemory.java

```
01   package inheritance.abstratinterface;
02
03   public class USBMemory extends Device implements Connectable {
04       //클래스 Device의 추상 메소드 구현
05       public void print() {
06           System.out.println("삼성 USB 메모리입니다.");
07       }
08       //인터페이스 Connectable의 추상 메소드 구현
09       public void connect() {
10           System.out.println(name + ", USB 메모리를 연결합니다.");
11       }
12   }
```

다음은 객체 HPPrinter와 USBMemory를 각각 생성하여 Device의 배열에 저장한 후 메소드 print()와 connect()를 호출하는 프로그램이다. Device 유형의 객체 pdev[0]와 pdev[1]는 메소드 print()는 바로 호출할 수 있으나 메소드 connect()는 Connectable로 변환해 호출해야 한다. 즉 Device 유형에는 메소드 print()가 있어 동적 바인딩으로 바로 실행된다.

실습예제 6-32 │ 객체 HPPrinter와 USBMomery의 사용

InterfaceTest.java

```
01   package inheritance.abstratinterface;
02
03   public class InterfaceTest {
04       public static void main(String[] args) {
05           Device pdev[] = {new HPPrinter(), new USBMemory()};
06
07           pdev[0].print();
08           pdev[1].print();
09           ((Connectable) pdev[0]).connect();    //pdev[0].connect() 불가능
10           ((Connectable) pdev[1]).connect();    //pdev[1].connect() 불가능
11       }
12   }
```

결과
HP 프린터입니다.
삼성 USB 메모리입니다.
연결 방법: USB, HP 프린터를 연결합니다.
연결 방법: USB, USB 메모리를 연결합니다.

내용점검 연습

1. 다음에서 서술 내용이 맞으면 O, 틀리면 X 하시오.

❶ 키워드 protected 사용한 클래스는 다른 모든 클래스에서 사용할 수 있다. (   )

❷ 키워드 that은 객체 자신을 의미하는 키워드이다. (   )

❸ 사용자가 직접 구현하는 생성자에서 첫 줄이 상위 생성자의 호출인 super() 또는 super(인자)가 아니면 자동으로 기본 생성자 super()를 호출한다. (   )

❹ 생성자 호출에 의해 객체가 생성될 때 항상 상위 객체를 위한 필드와 메소드가 먼저 생성된 후 하위 객체가 생성된다. (   )

❺ 구현 없이 자동으로 사용되는 기본 생성자의 첫 줄은 무조건 super()를 호출한다. (   )

❻ 상위 클래스에 이미 선언된 이름이 동일한 필드가 필요하더라도 하위 클래스에서 다시 선언하여 사용할 수 없다. (   )

❼ 클래스에서 인자가 있는 생성자가 적어도 하나 구현되었다면 더 이상 기본 생성자는 자동으로 사용할 수 없다. (   )

❽ 다운캐스팅은 형변환 연산자 없이 자동으로 수행된다. (   )

❾ 메소드 오버로딩의 목적은 상위 클래스에서 이미 정의한 메소드를 다시 수정하지 않고 하위 클래스에서 좀 더 보완 수정하거나 완전히 새로운 것으로 대체하기 위한 방법이다. (   )

❿ 메소드 오버라이딩에서 메소드의 반환 값과 메소드 이름, 매개변수는 반드시 같아야 한다. (   )

⓫ 추상 클래스는 개념적으로 클래스 간의 계층구조에서 상위에 존재하여 하위 클래스를 대표하는 클래스이다. (   )

⓬ 추상 클래스도 직접 객체화^{instantiation}될 수 있다. (   )

⓭ 추상 클래스는 생성자 구현이 필요 없다. (   )

⓮ 추상 메소드 정의 시 반환형 앞에 키워드 abstract를 기술한다. (   )

⓯ 추상 클래스는 일반 메소드를 가질 수 없다. (   )

2. 다음에서 비어있는 부분을 적당히 채우시오.

❶ 클래스 접근 지정자는 〔   〕(와)과 [default] 방식이 있다.

❷ 〔   〕(은)는 하위 클래스는 상위 클래스의 특징인 필드와 메소드를 그대로 물려받을 수 있는 특성이다.

❸ 필드와 메소드인 멤버의 접근을 제한하는 접근 지정자로는 `public`, `protected`, `default`, _____ (이)가 있다.

❹ 접근 지정자 _____ (은)는 2번째로 공개적인 제한자로 같은 패키지와 다른 패키지라도 하위 클래스에서는 모두 사용될 수 있도록 하는 지정자이다.

❺ _____ (은)는 자기 자신의 객체를 의미하는 키워드이다.

❻ 하위 클래스 정의에서 키워드 _____ (을)를 사용하여 *하위 클래스이름 [상위 클래스이름]*으로 상위와 하위 클래스의 관계를 규정한다.

❼ _____ (은)는 상위 클래스의 기본 생성자를 호출하는 문장이다.

❽ 상위 클래스에서 선언된 필드는 접근 가능하고 이름만 충돌되지 않는다면 하위 클래스 내부에서 _____ (을)를 생략하고 직접 필드 이름으로 참조가 가능하다.

❾ 상위 클래스의 동일한 메소드를 _____ 에서 다시 정의하는 것을 메소드 오버라이딩이라 한다.

❿ 하나의 클래스 또는 상속 관계에 있는 클래스 내부에서 인자가 다르나 이름이 같은 메소드가 여러 개 정의될 수 있는 특징을 메소드 _____ (이)라 한다.

⓫ 메소드 지정자 _____ (은)는 더 이상 하위 클래스에서 메소드 오버라이딩을 허용하지 않도록 지정하는 키워드이다.

⓬ 연산자 _____ (은)는 첫 번째 피연산자 객체변수가 참조하는 객체가 실제 두 번째 피연산자 클래스이름이면 `true`를, 아니면 `false`를 반환한다.

⓭ 추상 클래스는 클래스 정의 시 키워드 `class` 앞에 _____ 키워드를 기술하여 구현한다.

⓮ 인터페이스의 구현에서 `class` 대신 키워드 _____ (을)를 사용한다.

⓯ 인터페이스를 상속받는 하위 클래스를 정의할 때는 키워드 _____ (을)를 사용한다.

3. 다음 각각의 문제에서 가장 적절한 것을 하나 선택하시오.

❶ 다음 자바 상속에 관한 설명 중에서 잘못된 것은 무엇인가? ( )

가) [A는 B이다]가 성립하면 A는 B의 상위 클래스이다.

나) 상위 클래스는 슈퍼, 부모, 기본 클래스라고도 부른다.

다) 일반적으로 하위 클래스에서는 상위 클래스의 필드를 다시 선언 없이 사용할 수 있다.

라) 이름이 동일한 필드가 필요하다면 하위 클래스에서 다시 선언하여 사용할 수 있다.

❷ 다음은 생성자에 대한 설명이다. 다음 중 잘못 설명하고 있는 것은 무엇인가? ( )

가) 생성자의 접근 지정자는 `public`만 가능하다.

나) 생성자는 반환형이 없다.

다) 생성자 내부의 구현이 하나도 없을 수 있다.

라) 구현 없이 자동으로 사용되는 기본 생성자의 첫 줄은 무조건 `super()`를 호출한다.

❸ 다음 프로그램에서 비어 있는 부분을 채울 수 있는 소스는 무엇인가? (   )

```
public class Vehicle {
    ...
}
```

```
public class Motor [          ] [          ] {
    ...
}
```

가) implements Vehicle   나) inherite Vehicle

다) extend Vehicle   라) extends Vehicle

❹ 다음 중에서 클래스의 구현으로 알맞지 않은 문장은 무엇인가? (   )

가) **private class** Animal { }

나) **public class** Animal { }

다) **class** Animal { }

라) **public class** Dog extends Animal { }

❺ 멤버 접근 지정자 중에서 클래스 내부에서만 참조할 수 있는 가장 제한적인 참조 지정자 키워드는 무엇인가? (   )

가) private   나) protected

다) default   라) public

❻ 멤버 접근 지정자 중에서 가장 공개적인 순서대로 배치한 것은 무엇인가? (   )

가) public protected default private

나) public default protected private

다) public private protected default

라) public protected private default

❼ 다음 두 소스에 대한 설명이다. 바르게 설명하고 있는 것은 무엇인가? (   )

```
public class Animal {
    public String name;

    public Animal(String name) {
        this.name = name;
    }
}
```

```
public class Dog extends Animal {

}
```

가) 두 소스 아무 문제가 없다.

나) 클래스 Animal에 기본 생성자가 없으므로 클래스 Dog 소스에 문제가 발생한다.

다) 클래스 Animal과 클래스 Dog는 상속 관계가 없다.

라) 클래스 Animal 자체만으로도 문제가 있는 소스이다.

❽ 다음 빈 부분에 가장 적합한 소스는 무엇인가? (   )

```java
public class Animal {
    public String name;

    public Animal(String name) {
        this.name = name;
    }
}
```

```java
public class Dog extends Animal {

    public Dog(String name) {
        [                    ]
    }
}
```

가) super();

나) super(String name);

다) super(name);

라) this();

❾ 참조형 변수의 자료형 변환에 대한 설명이다. 다음 문장 중에서 잘못 설명하고 있는 것은 무엇인가? (   )

가) 하위 객체는 상위 클래스형 변수에 자료형 변환 없이 대입이 가능하다.

나) 상위 객체는 하위 클래스형 변수에 자료형 변환 없이 대입이 가능하다.

다) 다운 캐스팅에서 컴파일 시간에 오류가 발생하지 않아도 실행 시간에 오류가 발생할 수 있다.

라) 상위 클래스형을 하위 클래스형으로 변환하는 다운캐스팅은 반드시 명시적인 형변환 연산자 *(하위 클래스)*가 필요하다.

❿ 다음은 오버라이딩에 대한 설명이다. 다음 문장 중에서 잘못 설명하고 있는 것은 무엇인가? (   )

가) 메소드 수정자 final은 더 이상 하위 클래스에서 메소드 오버라이딩을 허용하지 않도록 지정하는 키워드이다.

나) 필드는 오버라이딩과 관계가 없다.

다) 메소드 오버라이딩은 메소드 재정의라고도 부른다.

라) 하나의 클래스에서 메소드 오버라이딩이 발생한다.

⓫ 다음은 연산자 instanceof에 대한 설명이다. 다음 문장 중에서 잘못 설명하고 있는 것은 무엇인가? (   )

가) 상속 관계가 없는 변수와 클래스의 연산 결과는 false이다.

나) *객체변수* instanceof *클래스이름*으로 사용한다.

다) 결과 값은 true 또는 false이다.

라) 실행 시간에 다운 캐스팅의 오류를 범하지 않으려면 연산자 intanceof를 사용한다.

⓬ 다음은 오버로딩에 대한 설명이다. 다음 문장 중에서 잘못 설명하고 있는 것은 무엇인가? (   )

가) 하나의 클래스 또는 상속 관계에 있는 클래스 내부에서 인자가 다르나 이름이 같은 메소드가 여러 개 정의될 수 있는 특징을 메소드 오버로딩이라 한다.

나) 메소드 오버로딩은 메소드 다중정의라고도 부른다.

다) 메소드 오버로딩에서 메소드의 반환형도 반드시 같아야 한다.

라) 정적 메소드도 오버로딩이 될 수 있다.

⓭ 다음 접근 지정자 중에서 메소드 오버라이딩에서 사용될 수 없는 것은 무엇인가? (   )

가) public   나) protected

다) default   라) private

※ **다음과 같은 계층구조의 클래스를 보고 다음 물음에 답하시오 (⓮ ~ ⓰).**

⓮ 다음 문장 중에서 문법 오류가 발생하는 문장은 무엇인가? (   )

가) Pet p1 = new Cat();

나) Cat c1 = new Pet();

다) Pet p2 = new Dog();

라) Pet p3 = new Pet();

⓯ 다음 문장 중에서 업 캐스팅이 발생하는 문장은 무엇인가? (   )

가) Pet p1 = new Cat();

나) Cat c1 = new Cat();

다) Dog d1 = new Dog();

라) Pet p2 = new Pet();

⓰ 다음 문장 중에서 동적 바인딩에 의해 실행 시간에 오류가 발생하는 문장은 무엇인가?
(   )

가) Pet p1 = new Cat(); Cat c1 = (Cat) p1;

나) Cat c2 = new Cat(); Cat c3 = c2;

다) Pet p2 = new Dog(); Dog d1 = (Dog) p2;

라) Cat c4 = (Cat) new Pet();

⓱ 다음 추상 클래스에 대한 설명이다. 다음 문장 중에서 잘못 설명하고 있는 것은 무엇인가? (   )

가) 추상 클래스는 직접 객체화될 수 없다.

나) 추상 클래스는 클래스 정의 시 키워드 class 앞에 interface 키워드를 기술하여 구현한다.

다) 추상 클래스에서 추상의 의미대로 "구체적"이지 않은 클래스로 보다 구체적인 하위 클래스를 대표하는 클래스이다.

라) 추상 클래스도 필요하면 생성자를 구현할 수 있다.

⓲ 다음은 인터페이스에 대한 설명이다. 다음 문장 중에서 잘못 설명하고 있는 것은 무엇인가? (   )

가) 자바의 인터페이스는 하위 클래스가 수행해야 하는 메소드와 필요한 상수만을 미리 추상적으로 정의해 놓은 특별한 클래스이다.

나) 인터페이스는 추상 클래스보다 더 추상적인 클래스로 인터페이스들 간의 다중 상속을 지원한다.

다) 인터페이스는 일반 필드의 선언을 허용하지 않으며 public static final을 사용한 상수만 정의할 수 있다.

라) 인터페이스 필드 정의에서 지정자 public static final은 절대 생략될 수 없다.

※ **다음과 같은 계층구조의 클래스와 인터페이스를 보고 다음 물음에 답하시오 (⓳ ~ ㉑).**

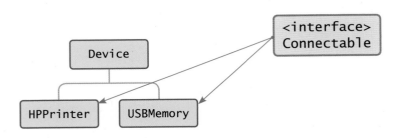

⓳ 다음 중에서 추상 클래스 Device를 정의하는 문장으로 가장 알맞은 문장은 무엇인가? (   )

가) **public abstract class Device { … }**

나) **public class Device { … }**

다) **public interface Device { … }**

라) **public abstract Device { … }**

⑳ 다음 중에서 인터페이스 Connectable을 정의하는 문장으로 가장 알맞은 문장은 무엇
인가? (   )

가) **public abstract interface** Connectable { … }

나) **public interface** Connectable { … }

다) **public interface class** Connectable { … }

라) **public abstract class** Connectable { … }

㉑ 다음 중에서 클래스 HPPrinter를 정의하는 문장으로 가장 알맞은 문장은 무엇인가?
(   )

가) **public class** HPPrinter **extends** Device, Connectable { … }

나) **public class** HPPrinter **implements** Connectable **extends** Device { … }

다) **public class** HPPrinter **extends** Device **implements** Connectable { … }

라) **public class** HPPrinter **implements** Device, Connectable { … }

㉒ 다음은 추상 메소드에 대한 설명이다. 다음 문장 중에서 잘못 설명하고 있는 것은 무엇
인가? (   )

가) 추상 메소드는 오버라이딩해야 하므로 접근 지정자 private를 사용할 수 없다.

나) 클래스에서 사용되는 추상 메소드의 abstract는 생략될 수 있다.

다) 추상 메소드는 오버라이딩 제한 지정자 final을 사용할 수 없다.

라) 일반 클래스에는 추상 메소드를 선언할 수 없다.

㉓ 다음 클래스 문장에서 문법 오류가 발생하는 문장은 무엇인가? (   )

가) public abstract class Car {
     }

나) public abstract class Car {
         public void speedUp() { };
     }

다) public class Car {
         public void speedUp() { };
     }

라) public class Car {
         public abstract void speedUp();
     }

㉔ 다음은 인터페이스에 대한 설명이다. 다음 문장 중에서 잘못 설명하고 있는 것은 무엇
인가? (   )

가) 인터페이스는 여러 개의 상위 인터페이스를 상속받을 수 있다.

나) 인터페이스 구현에서 인터페이스들 간의 상속은 키워드 extends를 사용한다.

다) 인터페이스도 다른 클래스를 상속받을 수 있다.

라) 클래스는 여러 개의 상위 인터페이스를 상속받을 수 있다.

4. 다음 조건이 맞도록 클래스와 인터페이스를 간단히 정의하시오.

   ❶ 클래스 Airplane 정의: 클래스 Vehicle을 부모 클래스로 설정

   ❷ 추상 클래스 Animal 정의

   ❸ 클래스 Shape 정의

   ❹ 인터페이스 Paint 정의

   ❺ 인터페이스 Icon 정의: 인터페이스 Paint 상속

   ❻ 클래스 Pentagon: 인터페이스 Paint 상속

   ❼ 클래스 Triangle: 클래스 Shape 상속, 인터페이스 Paint 상속, 인터페이스 Renderer 상속

5. 다음 부분 소스에서 문법오류를 찾아 수정하시오.

   ❶ `public abstract final class Test { }`

   ❷ `public abstract void print() { };`

   ❸ `public final void print();`

   ❹ `public interface Business implements Finance { }`

   ❺ `protected class Tiger { }`

6. 다음 클래스에서 주어진 문제를 해결하여 클래스를 다시 구현하시오.

```java
public class Person {
    String name;

    public Person(String name) {
        this.name = name;
    }
}
```

```java
public class Professor extends Person {
    String dept;

    public Professor(String dept) {
        this.dept = dept;
    }
}
```

❶ 위 클래스 Professor에서 문법 오류를 찾으시고, 이 오류가 발생하지 않도록 클래스 Person을 수정하여 해결하시오.

❷ 클래스 Professor에서 발생하는 문법 오류를 위 클래스 Person을 그대로 두고 클래스 Professor를 수정하여 해결하시오.

❸ 다음 생성자로 클래스 Professor의 객체를 생성할 수 있도록 클래스 Professor를 수정하여 해결하시오.

```
Professor pf = new Professor("전산학과", "홍성룡");
```

7. 다음 주어진 인터페이스와 클래스를 보고 물음에 답하시오.

```
public [          ] Mammal {
    public abstract void walk();
    public abstract void giveBirth();
}
```

```
public class Person [          ] Mammal {
    public static String TYPE = "사람";
    public void [          ]
        System.out.println(TYPE + "은 두 발로 걷습니다.");
    }
    public void giveBirth() {
        System.out.println(TYPE + "이 아기를 낳습니다.");
    }
}
```

```
public class Whale implements Mammal {
    public static String TYPE = "고래";
    public void walk() {
        System.out.println(TYPE + "는 물에서 수영합니다.");
    }
    public void [               ] {
        System.out.println(TYPE + "는 아기를 낳습니다.");
    }
}
```

❶ 위 프로그램에서 빈 부분을 채우시오.

❷ 다음 문장이 오류가 발생하는 이유를 설명하시오.

```
Mammal m = new Mammal();
```

❸ 다음 소스의 결과를 기술하시오.

```
Person p = new Person();
p.walk();
p.giveBirth();
Whale w = new Whale();
w.walk();
w.giveBirth();
```

❹ 다음 소스의 결과를 기술하시오.

```
Mammal m[] = {new Person(), new Whale()};
m[0].walk();
m[0].giveBirth();
m[1].walk();
m[1].giveBirth();
```

❺ 위 4번의 변수 m[0]를 사용한 다음 소스의 결과를 기술하시오.

```
if (m[0] instanceof Person)
  System.out.println(Person.TYPE);
else if (m[0] instanceof Whale)
  System.out.println(Whale.TYPE);
```

8. 다음 프로그램의 결과를 기술하시오.

❶
```
class Super {
    int n = 1;
    public int getN() {
        return n;
    }
}

class Sub extends Super {
    int n = 10;
    public int getN() {
        return n;
    }
    public int getSuperN() {
        return super.getN();
    }
}

public class Ex08_1 {
    public static void main(String[] args) {
        Super sup = new Sub();
        System.out.println(sup.getN());
        System.out.println(sup.n);
        System.out.println(((Sub) sup).n);
        System.out.println(((Sub) sup).getSuperN());
    }
}
```

❷
```java
class A { }
class AB extends A { }
class ABC extends AB { }

public class Ex08_2 {
    public static void main(String[] args) {
        A x = new A();
        A y = new AB();
        A z = new ABC();

        System.out.println(x instanceof A);
        System.out.println(x instanceof AB);
        System.out.println(y instanceof AB);
        System.out.println(y instanceof ABC);
        System.out.println(z instanceof ABC);
        System.out.println(z instanceof AB);
        System.out.println(z instanceof A);
    }
}
```

❸
```java
public class Computer {
    static int total;
    String kind;
    int memSize;

    public void decreaseMem(int a) {
        memSize -= a;
    }
    public int getMem() {
        return memSize;
    }
    public Computer(int memSize, String kind) {
        this.memSize = memSize;
        this.kind = kind;
        total++;
    }

    public static void main(String args[]) {
        Computer com1 = new Computer(64, "PC");
        Computer com2 = new Computer(256, "Server");
        com1.decreaseMem(32);
        System.out.println(com1.getMem());
        System.out.println(Computer.total);
        System.out.println(com2.total);
    }
}
```

❹
```
class X {
    int num = 0;
    X() { num++; };
}

class XY extends X {
    XY() { num++; };
}

class XYZ extends XY {

}

public class Ex08_4 {
    public static void main(String[] args) {
        XY a = new XY();
        System.out.println(a.num);
    }
}
```

9. 다음 프로그램에서 잘못된 부분을 수정하시오.

❶
```
public class MyMath {
    public static int sum(int x, int y) {
        return x + y;
    }
    public int sum(int y, int x) {
        return x + y;
    }
    public double sum(double x, double y) {
        return x + y;
    }
    public int sum(double x, double y) {
        return (int) (x + y);
    }
}
```

❷
```
public class Adder {
    double x = 1, y = 4;
    public static void main(String[] args) {
        System.out.println(x + y);
    }
}
```

❸
```
class A {
    private int m = 10;
}

class B extends A {
    private int n = 20;
    public int add() {
        return super.m + n;
    }
}
```

❹
```
class Electoronics {
    boolean on = false;
    public final void turnOn() {
        this.on = true;
    }
}

class TV extends Electoronics {
    public final void turnOn() {
        this.on = true;
    }
}
```

프로그래밍 연습

1. 다음을 만족하는 클래스 Employee를 작성하시오(1에서 4번까지 관련된 문제입니다).
   - 클래스 Employee^{직원}는 클래스 Regular^{정규직}와 Temporary^{비정규직}의 상위 클래스
   - 필드: 이름, 나이, 주소, 부서, 월급 정보를 필드로 선언
   - 생성자: 이름, 나이, 주소, 부서를 지정하는 생성자 정의
   - 메소드 printInfo(): 인자는 없고 자신의 필드 이름, 나이, 주소, 부서를 출력

2. 다음을 만족하는 클래스 Regular를 작성하시오.
   - 클래스 Regular는 위에서 구현된 클래스 Employee의 하위 클래스
   - 생성자: 이름, 나이, 주소, 부서를 지정하는 상위 생성자 호출
   - Setter: 월급 정보 필드를 지정
   - 메소드 printInfo(): 인자는 없고 "정규직"이라는 정보와 월급을 출력

3. 다음을 만족하는 클래스 Temporary를 작성하시오.
   - 클래스 Temporary는 위 클래스 Employee의 하위 클래스
   - 필드: 일한 시간, 시간당 보수를 선언하고 시간당 보수의 초기 값으로 10000 저장
   - 생성자: 이름, 나이, 주소, 부서를 지정하는 상위 생성자 호출
   - Setter: 일한 시간을 지정하면서 급여를 일한 시간 × 시간당 보수로 계산하여 저장
   - 메소드 printInfo(): 인자는 없고 "비정규직"이라는 정보와 일한 시간과 급여를 출력
   - 또한 다음 프로그램으로 클래스 Employee, Regular, Temporary를 점검하는 프로그램 실행

```java
Regular r = new Regular("이순신", 35, "서울", "인사부");
Temporary t = new Temporary("장보고", 25, "인천", "경리부");
r.setSalary(5000000);
r.printInfo() ;
t.setWorkHours(120);
t.printInfo() ;
```

4. 다음 프로그램과 같이 Regular 객체와 Temporary 객체를 Employee 변수에 저장하여 실행시킬 수 있도록 프로그램을 수정하시오.

```java
Employee r = new Regular("이순신", 35, "서울", "인사부");
Employee t = new Temporary("장보고", 25, "인천", "경리부");
```

```
r.setSalary(5000000);
r.printInfo() ;
t.setWorkHours(120);
t.printInfo() ;
```

5. 과일, 사과, 배, 포도를 표현한 클래스를 만들고 이들 간의 관계를 고려하여 하나의 클래스를 추상 클래스로 만들어 메소드 print()를 구현하고 다음과 같은 소스와 결과가 나오도록 클래스를 작성하시오.

- 소스

```
Fruit fAry[] = {new Grape(), new Apple(), new Pear()};
for (Fruit f: fAry)
    f.print();
```

- 결과

```
나는 포도이다.
나는 사과이다.
나는 배이다.
```

6. 다음 조건을 만족하도록 클래스 Car를 작성하시오.

- 필드는 정수형으로 maxSpeed^{최대속도}와 speed^{현재속도}로 선언
- 생성자: 최대속도를 지정하는 생성자 구현
- 메소드: speedUp(), speedUp(int)과 speedDown(), speedDown(int)으로 메소드 오버로딩 구현
- 다음은 클래스 Car 객체로 SpeedUp()과 speedDown()을 점검하는 소스

```
Car mycar = new Car(300);
mycar.speedUp();
mycar.speedUp();
mycar.speedUp(-50);
mycar.speedUp(50);
mycar.speedDown(-30);
mycar.speedDown(30);
mycar.speedDown(30);
mycar.speedDown(30);
mycar.speedUp(100);
mycar.speedUp(300);
```

- 다음은 위 소스의 실행결과: 각 줄이 하나의 메소드 호출의 결과가 되도록 한다.

```
speedUp() 호출: 최대속도: 300, 현재속도: 5
speedUp() 호출: 최대속도: 300, 현재속도: 10
speedUp(-50) 호출: 오류: 속도가 음수이므로 0으로 지정: 최대속도: 300, 현재속도: 10
speedUp(50) 호출: 최대속도: 300, 현재속도: 60
speedDown(-30) 호출: 오류: 속도가 음수이므로 0으로 지정: 최대속도: 300, 현재속도: 60
```

```
speedDown(30) 호출: 최대속도: 300, 현재속도: 30
speedDown(30) 호출: 최대속도: 300, 현재속도: 0
speedDown(30) 호출: 속도가 0보다 작아져 0으로 지정, 최대속도: 300, 현재속도: 0
speedUp(100) 호출: 최대속도: 300, 현재속도: 100
speedUp(300) 호출: 최대속도보다 높아 최대속도로 지정, 최대속도: 300, 현재속도: 300
```

7. 다음 조건을 만족하도록 클래스 Person과 Student를 작성하시오.

   - 클래스 Person
     ※ 필드: 이름, 나이, 주소 선언

   - 클래스 Student
     ※ 필드: 학교명, 학과, 학번, 8개 학기 평균평점을 저장할 배열로 선언
     ※ 생성자: 학교명, 학과, 학번 지정
     ※ 메소드 average(): 8개 학기 평균평점의 평균을 반환

   - 클래스 Person과 Student 프로그램 테스트 프로그램의 결과: 8개 학기의 평균평점은 표준입력으로 받도록 한다.

```
이름 :  김다정
나이 :  20
주소 :  서울시 관악구
학교 :  동양서울대학교
학과 :  전산정보학과
학번 :  20132222
------------------------------
8학기 학점을 순서대로 입력하세요
1학기 학점 → 3.37
2학기 학점 → 3.89
3학기 학점 → 4.35
4학기 학점 → 3.76
5학기 학점 → 3.89
6학기 학점 → 3.89
7학기 학점 → 4.26
8학기 학점 → 4.89
------------------------------
8학기 총 평균 평점은 4.0375점입니다
```

8. 수학의 복소수를 추상화한 클래스 Complex를 작성하시오.

   - 필드: 복소수의 실수부와 허수부를 위한 변수 선언
   - 생성자: 실수부와 허수부를 인자로 하는 생성자
   - 정적 메소드 add(Complex c1, Complex c2): 복소수 c1과 c2의 더한 결과인 복소수를 반환
     ※ 복소수 a + bi와 c + di의 합: (a+c) + (c+d)i

- 정적 메소드 sub(Complex c1, Complex c2): 복소수 c1과 c2의 뺀 결과인 복소수를 반환

  ※ 복소수 a + bi와 c + di의 빼기: (a-c) + (c-d)i

- 메소드 abs(): 복소수의 절대 값 반환

  ※ 복소수 a + bi의 절대 값 연산식: Math.sqrt(a^2 + b^2)

- 메소드 print(): a + bi 형태로 출력

- 복소수 x = 3.4 + 4.5i, y = 5.2 + -2.4i를 생성하여 더한 결과, 뺀 결과, x와 y의 절대 값을 출력하는 프로그램도 작성

INTRODUCTION TO **JAVA** PROGRAMMING

CHAPTER
07

자바의 다양한 클래스

INTRODUCTION TO **JAVA** PROGRAMMING

학습목표

자바 클래스 라이브러리를 이해하고 다음 패키지와 클래스를 프로그래밍에 활용할 수 있다.

- 패키지 java.lang
- 클래스 Object, Math, String, StringBuffer
- 랩퍼 클래스 Byte, Short, Integer, Long, Float, Double, Boolean, Character

다음 패키지와 클래스를 프로그래밍에 활용할 수 있다.

- 패키지 java.util
- 클래스 Random, StringTokenizer
- 클래스 Calendar, GregorianCalendar, Date

자바 콜렉션 프레임워크를 이해하고 다음 클래스와 인터페이스를 프로그래밍에 활용할 수 있다.

- 인터페이스 Collection, List, Queue, Set, Map
- 클래스 LinkedList, Vector, HashSet, HashMap

01 패키지 java.lang의 클래스

1. 자바 클래스 라이브러리

자바 API

자바 클래스 라이브러리^{java class library}**는 자바 언어를 활용하기 위해 이미 만들어 놓은 다양한 자바 클래스**이다. 자바 클래스 라이브러리는 매우 방대하며, 자바 클래스 라이브러리를 쉽게 사용하기 위한 **자바 API**^{Application Programming Interface} **설명 문서**가 제공된다. 다음은 자바 홈페이지의 자바 SE 7 API 설명 문서이다.

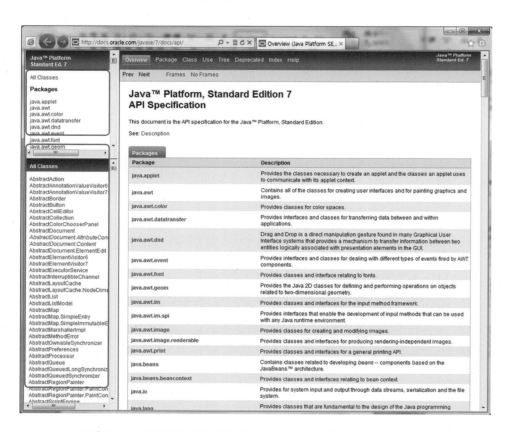

그림 7-1 ● 자바 SE 7 API 설명: docs.oracle.com/javase/7/docs/api

자바 클래스 라이브러리를 쉽게 살펴보는 또 다른 방법은 이클립스의 [Package Explorer] 뷰를 이용하는 방법이다. 다음과 같이 이클립스의 [Package Explorer] 뷰에서 **[JRE System Library]의 파일 rt.jar를 확장**하면 자바 클래스 라이브러리의 주요 패키지와 소속 클래스를 살펴볼 수 있다.

주요 패키지

자바 API 설명 문서에서 패키지 이름을 살펴보면 주로 java와 javax 그리고 org로 시작하며 모두 소문자임을 알 수 있다. **초기에 패키지는 java로 시작하며, 이후 추가된 패키지는 javax로 명명된다.** 그리고 외부 표준 조직에서 만든 패키지는 org로, 외부 회사에서 만든 패키지는 com으로 시작한다. 패키지에서 주의할 점은 패키지는 하부 패키지를 포함하지 않는다는 것이다. 즉 패키지 java.lang은 패키지 java.lang.annotation과 다른 패키지이다. 다음은 자바 프로그램에서 자주 이용되는 주요 패키지이다.

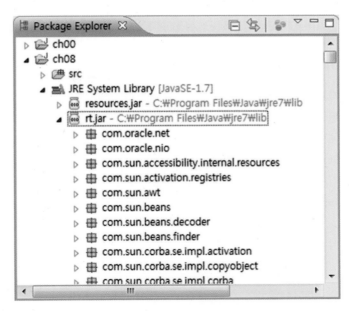

그림 7-2 • [Package Explorer] 뷰에서 [JRE System Library]의 파일 rt.jar

패키지	설명
java.lang	자바 프로그램에서 자주 이용하는 기본 클래스 제공
java.io	파일, 프린터, 모니터, 키보드 등의 다양한 입출력 관련 클래스 제공
java.net	네트워크 관련 클래스 제공
java.util	날짜, 시간, 벡터, 난수[random number] 등의 다양한 유틸리티 클래스 제공
java.sql	데이터베이스 프로그래밍에 필요한 다양한 클래스 제공
java.applet	애플릿을 구현하기 위한 관련 클래스 제공
java.awt	그래픽 윈도우 관련 다양한 클래스 제공
java.swing	AWT보다 간편한 스윙에 사용되는 윈도우 관련 다양한 클래스 제공

표 7-1 • 자바 SE의 주요 패키지

2. 패키지 java.lang의 클래스 Object와 Math

기본 패키지 java.lang

자바 프로그램을 위한 기본 클래스가 소속된 패키지가 **java.lang**이다. 다음이 패키지에 속하는 주요 클래스로 Object, Integer, String, StringBuffer, Math 등이 있다. 패키지 **java.lang에 속하는 클래스는 유일하게 import 문장이 필요 없이 사용**할 수 있다.

클래스	설명
Object	모든 클래스의 최상위 클래스
Byte, Short, Integer, Long	정수형을 표현하는 랩퍼 클래스
Float, Double	실수형을 표현하는 랩퍼 클래스
Character, Boolean	문자와 논리형을 표현하는 랩퍼 클래스
String, StringBuffer	문자열을 표현하는 클래스
Math	수학 관련 함수를 정적으로 제공하는 클래스

표 7-2 • 패키지 java.lang의 주요 클래스

최상위 클래스 Object

새로운 클래스를 정의하는 경우 **상속 관계를 명시하지 않으면 자동으로 클래스 Object가 상위 클래스가 된다.** 즉 자바가 제공하는 **모든 클래스의 가장 상위 클래스는 Object**이다. 그러므로 Object 클래스에서 final이 아닌 특성으로 정의된 메소드는 어느 클래스에서나 재정의되어 사용될 수 있다. 메소드 toString()은 객체의 문자열 표현 값을 반환하는데, 하위 클래스에서 재정의하여 사용하면 유용하다. 마찬가지로 **메소드 equals()는 객체 내용의 동등 여부를 검사**하는 데 사용된다. **메소드 toString()은 하위 클래스에서 달리 재정의**^{overriding}**하지 않으면 "클래스이름@16진수해시코드"의 문자열로 표현**된다. 다음은 클래스 Object가 제공하는 주요 메소드이다.

메소드	설명
protected Object clone()	현재 객체를 복제하여 반환
protected void finalize()	현재 객체가 메모리에서 제거될 때 수행되는 메소드
boolean equals(Object obj)	현재 객체와 인자 객체 간의 동등성을 비교하여 결과를 반환
final Class<?> getClass()	현재 객체의 Class 객체를 반환
String toString()	현재 객체의 문자열 표현을 반환
int hashCode()	현재 객체의 고유 ID인 해시코드 값을 반환

표 7-3 • 클래스 Object의 주요 클래스

수학 관련 클래스 Math

클래스 **Math**는 지수, 로그, 제곱근과 같은 기본적인 산술 연산의 메소드를 정적으로 제공한다. 그러므로 **Math**는 객체 생성 없이 클래스 그대로 **Math.sqrt(4)** 같이 사용된다. **Math**는 자연수 **E**와 원주율 **PI**를 상수로 제공한다.

Note

Math의 기본 생성자는 private이므로 객체를 생성할 수 없으며, 모든 멤버가 정적이라 바로 클래스 이름으로 멤버를 참조할 수 있다.

메소드	설명
static final double E	= 2.7182818284590452354;
static final double PI	= 3.14159265358979323846;
static double ceil(double a)	인자 a보다 작지 않은 최대 정수 값 반환
static double floor(double a)	인자 a보다 크지 않은 최소 정수 값 반환
static double rint(double a)	인자 a에 가장 가까운 정수 값을 double로 반환
static long round(double a)	인자 a를 반올림한 정수 값 반환
static double abs(double a)	인자 a의 절대 값 반환
static native double pow(double a, double b)	인자 a의 b 지수승 값 반환
static native double sqrt(double a)	인자 a의 제곱근 값 반환

표 7-4 ● 클래스 Math의 주요 메소드

| 실습예제 7-1 | 클래스 Object와 Math의 사용

ObjectMath.java

```
01  public class ObjectMath {
02      public static void main(String[] args) {
03          Object obj = new Object();
04          System.out.println(obj.getClass());
05          System.out.println(obj.hashCode());
06          System.out.println(obj.toString());
07
08          //Math m = new Math(); //오류 발생
09          System.out.println(Math.PI);
10          System.out.println(Math.round(-3.5));
11          System.out.println(Math.abs(-3.4));
12          System.out.println(Math.pow(3, 4));
13      }
14  }
```

결과
```
class java.lang.Object
11383252
java.lang.Object@adb1d4
3.141592653589793
-3
3.4
81.0
```

3. 랩퍼 클래스

랩퍼 클래스 개념과 종류

자바의 **기본형을 참조형으로 표현하는 8개의 클래스를 랩퍼 클래스**^{wrapper class}라 한다. 기본형 int의 랩퍼 클래스는 Integer이다. 즉 랩퍼 클래스 Integer는 정수 표현의 참조형을 사

구분	정수형				실수형		문자형	논리형
기본형	byte	short	int	long	float	double	char	boolean
참조형	Byte	Short	Integer	Long	Float	Double	Character	Boolean

표 7-5 ● 랩퍼 클래스 종류 8가지

용해야 하는 경우 활용될 수 있으며, 쉽게 **기본형을 참조형으로 포장한 포장 클래스**라고 이해하자. 다음은 Inetger와 int를 비교한 그림과 8개의 랩퍼 클래스를 정리한 표이다.

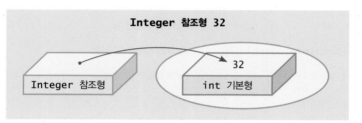

그림 7-3 ● 기본형과 참조형 랩퍼 클래스

클래스 Integer

Integer 객체는 다음과 같이 정수 또는 정수 형태의 문자열 인자로 생성될 수 있다. **객체에 저장된 int 값은 한 번 생성되면 수정할 수 없다.** 객체의 int 값은 메소드 intValue()로 반환된다.

```
Integer age = new Integer(20);
Integer snum = new Integer("20121105");
```

그림 7-4 ● 클래스 Integer의 객체 생성

클래스 Integer는 정수 표현의 문자열을 int로 반환하는 정적 메소드 parseInt(…)를 제공하며, 반대로 int 정수를 정수 표현의 문자열로 반환하는 정적 메소드 toString(…), toBinaryString(…)을 제공한다. 메소드 toBinaryString(…)은 정수를 이진수로 출력하는 경우 유용하게 사용된다. 다음은 Integer의 주요 메소드이다.

메소드	설명
boolean equals(Object obj)	참조형의 내부 정수 값이 같으면 true를 반환
int intValue()	참조형의 내부 정수 값을 int 값으로 반환
long longValue()	참조형의 내부 정수 값을 long 값으로 반환
short shortValue()	참조형의 내부 정수 값을 short 값으로 반환
static Integer getInteger(String s)	객체의 문자열 표현을 반환
static int parseInt(String s)	인자 문자열 s를 분석하여 int로 반환
static int parseInt(String s, int radix)	인자 문자열 s를 radix 진법으로 분석하여 int로 반환
static String toBinaryString(int i)	인자 i를 이진수 문자열로 반환
static String toString(int i)	인자 i를 십진수 문자열로 반환
static String toString(int i, int radix)	인자 i를 radix 진법의 문자열로 반환

표 7-6 ● 클래스 Integer의 주요 메소드

| 실습예제 7-2 | int의 참조형인 포장 클래스 Integer의 사용

WrapperInterger.java

```
01   public class WrapperInteger {
02     public static void main(String[] args) {
03       Integer age = new Integer(20);
04       Integer snum = new Integer("20121105");
05
06       System.out.println("나이:" + age.intValue());
07       System.out.println("학번:" + snum.intValue());
08       System.out.println(age.equals(snum));
09
10       System.out.println(Integer.parseInt("24567"));
11       System.out.println(Integer.parseInt("ff", 16));
12       System.out.println(Integer.toBinaryString(255));
13       System.out.println(Integer.toString(255, 16));
14     }
15   }
```

결과
```
나이:20
학번:20121105
false
24567
255
11111111
ff
```

박싱과 언박싱

다음은 클래스 Double을 사용하여 실수 2.59를 저장하는 객체를 만들고, 다시 메소드 doubleValue()로 저장된 실수 값을 반환하여 기본형 double 변수 r에 저장하는 문장이다.

```
Double radius = new Double(2.59);    //jdk 1.5 이전
double r = radius.doubleValue();     //jdk 1.5 이전
```

그림 7-5 ● 전통적인 Double 객체 생성과 기본 값 반환

위와 같이 JDK 1.5 이전에는 랩퍼 클래스의 사용이 다소 번거로웠다. 다음과 같이 **기본형에서 랩퍼 객체의 자동 변환을 자동 박싱**boxing**이라 하며, 반대로 랩퍼 객체에서 기본형의 변환을 자동 언박싱**unboxing이라 한다.

```
Double radius = 2.59;    //boxing
double r = radius;       //unboxing
```

그림 7-6 ● 박싱과 언박싱에 의한 편리한 랩퍼 클래스 처리

박싱과 언박싱은 모든 랩퍼 클래스에서 이용 가능하며 다음은 이에 대한 예제이다.

실습예제 7-3 │ 포장 클래스의 박싱과 언박싱의 사용

BoxingUnboxing.java

```
01  public class BoxingUnboxing {
02      public static void main(String[] args) {
03          //Double radius = new Double(2.59); //jdk 1.5 이전
04          Double radius = 2.59; //boxing
05          //double r = radius.doubleValue(); //jdk 1.5 이전
06          double r = radius; //unboxing
07          System.out.print("반지름: " + r + ", 원 면적: ");
08          System.out.println(radius*radius*Math.PI);
09
10          Integer x = 5, y = 3; //boxing
11          System.out.printf("%d + %d = %d %n", x, y, x+y); //unboxing
12          Boolean b = true; //boxing
13          System.out.printf("%b %n", b); //unboxing
14      }
15  }
```

결과
```
반지름: 2.59, 원 면적: 21.074117679545687
5 + 3 = 8
true
```

클래스 Character

클래스 Character는 기본형 char를 필드에 저장하는 랩퍼 클래스이다. 클래스 Character는 charValue()와 같이 객체에 저장된 문자에 관련된 메소드를 제공하며, 메소드 toUpperCase(문자)와 같이 인자인 문자를 변환하거나 문자 정보를 반환하는 다양한 정적 메소드를 제공한다. 다음은 문자 '@'를 저장하는 Character 객체를 생성하는 문장이다.

```
Character ch1 = new Character('@');
Character ch2 = '@';
```

그림 7-7 ● Character 객체의 생성

| 실습예제 7-4 | Character 클래스의 사용

WrapperCharacter.java

```
01  public class WrapperCharacter {
02      public static void main(String[] args) {
03          //Character ch = new Character('@');
04          Character ch = '@';
05
06          System.out.print(ch + " ");
07          System.out.print(ch.charValue() + " ");
08          System.out.println(ch.toString());
09          System.out.print(ch.compareTo('@') + " ");
10          System.out.println(ch.hashCode());
11          System.out.println();
12
13          //정적 메소드
14          System.out.print(Character.toUpperCase('d') + " ");
15          System.out.println(Character.toLowerCase('F'));
16          System.out.print(Character.getName('@') + ", ");
17          System.out.print(Character.getName('|') + ", ");
18          System.out.println(Character.getName('^') + " ");
19          System.out.print(Character.isDigit('$') + " ");
20          System.out.println(Character.isDigit('5'));
21      }
22  }
```

결과
```
@ @ @
0 64

D f
COMMERCIAL AT, VERTICAL LINE, CIRCUMFLEX ACCENT
false true
```

4. 클래스 String과 StringBuffer

String

자바에서 일련의 문자 표현인 문자열은 클래스 String으로 표현할 수 있다. **클래스 String의 문자열은 한번 생성되면 다시 수정될 수 없다는 특징**이 있다. String의 객체 생성은 바로 문자열 상수로 대입하는 방법이 가장 간단하다. 다른 방법은 일반 객체와 같이 new와 함께 String의 생성자를 사용하는 방법으로, 인자는 문자열 또는 문자 배열이 사용될 수 있다.

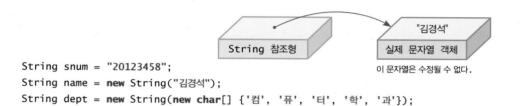

```
String snum = "20123458";
String name = new String("김경석");
String dept = new String(new char[] {'컴', '퓨', '터', '학', '과'});
```

그림 7-8 ● 문자열 객체를 생성하는 방법

클래스 String의 concat(), replace(), substring(), toLowerCase(), toUpperCase() 등 문자열을 반환하는 메소드는 현재 객체의 문자열에서 새로운 문자열을 생성하여 반환하는 메소드로서 **자신의 문자열은 수정되지 않는다.** 문자열 비교는 메소드 equals() 또는 equalsIgnoreCase()를 사용한다. 문자열 비교는 객체가 표현하는 문자열을 비교하는 메소드이다. 다음은 String의 주요 메소드이다.

메소드	설명
int compareTo(String str)	인자 str과 이 문자열과 비교하여 같으면 0을 리턴, 다르면 다른 첫 문자를 비교하여 유니코드 값에 따라 양수(인자의 유니코드가 작을 때), 음수(인자의 유니코드가 클 때)를 반환
boolean equals(Object anObject)	인자 문자열과 비교하여 동일하면 true, 아니면 false
boolean equalsIgnoreCase(String str)	대소문자 무시하고 인자 문자열과 비교하여 동일하면 true, 아니면 false
int indexOf(int ch)	문자 ch가 나타나는 처음 인덱스를 반환
int length()	문자열의 길이를 반환
String concat(String str)	인자 str를 연결한 새로운 문자열 생성하여 반환
String replace(char oldChar, char newChar)	oldChar를 newChar로 대체한 문자열 반환
String substring(int beginIndex)	첨자 beginIndex에서부터 끝까지의 문자열 반환
String substring(int start, int end)	첨자 start에서 end-1까지의 문자열을 반환

String toLowerCase()	모든 문자를 소문자로 만든 문자열을 생성하여 반환
String toUpperCase()	모든 문자를 대문자로 만든 문자열을 생성하여 반환
boolean endsWith(String suffix)	인자 suffix로 종료되는지 검사
public int indexOf(int ch)	문자 ch가 나타나는 처음 첨자를 반환
public int lastIndexOf(int ch)	문자 ch가 나타나는 마지막 첨자를 반환

표 7-7 ● 클래스 String의 주요 메소드

| 실습예제 7-5 | 문자열을 저장 처리하는 클래스 String의 활용

StringInfo.java

```
01    public class StringInfo {
02        public static void main(String[] args) {
03            String snum = "20123458";
04            String name = new String("김경석");
05            String dept = new String(new char[] {'컴', '퓨', '터', '학', '과'});
06            String java = new String("java");
07
08            System.out.printf("%d ", snum.compareTo("20123458"));
09            System.out.printf("%d %n", snum.compareTo("20123456"));
10            System.out.printf("%s ", name);
11            System.out.printf("%s ", name.replace('김', '강'));
12            System.out.printf("%s %n", name);
13            System.out.printf("%s ", dept);
14            System.out.printf("%s ", dept.substring(0, 3));
15            System.out.printf("%d %n", dept.length());
16            System.out.printf("%s ", java.indexOf('a'));
17            System.out.printf("%s ", java.concat(" language"));
18            System.out.printf("%s ", java.replace('j', 'J'));
19            System.out.printf("%s ", java.toUpperCase());
20            System.out.printf("%b ", java.equals("JAVA"));
21            System.out.printf("%s ", java.equalsIgnoreCase("JAVA"));
22            System.out.printf("%s %n", java.substring(1));
23        }
24    }
```

결과
```
0 2
김경석 강경석 김경석
컴퓨터학과 컴퓨터 5
1 java language Java JAVA false true ava
```

StringBuffer

클래스 String이 한번 생성된 후 수정할 수 없는 것과는 달리 **클래스 StringBuffer는 생성된 이후에도 문자열의 내용을 계속 수정**할 수 있다. 또한 클래스 StringBuffer는 다중 스레드^{multiple thread}에서도 안전하게 문자열을 유지 관리할 수 있다. 클래스 StringBuffer는 문자열을 저장할 수 있는 용량^{capacity}을 갖는다. 이 용량이 문자열이 생성된 후에도 수정될 수 있으며, 용량이 작으면 자동으로 수정되므로 프로그래머는 크게 신경 쓸 필요 없다. 다음은 클래스 StringBuffer를 생성하는 방법이다.

```
StringBuffer sb1 = new StringBuffer();        //용량은 16
StringBuffer sb2 = new StringBuffer(32);      //용량은 32
StringBuffer sb3 = new StringBuffer("java");
```

그림 7-9 ● 클래스 StringBuffer의 객체 생성

위의 첫 문장과 같이 인자가 없는 기본 생성자로 생성된 문자열은 기본적으로 용량이 16이며, 아무 문자도 저장되어 있지 않은 문자열이 생성된다. 두 번째 문장은 문자열의 용량 32로 지정한 문자열이 생성되고, 세 번째 문장은 지정된 인자 "java" 문자열이 저장된 객체가 생성된다. 메소드 append(), delete(), insert(), reverse() 등은 현재 객체의 문자열이 연산이 수행된 내용으로 수정되며, 반환 값은 수정된 문자열을 StringBuffer 형으로 반환한다. 다음은 StringBuffer의 주요 메소드이다.

메소드	설명
StringBuffer append(String str)	문자열 str을 문자열 마지막에 추가
StringBuffer delete(int start, int end)	첨자 start에서 end까지 삭제
StringBuffer insert(int offset, String str)	첨자 위치 Offset에 문자열 str을 삽입
StringBuffer reverse()	문자열을 이루는 문자의 순서를 역으로 변환
StringBuffer replace(int start, int end, String str)	첨자 start에서 end-1까지 문자열 str로 대체
String substring(int start)	첨자 start에서 마지막까지의 문자열을 반환
String substring(int start, int end)	첨자 start에서 end-1까지의 문자열을 반환
int length()	문자열 길이를 반환
void setLength(int newLength)	지정된 길이 만큼의 문자열로 재지정
String toString()	문자열 String으로 반환
int capacity()	문자열의 용량을 반환
void setCharAt(int index, char ch)	지정된 index 위치에 문자 ch를 지정
char charAt(int index)	지정된 index 위치의 문자를 참조

표 7-8 ● 클래스 StringBuffer의 주요 메소드

StringBufferInfo.java

```
01   public class StringBufferInfo {
02      public static void main(String[] args) {
03         StringBuffer pg = new StringBuffer("Java"); //용량 16
04
05         System.out.println(pg.capacity());
06         System.out.println(pg.append(" language"));
07         System.out.println(pg.insert(5, "programming "));
08         System.out.println(pg.capacity());
09         System.out.println(pg);
10         System.out.println(pg.replace(0, 4, "Objective-C"));
11         System.out.println(pg.substring(0, 9));
12         System.out.println(pg);
13         System.out.println(pg.charAt(10));
14         pg.setCharAt(10, 'D');
15         System.out.println(pg);
16      }
17   }
```

결과

```
20
Java language
Java programming language
42
Java programming language
Objective-C programming language
Objective
Objective-C programming language
C
Objective-D programming language
```

02 패키지 java.util의 클래스

1. 패키지 java.util 개요

다양한 유틸리티 클래스

패키지 java.util은 자바 프로그램에서 이용할 수 있는 각종 유틸리티가 제공되는 패키지이다. 이 패키지를 활용하면 본인이 직접 많은 코딩을 하지 않고 유용한 일을 처리할 수 있다. 주요 클래스로는 날짜와 시간정보를 표현하는 Calendar, GregorianCalendar, Date 등이 있으며, 난수^{random number}를 생성하는 Random이 있다. 또한 클래스 Vector는 다양한 자료형의 객체를 배열의 원소로 이용할 수 있는 자료구조를 지원하며, 클래스 Stack은 자료 구조에서 가장 많이 이용하는 구조 중의 하나인 스택 구조를 지원한다. 또한 패키지 java.util은 여러 항목의 원소를 가변적으로 삽입과 삭제가 편리한 Collection, Set, List, Queue, Map 등의 다양한 인터페이스와 이를 구현한 클래스를 제공한다. 패키지 java.util에서 제공하는 주요 클래스를 살펴보면 다음과 같다.

주요 클래스	설명
Calendar, GregorianCalendar, Date TimeZone, SimpleTimeZone, Locale	달력과 시간, 이를 정의하기 위해 필요한 표준 시간대 및 지역 정보를 위한 클래스
Random, StringTokenizer, Dictionary	난수, 문자열, 사전에 필요한 클래스
Stack, Vector, LinkedList	자료 구조에서 많이 이용되는 배열과 스택, 연결리스트를 지원하는 클래스
Collection, Set, List, Queue, Map	여러 항목을 처리하는 집합, 리스트, 큐, 맵 등을 지원하는 인터페이스
ArrayList, HashSet, HashMap, Hashtable	여러 항목을 처리하는 다양한 클래스

표 7-9 • 패키지 java.util의 주요 클래스

2. 난수

클래스 Random

클래스 Random은 int, long, float, double 등의 다양한 형의 난수random number**를 만들어 제공**하는 클래스이다. Random의 기본 생성자는 현재 시간 정보로 시드seed 값을 지정하여 난수를 생성시키며, long 형 인자의 생성자는 시드 값을 직접 지정하여 난수를 생성시킬 수 있다.

메소드	설명
double nextDouble()	0에서 1 사이의 double 형 난수 반환
float nextFloat()	0에서 1 사이의 float 형 난수 반환
int nextInt()	int 형 난수 반환
int nextInt(int n)	0에서 n까지의 int 형 난수 반환
long nextLong()	long 형 난수 반환
void setSeed(long seed)	시드 값 지정

표 7-10 ● 클래스 Random의 주요 메소드

```
Random rnd1 = new Random();
Random rnd2 = new Random(45);
```

그림 7-10 ● 난수를 위한 Random 객체의 생성

실습예제 7-7 | 자바의 정수 형태의 난수, 구간별 정수와 실수 난수 발생

RandomTest.java

```
01  import java.util.Random;
02
03  public class RendomTest {
04     public static void main(String[] args) {
05        Random rd = new Random();
06        //Random rd = new Random(45);
07
08        for (int i=0; i<6; i++)
09           System.out.print(rd.nextInt() + " ");
10        System.out.println();
11        for (int i=0; i<6; i++) //1 ～ 45 사이
12           System.out.print((rd.nextInt(44)+1) + " ");
13        System.out.println();
14        for (int i=0; i<6; i++) //0 ～ 1 사이
15           System.out.printf("%.2f ", rd.nextDouble());
16        System.out.println();
17     }
18  }
```

결과
```
-1589062715 -403992537 -1587973501 154629226 -1122118776 1467702106
20 8 17 20 11 5
0.31 0.09 0.85 0.49 0.40 0.01
```

3. 문자열 파싱

클래스 StringTokenizer

클래스 StringTokenizer는 하나의 문자열에서 지정된 분리자^{delimiters}를 사용하여 여러 토큰^{token}을 생성해주는 기능을 제공한다. 분리자는 문자열에서 토큰을 분리하는 문자의 집합을 의미한다. StringTokenizer는 토큰을 분리할 문자열을 인자로 생성한다. 이 경우 **기본 분리자는 " \t\n\r\f"으로 공백문자와 탭 \t과 같은 4개의 제어문자**이다. 다른 분리자를 지정하고 싶다면 StringTokenizer의 생성자에서 2번째 인자에 분리자 집합인 문자열을 기술할 수 있다. StringTokenizer는 기본적으로 분리자를 토큰에 속하지 않게 분리한다. 그러나 분리자를 토큰에 포함시키려면 StringTokenizer의 생성자에서 3번째 인자를 true로 지정한다.

```
String str = "public static void main(String[] args) {";
StringTokenizer st1 = new StringTokenizer(str);
StringTokenizer st2 = new StringTokenizer(str, " ()");
StringTokenizer st3 = new StringTokenizer(str, " ()[]{");
StringTokenizer st4 = new StringTokenizer(str, "()[]{", true);
```

그림 7-11 ● 클래스 StringTokenizer의 다양한 생성자

다음은 StringTokenizer의 메소드로, 반복문을 사용하여 여러 토큰을 분리자로 분리하여 토큰을 추출하는 데 유용하게 사용될 수 있다.

메소드	설명
int countTokens()	문자열에서 남은 토큰 수를 반환
boolean hasMoreTokens() boolean hasMoreElements()	문자열에서 분리할 토큰이 남아있으면 true, 아니면 false
String nextToken()	다음 토큰을 문자열로 반환
Object nextElement()	다음 토큰을 Object 형으로 반환
String nextToken(String delim)	인자인 delim을 분리자 집합으로 다음 토큰을 반환

표 7-11 ● 클래스 StringTokenizer의 주요 메소드

StringTokenizerTest.java

```java
01  import java.util.StringTokenizer;
02
03  public class StringTokenizerTest {
04      public static void main(String[] args) {
05          String str = "public static void main(String[] args) {";
06          StringTokenizer st1 = new StringTokenizer(str); //기본 분리자 " \t\n\r\f":
07          printToken(st1);
08          StringTokenizer st2 = new StringTokenizer(str, " ()");
09          printToken(st2);
10          StringTokenizer st3 = new StringTokenizer(str, " ()[]{");
11          printToken(st3);
12          //토큰을 분리자에 포함
13          StringTokenizer st4 = new StringTokenizer(str, "()[]{", true);
14          printToken(st4);
15          StringTokenizer st5 = new StringTokenizer(str); //기본 분리자 " \t\n\r\f":
16          printToken(st5, "()");
17      }
18
19      public static void printToken(StringTokenizer st) {
20          System.out.println("토큰 수: " + st.countTokens());
21          int cnt = 0;
22          while (st.hasMoreTokens()) {
23              System.out.print(++cnt + ". " + st.nextToken() + " ");
24          }
25          System.out.println();
26      }
27
28      public static void printToken(StringTokenizer st, String delim) {
29          int cnt = 0;
30          while (st.hasMoreTokens()) {
31              System.out.print(++cnt + ". " + st.nextToken(delim) + " ");
32          }
33          System.out.println();
34      }
35  }
```

결과

```
토큰 수: 6
1. public 2. static 3. void 4. main(String[] 5. args) 6. {
토큰 수: 7
1. public 2. static 3. void 4. main 5. String[] 6. args 7. {
토큰 수: 6
1. public 2. static 3. void 4. main 5. String 6. args
토큰 수: 9
1. public static void main 2. ( 3. String 4. [ 5. ] 6. args 7. ) 8.  9. {
1. public static void main 2. String[] args 3. {
```

4. 날짜 관련 클래스

클래스 Date

클래스 Date는 시간 정보를 표현하는 기본 클래스이다. JDK 1.1에서 클래스 Calendar가 추가된 이후에 클래스 Date의 많은 메소드는 더 이상 사용을 권장하지 않는다. 클래스가 확장 변화하면서 **더 이상 그 사용을 권장하지 않은 메소드를 deprecated 메소드**라고 한다. 클래스 Date는 이미 배운 Calendar와 밀접한 관련이 있는 클래스로 시간 정보를 표현하는 단위가 일상적인 단위와는 다르다. 즉 클래스 Date는 시간 정보를 초 정보로 저장하는데, 1/1000초인 millisecond로 표현한다. 클래스 Date를 이용하여 현재 시간 정보를 생성하여 출력해 보자. 현재 시각을 나타내는 객체를 만들기 위해서는 인자가 없는 생성자를 이용한다.

```
Date now = new Date();
System.out.println(now);
System.out.println(now.getTime());
```

그림 7-12 ● 클래스 Date의 활용

위와 같이 현재 시각을 생성하여 그대로 객체 now를 출력하면 생성된 시간 정보가 영문으로 출력된다. **실질적으로 클래스 Date가 담고 있는 millisecond정보를 얻으려면 메소드 getTime()을 이용**한다. **메소드 getTime()은 1970년 1월 1일 00:00:00을 기준으로 지나간 시간을 millisecond로 반환**한다. 이 기준 시간인 1970년 1월 1일 00:00:00를 epoch라 한다. 다음은 Date의 주요 메소드이다.

메소드	설명
void setTime(long date)	주어진 인자 date의 시간 정보천분의 1초로 객체의 시간 지정
long getTime()	객체 현재의 시간 정보천분의 1초를 반환
boolean after(Date when)	객체의 시간정보가 when보다 이후이면 true, 아니면 false
boolean before(Date when)	객체의 시간정보가 when보다 이전이면 true, 아니면 false
Object clone()	복사된 객체를 반환
int compareTo(Date anotherDate)	같으면 0, 객체값 > 인자값이면 양수, 객체값 < 인자값이면 음수 반환
boolean equals(Object obj)	같으면 true, 동등 비교

표 7-12 ● 클래스 Date의 주요 메소드

시간 정보를 우리에게 익숙한 표현으로 바꾸려면 클래스 DateFormat과 Locale을 사용한다. **클래스 DateFormat은 패키지 java.text에 속하는 클래스로 시간 정보의 출력 형식에 제공한다. 클래스 Locale은 패키지 java.util에 있는 클래스로 국가 정보를 정의한 클래스이다.** DateFormat의 정적인 메소드 getDateInstance()와 getDateTimeInstance()을 사용하여 원하는 시간정보 형식 객체를 생성할 수 있다.

| 실습예제 7-9 | 날짜를 처리하는 클래스 Date의 사용

DateTest.java

```java
01  import java.util.Date;
02  import java.util.Locale;
03  import java.text.DateFormat;
04
05  public class DateTest {
06     public static void main(String[] args) {
07        Date now = new Date();
08        System.out.println(now);
09        System.out.println(now.getTime());
10
11        DateFormat df = DateFormat.getDateInstance(DateFormat.LONG, Locale.KOREA);
12        System.out.println(df.format(now));
13        df = DateFormat.getDateTimeInstance(DateFormat.LONG, DateFormat.LONG, Locale.KOREA);
14        System.out.println(df.format(now));
15        System.out.println();
16        //1970년 1월 1일 이후 지난 천분의 1초 시간으로 생성
17        Date when = new Date(100_000_000_000L);
18        System.out.println(when + " == " + (Date)when.clone());
19        System.out.println(when.before(now));
20        System.out.println(when.equals(now));
21        System.out.println(when.compareTo(now));
22     }
23  }
```

결과
```
Thu Jun 07 09:56:39 KST 2012
1339030599167
2012년 6월 7일 (목)
2012년 6월 7일 (목) 오전 9시 56분 39초

Sat Mar 03 18:46:40 KST 1973 == Sat Mar 03 18:46:40 KST 1973
true
false
-1
```

클래스 Calendar

클래스 **Calendar**는 날짜와 시간에 관한 정보를 제공하는 추상 클래스이다. 그러므로 클래스 **Calendar**는 자체의 생성자를 이용하여 객체를 생성할 수 없다. 클래스 Calendar는 현재 시간 정보를 갖는 객체를 생성해주는 정적 메소드 getInstance() 를 제공한다. 또한 메소드 getTime()을 이용하여 저장

메소드	설명
static Calendar getInstance()	현재 시간 정보를 반환
abstract void add(int field, int amount)	지정된 field에 지정된 amount 만큼 추가
final Date getTime()	클래스 Date 유형으로 리턴
boolean before(Object when)	인자 when과 비교하여 이전 시간이면 true
boolean after(Object when)	인자 when과 비교하여 이후 시간이면 true
int get(int field)	지정된 field의 시간 정보를 반환

표 7-13 ● 클래스 StringTokenizer의 주요 메소드

된 시간 정보를 얻을 수 있다. 메소드 getTime()의 반환형은 Date로서, 바로 출력하면 영문 표현의 시간 정보를 출력할 수 있다.

```
Calendar now = Calendar.getInstance();
System.out.println(now.getTime());
```

그림 7-13 ● 클래스 Calendar를 사용하여 현재 시간 출력

실습예제 7-10 │ 날짜와 달력을 표현한 Calendar의 사용

CalendarTest.java

```
01  import java.util.Calendar;
02
03  public class CalendarTest {
04     public static void main(String[] args) {
05        Calendar now = Calendar.getInstance();
06        System.out.println(now.getTime());
07
08        int year = now.get(Calendar.YEAR);
09        int month = now.get(Calendar.MONTH) + 1; //월 시작이 0
10        int date = now.get(Calendar.DATE);
11        int hour = now.get(Calendar.HOUR_OF_DAY);
12        int minute = now.get(Calendar.MINUTE);
13        int second = now.get(Calendar.SECOND);
14        System.out.println(year + "년 " + month + "월 " + date + "일");
15        System.out.println(hour + "시 " + minute + "분 " + second + "초");
16     }
17  }
```

결과
```
Sun Jan 01 16:04:03 KST 2012
2012년 1월 1일
16시 4분 3초
```

클래스 GregorianCalendar

클래스 GregorianCalendar는 추상 클래스 Calendar를 상위로 상속받는 클래스이다. GregorianCalendar는 세계적으로 이용되는 그레고리안 달력 시스템을 지원하는 클래스로 다양한 메소드를 클래스 Calendar로부터 상속받아 이용한다. GregorianCalendar의 기본 생성자는 현재 시간 정보로 객체를 생성한다. 메소드 setTimeZone()을 사용하여 시간대를 지정할 수 있다. 클래스 TimeZone은 패키지 java.util에 있는 클래스로 세계의 시간대를 정의한 클래스이며, 정적 메소드 getTimeZone()으로 원하는 시간대 객체를 생성할 수 있다.

메소드	설명
void setTimeZone(TimeZone zone)	시간대를 지정
TimeZone getTimeZone()	시간대를 반환
int getWeeksInWeekYear()	1년의 주 중 현재 주의 수를 반환
int getWeekYear()	1년의 주 수를 반환
boolean isLeapYear(int year)	윤년이면 true, 아니면 false 반환

표 7-14 ● 클래스 StringTokenizer의 주요 메소드

```
GregorianCalendar now = new GregorianCalendar();
now.setTimeZone(TimeZone.getTimeZone("Asia/Seoul"));
```

그림 7-14 ● 클래스 StringTokenizer의 주요 메소드

| 실습예제 7-11 | 그레고리안 달력 시스템을 지원하는 클래스 GregorianCalendar의 활용

GregorianCalendarTest.java

```
01   import java.util.Calendar;
02   import java.util.GregorianCalendar;
03   import java.util.TimeZone;
04
05   public class GregorianCalendarTest {
06      public static void main(String[] args) {
07         GregorianCalendar now = new GregorianCalendar();
08         now.setTimeZone(TimeZone.getTimeZone("Asia/Seoul"));
09         //now.setTimeZone(TimeZone.getTimeZone("America/Los_Angeles"));
10
11         int year = now.get(Calendar.YEAR);
12         int month = now.get(Calendar.MONTH) + 1; //월 시작이 0
13         int date = now.get(Calendar.DATE);
14         int hour = now.get(Calendar.HOUR_OF_DAY);
15         int minute = now.get(Calendar.MINUTE);
16         int second = now.get(Calendar.SECOND);
17         System.out.print(year + "년 " + month + "월 " + date + "일 ");
18         System.out.println(hour + "시 " + minute + "분 " + second + "초");
19      }
20   }
```

결과 2012년 6월 7일 16시 38분 38초

1. 컬렉션 프레임워크 개요

인터페이스 계층

컬렉션 프레임워크^{collection framework}**는 여러 객체 원소의 삽입과 삭제가 편리한 자료 구조를 지원하는 인터페이스와 클래스의 모임**이다. 자바는 인터페이스 Collection, Set, List, Queue, Map과 이를 구현한 여러 클래스로 컬렉션 프레임워크를 구성한다. 자바 컬렉션 프레임워크를 구성하는 여러 인터페이스는 여러 원소의 삽입과 삭제 그리고 관련 연산을 처리해야 하는 메소드를 추상으로 제공한다. 자바의 컬렉션 프레임워크의 인터페이스의 계층 구조는 다음과 같다.

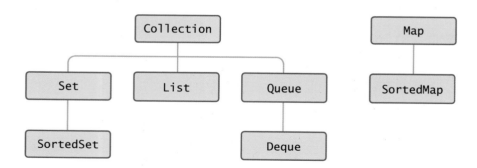

그림 7-15 ● 컬렉션 프레임워크 인터페이스의 계층 구조

Collection과 Map

자바의 컬렉션은 크게 인터페이스 Collection과 Map으로 구분된다. 인터페이스 Collection은 다시 인터페이스 Set과 List 그리고 Queue로 분류된다. 인터페이스 Set은 수학에서 배운 집합을 표현한 인터페이스이다. 인터페이스 Set, List, Queue는 객체 하나를 컬렉션의 원소로 처리하나 인터페이스 Map은 이와 다르게 키^{key}와 값^{value}의 쌍으로 구성된 자료 구조를 컬렉션의 원소로 처리한다. 다음은 4가지 인터페이스의 주요 특징을 정리한 표이다.

인터페이스		순서	중복	설명	구현 클래스
Collection	Set	의미 없음	허용하지 않음	수학의 집합을 추상화한 인터페이스	HashSet
	List	의미 있음	허용함	순서 리스트로 첨자에 의하여 원소 참조 가능	Vector Stack ArrayList LinkedList
	Queue	의미 있음	허용함	삽입이 한쪽에서 발생하며 삭제는 다른 한쪽에서 발생하는 순서 리스트	AbstarctQueue ConcurrentLinkedQueue
Map		의미 없음	허용하지 않음	키^{key}와 값^{value}으로 저장하며 키로 참조하므로 키가 달라야 처리가 가능	HashMap TreeMap SortedMap

표 7-15 ● 컬렉션 인터페이스 특징

인터페이스 Set과 Map은 원소의 중복을 허용하지 않으나 인터페이스 List와 Queue는 원소의 중복을 허용하고 순서도 의미가 있다. 자바의 컬렉션 인터페이스를 구현한 클래스는 매우 다양하며 관련 클래스 이름을 살펴보면 HashMap과 같이 [내부구현방법][인터페이스 이름]으로 구성된다. 즉 HashMap인 클래스는 Hash는 구현 방법이고 Map은 인터페이스 이름을 나타낸다. 다음은 자바 컬렉션 관련 클래스를 분류한 표이다.

자바의 인터페이스와 전통적 구현 방법에 의한 분류		interface			
		Collection			Map
		Set	List	List, Queue	
전통적 구현 방법	Hash Table	HashSet			HashMap
	Resizable Array		ArrayList Vector		
	Linked List			LinkedList	
	Stack		Stack		
	Hash Table + Linked List	LinkedHashSet			LinkedHashMap

표 7-16 ● 자바 컬렉션 분류

2. 컬렉션 관련 인터페이스

Collection 인터페이스

자바 컬렉션 프레임워크를 대표하는 **인터페이스 Collection은 원소의 추가, 삭제 등의 연산과 List, Set, Queue가 가져야 할 기본적인 연산을 추상 메소드로 선언한 인터페이스**이다. 다음은 인터페이스 Collection의 주요 메소드이다.

메소드	설명
Iterator<E> iterator()	Collection의 Iterator를 반환
boolean add(E o)	객체 o를 추가, 성공하면 true 반환
boolean addAll(Collection<? extends E> c);	인자 c의 원소를 현재의 collection에 추가, 성공하면 true 반환
boolean remove(Object o);	객체 o를 삭제, 성공하면 true 반환
boolean removeAll(Collection<?> c);	인자 c의 원소를 현재의 collection에서 모두 삭제, 성공하면 true 반환
boolean isEmpty()	현재의 collection에 원소가 없으면 true 반환
boolean contains(Object o)	현재의 collection이 인자 o 객체를 원소로 가지면 true 반환
void clear();	현재의 collection에서 모든 원소를 삭제

표 7-17 • Collection 인터페이스 주요 메소드

Iterator 인터페이스

인터페이스 Iterator는 컬렉션을 구성하는 원소 집합을 순차적으로 처리하기 위한 인터페이스이다. 클래스 Collection의 iterator() 메소드는 인터페이스 Iterator의 객체를 반환한다. 인터페이스 Collection을 구현하는 컬렉션 클래스 객체인 참조 변수 c에서 메소드 iterator()를 호출하

메소드	설명
boolean hasNext()	이용 가능한 다음 객체가 있으면 true, 아니면 false 반환
E next()	다음 객체를 반환
void remove()	마지막으로 반환된 원소를 삭제

표 7-18 • Iterator 인터페이스 주요 메소드

여 인터페이스 Iterator의 객체를 얻을 수 있다. 이 객체를 통하여 다음과 같이 메소드 hasNext()와 next()를 사용하면 컬렉션의 원소를 순차적으로 이용할 수 있다.

```
Iterator it = c.iterator();
while ( it.hasNext() ) {
    System.out.println(it.next());
}
```

그림 7-16 • Iterator 사용 방법

3. 리스트 관련 인터페이스

List 인터페이스

인터페이스 List는 순차적으로 나열된 원소를 처리하는 구조로 첨자를 인자로 하는 메소드를 제공한다. 인터페이스 List를 상속받아 구현한 대표적인 클래스로는 LinkedList, ArrayList, Vector, Stack 등이 있다. 다음은 인터페이스 List의 주요 메소드이다.

메소드	설명
void add(int index, E element)	첨자 index에 원소 E를 삽입
E get(int index)	첨자 index인 원소를 반환
int indexOf(Object o)	원소 o를 찾아 첨자를 반환
E remove(int index)	첨자 index인 원소를 찾아 삭제하고 반환
E set(int index, E element)	첨자 index에 인자 element 원소로 대체하고 이전 객체를 반환
List<E> subList(int fromIndex, int toIndex)	첨자 fromIndex에서 toIndex까지로 구성되는 새로운 리스트를 반환
ListIterator<E> listIterator()	리스트의 모든 값을 ListIterator로 반환

표 7-19 ● List 인터페이스 주요 메소드

ListIterator 인터페이스

인터페이스 ListIterator는 상위로 Iterator를 상속받는 인터페이스로 컬렉션을 구성하는 원소 집합에서 순방향과 역방향으로 순차적 처리에 편리하다. 다음은 ListIterator의 주요 메소드이다.

메소드	설명
boolean hasNext()	순방향으로 이용 가능한 다음 객체가 있으면 true, 아니면 false 반환
boolean hasPrevious()	역방향으로 이용 가능한 다음 객체가 있으면 true, 아니면 false 반환
E previous()	이전 객체를 반환
int previousIndex()	이전 객체의 첨자를 반환
E next()	다음 객체를 반환
int nextIndex()	다음 객체의 첨자를 반환
void remove()	마지막으로 반환된 원소를 삭제

표 7-20 ● ListIterator 인터페이스 주요 메소드

4. 클래스 LinkedList

양방향의 연결 리스트인 클래스 LinkedList

클래스 LinkedList는 인터페이스 List와 Queue 등을 구현한 클래스이다. 그러므로 인터페이스 List와 Queue에 있는 메소드를 이용할 수 있으며 클래스 LinkedList만 가지는 addFirst(), addLast() 등의 메소드도 이용 가능하다.

클래스 LinkedList는 내부적으로 양방향의 연결 리스트로 구성되어 있어서 참조하려는 원소에 따라 처음부터 순방향으로 또는 마지막부터 역방향으로 순회할 수 있다. 클래스 LinkedList는 null을 포함한 모든 종류의 객체를 메소드 addFirst()로 맨 앞에, add()와 addLast()로 가장 끝에, add(index)로 지정된 첨자 위치 등 자유자재로 삽입할 수 있다.

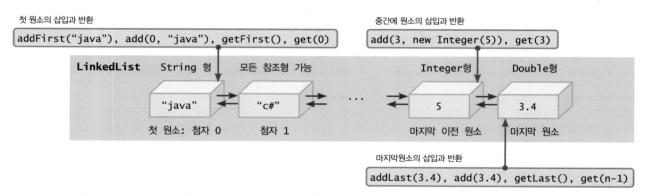

그림 7-17 • LinkedList의 양방향 연결 리스트와 삽입과 반환 메소드

다음은 인터페이스 LinkedList의 주요 메소드이다.

메소드	설명
void addFirst(E e)	e를 첫 번째 원소로 삽입
void add(E e)	e를 마지막 원소로 삽입
void add(int index, E e)	e를 0부터 시작하는 지정된 index에 삽입
void addLast(E e)	e를 마지막 원소로 삽입
void clear()	원소를 모두 삭제
boolean contains(Object o)	리스트에 o가 있으면 true 반환
Iterator<E> descendingIterator()	역순으로 Iterator 반환
E get(int index), E remove(int index)	첨자 index 원소 반환, 리스트에서 첨자 index 원소 삭제와 반환

E getFirst(), E remove(), E removeFirst()	리스트의 첫 번째 원소 반환, 리스트에서 첫 번째 원소 삭제와 반환
E getLast(), E removeLast()	리스트의 마지막 원소 반환, 리스트에서 마지막 원소 삭제와 반환
E remove(Object o)	리스트에서 객체 o인 원소 삭제와 반환
Object[] toArray()	리스트를 배열로 반환

표 7-21 ● LinkedList 인터페이스 주요 메소드

다음은 객체 String, Integer, Double, null 등을 LinkedList에 저장하여 출력하는 프로그램이다.

| 실습예제 7-12 | LinkedList를 이용한 다양한 객체의 삽입과 삭제

LinkedListTest.java

```
01    import java.util.LinkedList;
02    import java.util.Iterator;
03
04    public class LinkedListTest {
05       public static void main(String[] args) {
06          LinkedList list = new LinkedList();
07
08          list.add("pascal");        list.addLast(1);
09          list.add("java");          list.addLast(3.4);
10          list.addFirst("algol");    list.addFirst(0.87);
11          list.add(3, null);         list.addLast(5.8);
12
13          Iterator it = list.iterator();
14          print(it);
15          print(list.descendingIterator());
16
17          //배열로 반환하여 모든 원소 출력 가능
18          for (Object e : list.toArray()) {
19             System.out.print(e + " ");
20          }
21          System.out.println();
22       }
23       public static void print(Iterator it) {
24          while ( it.hasNext() ) {
25             System.out.print(it.next() + " ");
26          }
27          System.out.println();
28       }
29    }
```

결과
0.87 algol pascal null 1 java 3.4 5.8
5.8 3.4 java 1 null pascal algol 0.87
0.87 algol pascal null 1 java 3.4 5.8

5. 클래스 Vector

클래스 Vector

클래스 Vector는 모든 종류의 객체를 저장할 수 있는 배열 구조이다. 이 배열은 자동으로 크기가 변하므로 사용자가 정의하는 배열보다 사용하기가 편리하다. 그러므로 여러분이 객체를 저장하기 위한 배열을 독립적으로 정의하여 사용하기보다는 Vector 클래스를 이용하는 것이 간편하다. **클래스 Vector에는 용량^{capacity}으로 저장할 수 있는 객체의 갯수를 정한다. 클래스 Vector의 용량이 모두 객체 원소로 모두 채워지면 자동으로 용량이 2배로 증가**한다.

다음은 Vector를 생성하는 간단한 모듈이다. 다음과 같이 **인자가 없는 Vector를 생성하면 용량이 10인 Vector가 생성**된다. 만일 용량이 10인 Vector에 11번째 객체를 추가하면 용량은 자동으로 용량이 두 배인 20으로 증가한다. Vector의 사용에서 Vector<Object>는 벡터의 원소를 Object로 사용한다는 의미이다. 이와 같은 일반화 자료형^{generic type} 기능을 사용하지 않으면 경고가 발생한다.

```
Vector<Object> data = new Vector<Object>();
data.addElement(2012);
data.add("년도");
```

그림 7-18 ● 클래스 Vector의 생성과 사용

Vector는 내부적으로 배열이므로 메소드 add(index, element)를 사용하여 첨자를 사용한 원소를 첨가하며 메소드 get(index) 또는 elementAt(index)를 사용하여 반환한다. 배열의 가장 끝에 저장하려면 메소드 add(element)를 사용하며 메소드 remove(index)는 첨자 위치의 원소를 삭제한다. Vector는 객체를 그대로 출력하면 메소드 toString()의 실행으로 모든 원소를 순서대로 출력한다.

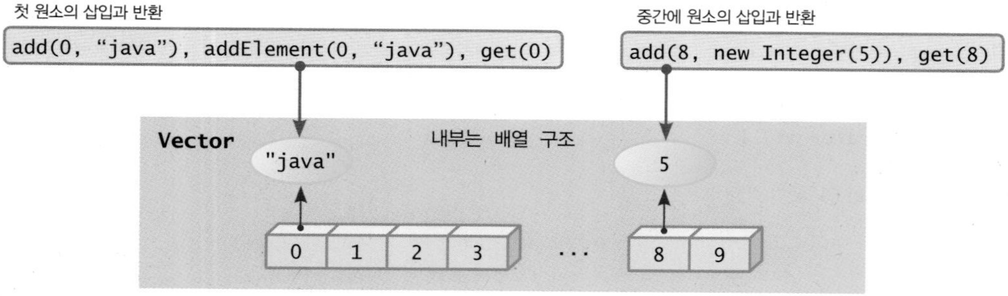

그림 7-19 ● Vector의 구조와 연산

Vector의 용량은 자동으로 증가하므로 프로그래머는 Vector의 용량에 신경 쓸 필요가 없다.

> Note
> 일반화 자료형은 다음 절에서 자세히 알아볼 예정이다.

다음은 클래스 Vector에서 이용되는 주요 메소드이다.

메소드	설명
boolean contains(Object elem)	인자 객체를 현재 갖고 있는지 검사하여 그 결과를 리턴, null이 아닌 객체에 한하여 검사
Object elementAt(int index)	지정된 index 값에 위치한 객체 원소를 반환
Enumeration elements()	벡터가 갖고 있는 모든 객체 원소를 리스트 형태로 반환
int size()	현재 벡터가 갖고 있는 벡터의 개수를 반환
boolean add(E e)	인자인 객체를 벡터의 마지막에 추가
void add(int index, E e)	인자인 객체를 벡터의 첨자 위치에 삽입
void addElement(E obj)	인자인 객체를 벡터의 마지막에 추가
void insertElementAt(E obj, int index)	지정된 index 위치에 인자 obj를 삽입
E get(int index)	지정된 첨자의 원소를 반환
int indexOf(Object o)	지정된 객체 o를 찾아 첨자를 반환, 없으면 −1을 반환
E remove(int index)	지정된 index 위치에 인자를 삭제하고 반환
boolean remove(Object o)	지정된 객체의 첫 원소를 삭제, 삭제되면 true, 삭제할 것이 없으면 false 반환
int capacity()	벡터의 용량을 리턴
String toString()	리스트를 배열로 반환

표 7-22 ● 클래스 Vector 주요 메소드

실습예제 7-13 │ Vector에 다양한 객체의 삽입과 출력

VectorTest.java

```
01  import java.util.Vector;
02
03  public class VectorTest {
04      public static void main(String[] args) {
05          Vector<Object> data = new Vector<Object>(3);
06          //Vector data = new Vector(3); //경고 발생
07          data.addElement(2012);
08          data.add("년도");
09          data.addElement(4.35);
10          data.add(2, "목표 학점");
11          data.insertElementAt("자바 강좌", 0);
12          System.out.println("size = " + data.size());
13          System.out.println("capacity = " + data.capacity());
14          System.out.println(data.toString());
15      }
16  }
```

결과
size = 5
capacity = 6
[자바 강좌, 2012, 년도, 목표 학점, 4.35]

6. Set 인터페이스와 HashSet 클래스

Set 인터페이스

인터페이스 Set은 중복을 허용하지 않는 컬렉션이다. 인터페이스 Set은 모두 Collection에서 상속받아 재정의한 메소드로 구성되며, 인터페이스 Set을 구현한 클래스로는 HashSet, TreeSet이 대표적이다. 특히 클래스 TreeSet은 Set에서 정렬을 지원하는 SortedSet 인터페이스를 상속받고 내부적으로 트리를 이용하여 Set을 지원한다. Set은 인터페이스 Collection이 상위이므로 Collection의 모든 메소드를 상속받는다.

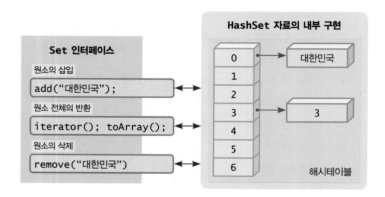

그림 7-20 ● Set 인터페이스와 HashSet의 구현

Set은 add()로 원소를 삽입하며, remove()로 원소를 삭제하고, contain()으로 원소를 확인하며, size()로 원소 수를 알 수 있다. 메소드 iterator()로 Iterator를 반환하여 사용할 수 있다.

메소드	설명
Iterator<E> iterator()	집합의 Iterator를 반환
boolean add(E o)	객체 o를 추가, 성공하면 true 반환
int size()	집합의 원소 수 반환
boolean remove(Object o);	객체 o를 삭제, 성공하면 true 반환
boolean removeAll(Collection<?> c);	인자 c의 원소를 현재의 집합에서 모두 삭제, 성공하면 true 반환
boolean isEmpty()	현재의 집합에 원소가 없으면 true 반환
boolean contains(Object o)	현재의 집합이 인자인 o 객체를 원소로 가지면 true 반환
void clear();	현재의 집합에서 모든 원소를 삭제

표 7-23 ● 클래스 Set 주요 메소드

클래스 HashSet

클래스 HashSet은 인터페이스 Set을 상속받아 구현한 대표적인 클래스로 내부적으로 원소를 해시 테이블^{hash table}**을 이용하여 저장하는 구조**이다. 다음은 수학의 집합 연산을 간단히 구현한 프로그램이다. Set은 집합이므로 7을 여러 번 삽입해도 중복을 허용하지 않고 하나만 삽입되는 것을 알 수 있다. 객체 HashSet의 내부 원소로 Integer만 지원한다면 자료형 HashSet<Integer>를 사용한다. 다음 프로그램의 메소드 print()에서 HashSet의 원소를 Iterator로 받아 처리하고 있으며, HashSet의 객체를 바로 출력해도 원소 목록이 모두 출력되는 것을 알 수 있다. 또한 메소드 removeAll()을 사용하면 쉽게 차집합을 구할 수 있다.

| 실습예제 7-14 | 중복을 허용하지 않은 HashSet을 이용한 집합 연산

HashSetTest.java

```
01   import java.util.HashSet;
02   import java.util.Iterator;
03
04   public class HashSetTest {
05      public static void main(String[] args) {
06         HashSet<Integer> setA = new HashSet<Integer>();
07         HashSet<Integer> setB = new HashSet<Integer>();
08
09         setA.add(3); setA.add(5); setA.add(7);
10         setA.add(8); setA.add(7); setA.add(9);
11         System.out.print("A = ");
12         print(setA);
13         System.out.println("   A = " + setA);
14
15         setB.add(5); setB.add(3);    setB.add(2);
16         System.out.print("B = ");
17         print(setB);
18         System.out.println("   B = " + setB);
19
20         boolean isChanged = setA.removeAll(setB);
21         System.out.print("A - B = ");
22         if (isChanged) System.out.println(setA);;
23
24      }
25      public static void print(HashSet<Integer> s) {
26         Iterator<Integer> i = s.iterator();
27         while ( i.hasNext() )
28            System.out.print(i.next()+ " ");
29      }
30   }
```

결과
```
A = 3 5 7 8 9   A = [3, 5, 7, 8, 9]
B = 2 3 5   B = [2, 3, 5]
A - B = [7, 8, 9]
```

7. Map 구현 클래스

Map 인터페이스

인터페이스 Map은 키^{key}**와 값**^{value}**으로 원소를 저장하기 위한 메소드 put(key, value)과 저장된 원소를 키로 조회하는 get(key) 메소드를 제공**한다. 키와 값으로는 모든 객체가 지원된다. 인터페이스 Map을 구현한 클래스로는 HashMap, TreeMap 등이 있으며 HashMap 은 키와 값의 Map을 해시테이블을 사용하여 구현한 클래스이다.

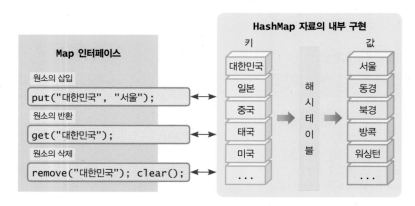

그림 7-21 • Map 인터페이스와 HashMap의 구현

인터페이스 Map의 주요 메소드는 다음과 같다.

메소드	설명
void clear()	모든 원소를 삭제
Set<K> keySet()	키로만 구성되는 Set 객체를 반환
V remove(Object key)	key를 키로 갖는 원소를 삭제, 삭제된 V 반환
V put(K key, V value)	키와 값인 key, value를 삽입
V get(Object key)	키인 key로 원소를 검색하여 V를 반환
Collection<V> values()	모든 값을 Collection 뷰로 반환
boolean containsKey(Object key)	인자인 키가 있으면 true, 없으면 false
boolean containsValues(Object value)	인자인 값이 있으면 true, 없으면 false
int size()	(키, 값)의 전체 수를 반환

표 7-24 • 인터페이스 Map의 주요 메소드

클래스 HashMap

인터페이스 **Map**을 상속받아 구현한 대표적인 클래스 **HashMap**은 키와 값으로 **null** 값을 모두 지원하며 내부적으로 해시 테이블을 사용하여 구현한다. HashMap은 기본적으로 처음 생성될 때 초기 용량이 16이고 이 용량이 모두 채워지면 0.75배의 새로운 키를 입력할 수 있도록 용량이 늘어난다. HashMap의 인자가 있는 생성자에서 int 형 인자는 초기 용량initial capacity을 의미하고 float는 용량이 모두 채워지면 늘리는 용량의 비율load factor을 의미한다. 클래스 HashMap을 이용해서 키와 값이 모두 문자열을 허용하는 Map을 만들기 위해 다음 문장을 이용한다.

| 실습예제 7-15 | HashMap을 이용하여 나라의 수도를 삽입 후 출력

HashMapTest.java

```
01  iimport java.util.HashMap;
02  import java.util.Iterator;
03
04  public class HashMapTest {
05     public static void main(String[] args) {
06        HashMap<String, String> hm = new HashMap<String, String>();
07
08        hm.put("대한민국", "서울");
09        hm.put("일본", "동경");
10        hm.put("중국", "북경");
11        hm.put("태국", "방콕");      hm.remove("태국");
12        hm.put("중국", "북경");
13
14        System.out.print("키 : " + hm.keySet());
15        System.out.println(" 값 : " + hm.values());
16
17        Iterator<String> keys = hm.keySet().iterator();
18        while ( keys.hasNext() ) {
19           String key = keys.next();
20           String value = hm.get(key);
21           System.out.println(key + ": " + value);
22        }
23     }
24  }
```

HashMap을 이용해서 키와 값이 모두 문자열을 허용하는 Map을 만들기 위한 문장

결과
키 : [중국, 일본, 대한민국] 값 : [북경, 동경, 서울]
중국: 북경
일본: 동경
대한민국: 서울

SECTION | INTRODUCTION TO JAVA PROGRAMMING

04 일반화 유형과 열거형

1. 일반화 유형과 클래스 정의

Generic의 사용

컬렉션을 사용할 때 내부 원소를 구성하는 객체의 자료형을 하나의 자료형으로 한정하고 싶을 때는 다음과 같이 일반화 유형[generic type]을 사용한다. 클래스 HashMap<String, String>의 일반화 유형을 사용하면 Map의 키와 값으로 String만으로 제한하며, String으로의 자료형 변환이 필요없어 그 사용이 매우 간단해지는 장점이 있다. 다음의 두 번째 문장과 같이 일반화 유형을 <Object, Object>로 이용한다면 모든 종류의 객체를 키와 값으로 사용될 수 있도록 한다.

```
HashMap<String, String> hm = new HashMap<String, String>();
```

HashMap을 이용해서 키와 값이 모두 문자열을 허용하는 Map을 만들기 위한 문장

```
HashMap<Object, Object> hm = new HashMap<Object, Object>();
```

HashMap을 이용해서 키와 값이 모든 객체를 허용하는 Map을 만들기 위한 문장

그림 7-22 ● 일반화 유형의 예

Generic 클래스 정의

일반화 유형을 지원하는 클래스 정의 방법을 알아보자. 다음 클래스 MyContainer<E>는 원소로 일반화 유형을 지원하는 클래스로 정의한다. 여기서 E는 MyContainer를 구성하는 원소[element]의 자료형을 의미한다.

Note

일반화 유형에 사용되는 자료형으로 다음과 같이 자료형에 해당되는 하나의 대문자를 사용한다.

```
E: Element
K: Key
N: Number
T: Type
V: Value
```

```
public class MyContainer<E> {
   private ArrayList<E> list;

   public MyContainer() {
      list = new ArrayList<E>();
   }
}
```

그림 7-23 ● 원소의 자료형을 일반화 유형으로 구현한 클래스 MyContainer〈E〉

위와 같은 MyContainer<E>에서 원소로 문자열만 사용하려면 다음과 같이 클래스 MyContainer<String>을 사용해야 한다. 이후 변수 p1은 p1.add("algol")과 같이 문자열만 삽입이 가능하며 p1.add(5)와 같이 다른 유형의 객체는 이용할 수 없다. 모든 객체를 삽입하려면 MyContainer<Object>를 사용하면 된다.

```
MyContainer<String> p1 = new MyContainer<String>();
p1.add("algol");
p1.add("C");
//p1.add(5); 오류 발생
```

그림 7-24 ● 일반화 유형 클래스 사용

| 실습예제 7-16 | 일반화 유형을 지원하는 클래스 MyContainer의 정의와 활용

MyContainer.java

```
01  package generics;
02  import java.util.ArrayList;
03
04  public class MyContainer<E> {
05      private ArrayList<E> list;
06
07      public MyContainer() {
08          list = new ArrayList<E>();
09      }
10      public E get(int index) {
11          return list.get(index);
12      }
13      public void add(E element) {
14          list.add(element);
15      }
16
17      public static void main(String[] args) {
18          MyContainer<String> p1 = new MyContainer<String>();
19          p1.add("algol");
20          p1.add("C");
21          //p1.add(5); 오류 발생
22          p1.add("java");
23          System.out.println(p1.get(0) + " ");
24          System.out.println(p1.get(1) + " ");
25          System.out.println(p1.get(2) + " ");
26      }
27  }
```

결과
```
algol
C
java
```

2. 일반화 유형의 메소드와 열거형

Generic 메소드 구현

메소드에서 일반화 유형을 지원하는 프로그래밍 방식을 알아보자. 다음 정적인 메소드 get()은 인자인 일반화 유형인 <T>의 배열에서 첨자에 해당하는 원소를 반환하는 메소드를 구현한 것이다. 매개변수의 일반화 유형은 static <T> T와 같이 지정자와 반환형 사이에 <T>로 기술하며, 첫 번째 인자인 ary는 일반화 유형인 T[] 배열임을 명시하고 있다.

> <T>는 메소드에서 사용하는 일반화 유형의 매개변수임을 명시하고 있다.

```java
public static <T> T get(T[] ary, int index) {
    return ary[index];
}
```

그림 7-25 ● 메소드의 인자로 일반화 유형을 이용하는 메소드

다음 클래스 MyGenerics는 정적 메소드 get()과 getLast()는 모든 종류의 객체로 구성된 배열의 원소를 반환하는 일반화 유형을 지원하는 메소드이다.

| 실습예제 7-17 | 일반화 유형을 지원하는 메소드 구현

MyGenerics.java

```java
01  package generics;
02
03  public class MyGenerics {
04      public static <T> T get(T[] ary, int index) {
05          return ary[index];
06      }
07      public static <T> T getLast(T[] ary) {
08          return ary[ary.length-1];
09      }
10
11      public static void main(String[] args) {
12          Integer n[] = {3, 4, 5, 7};
13          System.out.println(MyGenerics.get(n, 2) + " " + MyGenerics.getLast(n));
14          String s[] = {"generics", "type casting", "input", "output"};
15          System.out.println(MyGenerics.get(s, 1) + " " + MyGenerics.getLast(s));
16      }
17  }
```

결과 5 7
type casting input output

열거형 정의

자바는 열거 자료형^{enumeration data type}**을 참조형으로 제공**한다. 키워드 enum과 자료형 클래스 이름 pl로 상수 c, cpp, java, csharp을 정의하는 문장이다.

```
public enum pl {c, cpp, java, csharp};
  ...
     for (pl p : pl.values())
         System.out.print(p + " ");
```

그림 7-26 ● 열거형 정의와 열거 상수 출력

열거 유형은 **정적 메소드 values()를 이용하여 열거 원소의 상수로 구성된 배열을 반환**할 수 있다. 즉 열거 유형 pl에서 메소드 values()를 이용하면 간편한 foreach 구문을 이용하여 모든 상수 목록을 참조할 수 있다. 또한 **상수 목록은 switch 문의 case에 그대로 사용**될 수 있다.

실습예제 7-18 │ 열거형의 정의와 활용

EnumTest.java

```
01   package enumeration;
02
03   public class EnumTest {
04      public enum pl {c, cpp, java, csharp};
05
06      public static void main(String[] args) {
07         pl clang = pl.c;              //정의한 열거 유형은 하나의 자료 유형으로 이용
08         System.out.println(clang);    //저장된 상수 문자열이 출력
09
10         clang = pl.csharp;
11         switch(clang) {
12            case csharp:
13               System.out.println(clang + ": C# 언어 ");
14         }
15
16         for (pl p : pl.values())
17            System.out.print(p + " ");
18         System.out.println();
19      }
20   }
```

결과 C
csharp: C# 언어
c cpp java csharp

내용점검 연습

1. 다음에서 서술 내용이 맞으면 O, 틀리면 X 하시오.

   ❶ 자바 프로그램을 위한 기본 클래스가 소속된 패키지가 java.lang이다. ( )

   ❷ 새로운 클래스를 정의하는 경우 상속 관계를 명시하지 않으면 자동으로 클래스 System이 상위 클래스가 된다. ( )

   ❸ 자바의 기본형을 참조형으로 표현하는 8개의 클래스를 랩퍼 클래스라 한다. ( )

   ❹ 인터페이스 Set은 중복을 허용하지 않는 컬렉션이다. ( )

   ❺ 클래스 Vector는 모든 종류의 객체를 저장할 수 있는 배열 구조이다. ( )

   ❻ 클래스 StringBuffer에서 한 번 생성된 문자열은 다시 수정될 수 없는 특징이 있다. ( )

   ❼ 컬렉션 프레임워크는 여러 객체 원소의 삽입과 삭제가 편리한 자료 구조를 지원하는 인터페이스와 클래스의 모임이다. ( )

   ❽ 자바의 컬렉션은 크게 인터페이스 Collection과 Set으로 구분된다. ( )

   ❾ 인터페이스 Map은 키와 값으로 원소를 저장하기 위한 put(key, value) 메소드와 저장된 원소를 키로 조회하는 get(key) 메소드를 제공한다. ( )

   ❿ 클래스가 확장 변화하면서 더 이상 그 사용을 권장하지 않은 메소드를 deprecated 메소드라고 한다. ( )

2. 다음에서 비어있는 부분을 적당히 채우시오.

   ❶ 패키지 　　　　　　(은)는 자바 프로그램에서 이용할 수 있는 각종 유틸리티가 제공되는 패키지이다.

   ❷ 클래스 　　　　　　(은)는 지수, 로그, 제곱근과 같은 기본적인 산술 연산의 메소드를 정적으로 제공한다.

   ❸ 클래스 　　　　　　(은)는 int, long, float, double 등의 다양한 형의 난수를 만들어 제공하는 클래스이다.

   ❹ 클래스 　　　　　　　　(은)는 하나의 문자열에서 지정된 분리자를 사용하여 여러 토큰을 생성해주는 기능을 제공한다.

   ❺ 인터페이스 　　　　　　　　(은)는 원소의 추가, 삭제 등의 연산과 List, Set, Queue가 가져야 할 기본적인 연산을 추상 메소드로 선언한 인터페이스이다.

   ❻ 클래스 　　　　　　(은)는 내부적으로 양방향의 연결 리스트로 구성되어 있어서 참조하려는 원소에 따라 처음부터 순방향으로 또는 마지막부터 역방향으로 순회할 수 있다.

❼ 클래스 GregorianCalendar는 추상 클래스   (을)를 상위로 상속받는 클래스이다.

❽ 컬렉션을 사용할 때 내부 원소를 구성하는 객체의 자료형을 하나의 자료형으로 한정하고 싶을 때는   (을)를 사용한다.

❾ 클래스 Calendar는 현재 시간 정보를 갖는 객체를 생성해주는 정적 메소드   (을)를 제공한다.

❿ 기본형에서 랩퍼 객체의 자동 변환을 자동   (이)라 하며, 반대로 랩퍼 객체에서 기본형의 변환을 자동 언박싱이라 한다.

3. 다음 각각의 문제에서 가장 적절한 것을 하나 선택하시오.

❶ 다음 자바 클래스 라이브러리에 관한 설명 중에서 잘못된 것은 무엇인가? (   )

   가) 자바 클래스 라이브러리^{java class library}는 자바 언어를 활용하기 위해 이미 만들어 놓은 다양한 자바 클래스이다.

   나) 자바 클래스 라이브러리를 쉽게 사용하기 위한 자바 API 설명 문서가 제공된다.

   다) 자바 API 설명 문서에서 패키지 이름을 살펴보면 주로 java와 javax 그리고 org로 시작하며 모두 소문자이다.

   라) 초기에 패키지는 java로 시작하며, 이후 추가된 패키지는 javaext로 명명된다.

❷ 다음에서 자바 패키지가 아닌 것은 무엇인가? (   )

   가) java.language   나) java.awt

   다) java.util   라) java.io

❸ 다음 중에서 랩퍼 클래스가 아닌 것은 무엇인가? (   )

   가) Character   나) Integer

   다) Boolean   라) String

❹ 다음 중에서 패키지 java.lang에 속하는 클래스가 아닌 것은 무엇인가? (   )

   가) Object   나) Date

   다) StringBuffer   라) Math

❺ 다음 중에서 패키지 java.util에 속하는 클래스가 아닌 것은 무엇인가? (   )

   가) GregorianCalendar   나) String

   다) Vector   라) Map

❻ 다음 중에서 인터페이스가 아닌 것은 무엇인가? (   )

   가) SortedMap   나) HashMap

   다) Set   라) Map

❼ 다음 중에서 중복을 허용하지 않은 컬렉션 프레임워크는 무엇인가? (   )

　가) List, Set　　　　　　　　　나) Set, Map

　다) List, Queue　　　　　　　　라) Map, Queue

❽ 다음은 컬렉션 프레임워크에 대한 설명이다. 다음 중에서 잘못 설명하고 있는 것은 무엇인가? (   )

　가) 클래스 HashSet은 인터페이스 Hash를 상속받아 구현한 대표적인 클래스로 내부적으로 원소를 해시 테이블$^{hash\ table}$을 이용하여 저장하는 구조이다.

　나) 인터페이스 Map은 키^{key}와 값^{value}으로 원소를 저장하기 위한 메소드 put(key, value)과 저장된 원소를 키로 조회하는 get(key) 메소드를 제공한다

　다) 인터페이스 Map을 상속받아 구현한 대표적인 클래스 HashMap은 키와 값으로 null 값을 모두 지원하며 내부적으로 해시 테이블을 사용하여 구현한다.

　라) 클래스 Vector는 모든 종류의 객체를 저장할 수 있는 배열 구조이다.

❾ 다음은 클래스 LinkedList에 대한 설명이다. 다음 중에서 잘못 설명하고 있는 것은 무엇인가? (   )

　가) 클래스 LinkedList는 인터페이스 List와 Queue 등을 구현한 클래스이다.

　나) 인터페이스 List와 Queue에 있는 메소드를 이용할 수 있다.

　다) 내부적으로 한쪽 방향의 연결 리스트로 구성되어 있다.

　라) 클래스 LinkedList는 null을 포함한 모든 종류의 객체를 메소드 addFirst()로 맨 앞에, add()와 addLast()로 가장 끝에, add(index)로 지정된 첨자 위치 등 자유자재로 삽입할 수 있다.

❿ 다음 중에서 키^{key}와 값^{value}의 쌍으로 구성된 자료 구조를 컬렉션의 원소로 지원하는 것은 무엇인가? (   )

　가) List　　　　　　　　　　　나) Set

　다) Map　　　　　　　　　　　라) Queue

4. 자바 API 설명 문서를 이용하여 다음 클래스의 소속 패키지와 주요 메소드를 설명하시오.

　❶ Enumeration

　❷ DateFormat

　❸ SortedMap

　❹ ArrayList

　❺ AbstractMap

5. 다음 부분 소스에서 문법오류를 찾아 수정하거나 잘못된 부분을 기술하시오.

❶
```java
Math m = new Math();
```

❷
```java
Integer in = 3.4;
```

❸
```java
java.util.Calendar now = new java.util.Calendar();
```

❹
```java
java.util.List lst = new java.util.List();
```

❺
```java
java.util.HashMap<String> hm = new java.util.HashMap<String>();
```

6. 다음 부분 소스의 결과를 기술하시오.

❶
```java
System.out.println(Math.PI);
System.out.println(Math.abs(-4.5));
```

❷
```java
System.out.println(new String("java").toUpperCase());
System.out.println("JAVA".toLowerCase());
```

❸
```java
String str = "대한민국";
str.replace('대', '소');
System.out.println(str);
```

❹
```java
StringBuffer sb = new StringBuffer("정보");
sb.append("기술");
System.out.println(sb);
```

❺
```java
StringTokenizer st = new StringTokenizer("C,C++,Java,C#", ",");
System.out.println(st.countTokens());
System.out.println(st.nextToken());
```

7. 다음 문장은 일반화 유형으로 인해 경고가 발생한다. 경고가 발생하지 않도록 문장을 수정하시오.

❶ 원소로 30, 7.5, "런던올림픽" 등 다양한 객체를 삽입
```java
LinkedList<String> list = new LinkedList<String>();
```

❷ 원소로 3.8, 7.5, 2.6 등 실수 객체를 삽입
```java
HashSet<double> set = new HashSet<double>();
```

❸ 원소로 3.8, 7.5, 2.6 등 실수 객체를 삽입
```java
Vector vt = new Vector<Double>();
```

❹ 원소로 {"북경"=2008}, {"런던"=2012} 등 키와 값으로 각각 문자열과 정수 객체를 삽입
```java
HashMap<String, int> hm = new HashMap<String, int>();
```

8. 다음 프로그램의 결과를 기술하시오.

❶
```java
import java.util.LinkedList;

public class LinkedListTest {
    public static void main(String[] args) {
        LinkedList<String> list = new LinkedList<String>();
        list.add("pascal");
        list.addFirst("algol");
        list.addFirst("java");
        list.addLast("c#");
        System.out.println(list);
    }
}
```

❷
```java
import java.util.HashSet;

public class HashSetTest {
    public static void main(String[] args) {
        HashSet<Double> set = new HashSet<Double>();
        set.add(3.5);
        set.add(5.4);
        set.remove(5.4);
        set.add(3.5);
        System.out.println(set);
    }
}
```

❸
```java
import java.util.HashMap;

public class HashMapTest {
    public static void main(String[] args) {
        HashMap<String, String> hm = new HashMap<String, String>();
        hm.put("자바", "Java");
        hm.put("씨삽", "C#");
        hm.remove("자바");
        hm.put("오브젝티브 씨", "Objective-C");
        System.out.println(hm);
        System.out.println(hm.keySet());
    }
}
```

프로그래밍 연습

INTRODUCTION TO *JAVA* PROGRAMMING

1. 다음 조건을 만족하는 클래스 Person을 구현하여 테스트하는 프로그램을 작성하시오.
   - 클래스 Person은 이름을 저장하는 필드 구성
   - 클래스 Person은 상위 클래스 Object의 메소드 equals()를 오버라이딩하여 이름이 같으면 true를 반환하는 메소드 구현
   - 다음과 같은 소스로 클래스 Person을 점검

   ```
   Person p1 = new Person("홍길동");
   System.out.println(p1.equals(new Person("홍길동")));
   System.out.println(p1.equals(new Person("최영태")));
   ```

2. 다음 조건을 만족하도록 8개의 랩퍼 클래스 객체를 처리하는 프로그램을 작성하시오.
   - 박싱 기능을 사용하여 8개의 랩퍼 클래스의 객체를 생성
   - 언박싱 기능과 메소드 printf()를 사용하여 위 객체를 그대로 출력

3. 다음 조건을 만족하는 클래스 String의 객체 이용 프로그램을 작성하여 메소드 equals()와 연산자 ==의 차이를 비교 설명하시오.
   - 메소드 equals()와 비교 연산자 ==의 차이를 다음 소스로 점검

   ```
   String s1 = new String("java");
   String s2 = new String("java");
   String s3 = s2;

   System.out.println(s1 == s2);
   System.out.println(s1.equals(s2));
   System.out.println(s2 == s3);
   System.out.println(s2.equals(s3));
   ```

4. 다음 조건을 만족하도록 표준입력으로 년, 월, 일을 입력 받아 요일을 출력하는 프로그램을 작성하시오.
   - 클래스 Calendar를 사용

5. 다음 조건을 만족하도록 오늘의 정보를 출력하는 프로그램을 작성하시오.
   - 클래스 Calendar의 객체의 다음 메소드를 사용하며

* get(Calendar.DAY_OF_WEEK_IN_MONTH): 달에서 요일의 횟수 반환

* get(Calendar.WEEK_OF_MONTH): 요일을 반환, 1이 일요일

* get(Calendar.DAY_OF_YEAR): 해의 날짜를 반환

* get(Calendar.WEEK_OF_YEAR): 해의 주 횟수를 반환

- 다음과 같이 출력되도록 한다.

> 오늘은 2012년 6월 17일 일요일입니다.
> 이 달의 3번째 일요일입니다.
> 이 달의 4번째 주입니다.
> 이 해의 169일입니다.
> 이 해의 25번째 주입니다.

6. 다음 조건을 만족하도록 오늘이 속한 월의 달력을 출력하는 프로그램을 작성하시오.

- 다음과 같이 출력되도록 한다.

```
     2012년 6월 달력

 일  월  화  수  목  금  토
                     1   2
 3   4   5   6   7   8   9
10  11  12  13  14  15  16
17  18  19  20  21  22  23
24  25  26  27  28  29
```

7. 다음 조건을 만족하며, 표준 입력으로 입력되는 단어에서 중복된 단어와 유일한 단어를 구분하여 출력하는 프로그램을 HashSet을 이용하여 작성하시오.

- 콘솔 표준입력에서 quit를 입력하면 표준입력이 종료
- 출력은 HashSet 객체를 그대로 출력하며, 입출력은 다음과 같도록 한다.

> 표준입력으로 문자열을 여러 줄에 입력하세요.
> 결과를 보시려면 마지막에 표준입력으로 quit를 입력하세요.
> 표준입력으로 문자열을 여러 줄에 입력하세요.
> 결과를 보시려면 마지막에 표준입력으로 quit를 입력하세요.
> quit
>
> 중복되지 않은 문자열 => [quit를, 여러, 마지막에, 줄에, 보시려면, 결과를, 문자열을]
>
> 중복된 문자열 => [입력하세요., 표준입력으로]

8. 다음 조건을 만족하며, 명령행 인자로 입력되는 단어에서 단어의 출현 횟수를 출력하는 프로그램을 HashMap을 이용하여 작성하시오.

- Map을 이용하여 <단어, 출현횟수>의 키와 값을 저장
- 명령행 인자를 모두 출력, 단어의 종류 수를 출력, 각 단어와 출현 횟수를 출력
- 출력 결과 화면

```
[java, c, java, cpp, cpp, cobol, java]
4 distinct words detected:
{cobol=1, cpp=2, c=1, java=3}
```

9. 클래스 HashMap을 사용하여 이름과 전화번호가 저장되는 간단한 전화번호부를 만들어 이름으로 검색하는 프로그램을 작성하시오.

- 입출력 결과 화면

```
검색할 이름을 적으세요. >>
김미현
입력하신 김미현의 전화번호는 010-3675-8754 입니다.
```

10. 이름과 전화번호, 이동통신사가 저장되는 간단한 전화번호부를 만들기 위해, 키 하나에 값을 2개 입력할 수 있는 클래스 MyData를 구현하여 다음 조건을 만족하도록 프로그램을 작성하시오.

- 일반화 유형을 지원하는 클래스 MyData의 구현

```
class MyData<K, V1, V2> {
    ...
}
```

- 입출력 결과 화면

```
검색할 이름을 적으세요. >>
김이용
입력하신 김이용의 전화번호는 010-3196-3985, 이동통신 사는 KT입니다.
```

예외처리와 스레드

INTRODUCTION TO **JAVA** PROGRAMMING

학습목표

예외와 예외처리를 이해하고 프로그래밍에 활용할 수 있다.
- 에러와 예외의 차이와 클래스 계층구조
- 체크 예외와 비체크 예외의 차이와 처리 방법
- 새로운 예외 클래스의 생성과 사용 방법

스레드를 이해하고 스레드를 프로그래밍에 활용할 수 있다.
- 다중 작업과 스레드의 이해
- 클래스 Thread를 상속받아 처리하는 스레드 구현
- 인터페이스 Runnable을 구현하여 처리하는 스레드 구현

스레드 상태와 우선순위, 동기화를 이해하고 프로그래밍에 활용할 수 있다.
- 스레드 상태와 전이 방법
- 스레드 우선순위의 지정 방법
- 스레드에서 자원의 공유 문제와 동기화 처리
- Object의 wait( )와 notify( )를 사용한 동기화

01

예외처리 개요

1. 예외 개요

예외와 에러

자바에서 오류는 에러^{error}와 예외^{exception}로 구별된다. **자바 프로그램에서 실행 중에 발생할 수 있는 경미한 오류를 예외라** 한다. 예외^{exception}가 적절한 처리 모듈을 추가하여 발생한 문제를 복구할 수 있는 것과는 달리 에러^{error}는 메모리나 내부의 심각한 문제로 복구가 불가능한 오류인 OutOfMemoryError, InternalError 등을 말한다. 지금까지 프로그램을 실행하다가 중단되면서 IndexOutOfBoundsException과 같이 ○○○Exception 형태의 메시지를 많이 보았을 것이다. 이것이 바로 경미한 실행 오류인 예외가 발생한 것이다.

자바는 이러한 에러와 예외를 모두 객체로 만들어 처리하고 있으며 다음과 같은 클래스 계층 구조를 갖는다. 즉 클래스 Throwable은 하부로 예외인 Exception 클래스와 에러인 Error 클래스를 가지며, Exception 클래스 하부에는 다양한 예외를 위한 클래스가 존재한다.

> Note
>
> 여기서 말하는 에러는 문법 오류로 인한 문법 에러$^{syntax\ error}$가 아니라 실행 중에 발생하는 실행 오류를 말한다.

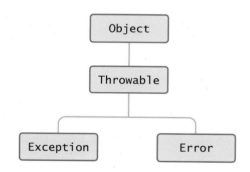

그림 8-1 ● 클래스 Exception과 Error

다양한 예외의 발생

우리가 경험했던 예외를 의도적으로 발생시켜보자. 객체를 다룰 때 발생할 수 있는 예외 중의 하나가 NullPointerException이다. 즉 실제 변수에 저장된 객체가 null임에도 불구하고 객체의 멤버를 참조하려는 경우 발생한다. 다음 예제에서 배열 num은 선언만 되고 배열 객체는 아직 없는 상황이다. 그런데 num의 필드 length를 참조하려고 하면

NullPointerException 예외가 발생한다. 예외가 발생하면 다음과 같이 발생한 예외 클래스의 이름과 예외가 발생한 프로그램 소스와 줄 번호가 표시되는 것을 알 수 있다.

실습예제 8-1 │ null인 객체를 사용한 NullPointerException 예외

ExceptionType1.java

```
01   public class ExceptionType1 {
02      static int num[];
03
04      public static void main(String[] args) {
05         System.out.println(num.length);
06      }                                      ──── 예외 발생
07   }
```

결과 Exception in thread "main" java.lang.NullPointerException◄──── 발생한 예외 클래스 이름
        at ExceptionType1.main(ExceptionType1.java:5)◄──── 예외 발생 소스와 줄 번호

배열에서 배열의 첨자 범위를 벗어난 첨자 사용은 다음 예제와 같이 ArrayIndexOutOf-BoundsException을 발생시킨다. 예외가 발생하면 바로 프로그램이 중단되므로 발생한 이후의 프로그램은 실행되지 않는다. 즉 다음 프로그램에서 "Hello!"는 출력되지 않는다.

실습예제 8-2 │ 범위를 벗어난 배열 첨자의 사용으로 ArrayIndexOutOfBoundsException 예외

ExceptionType2.java

```
01   public class ExceptionType2 {
02      public static void main(String[] args) {
03         String str[] = {"안녕하세요!", "Hello!"};
04                                          ──── 예외 발생
05         System.out.println(str[0]);
06         System.out.println(str[2]);
07         System.out.println(str[1]);
08      }
09   }
```

결과 안녕하세요!
        Exception in thread "main" java.lang.ArrayIndexOutOfBoundsException: 2 ◄──── 유효한 첨자 범위를 벗어난 첨자 값
           at ExceptionType2.main(ExceptionType2.java:6)

이 밖에도 예외의 종류를 더 들자면, **0으로 수를 나누려 할 때 발생하는 ArithmeticException, 배열에 잘못된 유형의 객체를 저장하려 할 때 발생하는 ArrayStoreException, 객체를 변환할 수 없는 유형으로 변환하려고 할 때 발생하는 ClassCastException, 배열의 크기를 음수로 지정하는 경우 발생하는 NegativeArraySizeException** 등을 들 수 있다.

2. 예외처리

예외처리 구문 try

프로그램 실행 중에 예외가 발생하면 예외 객체를 만들어 프로그램에 보낸다. 이를 throws exception이라 표현하는데, 던져진 예외thrown exception를 처리하는 모듈이 없으면 프로그램은 종료된다. 즉 **예외가 발생하여 프로그램이 중단되는 일이 없도록 하려면 프로그램에서 예외를 처리하는 모듈을 작성해야 하는데, 이를 예외처리exception handling라 한다. 예외처리란 말 그대로 실행 중에 여러 이유로 예상하지 못했던 문제가 발생한 경우 이를 적절히 처리하는 모듈로서,** 던져진 예외를 잡아 처리한다는 표현으로 catch exception이라 한다. 프로그램에서 예외를 처리하기 위해서는 예외 발생 가능성이 있는 위치와 종류를 예측할 수 있어야 한다. 자바에서는 **예외처리 모듈로 try ~ catch ~ finally 문장을 제공**한다. 다음은 예외처리 문장의 구조와 예이다.

```
try {
    //예외가 발생될 수 있는 문장들
    ...
} catch (발생가능예외클래스이름 변수이름) { //발생 가능한 예외 클래스의 참조변수 선언
    // 예외 처리 모듈
    System.out.println("예외 발생: " + e);
} finally {
    //항상 실행되는 문장
    System.out.println("try 실행");
}
```

```
try {
    System.out.println(str[0]);
    System.out.println(num.length);
    System.out.println(str[2]);
} catch (Exception e) {
    System.out.println("예외 발생: " + e);
} finally {
    System.out.println("try 실행");
}
```

그림 8-2 • try ~ catch ~ finally 구문

문장 try {...} catch () {...} finally {...}의 실행 과정을 살펴보자.

- 예외 발생 가능성이 있는 문장들을 try {...} 블록 안에 넣는다.
- 예외가 발생하면 복구나 처리를 위한 모듈은 catch (Exception e) {...} 블록에서 구현한다. 발생한 예외가 문장 catch의 인자인 Exception 유형과 일치하거나 Exception보다 하위 클래스의 예외이면 처리 모듈을 실행한다. catch 문은 try 문 아래에 여러 개가 올 수 있으며 발생 가능한 예외 유형에 따라 catch 문을 구성한다.

- 물론 예외가 발생하지 않거나 발생하더라도 유형이 맞지 않으면 catch 문은 실행되지 않는다. 예외가 발생하더라도 catch 블록이 실행되지 않으면 예외처리를 못하고 프로그램은 중단된다.
- try 문 마지막에는 finally {…} 문이 올 수 있는데, 이 블록은 try 문이 실행되면 반드시 실행되는 문장이다. 즉 예외 발생과 상관없이 finally의 블록은 실행된다.
- try 문에서 catch와 finally 둘 중 하나는 옵션이다. 즉 try 문을 이용하려면 catch와 finally 문 중에서 적어도 하나는 구현되어야 한다. 그러나 catch가 없는 try 문은 의미가 없으므로 finally 블록을 선택적이라 생각할 수 있다.

try 내부에서 예외가 발생하면 더 이상 try 블록 내부의 나머지 문장은 실행하지 않는다. 다음 예제에서 num.length에 의해 발생한 NullPointerException이 catch에 기술된 유형 Exception의 하위 클래스이므로 catch 내부의 문장이 실행된다.

│ 실습예제 8-3 │ try~catch 예외처리에 의해 프로그램이 정상적으로 종료

ExceptionHandling.java

```
01   public class ExceptionHandling {
02       static int num[];
03
04       public static void main(String[] args) {
05           String str[] = { "안녕하세요!", "Hello!" };
06
07           try {
08               System.out.println(str[0]);                    ← 예외 발생
09               System.out.println(num.length);
10               System.out.println(str[2]);
11           } catch (Exception e) {
12               System.out.println("예외 발생: " + e);          위 문장에서 예외가 발생하여 이 문장은
                                                                  실행되지 못함
13           } finally {
14               System.out.println("try 실행");                 발생한 예외가 이 유형의 하부 객체여야
                                                                  catch 내부를 실행함
15           }
16
17           System.out.println("프로그램이 정상적으로 종료됩니다.");  예외 발생과 상관없이 한 번 실행되는 모듈
18       }
19   }
```

결과
```
안녕하세요!
예외 발생: java.lang.NullPointerException
try 실행
프로그램이 정상적으로 종료됩니다.
```

catch 처리 순서

try 문 블록 내부 문장에서 여러 종류의 예외가 발생할 수 있으므로 catch 문은 여러 개를 구성할 수 있다. 여러 개의 catch 문을 이용하는 경우 구문은 다음과 같다. 프로그램이 실행되는 순간에 예외가 발생하면 여러 개의 catch 문 중에서 위에서부터 순차적으로 catch(ExceptionType var) 문에 선언된 참조변수의 유형인 ExceptionType 인자 유형을 검사하여 발생된 예외의 유형과 일치하거나 하위 클래스이면 먼저 만나는 catch 문 블록만을 실행한다. 여기서 주의할 점은 **여러 개의 catch 구문에 기술하는 ExceptionType이 하위 클래스인 것부터 먼저 catch 블록을 기술**해야 한다.

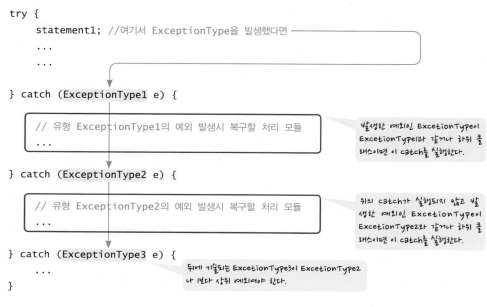

```
try {
    statement1; //여기서 ExceptionType을 발생했다면
    ...
    ...
} catch (ExceptionType1 e) {

    // 유형 ExceptionType1의 예외 발생시 복구할 처리 모듈
    ...

} catch (ExceptionType2 e) {

    // 유형 ExceptionType2의 예외 발생시 복구할 처리 모듈
    ...

} catch (ExceptionType3 e) {
    ...
}
```

발생한 예외인 ExcetionType이 ExceptionType1과 같거나 하위 클래스이면 이 catch를 실행한다.

위의 catch가 실행되지 않고 발생한 예외인 ExcetionType이 ExceptionType2와 같거나 하위 클래스이면 이 catch를 실행한다.

뒤에 기술되는 ExceptionType3이 ExceptionType2나 1보다 상위 예외여야 한다.

그림 8-3 ● 여러 catch 블록의 실행

다음 예제 ExceptionCatch는 예외 NumberFormatException이 발생하는 Ineteger.parseInt(1123.45) 구문의 예외처리를 위해 예외 ClassCastException과 Exception 2개의 catch 문을 처리하는 예제이다. 발생한 예외인 NumberFormatException은 예외 ClassCastException과 관계가 없으므로 첫 catch (ClassCastException e) {...}은 실행되지 않으며, 두 번째 catch (Exception e) {...}의 블록이 실행되는 것을 알 수 있다. catch 블록에서 **예외 참조 변수인 e를 바로 출력하면 예외 클래스 이름과 메시지가 출력된다. 발생한 예외의 메시지만 알아보려면 e.getMessage() 메소드를 사용하며, 예외 처리를 하지 않은 경우 출력되는 모든 메시지를 보려면 e.printStackTrace() 메소드를 사용**한다.

> **Note**
>
> 예외 참조변수 e의 출력은 e.toString()의 반환 문자열이 출력된다.

ExceptionCatch.java

```
01  public class ExceptionCatch {
02      public static void main(String[] args) {
03          int data = 0;
04
05          //catch 여러 개 구성
06          try {
07              data = Integer.parseInt("1123.45");                        예외 발생
08          } catch (ClassCastException e) {
09              System.out.println("예외 발생 1: " + e);
10              System.out.println("e.getMessage(): " + e.getMessage());
11          } catch (Exception e) {                             발생한 예외인 NumberFormatException의
12              System.out.println("예외 발생 2: " + e);            상위 클래스이므로 이 블록이 실행됨
13              //예외에서 주로 이용하는 메소드 getMessage()와 printStatckTrace()
14              System.out.println("e.getMessage(): " + e.getMessage());
15              System.out.println("e.printStackTrace(): ");
16              e.printStackTrace();
17          }
18
19          System.out.printf("data = %d %n", data);
20      }
21  }
```

결과

```
예외 발생 2: java.lang.NumberFormatException: For input string: "1123.45"
e.getMessage(): For input string: "1123.45"
e.printStackTrace():
java.lang.NumberFormatException: For input string: "1123.45"
    at java.lang.NumberFormatException.forInputString(Unknown Source)
    at java.lang.Integer.parseInt(Unknown Source)
    at java.lang.Integer.parseInt(Unknown Source)
    at ExceptionCatch.main(ExceptionCatch.java:7)
data = 0
```

위 프로그램에서 catch 순서를 바꾸면 컴파일 과정에서 문법 오류가 발생한다. 오류
메시지인 "Unreachable catch block for ClassCastException. It is already
handled by the catch block for Exception"을 살펴보면 catch 문장의 순서로 인
하여 예외 자료 유형 ClassCastException에는 도달하지 못한다는 것이다. 즉 catch
의 처리 순서에 따라 컴파일 오류가 발생할 수 있다. catch 문장에서 하위 계층의 예외
를 먼저 처리해야 한다. 그렇지 않으면 위와 같은 오류가 발생한다. **모든 예외 클래스는
Exception의 하위 클래스이므로 Exception 유형의 참조변수 catch 블록은 모든 종류의
예외를 처리할 수 있으므로 반드시 catch 블록의 마지막에 배치**해야 한다.

체크 예외와 예외 생성

1. 체크 예외와 비체크 예외

예외 계층구조

자바에서 예외 관련 클래스의 계층 구조를 살펴보면 Exception 하부로 Runtime-
Exception과 IOException, ClassNotFoundException, DataFormatException 등
으로 나뉜다. 여기서 RuntimeException과 그 하부 예외는 지금까지 주로 살펴본 예
외로서 프로그래머의 부주의로 실행시간에 쉽게 발생할 수 있는 예외인 Arithme-
ticException, NullPointerException, ArrayIndexOutOfBoundsException,
IndexOutOfBoundsException 등이 있다.

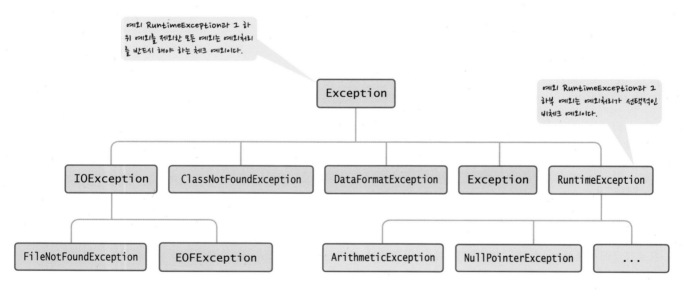

그림 8-4 ● 예외 관련 클래스 계층 구조

체크 예외와 문법 오류

RuntimeException과 그 하부 예외가 발생할 가능성이 있는 코드들은 try ~ catch 문을
사용하기보다는 프로그래머들이 보다 주의 깊게 코드를 작성하면 예외가 발생하지 않으

므로 예외처리는 선택적이다. 이러한 예외를 비체크 예외^{unchecked exception}라 한다. 비체크 예외와는 다르게 **주로 외부 조건에 의해서 발생할 수 있는 예외로서 반드시 예외처리를 해주어야 하는 예외를 체크 예외**^{checked exception}라 한다. 예외 중에서 RuntimeException과 그 하부 예외를 제외하면 모두 체크 예외이다. 체크 예외를 살펴보면 주로 외부의 영향으로 예외가 발생할 수 있는 것들로서, 프로그램을 이용하는 사용자들의 잘못된 조작에 의해서 발생하는 경우가 많다. 예를 들어 존재하지 않는 파일을 처리한다든가^{FileNotFoundException}, 사용하려는 클래스의 이름을 잘못 적는다든가^{ClassNotFoundException} 또는 입력한 데이터의 형식이 잘못 되었다든가^{DataFormatException} 하는 경우에 발생하는 예외들이다.

클래스 Class는 클래스 Object의 하위 클래스로 응용 프로그램에서 실행 중인 클래스나 인터페이스를 대표하는 클래스이다. Class의 메소드 중에 정적 메소드인 forName-(className)은 인자인 className의 객체를 반환하는 메소드로 다음과 같이 선언되어 있다.

```
public static Class<?> forName(String className) throws ClassNotFoundException
```

그림 8-5 ● 클래스 Class의 메소드 forName( )의 예외 발생 선언

즉 메소드 forName(className)은 인자인 className의 클래스가 없다면 ClassNot-FoundException 예외를 발생시키므로 forName(className)을 호출하는 부분에서 반드시 예외처리를 해야 한다. 이와 같이 메소드 선언을 살펴보면 발생할 수 있는 예외를 살펴볼 수 있으며 **발생하는 예외가 체크 예외라면 메소드 호출 부분에서 예외처리가 없으면 컴파일 시간에 문법 오류가 발생한다.** 다음 예제에서 예외처리가 없으므로 Class.forName("java.lang.Object")을 호출하는 소스 **04**행에서 문법 오류가 발생한다.

| 실습예제 8-5 | 체크 예외인 ClassNotFoundException은 반드시 예외처리가 필요

CheckedException.java

```
01  public class CheckedException {
02      public static void main(String[] args) {
03          //메소드 Class.forName()을 사용하려면 반드시 예외처리를 해야 함
04          System.out.println(Class.forName("java.lang.Object"));
05      }
06  }
```

결과 Unhandled exception type ClassNotFoundException ◄——— 컴파일 시간에 문법 오류 발생

2. 체크 예외의 처리 2가지 방법

try 문장 사용

예외 처리를 하는 방법은 2가지가 있다. **그 첫 번째 방법은 이미 배운 try~catch 구문을 사용하는 방법**이다. try~catch 구문으로 체크 예외인 ClassNotFoundException이 발생하는 Class.forName("java.lang.Object")을 처리하므로 예외가 발생하더라도 정상적으로 종료된다.

실습예제 8-6 │ try~catch 예외처리에 의해 체크 예외의 처리

TryCheckedException .java

```
01  public class TryCheckedException {
02      public static void main(String[] args) {
03          //메소드 Class.forName()을 사용하려면 반드시 예외처리를 해야 함
04          try {
05              System.out.println(Class.forName("java.lang.Object"));
06          } catch (ClassNotFoundException ex) {
07              System.out.println(ex);
08          }
09      }
10  }
```

예외가 발생하지 않으므로
이 문장은 실행되지 않는다.

결과
```
class java.lang.Object
```

예외를 다시 상위 메소드로 전달

예외 처리를 하는 **두 번째 방법은 예외가 발생될 수 있는 구문이 속한 메소드에서 다시 예외를 전달**propagation**하는 방법**이다. 즉 Class.forName("java.lang.Object")이 있는 main() 메소드의 선언에서 throws ClassNotFoundException을 기술하여 예외를 전달한다. 이 방법은 예외를 상위 메소드로 전달하는 방법으로 예외처리를 수행한다기보다는 상위 메소드로 예외처리를 미루는 방법이다.

PropagateCheckedException.java

```
01    public class PropagateCheckedException {
02        //메소드 선언에서 다시 예외 ClassNotFoundException의 발생을 전달
03        public static void main(String[] args) throws ClassNotFoundException {
04            //메소드 Class.forName()을 사용하려면 반드시 예외처리를 해야 함
05            System.out.println(Class.forName("java.lang.Object"));
06        }
07    }
```

결과 class java.lang.Object

특히 main() 메소드는 자바가상기계에 의하여 호출되는 메소드이므로 다음과 같이 인자인 클래스이름을 "java.lang.Objec"로 잘못 사용하여 예외가 발생하면 예외처리가 되지 않아 바로 실행이 중단되는 문제가 발생할 수 있다. 그러므로 main() 메소드로의 예외전달은 예외처리가 아니므로 실제 예외가 발생하면 실행이 중단되니 주의하도록 하자.

실습예제 8-8 │ 메소드 main( )으로의 예외 전달은 예외가 발생

PropagateCheckedException.java

```
01    public class PropagateCheckedException {
02        //메소드 선언에서 다시 예외 ClassNotFoundException의 발생 가능성을 전달
03        public static void main(String[] args) throws ClassNotFoundException {
04            //메소드 Class.forName()을 사용하려면 반드시 예외처리를 해야 함
05            System.out.println(Class.forName("java.lang.Objec"));
06        }
07    }
```

결과 Exception in thread "main" java.lang.ClassNotFoundException: java.lang.Objec
        at java.net.URLClassLoader$1.run(Unknown Source)
        at java.net.URLClassLoader$1.run(Unknown Source)
        at java.security.AccessController.doPrivileged(Native Method)
        at java.net.URLClassLoader.findClass(Unknown Source)
        at java.lang.ClassLoader.loadClass(Unknown Source)
        at sun.misc.Launcher$AppClassLoader.loadClass(Unknown Source)
        at java.lang.ClassLoader.loadClass(Unknown Source)
        at java.lang.Class.forName0(Native Method)
        at java.lang.Class.forName(Unknown Source)
        at PropagateCheckedException.main(PropagateCheckedException.java:5)

3. 자신의 예외 클래스 생성과 예외처리

예외 클래스 생성과 발생

이미 시스템에 의해 정의된 예외 클래스 외에 **새로운 예외 클래스를 정의하려면 Exception 을 상속받아 구현**한다. 예외의 메시지를 지정하는 생성자를 구현하려면 다음과 같이 문자열을 인자로 하는 생성자에서 super(msg)로 구현한다. 이러한 구문에 의해 msg에 저장된 문자열은 메소드 getMessage()에 의해 반환될 수 있다.

Note

new CreditCard()는 기본 생성자를 호출하는 문장이다. 생성자는 다음 절에서 자세히 알아 볼 예정이다.

```
//class 새로운예외이름 extends Exception {
public class MyException extends Exception {
    //생성자: msg = 예외의 메시지 이름
    public MyException(String msg) {
        super(msg);
    }
}
```

그림 8-6 ● 새로운 예외 MyException의 정의

생성된 예외 클래스는 필요한 경우 예외를 발생^{throws}시킬 수 있다. 만일 **메소드 doException()에서 MyException을 발생시킨다면 다음과 같이 메소드 선언에서 throws MyException을 기술**한다. 만일 발생되는 예외가 여러 개라면 throws MyException, YourException과 같이 여러 예외 유형을 쉼표로 구분하여 기술한다. 그리고 **메소드 내부에서 예외를 발생시키는 부분에서는 new MyException("내가 만든 예외")으로 예외 객체를 만들어 키워드 throw로 예외를 발생**시킨다.

```
                                    throws MyException, YourException {
public static void doException(boolean bool) throws MyException {
    if (bool)
        //실제 예외를 발생시키는 부분에서는 throw를 사용
        throw new MyException("내가 만든 예외");
}
```

그림 8-7 ● 새로운 예외 MyException이 발생되는 메소드의 구현

새로운 예외의 처리

다음 클래스 MyExceptionTest에서는 새로 정의한 MyException이 발생되는 메소드 doExcetion()의 예외를 try로 처리하고 있다. 예외 객체 자체를 출력하면 클래스이름과 메시지가 출력되는 것을 확인할 수 있다. 또한 예외 객체 메소드 getMessage()에 의해 super()로 지정된 예외 메시지인 문자열이 반환된다. 만일 super(msg)를 구현하지 않았다면 getMessage()는 null이 반환될 것이다.

| 실습예제 8-9 | 새로운 예외 MyException의 생성과 발생 그리고 예외처리

MyExceptionTest .java

```
01   package exception;
02
03   //class 새로운 예외이름 extends Exception {
04   class MyException extends Exception {
05       //생성자: msg = 예외의 메시지 이름
06       public MyException(String msg) {
07           super(msg);
08       }
09   }
10
11   public class MyExceptionTest {
12       public static void main(String[] args) {
13           try {
14               doException(true);
15           } catch (MyException e) {
16               System.out.println("e: " + e);
17               System.out.println("e.getMessage(): " + e.getMessage());
18           }
19       }
20
21       //메소드 doException()은 새로 만든 MyException을 발생
22       public static void doException(boolean bool) throws MyException {
23           if (bool)
24               //실제 예외를 발생시키는 부분에서는 throw를 사용
25               throw new MyException("내가 만든 예외");
26       }
27   }
```

결과
```
e: exception.MyException: 내가 만든 예외
e.getMessage(): 내가 만든 예외
```

03

스레드 개요

1. 작업과 스레드

스레드

지금까지 여러분은 다양한 응용 프로그램을 직접 개발해 보았다. 이러한 하나의 응용 프로그램의 실행 결과를 예측하려면, 메소드 main()의 첫 줄에서 마지막 줄까지 프로그램의 제어 흐름^{control flow}을 살펴보아야 한다. 이와 같이 **프로그램 내에서 실행되는 프로그램 제어 흐름을 스레드**^{thread}라 한다. 만일 이러한 프로그램의 내부의 실행 흐름인 스레드를 여러 개 만들 수 있다면 여러 일을 동시에 처리하는 듯한 느낌이 날 것이다.

Note

어원에서 보듯이 스레드는 실과 같은 실행 흐름을 나타낸다.

(1) 일반 프로그램인 하나의 스레드   (2) 스레드가 여러 개의 프로그램인 하나의 스레드

그림 8-8 • 스레드 정의

다중 작업과 다중 스레드

지금까지 살펴본 프로그램은 이러한 스레드를 하나만 이용하는 단일 스레드 프로그램이었다면, **여러 개의 스레드를 이용하는 프로그램을 다중 스레드**^{multi-thread} **프로그램**이라 한다. 이러한 다중 스레드에서 각각의 스레드는 마치 하나의 독립된 프로그램처럼 일을 수행한다. 그러나 스레드는 하나의 프로그램 내부에 있을 수 있는 여러 실행 제어이다. 웹 브라우저에서 파일을 다운로드 받으면서 스크롤바를 움직일 수 있다든지, 아니면 브라우저의 플러그인으로 음악을 들으면서 홈페이지를 프린트하는 일이 모두 다중 스레드를 이용함으로써 가능한 일이다.

이러한 다중 스레드는 다중 작업과는 다른 개념이다. **다중 작업**multi-tasking**이란 단어의 의미만으로는 동시에 여러 일을 처리한다는 개념이지만 여러 프로그램을 동시에 실행시켜 서로 이동하면서 작업이 가능한 것**을 말한다. 초기의 컴퓨터는 하나의 프로그램만을 실행 할 수 있었다. 즉 단일 작업 처리만 가능하였다. 다중 작업은 이제 일상이 되었는데 음악을 들으면서 인터넷 서핑을 한다든가, 문서작업을 하면서 동영상을 보는 등의 예를 들 수 있다.

Note

생성자는 객체를 만들기 위해 반드시 **new**에 의해 호출되는 특별한 메소드이다.

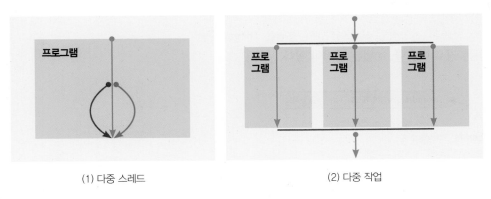

(1) 다중 스레드   (2) 다중 작업

그림 8-9 ● 다중 스레드와 다중 작업

다중 스레드를 이용하여 구현한 프로그램을 실행하면 동시에 여러 스레드를 실행시키는 듯하다. 그러나 프로세서processor가 하나인 시스템에서 다중 스레드를 실행시키면 어느 주어진 짧은 순간에 프로세서는 하나의 스레드만을 실행한다. 이러한 시간을 짧게 처리하여 여러 스레드에 분배하면 마치 여러 스레드가 동시에 실행되는 듯한 느낌이 나는 것이다. 이러한 **다중 스레드의 실행 순서를 관리하는 프로그램이 운영체제의 스케줄러**scheduler이다. 이 스케줄러는 운영체제의 일부이며 스레드의 실행에 중요한 역할을 담당한다.

스레드는 가벼운 프로세스light-process**라고 표현한다.** 프로세스process는 실행되고 있는 프로그램이라 할 수 있는데, 어떠한 기능을 여러 프로세스로 나누어 실행하면 동시에 여러 기능을 처리할 수 있는 장점이 있다. 그러나 프로세스는 프로세스마다 고유한 저장공간을 사용하며 독립적으로 실행되므로, 여러 프로세스를 실행하려면 프로세스 간의 정보 교환에 많은 시간이 소요되는 단점이 있다. 반면에 **하나의 프로그램 내부에서 실행되는 스레드는 프로세스보다 오버헤드가 적으면서 처리할 작업을 동시에 실행할 수 있는 장점이** 있다. 그러므로 가벼운 프로세스인 스레드 프로그래밍 방식의 중요성이 여기에 있다고 볼 수 있다.

2. 클래스 Thread 상속

스레드 기능을 메소드 run에서 구현

스레드를 처리하는 방법은 두 가지로 나눌 수 있다. 먼저 첫 번째 방법으로 **스레드를 정의하기 위해서는 패키지 java.lang에 소속된 클래스 Thread를 상속받아 구현하는 방법**이다. 즉 스레드 기능을 수행하는 새로운 클래스를 생성하기 위해서 클래스 Thread를 상속받아 새로운 스레드를 정의하고, Thread의 메소드 run()에서 스레드 작업을 재정의한다. 다음은 스레드를 구현하는 클래스 구조의 전형적인 모습이다. 이 방법은 Thread뿐만아니라 다른 클래스를 상속받아야 하는 경우 이용할 수 없는 단점이 있다.

Thread를 상속받아 메소드 run()을 재정의

```
class MyThread extends Thread {
    //스레드 기능을 구현하기 위한 메소드 재정의
    public void run() {
        //기능 구현
        ...
    }
}
```

그림 8-10 ● 스레드 구현 클래스

스레드 객체의 start( ) 호출과 주요 메소드

클래스 Thread를 상속받아 구현된 스레드는 다음과 같이 객체를 생성한 후 메소드 start()를 호출하여 스레드를 시작할 수 있다. 메소드 start()의 호출에 의해 스레드에 재정의된 run()이 수행된다.

```
MyThread th = new MyThread(); //스레드 생성
th.start(); //스레드 시작 메소드 호출
```

그림 8-11 ● 스레드 객체 생성과 스레드 시작 메소드 start() 호출

다음은 클래스 Thread의 주요 메소드이다.

메소드	기능
static int activeCount()	현재 활동 중인 스레드의 개수를 반환
static Thread currentThread()	현재 실행 중인 스레드를 반환
void setName(String name)	스레드 이름을 지정
String getName()	스레드 이름을 반환
void setPriority(int priority)	스레드 우선순위를 지정
int getPriority()	스레드 우선순위를 반환
long getId()	스레드 ID를 반환
static void sleep(int milliseconds)	지정된 1/1000초 동안 쉬도록 하는 메소드
void run()	스레드 기능을 수행하는 메소드로 start()를 호출하면 실행되는 메소드
void start()	스레드를 시작하는 메소드

표 8-1 ● 클래스 Thread의 주요 메소드

다음은 스레드를 구현한 클래스 MyThread와 이를 실행하는 클래스 SimpleThread이다.
클래스 Thread에는 스레드의 이름을 조회하기 위한 메소드 getName()에 제공되며, 간단
히 Thread-n이라고 출력되는 것을 알 수 있다.

| 실습예제 8-10 | 1에서 9까지 출력하는 스레드 구현하여 스레드를 실행

SimpleThread.java

```
01    class MyThread extends Thread {
02        //스레드 기능을 구현하기 위한 메소드 재정의
03        public void run() {
04            //기능 구현
05            for (int i = 1; i < 10; i++)
06                System.out.println(getName() + ": " + i);
07        }
08    }
09
10    public class SimpleThread {
11        public static void main(String[] args) {
12            MyThread th = new MyThread(); //스레드 생성
13            th.start(); //스레드 시작 메소드 호출
14        }
15    }
```

결과
```
Thread-0: 1
Thread-0: 2
Thread-0: 3
Thread-0: 4
Thread-0: 5
Thread-0: 6
Thread-0: 7
Thread-0: 8
Thread-0: 9
```

3. Thread를 이용한 다중 스레드 구현

스레드 이름 지정과 반환

이름을 가진 스레드를 생성하려면 메소드 setName()을 사용한다. 지정된 스레드의 이름을 반환하려면 메소드 getName()을 사용한다. 그리고 스레드를 잠시 멈추게 하려면 sleep(시간)을 이용하는데, 지정된 인자는 천분의 1초를 의미한다.

```java
class IncThread extends Thread {
    //생성자 구현
    public IncThread(String name) {
        setName(name); //생성자 이름 지정
    }
                    스레드 이름을 지정하려면 메소드 setName()을 사용
    public void run() {
        ...
        sleep(50);
        System.out.println(getName() + ": " + i);
        ...
    }
}
                    스레드 이름 반환 메소드 getName()
```

그림 8-12 ● 스레드 이름 지정과 반환

여러 스레드의 실행

다음 프로그램은 이름이 "증가 스레드"인 IncThread와 이름이 없는 DecThread 두 개를 생성하여 실행한 프로그램이다. **메소드 activeCount()는 활성화된 스레드 수를 반환**하는데, 자바 **프로그램이 실행되면 자동으로 스레드가 하나 활성화되므로 프로그램에서 실행한 스레드 수보다 1이 큰 숫자가 반환**된다. 다음의 결과를 살펴보면 두 개의 스레드가 마치 병렬로 실행되는 것처럼 보이는 것을 확인할 수 있다.

> **Note**
>
> main() 메소드는 자바가상기계 JVM의 main 스레드가 호출하여 실행하므로 자바 프로그램이 실행되었으면 이미 스레드는 하나 실행 중이다.

ThreadTest.java

```
01   class IncThread extends Thread {
02       //생성자 구현
03       public IncThread(String name) {
04           setName(name); //생성자 이름 지정
05       }
06
07       public void run() {
08           for (int i = 1; i < 5; i++) {
09               try {
10                   sleep(50);
11                   System.out.print(getName() + ": " + i);
12                   System.out.println(", 활성화된 스레드 수: " + activeCount());
13               } catch (Exception e) {
14                   e.printStackTrace();
15               }
16           }
17       }
18   }
19
20   class DecThread extends Thread {
21       public void run() {
22           for (int i = 5; i > 1; i--)
23               try {
24                   sleep(50);
25                   System.out.print(getName() + ": " + i);
26                   System.out.println(", 활성화된 스레드 수: " + activeCount());
27               } catch (Exception e) {
28                   e.printStackTrace();
29               }
30       }
31   }
32
33   public class ThreadTest {
34       public static void main(String[] args) {
35           IncThread inc = new IncThread("증가 스레드");
36           inc.start();
37           DecThread dec = new DecThread();
38           dec.start();
39       }
40   }
```

결과

```
증가 스레드: 1, 활성화된 스레드 수: 3
Thread-1: 5, 활성화된 스레드 수: 3
증가 스레드: 2, 활성화된 스레드 수: 3
Thread-1: 4, 활성화된 스레드 수: 3
증가 스레드: 3, 활성화된 스레드 수: 3
Thread-1: 3, 활성화된 스레드 수: 3
증가 스레드: 4, 활성화된 스레드 수: 3
Thread-1: 2, 활성화된 스레드 수: 2
```

4. 인터페이스 Runnable 구현

인터페이스 Runnable

인터페이스 Runnable은 추상 메소드 run()으로 구성된 단순한 인터페이스이다. 스레드로 실행하려는 클래스는 인터페이스 Runnable을 상속받아 메소드 run()에서 스레드 기능을 구현하도록 한다. 클래스 Thread의 소스를 살펴보면 Thread는 인터페이스 Runnable을 상속받아 메소드 run()을 재정의하고 있다는 것을 알 수 있다.

```
package java.lang;

public interface Runnable {
    public abstract void run();
}
```

그림 8-13 • 인터페이스 Runnable 소스

인터페이스 Runnable의 run( ) 메소드 구현

스레드를 처리하는 두 번째 방법은 인터페이스 Runnable을 상속받아 추상 메소드 run()을 구현하는 클래스를 정의하는 방법이다. 여기서 **스레드의 이름을 알고 싶다면 Thread.currentThread().getName()을 호출**한다. 스레드를 시작하려면 구현한 스레드의 객체 인자로 Thread를 생성하여 스레드 시작 메소드 start()를 호출한다.

> **Note**
>
> 다음이 클래스 Thread의 소스
>
> ```
> public class Thread implements Runnable {
>     ...
> }
> ```

```
public class SumThread implements Runnable {
    public void run() {
        ...
        System.out.println(Thread.currentThread().getName());
        ...
    }
}
```

currentThread()는 정적 메소드로 현재 실행 중인 메소드를 반환

```
Runnable r = new SumThread();
Thread th = new Thread(r);
th.start();
```

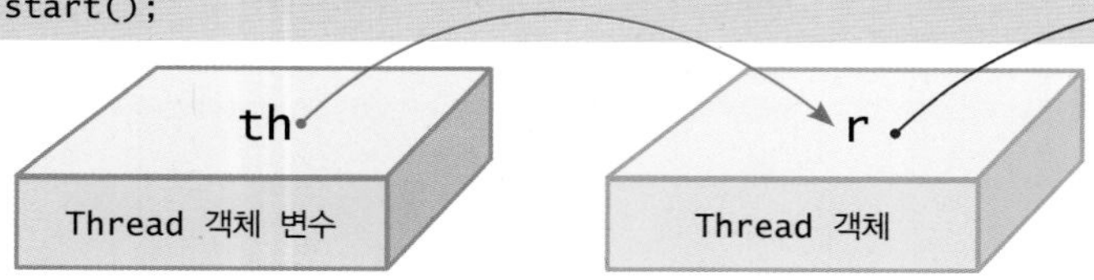

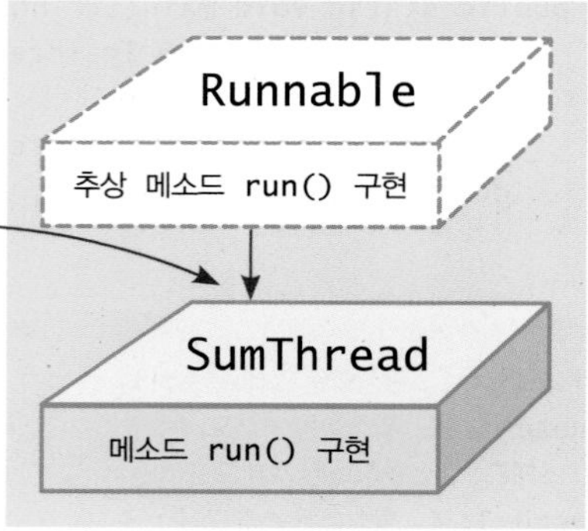

그림 8-14 • 인터페이스 Runnable을 구현한 클래스 SumThread

자바 프로그램은 main() 메소드 내부의 실행으로 시작된다. **main() 메소드는 자바가상기계^{JVM}의 main 스레드가 호출하여 실행**한다. 그러므로 main()에서 우리가 직접 구현한 스레드를 실행하기 전에 스레드를 확인하면 이미 main 스레드가 실행되고 있다는 것을 확인할 수 있다.

| 실습예제 8-12 | 인터페이스 Runnable을 구현한 스레드 클래스

SumThread.java

```java
01  public class SumThread implements Runnable {
02      private int end;
03
04      public SumThread(int end) {
05          this.end = end;
06      }
07
08      public void run() {
09          int sum = 0;
10          for (int i = 1; i <= this.end; i++) {
11              sum += i;
12              System.out.print("현재 스레드 수: " + Thread.activeCount());
13              System.out.print(", " + Thread.currentThread().getName());
14              System.out.printf(": sum(1:%d) = %d %n", i, sum);
15          }
16      }
17
18      public static void main(String[] args) {
19          //main 스레드가 main() 메소드를 호출하므로 이 부분에도 스레드가 이미 실행
20          System.out.print("main 스레드 ID: ");
21          System.out.print(Thread.currentThread().getId());
22          System.out.print(", 현재 스레드 수: ");
23          System.out.print(Thread.activeCount());
24          System.out.print(", 현재 스레드 이름: ");
25          System.out.println(Thread.currentThread().getName());
26
27          //직접 구현현 스레드를 실행
28          Runnable r1 = new SumThread(5);
29          Thread th1 = new Thread(r1);
30          th1.start();
31      }
32  }
```

메소드 **main()**이 시작되면 스레드 **main**이 이미 실행되고 있는 것을 확인할 수 있다.

결과
```
main 스레드 ID: 1, 현재 스레드 수: 1, 현재 스레드 이름: main
현재 스레드 수: 2, Thread-0: sum(1:1) = 1
현재 스레드 수: 2, Thread-0: sum(1:2) = 3
현재 스레드 수: 2, Thread-0: sum(1:3) = 6
현재 스레드 수: 2, Thread-0: sum(1:4) = 10
현재 스레드 수: 2, Thread-0: sum(1:5) = 15
```

SECTION | INTRODUCTION TO JAVA PROGRAMMING

04 스레드 상태와 우선순위

1. 스레드 상태와 상태 전이

스레드 상태 6가지

스레드는 객체가 생성되면 NEW라는 상태이며, start()가 호출되면 RUNNABLE 상태로 이동한다. 이러한 스레드의 상태는 클래스 Thread 내부에 다음과 같이 enum State로 선언되어 6가지 상수로 제공된다.

```
public enum State {
    NEW,
    RUNNABLE,
    BLOCKED,
    WAITING,
    TIMED_WAITING,
    TERMINATED;
}
```

그림 8-15 • 스레드의 상태를 나타내는 열거형 상수 정의

스레드의 상태 상수 6가지의 특징을 살펴보면 다음과 같다.

상태	상수	의미
NEW	Thread.State.NEW	스레드 객체가 생성된 후 아직 실행이 되지 않은 상태
RUNNABLE	Thread.State.RUNNABLE	스레드 객체가 생성된 후 start() 메소드에 의한 실행 상태이나 실제 스케줄러에 의해 프로세서 등과 같은 자원이 할당되어야 실제 실행이 되는 상태
TERMINATED	Thread.State.TERMINATED	스레드가 run()의 기능을 모두 수행한 이후나 메소드 interrupt()에 의해 종료된 상태로 더 이상 다른 상태로 전이가 불가능한 상태
BLOCKED	Thread.State.BLOCKED	동기화 또는 입출력 처리를 위해 기다리고 있는 상태
WAITING	Thread.State.WAITING	시간 지정이 없는 Object.wait() 또는 Thread.join() 메소드 호출에 의해 특별한 기능 수행을 위해 기다리고 있는 상태
TIMED_WAITING	Thread.State.TIMED_WAITING	시간 지정이 있는 Thread.sleep(int), Object.wait(int) 또는 Thread.join(int) 메소드 호출에 의해 지정된 시간을 기다리고 있는 상태

표 8-2 • 스레드의 상태 상수 6가지

스레드 상태 전이

스레드는 객체가 생성되면 상태가 NEW이며, **메소드 start()가 호출되면 RUNNABLE 상태로 이동**한다. 상태 RUNNABLE에서 동기화 또는 입출력 처리를 위해 BLOCKED 상태로 이동하여 실행을 잠시 중지한다. 동기화 또는 입출력 처리가 완료되면 다시 RUNNABLE 상태로 이동한다. 상태 RUNNABLE에서 시간 지정이 없는 Object.wait() 또는 Thread.join() 메소드 호출에 의해 특별한 기능 수행을 위해 기다리고 있는 상태 WAITING 상태로 이동하여 실행을 잠시 중지한다. WAITING 상태에서 메소드 Object.notify() 또는 Object.notifyAll() 등에 의해 다시 RUNNABLE 상태로 이동한다. 상태 RUNNABLE에서 시간 지정이 있는 Thread.sleep(int), Object.wait(int) 또는 Thread.join(int) 메소드 호출에 의해 지정된 시간을 기다리고 있는 상태인 TIMED_WAITING 상태로 이동하여 실행을 잠시 중지한다. 지정된 시간이 지나면 다시 RUNNABLE 상태로 이동한다. 스레드가 run()의 기능을 모두 수행하면 RUNNABLE에서 스레드가 완전히 종료된 상태인 TERMINATED 상태로 이동한다. 또한 메소드 interrupt()에 의해서도 강제로 TERMINATED 상태로 이동시킬 수 있다. **TERMINATED 상태는 스레드가 완전히 종료된 상태로 더 이상 NEW 또는 RUNNABLE 등의 다른 상태로 전이가 불가능한 상태이다.**

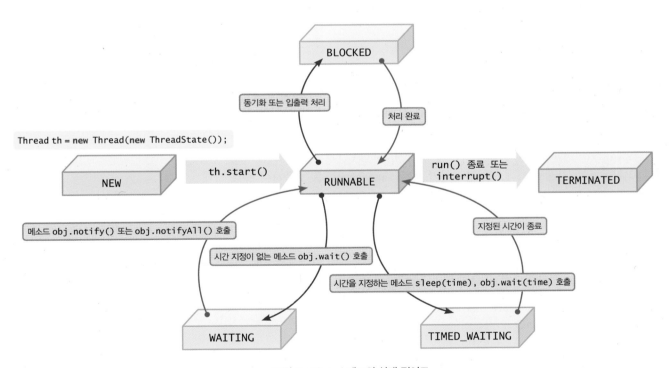

그림 8-16 ● 스레드의 상태 전이도

2. 스레드 우선순위와 예제

스레드 우선순위

스레드가 실행을 준비 중인 상태라도 운영체제의 스케줄러를 통하여 프로세서를 얻어야 실제 실행이 시작된다. 운영체제의 스케줄러는 여러 스레드 중에서 우선순위가 높은 스레드에게 먼저 실행할 수 있도록 한다. 이러한 **스레드의 우선순위는 setPriority()로 지정하며 getPriority()로 현재 값을 반환**할 수

스레드 우선 순위 상수	설명
`final static int MIN_PRIORITY`	상수 1로 우선 순위가 가장 낮음
`final static int NORM_PRIORITY`	상수 5로 우선 순위가 중간 정도
`final static int MAX_PRIORITY`	상수 10으로 우선 순위가 가장 높음

표 8-3 ● 스레드 우선 순위 상수

있다. 스레드의 우선순위는 1에서 10까지 지정 가능하며, 다음과 같은 3개의 상수를 제공한다.

```
public final static int MIN_PRIORITY = 1;
public final static int NORM_PRIORITY = 5;
public final static int MAX_PRIORITY = 10;
```

그림 8-17 ● 스레드 우선 순위 상수 선언

스레드 상태 변화와 우선순위 예제 프로그램

스레드 우선순위는 특별히 지정하지 않은 한 상수 NORM_PRIORITY의 값인 5이다. 스레드의 우선순위를 수정하려면 **setPriority(우선순위 값)에 의해 1에서 10 사이의 정수로 지정**할 수 있다. 다음 클래스 ThreadState는 객체의 생성에 의해 상태 NEW에서 start() 메소드를 호출하여 RUNNABLE 상태로 이동하며, 다시 sleep(130) 메소드 호출로 TIMED_WAITING 이동하고, 강제로 스레드를 종료하기 위해 interrupt()를 호출하여 종료 상태인 TERMINATED 상태로 이동시킬 수 있다.

| 실습예제 8-13 | 스레드의 상태와 상태 전이를 알아보는 예제

ThreadState.java

```
01  public class ThreadState implements Runnable {
02     public void run() {
03        for (int i = 1; i < 10; i++) {
04           try {
05              Thread.sleep(40);
06              System.out.print(Thread.currentThread().getState() + ", ");
07              System.out.println(Thread.currentThread().getName() + ": " + i);
08           } catch (InterruptedException e) {
09              System.err.pprintln("InterruptedException이 발생되어 스레드를 종료합니다. ");
```

```
10              return;
11          } catch (Exception e) {
12              e.printStackTrace();
13          }
14      }
15  }
16
17  public static void main(String[] args) throws InterruptedException {
18      System.out.println("스레드의 모든 상태: 6 가지");
19      for (Thread.State c : Thread.State.values())
20          System.out.print(c + " ");
21      System.out.println('\n');
22
23      Thread th = new Thread(new ThreadState());
24      System.out.println("기본 우선순위: " + th.getPriority());
25      //우선순위 지정
26      th.setPriority(Thread.NORM_PRIORITY+2);
27      System.out.println("우선순위 변경: " + th.getPriority());
28      System.out.println("1 단계: " + th.getState());
29      th.start();
30      System.out.println("2 단계: " + th.getState());
31      Thread.sleep(130);
32      th.interrupt();
33      System.out.println("3 단계: " + th.getState());
34      Thread.sleep(1000);
35      System.out.println("4 단계: " + th.getState());
36  }
37  }
```

결과

스레드의 모든 상태: 6 가지
NEW RUNNABLE BLOCKED WAITING TIMED_WAITING TERMINATED

기본 우선순위: 5
우선순위 변경: 7
1 단계: NEW
2 단계: RUNNABLE
RUNNABLE, Thread-0: 1
RUNNABLE, Thread-0: 2
RUNNABLE, Thread-0: 3
3 단계: TIMED_WAITING
InterruptedException이 발생되어 스레드를 종료합니다.
4 단계: TERMINATED

05

스레드 동기화

1. 다중 스레드와 공유자원

다중 스레드의 문제

다중 스레드 상에서 동일한 자원을 공유한다면 자원을 처리하는 데 예상하지 못한 문제가 발생할 수 있다. 즉 스레드 A가 공유 자료를 처리하는 도중에 다른 스레드 B가 그 자료를 처리한다면 이전에 작업을 진행하던 스레드 A는 이 사실을 모르고 나머지 작업을 그대로 진행할 수 있다. 이러한 경우 원래 의도했던 결과와 다른 심각한 문제가 발생할 수 있다.

즉 **이러한 문제는 다중 스레드에서 수행해야 할 작업이 하나의 단위로 처리되지 않아서 발생할 수 있는 문제**이다. 만일 동일한 변수에 10을 증가시키는 일이 있다고 가정하자. 만일 스레드 A가 변수에 10을 증가시키려다가 잠시 정지한 사이, 스레드 B가 이 변수를 10 증가시켰다면 다시 스레드 A가 돌아와 이 변수를 다시 10 증가시킬 것이다. 결과적으로 원래 의도와는 달리 이 변수는 20이 증가하게 된다. 이러한 예는 일상 생활에서도 찾아볼 수 있다. 만일 하나의 프린터를 사용하는 컴퓨터가 하나의 문서를 출력하다가 다른 문서를 중간에 출력한 후 다시 원래의 문서를 출력한다면 출력물은 엉망이 될 것이다.

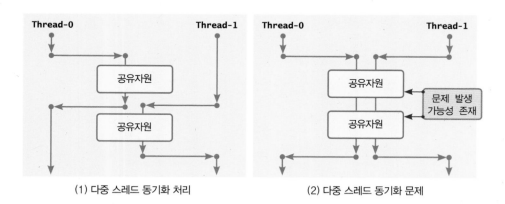

(1) 다중 스레드 동기화 처리   (2) 다중 스레드 동기화 문제

그림 8-18 • 다중 스레드의 문제

다중 스레드 구현

다중 스레드의 자원 공유 문제를 직접 구현해 보자. 은행 계좌에서 신청한 금액을 인출하는 메소드 withdraw()를 구현해 보자. 만일 잔고가 인출금액보다 작은 경우 출금할 수

없도록 하려면 일반적으로 다음과 같이 구현할 수 있다. 그러나 다음 소스는 다중 스레드에서 의도하지 않은 문제가 발생할 수 있다.

```java
public void withdraw(int money) {
    if (money > 0 && balance >= money) {
        balance -= money;
        System.out.printf("%d 인출하여 현재잔고 %d입니다. %n", money, balance);
    } else if (balance < money)
        System.out.println("잔고가 부족하여 인출할 수 없습니다.");
}
```

그림 8-19 ● 은행계좌의 인출을 구현한 메소드 withdraw( )

인터페이스 Runnable을 상속받는 스레드 SyncTest는 은행계좌 객체 act 하나를 사용하여 20000원 이하의 금액에 대하여 입금^{deposit}과 출금^{withdraw}을 반복 처리한다. 위에서 구현한 withdraw()는 어떠한 경우에도 잔고가 음수가 발생하지 않도록 의도하고 있으며, **만일 계좌의 잔고가 0원 미만이면 계좌에 문제가 발생한 것이므로 스레드를 종료**하도록 한다.

```java
public class SyncTest implements Runnable {
    BankAccount act = new BankAccount();

    public void run() {
        while (true) {
            int amount = new Random().nextInt(10000);
            act.deposit(amount);
            act.withdraw(amount*2);
            if (act.balance < 0) {
                System.out.printf("[%s] ", Thread.currentThread().getName());
                System.out.println("잔고: " + act.balance + " => 오류 종료");
                return;
            }
        }
    }
    ...
}
```

그림 8-20 ● 하나의 계좌의 입금과 출금을 수행하는 스레드 SyncTest

스레드 SyncTest의 객체를 하나 생성한 후, 은행계좌 act를 공유하는 두 개의 스레드를 만들어 다음과 같이 실행하도록 한다.

```java
Runnable r = new SyncTest();
new Thread(r).start();
new Thread(r).start();
```

그림 8-21 ● 스레드 두 개의 실행

2. 임계영역과 동기화

다중 스레드의 임계영역

다중 스레드에서 하나의 스레드가 은행계좌의 인출 메소드 withdraw() 기능을 수행한다면 중간에 다른 스레드가 들어와 일을 할 수 없도록 잠금^{lock} 장치를 해야 할 것이다. 또한 인출 메소드 withdraw() 기능을 모두 수행했다면 다른 스레드가 일을 할 수 있도록 잠금 장치를 해지^{unlock}해야 할 것이다. 이와 같이 다중 스레드에서 **하나의 스레드가 배타적** ^{exclusive}**으로 공유 자원을 독점하도록 해야 하는 부분을 임계영역**^{critical section}이라 한다.

은행계좌 구현에서 인출 메소드 withdraw()는 배타적으로 실행되어야 하는데 다음과 같이 잔고 검사 부분과 인출 부분 사이에 잠시 쉬는 시간을 준다면, 이 사이에 다른 스레드가 들어와 일을 수행할 가능성이 높아진다. 물론 **다중 스레드에서 중간에 쉬는 시간이 없더라도 배타적인 실행이 보장되지 않는다면 문제는 항상 발생**할 수 있다. 즉 스레드 A가 잔고 검사 부분을 통과하여 인출 부분인 balance -= money 문장을 실행하기 전에 바로 스레드 B가 먼저 인출 부분인 balance -= money 문장을 실행한 후, 다시 스레드 A가 balance -= money를 실행한다면 잔고가 음수가 될 수 있어 예상하지 못한 문제가 발생할 수 있다. 그러므로 **인출 메소드 withdraw()에서 특히 다음 세 개의 문장은 함께 독점적으로 실행**되어야 한다. 그러나 다음 메소드 withdraw() 구현에서 하나의 스레드가 메소드를 독점적으로 실행하도록 하는 장치가 없는 소스이므로 문제가 발생할 수 있다.

```
public void withdraw(int money) {

❶  if (money > 0 && balance >= money) {    인출금액이 잔고보다 많아야 인출을 하도록 검사

❷    balance -= money;    실제 인출금액을 차감

❸    System.out.printf("%d 인출하여 현재잔고 %d입니다. %n", money, balance);
   } else if (balance < money)
      System.out.println("잔고가 부족하여 인출할 수 없습니다.");
}
```

그림 8-22 ● 다중 스레드에서 문제가 발생할 수 있는 메소드구현

동기화

다중 스레드에서 하나의 스레드가 은행계좌의 인출 메소드 `withdraw()` 기능을 수행한다면 중간에 다른 스레드가 들어와 일을 할 수 없도록 잠금^{lock} 장치를 하고, 인출 메소드 `withdraw()` 기능을 모두 수행했다면 다른 스레드가 일을 할 수 있도록 잠금 장치를 해지^{unlock}하는 작업을 스레드 동기화라 한다. 즉 다중 스레드에서 **임계영역의 독점적 처리 방법은 스레드 동기화**^{thread synchronization}**로 해결**한다. 동기화 방법은 크게 2가지로 메소드의 동기화와 블록의 동기화로 나눌 수 있다. 메소드의 동기화는 다음과 같이 **메소드의 지정자인 키워드 synchronized를 기술하여 동기화를 간단히 해결**할 수 있다.

```java
public synchronized void withdraw(int money) {
    if (money > 0 && balance >= money) {
        balance -= money;
    }
    …
}
```

그림 8-23 ● 메소드의 동기화

또한 **블록의 동기화는 synchronized (Object) {…}와 같이 동기화하려는 임계영역을 블록으로 구성하여 해결**한다. 여기서 `Object`는 잠금 장치를 수행하는 객체이다. 다음과 같이 입금 메소드 `deposit()` 전체를 동기화하려면 `this` 객체를 이용하여 `synchronized (this) {…}`로 메소드를 묶는다.

```java
public void deposit(int money) {
    synchronized (this) {
        if (money > 0) {
            balance += money;
        }
    }
}
```

그림 8-24 ● 블록의 동기화

키워드 synchronized에 의한 동기화는 지정된 메소드나 블록에 하나의 스레드가 작업을 시작하면 다른 스레드는 이전 스레드가 작업을 마칠 때까지 작업을 기다리는 배타적 접근을 보장하도록 처리한다.

3. 은행 계좌의 동기화 문제

임계 영역에서 자원의 공유로 인한 문제

다음은 두 스레드 Thread-0와 Thread-1에서 동기화가 구현되지 않은 메소드 withdraw()
에서 발생하는 문제의 구체적인 사례를 보인 예와 프로그램 소스, 그리고 실행 결과이다.
은행계좌 인출을 위한 조건을 만족한 두 스레드가 각각 인출을 수행하므로 잔고가 음수가
되는 문제가 발생할 수 있다.

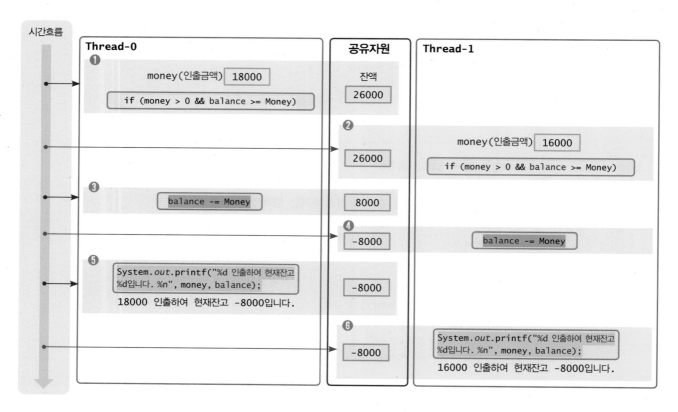

그림 8-25 ● 은행 계좌의 동기화 문제의 사례

| 실습예제 8-14 | 다중 스레드에서 계좌인출 메소드 withdraw( )의 동기화 문제

SyncTest.java

```
01   import java.util.Random;
02
03   class BankAccount {
04      int balance = 0;
05
06      public void withdraw(int money) {
07         if (money > 0 && balance >= money) {
08            try {
```

```
09              Thread.sleep(100);
10          } catch (InterruptedException e) {
11              System.err.println(e);
12          }
13          balance -= money;
14          System.out.printf("%d 인출하여 현재잔고 %d입니다. %n", money, balance);
15      } else if (balance < money)
16          System.out.println("잔고가 부족하여 인출할 수 없습니다.");
17  }
18
19  public void deposit(int money) {
20      if (money > 0) {
21          balance += money;
22          System.out.printf("%d 입금하여 현재잔고 %d입니다. %n", money, balance);
23      }
24  }
25 }
26
27 public class SyncTest implements Runnable {
28     BankAccount act = new BankAccount();
29
30     public void run() {
31         while (true) {
32             int amount = new Random().nextInt(10000);
33             amount = amount%10 * 1000;
34             System.out.printf("[%s] 금액=%d %n", Thread.currentThread().getName(), amount);
35             act.deposit(amount);
36             act.withdraw(amount*2);
37             if (act.balance < 0) {
38                 System.out.printf("[%s] ", Thread.currentThread().getName());
39                 System.out.println("잔고: " + act.balance + " => 오류 종료");
40                 return;
41             }
42         }
43     }
44
45     public static void main(String[] args){
46         Runnable r = new SyncTest();
47         new Thread(r).start();
48         new Thread(r).start();
49     }
50 }
```

```
[Thread-0] 금액=8000
[Thread-1] 금액=9000
9000 입금하여 현재잔고 17000입니다.
8000 입금하여 현재잔고 8000입니다.
잔고가 부족하여 인출할 수 없습니다.
[Thread-1] 금액=9000
9000 입금하여 현재잔고 26000입니다.
18000 인출하여 현재잔고 -8000입니다.
16000 인출하여 현재잔고 -8000입니다.                    ──────▶ 동기화가 처리되지 않아 발생한 문제
[Thread-0] 잔고: -8000 => 오류 종료
[Thread-1] 잔고: -8000 => 오류 종료
```

4. 은행 계좌의 동기화 해결

임계영역에서 자원의 공유로 인한 문제의 해결

다음 프로그램은 앞의 예제에서 발생하는 동기화 문제를 해결한 소스이다. 하나의 스레드가 입금과 출금을 각각 3번씩 수행하도록 스레드의 run() 메소드를 수정하였다. 출금 처리 메소드 withdraw()는 메소드 선언에서 동기화를 수행하며, 입금 처리 메소드 deposit()은 동기화 블록으로 동기화를 처리하였다. 이제 하나의 스레드가 withdraw()와 deposit() 중 하나의 메소드를 시작하면 절대로 중간에 다른 스레드는 그 메소드를 처리할 수 없도록 한다.

프로그램의 결과를 살펴보면 은행계좌 입금 메소드 deposit()과 출금 메소드 withdraw()에서 동기화가 처리되어 문제없이 은행계좌가 운영되는 것을 확인할 수 있다. 다만 Thread-0과 Thread-1이 각각 독립적인 작업을 처리하므로 입출금액 출력과 실제 입출력 금액이 순차적으로 출력되지 않을 수 있다.

| 실습예제 8-15 | 다중 스레드에서 계좌인출 메소드 withdraw( )의 동기화 처리

SyncTest.java

```
01   package synchronize;
02
03   import java.util.Random;
04
05   class BankAccount {
06       int balance = 0;
07
08       //메소드 전체의 동기화 처리
09       public synchronized void withdraw(int money) {
10           if (money > 0 && balance >= money) {
11               balance -= money;
12               System.out.printf("%d 인출하여 현재잔고 %d입니다. %n", money, balance);
13           } else if (balance < money)
14               System.out.println("잔고가 부족하여 인출할 수 없습니다.");
15       }
16
17       //블록 동기화로 메소드 전체의 동기화 처리
18       public void deposit(int money) {
19           synchronized (this) {
20               if (money > 0) {
21                   balance += money;
22                   System.out.printf("%d 입금하여 현재잔고 %d입니다. %n", money, balance);
23               }
24           }
```

```
25        }
26  }
27
28  public class SyncTest implements Runnable {
29      BankAccount act = new BankAccount();
30
31      public void run() {
32          //while (true) {
33          for (int i = 0; i < 3; i++) {
34              int amount = new Random().nextInt(10000);
35              amount = amount % 10 * 1000;
36              System.out.printf("[%s] 금액=%d %n",    Thread.currentThread().getName(), amount);
37              act.deposit(amount);
38              act.withdraw(amount * 2);
39              if (act.balance < 0) {
40                  System.out.printf("[%s] ", Thread.currentThread().getName());
41                  System.out.println("잔고: " + act.balance + " => 오류 종료");
42                  return;
43              }
44          }
45      }
46
47      public static void main(String[] args) {
48          Runnable r = new SyncTest();
49          new Thread(r).start();
50          new Thread(r).start();
51      }
52  }
```

결과

```
[Thread-0] 금액=6000
[Thread-1] 금액=3000
6000 입금하여 현재잔고 6000입니다.
3000 입금하여 현재잔고 9000입니다.
6000 인출하여 현재잔고 3000입니다.
잔고가 부족하여 인출할 수 없습니다.
[Thread-1] 금액=6000
6000 입금하여 현재잔고 9000입니다.
잔고가 부족하여 인출할 수 없습니다.
[Thread-0] 금액=2000
2000 입금하여 현재잔고 11000입니다.
[Thread-1] 금액=0
4000 인출하여 현재잔고 7000입니다.
[Thread-0] 금액=9000
9000 입금하여 현재잔고 16000입니다.
잔고가 부족하여 인출할 수 없습니다.
```

5. wait( )와 notify( )

메소드 wait( )와 notify( ), notifyAll( )의 이해

스레드 동기화에서 동기화 효율을 높이는 방안이 클래스 Object의 메소드 wait()와 notify(), notifyAll()을 사용하는 방법이다. 메소드 wait()는 동기화 블록에서 객체의 특정한 작업을 위해 처리 중인 스레드를 WAITING 또는 TIMED_WAITING 상태로 이동시켜 기다리게 하고, notify() 또는 notifyAll()이 호출되거나 지정된 시간이 지나면 다시 스레드 상태를 RUNNABLE로 이동시켜 스레드 작업을 다시 수행하도록 한다. 이 메소드들은 다음과 같은 특징이 있다.

- Object 클래스의 메소드이므로 모든 객체에서 사용 가능
- 키워드 synchronized를 사용하는 동기화 내부에서만 사용 가능

클래스 Object의 스레드 관련 메소드 기능을 살펴보면 다음과 같다.

상태	의미
final void wait()	다른 스레드가 notify() 또는 notifyAll()을 호출할 때까지 현재 스레드를 기다리도록 하는 메소드
final void wait(long timeout)	다른 스레드가 notify() 또는 notifyAll()을 호출할 때까지, 또는 지정된 시간(천분의 1초)이 지날 때까지 현재 스레드를 기다리도록 하는 메소드
final void notify()	객체의 처리를 기다리는 스레드 중의 오직 하나를 깨워 진행하도록 하는 메소드, 기다리는 스레드가 여러 개인 경우에 JVM이 깨울 스레드를 결정
final void notifyAll()	객체의 처리를 기다리는 모든 스레드를 깨워 진행하도록 하는 메소드

표 8-4 ● 클래스 Object의 wait( ), notify( ), notifyAll( )의 기능

메소드 wait( )와 notify( ), notifyAll( )의 사용

동기화 블록에서 객체의 작업 수행의 조건이 만족되지 못하면 조건이 만족할 때까지 기다리기 위해 메소드 wait() 또는 wait(timeout)를 호출할 수 있다. 다시 조건을 만족하면 notify() 또는 notifyAll()에 의해 기다리던 스레드를 깨울 수 있으며 wait(timeout) 호출에 의해 기다리던 스레드는 지정된 시간이 지나면 스스로 깨어나 스레드 작업을 계속한다. 여기서 주의할 것은 wait()에 의해 기다리는 스레드가 깨어나

지 못하고 계속 기다리는 일이 발생하지 않도록 하는 것이다. 즉 wait()에 의해 WAITING 상태가 된 스레드를 반드시 RUNNNABLE 상태로 이동시키도록 해야 한다. **메소드 wait() 와 notify(), notifyAll()은 동기화 처리 내부에서 사용되지 않는다면 실행 시간에 IllegalMonitorStateException 예외가 발생**한다.

```
synchronized (obj) {
    while (<작업 수행 조건이 만족하지 못하면>)
        obj.wait(timeout);
            //또는 obj.wait()의 사용
    ...     // 조건을 만족하여 작업을 계속 수행
}
```

객체 obj

obj.notifyAll();
//obj.notify();

WAITING 상태에서 notify() 또는 notifyAll()에 의해 RUNNABLE 상태로 이동한다.

그림 8-26 ● 메소드 wait()와 notify()의 사용

다음은 은행 계좌의 출금 처리에서 wait()를 호출하고 입금 처리에서 notify()를 호출 하는 모듈이다. 출금 처리에서 계좌 잔고^{balance}가 출금 금액^{money}보다 작으면 wait()를 호출하도록 한다. 만일 다른 스레드의 notify()의 호출이나 지정된 종료 시간인 1초가 지나더라도 출금조건이 충족 되지 않으면 출금할 수 없도록 해야 하는데 외부 입금이 없으면 계속 기다리는 상황이 발생할 수 있으므로 wait()를 최대 3회 호출하도록 구현한다.

```
public synchronized void withdraw(int money) {
    ...
    int count = 0;
    while (balance < money) {
        ...
        //지속적으로 잔금이 부족하여 메소드 종료
        if (++count > 3) {
            System.out.println("잔액이 부족하여 출금처리 못하고 종료합니다.");
            return;
        }
        ...
        try {
            //wait();
            wait(1000);
        } catch (InterruptedException e) {
            System.err.println(e);
        }
    }
    balance -= money;
    ...
}
```

세 번까지 스레드를 깨워 다시 출금 조건을 검사하도록 하며 그 이후는 출금을 하지 않고 출금 처리를 종료하도록

스레드를 깨워 다시 출금 조건을 검사하도록

```
public synchronized void deposit(int money) {
    ...
    balance += money;
    //notify();
    notifyAll();
}
```

그림 8-27 ● 메소드 wait( )와 notify( )를 이용한 은행 계좌의 출금과 입금 메소드 구현

은행 계좌의 동기화에 wait( )와 notify( ), notifyAll( )의 활용

다음은 위에서 살펴본 내용으로 은행계좌의 스레드를 wait()와 notify()로 구현한 프로그램이다. 난수를 사용하여 입출 금액을 10000원에서 50000원 사이의 임의의 금액으로 만들어 입금과 출금 각각 2회 모의 실험하도록 한다. 경우에 따라 출금이 정상적으로만 이루어진다면 wait()가 호출되지 않을 수도 있으나 여러 번 실행하면 wait() 호출을 경험하게 될 것이다. 또한 wait()에 의해 기다리던 출금이 입금의 notify()에 의해 정상 출금이 되는 상황도 보게 될 것이다.

| 실습예제 8-16 | 다중 스레드에서 계좌인출 메소드 withdraw( )의 동기화를 wait( )와 notify( )로 처리

SyncTest.java

```java
01  package wait;
02
03  import java.util.Random;
04
05  class BankAccount {
06      int balance = 0;
07      int diff = 0;
08
09      public synchronized void withdraw(int money) {
10          if (money < 0) {
11              System.out.println("인출 금액이 잘못됐습니다.");
12              return;
13          }
14          int count = 0;
15          while (balance < money) {
16              System.out.printf("[%s] ", Thread.currentThread().getName());
17              // 지속적으로 잔금이 부족하여 메소드 종료
18              if (++count > 3) {
19                  System.out.println("잔액이 부족하여 출금처리 못하고 종료합니다.");
20                  return;
21              }
22
23              System.out.printf("%16s", "wait(1000) 호출: ");
24              System.out.printf("인출요구금액=%6d, balance=%6d %n", money, balance);
25              try {
26                  // wait();
27                  wait(1000);
28              } catch (InterruptedException e) {
29                  System.err.println(e);
30              }
31          }
32          System.out.printf("[%s] ", Thread.currentThread().getName());
33          balance -= money;
34          System.out.printf(" %12s 정상인출금액=%6d, balance=%6d %n", "정상 출금처리:",
```

```
35                  money, balance);
36      }
37
38      public synchronized void deposit(int money) {
39          if (money < 0) {
40              System.out.println("입금 금액이 잘못됐습니다.");
41              return;
42          }
43          balance += money;
44          System.out.printf("[%s] ", Thread.currentThread().getName());
45          System.out.printf("%16s", "notify() 호출: ");
46          System.out.printf("계좌입금금액=%6d, balance=%6d %n", money, balance);
47          // notify();
48          notifyAll();
49      }
50  }
51
52  public class SyncTest implements Runnable {
53      BankAccount act = new BankAccount();
54
55      public void run() {
56          for (int i = 1; i < 3; i++) {
57              int amount = (int) (new Random().nextDouble() * 5 + 1) * 10000;
58              act.deposit(amount);
59              amount = (int) (new Random().nextDouble() * 5 + 1) * 10000;
60              act.withdraw(amount);
61          }
62      }
63
64      public static void main(String[] args) {
65          Runnable r = new SyncTest();
66          new Thread(r).start();
67          new Thread(r).start();
68      }
69  }
```

결과

```
[Thread-0]    notify() 호출: 계좌입금금액= 30000, balance= 30000
[Thread-1]    notify() 호출: 계좌입금금액= 10000, balance= 40000
[Thread-1]        정상 출금처리: 정상인출금액= 40000, balance=      0
[Thread-0] wait(1000) 호출: 인출요구금액= 40000, balance=      0
[Thread-0]    notify() 호출: 계좌입금금액= 10000, balance= 10000
[Thread-1] wait(1000) 호출: 인출요구금액= 50000, balance= 10000
[Thread-0] wait(1000) 호출: 인출요구금액= 40000, balance= 10000
[Thread-0] wait(1000) 호출: 인출요구금액= 40000, balance= 10000
[Thread-1] wait(1000) 호출: 인출요구금액= 50000, balance= 10000
[Thread-0] 잔액이 부족하여 출금처리 못하고 종료합니다.
[Thread-0]    notify() 호출: 계좌입금금액= 40000, balance= 50000
[Thread-0]정상 출금처리: 정상인출금액= 40000, balance= 10000
[Thread-1] wait(1000) 호출: 인출요구금액= 50000, balance= 10000
[Thread-1] 잔액이 부족하여 출금처리 못하고 종료합니다.
```

잔금이 0원인데 40000원의
출금을 요청하므로 wait() 호출

입금이 10000원이 되었으나
위 출금 요청은 다시 wait() 호출

출금요청 40000원이 세 번 실패하여
출금 요청 종료

내용점검 연습

INTRODUCTION TO **JAVA** PROGRAMMING

1. 다음에서 서술 내용이 맞으면 O, 틀리면 X 하시오.

❶ 예외는 적절한 처리 모듈을 추가하여 발생한 문제를 처리할 수 있는 오류이다. (   )

❷ 예외가 발생하여 프로그램이 중단되는 일이 없도록 하려면, 프로그램에서 예외를 처리
하는 모듈을 작성해야 하는데 이를 에러처리라 한다. (   )

❸ 예외 중에서 IOException과 그 하부 예외를 제외하면 모두 체크 예외이다. (   )

❹ 여러 개의 스레드를 이용하는 프로그램을 다중 스레드 프로그램이라 한다. (   )

❺ 스레드는 무거운 프로세스heavy-process라고 표현한다. (   )

❻ 스레드는 객체가 생성되면 상태가 NEW이며, 메소드 start()가 호출되면 RUNNABLE 상
태로 이동한다. (   )

❼ 스레드의 TERMINATED 상태는 스레드가 완전히 종료된 상태로 더 이상 다른 상태로 전
이가 불가능한 상태이다. (   )

❽ 클래스 Object의 메소드인 wait()와 notify(), notifyAll()은 어디에서나 항상
사용할 수 있다. (   )

❾ 다중 스레드 상에서 동일한 자원을 공유한다면 자원을 처리하는 데 예상하지 못한 문
제가 발생할 수 있다. (   )

❿ 스레드 우선순위는 특별히 지정하지 않은 한 상수 NORM_PRIORITY의 값인 5이다. (   )

2. 다음에서 비어있는 부분을 적당히 채우시오.

❶ 자바 프로그램에서 실행 중에 발생할 수 있는 경미한 오류를 [   ](이)라 한다.

❷ 주로 외부 조건에 의해서 발생할 수 있는 예외로서 반드시 예외처리를 해주어야 하는
예외를 [   ](이)라 한다.

❸ 프로그램 내에서 실행되는 프로그램 제어 흐름을 [   ](이)라 한다.

❹ 클래스 Thread를 상속받아 구현된 스레드는 객체를 생성한 후 메소드 [   ](을)
를 호출하여 스레드를 시작한다.

❺ 인터페이스 [   ](은)는 추상 메소드 run()으로 구성된 인터페이스이다.

❻ 스레드의 우선순위는 1에서 [   ]까지 지정 가능하다.

❼ 강제로 스레드를 종료하려면 메소드 [   ](을)를 호출한다.

❽ 다중 스레드에서 하나의 스레드가 배타적으로 공유 자원을 독점하도록 하는 부분을
[   ](이)라 한다.

❾ 메소드의 지정자인 키워드 [   ](을)를 기술하여 동기화를 간단히 해결할
수 있다.

❿ 스레드의 상태 상수 6가지는 NEW, ＿＿＿＿＿＿＿＿, BLOCKED, WAITING, TIMED_
WAITING, TERMINATED이다.

3. 다음 각각의 문제에서 가장 적절한 것을 하나 선택하시오.

❶ 다음 예외에 관한 설명 중에서 잘못된 것은 무엇인가? (　　)

가) 에러는 메모리나 내부의 심각한 문제로 복구가 불가능한 오류로 OutOfMemoryError,
InternalError 등을 예로 들 수 있다.

나) 예외는 적절한 처리 모듈을 추가하여 발생한 문제를 처리할 수 있다.

다) 자바는 에러와 예외를 모두 객체로 만들어 처리하고 있다.

라) 자바 프로그램에서 실행 중에 발생할 수 있는 심각한 오류를 예외라 한다.

❷ 다음에서 클래스의 계층 구조가 바른 것은 무엇인가? (　　)

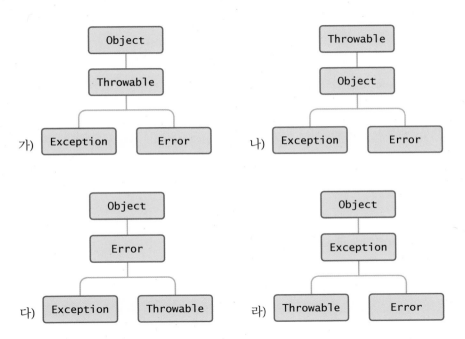

❸ 다음 중에서 체크 예외인 것은 무엇인가? (　　)

가) NullPointerException

나) ArrayIndexOutOfBoundsException

다) NegativeArraySizeException

라) IOException

❹ 다음 try ~ catch 문장에 관한 설명 중에서 잘못된 것은 무엇인가? (   )

　가) 예외 처리할 문장이 하나이면 try에서 블록을 사용할 필요가 없다.

　나) 예외가 발생하면 복구나 처리를 위한 모듈은 catch (Exception e) {...} 블록에서 구현한다.

　다) catch 문은 여러 개가 올 수 있으며 발생 가능한 예외 유형에 따라 catch 문을 구성한다.

　라) 예외가 발생하지 않거나 발생하더라도 유형이 맞지 않으면 catch 문은 실행되지 않는다.

❺ 다음 소스의 실행결과에서 출력되지 않는 것은 무엇인가? (   )

```java
static int num[];

public static void main(String[] args) {
    String str[] = { "안녕하세요!", "Hello!" };

    try {
        System.out.println(str[0]);
        System.out.println(num.length);
        System.out.println(str[2]);
    } catch (Exception e) {
        System.out.println("예외 발생: " + e);
    } finally {
        System.out.println("try 실행");
    }
}
```

　가) 안녕하세요!

　나) 예외 발생: java.lang.ArrayIndexOutOfBoundsException: 2

　다) 예외 발생: java.lang.NullPointerException

　라) try 실행

❻ 위 소스에서 예외가 발생하는 문장은 무엇인가? (   )

　가) static int num[];

　나) System.out.println(str[0]);

　다) System.out.println(num.length);

　라) System.out.println(str[2]);

❼ 다음 소스에서 catch 블록 내부에서 문법 오류가 발생하는 문장은 무엇인가? ( )

```
try {
    …
} catch (Exception e) {
    ┌────────────────────────────┐
    └────────────────────────────┘
} finally {
    …
}
```

가) System.*out*.println(e);

나) System.*out*.println(e.getMessage());

다) System.*out*.println(e.printStackTrace());

라) e.printStackTrace();

❽ 다음은 스레드에 대한 설명이다. 다음 중에서 잘못 설명하고 있는 것은 무엇인가? ( )

가) 스레드는 무거운 프로세스$^{heavy-process}$라고 표현한다.

나) 여러 개의 스레드를 이용하는 프로그램을 다중 스레드 프로그램이라 한다.

다) 다중 스레드의 실행 순서를 관리하는 프로그램이 운영체제의 스케줄러이다.

라) 하나의 프로그램 내부에서 실행되는 스레드는 프로세스보다 오버헤드가 적으면서 처리할 작업을 동시에 실행할 수 있는 장점이 있다.

❾ 다음은 스레드를 구현하는 방법에 대한 설명이다. 다음 중에서 잘못 설명하고 있는 것은 무엇인가? ( )

가) 스레드 기능을 수행하는 새로운 클래스를 생성하기 위해서 클래스 Thread를 상속받아 새로운 스레드를 정의하고, Thread의 메소드 run()에서 스레드 작업을 재정의한다.

나) 인터페이스 Runnable을 상속받아 추상 메소드 run()을 구현한 스레드는 객체를 만들어 인자로 Thread를 생성하여 스레드 시작 메소드 start()를 호출한다.

다) 클래스 Thread를 상속받아 구현된 스레드는 객체를 생성한 후 메소드 run()을 호출하여 스레드를 시작할 수 있다.

라) 스레드로 실행하려는 클래스는 인터페이스 Runnable을 상속받아 메소드 run()에서 스레드 기능을 구현할 수 있다.

❿ 다음 중에서 스레드의 상태가 아닌 것은 무엇인가? ( )

가) BLOCKED   나) TREMINATED

다) RUNNING   라) WAITING

4. 다음 예외 클래스에서 체크 예외와 비체크 예외를 구별하시오.

❶ IOException

❷ NegativeArraySizeException

❸ NullPointerException

❹ DataFormatException

❺ ArrayIndexOutOfBoundsException

❻ ArithmeticException

❼ ArrayStoreException

❽ ArithmeticException

❾ ClassCastException

❿ ClassNotFoundException

5. 다음 부분 소스에서 문법오류를 찾아 수정하거나 잘못된 부분을 기술하시오.

❶
```java
Object obj[] = new Integer[2];
try {
    obj[1] = new Double(3.4);
}
```

❷
```java
double data[] = {3.1, 2.4, 4.6};

try {
    System.out.println(data[3]);
} catch (IndexOutOfBoundsException e) {
    System.out.println("예외 발생: " + e);
} catch (ArrayIndexOutOfBoundsException e) {
    System.out.println("예외 발생: " + e);
} catch (Exception e) {
    System.out.println("예외 발생: " + e);
}
```

❸
```java
public static void main(String[] args) {
    System.out.println(Class.forName("java.lang.Obj"));
}
```

❹
```java
Object obj[];
try {
    obj = new Object[-3];
} catch (NegativeArraySizeException ex) {
    System.out.println(e);
} catch (Exception e) {
    System.out.println(e);
}
```

6. 다음 부분 소스의 결과를 기술하시오.

❶
```java
int value = 5;

try {
    System.out.println(1);
    value = value / 0;
    System.out.println(2);
} catch (ArithmeticException e) {
    System.out.println(3);
} catch (IndexOutOfBoundsException e) {
    System.out.println(4);
} catch (Exception e) {
    System.out.println(5);
}

System.out.println(6);
```

❷
```java
try {
    int data[] = new int[-3];
} catch (ArrayIndexOutOfBoundsException e) {
    System.out.println(1);
} catch (ClassCastException e) {
    System.out.println(2);
} catch (NegativeArraySizeException e) {
    System.out.println(3);
} finally {
    System.out.println(4);
}
```

❸
```java
Integer in = new Integer(5);
Object obj = null;
try {
    obj = in;
} catch (ArrayIndexOutOfBoundsException e) {
    System.out.println(1);
} catch (ClassCastException e) {
    System.out.println(2);
} catch (Exception e) {
    System.out.println(3);
} finally {
    System.out.println(4);
}
System.out.println(5);
```

❹
```java
Object obj = new Object();
try {
    Integer in = (Integer) obj;
} catch (ArrayIndexOutOfBoundsException e) {
```

```
      System.out.println(1);
   } catch (ClassCastException e) {
      System.out.println(2);
   } catch (Exception e) {
      System.out.println(3);
   } finally {
      System.out.println(4);
   }
   System.out.println(5);
```

7. 다음은 조건에 맞는 스레드를 구현하기 위한 소스이다. 빈 부분의 소스를 완성하시오.

   ❶ 다음은 Thread를 상속받아 구현한 클래스 Sum으로, 1부터 n까지의 합을 출력하는 기능을 수행한다. 스레드에서 생성자의 인자로 n을 지정할 수 있도록 구현한다.

```
public class Sum extends Thread {
   ┌─────────────────────┐
   │                     │
   └─────────────────────┘

   public Sum(int max) {
      ┌──────────────────┐
      │                  │
      └──────────────────┘
   }

   public void run() {
      int total = 0;
      for (int i = 1; i <= max; i++) {
         total += i;
         System.out.print(getName() + ": ");
         System.out.printf("sum(1:%d) = %d %n", i, total);
      }
   }
}
```

   ❷ 위에서 만든 클래스 Sum을 사용하여 1에서 5까지의 합을 출력하도록 스레드를 실행

```
Sum s5 = ┌──────────────┐
         │              │
         └──────────────┘
s5.start();
```

   ❸ 위에서 구현한 스레드 Sum의 생성자에서 스레드의 이름도 지정할 수 있도록 수정

```
class NamedSum extends Thread {
   private int max;

   public NamedSum(String name, int max) {
      ┌──────────────────┐
      │                  │
      │                  │
      └──────────────────┘
   }
   ...
}
```

❹ 위 3번에서 만든 클래스를 NamedSum으로 사용하여 1에서 5까지의 합을 출력하도록
스레드 이름을 SumThread로 지정하여 실행

```
NamedSum s5 = [                                           ]
s5.start();
```

8. 다음 프로그램의 결과를 기술하시오.

❶
```java
public class PrintChar extends Thread {
    public PrintChar(String name) {
        super(name);
    }

    public void run() {
        System.out.print(getName() + ": ");
        for (char ch = 'g'; ch <= 'm'; ch++) {
            System.out.printf("%c ", ch);
        }
        System.out.println();
    }

    public static void main(String[] args) {
        PrintChar pc = new PrintChar("test 01");
        pc.start();
    }
}
```

❷
```java
public class PrintChar2 extends Thread {
    public PrintChar2(String name) {
        super(name);
    }

    public void run() {
        System.out.print(getName() + ": ");
        for (char ch = 'g'; ch <= 'm'; ch++) {
            System.out.printf("%c ", ch);
        }
        System.out.println();
    }

    public static void main(String[] args) {
        PrintChar2 pc1 = new PrintChar2("test 01");
        PrintChar2 pc2 = new PrintChar2("test 02");
        pc1.start();
        pc2.start();
    }
}
```

❸
```java
class MyPrint implements Runnable {
    public void run() {
        System.out.print(Thread.currentThread().getName() + ": ");
        for (char ch = 'g'; ch <= 'm'; ch++) {
            System.out.printf("%c ", ch);
        }
        System.out.println();
    }
}

public class PrintChar3 {
    public static void main(String[] args) {
        Thread th1 = new Thread(new MyPrint(), "스레드 1");
        Thread th2 = new Thread(new MyPrint(), "스레드 2");
        th1.start();
        th2.start();
    }
}
```

❹
```java
public class PrintCount implements Runnable {
    public void run() {
        int count = 1;

        while (true) {
            try {
                Thread.sleep(10);
                System.out.print(count++ + " ");
            } catch (InterruptedException e) {
                System.out.println();
                System.err.println("InterruptedException이 발생되어 스레드를
                                    종료합니다. ");
                return;
            }
        }
    }

    public static void main(String[] args) {
        Thread th = new Thread(new PrintCount());
        th.start();
        try {
            Thread.sleep(100);
        } catch (InterruptedException e) {
        }
        th.interrupt();
    }
}
```

프로그래밍 연습

1. 다음 조건을 만족하는 클래스를 구현하여 테스트하는 프로그램을 작성하시오.
   - 표준입력으로 두 개의 정수를 입력 받아 곱셈 연산 결과를 출력
   - 표준입력에서 정수가 아닌 값이 입력되면 예외가 발생하여 실행이 중단되는데, 이를 예외 처리하여 실행되도록 구현
   - 다음 소스를 참고

```java
int x = 0, y = 0, z = 0;
Scanner input = new Scanner(System.in);
System.out.println("정수 두 개 입력: ");
x = input.nextInt();
y = input.nextInt();
z = x * y;
System.out.printf("%d * %d = %d %n", x, y, z);
```

2. 다음 조건을 만족하도록 클래스 BankAccount와 이를 테스트하는 클래스 Ex03 프로그램을 작성하시오.
   - 새로운 예외 InvalidWithdraw를 다음과 같이 구현

```java
class InvalidWithdraw extends Exception {
    private static final long serialVersionUID = 1L;
    public InvalidWithdraw(String msg) {
        super(msg);
    }
}
```

   - 클래스 BankAccount는 최저 잔금을 저장할 수 있는 필드를 지정하는 생성자를 제공하며, 메소드 deposit(momey)은 입금 메소드이며, 메소드 withdraw(momey)는 출금 메소드로 인출 요청 금액이 음수이거나 최저 잔금 이하로 인출을 요청하면 적당한 메시지의 예외 InvalidWithdraw를 발생시킨다.
   - 즉 다음은 최저 잔고가 -100,000원인 은행계좌를 만들어 500,000원을 인출하려는 소스로서, 클래스 Ex03의 main()에서 다음 소스의 예외처리를 작성하시오.

```java
BankAccount ba = new BankAccount(-100000);
ba.withdraw(500000);
```

3. 위에서 구현한 클래스 InvalidWithdraw와 BankAccount를 다음 조건을 만족하도록 다시 구현하여 클래스 ex03에서 테스트하시오.

- 클래스 Ex03에서 다음 소스에 문법오류가 없도록 예외 InvalidWithdraw를 비체크 예외로 작성하시오.

```
public class Ex03 {
    public static void main(String args[]) {
        BankAccount ba = new BankAccount(-100000);
        ba.deposit(100000);
        ba.withdraw(100000);
        ba.withdraw(200000);
    }
}
```

- 위 클래스 Ex03을 실행하면 다음과 같이 마지막 문장에서 예외가 발생하도록 BankAccount를 적절히 구현하시오(단 패키지와 예외 발생 줄 번호는 달라도 상관 없음).

```
정상 입금처리: 입금금액=100000, 잔금=100000
정상 출금처리: 인출금액=100000, 잔금=        0
Exception in thread "main" ex03.InvalidWithdraw: 초과출금 요구 예외
    at ex03.BankAccount.withdraw(Ex03.java:24)
    at ex03.Ex03.main(Ex03.java:45)
```

- 위 클래스 Ex03에서 다시 예외처리를 구현하시오.

4. 다음 조건을 만족하도록 스레드 PrimeNumber01 프로그램을 작성하여 클래스 Ex04의 main() 메소드에서 테스트하시오.

- 클래스 PrimeNumber01은 1에서 지정된 생성자의 인자까지 소수를 구하여 출력하는 프로그램
- 클래스 Ex04의 main() 메소드에서 다음을 실행하면 1에서 20사이의 소수인 다음이 출력

```
PrimeNumber01 pn = new PrimeNumber01(20);
pn.start();
```

```
2   3   5   7   11  13  17  19
```


5. 위에서 작성한 스레드 PrimeNumber01을 참고하여 다음 조건을 만족하도록 스레드 PrimeNumber02 프로그램을 작성하여 클래스 Ex05의 main() 메소드에서 테스트하시오.

- 클래스 PrimeNumber02는 1에서 지정된 생성자의 인자까지 소수를 구하여, 지정된 스레드 이름을 출력한 후 소수를 모두 출력하는 프로그램
- 클래스 Ex05의 main() 메소드에서 다음을 실행하면 지정된 스레드 이름이 출력되고, 1에서 20사이의 소수가 다음과 같이 출력

```
PrimeNumber02 pn = new PrimeNumber02(20, "소수 만드는 스레드");
pn.start();
```

```
소수 만드는 스레드:
2   3   5   7   11   13   17   19
```

6. 위에서 작성한 스레드 PrimeNumber02를 참고하여 다음 조건을 만족하도록 스레드 PrimeNumber03 프로그램을 작성하여 클래스 Ex06의 main() 메소드에서 테스트하시오.

   - 클래스 PrimeNumber03은 인터페이스 Runnable을 구현하는 클래스로 1에서 지정된 생성자의 인자까지 소수를 구하여, 스레드 이름을 출력한 후 소수를 모두 출력하는 프로그램 구현
   - 클래스 Ex06의 main() 메소드에서 다음을 실행하면 지정된 스레드 이름이 출력되고, 1에서 20사이의 소수가 다음과 같이 출력

```
new Thread(new PrimeNumber03(25), "소수 만드는 스레드").start();
```

```
소수 만드는 스레드:
2   3   5   7   11   13   17   19   23
```

7. 클래스 PrintTime은 인터페이스 Runnable을 구현하는 클래스로 지정된 생성자의 횟수만큼 현재 시간과 스레드 이름을 출력하는 프로그램으로 다음 조건을 만족하도록 스레드 PrintTime 프로그램을 작성하여 클래스 Ex07의 main() 메소드에서 테스트하시오.

   - 클래스 Ex07의 main() 메소드에서 다음을 실행하면 다음과 같이 출력

```
PrintTime p1 = new PrintTime(3);
Thread th1 = new Thread(p1, "안녕하세요!");
th1.setPriority(Thread.MAX_PRIORITY-1);
th1.start();

PrintTime p2 = new PrintTime(6);
Thread th2 = new Thread(p2, "반갑습니다.");
th2.setPriority(Thread.NORM_PRIORITY-1);
th2.start();
```

```
순위: 4 Sat Jul 07 20:28:56 KST 2012 반갑습니다.
순위: 9 Sat Jul 07 20:28:56 KST 2012 안녕하세요!
순위: 9 Sat Jul 07 20:28:57 KST 2012 안녕하세요!
순위: 4 Sat Jul 07 20:28:57 KST 2012 반갑습니다.
순위: 4 Sat Jul 07 20:28:57 KST 2012 반갑습니다.
순위: 9 Sat Jul 07 20:28:57 KST 2012 안녕하세요!
순위: 4 Sat Jul 07 20:28:58 KST 2012 반갑습니다.
순위: 4 Sat Jul 07 20:28:58 KST 2012 반갑습니다.
순위: 4 Sat Jul 07 20:28:59 KST 2012 반갑습니다.
```

CHAPTER
09

스윙 프로그래밍

INTRODUCTION TO **JAVA** PROGRAMMING

그래픽 사용자 인터페이스를 이해하고 스윙 프로그래밍에 활용할 수 있다.
- 그래픽 사용자 인터페이스 이해와 컴포넌트 분류
- AWT와 스윙의 공통점과 차이점
- 스윙의 주요 클래스와 계층구조

스윙을 이용하여 간단한 윈도우 프로그래밍에 활용할 수 있다.
- JFrame의 이해
- 윈도우의 제목, 크기, 바탕색 수정 방법
- 간단한 컴포넌트 추가하기

자바의 배치관리자의 필요성을 이해하고 프로그래밍에 활용할 수 있다.
- 컨테이너의 기본 배치관리자
- 배치관리자 BorderLayout, FlowLayout, GridLayout의 이해
- 배치관리자 BoxLayout의 이해
- 배치관리자를 해지하고 컴포넌트 삽입 방법

스윙의 다양한 컴포넌트를 이해하고 프로그래밍에 활용할 수 있다.
- JComponent의 이해
- JButton, JCheckBox, JRadioButton의 이해
- JTextField, JTextArea의 이해
- JList, JComboBox, JScrollPane의 이해
- JSlider, JTabbedPane의 이해

1. 그래픽 사용자 인터페이스와 컴포넌트

그래픽 사용자 인터페이스

우리는 지금까지 콘솔^{console} 기반의 자바 프로그래밍에 대하여 알아 보았다. 콘솔 기반의 프로그래밍은 콘솔에서 텍스트로 결과가 표시되듯이 이 단원에서 학습할 **그래픽 사용자 인터페이스 방식의 프로그래밍은 GUI**^{Graphical User Interface} 기반의 윈도우 화면으로 결과가 표시된다. 윈도우 화면에서 시스템과 사용자 간의 의사 소통을 수행하는 방식을 그래픽 사용자 인터페이스^{GUI}라 하며, 여기서 이용되는 **메뉴, 아이콘, 버튼, 레이블, 리스트, 콤보 박스, 체크박스, 텍스트필드, 라디오 버튼 등과 같은 다양한 요소를 컨트롤**^{control} **또는 컴 포넌트**^{component}라 한다. 다음은 자바의 GUI 방식의 스윙 프로그램 결과의 한 예이다.

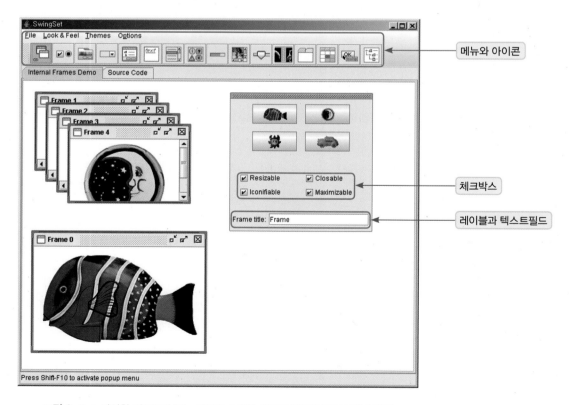

그림 9-1 ● 다양한 컨트롤이 있는 자바의 스윙을 이용한 윈도우 프로그래밍 화면

다양한 컴포넌트와 분류

GUI 요소인 **컴포넌트는 크게 일반 컴포넌트**^{component}**와 컨테이너**^{container}**로 나눌 수 있다.**
일반 컴포넌트의 예를 들자면 버튼^{button}, 레이블^{label}, 메뉴^{menu}, 체크박스^{checkbox}, 리스트^{list},
텍스트필드^{text field} 등과 같이 정보를 표시하거나 사용자로부터 정보를 입력받는 데 이용
된다. 다양한 컴포넌트를 담을 수 있는 컨테이너는 다시 일반 컨테이너와 최상위 수준의
컨테이너^{top level container}로 다시 분류할 수 있다. **패널**^{panel}**, 스크롤 패인**^{scroll pane} **등이 일반**
컨테이너이며, 내부에 다양한 컴포넌트를 배치하여 독립적으로 화면에 보일 수 있는 최
상위 수준의 컨테이너로는 프레임^{frame}**, 대화상자**^{dialog}**, 애플릿**^{applet} **등이 있다.**

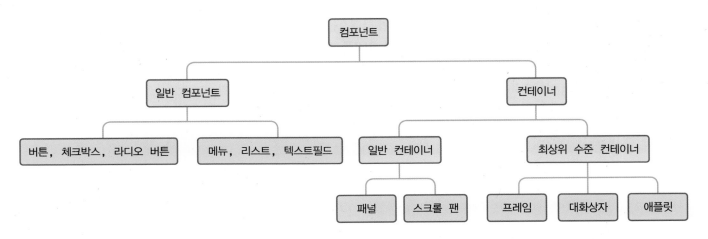

그림 9-2 ● 자바 컴포넌트의 분류

다음은 최상위 수준의 컨테이너인 프레임, 대화상자, 애플릿에 대한 간단한 설명이다. 이
단원에서는 프레임을 중심으로 그 내용을 살펴볼 예정이다.

이름	관련 클래스	설명	예
프레임^{Frame}	`java.awt.Frame` `java.swing.JFrame`	제목과 외형을 갖는 최상위 수준의 윈도우를 표현	
대화상자^{Dialog}	`java.awt.Dialog` `javax.swing.JDialog`	필요한 정보의 출력과 입력에 이용되도록 최상위 윈도우 프로그램과 구별되는 독립적인 하부 윈도우	
애플릿^{Applet}	`java.awt.Applet` `javax.swing.JApplet`	브라우저에서 실행되는 윈도우를 표현	

표 9-1 ● 자바 최상위 수준의 컨테이너 분류

2. AWT와 스윙

자바는 Java SE 1.2 이후부터 그래픽 사용자 인터페이스 방식을 2가지로 제공한다. **하나는 AWT**[Abstract Window Tookit]**이고 다른 하나는 스윙**[swing]**이다.** 자바는 JFC[Java Foundaton Class]라는 이름으로 AWT와 스윙에 관련된 클래스를 제공한다.

AWT 개요

AWT는 자바가 윈도우 프로그래밍을 위하여 처음으로 제공한 클래스 라이브러리이다. AWT는 Abstract Window Toolkit의 첫 글자로 윈도우 프로그래밍을 위한 그래픽 사용자 인터페이스[Graphic User Interface]의 다양한 컴포넌트와 관련 클래스를 제공한다. **AWT는 실행되는 플랫폼의 운영체제의 컴포넌트 자원을 활용하여 GUI를 제공하므로 플랫폼에 따라 GUI 외양이 다를 수 있다.** AWT는 패키지 java.awt, java.awt.dnd 등으로 제공하며, 컴포넌트의 클래스 이름으로는 Frame, Panel, Label, Button, TextField 등이 있다.

패키지	주요 클래스	설명
java.awt	Frame, Panel, Label, Button, Menu, ActiveEvent, AWTEvent, AWTException	AWT를 지원하기 위한 컴포넌트와 관련된 다양한 클래스와 인터페이스, 예외 등을 제공
java.awt.dnd	Autoscroll, DargTarget, DragSource DragSourceAdapter	드래그 앤 드롭[drag and drop]을 지원하기 위한 클래스와 인터페이스 제공
java.awt.event	ActionListener, AdjustmentListener AWTEventListener, ComponentListener ActionEvent, AdjustmentEvent MouseAdapte, MouseEvent	컴포넌트의 이벤트 처리에 필요한 클래스와 인터페이스 제공
java.awt.font	MultipleMaster, LineMetrics NumericShaper, ShapeGraphicAttribute TextAttribute, TextLayout	글자 모양인 폰트에 필요한 클래스와 인터페이스 제공

표 9-2 ● AWT의 주요 패키지와 클래스

스윙 개요

자바는 Java SE 1.2 버전부터 스윙이라는 새로운 윈도우 프로그래밍 방식을 제공하고 있다. 그렇다고 스윙이 AWT와 전혀 다른 GUI 시스템은 아니며 AWT를 기반으로 하여 더욱 발전된 윈도우 프로그래밍 방식이다. **스윙의 컴포넌트는 AWT와 다르게 해당 운영체제의 컴포넌트 자원을 활용하지 않고 순수하게 자바로 구현되어 있으므로 AWT보다 다양하고 풍부한 GUI를 제공하며, 모든 플랫폼에서 동일한 GUI 외양을 화면에**

보여 줄 수 있다. 또한 윈도우와 컴포넌트가 표시되는 외양은 플랫폼에 따라 마이크로소프트^{microsoft}의 외양^{Windows look and feel}일 수 있으며 고유한 자바 외양^{Java look and feel} 등 다양한 모습으로도 가능하다. **스윙 컴포넌트는 운영체제의 도움 없이 AWT보다 가볍게 실행할 수 있어 경량 컴포넌트**^{light weight component}**라고도 부른다.** 이벤트 처리와 배치관리 등은 상당 부분 기존 방식인 AWT를 동일하게 사용하며 프로그래밍 방식 또한 거의 비슷하다고 볼 수 있다.

스윙의 클래스 라이브러리는 주로 패키지 **javax.swing**으로 제공하며 컴포넌트의 클래스 이름은 대부분 **JFrame, JPanel, JLabel, JButton, JTextField**와 같이 J로 시작한다. 다음은 AWT와 스윙의 계층구조로 AWT는 최상위 클래스 Object의 하위로 Component, Font, Graphics 등이 분포하며 **스윙은 AWT의 Container 클래스 하위로 분포**한다. AWT의 GUI 컴포넌트는 Component 클래스 하위로 존재하며, **스윙의 최상위 클래스로는 JComponent, JFrame, JDialog, JApplet이 있고, 스윙의 GUI 컴포넌트는 JComponent 클래스 하위로 존재한다.**

Note

스윙 관련 클래스가 모여있는 패키지를 살펴보면 다음과 같다.

```
javax.accessibility
javax.swing.plaf
javax.swing.text
javax.swing
javax.swing.plaf.basic
javax.swing.text.html
javax.swing.border
javax.swing.plaf.metal
javax.swing.text.html.
parser
javax.swing.colorchooser
javax.swing.plaf.multi
javax.swing.text.rtf
javax.swing.event
javax.swing.plaf.synth
javax.swing.tree
javax.swing.filechooser
javax.swing.table
javax.swing.undo
```

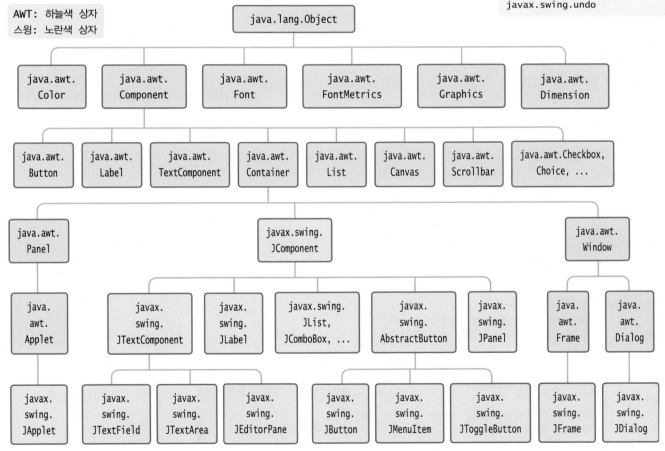

그림 9-3 • AWT와 스윙의 클래스 계층구조

02 스윙 프로그래밍 기초

1. 첫 윈도우 프로그램

클래스 JFrame의 객체를 이용한 윈도우 프로그램

첫 윈도우 프로그램을 작성해 보자. 윈도우 프로그램에 사용되는 클래스 JFrame 이다. **클래스 JFrame은 패키지가 javax.swing으로 AWT의 Frame을 상속받은 클래스**이다. 윈도우 프로그램은 생각보다 간단하다. 다음 순서로 JFrame 객체를 하나 생성하여 속성을 지정한 후 화면에 표시한다. 다음 예제 FirstWindow는 main()에서 JFrame 객체 하나를 화면에 표시하는 클래스이다.

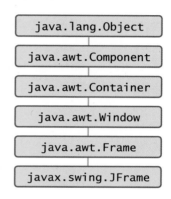

```
java.lang.Object
java.awt.Component
java.awt.Container
java.awt.Window
java.awt.Frame
javax.swing.JFrame
```

- JFrame으로 객체 생성: new JFrame()
- 가로와 세로 크기 지정: 메소드 setSize(가로, 세로)
- 윈도우 캡션에 표시되는 제목 지정: 메소드 setTitle(제목)
- 화면에 표시: setVisible(true)

그림 9-4 ● 윈도우를 위한 클래스 JFrame의 계층구조

이 방법은 JFrame으로 생성된 객체에서 직접 기능을 수행해야 하므로 제약성이 많으며 확장성이 떨어지는 단점이 있다. 또한 윈도우 우측 상단 윈도우 종료 버튼을 눌러도 윈도 우만 화면에서 사라질 뿐 프로그램이 완전히 종료되지는 않는다.

│ 실습예제 9-1 │ 간단한 첫 윈도우 프로그래밍

FirstWindow.java

```
01    import javax.swing.JFrame;
02
03    public class FirstWindow {
04        public static void main(String[] args) {
05            //윈도우를 위한 JFrame 객체 생성
06            JFrame fw = new JFrame();
07            //윈도우 캡션(제목) 지정
08            fw.setTitle("첫 윈도!");
09            //윈도우의 가로와 세로 지정
10            fw.setSize(300, 200);
11            //화면에 표시
12            fw.setVisible(true);
13        }
14    }
```

첫 윈도!

200

300

원도우의 가로가 300, 세로가 200 픽셀

클래스 JFrame을 상속받은 윈도우 프로그램

가장 간단한 윈도우 프로그램이 위의 예제라면 JFrame을 상속받은 클래스를 새롭게 구현하는 방식이 더 일반적이고 다양한 윈도우의 기능을 구현할 수 있는 방법이다. 즉 다음 우측 2번 소스와 같이 **클래스 HelloJFrame은 JFrame을 상속받아 제목을 인자로 받는 생성자에서 윈도우의 주요 속성을 지정하여 화면에 표시하는 기본 기능을 구현**하며, main()에서 클래스 HelloJFrame의 객체를 하나 생성한다. 물론 다른 클래스의 main()에서도 클래스 HelloJFrame의 사용이 가능하다.

❶
```
import javax.swing.JFrame;

public class FirstWindow {
    public static void main(String[] args) {
        JFrame fw = new JFrame();
        fw.setSize(300, 200);
        fw.setTitle("첫 윈도!");
        fw.setVisible(true);
    }
}
```
> 이 두 소스는 프로그램이 완전히 종료되지 않은 프로그램이라 이클립스에서 강제로 종료하도록 한다.

❷
```
import javax.swing.JFrame;

public class HelloJFrame extends JFrame {
    public HelloJFrame(String title) {
        setSize(300, 200);
        setTitle(title);
        setVisible(true);
    }

    public static void main(String[] args) {
        HelloJFrame f = new HelloJFrame("Hello JFrame!");
    }
}
```

그림 9-5 ● 윈도우 프로그램 작성 방법들

다음과 같이 JFrame을 상속받아 구현하는 윈도우 클래스는 JFrame 생성자와 메소드에 다양한 컴포넌트를 추가하고 복잡한 기능을 수행하는 기능을 추가할 수 있으므로 확장성이 좋고 일반적인 윈도우 프로그래밍 방식이다.

| 실습예제 9-2 | 일반적인 윈도우 프로그래밍

HelloJFrame.java
```
01    import javax.swing.JFrame;
02
03    public class HelloJFrame extends JFrame {
04        public HelloJFrame(String title) {
05            setSize(300, 200);
06            setTitle(title);
07            setVisible(true);
08        }
                        지정하지 않으면 화면에 보이지 않음
09
10        public static void main(String[] args) {
11            HelloJFrame f = new HelloJFrame("Hello JFrame!");
12        }
13    }
```

윈도우 종료 버튼과 바탕색 수정

이전에 작성한 윈도우 프로그램은 우측의 윈도우 종료^{close} 버튼을 누르면 화면에서는 사라지나 완전히 프로그램이 종료되지는 않는다. **윈도우의 종료 버튼으로 프로그램도 함께 종료하려면 메소드 setDefaultCloseOperation(JFrame.EXIT_ON_CLOSE)을 호출하여 종료**하도록 한다.

다음 클래스 FirstMyFrame은 생성자에서 종료버튼 기능, 윈도우 크기, 제목 등을 지정하며, 메소드 decorate()에서 윈도우의 바탕색을 노란색으로 변경하는 기능을 수행한다. JFrame은 크게 메뉴를 추가하는 메뉴 바인 JMenuBar와 메뉴를 제외한 각종 컴포넌트를 추가하는 컨테이너인 콘텐트 패인^{Content Pane}으로 구성된다. 그러므로 **윈도우의 바탕 색상을 수정하려면 getContentPane()으로 반환받은 컨테이너 객체로 setBackground(색상)를 호출**한다. JFrame을 상속받는 클래스는 인터페이스 Serializable을 구현하므로 정적 상수인 serialVersionUID를 지정해야 한다.

> **Note**
>
> 정적 상수인 serialVersionUID의 상수 지정은 입출력에서 자세히 학습할 예정이다.

```
public class FirstMyFrame extends JFrame {
    private static final long serialVersionUID = 1L;

    public FirstMyFrame(String title) {
        setDefaultCloseOperation(JFrame.EXIT_ON_CLOSE);
        setSize(300, 150);
        ...
    }

    public void decorate() {
        Container pane = getContentPane();
        pane.setBackground(Color.YELLOW);
    }
}
```

Color.CYAN, BLUE, BLACK 등 대부분 가능

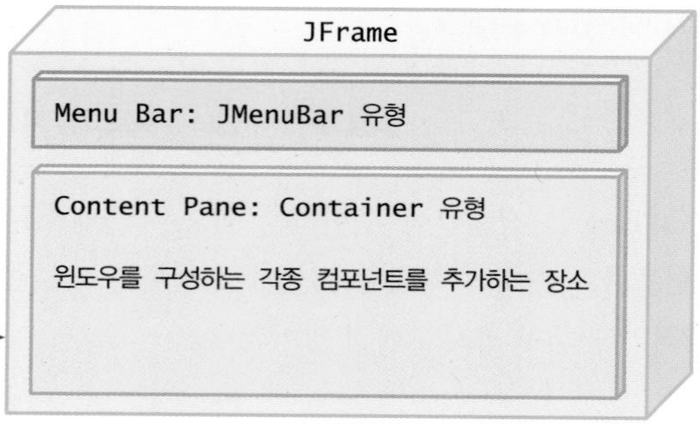

JFrame

Menu Bar: JMenuBar 유형

Content Pane: Container 유형

윈도우를 구성하는 각종 컴포넌트를 추가하는 장소

그림 9-6 ● 윈도우 종료 버튼과 바탕색 수정

종료 버튼의 기능을 지정하는 setDefaultCloseOperation(JFrame.상수)에 사용되는 상수는 다음 4가지로 그 기능을 살펴보면 다음과 같다.

상수	의미
JFrame.DO_NOTHING_ON_CLOSE	종료 버튼이 아무 기능을 수행하지 않음
JFrame.HIDE_ON_CLOSE	종료 버튼으로 화면에서 사라지게 하며, 지정하지 않으면 기본 값
JFrame.DISPOSE_ON_CLOSE	종료 버튼으로 화면에서 사라지게 하며, 이후 프로그램을 완전히 종료
JFrame.EXIT_ON_CLOSE	종료 버튼으로 화면에서 사라지게 하며 프로그램을 완전히 종료

표 9-3 ● 메소드 setDefaultCloseOperation(JFrame.상수)에 사용되는 상수 4가지

다음 클래스 FrameTest의 main()에서 FirstMyFrame 객체를 하나 생성하면 흰 바탕의
윈도우가 화면에 나타난다. 약 2초가 경과되면 윈도우의 바탕색이 노란색으로 변하도록
Thread.sleep(2000) 호출 이후 메소드 decorate()를 호출한다.

| 실습예제 9-3 | 스윙의 JFrame을 상속받아 윈도우 구현

FrameTest.java

```
01   import java.awt.Color;
02   import java.awt.Container;
03   import javax.swing.JFrame;
04
05   class FirstMyFrame extends JFrame {
06       private static final long serialVersionUID = 1L;
07
08       public FirstMyFrame(String title) {
09           setDefaultCloseOperation(JFrame.EXIT_ON_CLOSE);
10           setSize(300, 150);
11           setTitle(title);
12           setVisible(true);
13       }
14
15       public void decorate() {
16           Container pane = getContentPane()
17           pane.setBackground(Color.YELLOW);
18       }
19   }
20
21   public class FrameTest {
22       public static void main(String[] args) {
23           FirstMyFrame f = new FirstMyFrame("첫 윈도 프로그램!");
24
25           //2초 기다리기
26           try { Thread.sleep(2000);
27           } catch (InterruptedException e) {};
28
29           f.decorate();
30       }
31   }
```

결과

첫 윈도 프로그램!

2초 후에 바탕색이 변함

첫 윈도 프로그램!

2. 프레임에 컴포넌트 추가

버튼 추가

이제 JFrame 내부에 버튼 컴포넌트를 하나 추가 해 보자. 스윙에서는 버튼 컴포넌트로 JButton 클 래스를 제공한다. **JButton의 계층구조를 살펴보면 AbstractButton 하위 클래스**이다. JButton의 객체 는 버튼의 이름을 인자로 생성할 수 있으며, 생성된 객 체를 JFrame 내부에서 메소드 add(버튼객체)로 추가할 수 있다. 버튼이 추가된 이후에 윈도우에 표시되려면 setVisible(true)을 호출해야 한다.

컴포넌트 객체를 추가하려면 메소드 add(컴포넌트객체)를 사용하는데, 배치관리자(다음 절에서 학습 예정) 지정 없이 호출하면 무조건 윈도우 전체에 컴포넌트가 삽입 되는 것을 알 수 있다.

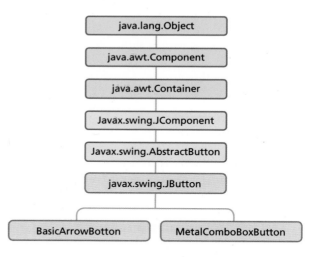

그림 9-7 ● 버튼을 위한 클래스 JButton의 계층구조

```java
public class ComponentWin extends JFrame {
    …
        JButton btn = new JButton("첫 버튼");
        add(btn);
        setVisible(true);
    …
    }
```

그림 9-8 ● 윈도우에 버튼 하나 추가

예제: ComponentWin

다음 클래스 ComponentWin은 메소드 addButton()에서 버튼 하나를 추가한다. 외부에 서 ComponentWin 객체를 만들어 addButton()을 호출하면 버튼이 추가되는 것을 확인 할 수 있다. 다음 프로그램은 바탕색이 핑크인 윈도우가 생성된 후 약 2초가 경과되면 "첫 버튼"이 보일 것이다. 아직 이벤트 처리를 하지 않아 아무리 버튼을 눌러도 작동하지 않 는다. **JFrame의 정적 메소드 setDefaultLookAndFeelDecorated(true)는 고유한 기본 장식**DefaultLookAndFeelDecorated**의 스윙 외관을 볼 수 있도록 하는 메소드이다.** 기본 장식을 지 정하지 않거나 false로 지정하면 윈도우가 플랫폼인 마이크로소프트의 윈도우 시스템 Windows systems의 모습을 따른다.

ComponentWin.java

```java
01   import javax.swing.JButton;
02   import javax.swing.JFrame;
03
04   public class ComponentWin extends JFrame {
05       private static final long serialVersionUID = 1L;
06
07       public ComponentWin(String title) {
08           setDefaultCloseOperation(JFrame.EXIT_ON_CLOSE);
09           setSize(300, 150);
10           setTitle(title);
11           Container pane = getContentPane();
12           pane.setBackground(Color.pink);
13           setVisible(true);
14       }
15
16       public void addButton() {
17           JButton btn = new JButton("첫 버튼");
18           add(btn);
19           setVisible(true); //버튼을 추가했으므로 다시 호출 필요
20       }
21
22       public static void main(String[] args) {
23           JFrame.setDefaultLookAndFeelDecorated(true);
24           //JFrame.setDefaultLookAndFeelDecorated(false);
25
26           ComponentWin f = new ComponentWin("첫 버튼 프로그램!");
27
28           //2초 기다리기
29           try { Thread.sleep(2000);
30           } catch (InterruptedException e) {};
31
32           f.addButton();
33       }
34   }
```

다른 플랫폼에서도 변하지 않는 고유한 스윙의 모습으로 지정

윈도우 플랫폼 모습

결과

2초 후에 버튼이 변함

1. 배치관리 개요

배치관리자 종류

자바의 **배치관리자**^{layout manager}는 컨테이너에 배치되는 컴포넌트의 위치를 일관성 있게 관리하는 방법을 제공하는 클래스이다. 자바의 배치관리자를 이용하면 컨테이너에 추가되는 컴포넌트의 크기와 위치를 하나 하나 지정하지 않아도 전체적으로 조화롭고 일관성 있게 배치할 수 있다. 자바가 제공하는 배치관리자를 살펴보면 관련 인터페이스 LayoutManager와 LayoutManager2의 하부로 FlowLayout, GridLayout 등 AWT의 배치관리자 5개의 클래스와 ViewportLayout, BoxLayout 등 스윙의 다양한 배치관리자를 위한 여러 클래스를 제공한다.

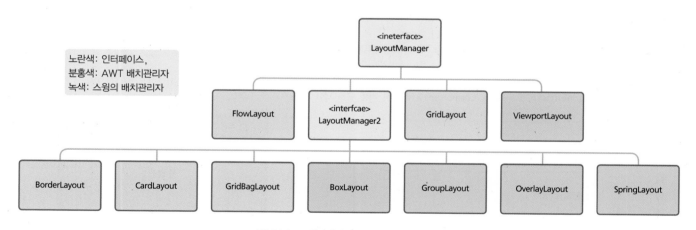

그림 9-9 ● 배치관리자 관련 클래스 계층구조

배치관리자가 지정된 컨테이너에 삽입되는 컴포넌트는 배치관리자에 따라 크기와 위치가 결정되며, 컨테이너의 크기가 변하면 다시 컴포넌트의 크기와 위치가 결정된다. 주요 배치관리자를 사용하는 특징을 살펴보면 다음과 같다.

배치관리자	컴포넌트 배치 사항
BorderLayout	중앙에 위치하는 컴포넌트가 컨테이너에 크기 변화에 따라 함께 변하려는 경우
FlowLayout	여러 컴포넌트를 원래 크기로 한 행 또는 여러 행에 배치하고자 하는 경우
BoxLayout	여러 컴포넌트를 한 행 또는 한 열에 원하는 크기로 배치하고자 하는 경우
GridLayout	여러 컴포넌트를 행과 열로 나누어 동일한 크기로 배치하고자 하는 경우
CardLayout	배치관리자를 여러 개 사용하려는 경우
SpringLayout, GridBagLayout	여러 컴포넌트를 매우 복잡하게 배치하는 경우

표 9-4 ● 배치관리자와 특징

컨테이너의 배치관리자 지정

배치관리자의 지정은 컴포넌트를 포함하는 컨테이너에 지정할 수 있다. 즉 프레임, 대화상자 그리고 패널과 같이 다른 컴포넌트를 담을 수 있는 컨테이너에 배치관리를 지정한다. **클래스 Container는 메소드 setLayout(Layout)을 제공하여 하부 클래스에서 배치관리 지정을 위한 메소드로 사용할 수 있도록 한다. null을 인자로 메소드 setLayout(null)을 사용하면 배치관리자를 해지하여 절대 위치에 컴포넌트를 배치할 수 있도록 한다.**

```
컨테이너객체.setLayout(new BorderLayout(30, 20));
컨테이너객체.setLayout(new FlowLayout(FlowLayout.CENTER, 10, 20));

컨테이너객체.setLayout(null); //배치관리를 지정하지 않은 방법
```

그림 9-10 ● 메소드 setLayout( )의 사용 예

컨테이너는 특별히 배치관리를 지정하지 않아도 기본으로 배치관리가 정해져 있다. 즉 **패널은 기본적으로 배치관리 FlowLayout으로 관리되며, 프레임과 대화상자는 BorderLayout이 기본 배치관리자이다.**

기본 배치관리	컨테이너
FlowLayout	Panel, Applet, JPanel, JApplet
BorderLayout	Frame, Dialog, JFrame, JDialog

표 9-5 ● 컨테이너에 따른 기본 배치관리자

2. 배치관리자 BorderLayout

동서남북과 중앙에 위치하는 배치관리자

배치관리자 **BorderLayout**은 **컨테이너의 컴포넌트의 위치를 동**^{East}, **서**^{West}, **남**^{South}, **북**^{North}, **중앙**^{Center}**인 다섯 가지로 미리 정의하는 배치관리**이다. 다음 그림은 윈도우를 배치관리 BorderLayout으로 지정하여 5개의 버튼을 적당한 위치에 지정한 모습이다. 버튼과 버튼 사이의 공간은 가로^{hGap}와 세로^{vGap}의 공간으로 구분하여 지정할 수 있다. 배치관리 BorderLayout은 클래스 BorderLayout으로 제공되며 이 클래스는 기본 생성자와 컴포넌트간의 가로와 세로 간격을 지정할 수 있는 생성자를 제공한다. 배치관리를 지정하려는 컨테이너에서 메소드 setLayout()으로 생성된 BorderLayout의 객체를 지정한다.

Note

JFrame의 콘택트패인에 배치관리를 지정하지 않아도 기본이 BorderLayout 이다.

Note

컴포넌트 사이의 가로 공간은 setHgap(int)으로, 세로 공간은 setVgap(int)으로 지정할 수 있다.

```
setLayout(new BorderLayout());
```

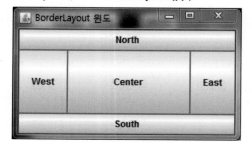

```
setLayout(new BorderLayout(30, 20));
```

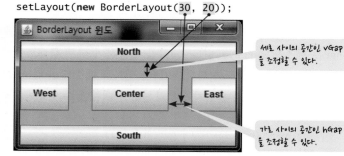

세로 사이의 공간인 vGap을 조정할 수 있다.

가로 사이의 공간인 hGap을 조정할 수 있다.

그림 9-11 ● 배치관리 BorderLayout의 콘텐트 패인에 버튼 5개 삽입

생성된 컴포넌트는 컨테이너의 add(객체, 위치)에 의해 삽입된다. 삽입 위치는 위의 상수 BorderLayout.*SOUTH*, BorderLayout.*LINE_END* 또는 문자열 "South", "North"와 같이 대입한다.

```
btn1 = new JButton("North");
btn2 = new JButton("South");
add(btn1, "North");
add(btn2, BorderLayout.SOUTH);
```

그림 9-12 ● BorderLayout 배치관리에서 컴포넌트 추가

배치관리 BorderLayout에서 5가지 위치에 따라 컴포넌트의 위치가 결정되며 위치 정보는 다음과 같이 상수로 제공된다.

위치 상수	설명
BorderLayout.NORTH BorderLayout.PAGE_START	컴포넌트가 컨테이너의 상단 북쪽에 위치하며 컴포넌트의 가로 길이는 컨테이너의 가로 크기에 맞는 크기로 결정되며 세로의 길이는 컴포넌트에서 결정
BorderLayout.SOUTH BorderLayout.PAGE_END	컴포넌트가 컨테이너의 하단 남쪽에 위치하며 컴포넌트의 가로 길이는 컨테이너의 가로 크기에 맞는 크기로 결정되며 세로의 길이는 컴포넌트에서 결정
BorderLayout.WEST BorderLayout.LINE_START	컴포넌트가 컨테이너의 왼쪽 서쪽에 위치하며 컴포넌트의 세로 길이는 컨테이너의 세로 크기에 비례하여 결정되며 가로의 길이는 컴포넌트에서 결정
BorderLayout.EAST BorderLayout.LINE_END	컴포넌트가 컨테이너의 오른쪽 동쪽에 위치하며 컴포넌트의 세로 길이는 컨테이너의 세로 크기에 비례하여 결정되며 가로의 길이는 컴포넌트에서 결정
BorderLayout.CENETR	컴포넌트가 컨테이너의 중앙(다른 위치의 컴포넌트가 모두 위치한 후 남는 중앙)에 위치하며, 컴포넌트의 가로 길이와 세로의 길이는 다른 컴포넌트가 위치한 이후의 장소의 크기에 맞게 결정

표 9-6 • 클래스 BorderLayout의 위치 상수

실습예제 9-5 | JButton 5개를 배치관리 BorderLayout에 추가한 윈도우

BorderWin.java

```
01   package layout;
02
03   import java.awt.BorderLayout;
04   import javax.swing.JButton;
05   import javax.swing.JFrame;
06
07   public class BorderWin extends JFrame {
08       private static final long serialVersionUID = 1L;
09       private JButton btn1, btn2, btn3, btn4, btn5;
10
11       public BorderWin(String title) {
12           setDefaultCloseOperation(JFrame.EXIT_ON_CLOSE);
13           setSize(300, 180);
14           setTitle(title);
15
16           //setLayout(new BorderLayout());
17           setLayout(new BorderLayout(30, 20));          가로 공간 30, 세로 공간이 20으로 지정
18           btn1 = new JButton("North");
19           btn2 = new JButton("South");
20           btn3 = new JButton("West");
21           btn4 = new JButton("East");
22           btn5 = new JButton("Center");
23           add(btn1, "North");
24           add(btn2, BorderLayout.SOUTH);
25           add(btn3, "West");
26           add(btn4, "East");
27           add(btn5, "Center");
28           setVisible(true);
29       }
30
31       public static void main(String[] args) {
32           BorderWin win = new BorderWin("BorderLayout 윈도우");
33       }
34   }
```

3. 배치관리자 FlowLayout

물 흐르는 듯한 배치관리자 FlowLayout

배치관리자 FlowLayout은 컨테이너 내부에 추가되는 컴포넌트의 배치를 물 흐르듯 왼쪽에서 오른쪽으로 위에서 아래로 우선하는 배치관리이다. 컴포넌트의 정렬 기준도 중간, 왼쪽, 오른쪽으로 지정 가능하며 기본 값은 중앙이다. 배치관리 FlowLayout은 다음 3가지의 생성자를 제공한다.

생성자	설명
FlowLayout()	기본 FlowLayout이 생성, 정렬은 FlowLayout.CENTER로 hGap과 vGap은 각각 5로 지정
FlowLayout(int align)	주어진 align으로 정렬기준이 되는 배치관리 생성자로 이용되는 align의 종류에는 FlowLayout.LEFT, FlowLayout.CENTER, FlowLayout.RIGHT을 제공
FlowLayout(int align, int hGap, int vGap)	주어진 align과 각 컴포넌트 간의 가로와 세로의 사이 간격을 각각 hGap과 vGap 만큼의 여유 공간을 두는 배치관리

표 9-7 ● 클래스 FlowLayout의 생성자

다음 왼쪽 윈도우의 FlowLayout 생성자에서 정렬을 좌측 정렬로, 컴포넌트 간의 가로 여유 공간을 10으로, 세로를 20으로 지정하는 배치관리를 지정한다. 마찬가지로 우측 윈도우는 같은 여유 공간으로 정렬만 중앙으로 지정한 생성자로 FlowLayout 객체를 생성한다.

```
setLayout(new FlowLayout(FlowLayout.LEFT, 10, 20));    setLayout(new FlowLayout(FlowLayout.CENTER, 10, 20));
```

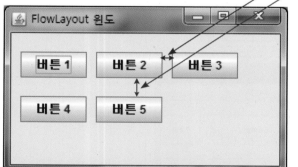

그림 9-13 ● 윈도우의 배치관리를 FlowLayout으로 지정

다음 클래스 FlowWin은 JFrame의 배치관리를 FlowLayout을 지정하여 버튼 5개를 배치하는 윈도우이다. 배치관리 FlowLayout 생성자에서 정렬은 왼쪽으로, 가로와 세로 공간은 각각 10, 20으로 지정한다. 생성된 윈도우의 가로를 길게 늘리면 버튼 4, 버튼 5가 첫행의 오른쪽으로 붙는 것을 확인할 수 있다.

그림 9-14 ● 배치관리자 FlowLayout에서 윈도우가 가로가 길어지면 정렬기준인 오른쪽으로 계속 배치

│ **실습예제 9-6** │ JButton 5개를 배치관리 FlowLayout에 추가한 윈도우

FlowWin.java

```
01   package layout;
02
03   import java.awt.FlowLayout;
04   import javax.swing.JButton;
05   import javax.swing.JFrame;
06
07   public class FlowWin extends JFrame{
08       private static final long serialVersionUID = 1L;
09       private JButton btn1, btn2, btn3, btn4, btn5;
10
11       public FlowWin(String title) {
12           setDefaultCloseOperation(JFrame.EXIT_ON_CLOSE);
13           setSize(300, 180);
14           setTitle(title);
15
16           //setLayout(new FlowLayout());
17           setLayout(new FlowLayout(FlowLayout.RIGHT, 10, 20));
18           btn1 = new JButton("버튼 1");
19           btn2 = new JButton("버튼 2");
20           btn3 = new JButton("버튼 3");
21           btn4 = new JButton("버튼 4");
22           btn5 = new JButton("버튼 5");
23           add(btn1);        add(btn2);
24           add(btn3);        add(btn4);
25           add(btn5);
26           setVisible(true);
27       }
28
29       public static void main(String[] args) {
30           FlowWin win = new FlowWin("FlowLayout 윈도우");
31       }
32   }
```

우측정렬, 가로 공간 10,
세로 공간이 20으로 지정

4. 배치관리자 GridLayout

컴포넌트를 같은 크기의 사각 셀에 배치하는 GridLayout

배치관리자 GridLayout은 컨테이너를 같은 크기의 행과 열을 나눈 셀cell**에 추가되는 컴 포넌트를 배치하는 관리 방법이다.** 모든 셀의 가로 크기는 같으며 세로 크기도 같다. **배 치관리자 GridLayout으로 지정된 컨테이너에 추가되는 컴포넌트는 순서대로 행의 왼 쪽부터 오른쪽으로 열의 위쪽부터 아래쪽으로 우선순위를 가지며 배치**된다. 클래스 GridLayout은 기본 생성자와 행과 열의 수를 지정하는 생성자, 행과 열의 수와 함께 컴 포넌트로 구성되는 행과 행, 열과 열 사이 공간을 지정할 수 있는 생성자를 제공한다.

생성자	설명
GridLayout()	기본 GridLayout을 생성, 행의 수는 1이고, 열의 수는 0으로 컴포넌트의 수에 따라 변화
GridLayout(int rows, int cols)	지정된 행의 수와 열의 수의 GridLayout을 생성하며 만일 지정 값이 0이면 추가되는 컴포넌트의 수에 따라 어떠한 수로도 배치 가능하며, 행의 수가 0보다 크면 열의 수는 무조건 0으로 간주함
GridLayout(int rows, int cols, int hGap, int vGap)	지정된 행의 수와 열의 수의 GridLayout을 생성, hGap은 열과 열 사이의 간격을 지정하며, vGap은 행과 행 사이의 간격을 지정

표 9-8 • 클래스 GridLayout의 생성자

다음 그림은 전화 다이얼을 위한 키패드 버튼 12개를 배치관리 GridLayout으로 배치하 는 방법으로 생성자 중에서 행과 열의 수, 가로와 세로 여유 공간을 지정하는 생성자를 이용한다. 다음 왼쪽 윈도우는 3행 4열로, 오른쪽 윈도우는 6행 2열로 각각 GridLayout 을 지정한다. 컴포넌트 간의 가로 여유 공간을 모두 10으로, 세로를 5로 지정한다.

```
setLayout(new GridLayout(3, 4, 10, 5));        setLayout(new GridLayout(6, 2, 10, 5));
setLayout(new GridLayout(0, 4, 10, 5));        setLayout(new GridLayout(0, 2, 10, 5));
```

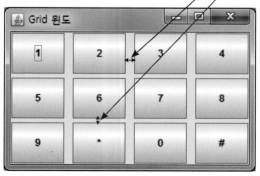

그림 9-15 • 윈도우의 배치관리를 GridLayout으로 지정

배치관리자 **GridLayout의 생성자에서 0은 다른 지정된 값에 따라, 추가되는 컴포넌트 수에 따라 적절한 값으로 변한다는 의미이다.** 다음 클래스 GridWin은 배치관리를 GridLayout을 지정하여 전화 다이얼을 위한 버튼 12개를 4행 3열로 배치하는 윈도우이다. 생성된 윈도우를 살펴보면 버튼 모양의 크기가 모두 같으며, 윈도우 크기가 변하더라도 격자 구조는 변하지 않고 버튼의 크기만 같은 비율로 변하는 것을 알 수 있다.

| 실습예제 9-7 | 전화 다이얼을 위한 JButton 12개를 배치관리 GridLayout에 추가한 윈도우

GridWin.java

```
01    package layout;
02
03    import java.awt.GridLayout;
04    import javax.swing.JButton;
05    import javax.swing.JFrame;
06
07    public class GridWin extends JFrame{
08        private static final long serialVersionUID = 1L;
09
10        public GridWin(String title) {
11            setDefaultCloseOperation(JFrame.EXIT_ON_CLOSE);
12            setSize(300, 200);
13            setTitle(title);
14
15            setLayout(new GridLayout(4, 3, 10, 5));
16            add(new JButton("1")); add(new JButton("2")); add(new JButton("3"));
17            add(new JButton("4")); add(new JButton("5")); add(new JButton("6"));
18            add(new JButton("7")); add(new JButton("8")); add(new JButton("9"));
19            add(new JButton("*")); add(new JButton("0")); add(new JButton("#"));
20            setVisible(true);
21        }
22
23        public static void main(String[] args) {
24            GridWin win = new GridWin("Grid 윈도우");
25        }
26    }
```

> 격자가 4행 3열, 가로 공간 10, 세로 공간이 5로 지정된 GridLayout

만일 격자의 행과 열을 4와 3으로 지정하고 추가되는 원소의 수가 12개보다 작다면 어떠한 모습으로 배치될까? **행의 수가 지정되면 행의 수는 변하지 않으며 추가되는 컴포넌트의 수에 따라 열의 수가 결정된다.** 즉 행의 수를 4로 결정하면 추가되는 컴포넌트의 수가 4 이하면 열은 1이 되며, 컴포넌트의 수가 8 이하면 열은 2가 된다. 즉 6개의 버튼을 추가하면 4행 2열의 격자에서 행부터 채워지므로 마지막 행에서 2개가 공백으로 남는다.

그림 9-16 ● 배치관리 GridLayout(4, 3)에서 6개 버튼을 추가한 그림

5. 배치관리자 BoxLayout

행 또는 열에 배치하는 BoxLayout

배치관리자 **BoxLayout**은 **FlowLayout**의 확장으로, 박스를 정렬하듯이 여러 컴포넌트를
수직 또는 수평 방향으로 배치할 수 있다. BoxLayout은 클래스 BoxLayout의 생성자의
인자는 2개로, 첫 번째는 배치관리를 지정할 컨테이너이며, 두 번째는 배치 기준이 되는
축으로 다음 4개의 상수를 이용한다.

BoxLayout box = **new** BoxLayout(Container target, **int axis**);

BoxLayout.*X_AXIS*	: 컴포넌트의 배치의 방향을 왼쪽에서 오른쪽으로 지정
BoxLayout.*Y_AXIS*	: 컴포넌트의 배치의 방향을 위에서 아래로 지정
BoxLayout.*LINE_AXIS*	: 컨테이너 target의 ComponentOrientation 속성에 따라 한 행에서 텍스트가 쓰여지듯이 컴포넌트의 배치를 지정
BoxLayout.*PAGE_AXIS*	: 컨테이너 target의 ComponentOrientation 속성에 따라 여러 줄이 한 페이지에 놓이듯이 컴포넌트의 배치를 지정

그림 9-17 ● BoxLayout의 생성자와 기준 축^{axis}

BoxLayout의 상수 X_AXIS를 사용하면 한 행에서 왼쪽에서 오른쪽으로 컴포넌트가 배
치되며, 한 열에서 위에서 아래로 배치하려면 Y_AXIS를 사용한다. 만일 한 행에서 반대
로, 오른쪽에서 왼쪽으로 컴포넌트를 배치하려면 컨테이너의 ComponentOrientation을
ComponentOrientation.RIGHT_TO_LEFT로 수정한 후 BoxLayout의 생성자에서 LINE_
AXIS으로 지정한다. 또한 하나의 열에서, 아래쪽에서 위쪽으로 배치하려면 컨테이너의
ComponentOrientation을 RIGHT_TO_LEFT로 수정한 후 BoxLayout의 생성자에서 PAGE_
AXIS으로 지정한다.

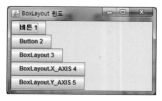

cp.setLayout(**new** BoxLayout(getContentPane(), BoxLayout.*X_AXIS*));

cp.setLayout(new BoxLayout(getContentPane(), BoxLayout.*Y_AXIS*));

cp.applyComponentOrientation(ComponentOrientation.*RIGHT_TO_LEFT*);
cp.setLayout(new BoxLayout(cp, BoxLayout.*LINE_AXIS*));

cp.applyComponentOrientation(ComponentOrientation.*RIGHT_TO_LEFT*);
cp.setLayout(new BoxLayout(cp, BoxLayout.*PAGE_AXIS*));

그림 9-18 ● 행 또는 열의 배치에 적합한 BoxLayout

다음 클래스 BoxWin은 윈도우의 콘텐트 패인 배치관리를 행인 BoxLayout.X_AXIS으로 지정하여 버튼 5개를 삽입한 예제이다.

| 실습예제 9-8 | 배치관리자 BoxLayout에 버튼 5개를 삽입한 윈도우

BoxWin.java

```java
01  package layout;
02
03  import java.awt.Container;
04
05  import javax.swing.BoxLayout;
06  import javax.swing.JButton;
07  import javax.swing.JFrame;
08
09  public class BoxWin extends JFrame{
10      private static final long serialVersionUID = 1L;
11      private JButton btn1, btn2, btn3, btn4, btn5;
12
13      public BoxWin(String title) {
14          setDefaultCloseOperation(JFrame.EXIT_ON_CLOSE);
15          setSize(300, 180);
16          setTitle(title);
17          Container cp = getContentPane();
18          cp.setLayout(new BoxLayout(getContentPane(), BoxLayout.X_AXIS));
19
20          btn1 = new JButton("버튼 1");
21          btn2 = new JButton("Button 2");
22          btn3 = new JButton("BoxLayout 3");
23          btn4 = new JButton("BoxLayout.X_AXIS 4");
24          btn5 = new JButton("BoxLayout.Y_AXIS 5");
25          add(btn1);          add(btn2);          add(btn3);
26          add(btn4);          add(btn5);
27          setVisible(true);
28      }
29
30      public static void main(String[] args) {
31          BoxWin win = new BoxWin("BoxLayout 윈도우");
32      }
33  }
```

결과

| 버튼 1 | Button 2 | BoxLayout 3 | BoxLayout.X_AXIS 4 | BoxLayout.Y_AXIS 5 |

6. 배치관리자를 null로 지정

배치관리자가 없는 컨테이너 만들기

컨테이너에 삽입되는 컴포넌트의 크기와 위치를 임의로 지정하려면 컨테이너에 배치관리자를 아예 지정하지 않아야 한다. **컨테이너에 배치관리자를 지정하지 않으려면 setLayout(null)과 같이 배치관리자를 null로 지정**한다. 컨테이너에 배치관리자를 지정하지 않으면 삽입되는 컴포넌트의 크기가 0으로 지정되므로 크기와 위치를 일일이 지정해 주어야 하는데, 이 경우 다음과 같이 클래스 Component의 다음 메소드를 유용하게 사용할 수 있다.

메소드	설명
void setSize(int width, int height); void setSize(Dimension d);	컴포넌트의 가로와 세로의 크기를 지정
void setLocation(int x, int y); void setLocation(Point p);	컴포넌트의 좌측상단 지점^{left-top corner}의 위치를 지정
void setBounds(int x, int y, int width, int height); void setBounds(Rectangle r);	컴포넌트의 위치와 크기를 한 번에 지정
Dimension getPreferredSize();	현재 컴포넌트의 적절한 크기를 반환, 반환 값 Dimension 크기 정보인 width와 height를 함께 가지는 클래스

표 9-9 ● 클래스 Component에서 컴포넌트의 크기와 위치를 지정하는 메소드

배치관리자가 없는 컨테이너에 컴포넌트를 삽입하려면 컴포넌트의 크기와 위치를 setSize(width, height)와 setLocaton(x, y)으로 지정한다. 만일 크기를 지정하지 않으면 모두 0이 되어 컴포넌트가 보이지 않는다.

```
btn1 = new JButton("OK");
btn1.setSize(100, 30);          //버튼의 가로와 세로를 각각 100, 30으로 지정
btn1.setLocation(50, 100);      //버튼의 좌측상단 위치 (x, y)를 각각 50, 100으로 지정
setLayout(null);
add(btn1);
```

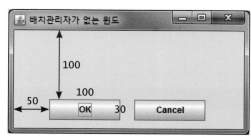

그림 9-19 ● 배치관리자가 없는 윈도우에 버튼을 추가하는 소스와 화면

NoneLayout.java

```java
01  package layout;
02
03  import java.awt.Dimension;
04  import javax.swing.JButton;
05  import javax.swing.JFrame;
06
07  public class NoneLayoutWin extends JFrame{
08      private static final long serialVersionUID = 1L;
09      private JButton btn1, btn2;
10
11      public NoneLayoutWin(String title) {
12          setDefaultCloseOperation(JFrame.EXIT_ON_CLOSE);
13          setSize(340, 180);
14          setTitle(title);
15
16          btn1 = new JButton("OK");
17          btn2 = new JButton("Cancel");
18          Dimension d = btn1.getPreferredSize();   //버튼의 적당한 가로와 세로를 알아 보기
19          btn1.setSize(d); //버튼의 적당한 크기로 지정
20          //btn1.setSize(100, 30);//버튼의 가로와 세로를 각각 100, 30으로 지정
21          btn2.setSize(100, 30);
22          //btn1.setLocation(0, 0);
23          btn1.setLocation(50, 100);//버튼의 좌측상단 위치 (x, y)를 각각 50, 100으로 지정
24          btn2.setLocation(170, 100);//버튼의 좌측상단 위치 (x, y)를 각각 170, 100으로 지정
25
26          setLayout(null);
27          add(btn1);                          ◀── [ 배치관리자를 사용하지 않은 지정 ]
28          add(btn2);
29          setVisible(true);
30      }
31
32      public static void main(String[] args) {
33          NoneLayoutWin win = new NoneLayoutWin("배치관리자가 없는 윈도우");
34      }
35  }
```

결과

다양한 컴포넌트

1. 기본 컴포넌트

JComponent

스윙을 구성하는 대부분의 클래스는 J로 시작한다. AWT의 Container의 상위로 하는 클래스 JComponent는 최상위 컨테이너인 JFrame, JDialog, JApplet을 제외한 모든 스윙 컴포넌트의 상위인 기본 클래스이다.

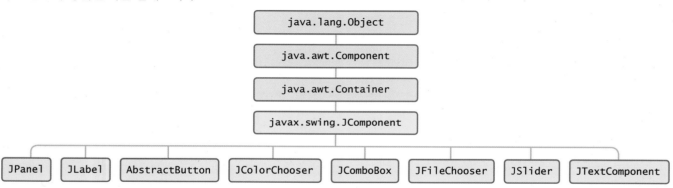

그림 9-20 ● 스윙 컴포넌트 계층 구조

클래스 JComponent에 정의된 메소드는 하위 클래스에서 사용되는 공통적인 기능을 수행하는 메소드로 구성된다.

상수	의미
Graphics getGraphics()	그림을 그리기 위한 Graphis 객체를 반환
int getHeight(), int getWidth()	컴포넌트의 가로와 세로의 길이를 반환
int getX(), int getY()	컴포넌트의 위치 좌표를 반환
void paint(Graphics g)	컴포넌트를 그리기 위해 호출
void setBackground(Color bg)	컴포넌트 백그라운드 색상을 지정
void setEnabled(boolean enabled)	컴포넌트의 활성화를 지정
void setFont(Font font), Font getFont()	컴포넌트 폰트의 지정과 반환
void setForeground(Color fg)	컴포넌트의 글자 색상을 지정
void update(Graphics g)	paint()를 호출
void setVisible(Color fg)	컴포넌트의 보이기 지정

표 9-10 ● 클래스 JComponent 주요 메소드

JLabel

레이블은 컨테이너에 텍스트를 표시하는 데 가장 많이 사용되는 컴포넌트 중의 하나이다. **클래스 JLabel의 생성자에서 표시할 문자열을 인자로 객체를 생성**할 수 있다. 글자의 색상은 setForeground(색상)로, 가로 정렬은 setHorizontalAlignment(정렬상수)를 이용하여 지정할 수 있다.

Note

인터페이스 javax.swing.Swing Constants에는 위치나 정렬에 사용되는 다양한 정수, 상수를 제공한다.

SwingConstants.BOTTOM
SwingConstants.CENTER
SwingConstants.TOP
SwingConstants.LEFT
SwingConstants.RIGHT
SwingConstants.VERTICAL
SwingConstants.HORIZONTAL

```
JLabel lb = new JLabel("레이블의 글자");
lb.setForeground(Color.blue);
lb.setHorizontalAlignment(SwingConstants.CENTER);
```

그림 9-21 ● 레이블의 생성과 속성 수정

| 실습예제 9-10 | JLabel을 사용하여 글자를 표시하는 윈도우

BasicCompWin.java

```
01  package component;
02
03  import java.awt.Color;
04
05  import javax.swing.JFrame;
06  import javax.swing.JLabel;
07  import javax.swing.SwingConstants;
08
09  public class BasicCompWin extends JFrame {
10      private static final long serialVersionUID = 1L;
11
12      public BasicCompWin(String title) {
13          setDefaultCloseOperation(JFrame.EXIT_ON_CLOSE);
14          setSize(300, 100);
15          setTitle(title);
16
17          JLabel lb = new JLabel("레이블의 글자");
18          lb.setForeground(Color.blue);   //색상 수정
19          lb.setHorizontalAlignment(SwingConstants.CENTER); //가로정렬 수정
20          add(lb);
21          setVisible(true);
22      }
23
24      public static void main(String[] args) {
25          BasicCompWin win = new BasicCompWin("레이블 알아보기");
26      }
27  }
```

결과

레이블의 글자

JPanel

스윙의 JPanel은 상위가 JComponent인 컨테이너 클래스이다. JPanel은 주로 다른 다양한 컴포넌트를 담는 컨테이너 역할을 수행하며 간단히 패널이라 부른다. 패널은 기본 생성자로 간단히 객체를 만들 수 있으며, 메소드 add(객체)로 다른 컴포넌트의 객체를 삽입할 수 있다.

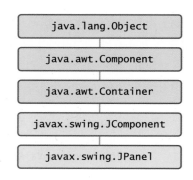

그림 9-23 ● JPanel의 계층구조

```
JPanel p = new JPanel();
//패널의 기본 배치는 FlowLayout이며 add의 기본 정렬은 중앙
p.add(new JCheckBox("수영"));
p.add(new JButton("OK"));
```

그림 9-22 ● 패널의 생성과 다른 컴포넌트의 삽입

패널의 기본 배치관리는 FlowLayout이며 다른 배치관리를 위해서는 다음과 같이 생성자에서 다른 배치관리 객체를 지정하거나 메소드 setLayout()을 사용하여 지정할 수 있다.

```
JPanel p2 = new JPanel(new BorderLayout());

JPanel pan = new JPanel();
pan.setLayout(new BoxLayout(pan, BoxLayout.PAGE_AXIS));
```

그림 9-24 ● 패널의 배치관리 지정 방법

패널은 주로 다른 컴포넌트의 배치에 사용된다. 다음은 1행 2열의 GridLayout인 상위 패널 p 내부에 붉은색과 노란색의 패널 pan1, pan2 2개를 삽입하여 패널 p를 윈도우에 추가한 결과 화면과 예제 소스이다.

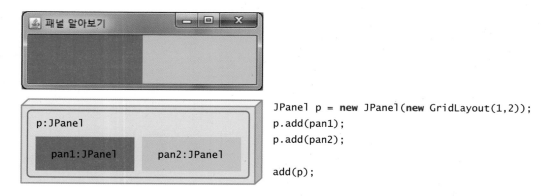

```
JPanel p = new JPanel(new GridLayout(1,2));
p.add(pan1);
p.add(pan2);

add(p);
```

그림 9-25 ● 패널에 패널 2개를 삽입

PanelWin.java

```
01  package component;
02
03  import java.awt.Color;
04  import java.awt.GridLayout;
05  import javax.swing.JFrame;
06  import javax.swing.JPanel;
07
08  public class PanelWin extends JFrame {
09      private static final long serialVersionUID = 1L;
10
11      public PanelWin(String title) {
12          setDefaultCloseOperation(JFrame.EXIT_ON_CLOSE);
13          setSize(300, 100);
14          setTitle(title);
15          //패널 구성의 메소드 호출
16          makePanel();
17          setVisible(true);
18      }
19
20      public void makePanel() {
21          //상위 패널에 삽입할 2개의 패널을 만들어 색상 수정
22          JPanel pan1 = new JPanel();
23          pan1.setBackground(Color.red);
24          JPanel pan2 = new JPanel();
25          pan2.setBackground(Color.yellow);
26
27          //패널의 기본 배치는 FlowLayout이며 add의 기본 정렬은 중앙
28          //패널의 배치관리를 가로를 이으분하기 위해 GridLayout 설정
29          JPanel p = new JPanel(new GridLayout(1,2));
30          p.add(pan1);
31          p.add(pan2);
32          //윈도우의 기본 배치는 BorderLayout이며 add는 중앙에 삽입
33          add(p);
34      }
35
36      public static void main(String[] args) {
37          PanelWin win = new PanelWin("패널 알아보기");
38      }
39  }
```

결과

다양한 버튼

스윙에서 일반 버튼은 **AbstractButton**의 자식인 **JButton**으로 제공한다. 스윙의 **JToggleButton**은 선택^{selected}과 비선택^{deselected}의 2가지 상태를 제공하는 버튼으로 자식 클래스로 **JCheckBox**와 **JRadioButton**을 제공한다.

Note

JComponent의 하부인 Abstra ctButton은 버튼과 메뉴항목의 공통 메소드를 갖는 추상 클래스이다.

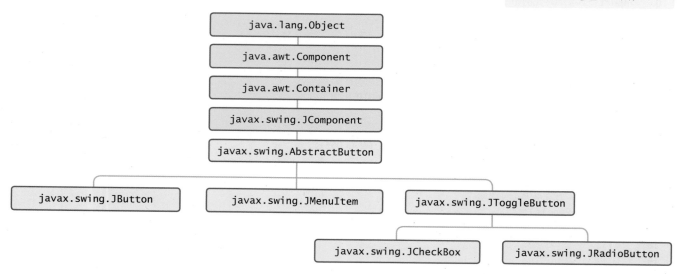

그림 9-26 • JToggleButton의 자식 클래스인 JCheckBox와 JRadioButton

JCheckBox

스윙의 JCheckBox는 체크박스를 위한 컴포넌트 클래스이다. **체크박스는 버튼마다 독립 적으로 선택과 비선택의 2가지 상태를 제공하는 버튼**이다. 체크박스는 다음과 같이 표시 될 버튼 이름으로 생성할 수 있으며, 2번째 인자는 선택 여부이다.

```
JCheckBox box1 = new JCheckBox("수영", true);
JCheckBox box2 = new JCheckBox("골프");
JCheckBox box3 = new JCheckBox("축구");
JCheckBox box4 = new JCheckBox("야구", true);
```

☑수영 □골프 □축구 ☑야구

그림 9-27 • JCheckBox의 생성과 모습

JRadioButton

스윙의 **JRadioButton**은 라디오 버튼을 위한 컴포넌트 클래스이다. 체크박스가 버튼마다 독립적으로 선택과 비선택의 2가지 상태를 제공한다면, **라디오 버튼은 지정된 그룹에서 버튼 하나만 선택되도록 하는 버튼**이다. 그러므로 라디오 버튼을 하나의 그룹으로 지정하기 위한 클래스인 javax.swing.ButtonGroup이 필요하다. JRadioButton은 다음과 같이 표시될 버튼 이름과 선택 여부를 지정하여 생성할 수 있다. **생성된 여러 라디오 버튼은 하나의 ButtonGroup 객체에 삽입되어 라디오 버튼 역할을 수행**하도록 한다.

```
//3개의 라디오 버튼 생성
JRadioButton r1 = new JRadioButton("First Class");
JRadioButton r2 = new JRadioButton("Business Class", true);
JRadioButton r3 = new JRadioButton("Economy Class");
```

```
//3개의 중에서 하나만 선택되도록 버튼 그룹에 삽입
ButtonGroup bg = new ButtonGroup();
bg.add(r1); bg.add(r2); bg.add(r3);
```

○ First Class ● Business Class ○ Economy Class

그림 9-28 ● JRadioButton을 이용한 라디오 버튼의 생성과 모습

토글 버튼 구성

다음 그림과 같이 체크박스와 라디오 버튼으로 구성된 윈도우를 구현해 보자. 2개의 패널 pChcek와 pRadio를 만들어 각각 체크박스와 라디오 버튼을 생성하여 삽입한다. 그리고 윈도우의 배치를 GridLayout(0,1)로 지정하여 패널 pChcek와 pRadio를 삽입하면, 다음과 같이 윈도우 위쪽 반이 pChcek, 나머지 아래쪽 반이 pRadio로 구성된다.

```
setLayout(new GridLayout(0, 1));
add(pCheck);
add(pRadio);
```

그림 9-29 ● 체크박스와 라디오 버튼으로 구성된 윈도우

예제 ToggleButtonWin

다음 예제 ToggleButtonWin은 위에서 구성한 윈도우의 구현 프로그램이다. 체크박스와
라디오 버튼을 담을 패널 pCheck와 pRadio를 각각 필드로 선언하여 사용한다.

```java
public class ToggleButtonWin extends JFrame {
    ...
    JPanel pCheck = new JPanel();   //체크박스가 배치될 패널
    JPanel pRadio = new JPanel();   //라디오 버튼이 배치될 패널

    public ToggleButtonWin(String title) {
        ...
        makeCheckBox();   //체크박스 구성
        makeRadioButton(); //라디오 버튼 구성
        //윈도우의 높이를 이등분하여 위에 체크박스, 아래에 라디오 버튼 삽입
        setLayout(new GridLayout(0, 1));
        add(pCheck);
        add(pRadio);
        ...
    }
}
```

그림 9-30 ● 체크박스와 라디오 버튼으로 구성된 프로그램 ToggleButtonWin

| 실습예제 9-12 | 체크박스와 라디오 버튼으로 구성된 윈도우

ToggleButtonWin.java

```java
01   package component;
02
03   import java.awt.Color;
04   import java.awt.GridLayout;
05
06   import javax.swing.ButtonGroup;
07   import javax.swing.JCheckBox;
08   import javax.swing.JFrame;
09   import javax.swing.JPanel;
10   import javax.swing.JRadioButton;
11
12   public class ToggleButtonWin extends JFrame {
13       private static final long serialVersionUID = 1L;
14
15       JPanel pCheck = new JPanel();   //체크박스가 배치될 패널
16       JPanel pRadio = new JPanel();   //라디오 버튼이 배치될 패널
17
18       public ToggleButtonWin(String title) {
19           setDefaultCloseOperation(JFrame.EXIT_ON_CLOSE);
20           setSize(400, 150);
21           setTitle(title);
```

```
22
23          //체크박스와 라디오 버튼을 구성
24          makeCheckBox();
25          makeRadioButton();
26          //윈도우의 높이를 이등분하여 위에 체크박스, 아래에 라디오 버튼 삽입
27          setLayout(new GridLayout(0, 1));
28          add(pCheck);
29          add(pRadio);
30          setVisible(true);
31      }
32
33      public void makeCheckBox() {
34          //패널의 기본 배치는 FlowLayout이며 add의 기본 정렬은 중앙
35          //패널 색상을 수정하여 라디오 버튼을 삽입
36          pCheck.setBackground(Color.yellow);
37          JCheckBox box = new JCheckBox("수영");
38          pCheck.add(box);
39          pCheck.add(new JCheckBox("골프"));
40          pCheck.add(new JCheckBox("축구"));
41          pCheck.add(new JCheckBox("야구"));
42
43      }
44
45      public void makeRadioButton() {
46          //3개의 라디오 버튼 생성
47          JRadioButton r1 = new JRadioButton("First Class");
48          JRadioButton r2 = new JRadioButton("Business Class", true);
49          JRadioButton r3 = new JRadioButton("Economy Class");
50
51          //3개의 중에서 하나만 선택되도록 버튼 그룹에 삽입
52          ButtonGroup bg = new ButtonGroup();
53          bg.add(r1); bg.add(r2); bg.add(r3);
54
55          //패널 색상을 수정하여 라디오 버튼을 삽입
56          pRadio.setBackground(Color.cyan);
57          pRadio.add(r1); pRadio.add(r2); pRadio.add(r3);
58      }
59
60
61      public static void main(String[] args) {
62          ToggleButtonWin win = new ToggleButtonWin("패널 알아보기");
63      }
64  }
```

결과

2. 텍스트필드 컴포넌트

JTextComponent

클래스 JTextComponent는 스윙의 텍스트 컴포넌트를 위한 기본 클래스^{base class}이다. 스윙
은 클래스 JTextComponent 하위로 JTextFiled, JTextArea, JEditorPane 등의 텍스트
입력을 위한 다양한 컴포넌트를 제공한다. 그러므로 클래스 JTextComponent는 하위 클
래스에서 공통으로 사용할 수 있는 텍스트 필드의 다양한 메소드를 제공한다.

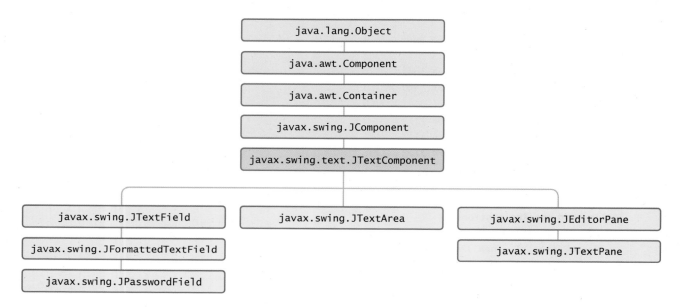

그림 9-31 ● 스윙의 텍스트필드 관련 클래스 계층구조

메소드	기능
void setText(Sring), String getText()	텍스트를 지정, 지정된 텍스트를 반환
void copy(), void cut(), void paste()	선택된 텍스트의 복사와 자르기, 클립보드의 텍스트 붙이기
String getSelectedText()	선택된 텍스트의 반환
void setSelectionStart(int), int getSelectionStart()	선택될 텍스트의 시작 위치를 지정과 반환
void setSelectionEnd(int), int getSelectionEnd()	선택될 텍스트의 끝 위치를 지정과 반환
void setEditable(boolean b)	텍스트 입력 여부를 지정
void replaceSelection(String content)	현재 선택된 텍스트를 대체

표 9-11 ● JTextComponent의 주요 메소드

JTextField

클래스 **JTextField는 사용자로부터 글자의 입력에 사용되는 클래스**이다. JTextField
는 한 줄의 글자 입력에 사용되며 하위 클래스로 형식화된 텍스트의 입력을 지원하는
JFormattedTextField를 제공한다.

```
JTextField tf = new JTextField();
tf.setText("홍 길동");
```

그림 9-32 ● JTextField의 생성과 텍스트 지정

JFormattedTextField

형식화된 텍스트의 입력을 원한다면 클래스 JFormattedTextFiled를 이용한다. 즉
**JFormattedTextFiled는 날짜, 전화번호, 숫자 등과 같이 특정한 형식의 텍스트를 입력
하는데 사용**될 수 있다. 다음은 날짜 형식을 입력받을 수 있도록 하기 위해 현재 시각 정
보를 설정하는 문장으로 사용자가 입력한 텍스트가 날짜 형식과 다르면 입력이 되지 않
으며 경고음이 발생한다.

```
JFormattedTextField date = new JFormattedTextField();
date.setValue(new Date());
```

그림 9-33 ● JFormattedTextField의 생성과 날짜 형식 지정

JPasswordField

클래스 **JPasswordField는 암호와 같이 입력되는 문자가 보이지 않도록 다른 문자가 출
력되도록 하는 텍스트 필드**로 JFormattedTextFiled의 하위 클래스이다. 기본으로 입력
되는 문자는 *로 표시되며 메소드 setEchoChar(char c)를 사용하여 표시되는 문자를
바꿀 수 있다. 즉 메소드 setEchoChar('#')로 표시되는 문자를 #으로 수정할 수 있다.

```
JPasswordField pwd = new JPasswordField();
pwd.setEchoChar('#');
```

그림 9-34 ● JPasswordField의 생성과 표시 문자 수정

JTextArea

클래스 **JTextArea**는 여러 줄의 문자열을 위한 입력 및 출력에 사용될 수 있다. 생성자 JTextArea(rows, cols)는 행과 열로 크기를 지정하는 생성자이다. 클래스 **JTextArea** 는 기본으로는 스크롤 바^{scroll bar}가 지원되지 않으며, 텍스트를 지정하려면 setText()를 사용하며, 텍스트를 추가하려면 메소드 append()를 사용한다.

Note

JTextArea에 스크롤 바를 사용하려면 JScrollPane을 사용해야 한다.

```
JTextArea ta = new JTextArea(5, 30);
ta.setText("JTextComponent\n");
ta.append("    JTextFiled\n");
```

그림 9-35 • JTextArea의 생성과 문자열 지정 및 추가

| **실습예제 9-13** | 텍스트 필드, 패스워드 필드, 형식 필드, 텍스트 영역으로 구성된 윈도우

TextFieldWin.java

```java
01  package component.text;
02
03  import java.awt.GridLayout;
04  import java.util.Date;
05  import javax.swing.JFormattedTextField;
06  import javax.swing.JFrame;
07  import javax.swing.JLabel;
08  import javax.swing.JPanel;
09  import javax.swing.JPasswordField;
10  import javax.swing.JTextArea;
11  import javax.swing.JTextField;
12
13  public class TextFieldWin extends JFrame {
14      private static final long serialVersionUID = 1L;
15
16      public TextFieldWin(String title) {
17          setDefaultCloseOperation(JFrame.EXIT_ON_CLOSE);
18          setSize(400, 240);
19          setTitle(title);
20          //체크박스 구성의 메소드 호출
21          makeTextField();
22          setVisible(true);
23      }
24
25      public void makeTextField() {
26          JPanel pL = new JPanel();
27          pL.setLayout(new GridLayout(0,1,20,5));
28          pL.add(new JLabel("  이 름:    "));
29          pL.add(new JLabel("   암 호:    "));
```

```
30        pL.add(new JLabel("   생 일:    "));
31
32        JPanel pR = new JPanel();
33        pR.setLayout(new GridLayout(0,1,20,5));
34        JTextField tf = new JTextField();
35        tf.setText("홍 길동");
36        pR.add(tf);
37
38        JPasswordField pwd = new JPasswordField();
39        pwd.setEchoChar('#');
40        pR.add(pwd);
41
42        JFormattedTextField date = new JFormattedTextField();
43        date.setValue(new Date());
44        pR.add(date);
45
46        JPanel pD = new JPanel();
47        JTextArea ta = new JTextArea(5, 30);
48        ta.setText("JTextComponent\n");
49        ta.append("   JTextFiled\n");
50        ta.append("   JTextArea\n");
51        ta.append("   JEditorPane\n");
52        pD.add(new JLabel("   메 모:  "));
53        pD.add(ta);
54
55        add(pL, "West");
56        add(pR, "Center");
57        add(pD, "South");
58    }
59
60    public static void main(String[] args) {
61        TextFieldWin win = new TextFieldWin("텍스트필드 알아보기");
62    }
63  }
```

3. 목록을 위한 컴포넌트

스윙은 **목록 선택을 위한 컴포넌트로 리스트**^{JList}**와 콤보박스**^{JComboBox}**를** 제공한다. 또한 **리스트나 텍스트영역 등과 같이 표시될 영역이 큰 경우 스크롤을 이용할 수 있도록 하는 스크롤페인**^{JScrollPane}**도 활용**할 수 있다. 컴포넌트 JList와 JComboBox, JScrollPane 모두 클래스 JComponent의 하위 클래스이다.

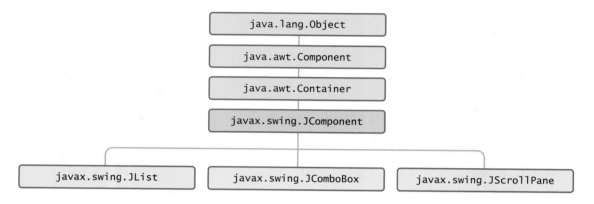

그림 9-36 ● 스윙의 목록 관련 클래스 계층구조

JList

컴포넌트 **JList는 여러 항목을 나열하여 하나 또는 여러 개를 선택할 수 있는 컨트롤**이다. 다음은 문자열 목록을 표시한 소스로 클래스 JList<String>과 같이 항목의 자료형을 일반화 유형^{generic}으로 사용한다. 목록에 삽입되는 항목은 모든 객체가 가능하다. 항목을 위한 배열을 바로 JList의 생성자의 인자로 사용하여 목록을 쉽게 생성할 수 있다.

```
//JList 목록에 입력될 안드로이드 버전별 코드 이름 문자열
String code[] = {"Cupcake 1.5", "Donut 1.6", "Eclair 2.0", "Froyo 2.2",
                 "Gingerbread 2.3", "Honeycomb 3.0", "Icecream Sandwich 4.0"};

//JList 목록에 입력되는 항목이 문자열이므로 JList<String>으로 선언
JList<String> lst = new JList<String>(code);
```

| Cupcake 1.5 |
| Donut 1.6 |
| Eclair 2.0 |
| Froyo 2.2 |
| Gingerbread 2.3 |
| Honeycomb 3.0 |
| Icecream Sandwich 4.0 |

그림 9-37 ● JList 생성과 모습

JScrollPane

컴포넌트 **JList에서 스크롤 바를 사용하려면 JScrollPane을 사용**해야 한다. 즉 생성된 JList 객체에서 setVisibleRowCount(보이는행수)로 표시될 항목 수를 지정한 후, 이 객체를 인자로 JScrollPane 객체를 생성한다. 스크롤 바의 표시는 setVerticalScrollBarPolicy(상수)를 사용하여 다음 세 가지로 조정할 수 있다.

Note

수직 스크롤 바뿐만 아니라 수평 스크롤 바도 생성하고 표시를 조정할 수 있다.

```
String swing[] = {"javax.accessibility", "javax.swing", "javax.swing.border",
    "javax.swing.event", "javax.swing.filechooser", "javax.swing.plaf",
    "javax.swing.plaf.basic", "javax.swing.plaf.metal"};
JList<String> pkg = new JList<String>(swing);
//JList 목록을 스크롤 패인을 사용하므로 보이는 항목 수를 지정
pkg.setVisibleRowCount(4);
//JList 목록 객체를 인자로 스크롤 패인 생성
JScrollPane sp = new JScrollPane(pkg);
//스크롤 패인에서 항목 수가 많으면 스크롤 바가 생성되도록
sp.setVerticalScrollBarPolicy(JScrollPane.VERTICAL_SCROLLBAR_AS_NEEDED);
```

```
                    ┌ VERTICAL_SCROLLBAR_AS_NEEDED: 필요할 때 표시
상수 종류 3가지      ┤ VERTICAL_SCROLLBAR_NEVER: 표시 안하기
                    └ VERTICAL_SCROLLBAR_ALWAYS: 항상 표시
```

```
javax.accessibility
javax.swing
javax.swing.border
javax.swing.event
```

그림 9-38 ● JScrollPane을 사용하여 JList에 스크롤 바를 이용하는 방법

JComboBox

스윙의 **JComboBox는 편집 가능한 필드와 버튼 그리고 드롭다운 목록**drop-down list**을 결합한 콤보박스를 제공**한다. JComboBox는 항목의 배열 객체를 인자로 생성할 수 있으며, addItem(항목)을 이용하여 항목을 일일이 삽입할 수도 있다. 사용자는 콤보박스의 버튼을 눌러 아래에 표시되는 목록 중에서 하나를 선택할 수 있으며, setEditable(true)을 지정하여 필드에 직접 선택할 항목을 편집해 검색할 수도 있다. 프로그램에서 목록 중에 하나를 선정하여 표시하려면 setSelectedIndex(첨자)를 사용하여 원하는 항목을 선택할 수 있다.

Note

여러 개 중에 하나를 선택한다는 의미에서 라디오 버튼과 유사하나 공간을 적게 사용한다는 장점이 있다.

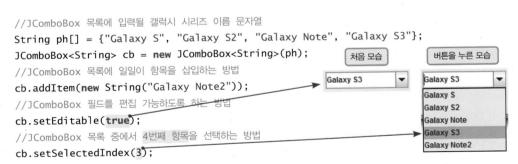

```
//JComboBox 목록에 입력될 갤럭시 시리즈 이름 문자열
String ph[] = {"Galaxy S", "Galaxy S2", "Galaxy Note", "Galaxy S3"};
JComboBox<String> cb = new JComboBox<String>(ph);
//JComboBox 목록에 일일이 항목을 삽입하는 방법
cb.addItem(new String("Galaxy Note2"));
//JComboBox 필드를 편집 가능하도록 하는 방법
cb.setEditable(true);
//JComboBox 목록 중에서 4번째 항목을 선택하는 방법
cb.setSelectedIndex(3);
```

그림 9-39 ● 콤보박스의 생성

JList와 JComboBox, JScrollPane을 사용한 목록 예제

다음은 지금까지 살펴본 목록을 위한 컴포넌트인 JList, JScrollPane, JComboBox를 이용한 간단한 예제이다.

실습예제 9-14 │ 리스트와 스크롤 바가 있는 리스트, 콤보박스를 나타내는 윈도우

ListWin.java

```
01   package component;
02
03   import java.awt.GridLayout;
04
05   import javax.swing.JFrame;
06   import javax.swing.JList;
07   import javax.swing.JScrollPane;
08   import javax.swing.JComboBox;
09   import javax.swing.JPanel;
10
11   public class ListWin extends JFrame {
12       private static final long serialVersionUID = 1L;
13
14       public ListWin(String title) {
15           setDefaultCloseOperation(JFrame.EXIT_ON_CLOSE);
16           setSize(350, 200);
17           setTitle(title);
18           //다양한 목록 구성의 메소드 호출
19           makeList();
20           setVisible(true);
21       }
22
23       public void makeList() {
24           //JList 목록에 입력될 안드로이드 버전별 코드 이름 문자열
25           String code[] = {"Cupcake 1.5", "Donut 1.6", "Eclair 2.0", "Froyo 2.2", "Gingerbread 2.3",
26                       "Honeycomb 3.0", "Icecream Sandwich 4.0", "Jelly Bean 4.2"};
27           //JList 목록에 입력되는 항목이 문자열이므로 JList<String>으로 선언
28           JList<String> lst = new JList<String>(code);
29           JPanel pan1 = new JPanel();
30           pan1.add(lst);
31
32           //JList 목록에 입력될 스윙 관련 패키지 이름 문자열
33           String swing[] = {"javax.accessibility", "javax.swing", "javax.swing.border",
34                   "javax.swing.event", "javax.swing.filechooser", "javax.swing.plaf",
35                   "javax.swing.plaf.basic", "javax.swing.plaf.metal"};
36           JList<String> pkg = new JList<String>(swing);
37           //JList 목록을 스크롤팬을 사용하므로 보이는 항목 수를 지정
38           pkg.setVisibleRowCount(4);
```

```
39        //JList 목록 객체를 인자로 스크롤 패인 생성
40        JScrollPane sp = new JScrollPane(pkg);
41        //스크롤 패인에서 항목 수가 많으면 스크롤 바가 생성되도록
42        sp.setVerticalScrollBarPolicy(JScrollPane.VERTICAL_SCROLLBAR_AS_NEEDED);
43
44        //JComboBox 목록에 입력될 갤럭시 시리즈 이름 문자열
45        String ph[] = {"Galaxy S", "Galaxy S2", "Galaxy Note", "Galaxy S3", "Galaxy Note2", "Galaxy S4"};
46        JComboBox<String> cb = new JComboBox<String>(ph);
47        //JComboBox 목록에 일일이 항목을 삽입하는 방법
48        cb.addItem(new String("Galaxy Note2"));
49        //JComboBox 필드를 편집 가능하도록 하는 방법
50        cb.setEditable(true);
51        //JComboBox 목록 중에서 4번째 항목을 선택하는 방법
52        cb.setSelectedIndex(3);
53
54        JPanel pan2 = new JPanel();
55        pan2.add(sp);
56        pan2.add(cb);
57
58        //패널의 배치관리를 가로로 이등분하기 위해 GridLayout 설정
59        JPanel p = new JPanel(new GridLayout(1,2));
60        p.add(pan1);
61        p.add(pan2);
62
63        //윈도우의 기본 배치는 BorderLayout이며 add는 중앙에 삽입
64        add(p);
65    }
66
67    public static void main(String[] args) {
68        ListWin win = new ListWin("목록 선택을 위한 컨트롤");
69    }
70 }
```

결과

1st: JList

sp: JScrollPane

cb: JComboBox

4. 탭과 값 선택을 위한 컴포넌트

스윙은 **탭을 위한 컴포넌트로 JTabbedPane과 구간 내의 값을 쉽게 선택할 수 있는 JSlider를 제공**한다. 컴포넌트 JTabbedPane과 JSlider 모두 클래스 JComponent의 하위 클래스이다.

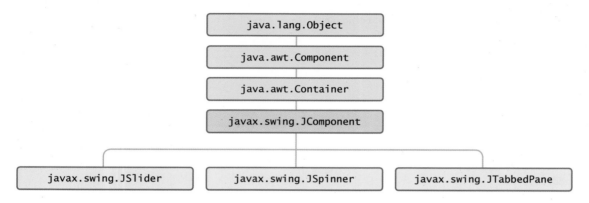

그림 9-40 ● 스윙의 JTabbedPane과 JSlider 클래스 계층구조

JSlider

컴포넌트 **JSlider는 눈금이 그려진 일정한 구간 내에서 자유롭게 움직이는 손잡이knob를 이용하여 값을 선택할 수 있는 컨트롤**이다. JSlider는 다음과 같이 기본 생성자와 여러 인자가 있는 다양한 생성자를 이용하여 객체를 생성할 수 있다. 생성자의 인자는 최대 4개로 첫 번째 인자는 슬라이더의 수형 또는 수직 방향orientation이며, 두 번째는 구간의 최소 값minimum이며, 세 번째는 구간의 최대 값maximum이며, 마지막은 초기 값value이다.

```
//JSlider의 객체(수평, 0에서 100까지이며 초기 값은 50으로)를 생성
JSlider sd1 = new JSlider();
//JSlider의 객체(수평, 0에서 100까지이며 초기 값은 50으로)를 생성
JSlider sd2 = new JSlider(JSlider.HORIZONTAL);
//JSlider의 객체(수평, 0에서 200까지이며 초기 값은 최소와 최대의 평균인 100으로)를 생성
JSlider sd3 = new JSlider(0, 200);
//JSlider의 객체(수평, 0에서 200까지이며 초기 설정은 20으로)를 생성
JSlider sd4 = new JSlider(0, 200, 20);
//JSlider의 객체(수직, 0에서 200까지이며 초기 설정은 20으로)를 생성
JSlider sd5 = new JSlider(JSlider.VERTICAL, 0, 200, 20);
```

그림 9-41 ● JSlider의 다양한 생성자와 인자 값의 의미

트랙^{track}과 눈금^{tick}의 표시 여부, 색상^{forground}, 방향^{orientation}, 최소^{minimum}, 최대^{maximum}, 초기 값^{value} 등의 슬라이더의 모양은 슬라이드 생성 시 또는 생성 후에 다음과 같은 다양한 메소드로 지정이 가능하다. **눈금은 주 눈금 간격**^{MajorTickSpacing}**과 부 눈금 간격**^{MinorTickSpacing}**을 지정할 수 있으며, 주 눈금에는 그 값**^{labels}**을 표시**할 수 있다.

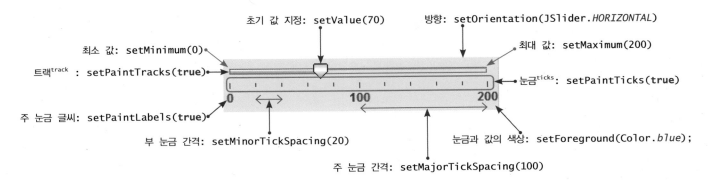

그림 9-42 • JSlider의 속성과 메소드

JTabbedPane

컴포넌트 **JTabbedPane은 여러 컴포넌트가 구성된 탭**^{tab} **사이를 탭 제목 부분을 눌러 쉽게 이동할 수 있는 컨트롤**이다. JTabbedPane의 메소드 add()와 addTab()을 사용하여 새로운 탭을 추가할 수 있다. 탭을 중간에 삽입하려면 insertTab()을 이용하며, 삭제하려면 remove(), removeTabAt(), removeAll()을 사용한다.

```
//JTabbedPane을 생성하여 탭 패인을 생성
JTabbedPane tp = new JTabbedPane();
//"슬라이더" 이름으로 객체 p가 추가된 탭을 생성
tp.add("수평 슬라이더 1", p);
//"수직 슬라이더" 이름으로 객체 vSdr이 추가된 탭을 생성
tp.addTab("수평 슬라이더 2", vSdr);
```

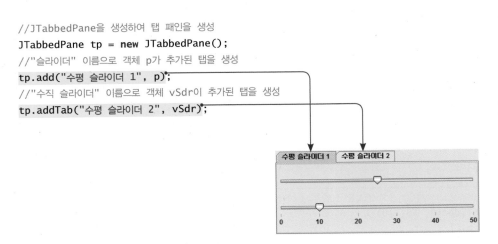

그림 9-43 • JTabbedPane을 사용한 탭의 구성

탭 패인과 슬라이더 예제

다음은 윈도우에 탭을 세 개 만들고 탭에 "수평 슬라이더 1", "수평 슬라이더 2", "수직 슬라이더" 제목을 붙이고, 각각의 탭에 다양한 슬라이더를 생성하여 보이는 프로그램이다. 패널 p에 수평 슬라이더 2개를 생성 후 삽입하여, 이 패널 p를 첫 탭인 "수평 슬라이더 1"에 삽입한다.

| 실습예제 9-15 | 탭을 세 개 만들어 각각 수평과 색상이 있는 슬라이더, 수직 슬라이더를 보이는 윈도우

SliderWin.java

```
01   package component;
02
03   import java.awt.Color;
04   import java.awt.GridLayout;
05
06   import javax.swing.JFrame;
07   import javax.swing.JLabel;
08   import javax.swing.JPanel;
09   import javax.swing.JSlider;
10   import javax.swing.JTabbedPane;
11
12   public class SliderWin extends JFrame {
13       private static final long serialVersionUID = 1L;
14
15       public SliderWin(String title) {
16           setDefaultCloseOperation(JFrame.EXIT_ON_CLOSE);
17           setSize(400, 200);
18           setTitle(title);
19           //패널 구성의 메소드 호출
20           makeSlider();
21           setVisible(true);
22       }
23
24       public void makeSlider() {
25           //JSlider의 객체(수평, 0에서 100까지이며 초기 설정은 평균인 50으로)를 생성
26           JSlider sdr = new JSlider();
27
28           //JSlider의 객체(수평, 0에서 50까지이며 초기 설정은 10으로)를 생성
29           JSlider hSdr = new JSlider(0, 50, 10);
30           //JSlider의 눈금 그리기 설정
31           hSdr.setPaintTicks(true);
32           //JSlider의 주 눈금 간격 설정
33           hSdr.setMajorTickSpacing(10);
34           //JSlider의 주 눈금 글자 보이기 설정
35           hSdr.setPaintLabels(true);
36
37           JPanel p = new JPanel();
```

```java
38      p.setLayout(new GridLayout(0, 1));
39      p.add(sdr); p.add(hSdr);
40
41      //JSlider의 객체(수평, 0에서 200까지이며 초기 설정은 20으로)를 생성
42      JSlider sdr1 = new JSlider(JSlider.HORIZONTAL, 0, 200, 20);
43      sdr1.setPaintTicks(true);
44      sdr1.setPaintTrack(true);          //JSlider의 트랙 그리기 설정
45      sdr1.setMajorTickSpacing(50);      //JSlider의 주 눈금 간격 설정
46      sdr1.setMinorTickSpacing(10);      //JSlider의 부 눈금 간격 설정
47      sdr1.setPaintLabels(true);         //JSlider의 주 눈금 글자 보이기 설정
48      sdr1.setForeground(Color.blue);    //JSlider의 눈금과 글자의 색상 설정
49
50      //JSlider의 객체(수평, 0에서 100까지이며 초기 설정은 20으로)를 생성
51      JSlider vSdr = new JSlider(JSlider.VERTICAL, 0, 80, 30);
52      vSdr.setPaintTicks(true);
53      vSdr.setPaintTrack(false);
54      vSdr.setMajorTickSpacing(40);
55      vSdr.setMinorTickSpacing(20);
56      vSdr.setPaintLabels(true);
57      vSdr.setValue(30);
58      vSdr.setForeground(Color.red);
59
60      //JTabbedPane을 생성하여 탭패인을 생성
61      JTabbedPane tp = new JTabbedPane();
62      //"슬라이더" 이름으로 객체 p가 추가된 탭을 생성
63      tp.add("슬라이더", p);
64      //"수직 슬라이더" 이름으로 객체 vSdr이 추가된 탭을 생성
65      tp.addTab("수직 슬라이더", vSdr);
66      //첫 번째 탭의 제목을 수정
67      tp.setTabComponentAt(0, new JLabel("수평 슬라이더 1"));
68      //두 번째 탭으로 새로운 탭을 추가하며, "색상 슬라이더"가 말 풍선으로 표시
69      tp.insertTab("수평 슬라이더 2", null, sdr1, "색상 슬라이더", 1);
70
71      add(tp);
72    }
73
74    public static void main(String[] args) {
75      SliderWin win = new SliderWin("슬라이더와 탭");
76    }
77  }
```

결과

p: JPanel

sdr1: JSlider

tp: JTabbedPane

내용점검 연습

INTRODUCTION TO *JAVA* PROGRAMMING

1. 다음에서 서술 내용이 맞으면 O, 틀리면 X 하시오.

❶ 컴포넌트는 크게 일반 컴포넌트와 컨테이너로 나눌 수 있다. (   )

❷ 다양한 컴포넌트를 담을 수 있는 컨테이너는 다시 일반 컨테이너와 최상위 수준의 컨테이너로 다시 분류할 수 있다. (   )

❸ AWT는 실행되는 플랫폼의 운영체제의 컴포넌트 자원을 활용하여 GUI를 제공하므로 플랫폼에 관계없이 GUI 외양이 모두 같다. (   )

❹ 스윙 컴포넌트는 운영체제의 도움 없이 AWT보다 가볍게 실행할 수 있어 중량 컴포넌트라고도 부른다. (   )

❺ AWT는 최상위 클래스 Object의 하위로 Component, Font, Graphics 등이 있다. (   )

❻ 패널은 기본적으로 배치관리 BorderLayout으로 관리되며, 프레임과 대화상자는 FlowLayout이 기본 배치관리자이다. (   )

❼ 스윙의 최상위 클래스로는 JComponent, JFrame, JWindow, JApplet이 있다. (   )

❽ JFrame의 정적 메소드 setDefaultLookAndFeelDecorated(true)를 사용하여 고유한 기본 장식의 스윙 외관을 볼 수 있다. (   )

❾ 컨테이너에 배치관리자를 지정하지 않으려면 setLayout(null)과 같이 배치관리자를 null로 지정한다. (   )

❿ 클래스 JComponent는 최상위 컨테이너인 JFrame, JDialog, JApplet을 제외한 모든 스윙 컴포넌트의 상위인 기본 클래스이다. (   )

2. 다음에서 비어있는 부분을 적당히 채우시오.

❶ 메뉴, 아이콘, 버튼, 레이블, 리스트, 콤보박스, 체크박스, 텍스트필드, 라디오 버튼 등과 같은 다양한 요소를 컨트롤 또는 _____ (이)라 한다.

❷ 최상위 수준의 컨테이너로는 _____, 대화상자, 애플릿 등이 있다.

❸ 자바는 그래픽 사용자 인터페이스 방식을 AWT와 _____ (으)로 제공한다.

❹ 윈도우의 바탕 색상을 수정하려면 getContentPane()으로 반환받은 컨테이너 객체로 _____ (을)를 호출한다.

❺ 자바의 _____ (은)는 컨테이너에 배치되는 컴포넌트의 위치를 일관성 있게 관리하는 방법을 제공하는 클래스이다.

❻ 배치관리 _____ (은)는 컨테이너의 컴포넌트의 위치를 동, 서, 남, 북, 중앙인 다섯 가지로 미리 정의하는 배치관리이다.

❼ 배치관리 _____ (은)는 컨테이너 내부에 추가되는 컴포넌트의 배치를 물 흐르듯 왼쪽에서 오른쪽으로 위에서 아래로 우선하는 배치관리이다.

❽ 배치관리 _____ (은)는 컨테이너를 같은 크기의 행과 열을 나눈 셀에 추가되는 컴포넌트를 배치하는 관리 방법이다.

❾ 배치관리 _____ 의 생성자에서 o은 다른 지정된 값에 따라, 추가되는 컴포넌트 수에 따라 적절한 값으로 변한다는 의미이다.

❿ 배치관리 _____ (은)는 FlowLayout의 확장으로, 박스를 정렬하듯이 여러 컴포넌트를 수직 또는 수평 방향으로 배치할 수 있다.

3. 다음 각각의 문제에서 가장 적절한 것을 하나 선택하시오.

❶ 다음 중 일반 컴포넌트가 아닌 것은 무엇인가? (　　)

가) 버튼　　　　　　　　　　　나) 메뉴

다) 슬라이더　　　　　　　　　라) 프레임

❷ 다음에서 클래스의 계층 구조가 바른 것은 무엇인가? (　　)

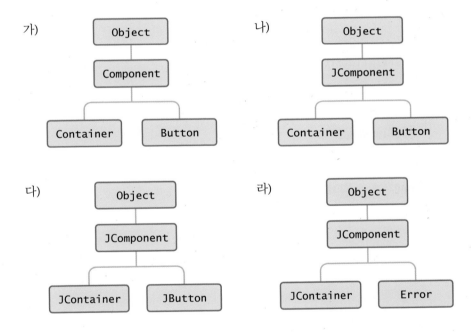

❸ 다음 중에서 스윙에 속하는 클래스가 아닌 것은 무엇인가? (　　)

가) JSlider　　　　　　　　　나) JButton

다) AbstractButton　　　　　라) Panel

※ 다음 클래스 HelloJFrame은 간단한 윈도우 프로그램이다. ❹ ~ ❺번에 대하여 답하시오.

```java
import javax.swing.JFrame;

public class HelloJFrame [                    ]
    public HelloJFrame(String title) {
        setSize(300, 200);
        [                    ]
        setVisible(true);
    }

    public static void main(String[] args) {
        HelloJFrame f = new HelloJFrame("Hello JFrame!");
    }
}
```

❹ 위 소스에서 처음 빈 부분에 들어 갈 소스는 무엇인가? (   )

가) extends JFrame   나) extends Frame

다) implements JFrame   라) extends Window

❺ 위 소스에서 두 번째 빈 부분에 들어 갈 적당한 문장은 무엇인가? (   )

가) setHead(title);   나) setTitle(title);

다) setCaption(title);   라) this.title = title;

❻ 다음 중 AWT의 배치관리자에 속하는 클래스가 아닌 것은 무엇인가? (   )

가) FlowLayout   나) GridLayout

다) BoxLayout   라) BorderLayout

❼ 다음은 프레임에 배치관리자를 BoxLayout으로 지정하는 소스이다. 소스에서 빈 부분에 적합하지 않은 문장은 무엇인가? (   )

```java
Container cp = getContentPane();
cp.setLayout(new BoxLayout([                    ]));
```

가) cp, BoxLayout.X_AXIS

나) cp, BoxLayout.Y_AXIS

다) BoxLayout.X_AXIS

라) getContentPane(), BoxLayout.Y_AXIS

❽ 다음은 스윙의 버튼에 대한 설명이다. 다음 중에서 잘못 설명하고 있는 것은 무엇인가? ( )

가) JRadioButton의 상위 클래스는 JButton이다.

나) 스윙에서 일반 버튼은 AbstractButton의 자식인 JButton으로 제공한다.

다) JToggleButton은 선택과 비선택의 2가지 상태를 제공하는 버튼으로 자식 클래스로 JCheckBox와 JRadioButton을 제공한다.

라) JComponent의 하부인 AbstractButton은 버튼과 메뉴항목의 공통 메소드를 갖는 추상 클래스이다.

❾ 다음은 GridLayout에 대한 설명이다. 다음 중에서 잘못 설명하고 있는 것은 무엇인가? ( )

가) 컨테이너를 같은 크기의 행과 열을 나눈 셀에 추가되는 컴포넌트를 배치하는 관리 방법이다.

나) 행의 수가 지정되면 행의 수는 변하지 않으며 추가되는 컴포넌트의 수에 따라 열의 수가 결정된다.

다) 기본 생성자로 생성된 배치관리는 열의 수는 1이고 행의 수는 컴포넌트의 수에 따라 변화한다.

라) 컨테이너에 추가되는 컴포넌트는 순서대로 행의 왼쪽부터 오른쪽으로 열의 위쪽부터 아래쪽으로 우선순위를 가지며 배치된다.

❿ 다음 중에서 ButtonGroup이 필요한 클래스는 무엇인가? ( )

가) JTabbedPane   나) JTextArea

다) JRadioButton   라) JBUtton

4. 다음에서 설명하는 스윙의 컴포넌트 클래스 이름을 기술하시오.

❶ 리스트나 텍스트영역 등과 같이 표시될 영역이 큰 경우 스크롤을 이용할 수 있도록 하는 컨트롤

❷ 여러 항목을 나열하여 하나 또는 여러 개를 선택할 수 있는 컨트롤

❸ 편집 가능한 필드와 버튼, 그리고 드롭다운 목록을 결합한 컨트롤

❹ 여러 컴포넌트가 구성된 탭 사이를 탭 제목 부분을 눌러 쉽게 이동할 수 있는 컨트롤

❺ 암호와 같이 입력되는 문자가 보이지 않도록 다른 문자가 출력되도록 하는 텍스트 필드

❻ 여러 줄의 문자열을 위한 입력 및 출력에 사용되는 컨트롤

❼ 눈금이 그려진 일정한 구간 내에서 자유롭게 움직이는 손잡이knob를 이용하여 값을 선택할 수 있는 컨트롤

❽ 날짜, 전화번호, 숫자 등과 같이 특정한 형식의 텍스트를 입력하는 데 사용되는 컨트롤

❾ 지정된 그룹에서 버튼 하나만 선택되도록 하는 버튼

❿ 버튼마다 독립적으로 선택과 비선택의 2가지 상태를 제공하는 버튼

5. 다음과 같은 배치관리가 되도록 부분 소스의 비어있는 부분을 완성하시오.

❶ 프레임에서 버튼의 좌측상단 위치 (x, y)를 각각 80, 90으로 지정

```
btn1 = new JButton("원하는 정확한 위치의 버튼");
Dimension d = btn1.getPreferredSize(); //버튼의 적당한 가로와 세로를 알아 보기
btn1.setSize(d);
btn1.setLocation(                    );

setLayout(              );
add(btn1);
setVisible(true);
```

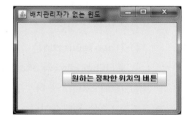

❷ 프레임의 배치관리를 적절한 BorderLayout으로 지정

```
setLayout(new               );
btn1 = new JButton("Button1");
btn2 = new JButton("Button2");
btn3 = new JButton("Button3");
add(btn1,          );
add(btn2,          );
add(btn3,          );
setVisible(true);
```

❸ 프레임의 배치관리를 적절한 FlowLayout으로 지정

```
setLayout(                        );
btn1 = new JButton("버튼 A");
btn2 = new JButton("버튼 B");
btn3 = new JButton("버튼 C");
add(btn1); add(btn2); add(btn3);
setVisible(true);
```

❹ 프레임의 배치관리를 적절한 BoxLayout으로 지정

```
Container cp = getContentPane();
cp.applyComponentOrientation(                    );
cp.setLayout(                );

btn1 = new JButton("First Button");
btn2 = new JButton("Second Button");
btn3 = new JButton("Third Button");
btn4 = new JButton("Fourth Button");
btn5 = new JButton("Fifth Button");
add(btn1);   add(btn2);   add(btn3);
add(btn4);   add(btn5);
setVisible(true);
```

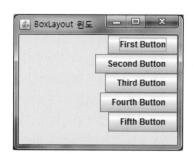

❺ 프레임의 배치관리를 적절한 GridLayout으로 지정

```
setLayout(                                    );
add(new JButton("1")); add(new JButton("2"));
add(new JButton("3")); add(new JButton("4"));
add(new JButton("5")); add(new JButton("6"));
add(new JButton("7")); add(new JButton("8"));
add(new JButton("9"));
setVisible(true);
```

6. 다음 프레임 내부의 부분 소스로 표시되는 컨트롤의 모양을 그려보시오.

❶
```
JPanel p = new JPanel();
JTextField tf = new JTextField("                    ");
p.add(new JLabel("운영체제: "));
p.add(tf);
p.setBackground(Color.yellow);
add(p);
setVisible(true);
```

❷
```
JPanel pCheck = new JPanel();
pCheck.add(new JCheckBox("영어", true));
pCheck.add(new JCheckBox("일어"));
pCheck.add(new JCheckBox("한국어", true));
pCheck.add(new JCheckBox("중국어"));
pCheck.add(new JCheckBox("프랑스어"));
add(pCheck);
setVisible(true);
```

❸
```
JPanel pRadio = new JPanel();
JRadioButton r1 = new JRadioButton("1학년");
JRadioButton r2 = new JRadioButton("2학년", true);
JRadioButton r3 = new JRadioButton("3학년");
JRadioButton r4 = new JRadioButton("4학년");

ButtonGroup bg = new ButtonGroup();
bg.add(r1); bg.add(r2); bg.add(r3); bg.add(r4);

pRadio.setBackground(Color.cyan);
pRadio.add(r1); pRadio.add(r2); pRadio.add(r3); pRadio.add(r4);
add(pRadio);
setVisible(true);
```

❹
```
JTextArea ta = new JTextArea();
JScrollPane sp = new JScrollPane(ta);
sp.setVerticalScrollBarPolicy(JScrollPane.VERTICAL_SCROLLBAR_ALWAYS);
ta.setText("메모를 남기세요.");

add(new JLabel("   메 모:   "), BorderLayout.WEST);
add(sp,  BorderLayout.CENTER);
setVisible(true);
```

⑤
```
JSlider sd1 = new JSlider(0, 120);
sd1.setPaintTicks(true);
sd1.setPaintTrack(true);        //JSlider의 트랙 그리기 설정
sd1.setMajorTickSpacing(30);    //JSlider의 주 눈금 간격 설정
sd1.setMinorTickSpacing(10);    //JSlider의 부 눈금 간격 설정
sd1.setPaintLabels(true);       //JSlider의 주 눈금 글자 보이기 설정
sd1.setForeground(Color.blue);  //JSlider의 눈금과 글자의 색상 설정
sd1.setValue(90);

add(sd1);
```

⑥
```
JSlider sd2 = new JSlider(JSlider.VERTICAL, 0, 150, 100);
sd2.setPaintTicks(true);
sd2.setMajorTickSpacing(50);
sd2.setPaintLabels(true);

add(sd2);
```

⑦
```
JTabbedPane tp = new JTabbedPane();
tp.add("탭 1", new JPanel());
tp.addTab("Tab 2", new JPanel());
tp.setTabComponentAt(1, new JLabel("탭 3"));
tp.insertTab("탭 2", null, new JPanel(), "JTabbedPane", 1);

add(tp);
```

7. 다음 스윙 프로그램의 결과를 예상하여 그려보시오.

①
```
import java.awt.Color;

import javax.swing.JFrame;

public class FirstWindow {
    public static void main(String[] args) {
        //윈도를 위한 JFrame 객체 생성
        JFrame fw = new JFrame();
        fw.setSize(300, 200);
        fw.setTitle("윈도 색상");
        (fw.getContentPane()).setBackground(Color.green);
        fw.setVisible(true);
    }
}
```

②
```
import java.awt.Color;
import java.awt.Container;

import javax.swing.JFrame;
```

```java
public class MyFrame extends JFrame {
    private static final long serialVersionUID = 1L;

    public MyFrame(String title) {
        setDefaultCloseOperation(JFrame.EXIT_ON_CLOSE);

        setSize(300, 150);
        setTitle(title);
        setVisible(true);
    }

    public void decorate() {
        Container pane = getContentPane();
        pane.setBackground(Color.magenta);
    }

    public static void main(String[] args) {
        JFrame.setDefaultLookAndFeelDecorated(true);
        MyFrame f = new MyFrame("프레임 프로그램");

        try { Thread.sleep(3000);
        } catch (InterruptedException e) {};

        f.decorate();
    }
}
```

❸
```java
import java.awt.BorderLayout;
import java.awt.GridLayout;

import javax.swing.JButton;
import javax.swing.JFrame;
import javax.swing.JPanel;
import javax.swing.JTextField;

public class CalculatorWin extends JFrame {
    private static final long serialVersionUID = 1L;

    public CalculatorWin(String title) {
        setDefaultCloseOperation(JFrame.EXIT_ON_CLOSE);
        setSize(300, 200);
        setTitle(title);
        setLayout(new BorderLayout(10, 5));

        //상단 텍스트필드 구성 메소드 호출
        makeUpTextField();
        //중앙 다이얼 버튼 구성 메소드 호출
        makeCenter();
```

```
            setVisible(true);
        }

        private void makeUpTextField() {
            add(new JTextField(), "North");
        }

        private void makeCenter() {
            JPanel p = new JPanel();
            p.setLayout(new GridLayout(4, 4, 8, 3));
            p.add(new JButton("7")); p.add(new JButton("8"));
                                      p.add(new JButton("9"));
            p.add(new JButton("+")); p.add(new JButton("4"));
                                      p.add(new JButton("5"));
            p.add(new JButton("6")); p.add(new JButton("-"));
                                      p.add(new JButton("1"));
            p.add(new JButton("2")); p.add(new JButton("3"));
                                      p.add(new JButton("*"));
            p.add(new JButton("0")); p.add(new JButton("."));
                                      p.add(new JButton("="));
            p.add(new JButton("/"));

            add(p, BorderLayout.CENTER);
        }

        public static void main(String[] args) {
            CalculatorWin win = new CalculatorWin("계산기");
        }
    }
```

❹
```
    import javax.swing.ButtonGroup;
    import javax.swing.JCheckBox;
    import javax.swing.JFrame;
    import javax.swing.JPanel;
    import javax.swing.JRadioButton;
    import javax.swing.JTabbedPane;

public class TabbedPaneWin extends JFrame {
    private static final long serialVersionUID = 1L;

    public TabbedPaneWin(String title) {
        setDefaultCloseOperation(JFrame.EXIT_ON_CLOSE);
        setSize(300, 100);
        setTitle(title);
        //패널 구성의 메소드 호출
        makeTab();
        setVisible(true);
```

```java
    }

    public void makeTab() {
        JPanel p1 = new JPanel();
        p1.add(new JCheckBox("스위스", true));
        p1.add(new JCheckBox("영국"));
        p1.add(new JCheckBox("브라질"));

        JPanel p2 = new JPanel();
        JRadioButton r1 = new JRadioButton("남자");
        JRadioButton r2 = new JRadioButton("여자", true);
        ButtonGroup bg = new ButtonGroup();
        bg.add(r1); bg.add(r2);

        p2.add(r1); p2.add(r2);

        //JTabbedPane를 생성하여 탭패인을 생성
        JTabbedPane tp = new JTabbedPane();
        tp.add("체크박스", p1);
        tp.add("라디오 버튼", p2);
        add(tp);
    }

    public static void main(String[] args) {
        TabbedPaneWin win = new TabbedPaneWin("탭");
    }
}
```

프로그래밍 연습

INTRODUCTION TO **JAVA** PROGRAMMING

1. 다음 조건을 만족하며 클래스 JFrame을 상속받는 클래스를 구현하여 테스트하는 프로그램을 작성하시오.

- 윈도우의 가로와 세로가 각각 300, 200으로
- 윈도우의 콘텐트 패인 색상을 Color.red로
- 윈도우의 캡션 제목을 "프로그래밍 연습 1"로
- 윈도우의 종료 버튼으로 프로그램도 함께 종료하도록

2. 다음 조건을 만족하며 클래스 JFrame을 상속받는 클래스를 구현하여 테스트하는 프로그램을 작성하시오.

- 윈도우의 가로와 새로가 각각 300, 150으로, 윈도우의 콘텐트패인 색상을 Color.lightGray로
- 윈도우의 캡션 제목을 "프로그래밍 연습 2"로
- 윈도우의 종료 버튼으로 프로그램도 함께 종료하도록

- 상단에 "OK" 버튼과 하단에 "Cancel" 버튼 추가, BorderLayout의 "North", "South" 이용
- 메소드 setDefaultLookAndFeelDecorated(boolean)의 인자를 true, false로 하여 결과를 비교

3. 프레임에 설정되어 있는 기본 배치관리자를 사용하고, 다음 조건을 만족하는 클래스를 구현하여 테스트하는 프로그램을 작성하시오.

- 다음과 같이 3개의 레이블(JLabel)이 배치되도록
- 3개의 레이블에 지정된 색상이 배경색이 되도록

   ※ 레이블의 배경색이 표시되려면 setOpaque(true)를 호출하도록

   ```
   레이블객체.setOpaque(true);
   레이블객체.setBackground(Color.YELLOW);
   ```

4. 프레임에 설정되어 있는 기본 배치관리자를 사용하고, 다음 조건을 만족하는 클래스를 구현하여 테스트하는 프로그램을 작성하시오.

- 다음과 같이 슬라이더 4개가 동, 서, 남, 북에 배치되도록
- 4개의 슬라이더는 다음에 표시되는 조건과 모습을 만족하도록

5. 프레임에 설정되어 있는 기본 배치관리자를 사용하고, 다음 조건을 만족하는 클래스를 구현하여 테스트하는 프로그램을 작성하시오.

- 윈도 상단의 버튼 4개를 패널에 삽입하여 프레임 북쪽에 삽입
  ※ 패널은 배치관리 1행 4열 GridLayout으로 지정
- 윈도 하단의 버튼 3개는 다음과 같은 모습이 되도록 패널을 적절히 이용하여 삽입한 후, 프레임 남쪽에 삽입
  ※ 패널은 배치관리 1행 2열 GridLayout으로 지정하여, 버튼 "전화걸기"와 다시 버튼 "이전", "지우기" 2개가 삽입된 패널을 삽입

6. 프레임에 설정되어 있는 기본 배치관리를 사용하고, 위 5번 문제를 확장하며, 다음 조건을 만족하는 클래스를 구현하여 테스트하는 프로그램을 작성하시오.

- 5번에 구현한 프레임의 중앙에 다음 윈도와 같이 텍스트필드와 12개의 버튼을 구성
- 윈도 중앙에 다음 패널 하나를 구성하여 삽입
  ※ 패널은 배치관리 BorderLayout을 지정하여 북쪽에 텍스트필드를 삽입하고 중앙에 버튼 12개가 삽입된 패널을 삽입

7. 프레임에 설정되어 있는 기본 배치관리자를 사용하고, 다음 조건을 만족하는 클래스를 구현하여 테스트하는 프로그램을 작성하시오.

- 윈도 상단은 레이블 "일 자:"와 날짜형태의 형식이 있는 텍스트필드로 구성하여 프레임 북쪽에 삽입
  ※ 레이블과 형식이 있는 텍스트필드가 삽입되는 패널도 BorderLayout으로 구성
- 윈도 왼쪽에는 레이블 "메 모:" 삽입
- 윈도 중앙에는 텍스트영역을 삽입
  ※ 텍스트영역은 항상 수평과 수직의 스크롤 바가 표시되도록 스크롤패인을 이용

8. 프레임에 설정되어 있는 기본 배치관리자를 사용하고, 다음 조건을 만족하는 클래스를 구현하여 테스트하는 프로그램을 작성하시오.

- 스윙의 패키지를 삽입한 리스트를 구성하여 윈도우 중앙에 삽입
  ※ 리스트는 필요하면 수직 스크롤 바가 생기도록 구성
- 영어로 1월부터 12월이 삽입된 콤보박스를 구성하여 윈도우 남쪽에 삽입
  ※ 콤보박스는 편집 가능하도록 구현

9. 프레임의 배치관리를 GridLayout으로 수정하고, 다음 조건을 만족하는 클래스를 구현하여 테스트하는 프로그램을 작성하시오.

- 배치관리 GridLayout에서 가로와 세로 사이의 간격을 각각 10, 20으로 지정
- 버튼에 번호 1, 2, 3, 4를 부여하여 삽입
- 패널에 색상 yellow, pink, green, blue를 지정하여 삽입

CHAPTER

10

이벤트 처리와 그래픽 프로그래밍

INTRODUCTION TO **JAVA** PROGRAMMING

학습목표

이벤트 처리 개념을 이해하고 관련 클래스와 리스너를 활용할 수 있다.
- 이벤트 처리 개요와 관련 클래스
- 이벤트 객체와 이벤트 리스너
- 스윙의 주요 클래스와 계층구조

이벤트 처리를 위한 다양한 프로그래밍을 할 수 있다.
- 버튼의 이벤트 프로그래밍
- 마우스의 이벤트 프로그래밍
- 이벤트 리스너의 구현

이벤트 처리에서 어댑터 클래스의 필요성을 이해하고 프로그래밍에 활용할 수 있다.
- 어댑터 클래스의 필요성과 주요 어댑터 클래스

다양한 콤포넌트에서 이벤트 처리 프로그래밍을 할 수 있다.
- 콤포넌트, 아이템 이벤트 처리
- 콘테이너, 포커스 이벤트 처리

그래픽 프로그래밍 개요를 이해하고 글자와 이미지 처리 프로그래밍을 할 수 있다.
- 그래픽 프로그래밍을 이해하고 색상과 문자열, 직선과 사각형 그리기
- 글자를 위한 폰트 처리와 이미지 처리

01

이벤트 처리 개요

1. 이벤트 개요와 이벤트 처리

이벤트와 이벤트 소스, 이벤트 리스너

그래픽 사용자 인터페이스의 컴포넌트는 적절한 이벤트^{event}를 통하여 사용자 또는 시스템과 대화를 한다. 예를 들어 **하나의 컴포넌트 위에서 마우스를 클릭하면 이에 대한 반응으로 이 컴포넌트는 마우스 클릭에 대한 이벤트가 발생한다.** 이러한 이벤트는 마우스 클릭뿐 아니라 마우스를 누르거나 놓아도 발생하며, 마우스 드래그, 키의 입력, 값의 선택, 메뉴의 선택 등에도 발생한다. **자바에서 이러한 이벤트는 모두 클래스로 정의되어 제공된다.** 그리고 이벤트 발생에 따라 **특정한 이벤트 정보는 인터페이스인 이벤트 리스너**^{event} ^{listener}**의 메소드로 전달**된다.

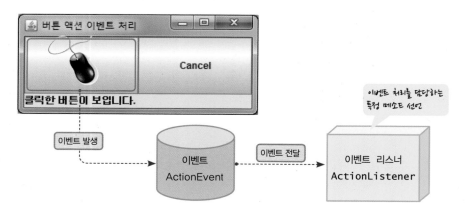

그림 10-1 ● 버튼에 대한 이벤트 개요

이러한 이벤트의 흐름을 이해하기 위한 중요한 요소가 이벤트 소스^{source}인 컴포넌트와 이벤트 리스너이다. **이벤트 소스는 사용자나 시스템 이벤트를 발생시킨 진원지**라고 생각하자. 예를 들어 한 버튼을 눌러 버튼의 이벤트가 발생했다면 바로 이 버튼이 이벤트 소스이다. **이벤트 리스너는 단어가 의미하듯 발생한 이벤트를 수용**^{listen}**하는 개체**이다. 이 이벤트 리스너는 각각의 이벤트의 종류에 따라 달리 정의되며 자바가 제공하는 인터페이스로 제공된다.

> **Note**
>
> 이벤트 소스는 마우스나 키 입력 등의 사용자의 행동을 받는 대상이 되는 컴포넌트이다.

이벤트 처리 구현 개념

자바의 이벤트를 처리하기 위해서는 다음 이벤트 리스너 구현과 등록의 두 가지 절차가 반드시 필요하다. 절차 1인 이벤트 리스너 구현에서는 인터페이스인 이벤트 리스너를 상속받아 구현하며, 절차 2인 이벤트 리스너 등록에서는 이벤트 소스인 컴포넌트에서 이벤트 리스너를 등록해야 한다.

- [절차 1: 이벤트 리스너 구현] 이벤트 리스너를 상속받아 필요한 메소드의 구현
- [절차 2: 이벤트 리스너 등록] 이벤트를 받는 컴포넌트에서 이벤트 리스너를 등록

다음 그림은 이벤트 발생 과정과 처리 절차를 표현한 그림으로 [절차 1]과 [절차 2]를 개발자가 프로그래밍하면 이벤트 생성과 메소드로 이벤트가 전달되는 것은 자바 가상 기계가 알아서 처리한다.

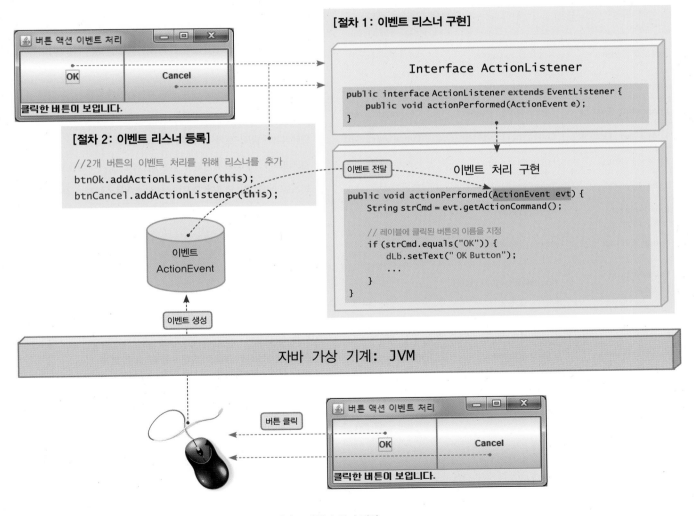

그림 10-2 ● 버튼 클릭에 대한 이벤트 발생과 처리 절차

2. 이벤트 클래스

다양한 이벤트 종류

자바는 **액션이벤트**^{ActionEvent}**와 마우스이벤트**^{MouseEvent} **등 사용자의 특정한 행동에 대응하는 다양한 이벤트를 제공**한다. 즉 정해진 컴포넌트에서 특정한 행동에 반응하여 정해진 이벤트를 발생시킨다. 한 예로 버튼에서 마우스를 누르면 ActionEvent가 발생한다. 그러나 모든 버튼에서 ActionEvent가 발생하는 것이 아니라, 버튼 객체에서 이벤트 리스너의 객체를 이벤트 처리 등록을 수행해야 ActionEvent가 발생하고, 이벤트 처리가 가능하다. 다음은 자바의 이벤트와 이벤트를 수용하는 이벤트 리스너, 메소드로 전달되는 이벤트 클래스 10개에 대한 설명으로 이벤트가 발생되는 예를 들고 있다.

이벤트 종류	이벤트 리스너	클래스	내용
Action Events	ActionListener	ActionEvent	버튼을 비롯한 몇 가지 컴포넌트에서 특정한 의미 있는 행동을 하려는 경우 발생
Adjustment Events	AdjustmentListener	AdjustmentEvent	스크롤 바 컴포넌트에서 스크롤 값이 변하는 경우 발생
Component Events	ComponentListener	ComponentEvent	컴포넌트의 크기, 위치 등의 변화가 있는 경우
Container Events	ContainerListener	ContainerEvent	컨테이너에 컴포넌트가 추가되거나 삭제되는 경우 발생
Focus Events	FocusListener	FocusEvent	컴포넌트가 키보드를 입력할 수 있는 포커스를 갖거나 잃을 때 발생
Item Events	ItemListener	ItemEvent	리스트나 체크박스와 같은 컴포넌트에서 항목을 선택하는 경우 발생
Key Events	KeyListener	KeyEvent	키보드를 통해 키를 입력하는 경우 발생
Mouse Events	MouseListener	MouseEvent	컴포넌트 위에서 마우스를 누르고, 놓고, 클릭하거나 컴포넌트 영역으로 마우스가 들어가거나 나올 때 발생
MouseMotion Events	MouseMotionListener		컴포넌트 위에서 마우스를 이동하거나 드래그하면 발생
Text Events	TextListener	TextEvent	텍스트 영역이나 텍스트필드 컴포넌트에서 텍스트의 값이 변경될 때 발생
Window Events	WindowListener	WindowEvent	윈도우가 생성되어 상태가 변하거나 제거될 때 발생

표 10-1 • 자바 이벤트의 종류

이벤트 계층 구조

다음은 이벤트 관련 클래스의 계층구조로 **이벤트 관련 최상위 클래스인 EventObject는 모든 이벤트 관련 클래스의 공통 메소드로, 이벤트를 발생한 소스 컴포넌트의 객체를 반환하는 getSource() 메소드를 제공**한다. ActionEvent 등 프로그램에서 직접 다루는 대부분의 주요 클래스는 패키지 java.awt.event에 속한다.

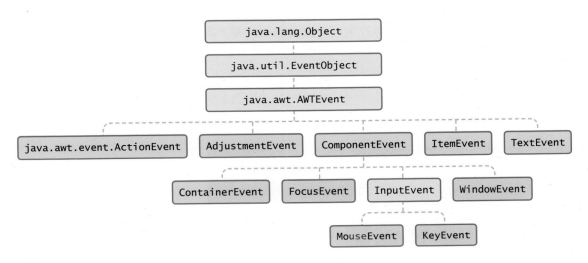

그림 10-3 ● 자바 이벤트 관련 주요 클래스의 계층 구조

다음은 ActionEvent와 AdjustmentEvent, ComponentEvent, ItemEvent의 주요 메소드이다.

이벤트 클래스	주요 메소드
ActionEvent	String getActionCommand()
	int getModifiers()
AdjustmentEvent	Adjustable getAdjustable()
	int getValue()
ComponentEvent	Component getComponent()
ItemEvent	Object getItem()
	int getStateChange()

표 10-2 ● 이벤트 관련 클래스의 주요 메소드

3. 이벤트 객체와 이벤트 리스너

컴포넌트와 발생 가능한 이벤트 객체

자바에서 제공하는 여러 컴포넌트가 적절한 이벤트에 대한 반응을 처리하기 위해서는 사용자나 시스템이 발생시키는 이벤트에 대한 처리 모듈이 필요하다. 다음 표는 자바가 제공하는 여러 컴퍼넌트가 11개의 다양한 이벤트 종류 중에서 어느 이벤트를 인지하여 처리할 수 있는지 정리한 것이다. 다음 표를 이해하기 위하여 JButton의 이벤트를 정리한 행을 살펴보아야 한다. 즉, 컴포넌트 JButton은 11개의 이벤트 중에서 Action, Component, Focus, Key, Mouse, MouseMotion과 같은 6개의 이벤트에 대한 처리를 할 수 있다. 이벤트를 중심으로 살펴보려면 열을 기준으로 한다. 즉 Adjustment 이벤트는 컴포넌트 스크롤 바에서만 발생 가능한 이벤트임을 알 수 있다.

컴포넌트	이벤트의 종류									
	ActionEvent	AdjustmentEvent	ComponentEvent	ContainerEvent	FocusEvent	ItemEvent	KeyEvent	MouseEvent	TextEvent	WindowEvent
JButton	O		O		O		O	O		
Canvas			O		O		O	O		
JCheckbox			O		O	O	O	O		
JCheckboxMenuItem						O				
JRadiButton			O		O	O	O	O		
JComponent			O		O		O	O		
Container			O	O	O		O	O		
JDialog			O	O	O		O	O		O
JFrame			O	O	O		O	O		O
JLabel			O		O		O	O		
JList	O		O		O	O	O	O		
JMenuitem	O									
JPanel			O	O	O		O	O		
Scrollbar		O	O		O		O	O		
JTextArea			O		O		O	O	O	
JTextField	O		O		O		O	O	O	
JWindow			O	O	O		O	O		O

표 10-3 • 컴포넌트와 이벤트 종류

이벤트 리스너 개요

이벤트 리스너는 발생한 이벤트를 받아 호출되는 추상 메소드가 있는 인터페이스이다.
한 예로 MouseListener는 마우스의 클릭 등 여러 작동에 따라 발생된 MouseEvent를 인자로 받아 호출되는 mouseClicked(MouseEvent e) 등 5개의 메소드가 추상으로 선언된 인터페이스이다. 다음은 인터페이스 MouseListener의 전체 소스이다.

```java
public interface MouseListener extends EventListener {

    /**
     * Invoked when the mouse button has been clicked (pressed
     * and released) on a component.
     */
    public void mouseClicked(MouseEvent e);

    /**
     * Invoked when a mouse button has been pressed on a component.
     */
    public void mousePressed(MouseEvent e);

    /**
     * Invoked when a mouse button has been released on a component.
     */
    public void mouseReleased(MouseEvent e);

    /**
     * Invoked when the mouse enters a component.
     */
    public void mouseEntered(MouseEvent e);

    /**
     * Invoked when the mouse exits a component.
     */
    public void mouseExited(MouseEvent e);
}
```

그림 10-4 ● 인터페이스 MouseListener의 전체 소스

이벤트 처리 구현은 위와 같은 이벤트 리스너를 상속받아 모든 메소드를 구현하는 것이다. 이벤트 구현 클래스에서는 상속받은 인터페이스의 모든 메소드를 구현해야 한다. 즉 이벤트 처리를 하지 않는다면 아무 문장이 없는 메소드로 구현되어야 한다.

이벤트 리스너 계층 구조

이벤트 리스너는 패키지 java.awt.event에 소속된 최상위 인터페이스인 EventListener 를 상속받는다. 여기서 소개되는 인터페이스 중에 MouseInputListener를 제외한 모든 인 터페이스는 패키지 java.awt.event에 속한다. MouseListener와 MouseMotionListener 를 상속받는 인터페이스인 리스너 MouseInputListener는 스윙 패키지인 javax.swing. event에 속한다. 리스너 MouseInputListener는 다음과 같이 다중 상속 선언만 있고 내 부 구현이 전혀 없는 간단한 소스이다.

Note

자바에서 클래스는 다중 상속을 허용하 지 않으나 인터페이스는 다중 상속이 가 능하다.

```java
public interface MouseInputListener extends MouseListener, MouseMotionListener {
}
```

그림 10-5 • 스윙 패키지인 javax.swing.event.MouseInputListener 소스

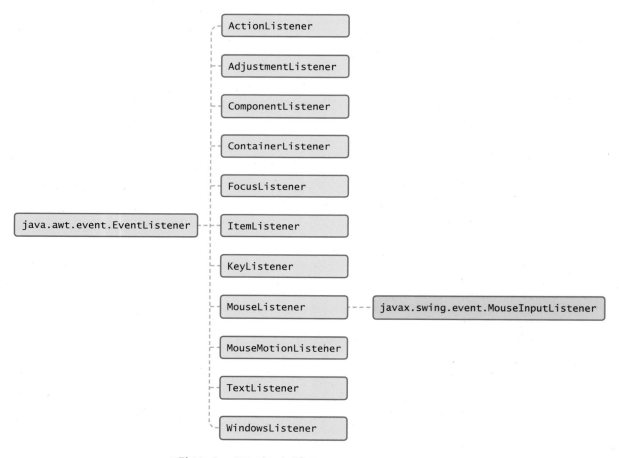

그림 10-6 • 주요 리스너 계층 구조

이벤트 리스너의 추상 메소드

인터페이스인 이벤트 리스너에는 특정한 이벤트에 따라 구현해야 할 메소드가 추상 메소드로 정의되어 있다. 한 예로 버튼을 클릭하면 ActionEvent가 발생하며, 발생된 ActionEvent는 리스너인 ActionListener의 메소드 ActionPerformed(ActionEvent)가 호출되면서 인자로 전달된다. 다음은 주요 인터페이스의 메소드를 정리한 표이다.

Listener Interface		Event	Methods
ActionListener		ActionEvent	actionPerformed(ActionEvent)
AdjustmentListener		AdjustmentEvent	adjustmentValueChanged(AdjustmentEvent)
ComponentListener		ComponentEventer	componentHidden(ComponentEvent) componentMoved(ComponentEvent) componentResized(ComponentEvent) componentShown(ComponentEvent)
ContainerListener		ContainerEvent	componentAdded(ContainerEvent) componentRemoved(ContainerEvent)
FocusListener		FocusEvent	focusGained(FocusEvent) cocusLost(FocusEvent)
ItemListener		ItemEvent	itemStateChanged(ItemEvent)
Keylistener		KeyEvent	keyPressed(KeyEvent) keyReleased(KeyEvent) keyTyped(KeyEvent)
MouseListener	MouseInputListener	MouseEvent	mouseClicked(MouseEvent) mouseEntered(MouseEvent) mouseExited(MouseEvent) mousePressed(MouseEvent) mouseReleased(MouseEvent)
MouseMotionListener			mouseDragged(MouseEvent) mouseMoved(MouseEvent)
TextListener		TextEvent	textValueChanged(TextEvent)
WindowListener		WindowEvent	windowActivated(WindowEvent) windowClosed(WindowEvent) windowClosing(WindowEvent) windowDeactivated(WindowEvent) windowDeiconified(WindowEvent) windowIconified(WindowEvent) windowOpened(WindowEvent)

표 10-4 ● 인터페이스 이벤트 리스너와 추상 메소드

이벤트 처리 프로그래밍 기초

1. 첫 이벤트 프로그래밍

이미 알아보았듯이 **이벤트 처리를 위해서는 다음 두 단계의 처리가 반드시 필요**하다.

- [절차 1: 이벤트 리스너 구현] 이벤트 리스너를 상속받아 필요한 메소드의 구현
- [절차 2: 이벤트 리스너 등록] 이벤트를 받는 컴포넌트에서 이벤트 리스너를 등록

다음 그림과 같이 2개의 버튼에서 마우스를 누른 버튼의 이름을 윈도우 하단 레이블에 출력하는 프로그램으로 액션 이벤트 처리를 구현해 보자. 버튼에 대한 액션이벤트 처리를 위하여 `ActionListener`를 구현해야 하며, 버튼 객체는 버튼객체.`addActionListener`(리스너구현객체) 메소드 호출로 이벤트 등록이 필요하다.

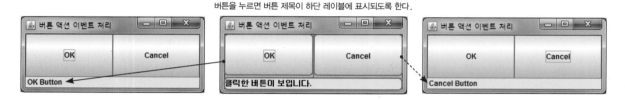

버튼을 누르면 버튼 제목이 하단 레이블에 표시되도록 한다.

그림 10-7 ● 버튼에 대한 액션이벤트 처리

처리할 이벤트 리스너의 구현

액션 이벤트를 처리하기 위해 주 윈도우 클래스 `ButtonActionWin`에서 인터페이스 `ActionListener`를 상속받아 추상 메소드인 `actionPerformed(…)`를 구현해야 한다. 메소드 `actionPerformed(ActionEvent evt)` 구현에서 인자인 `ActionEvent` 객체의 `evt.getActionCommand()` 등 여러 메소드를 활용하여 구현하고자 하는 이벤트 처리 기능을 구현하도록 한다.

```
public class ButtonActionWin extends JFrame implements ActionListener  {
    …
    public void actionPerformed(ActionEvent evt)       {
        String strBtn = evt.getActionCommand() ; //클릭된 버튼의 이름을 저장
        …
    }
}
```

그림 10-8 ● 프레임 구현에서 리스너의 상속 선언

ActionEvent의 메소드

클래스 ActionEvent는 컴포넌트의 특정한 액션에 대한 이벤트를 담당한다. 즉 버튼에서 마우스를 클릭하는 경우, ActionEvent에 이에 대한 정보를 담아 ActionListener의 actionPerformed(ActionEvent evt) 메소드의 인자로 전달된다. 그러므로 메소드 actionPerformed(ActionEvent evt)의 구현에서 ActionEvent의 다음 메소드를 활용할 수 있다. 즉 메소드 getActionCommand()로 클릭된 버튼의 이름을 반환받을 수 있으며, 메소드 getWhen()으로 이벤트가 발생한 시간을 알 수 있다.

상수와 메소드	설명
final int SHIFT_MASK	SHIFT 키를 표현하는 정수 값
final int ALT_MASK	ALT 키를 표현하는 정수 값
final int CTRL_MASK	CTRL 키를 표현하는 정수 값
final int META_MASK	META 키를 표현하는 정수 값
String getActionCommand()	이벤트에 관련된 명령어를 반환
long getWhen()	이벤트가 발생한 시간을 반환
int getModifiers()	이벤트 발생 시 함께 누른 수정 키[modifier keys]에 대응하는 정수를 반환
String paramString()	이벤트를 구분하는 파라미터 문자열을 반환

표 10-5 ● ActionEvent의 상수와 메소드

컴포넌트에 이벤트 리스너 등록

이벤트를 받는 버튼 btnOk, btnCancel 객체는 메소드 addActionListener(리스너가구현된객체)를 이용하여 액션이벤트를 등록해야 한다. 인자는 리스너가 구현된 객체가 되어야 하므로, 메소드 actionPerformed(ActionEvent evt)가 구현된 객체가 자기 가신이라면 this를 사용한다.

```
btnOk.addActionListener(this);
btnCancel.addActionListener(this);
```

그림 10-9 ● 이벤트를 받는 객체의 리스너 등록

예제 컴포넌트에 이벤트 리스너 등록

위의 설명을 구현한 다음 예제 프로그램은 윈도우 중앙$^{BorderLayout.CENTER}$에 버튼이 2개 있고 이 버튼을 누르면 표시된 버튼의 제목 문자열이 윈도 하단$^{BorderLayout.SOUTH}$의 레이블에 출력되는 프로그램이다. 다음과 같은 결과를 얻으려면 ActionListenr를 구현하고, 이를 버튼의 리스너에 등록해야 한다. 다음은 이벤트 처리 메소드 actionPerformed(…)의 부분 소스이다.

```java
public void actionPerformed(ActionEvent evt) {
    //클릭된 버튼의 이름을 저장
    String strCmd = evt.getActionCommand();
    // 레이블에 클릭된 버튼의 이름을 지정
    if (strCmd.equals("OK")) {
        dLb.setText(" OK Button");
    } else if (strCmd.equals("Cancel")) {
        dLb.setText(" Cancel Button");
    }
}
```

그림 10-10 ● 이벤트 처리 메소드 actionPerformed(…)

| 실습예제 10-1 | 버튼의 액션이벤트 처리 윈도우

ButtonActionWin.java

```java
01  import java.awt.event.ActionEvent;
02  import java.awt.event.ActionListener;
03
04  import javax.swing.JFrame;
05  import javax.swing.JPanel;
06  import javax.swing.JButton;
07  import javax.swing.JLabel;
08
09  import java.awt.BorderLayout;
10  import java.awt.GridLayout;
11
12  public class ButtonActionWin extends JFrame implements ActionListener {
13      private static final long serialVersionUID = 1L;
14
15      JButton btnOk = new JButton("OK");
16      JButton btnCancel = new JButton("Cancel");
17      JLabel dLb = new JLabel("클릭한 버튼의 제목이 보입니다.");
18
19      public ButtonActionWin() {
20          setDefaultCloseOperation(JFrame.EXIT_ON_CLOSE);
21          setSize(300, 130);
```

```
22
23        //윈도우 구성과 버튼의 이벤트 리스너 추가
24        makeButtonAndEventHandle();
25        setVisible(true);
26    }
27
28    public void makeButtonAndEventHandle() {
29        JPanel p = new JPanel(new GridLayout(0, 2));
30        p.add(btnOk);
31        p.add(btnCancel);
32        add(p, BorderLayout.CENTER);
33        add(dLb, BorderLayout.SOUTH);
34
35        //2개 버튼의 이벤트 처리를 위해 리스너를 추가
36        btnOk.addActionListener(this);
37        btnCancel.addActionListener(this);
38    }
39
40    public void actionPerformed(ActionEvent evt) {
41        //클릭된 버튼의 이름을 저장
42        String strCmd = evt.getActionCommand();
43
44        // 레이블에 클릭된 버튼의 이름을 지정
45        if (strCmd.equals("OK")) {
46            dLb.setText(" OK Button");
47        } else if (strCmd.equals("Cancel")) {
48            dLb.setText(" Cancel Button");
49        }
50    }
51
52    public static void main(String[] args) {
53        ButtonActionWin myWin = new ButtonActionWin();
54        myWin.setTitle("버튼 액션 이벤트 처리");
55    }
56 }
```

결과

버튼 액션 이벤트 처리	버튼 액션 이벤트 처리	버튼 액션 이벤트 처리
OK Cancel	OK Cancel	OK Cancel
클릭한 버튼이 보입니다.	OK Button	Cancel Button

2. 마우스의 간단한 이벤트 처리

마우스의 누름과 놓음 처리

프레임 내부에서 **마우스를 누른**press**후 다시 놓는**release **이벤트 처리**를 구현해 보자. 이를 위하여 리스너 MouseListener에서 적절한 메소드를 구현해야 한다. 이 예제에서 마우스를 누르면 자식 윈도우가 나타나고 다시 마우스를 놓으면 자식 윈도우가 사라지도록 한다. 마우스를 새로 누를 때마다 자식 윈도우의 제목에 누른 횟수가 표시되도록 한다. 마우스 이벤트 처리를 구현하는 **새로운 클래스 myMouseListener를 윈도우 내부 클래스로 정의**할 수 있다. 즉 클래스 myMouseListener는 MouseListener를 상속받아 mousePressed() 등 5개의 마우스 이벤트 처리를 위한 메소드를 구현해야 한다. 인터페이스인 MouseListener를 상속받는 내부 클래스 **MyMouseListener는 이벤트를 처리하지 않는 메소드도 아무 문장이 없는 구현이 필요**하다.

Note

이벤트 처리의 내부 클래스 구현 방법은 소스가 보기 편하다는 장점이 있다.

```java
public class MouseEventWin extends JFrame {
    …
    class MyMouseListener implements MouseListener {
        public void mousePressed(MouseEvent e) {
            …
        }
        public void mouseReleased(MouseEvent e) {
            if (childWin != null) childWin.setVisible(false);
        }
        //처리하지 않은 이벤트에 대한 메소드도 기능 없이 구현 필요
        public void mouseEntered(MouseEvent e) {
        }
        public void mouseExited(MouseEvent e) {
        }
        public void mouseClicked(MouseEvent e) {
        }
    }
    …
}
```

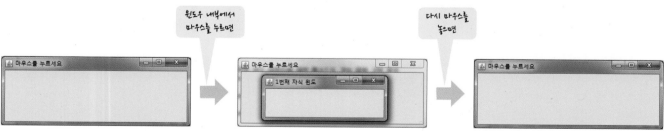

윈도우 내부에서 마우스를 누르면   다시 마우스를 놓으면

그림 10-11 ● 내부 클래스 myMouseListener에서 이벤트 처리 메소드를 구현

MouseEventWin.java

```java
01  import java.awt.*;
02  import java.awt.event.*;
03  import javax.swing.JFrame;
04
05  public class MouseEventWin extends JFrame {
06      private static final long serialVersionUID = 1L;
07      MouseEventWin childWin = null;
08      static int countChild;
09
10      public MouseEventWin() {
11          setDefaultCloseOperation(JFrame.EXIT_ON_CLOSE);
12          setSize(400, 150);
13          setVisible(true);
14          //register mouse event handler, motion event handler
15          addMouseListener(new MyMouseListener());
16      }
17
18      class MyMouseListener implements MouseListener {
19          public void mousePressed(MouseEvent e) {
20              Rectangle bounds = getBounds();
21              int x = e.getX() + bounds.x;
22              int y = e.getY() + bounds.y;
23
24              if (childWin == null)
25                  childWin = new MouseEventWin();
26              childWin.setLocation(x, y);
27              childWin.setTitle(++countChild + "번째 자식 윈도우");
28              childWin.setSize(getSize().width*2/3, getSize().height*2/3);
29              childWin.setVisible(true);
30          }
31          public void mouseReleased(MouseEvent e) {
32              if (childWin != null) childWin.setVisible(false);
33          }
34          //처리하지 않은 이벤트에 대한 메소드도 기능 없이 구현 필요
35          public void mouseEntered(MouseEvent e) {
36          }
37          public void mouseExited(MouseEvent e) {
38          }
39          public void mouseClicked(MouseEvent e) {
40          }
41      }
42
43      public static void main(String [] args) {
44          MouseEventWin myWin = new MouseEventWin();
45          myWin.setTitle("마우스를 누르세요");
46      }
47  }
```

3. MouseListener와 MouseMotionListener

MouseListenr와 MouseEvent

마우스의 조작에 따라 발생하는 마우스 이벤트에 대해 자세히 알아보자. 마우스의 조작은 간단히 누름^{pressed}과 놓음^{released}, 클릭^{clicked}으로 구분된다. 또한 마우스의 이동에 의하여 컴포넌트 내부로 들어오는^{entered} 것과 반대로 외부로 나가는^{exited} 것도 고려할 수 있다. 이 마우스 이벤트를 받아 처리할 수 있는 컴포넌트는 메뉴항목과 체크박스 메뉴항목을 제외한 모든 컴포넌트이다. 이러한 **마우스의 이벤트에 대하여 이벤트를 받아 처리하는 인터페이스가 MouseListener**이며 이 인터페이스는 5가지의 마우스 작동에 대한 처리를 위하여 다음 5가지의 메소드를 제공한다.

Note

마우스 클릭이란 같은 장소에서 마우스를 누르고 놓는 조작을 말한다.

메소드	설명
void mouseClicked(MouseEvent)	마우스를 클릭하는 경우 발생
void mousePressed(MouseEvent)	마우스를 누르는 경우 발생
void mouseReleased(MouseEvent)	마우스를 누른 후 놓을 때 발생
void mouseEntered(MouseEvent)	마우스가 컴포넌트의 내부에 들어오는 경우 발생
void mouseExited(MouseEvent)	마우스가 컴포넌트의 외부로 나가는 경우 발생

표 10-6 ● MouseListener의 메소드

위의 메소드에서 인자로 이용되는 클래스는 MouseEvent로 마우스 이벤트를 정의한 클래스이다.

변수 및 메소드	설명
final int MOUSE_CLICKED	마우스 클릭을 나타내는 상수
final int MOUSE_PRESSED	마우스 누름을 나타내는 상수
final int MOUSE_RELEASED	마우스 놓음을 나타내는 상수
final int MOUSE_ENTERED	마우스가 내부로 들어오는 것을 나타내는 상수
final int MOUSE_EXITED	마우스가 외부로 나가는 것을 나타내는 상수
int getX()	마우스 이벤트의 x 좌표를 리턴
int getY()	마우스 이벤트의 y 좌표를 리턴
Point getPoint()	마우스 이벤트의 좌표를 리턴
void translatePoint(int x, int y)	마우스 이벤트의 좌표를 지정된 좌표만큼 증가시켜 변환
int getClickCount()	클릭한 횟수를 리턴

표 10-7 ● MouseEvent의 상수와 메소드

MouseMotionListener

마우스 이동 동작은 누름이 없이 이동하는 것과 누르고 이동하는 드래그로 구분된다. **마우스 이동**move**과 드래그**drag**에 대한 이벤트를 처리하는 리스너는 MouseMotionListener이다.** MouseMotionListener의 메소드에 전달되는 이벤트는 MouseEvent로 MouseListener에 전달되는 이벤트와 동일하다. 인터페이스 MouseMotionListener의 마우스 이동과 드래그에 대한 처리를 위하여 다음 2가지의 메소드를 제공한다.

메소드	설명
void mouseDragged(MouseEvent)	마우스를 드래그하는 동안 계속하여 발생
void mouseMoved(MouseEvent)	마우스를 이동하는 동안 계속하여 발생

표 10-8 ● MouseMotionListener의 메소드

만일 마우스의 클릭과 이동에 대한 이벤트 처리가 필요하다면 리스너 MouseListener, MouseMotionListener를 모두 상속받아 7개의 메소드를 모두 구현해야 한다. 다음 오른쪽과 같이 간단히 리스너 MouseInputListener 하나를 상속받아 구현하면 간편하다.

```
class MyMouseListener implements MouseListener, MouseMotionListener {
    //리스너 MouseListener의 메소드 구현
    public void mousePressed(MouseEvent e) {
        ...
    }
    public void mouseReleased(MouseEvent e) {
        ...
    }
    public void mouseEntered(MouseEvent e) {
        ...
    }
    public void mouseExited(MouseEvent e) {
        ...
    }
    public void mouseClicked(MouseEvent e) {
        ...
    }
    //리스너 MouseMotionListener의 메소드 구현
    public void mouseDragged(MouseEvent e) {
        ...
    }
    public void mouseMoved(MouseEvent e) {
        ...
    }
}
```

```
class MyMouseListener implements MouseInputListener {
    //리스너 MouseListener의 메소드 구현
    public void mousePressed(MouseEvent e) {
        ...
    }
    public void mouseReleased(MouseEvent e) {
        ...
    }
    public void mouseEntered(MouseEvent e) {
        ...
    }
    public void mouseExited(MouseEvent e) {
        ...
    }
    public void mouseClicked(MouseEvent e) {
        ...
    }
    //리스너 MouseMotionListener의 메소드 구현
    public void mouseDragged(MouseEvent e) {
        ...
    }
    public void mouseMoved(MouseEvent e) {
        ...
    }
}
```

그림 10-12 ● 마우스의 클릭과 이동에 대한 이벤트 처리를 위한 리스너 구현 소스

4. 마우스의 모든 이벤트 처리

마우스 이벤트 예제를 위한 화면 구성

마우스의 모든 동작에 대하여 이벤트를 처리하는 예제를 만들어보자. 예제의 GUI 구성은 다음과 같이 구성하여 레이블인 s1, s2, s3에 각각 Pressed/Released와 Entered/Exited/Clicked 그리고 Dragged/Moved 정보를 출력하도록 한다. 이벤트 구현은 내부 클래스 MyMouseListener에서 구현한다.

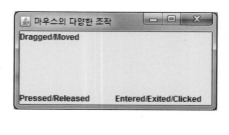
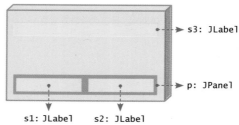

```java
JLabel s1 = new JLabel("Pressed/Released");
JLabel s2 = new JLabel("Entered/Exited/Clicked");
JLabel s3 = new JLabel("Dragged/Moved");

public MouseInputWin() {
    ...
    JPanel p = new JPanel();
    p.setLayout(new GridLayout(0, 2));
    p.add(s1);        p.add(s2);
    add(s3, "North");
    add(p, "South");

    //register mouse event handler, motion event handler
    addMouseListener(new MyMouseListener());
    addMouseMotionListener(new MyMouseListener());
    ...
}

class MyMouseListener implements MouseListener, MouseMotionListener {
    public void mousePressed(MouseEvent e) {
        s1.setText("mousePressed");
    }
    ...
}
```

그림 10-13 ● 화면 구성과 소스

마우스 이벤트를 위한 7가지 메소드 구현

이벤트 구현을 위한 내부 클래스 MyMouseListener에서 MouseListener의 5가지 메소드와 MouseMotionListener의 2가지 메소드를 구현하자. 메소드 구현에서 적절한 레이블 객체에 마우스 동작을 표시하도록 한다. 마우스 이동을 위한 메소드 mouseMoved(MouseEvent e)와 드래그를 위한 메소드 mouseDragged(MouseEvent e)에서 MouseEvent 객체 e를 사용하여 e.getX()와 e.getY()로 좌표를 표시하자. 마우스 클릭을 위한 메소드 mouseClicked(MouseEvent e)에서는 e.getClickCount()로 클릭한 횟수를 표시한다.

이미 보았듯이 내부 클래스 MyMouseListener의 implements MouseListener, MouseMotionListener는 implements MouseInputListener로 대체 가능하다.

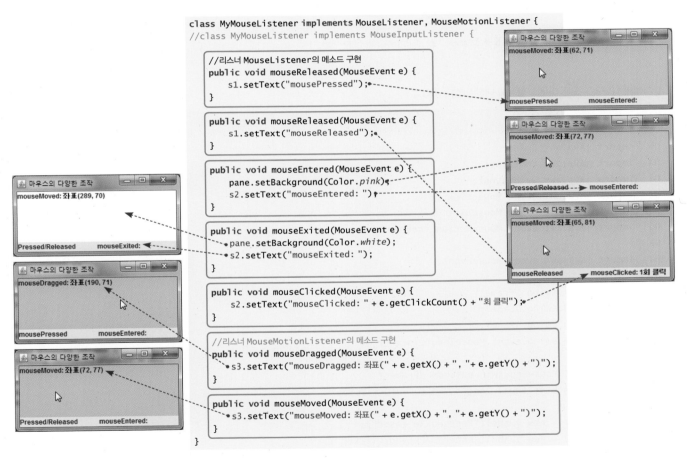

그림 10-14 ● 이벤트 처리 메소드 구현

모든 마우스 동작을 위한 예제

다음은 지금까지 설명된 모든 마우스 동작에 대한 이벤트 처리 예제의 전 소스이다. 이벤트 처리 구현에서 MouseInputListener를 상속한다면 적절한 import 문장이 필요하다.

```
import javax.swing.event.MouseInputListener;
...
class MyMouseListener implements MouseInputListener {
    //리스너 MouseInputListener에서 구현해야 할 7가지 메소드 구현
    public void mousePressed(MouseEvent e) {
        s1.setText("mousePressed");
    }
    ...
}
```

그림 10-15 • MouseInputListener의 상속 구현

실습예제 10-3 │ 모든 마우스 동작에 대한 이벤트 처리

MouseInputWin.java

```
01   import java.awt.Color;
02   import java.awt.Container;
03   import java.awt.GridLayout;
04   import java.awt.event.MouseEvent;
05   import java.awt.event.MouseListener;
06   import java.awt.event.MouseMotionListener;
07
08   import java.awt.event.MouseEvent;
09
10   import javax.swing.JFrame;
11   import javax.swing.JLabel;
12   import javax.swing.JPanel;
13   import javax.swing.event.MouseInputListener;
14
15   public class MouseInputWin extends JFrame {
16       private static final long serialVersionUID = 1L;
17
18       JLabel s1 = new JLabel("Pressed/Released");
19       JLabel s2 = new JLabel("Entered/Exited/Clicked");
20       JLabel s3 = new JLabel("Dragged/Moved");
21       Container pane;
22
23       public MouseInputWin() {
24           setDefaultCloseOperation(JFrame.EXIT_ON_CLOSE);
25           pane = getContentPane();
26
27           JPanel p = new JPanel();
```

```
28        p.setLayout(new GridLayout(0, 2));
29        p.add(s1);        p.add(s2);
30        add(s3, "North");
31        add(p, "South");
32
33        //register mouse event handler, motion event handler
34        addMouseListener(new MyMouseListener());
35        addMouseMotionListener(new MyMouseListener());
36
37        setSize(300, 150);
38        setVisible(true);
39    }
40
41    //class MyMouseListener implements MouseListener, MouseMotionListener {
42    class MyMouseListener implements MouseInputListener {
43        //리스너 MouseListener의 메소드 구현
44        public void mousePressed(MouseEvent e) {
45            s1.setText("mousePressed");
46        }
47        public void mouseReleased(MouseEvent e) {
48            s1.setText("mouseReleased");
49        }
50        public void mouseEntered(MouseEvent e) {
51            pane.setBackground(Color.pink);
52            s2.setText("mouseEntered: ");
53        }
54        public void mouseExited(MouseEvent e) {
55            pane.setBackground(Color.white);
56            s2.setText("mouseExited: ");
57        }
58        public void mouseClicked(MouseEvent e) {
59            s2.setText("mouseClicked: " + e.getClickCount() + "회 클릭");
60        }
61
62        //리스너 MouseMotionListener의 메소드 구현
63        public void mouseDragged(MouseEvent e) {
64            s3.setText("mouseDragged: 좌표(" + e.getX() + ", "+ e.getY() + ")");
65        }
66        public void mouseMoved(MouseEvent e) {
67            s3.setText("mouseMoved: 좌표(" + e.getX() + ", "+ e.getY() + ")");
68        }
69    }
70
71    public static void main(String [] args) {
72        MouseInputWin myWin = new MouseInputWin();
73        myWin.setTitle("마우스의 다양한 조작")
74    }
75 }
```

5. 다양한 이벤트 리스너 구현 방법

이벤트 리스너 4가지 구현 방법

이벤트 리스너를 구현하는 방법은 다음 4가지로 분류할 수 있다.

- [방법 1: 일반 구현] 윈도우 구현 클래스에서 인터페이스 이벤트 리스너를 상속받아 구현
- [방법 2: 내부 구현] 윈도우 내부에서 내부 클래스로 인터페이스 이벤트 리스너를 구현
- [방법 3: 익명 구현] 이벤트 리스너 등록 시 익명의 클래스로 리스너를 직접 구현
- [방법 4: 외부 구현] 외부의 새로운 클래스로 인터페이스 이벤트 리스너를 구현

이벤트 리스너 구현 방법 중 [방법 1]이 가장 일반적인 방법이다. 이벤트를 구현해야 하는 상황에 따라 적절한 방법을 선택할 수 있다. 4가지의 이벤트 리스너 구현 방법의 장점과 단점을 살펴보면 다음과 같다.

상수	장점	단점
방법 1: 일반 구현	• 가장 간편한 방법 • 윈도우의 모든 객체에 접근이 쉬움	• 모든 인터페이스 구현의 단점으로 이벤트 리스너의 여러 메소드를 구현해야 하는 불편이 있음 • 이벤트 처리로 윈도우 구현 분량이 많아질 수 있음
방법 2: 내부 구현	• 이벤트 처리만 내부적으로 독립성 유지 • 소스의 이해력이 좋음 • 윈도우의 모든 객체에 접근이 쉬움	• 내부 클래스에 익숙해야 함 • 이벤트 처리로 윈도우 구현 분량이 많아질 수 있음
방법 3: 익명 구현	• 리스너의 구현과 등록을 한 번에 실행 • 이벤트 처리만 내부적으로 독립성 유지 • 윈도우의 모든 객체에 접근이 쉬움	• 익명 클래스에 구현에 익숙해야 함 • 이벤트 처리로 윈도우 구현 분량이 많아질 수 있음 • 이벤트 처리가 긴 경우, 소스 보기가 불편함
방법 4: 외부 구현	• 이벤트 처리만 구현하는 클래스의 독립성 유지 • 이벤트 처리 소스의 이해력이 좋음	• 윈도우의 객체 접근이 어려워 소스가 복잡해질 수 있음

표 10-9 ● 이벤트 리스너 구현 방법의 장점과 단점

버튼 클릭 이벤트 처리

버튼의 ActionEvent에 대한 이벤트 처리를 위하여 위에서 설명된 4가지 방식으로 모두 구현해 보자. 윈도 전체에 버튼을 하나 구성하고 이 버튼을 누르면 윈도우 캡션에 버튼 이름과 함께 버튼을 클릭한 횟수인 "Button: 1"을 표시하는 기능을 구현하고자 한다.

그림 10-16 ● 버튼의 ActionEvent 처리

버튼을 클릭한 횟수를 저장하기 위하여 방법 1, 2, 3 모두 다음과 같이 소속변수 count를 사용한다. 윈도우 캡션에 제목을 표시하려면 setTitle()을 사용하며, 버튼 이름을 표시하려면 이벤트인 ActionEvent 객체의 getActionCommand()를 사용한다.

```
public class ActionWin1 extends JFrame ... {
    ...
    private int count = 0;
    ...
        //버튼의 이벤트 처리를 위해 리스너를 추가
        btn.addActionListener( ... );
    ...
    }
    ...
        //클릭된 버튼의 이름과 클릭 횟수를 윈도우 캡션에 출력
        setTitle(evt.getActionCommand() + ": " + ++count);
    ...
}
```

그림 10-17 ● 이벤트 처리의 주요 모듈

방법 4인 외부 구현에서는 버튼 클릭 횟수를 저장하는 변수를 달리 선언해야 하며, 윈도우 내부에서는 바로 이용할 수 있었던 setTitle() 메소드도 사용할 수 있는 방법을 찾아야 한다. 다음에서 이에 대한 소스 내용을 살펴보자.

일반 구현과 내부 구현

다음 왼쪽은 [방법 1: 일반 구현]의 소스이며, 오른쪽은 [방법 2: 내부 구현]의 소스이다.

[방법1: 일반 구현] 윈도우에서 이벤트 리스너를 직접 상속받아 구현하는 방법

```java
import java.awt.event.ActionEvent;
import java.awt.event.ActionListener;

import javax.swing.*;

public class ActionWin1 extends JFrame implements ActionListener {
    private static final long serialVersionUID = 1L;
    private int count = 0;

    public ActionWin1() {
        setDefaultCloseOperation(JFrame.EXIT_ON_CLOSE);
        setSize(300, 130);
        JButton btn = new JButton("Button");
        //버튼의 이벤트 처리를 위해 리스너를 추가
        btn.addActionListener(this);
        add(btn);
        setVisible(true);
    }

    public void actionPerformed(ActionEvent evt) {
        //클릭된 버튼의 이름과 클릭 횟수를 윈도우 캡션에 출력
        setTitle(evt.getActionCommand() + ": " + ++count);
    }

    public static void main(String[] args) {
        ActionWin1 myWin = new ActionWin1();
        myWin.setTitle("리스너를 상속받아 구현");
    }
}
```

구현해야 할 이벤트 리스너를 직접 상속받아 구현

버튼에 리스너를 추가할 때는 this를 사용

이벤트 리스너의 모든 메소드를 구현해야 하는데 ActionListener인 경우, 메소드가 actionPerformed() 하나이므로 구현이 편리하며, 윈도우 내부 객체 접근도 쉽다.

[방법2: 내부 구현] 윈도우 내부 클래스로 이벤트 리스너를 상속받아 구현하는 방법

```java
import java.awt.event.ActionEvent;
import java.awt.event.ActionListener;

import javax.swing.*;

public class ActionWin3 extends JFrame {
    private static final long serialVersionUID = 1L;
    private int count = 0;

    public ActionWin3() {
        setDefaultCloseOperation(JFrame.EXIT_ON_CLOSE);
        setSize(300, 130);
        JButton btn = new JButton("Button");
        //버튼의 이벤트 처리를 위해 리스너를 추가
        btn.addActionListener(new MyActionListener());
        add(btn);
        setVisible(true);
    }

    class MyActionListener implements ActionListener {
        public void actionPerformed(ActionEvent evt) {
            //클릭된 버튼의 이름과 클릭 횟수를 윈도우 캡션에 출력
            setTitle(evt.getActionCommand() + ": " + ++count);
        }
    }

    public static void main(String[] args) {
        ActionWin3 myWin = new ActionWin3();
        myWin.setTitle("내부 리스너를 새롭게 정의");
    }
}
```

버튼에 리스너를 추가할 때는 내부 클래스의 생성자를 호출한다.

윈도우 내부에 직접 클래스를 구현하므로, 이벤트 처리만 구분하여 소스를 볼 수 있으며, 윈도우 내부 객체 접근도 쉽다.

그림 10-18 ● [일반 구현]과 [내부 구현]의 비교

익명 구현과 외부 구현

다음 왼쪽은 [방법 3: 익명 구현]의 소스이며, 오른쪽은 [방법 4: 외부 구현]의 소스이다.

[방법3: 익명 구현] 객체의 이벤트 리스너 등록 시, 바로 익명의 리스너를 구현하여 등록하는 방법

```java
import java.awt.event.ActionEvent;
import java.awt.event.ActionListener;
import javax.swing.*;

public class ActionWin3 extends JFrame {
    private static final long serialVersionUID = 1L;
    private int count = 0;

    public ActionWin3() {
        setDefaultCloseOperation(JFrame.EXIT_ON_CLOSE);
        setSize(300, 130);
        JButton btn = new JButton("Button");
        //버튼의 이벤트 처리를 위해 익명 리스너를 바로 구현하여 추가
        btn.addActionListener(new ActionListener() {
            public void actionPerformed(ActionEvent evt) {
                //클릭된 버튼의 이름과 클릭 횟수를 윈도우 캡션에 출력
                setTitle(evt.getActionCommand() + ": " + ++count);
            }
        }
        );
        add(btn);
        setVisible(true);
    }

    public static void main(String[] args) {
        ActionWin3 myWin = new ActionWin3();
        myWin.setTitle("익명의 ActionListener()를 인자로 구현");
    }
}
```

> 익명 클래스로 리스너의 메소드를 직접 구현하여 등록하므로, 익명 클래스 구현에 익숙하면 편리할 수도 있다. 이벤트 처리 메소드가 많거나 소스가 길어지면 다소 소스가 복잡해 보인다.

[방법 4: 외부 구현] 외부의 새로운 클래스로 인터페이스 이벤트 리스너를 구현

```java
import java.awt.event.ActionEvent;
import java.awt.event.ActionListener;
import javax.swing.*;

public class ActionWin4 extends JFrame {
    private static final long serialVersionUID = 1L;

    public ActionWin4() {
        setDefaultCloseOperation(JFrame.EXIT_ON_CLOSE);
        setSize(300, 130);
        JButton btn = new JButton("Button");
        //버튼의 이벤트 처리를 위해 리스너를 추가
        btn.addActionListener(new MyActionListener(this));
        add(btn);
        setVisible(true);
    }
    public static void main(String[] args) {
        ActionWin4 myWin = new ActionWin4();
        myWin.setTitle("외부에 새로운 리스너를 구현");
    }
}
```

> 버튼에 리스너를 추가할 때는 내부 클래스의 생성자를 호출한다.

```java
class MyActionListener implements ActionListener {
    ActionWin4 win;
    private int count = 0;

    public MyActionListener(ActionWin4 win) {
        this.win = win;
    }
    public void actionPerformed(ActionEvent evt) {
        //클릭된 버튼의 이름과 클릭 횟수를 윈도우 캡션에 출력
        ((JFrame)win).setTitle(evt.getActionCommand() + ": " + ++count);
    }
}
```

> 이벤트 구현 소스가 완전히 윈도우 프로그램과 구분되어 소스 보기는 좋은 장점이 있으나, 외부에 독립된 클래스를 구현하므로 윈도우 내부의 객체를 사용하려면 소스가 복잡해지고 어려워지는 단점이 있다. 필요하면 적절한 인자를 사용한 생성자가 필요할 수 있다.

그림 10-19 ● [익명 구현]과 [외부 구현]의 비교

03

어댑터 클래스

1. 어댑터 클래스 개요

어댑터 클래스 필요성

이벤트 리스너인 **인터페이스 MouseListener와 MouseMotionListener의 메소드는 각각 5개와 2개**이다. 마우스에 대한 이벤트 처리를 하기 위해서 두 개의 인터페이스를 구현해야 한다. 7개의 메소드 중에서 처리할 메소드가 총 3개라도 나머지 필요 없는 메소드도 아무 문장 없이 구현해야 하는 번거로움이 있다. 이러한 불편을 제거하기 위하여 만든 클래스가 어댑터 클래스^{adapter class}이다.

어댑터 클래스는 인터페이스 리스너의 메소드를 구현 선언한 후 아무 문장이 없는 메소드를 미리 구현해 놓은 클래스이다. 한 예로 MouseListener의 어댑터 클래스인 MouseAdapter의 소스를 살펴보면 메소드 8개가 구현 부분이 없이 비어있는 메소드임을 알 수 있다. MouseMotionListener의 어댑터 클래스인 MouseMotionAdapter는 마우스의 드래그와 이동에 대한 메소드를 상속받은 어댑터이다.

```
package java.awt.event;
...
public abstract class MouseAdapter implements MouseListener, MouseWheelListener, MouseMotionListener {

    public void mouseClicked(MouseEvent e) {}
    public void mousePressed(MouseEvent e) {}
    public void mouseReleased(MouseEvent e) {}
    public void mouseEntered(MouseEvent e) {}
    public void mouseExited(MouseEvent e) {}

    public void mouseWheelMoved(MouseWheelEvent e){}
    public void mouseDragged(MouseEvent e){}
    public void mouseMoved(MouseEvent e){}
}
```

> 메소드 mouseWheelMoved()는 마우스 휠이 움직일 때 발생하는 메소드로 MouseWheelListener의 메소드를 구현한 메소드이다.

```
package java.awt.event;
...
public abstract class MouseMotionAdapter implements MouseMotionListener {

    public void mouseDragged(MouseEvent e){}
    public void mouseMoved(MouseEvent e){}
}
```

그림 10-20 • 어댑터인 MouseAdapter와 MouseMotionAdapter의 소스

주요 어댑터 클래스

이벤트 처리를 위한 리스너를 상속받은 주요 어댑터를 살펴보면 다음과 같다. 리스너 중 메소드가 하나인 리스너는 굳이 어댑터가 필요하지 않으므로 어댑터를 제공하지 않는다.

다음은 인터페이스와 관련 어댑터와 처리 메소드를 정리한 표이다.

Listener Interface	Adapter class	Methods
ActionListener	없음	actionPerformed(ActionEvent)
AdjustmentListener	없음	adjustmentValueChanged(AdjustmentEvent)
ComponentListener	ComponentAdapter	componentHidden(ComponentEvent) componentMoved(ComponentEvent) componentResized(ComponentEvent) componentShown(ComponentEvent)
ContainerListener	ContainerAdapter	componentAdded(ContainerEvent) componentRemoved(ContainerEvent)
FocusListener	FocusAdapter	focusGained(FocusEvent) focusLost(FocusEvent)
ItemListener	없음	itemStateChanged(ItemEvent)
KeyListener	KeyAdapter	keyPressed(KeyEvent) keyReleased(KeyEvent) keyTyped(KeyEvent)
MouseListener	MouseAdapter	mouseClicked(MouseEvent) mouseEntered(MouseEvent) mouseExited(MouseEvent) mousePressed(MouseEvent) mouseReleased(MouseEvent) mouseWheelMoved(MouseWheelEvent e) mouseDragged(MouseEvent) mouseMoved(MouseEvent)
MouseMotionListener	MouseMotionAdapter	mouseDragged(MouseEvent) mouseMoved(MouseEvent)
TextListener	없음	textValueChanged(TextEvent)
WindowListener	WindowAdapter	windowActivated(WindowEvent) windowClosed(WindowEvent) windowClosing(WindowEvent) windowDeactivated(WindowEvent) windowDeiconified(WindowEvent) windowIconified(WindowEvent) windowOpened(WindowEvent)

표 10-10 ● 인터페이스와 관련 어댑터

2. 어댑터 클래스 MouseMotionAdapter

어댑터 클래스를 사용한 마우스 이동 구현

이벤트 처리에서 인터페이스 리스너 대신 어댑터 클래스를 이용하여 구현하는 방법을 알아보자. **마우스 이동에 대한 이벤트만을 처리한다면 어댑터 클래스인 `MouseAdapter` 또는 `MouseMotionAdapter`로부터의 상속을 선언하고 필요한 메소드인 `mouseMoved()`만을 구현**한다.

다음은 마우스를 이동함에 따라 마우스의 위치를 노란색의 레이블에 표시하는 프로그램의 결과와 어댑터인 `MouseMotionAdapter`를 상속받아 이벤트를 구현한 소스이다. 윈도우에 배치관리자를 지정하지 않은 패널을 삽입하고, 이 패널에 마우스 이동에 따라 위치 x, y를 표시할 레이블을 삽입한다. 마우스의 위치가 표시되는 레이블은 마우스의 위쪽, 왼쪽으로 표시되도록 위치를 (e.getX() – width, e.getY() – height)으로 지정한다.

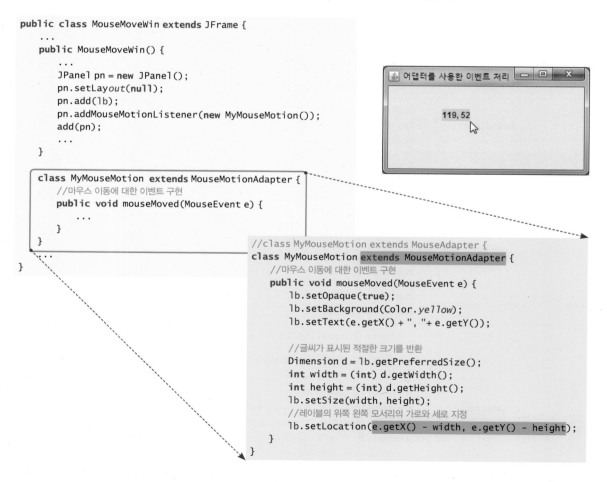

```
public class MouseMoveWin extends JFrame {
    ...
    public MouseMoveWin() {
        ...
        JPanel pn = new JPanel();
        pn.setLayout(null);
        pn.add(lb);
        pn.addMouseMotionListener(new MyMouseMotion());
        add(pn);
        ...
    }

    class MyMouseMotion extends MouseMotionAdapter {
        //마우스 이동에 대한 이벤트 구현
        public void mouseMoved(MouseEvent e) {
            ...
        }
    }
    ...
}
```

```
//class MyMouseMotion extends MouseAdapter {
class MyMouseMotion extends MouseMotionAdapter {
    //마우스 이동에 대한 이벤트 구현
    public void mouseMoved(MouseEvent e) {
        lb.setOpaque(true);
        lb.setBackground(Color.yellow);
        lb.setText(e.getX() + ", "+ e.getY());

        //글씨가 표시된 적절한 크기를 반환
        Dimension d = lb.getPreferredSize();
        int width = (int) d.getWidth();
        int height = (int) d.getHeight();
        lb.setSize(width, height);
        //레이블의 위쪽 왼쪽 모서리의 가로와 세로 지정
        lb.setLocation(e.getX() - width, e.getY() - height);
    }
}
```

어댑터를 사용한 이벤트 처리

119, 52

그림 10-21 ● 마우스의 이동에 따라 마우스의 위치를 표시

MouseMoveWin.java

```java
01  package adapter;
02
03  import java.awt.Color;
04  import java.awt.Dimension;
05  import java.awt.event.MouseEvent;
06  import java.awt.event.MouseMotionAdapter;
07
08  import javax.swing.JFrame;
09  import javax.swing.JLabel;
10  import javax.swing.JPanel;
11
12  public class MouseMoveWin extends JFrame {
13      private static final long serialVersionUID = 1L;
14
15      JLabel lb = new JLabel("mouse Moved");
16
17      public MouseMoveWin() {
18          setDefaultCloseOperation(JFrame.EXIT_ON_CLOSE);
19
20          JPanel pn = new JPanel();
21          pn.setLayout(null);
22          pn.add(lb);
23          pn.addMouseMotionListener(new MyMouseMotion());
24          add(pn);
25          setSize(300, 150);
26          setVisible(true);
27      }
28
29      //class MyMouseMotion extends MouseAdapter {
30      class MyMouseMotion extends MouseMotionAdapter {
31          //마우스 이동에 대한 이벤트 구현
32          public void mouseMoved(MouseEvent e) {
33              lb.setOpaque(true);
34              lb.setBackground(Color.yellow);
35              lb.setText(e.getX() + ", "+ e.getY());
36
37              //글씨가 표시된 적절한 크기를 반환
38              Dimension d = lb.getPreferredSize();
39              int width = (int) d.getWidth();    //레이블의 적절한 가로 크기 지정
40              int height = (int) d.getHeight();  //레이블의 적절한 세로 크기 지정
41              lb.setSize(width, height);         //레이블의 가로와 세로 크기 지정
42              //레이블의 위쪽 왼쪽 모서리의 가로와 세로 지정
43              lb.setLocation(e.getX() - width, e.getY() - height);
44          }
45      }
46
47      public static void main(String [] args) {
48          new MouseMoveWin().setTitle("어댑터를 사용한 이벤트 처리");
49      }
50  }
```

> 인자 evt의 메소드 getChild()를 이용하여 생성되거나 제거되는 컴포넌트를 참조

1. 컴포넌트 이벤트 처리

컴포넌트의 다양한 변화에 따른 이벤트

컴포넌트 이벤트는 컴포넌트의 보임, 사라짐, 이동, 크기의 변화에 따라 발생하는 이벤트
이다. 컴포넌트 이벤트는 JMenuItem과 JCheckBoxMenuItem을 제외한 대부분의 컴포넌트
에서 발생한다. 즉 **클래스 Component를 상속받은 대부분의 컨트롤은 컴포넌트 이벤트를
발생**한다. 인터페이스 ComponentListener의 다음 4개 메소드를 상속받아 이벤트 처리
를 구현해야 하며, 이벤트 소스는 메소드 addComponentListener()를 이용하여 구현 리
스너를 등록한다.

메소드	설명
void componentHidden(ComponentEvent)	메소드 setVisible(false)로 컴포넌트를 보이지 않게 하는 결과로 호출
void componentShown(ComponentEvent)	메소드 setVisible(true)로 컴포넌트를 보이게 하는 결과로 호출
void componentMoved(ComponentEvent)	컴포넌트가 이동하는 경우 호출
void componentResized(ComponentEvent)	컴포넌트의 크기가 변하는 경우 호출

표 10-11 ● ComponentListener의 메소드

위 메소드에서 정보를 주고받는 인자의 유형은 클래스 ComponentEvent이며, 이
ComponentEvent의 메소드 getComponent()는 이벤트를 발생시킨 컴포넌트를 반환한다.

상수 또는 메소드	설명
final int COMPONENT_MOVED	이벤트의 종류가 컴포넌트 이동임을 나타내는 상수
final int COMPONENT_RESIZED	이벤트의 종류가 컴포넌트 크기변화임을 나타내는 상수
final int COMPONENT_SHOWN	이벤트의 종류가 컴포넌트 보임을 나타내는 상수
final int COMPONENT_HIDDEN	이벤트의 종류가 컴포넌트 사라짐을 나타내는 상수
Component getComponent()	이벤트를 발생한 컴포넌트를 리턴

표 10-12 ● 클래스 ComponentEvent의 상수와 메소드

다음 예제는 윈도우를 구성하는 텍스트 영역의 크기가 변하면 컴포넌트 이벤트 발생 결과를 텍스트 영역에 표시하는 예제이다. 변화가 발생한 텍스트 영역의 크기를 다음과 같은 문자열을 만들어 추가하는데, 윈도우의 크기를 약간만 수정하면 많은 이벤트가 발생하는 것을 확인할 수 있다.

그림 10-22 ● 컴포넌트 이벤트에서 크기 변화에 따른 이벤트 처리

실습예제 10-5 │ 텍스트 영역의 크기 변화에 따른 컴포넌트 이벤트 발생

ComponentEventWin.java

```java
01  import java.awt.event.ComponentAdapter;
02  import java.awt.event.ComponentEvent;
03
04  import javax.swing.JFrame;
05  import javax.swing.JTextArea;
06
07  public class ComponentEventWin extends JFrame {
08     private static final long serialVersionUID = 1L;
09     JTextArea txtArea = new JTextArea();
10
11     class MyComponentAdapter extends ComponentAdapter {
12        public void componentResized(ComponentEvent evt) {
13           String str = evt.getSource().getClass() + " 컴포넌트 크기 재조정: ";
14           str += evt.getComponent().getBounds() + "\n";
15           txtArea.append(str);
16        }
17     }
18
19     public ComponentEventWin() {
20        setDefaultCloseOperation(JFrame.EXIT_ON_CLOSE);
21        setSize(600, 150);
22
23        add(txtArea, "Center");
24        txtArea.addComponentListener(new MyComponentAdapter());
25        setVisible(true);
26     }
27
28     public static void main(String[] args) {
29        ComponentEventWin myWin = new ComponentEventWin();
30        myWin.setTitle("컴포넌트 이벤트 처리");
31     }
32  }
```

2. 아이템 이벤트 처리

아이템 이벤트

ItemEvent를 발생시키는 컴포넌트로는 JCheckBox, JList, JComboBox, JCheckBox MenuItem 등이 있다. 발생한 ItemEvent를 처리하려면 인터페이스 ItemSelectable을 상속받아 구현해야 한다. 이들 컴포넌트는 컴포넌트 자체나 또는 컴포넌트를 구성하는 항목이 on/off 또는 selected/deselected 등의 이원화된 상태를 갖는 특성이 있다. 바로 이 이원화된 상태의 변화에 따라 발생하는 이벤트가 ItemEvent이다. ItemEvent를 받아 처리하는 인터페이스는 ItemListener이고 ItemListener는 메소드 itemStateChanged() 하나를 제공한다.

메소드	설명
void itemStateChanged(ItemEvent)	항목에서 selected/deselected의 이원화 상태 값이 변하는 경우 발생

표 10-13 ●ItemListener 메소드

메소드 itemStateChanged()의 인자는 클래스 ItemEvent로서 다음과 같은 주요 메소드와 변수를 제공한다. 이벤트 발생 시, 이벤트를 발생한 항목 및 컴포넌트를 조회하는 메소드를 이용하며 변화된 상태의 값을 알고 싶은 경우는 getStateChange()를 이용한다.

변수 및 메소드	설명
final int ITEM_FIRST	구간의 첫 번째 숫자를 나타내는 상수
final int ITEM_LAST	구간의 마지막 숫자를 나타내는 상수
final int ITEM_STATE_CHANGED	항목의 상태가 변환된 이벤트 id를 나타내는 상수
final int SELECTED	항목의 상태가 선택되었음을 나타내는 상수
final int DESELECTED	항목의 상태가 선택되지 않았음을 나타내는 상수
ItemSelectable getItemSelectable()	상태의 변화가 발생한 항목을 갖는 컴포넌트를 반환
Object getItem()	상태의 변화가 발생한 항목을 반환
int getStateChange()	상태의 변화가 발생한 변화 값을 반환

표 10-14 ●ItemEvent의 상수와 메소드

JCheckBoxMenuItem에서 이벤트 처리

다음 그림과 같은 메뉴 구성을 위한 컴포넌트는 JMenu와 JCheckBoxMenuItem이다. 메뉴 하부에 다른 메뉴를 하부로 배치하려면 mainMenu.add(submenu)와 같이 상위 메뉴에서 메소드 add()로 하위 메뉴를 추가한다. JCheckBoxMenuItem은 선택/비선택을 선택하는 메뉴항목을 위한 컴포넌트로서 메소드 addItemListener(리스너구현객체)로 메소드 itemStateChanged()를 구현한 객체를 등록하여 이벤트를 처리할 수 있다.

```java
JMenu mainMenu = new JMenu("파일");
JMenu subMenu = new JMenu("멀티미디어");
JCheckBoxMenuItem subCheck1 = new JCheckBoxMenuItem("비디오");
JCheckBoxMenuItem subCheck2 = new JCheckBoxMenuItem("이미지");
subMenu.add(subCheck1);
subMenu.add(subCheck2);
mainMenu.add(subMenu);
subCheck1.addItemListener(this);
subCheck2.addItemListener(this);
```

그림 10-23 • JCheckBoxMenuItem을 이용한 메뉴 구성과 이벤트 처리

JCheckBox와 JCheckBoxMenuItem에서 ItemEvent 처리 예제

ItemEvent 처리 예제 ItemEventWin은 다음 그림과 같이 메뉴 JCheckBoxMenuItem과 JCheckBox에서 체크박스 선택에 따라 이벤트를 처리하여 윈도우 중앙 JList와 하단 JLable에 ItemEvent 현황을 표시하는 프로그램이다.

 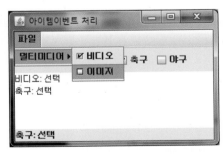

그림 10-24 • ItemEvent 처리 예제 결과 화면

인터페이스 ItemListener의 메소드 itemStateChanged()는 다음과 같이 구현한다.

```java
public void itemStateChanged(ItemEvent evt) {
    String str = ((AbstractButton) evt.getItem()).getText();
    if (evt.getStateChange() == ItemEvent.SELECTED)
        str += ": 선택\n";
    else
        str += ": 비선택\n";
    status.setText(str);
    txtArea.append(str);
}
```

ItemEvent가 발생한 항목의 문자열을 반환하려는 문장

생성한 ItemEvent 현황 문자열을 JTextArea와 JLabel에 표시

그림 10-25 ●

실습예제 10-6 | 체크박스 메뉴와 체크박스 선택 처리

ItemEventWin.java

```java
01  import java.awt.event.ItemEvent;
02  import java.awt.event.ItemListener;
03
04  import javax.swing.AbstractButton;
05  import javax.swing.JCheckBox;
06  import javax.swing.JCheckBoxMenuItem;
07  import javax.swing.JFrame;
08  import javax.swing.JLabel;
09  import javax.swing.JMenu;
10  import javax.swing.JMenuBar;
11  import javax.swing.JPanel;
12  import javax.swing.JTextArea;
13
14  public class ItemEventWin extends JFrame implements ItemListener {
15      private static final long serialVersionUID = 1L;
16
17      JPanel pCheck = new JPanel(); //체크박스가 배치될 패널
18      JTextArea txtArea = new JTextArea();
19      JLabel status = new JLabel("메뉴 상태");
20
21      public ItemEventWin() {
22          setDefaultCloseOperation(JFrame.EXIT_ON_CLOSE);
23          setSize(300, 200);
24
25          makeCheckBox();
26          makeMenuAndEventHandle();
27          add(pCheck, "North");
28          add(txtArea, "Center");
29          add(status, "South");
```

```
30          setVisible(true);
31      }
32
33      public void makeCheckBox() {
34          JCheckBox box1 = new JCheckBox("수영");
35          JCheckBox box2 = new JCheckBox("골프");
36          JCheckBox box3 = new JCheckBox("축구");
37          JCheckBox box4 = new JCheckBox("야구");
38          box1.addItemListener(this); box2.addItemListener(this);
39          box3.addItemListener(this); box4.addItemListener(this);
40          pCheck.add(box1); pCheck.add(box2); pCheck.add(box3); pCheck.add(box4);
41      }
42
43      public void makeMenuAndEventHandle() {
44          JMenuBar mBar = new JMenuBar();
45          JMenu mainMenu = new JMenu("파일");
46          JMenu subMenu = new JMenu("멀티미디어");
47          JCheckBoxMenuItem subCheck1 = new JCheckBoxMenuItem("비디오");
48          JCheckBoxMenuItem subCheck2 = new JCheckBoxMenuItem("이미지");
49          subMenu.add(subCheck1);
50          subMenu.add(subCheck2);
51          subCheck1.addItemListener(this);
52          subCheck2.addItemListener(this);
53
54          mainMenu.add(subMenu);
55          mBar.add(mainMenu);
56          setJMenuBar(mBar);
57      }
58
59      public void itemStateChanged(ItemEvent evt) {
60          String str = ((AbstractButton) evt.getItem()).getText();
61          if (evt.getStateChange() == ItemEvent.DESELECTED)
62              str += " 비선택\n";
63          else
64              str += " 선택\n";
65          status.setText(str);
66          txtArea.append(str);
67      }
68
69      public static void main(String[] args) {
70          ItemEventWin myWin = new ItemEventWin();
71          myWin.setTitle("아이템이벤트 처리");
72      }
73  }
```

3. 컨테이너 이벤트 처리

컨테이너 이벤트

컨테이너 이벤트는 컴포넌트 Container, JDialog, JFrame, JPanel, JWindow와 같이 다른 컴포넌트를 포함할 수 있는 컨테이너 컴포넌트에서 발생하는 이벤트이다. 컨테이너 이벤트를 처리하는 리스너는 ContainerListener이며 다음 두 개의 메소드를 갖는다.

메소드	설명
void componentRemoved(ContainerEvent)	컨테이너에 포함된 컴포넌트가 제거되는 경우에 발생
void componentAdded(ContainerEvent)	컨테이너에 포함되는 컴포넌트가 추가되는 경우에 발생

표 10-15 ● ContainerListener 메소드

ContainerListener 두 메소드의 인자는 클래스 ContainerEvent로 이 클래스는 메소드 getContainer(), getChild()를 제공한다. 이 메소드를 이용하여 컨테이너 자체 또는 컨테이너에 추가되거나 제거되는 컴포넌트를 참조할 수 있다.

변수 및 메소드	설명
final static int COMPONENT_ADDED	컴포넌트 추가 시 발생하는 이벤트를 나타내는 상수
final static int COMPONENT_REMOVED	컴포넌트 제거 시 발생하는 이벤트를 나타내는 상수
Container getContainer()	이벤트를 발생한 컨테이너를 반환
Component getChild()	이벤트의 발생이 원인이 되는 컴포넌트 즉 추가되거나 제거된 컴포넌트를 반환
String paramString()	이벤트를 구별하는 파라미터 문자열을 반환

표 10-16 ● ContainerEvent의 소속

컨테이너 이벤트 처리 예제

다음 예제 프로그램으로 ContainerEvent와 ContainerListener의 처리 방법을 알아 보자. 이 예제는 레이블, 패널, 버튼으로 구성되며 추가되는 여러 버튼을 배열로 처리하 기 위하여 클래스 Vector를 이용한다. 윈도 상단에 레이블, 중간에 패널, 하단에 [Add button]과 [Remove button] 버튼을 배치한다. [Add button] 버튼을 누르면 새로운 버튼 이 하나 생성되고 [Remove button] 버튼을 누르면 마지막에 생긴 버튼부터 하나씩 제거 된다. 버튼이 새로이 추가되거나 삭제되면 레이블에 그 상태를 기록한다. 다음이 이 예제 의 결과 화면이다.

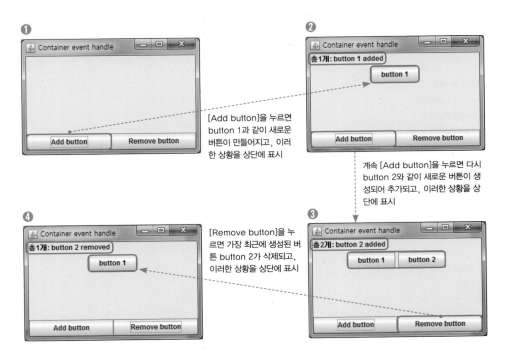

```
public class ContainerEventWin extends JFrame implements ContainerListener,
ActionListener {
    JButton btnAdd = new JButton("Add button");
    JButton btnRemove = new JButton("Remove button");
    JPanel p1 = new JPanel();
    ...
        p1.addContainerListener(this);
        btnAdd.addActionListener(this);
        btnRemove.addActionListener(this);
    ...
}
```

그림 10-26 • 예제 결과와 리스너의 구현 선언과 리스너 구현 등록

컨테이너 이벤트 처리 예제 ContainerEventWin

이 예제에서 **요구되는 이벤트는 두 가지로 버튼에서 발생하는 ActionEvent와 패널에 버튼이 추가되고 삭제될 때 발생하는 ContainerEvent**이다. 구현할 리스너 ContainerListener와 ActionListener를 윈도우에서 선언하여 패널 객체인 p1은 메소드 addContainerListener(this)를 이용하여 리스너에 등록하며, 버튼 2개는 addActionListener(this)로 등록한다.

| 실습예제 10-7 | 컨테이너에 컴포넌트의 삽입과 삭제에 따른 이벤트 처리

ContainerEventWin.java

```
01  import java.awt.BorderLayout;
02  import java.awt.GridLayout;
03
04  import java.awt.event.ActionEvent;
05  import java.awt.event.ActionListener;
06  import java.awt.event.ContainerEvent;
07  import java.awt.event.ContainerListener;
08
09  import javax.swing.*;
10  import java.util.Vector;
11
12  public class ContainerEventWin extends JFrame implements ContainerListener, ActionListener {
13      private static final long serialVersionUID = 1L;
14
15      JButton btnAdd = new JButton("Add button");
16      JButton btnRemove = new JButton("Remove button");
17      JLabel  lbl = new JLabel();
18      JPanel  p1 = new JPanel();
19      JButton recentBtn; //가장 최근에 삽입 또는 삭제되는 버튼
20      int btnCount = 0;
21
22      Vector<JButton> aryBtn = new Vector<JButton>();
23
24      public ContainerEventWin() {
25          JPanel p2 = new JPanel(new GridLayout(0, 2));
26          p2.add(btnAdd);
27          p2.add(btnRemove);
28          add(lbl, BorderLayout.NORTH);
29          add(p1, BorderLayout.CENTER);
30          add(p2, BorderLayout.SOUTH);
31
32          // 버튼이 추가되는 패널은 컨테이너 리스너 등록
33          p1.addContainerListener(this);
34          // 버튼은 액션 리스너 등록
35          btnAdd.addActionListener(this);
36          btnRemove.addActionListener(this);
37
```

```
38        setSize(300, 200);
39        setVisible(true);
40    }
41
42    //ActionListener's method implementation
43    public void actionPerformed(ActionEvent evt) {
44        String strBtn = evt.getActionCommand();
45        if ( strBtn.equals("Add button") ){
46            recentBtn = new JButton("button " + (++btnCount));
47            recentBtn.setName("button " + btnCount);
48            recentBtn.addActionListener(this);
49            p1.add(recentBtn);
50            aryBtn.addElement(recentBtn);
51        } else if ( strBtn.equals("Remove button") ){
52            if (!aryBtn.isEmpty()) {
53                recentBtn = (JButton) aryBtn.lastElement();
54                aryBtn.removeElementAt(--btnCount);
55                p1.remove(recentBtn);
56                update(getGraphics());
57            }
58        }
59    }
60
61    //ComponentListener's method implementation
62    public void componentAdded(ContainerEvent evt) {
63        String str = " 총 " + btnCount + " 개: " + evt.getChild().getName() + " added ";
64        lbl.setText(str);
65    }
```

> 인자 evt의 메소드 getChild()를 이용하여 생성되거나 제거되는 컴포넌트를 참조

```
66
67    public void componentRemoved(ContainerEvent evt) {
68        String str = " 총 " + btnCount + " 개: " + evt.getChild().getName() + " removed ";
69        lbl.setText(str);
70    }
```

> 메소드 getChild()를 이용하여 그 객체의 이름을 얻어냄

> 메소드 setText()를 이용하여 레이블에 표시

```
71
72    public static void main(String [] args) {
73        ContainerEventWin myWin = new ContainerEventWin();
74        myWin.setTitle("Container event handle");
75    }
76 }
```

결과

Container event handle	Container event handle	Container event handle
총4개: button 4 added	총5개: button 5 added	총4개: button 5 removed
button 1 button 2 button 3	button 1 button 2 button 3	button 1 button 2 button 3
button 4	button 4 button 5	button 4
Add button Remove button	Add button Remove button	Add button Remove button

4. 포커스 이벤트 처리

포커스 이벤트

이벤트 포커스는 클래스 Component로부터 상속받는 모든 컴포넌트에서 처리할 수 있는 이벤트이다. 이 포커스 이벤트를 처리하는 리스너는 FocusListener이며 다음 2개의 메소드를 제공한다. FocusListener의 어댑터 클래스는 FocusAdapter이다.

메소드	설명
void focusLost(FocusEvent)	포커스를 잃으면 발생
void focusGained(FocusEvent)	포커스를 받으면 발생

표 10-17 • FocusListener 메소드

윈도우 중앙에 JTextArea와 하단에 Jbutton이 있는 윈도우에서 텍스트 영역과 버튼의 포커스 이벤트 발생 과정을 텍스트 영역에 표시하는 프로그램을 작성해 보자. 포커스를 받은 컴포넌트는 focusGained()가 발생하며, 메소드 focusGained()에서 포커스를 받은 클래스 이름의 문자열을 텍스트 영역에 추가한다. 포커스를 잃을 때 발생하는 메소드 focusLost()도 같은 방법으로 처리한다. 프로그램 실행의 첫 화면에서 텍스트 영역이 포커스를 받았음을 알 수 있고 버튼을 누르면 텍스트 영역이 포커스를 잃고 버튼이 포커스를 받는 것을 알 수 있다.

```java
public void focusGained(FocusEvent evt) {
    String str = evt.getSource().getClass() + " 포커스 얻음\n";
    txtArea.append(str);
}
public void focusGained(FocusEvent evt) {
    String str = evt.getSource().getClass() + " 포커스 얻음\n";
    txtArea.append(str);
}
```

그림 10-27 • 포커스 이벤트 결과 처리

FocusEventWin.java

```java
01  import java.awt.event.FocusEvent;
02  import java.awt.event.FocusListener;
03
04  import javax.swing.JButton;
05  import javax.swing.JFrame;
06  import javax.swing.JTextArea;
07
08  public class FocusEventWin extends JFrame implements FocusListener {
09      private static final long serialVersionUID = 1L;
10
11      JTextArea txtArea = new JTextArea();
12
13      public FocusEventWin() {
14          setDefaultCloseOperation(JFrame.EXIT_ON_CLOSE);
15          setSize(350, 150);
16          //윈도우 구성과 포커스 리스너 추가
17          makeWindowAndEventHandle();
18          setVisible(true);
19      }
20      public void makeWindowAndEventHandle() {
21          JButton btn = new JButton("버튼");
22          add(txtArea, "Center");
23          add(btn, "South");
24          //버튼과 텍스트 영역의 이벤트 처리를 위해 리스너 추가
25          btn.addFocusListener(this);
26          txtArea.addFocusListener(this);
27      }
28      public void focusLost(FocusEvent evt) {
29          String str = evt.getSource().getClass() + " 포커스 잃음\n";
30          txtArea.append(str);
31      }
32      public void focusGained(FocusEvent evt) {
33          String str = evt.getSource().getClass() + " 포커스 얻음\n";
34          txtArea.append(str);
35      }
36
37      public static void main(String[] args) {
38          FocusEventWin myWin = new FocusEventWin();
39          myWin.setTitle("포커스 이벤트 처리");
40      }
41  }
```

1. 그래픽 요소

그래픽 배경

그래픽 배경^{Graphics Context}은 그림이 그려지는 논리적인 화면이고, 여기에 그려진 화면은 다시 화면이나 프린터로 출력된다.

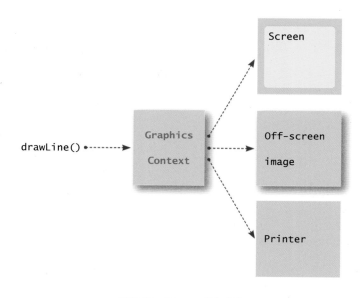

그림 10-28 ● 그래픽 배경

클래스 Graphics

그래픽 배경을 위한 자바의 클래스가 Graphics이다. **클래스 Graphics은 그림을 그리는 데 필요한 각종 기능을 제공하는 추상 클래스이다.** 즉 사각형, 타원, 원호와 같이 다양한 형태를 그리는 메소드와 글자체인 폰트와 문자열, 색상, 이미지에 관련된 다양한 메소드를 제공한다. 개념적으로 그래픽은 여러 종류의 그림을 그리기 위한 붓이나 팔레트^{pallete}와 같다.

그래픽 객체를 사용하는 메소드

자바의 윈도우 프로그램에서 그림을 그리는 모듈은 대부분 paint()나 update() 또는 paintComponent() 메소드에서 구현한다. 메소드 paint()나 update()는 클래스 Component의 소속이며, paintComponent()는 클래스 Container의 메소드로 하부 클래스에서 재정의하여 이용되며 인자는 그래픽 배경인 Graphics의 객체이다. 이 Graphics 객체를 이용해서 직접 다양한 그림을 그릴 수 있다. 다음은 클래스 Component에서 그림을 그리는 주요 메소드이다.

메소드	설명
public void paint(Graphics g)	컴포넌트 그림이 다시 그려져야 된다고 판단될 때 자동적으로 호출되는 메소드로, 컴포넌트가 만들어져 처음 그려질 때, 크기가 변경될 때, 다른 윈도우에 가려졌다가 다시 보여질 때 자동으로 호출됨
public void update(Graphics g)	컴포넌트에 그려진 그림을 모두 지우고 paint() 함수를 다시 호출
public void repaint()	프로그래머가 그림을 다시 그려야 할 필요성이 있는 경우에 호출되며, repaint() 함수를 호출하면 repaint()는 다시 update()를 호출

표 10-18 ● 클래스 Component의 그림 관련 메소드

자바의 GUI 구성 요소는 다음과 같은 좌표계를 갖는다. 왼쪽 상단 부분이 좌표(0, 0)인 기준점이며, 수평을 x축으로 수직을 y축으로 한다. 사각형 모양의 한 구성 요소가 가로와 세로가 width, height이면 오른쪽 아래 부분의 좌표는 (width, height)이 된다.

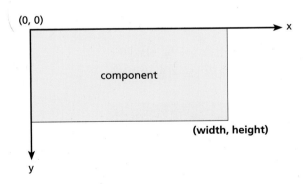

그림 10-29 ● 그래픽 배경에서의 좌표

2. 색상과 문자열 그리기

클래스 Color

자바에서 클래스 Color를 이용하여 각종 색상을 생성하여 활용할 수 있다. 생성된 색상을 그래픽 배경에 지정하여 선과 글씨, 배경 화면 등의 색을 표현할 수 있다. 즉 만들어진 색상은 **Graphics의 메소드 setColor()를 이용하여 그래픽 배경**graphics context**의 전경화면**foreground **색상을 지정**한다. 또한 java.lang.Component의 메소드 setBackground()와 setForeground()는 각각 구성 요소의 배경화면background과 전경화면foreground의 색상을 지정한다.

자바에서 색상을 구성하는 방식은 주로 2가지를 이용한다. 하나는 붉은색red, 녹색green, 청색blue이 각각 0에서 255까지의 256종류의 색상을 조합하는 RGB 방식으로 (0, 0, 0)은 검정색을, (255, 255, 255)는 흰색을 나타낸다. 다른 하나는 RGB 방식을 각각 0.0에서 1.0 사이로 나타내는 방식이다. 다음은 클래스 Color의 다양한 생성자이다.

메소드	설명
public Color(int r, int g, int b)	0에서 255에 해당하는 정수로, 각각 RGB에 해당하는 색상을 생성
public Color(float r, float g, float b)	0.0~1.0 사이의 값으로 각각 RGB에 해당하는 색상을 생성
public Color(int rgb)	32비트 정수 값에서 16~23비트는 R, 8~15비트는 G, 0~7비트는 B에 해당하는 색상을 생성

표 10-19 ● 클래스 Color의 생성자

클래스 Color는 흰색, 검정색, 파란색 등과 같이 자주 이용하는 색상은 상수로 지원한다. 다음은 클래스 Color에서 지원하는 상수로, Color.WHITE와 같이 대문자도 지원한다.

색 상수	RGB 값	색 상수	RGB 값
Color.white	255, 255, 255	Color.blue	0, 0, 255
Color.black	0, 0, 0	Color.yellow	255, 255, 0
Color.lightGray	192, 192, 192	Color.margenta	255, 0, 255
Color.gray	128, 128, 128	Color.cyan	0, 255, 255
Color.darkGray	64, 64, 64	Color.pink	255, 175, 175
Color.red	255, 0, 0	Color.orange	255, 200, 0
Color.green	0, 255, 0		

표 10-20 ● 색상 상수와 RGB

문자열 그리기

윈도우에서 간단히 문자열을 그리는 프로그램을 작성해 보자. 메소드 paint()에서 인자
인 Graphics 객체 g를 사용하여 메소드 setColor()로 색상을 지정한 후 drawString("문
자열", x, y)으로 원하는 문자열을 그릴 수 있다.

```java
public void paint(Graphics g) {
    ...
    g.setColor(new Color(255, 90, 180));
    g.drawString("자바 그래픽 프로그래밍", d.width/3, 2*d.height/3 );
}
```

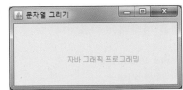

그림 10-30 ● 문자열 그리기 예제 결과

| 실습예제 10-9 | 원하는 문자열을 윈도우에 그리기

DrawStringWin.java

```java
01    package graphics;
02
03    import java.awt.Color;
04    import java.awt.Dimension;
05    import java.awt.Graphics;
06    import javax.swing.JFrame;
07
08    public class DrawStringWin extends JFrame {
09        private static final long serialVersionUID = 1L;
10
11        public DrawStringWin() {
12            setDefaultCloseOperation(JFrame.EXIT_ON_CLOSE);
13            setSize(300, 150);
14            setVisible(true);
15        }
16
17        public void paint(Graphics g) {
18            //윈도우를 구성하는 콘텐트 패인의 크기를 반환
19            Dimension d = getSize();
20            //그래픽의 색상을 지정
21            g.setColor(new Color(255, 90, 180));
22            g.drawString("자바 그래픽 프로그래밍", d.width/3, 2*d.height/3  );
23        }
24
25        public static void main(String[] args) {
26            new DrawStringWin().setTitle("문자열 그리기");
27        }
28    }
```

3. 직선과 사각형 그리기

직선 그리기

직선을 그리기 위해서는 클래스 Graphics의 drawLine() 메소드를 이용한다. 직선의 색상은 현재의 지정된 색상으로 그려진다. 메소드 drawLine()의 인자 4개는 정수로 각각 2개씩 시작점과 끝점을 나타내는 좌표이다.

```
public abstract void drawLine (
    int x1,    //시작점의 x좌표
    int y1,    //시작점의 y좌표
    int x2,    //끝점의 x좌표
    int y2     //끝점의 y좌표
)
```

(x2, y2)

(x1, y1)

그림 10-31 ● 직선 그리기 메소드 drawLine(x1, y1, x2, y2)

여러 개의 직선을 연속하여 그리려면 다음 메소드 drawPolyline()을 이용한다. 이 메소드는 인자인 배열로 구성되는 좌표 중에서 시작점인 (xPoints[0], yPoints[0])과 다음 점인 (xPoints[1], yPoints[1])을 직선으로 연결하고, 다시 좌표 (xPoints[1], yPoints[1])과 그 다음 좌표인 (xPoints[2], yPoints[2])를 연결하며, 연결 점이 더 있으면 계속 다음 점을 연결하여 마지막 점 (xPoints[nPoints-1], yPoints[nPoints-1])까지 직선으로 연결한다.

```
public abstract void drawPolyline(
    int xPoints[],   //직선을 이루는 점들의 x좌표 배열
    int yPoints[],   //직선을 이루는 점들의 y좌표 배열
    int nPoints      //직선을 이루는 점들의 수
)
```

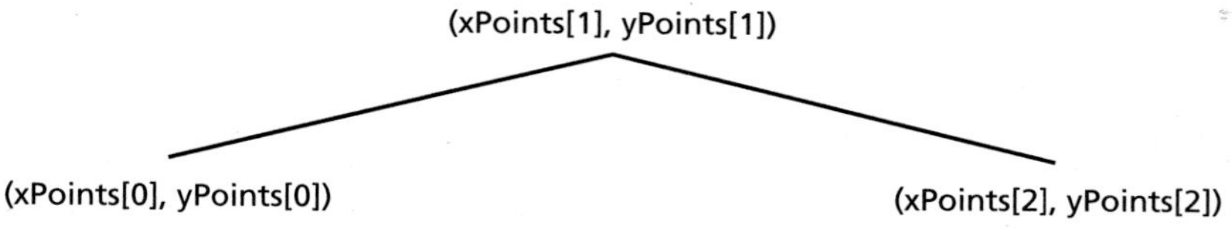

(xPoints[1], yPoints[1])

(xPoints[0], yPoints[0])

(xPoints[2], yPoints[2])

그림 10-32 ● 여러 점을 잇는 직선 그리기 메소드 drawPolyLine()

사각형 그리기

사각형을 그리는 메소드로는 drawRect(), fillRoundRect() 등 약 6가지가 있다. 일반 사각형, 직선 부분이 삼차원 느낌이 나는 사각형, 모서리 부분이 둥근 사각형 등이 있다. 메소드 이름이 draw로 시작하는 메소드는 사각형 외형만 그려지고, fill로 시작하는 메소드는 내부가 채워진 사각형이 된다.

메소드	설명

void drawRect(int x, int y, int width, int height)
void draw3DRect(int x, int y, int width, int height)
void fillRect(int x, int y, int width, int height);
void fill3Drect(int x, int y, int width, int height);
	왼쪽 상단 모서리 좌표 (x, y)에서 너비와 높이가 각각 width, height인 사각형 그리기

void drawRoundRect(int x, int y, int width, int height,
         int arcWidth, int arcHeight)
void fillRoundRect(int x, int y, int width, int
         height,int arcWidth, int arcHeight)
	모서리를 구성하는 타원의 가로와 세로가 각각 arcWidth, arcHeight인 둥근 사각형 그리기

표 10-21 ● 클래스 Graphics의 사각형 관련 메소드

모서리가 둥근 사각형을 그리는 drawRoundRect()의 인자에서 인자 arcWidth와 arcHeight는 모서리 부분에 해당하는 타원을 위한 너비와 높이이다. 즉 둥근 사각형의 모서리는 다음과 같이 가로 세로가 각각 arcWidth, arcHeight인 사각형에 내접하는 타원을 가로 세로로 이등분한 4 부분으로 구성된다.

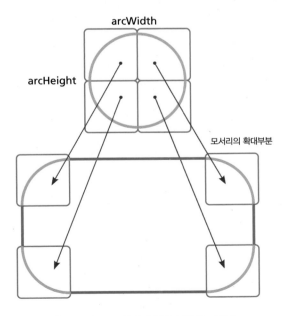

그림 10-33 ● 모서리가 둥근 사각형 그리기

직선 그리기 예제

다음은 적당한 간격을 유지하여 13개의 직선을 여러 색상으로 그리고 청색으로 4개의 연결된 직선을 그리는 프로그램의 결과와 주요 소스이다. 13개의 직선에 색상을 다르게 지정하기 위해 switch-case 문을 이용하며, Color의 상수를 사용한다. 윈도우의 콘텐트 패인의 크기를 알아 내, 크기 내부에 알맞게 수평선과 직선을 그리도록 한다.

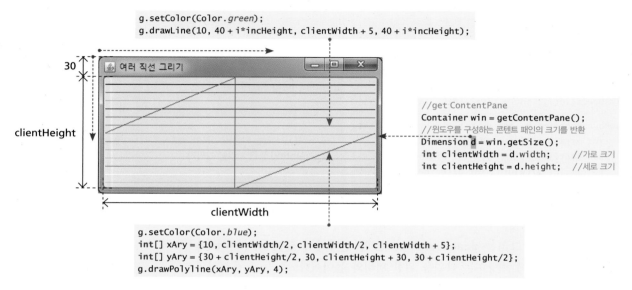

```
g.setColor(Color.green);
g.drawLine(10, 40 + i*incHeight, clientWidth + 5, 40 + i*incHeight);
```

```
//get ContentPane
Container win = getContentPane();
//윈도우를 구성하는 콘텐트 패인의 크기를 반환
Dimension d = win.getSize();
int clientWidth = d.width;      //가로 크기
int clientHeight = d.height;    //세로 크기
```

```
g.setColor(Color.blue);
int[] xAry = {10, clientWidth/2, clientWidth/2, clientWidth + 5};
int[] yAry = {30 + clientHeight/2, 30, clientHeight + 30, 30 + clientHeight/2};
g.drawPolyline(xAry, yAry, 4);
```

그림 10-34 ● 예제 결과와 주요 소스

실습예제 10-10 │ 윈도우 콘텐트 패인에 13개의 직선과 4점을 잇는 직선 그리기

DrawLineWin.java

```
01  package graphics;
02
03  import java.awt.Color;
04  import java.awt.Container;
05  import java.awt.Dimension;
06  import java.awt.Graphics;
07
08  import javax.swing.JFrame;
09
10  public class DrawLineWin extends JFrame {
11      private static final long serialVersionUID = 1L;
12
13      public DrawLineWin() {
14          setDefaultCloseOperation(JFrame.EXIT_ON_CLOSE);
15
16          setSize(400, 200);
```

```java
17          setVisible(true);
18      }
19
20      public void paint(Graphics g) {
21          //get ContentPane
22          Container win = getContentPane();
23          //윈도우를 구성하는 콘텐트 패인의 크기를 반환
24          Dimension d = win.getSize();
25          int clientWidth = d.width;        //가로 크기
26          int clientHeight = d.height;      //세로 크기
27
28          int incHeight = (clientHeight-10) / 12;
29          for (int i = 0; i < 13; i++) {
30              switch (i) {
31                  case 0: g.setColor(Color.black); break;
32                  case 1: g.setColor(Color.blue); break;
33                  case 2: g.setColor(Color.cyan); break;
34                  case 3: g.setColor(Color.darkGray); break;
35                  case 4: g.setColor(Color.gray); break;
36                  case 5: g.setColor(Color.green); break;
37                  case 6: g.setColor(Color.lightGray); break;
38                  case 7: g.setColor(Color.magenta); break;
39                  case 8: g.setColor(Color.orange); break;
40                  case 9: g.setColor(Color.pink); break;
41                  case 10: g.setColor(Color.red); break;
42                  case 11: g.setColor(Color.white); break;
43                  case 12: g.setColor(Color.yellow); break;
44              }
45              g.drawLine(10, 40 + i*incHeight, clientWidth + 5, 40 + i*incHeight);
46          }
47
48          //Draw PolyLine
49          g.setColor(Color.blue);
50          int[] xAry = {10, clientWidth/2, clientWidth/2, clientWidth + 5};
51          int[] yAry = {30 + clientHeight/2, 30, clientHeight + 30, 30 + clientHeight/2};
52          g.drawPolyline(xAry, yAry, 4);
53      }
54
55      public static void main(String[] args) {
56          new DrawLineWin().setTitle("여러 직선 그리기");
57      }
58  }
```

4. 타원과 원호, 다각형 그리기

타원과 원호 그리기

타원과 원호는 메소드 drawOval()과 drawArc()를 이용하여 그린다. 메소드 drawOval()
은 왼쪽 모서리 (x, y)와 가로 세로 길이가 각각 width, height가 되는 사각형에 내접하
는 타원을 그린다. 그러므로 width와 height가 같으면 원이 된다. 메소드 drawArc()는
인자로 형성된 사각형에 내접하는 타원의 원호를 그린다. 여기서 인자 startAngle은 원
호를 그리는 시작점으로 기준점은 시계의 3시를 0도 기준으로 반시계 방향은 +, 시계 방
향은 −로 하는 각도를 나타낸다. 인자 endAngle은 startAngle에 상대적인 각도를 나타
낸다. 즉 인자 endAngle이 45이면 시작점에서 반시계 방향으로 45를 그린다. 내부를 채
우는 메소드는 모두 draw를 fill로 대체한 fillOval(), fillArc()를 사용한다.

메소드	설명
`void drawOval(int x, int y, int width, int height)` `void fillOval(int x, int y, int width, int height)`	왼쪽 위 모서리 좌표(x, y)와 가로와 세로 길이가 각각 width, height인 사각형에 내접하는 타원

`void drawArc(int x, int y, int width, int height,`
`         int startAngle, int arcAngle)`
`void fillArc(int x, int y, int width, int height,`
`         int startAngle, int arcAngle)`
	호를 그릴 타원을 위한 왼쪽 위 모서리 좌표 (x, y)이며, 호의 시작 위치 startAngle(도)에서 시작하여 호가 그려지는 마지막 위치(시작 위치에서 상대적 값)가 arcAngle(도)인 호

표 10-22 ● 타원 그리기 메소드

메소드	설명
`void drawPolygon(int xPoints[], int yPoints[], int nPoints)` `void fillPolygon(int xPoints[], int yPoints[], int nPoints)`	다각형을 이루는 x좌표와 y좌표의 모임의 배열을 각각 xPoints와 yPoints에 지정하고 다각형을 이루는 좌표의 수를 nPoints로 지정하여 다각형을 그리는 메소드
`void drawPolygon(Polygon p)` `void fillPolygon(Polygon p)`	Polygon 객체의 모양에 따라 선을 그리는 메소드

표 10-23 ● 다각형 그리기 메소드

다각형 그리기

다각형을 그리려면 메소드 `drawPolygon()`과 `fillPolygon()`을 이용한다. 위 메소드는 꼭지점의 좌표가 (xPoints[0], yPoints[0])에서 시작하여 (xPoints[nPoints-1], yPoints[nPoints-1])을 구성하는 다각형의 직선을 그린다. 이 메소드는 다각형을 구성하는 처음 좌표와 마지막 좌표가 동일하지 않더라도 처음 좌표와 마지막 좌표를 자동으로 연결하여 닫힌 다각형을 만든다. 다른 그리기와 마찬가지로 다각형의 선 색상을 바꾸려면 `setColor()` 메소드를 이용한 후 그리면 원하는 색상의 다각형을 얻을 수 있다.

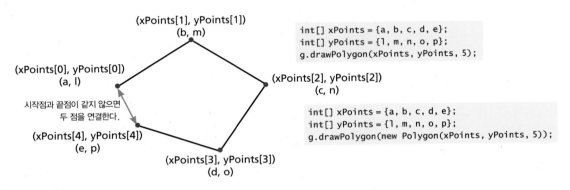

그림 10-35 ● 다각형 그리기 drawPolygon()

다각형의 좌표를 살펴보면 (a, l), (b, m), (c, n), (d, o), (e, p)이다. 특히 위의 그림처럼 좌표 (a, l)과 (e, p)가 동일하지 않다면 붉은 선과 같은 직선이 자동으로 그려진다. 메소드 `drawPolygon(Polygon p)`의 인자는 `Polygon` 객체도 가능하다. 클래스 `Polygon`은 다음과 같이 2개의 생성자가 있는데 두 번째 생성자의 인자는 `drawPolygon(int[], int[], int)`의 인자와 같다는 것을 알 수 있다.

메소드	설명
`public Polygon()`	빈 다각형을 생성
`public Polygon(int[], int[], int)`	배열로 구성되는 (x, y)의 n개의 좌표로 다각형 생성

표 10-24 ● 클래스 Polygon의 생성자와 메소드

타원 그리기 예제

메소드 fillOval()과 클래스 Color를 이용하여 다양한 색상으로 임의 크기의 타원을 그리는 예제 프로그램을 만들어보자. 스레드를 이용하여 프로그램을 실행하면 여러 색상의 타원이 윈도우 내에 계속 그려지도록 한다. 이를 위해 주 클래스는 Runnable을 상속받아 run()을 재정의하고 클래스 JFrame을 상속받아 구현한다.

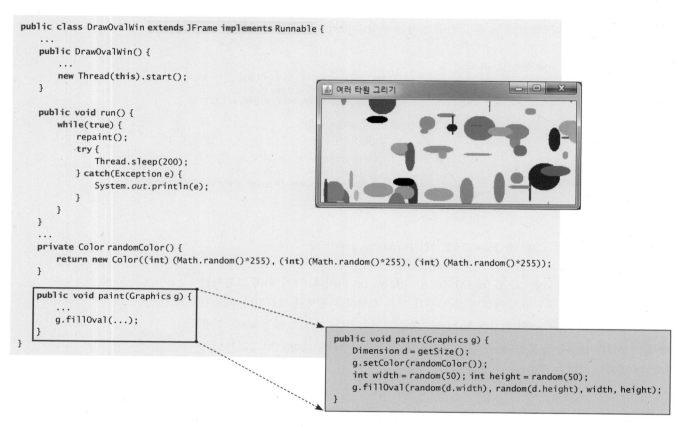

그림 10-36 • 타원 그리기 결과와 주요 소스

프레임의 메소드 paint()를 재정의하여 타원을 그리는 모듈을 구현한다. 메소드 randomColor()로 임의의 한 색상을 반환받아 타원의 색상으로 지정한다. 메소드 getSize()를 이용하여 윈도우의 크기의 정보를 반환받아 윈도우의 가로와 세로 내부에 타원을 그리도록 한다. 타원을 그리기 위해 g.fillOval()을 이용하며 가로와 세로의 길이는 50보다 작은 임의의 수로 지정한다. 메소드 run()을 재정의하여 스레드를 만들어 while 문 내의 메소드 repaint()를 호출함으로써 계속해서 메소드 paint()가 실행되도록 한다. 타원을 그리는 시간 간격을 조정하고 싶으면 Thread.sleep(200)의 인자 200을 원하는 시간으로 수정한다.

> **Note**
>
> Dimension은 패키지가 java.awt이다.

> **Note**
>
> 메소드 Math.random()은 0.0~1.0 사이의 난수를 반환한다.

DrawOvalWin.java

```java
01   package graphics;
02
03   import java.awt.Color;
04   import java.awt.Dimension;
05   import java.awt.Graphics;
06
07   import javax.swing.JFrame;
08
09   public class DrawOvalWin extends JFrame implements Runnable    {
10       private static final long serialVersionUID = 1L;
11
12       public DrawOvalWin() {
13           setDefaultCloseOperation(JFrame.EXIT_ON_CLOSE);
14           new Thread(this).start();
15
16           setSize(400, 200);
17           setVisible(true);
18       }
19
20       public void run() {
21           while(true) {
22               repaint();
23               try {
24                   Thread.sleep(200);
25               } catch(Exception e) {
26                   System.out.println(e);
27               }
28           }
29       }
30
31       private int random(int r) {
32           return (int)Math.floor(Math.random() * r);
33       }
34
35       private Color randomColor() {
36           return new Color((int) (Math.random()*255),
37                       (int) (Math.random()*255), (int) (Math.random()*255));
38       }
39
40       public void paint(Graphics g) {
41           Dimension d = getSize();
42           g.setColor(randomColor());
43           int width = random(50); int height = random(50);
44           g.fillOval(random(d.width), random(d.height), width, height);
45       }
46
47       public static void main(String[] args) {
48           new DrawOvalWin().setTitle("여러 타원 그리기");
49       }
50   }
```

06

글자와 이미지 처리

1. 폰트

글자 쓰기

그래픽 객체로 글씨를 쓰기 위해서는 drawBytes(), drawChars(), drawString() 등의
메소드를 이용한다.

메소드	설명
void drawBytes(byte data[], int offset, int length, int x, int y)	현재 그래픽 배경에 지정된 폰트와 색상을 이용하여 배열 data의 자료를 offset에서부터 길이 length까지 처음 글자의 베이스라인 위치 좌표 (x, y)에서부터 그린다.
void drawString(String str, int x, int y)	현재 그래픽 배경에 지정된 폰트와 색상을 이용하여 문자열 str을 처음 글자의 베이스라인 위치 좌표 (x, y)에서부터 그린다.
void drawChars(char data[], int offset, int length, int x, int y)	현재 그래픽 배경에 지정된 폰트와 색상을 이용하여 배열 data의 자료를 offset에서부터 길이 length까지 처음 글자의 베이스라인 위치 좌표 (x, y)에서부터 그린다.

표 10-25 ● 글자 쓰기 관련 메소드

위의 메소드에서 문자열이 그려질 위치의 시작점은 좌표 (x, y)로 글자의 베이스라인 위
치이다. 영문자의 경우, 다음과 같이 글자를 표현하기 위한 관련 라인이 3개 있다. 글자
의 가장 높은 위치를 연결한 직선이 Ascender line이며 가장 아래 부분을 연결한 직선이
Descender line이고 Descender line의 약간 위 부분을 연결한 직선이 Baseline이다. 그림
에서 알 수 있듯이 문자 jgpqy와 같이 약간 아래로 내려진 부분이 있는 문자를 제외한 문
자의 아래 부분을 연결한 직선이 Baseline이 된다.

> **Note**
>
> 메소드 drawString()과 같은 메소드의
> 출력 기준점이 베이스라인이므로 다른
> 도형을 그리는 메소드와 같이 왼쪽 가장
> 위 부분이 기준점이라 생각하면 쓰려는
> 글자가 잘리는 경우가 발생할 수 있으니
> 주의하기 바란다.

그림 10-37 ● 폰트와 기준 라인

클래스 Font

일반 워드 프로세서를 사용하면 다양한 글자체를 이용할 수 있다. 바로 이 글자체를 폰트[font]라 한다. 자바에서 폰트를 사용하려면 먼저 사용할 폰트를 하나 만들고, 이 폰트의 객체를 인자로 글씨가 그려지는 그래픽 배경 객체의 메소드 setFont()를 호출하여 이용할 폰트를 지정한다.

```
Font curFont = new ("Serif", Font.PLAIN, 12);
g.setFont(curFont);
g.drawString("Hello World!", 50, 50);
```

그림 10-38 • 폰트의 지정

폰트를 나타내는 클래스 Font는 패키지 java.awt에 있으며 생성자는 아래와 같이 폰트의 이름, 스타일, 크기를 인자로 갖는다.

생성자	설명
public Font(String name, int style, int size)	주어진 폰트 이름[name], 스타일[style], 크기[size]로 폰트를 생성

표 10-26 • 클래스 Font 생성자

폰트의 이름은 논리적인 폰트의 이름으로 Serif, SansSerif, Monospaced, Dialog, DialogInput 등의 값이 있다. 이러한 폰트의 이름은 우리가 흔히 쓰던 폰트 이름과도 대응되는데 되도록이면 여기서 제시된 폰트의 이름을 사용하기 바란다. 폰트 Serif, SansSerif는 문자마다 문자의 너비가 다르며 Monospace는 모든 문자의 문자 너비가 일정하다. 문자 Serif는 문자 장식을 사용하며 SansSerif는 문자의 장식이 없고 간결하다. 폰트의 스타일에는 일반체[plain], 굵은체[bold], 이탤릭체[italic] 값을 이용할 수 있으며 논리합으로 서로 복합하여 사용할 수 있다.

```
Serif      : TimesRoman
SansSerif  : Hevetica
Monospaced : Courier
```

```
Font.PLAIN
Font.BOLD
Font.ITALIC
Font.BOLD | Font.ITALIC
```

그림 10-39 • 폰트의 이름과 스타일

폰트 관련 여러 정보

폰트에 대한 정보는 매우 다양하다. 이러한 폰트의 정보로는 현재 그래픽 배경에 지정된 폰트의 이름이나 스타일을 알아보는 방법에서부터 현재 폰트를 이용하는 경우 출력될 문자열의 길이 또는 폰트 관련 각종 길이를 알 수 있는 방법에 이르기까지 다양하다. 먼저 폰트의 기본 정보를 조회하는 방법은 간단하다. 다음과 같이 getFont()를 이용하면 현재 그래픽 배경에 지정된 폰트를 반환받을 수 있으며, 객체 Font에서 제공되는 메소드인 getSize(), getName(), getStyle(), getFamily() 등을 이용할 수 있다.

```
Font font = g.getFont();
int fSize = font.getSize();
String fName = font.getName();
int fStyle = font.getStyle();

FontMetrics fontMet = g.getFontMetrics();
int strWidht = fontMet.stringWidth("Hello World!");
```

그림 10-40 ● 폰트에 관한 여러 활용

폰트와 관련된 각종 길이 정보를 알기 위해서는 클래스 FontMetrics를 이용한다. 메소드 getFontMetrics()를 이용하여 FontMetrics를 위한 객체를 받아 이 객체의 메소드 stringWidth()를 이용하면 그려질 문자열의 길이를 알 수 있다. 또한 클래스 FontMetrics의 메소드 getAscent()는 ascender line과 baseline 사이의 높이를, getDescent()는 baseline과 descender line 사이의 높이를, getLeading()은 descender line과 다음 라인의 ascender line 사이의 높이를, getHeight()는 baseline과 다음 baseline 사이의 높이를 반환한다.

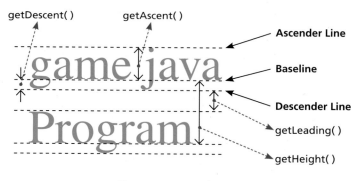

그림 10-41 ● 폰트의 각종 정보

다양한 폰트로 폰트 이름을 출력

현재 시스템에서 사용 가능한 폰트의 목록을 알 수 있는 방법은 클래스 GraphicsEnvironment의 메소드 getAvailableFontFamilyNames()을 이용하는 방법이다. 이를 위하여 먼저 정적 메소드 getLocalGraphicsEnvironment()를 이용하여 GraphicsEnvironment의 객체를 하나 얻는다.

```
GraphicsEnvironment ge = GraphicsEnvironment.getLocalGraphicsEnvironment();
String[] fontNames = ge.getAvailableFontFamilyNames();
```

그림 10-42 • 사용 가능한 폰트 목록 조회 메소드 getAvailableFontFamilyNames()

폰트 이름과 임의의 폰트 스타일을 선정하고 폰트 크기를 12로 폰트 객체 curFont를 하나 만든다. 이 폰트를 이용하여 출력할 문자열을 만들어 sutStr에 대입한다. 문자열은 현재 선정된 폰트의 이름과 스타일, 시스템에 특정한 폰트의 논리적 이름인 패밀리 이름으로 구성한다. 그리고 현재 선택한 폰트 객체인 curFont로 그래픽 배경의 폰트를 지정한다.

```
Font curFont = new Font(fontNames[fIndex], styles[sIndex], 12);
String curStr = fontNames[fIndex] + " " + styleNames[sIndex] + " (" +
                curFont.getFamily() + ")";
g.setFont(curFont);
```

그림 10-43 • 폰트의 생성과 지정

윈도우의 중앙에 문자열을 출력하기 위하여 FontMetrics를 얻어 출력될 문자열의 길이를 변수 strWidth에 저장한다. 출력할 문자열을 위에서 아래로 중앙에 출력하기 위해 좌표 (x, y)를 얻는다. 출력할 baseline의 y 값은 이전 y 값에 현재 폰트의 높이를 더한 값으로 계산한다.

```
FontMetrics curFontMet = g.getFontMetrics(curFont);
int strWidth = curFontMet.stringWidth(curStr);
int xStart = (clientWidth - strWidth) / 2;
int yStart = curFontMet.getHeight();
yPrev += yStart;
g.drawString(curStr, xStart, yPrev);
```

그림 10-44 • 문자열을 그리기 위한 적당한 시작점 (x, y)의 선정

여러 폰트에 의한 문자열 그리기 예제

다음 그림은 시스템에서 이용할 수 있는 폰트의 이름을 알아내 폰트의 이름과 스타일로 문자열을 구성하여 임의의 여러 색상을 지정하여 화면에 출력하는 예제 프로그램의 결과이다.

그림 10-45 ● 여러 폰트에 의한 문자열 그리기 예제 결과

실습예제 10-12 │ 시스템에서 사용할 수 있는 폰트로 폰트 이름을 출력

```
FontWin.java

01  package graphics;
02
03  import java.awt.Color;
04  import java.awt.Dimension;
05  import java.awt.Font;
06  import java.awt.FontMetrics;
07  import java.awt.Graphics;
08  import java.awt.GraphicsEnvironment;
09
10  import javax.swing.JFrame;
11  import javax.swing.JPanel;
12
13  public class FontWin extends JFrame {
14      private static final long serialVersionUID = 1L;
15
16      Color[] manyColors = { Color.black, Color.blue, Color.cyan, Color.gray,
17              Color.green, Color.lightGray, Color.magenta, Color.orange,
18              Color.pink, Color.red, Color.yellow, Color.darkGray };
19      int[] styles = { Font.PLAIN, Font.ITALIC, Font.BOLD, Font.BOLD | Font.ITALIC };
20      String[] styleNames = { "plain", "bold", "italic", "bold/italic" };
21
22      GraphicsEnvironment ge = GraphicsEnvironment.getLocalGraphicsEnvironment();
23      String[] fontNames = ge.getAvailableFontFamilyNames();
24
25      public FontWin() {
26          setDefaultCloseOperation(JFrame.EXIT_ON_CLOSE);
27          add(new MyPanel());
28
```

```java
29        setSize(400, 200);
30        setVisible(true);
31    }
32
33    private int random(int r) {
34        return (int) Math.floor(Math.random() * r);
35    }
36
37    class MyPanel extends JPanel {
38        private static final long serialVersionUID = 1L;
39
40        public void paint(Graphics g) {
41            // get window size
42            Dimension d = getSize();
43            // get client rectangle
44            int clientWidth = d.width;
45
46            int yPrev = 20;
47            // for (int i = 0; i < fontNames.length; i++) {
48            for (int i = 0; i < 6; i++) {
49                int sIndex = random(styleNames.length);
50                int fIndex = random(fontNames.length);
51                // set font
52                Font curFont = new Font(fontNames[fIndex], styles[sIndex], 12);
53                // make string printed
54                String curStr = fontNames[fIndex] + " " + styleNames[sIndex]
55                                + " (" + curFont.getFamily() + ")";
56                // get exact string width using FontMetrics
57                g.setFont(curFont);
58                FontMetrics curFontMet = g.getFontMetrics(curFont);
59                int strWidth = curFontMet.stringWidth(curStr);
60                // set color
61                g.setColor(manyColors[random(manyColors.length)]);
62                // set start location
63                int xStart = (clientWidth - strWidth) / 2;
64                int yStart = curFontMet.getHeight();
65                yPrev += yStart;
66                // draw string
67                g.drawString(curStr, xStart, yPrev);
68            }
69        }
70    }
71
72    public static void main(String[] args) {
73        new FontWin().setTitle("폰트 처리");
74    }
75 }
```

2. 이미지 그리기

ImageIcon

이미지를 윈도우에 그리는 가장 간단한 방법은 클래스 `ImageIcon`으로 객체를 생성하여 `JLabel`에 삽입하는 방법이다. 클래스 `ImageIcon`의 생성자 인자에 사용되는 그림 파일인 "image.png"는 이클립스의 프로젝트 폴더에 저장되도록 한다.

```java
ImageIcon img = new ImageIcon("image.png");
JLabel lb = new JLabel(img);
add(lb);
```

그림 10-46 • JLabel을 사용하는 이미지 처리 방법

이미지 아이콘을 JLabel에 삽입하는 방법은 간편하나 이미지의 크기를 조정할 수 없는 단점이 있다. 다음 그림은 상단의 그림 파일을 JLabel에 삽입하여 작은 윈도우에 그려진 모양이다. 물론 윈도우의 크기를 확대하면 이미지의 원 모양을 볼 수 있다.

원래이미지 파일크기

그림 10-47 • 이미지의 크기 조절이 불가능한 JLabel 이용 방법

이미지 아이콘의 생성자에서 두 번째 인자는 그림을 설명하는 문자열을 삽입할 수 있다. 이미지 아이콘의 메소드 getDescription()은 이 그림의 설명을 반환한다.

```
ImageIcon img1 = new ImageIcon("image.png", "대자연 풍경");
```

그림 10-48 ● 그림의 설명을 삽입할 수 있는 생성자

| 실습예제 10-13 | 그림을 레이블을 이용하여 윈도우에 그리기

ImageWin.java

```
01   package graphics;
02
03   import javax.swing.ImageIcon;
04   import javax.swing.JFrame;
05   import javax.swing.JLabel;
06
07   public class ImageWin extends JFrame {
08       private static final long serialVersionUID = 1L;
09
10       public ImageWin() {
11           setDefaultCloseOperation(JFrame.EXIT_ON_CLOSE);
12
13           ImageIcon img = new ImageIcon("image.png", "대자연 풍경");
14           JLabel lb = new JLabel(img);
15           add(lb);
16           Integer height = new Integer(img.getIconHeight());
17           Integer width = new Integer(img.getIconWidth());
18           JLabel size = new JLabel(img.getDescription() + ": " + height + " " + width);
19           add(size, "South");
20
21           setSize(400, 200);
22           setVisible(true);
23       }
24
25       public static void main(String[] args) {
26           new ImageWin().setTitle("그림 처리");
27       }
28   }
```

결과

적절한 크기로 이미지 그리기

윈도우 크기가 변하더라도 윈도우 크기에 맞게 그림을 그려보자. **그림 크기를 적절히 조정하여 그리려면 Graphics 객체의 drawImage()를 사용**한다. 메소드 drawImage(img, x, y, imgWidth, imgHeight, this)는 첫 번째 인자인 Image 객체인 img를 왼쪽 상단 위치 (x, y)에 그림 크기의 가로와 세로를 각각 imgWidth, imgHeight로 조정하여 그리는 메소드이다. drawImage()의 마지막 인자는 그림의 변환을 알리는 객체로 윈도우 자신을 기술한다.

```
//img를 왼쪽 상단 위치 (x, y)에 가로와 세로를 각각 imgWidth, imgHeight로 조정하여 그리는 메소드
g.drawImage(img, x, y, imgWidth, imgHeight, this);
```

그림 10-49 ● 클래스 Graphics의 메소드 drawImage()

윈도우의 외곽 테두리 크기를 알려면 클래스 Container의 메소드 getInsets()을 이용한다. 반환 값은 Insets의 객체로 속성인 top, left, right, bottom으로 다음과 같은 외곽 테두리의 두께의 길이를 알 수 있다.

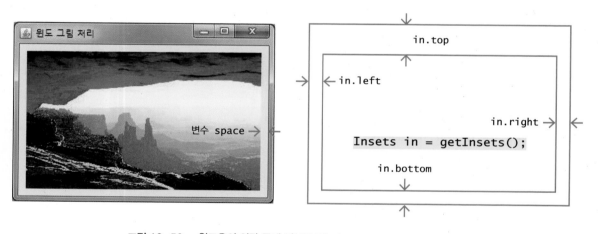

그림 10-50 ● 윈도우의 외곽 두께 정보를 갖는 Insets

클래스 Insets의 객체 in의 정보를 사용하고, 그림 외곽에 공간^{space}을 지정하면 다음과 같이 윈도우 크기에 적절한 그림의 가로^{imgWidth}와 세로^{imgHeight}를 정하여 그림을 그릴 수 있다.

```
int space = 10;
int imgWidth = this.getWidth()-in.left-in.right-2*space;
int imgHeight = this.getHeight()-in.top-in.bottom-2*space;
g.drawImage(img, in.left + space, in.top + space, imgWidth, imgHeight, this);
```

그림 10-51 ● 윈도우 크기에 맞는 그림 그리기

다음은 항상 윈도우 크기에 맞게 그림을 그리는 예제 DrawImage이다. 클래스 ImageIcon
의 메소드 getImage()를 이용하여 Image 객체를 반환받을 수 있으며 적절한 크기로
drawImage()를 사용한다.

| 실습예제 10-14 | 윈도우에 맞게 이미지 그리기

DrawImageWin.java

```java
01  package graphics;
02
03  import java.awt.Graphics;
04  import java.awt.Image;
05  import java.awt.Insets;
06
07  import javax.swing.ImageIcon;
08  import javax.swing.JFrame;
09
10  public class DrawImageWin extends JFrame {
11      private static final long serialVersionUID = 1L;
12
13      Image img;
14      Insets in;
15
16      public DrawImageWin() {
17          setDefaultCloseOperation(JFrame.EXIT_ON_CLOSE);
18
19          ImageIcon imgIco = new ImageIcon("image.png");
20          img = imgIco.getImage();
21          setSize(350, 250);
22          setVisible(true);
23
24          in = getInsets();
25          System.out.println(in.top + " " + in.bottom + " " + in.left + " " + in.right);
26      }
27
28      public void paint(Graphics g) {
29          //int origWidth = img.getWidth(this);
30          //int origHeight = img.getHeight(this);
31          int space = 10;
32          int imgWidth = this.getWidth()-in.left-in.right-2*space;
33          int imgHeight = this.getHeight()-in.top-in.bottom-2*space;
34
35          g.drawImage(img, in.left + space, in.top + space, imgWidth, imgHeight, this);
36      }
37
38      public static void main(String[] args) {
39          new DrawImageWin().setTitle("윈도우 그림 처리");
40      }
41  }
```

내용점검 연습

1. 다음에서 서술 내용이 맞으면 O, 틀리면 X 하시오.

❶ 자바의 이벤트를 처리하기 위해서는 이벤트 리스너 구현과 등록의 두 가지 절차가 반드시 필요하다. (   )

❷ 이벤트 리스너는 발생한 이벤트를 받아 호출되는 추상 메소드가 있는 일반 클래스이다. (   )

❸ 모든 리스너의 상위 인터페이스는 EventListener이다. (   )

❹ 마우스의 누름, 놓음, 클릭, 들어옴, 나감의 이벤트를 받아 처리하는 인터페이스는 MouseListener이다. (   )

❺ MouseListener와 MouseInputListener의 모든 메소드를 갖는 리스너가 MouseMotionListener이다. (   )

❻ 어댑터 클래스는 인터페이스 리스너의 메소드를 구현 선언한 후 아무 문장이 없는 메소드를 미리 구현해 놓은 클래스이다. (   )

❼ 컨테이너 이벤트는 컴포넌트 Container, JDialog, JFrame, JPanel, JWindow와 같이 다른 컴포넌트를 포함할 수 있는 컨테이너 컴포넌트에서 발생하는 이벤트이다. (   )

❽ FocusListener의 어댑터 클래스는 FocusAdapter이다. (   )

❾ 여러 개의 직선을 연속하여 그리려면 메소드 drawLine()을 이용한다. (   )

❿ 타원과 원호는 메소드 drawOval()과 drawArc()를 이용하여 그린다. (   )

2. 다음에서 비어있는 부분을 적당히 채우시오.

❶ ▢▢▢▢▢▢(은)는 발생한 이벤트를 수용하는 개체이다.

❷ 버튼에서 마우스를 누르면 ▢▢▢▢▢▢(이)가 발생한다.

❸ 인터페이스인 이벤트 리스너에는 특정한 이벤트에 따라 구현해야 할 메소드가 ▢▢ 메소드로 정의되어 있다.

❹ 마우스 이동과 드래그에 대한 이벤트를 처리하는 리스너는 ▢▢▢▢▢▢ 이다.

❺ ItemListener는 메소드 ▢▢▢▢▢▢ 하나를 제공한다.

❻ 클래스 ▢▢▢▢▢(은)는 그림을 그리는 데 필요한 각종 기능을 제공하는 추상 클래스이다.

❼ 여러 개의 직선을 연속하여 그리려면 메소드 ▢▢▢▢▢(을)를 이용한다.

❽ 다각형을 그리려면 메소드 ▢▢▢▢▢(와)과 fillPolygon()을 이용한다.

❾ 그래픽 객체로 글씨를 쓰기 위해서는 drawBytes(), drawChars(), ▢▢▢▢ 등의 메소드를 이용한다.

⑩ 이미지를 윈도우에 그리는 간단한 방법은 클래스 _____ (으)로 객체를 생성하여
   JLabel에 삽입하는 방법이다.

3. 다음 문제에서 가장 적절한 것을 하나 선택하시오.

❶ 다음 인터페이스 중에서 하위의 어댑터 클래스가 없는 것은 무엇인가? (   )
   가) ComponentListener   나) ContainerListener
   다) MouseListener   라) ActionListener

❷ 다음에서 클래스의 계층 구조가 바른 것은 무엇인가? (   )

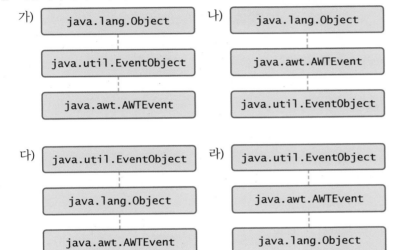

가)
```
java.lang.Object
       │
java.util.EventObject
       │
 java.awt.AWTEvent
```

나)
```
java.lang.Object
       │
 java.awt.AWTEvent
       │
java.util.EventObject
```

다)
```
java.util.EventObject
       │
  java.lang.Object
       │
 java.awt.AWTEvent
```

라)
```
java.util.EventObject
       │
 java.awt.AWTEvent
       │
  java.lang.Object
```

❸ 다음 중에서 MouseEvent에 대한 리스너가 아닌 것은 무엇인가? (   )
   가) ActionListener   나) MouseListener
   다) MouseMotionListener   라) MouseInputListener

❹ 다음 중에서 리스너와 소속 메소드 연결이 잘못된 것은 무엇인가? (   )
   가) ActionListener, actionPerformed()
   나) MouseListener, mouseClicked()
   다) MouseMotionListener, mouseDraged()
   라) ComponentListener, componentAdded()

❺ 리스너 ContainerListener의 소속 메소드 2개는 각각 무엇인가? (   )
   가) componentRemoved(), componentAdded()
   나) componentGained(), componentLost()
   다) componentStateRemoved(), componentStateAdded()
   라) containerRemoved(),containerAdded()

※ 다음은 그림과 같은 메뉴와 이에 대한 이벤트 처리를 구현하는 부분 소스이다. ❻~❽ 번에 대하여 답하시오.

```
...
MMenu mainMenu = new [        ]("파일");
JMenu subMenu = new JMenu("멀티미디어");

JCheckBoxMenuItem subCheck1 = new [               ]("비디오");
JCheckBoxMenuItem subCheck2 = new JCheckBoxMenuItem("이미지");
subMenu.add(subCheck1);
subMenu.add(subCheck2);
mainMenu.add(subMenu);

subCheck1.[          ](this);
subCheck2.addItemListener(this);
...
```

파일
멀티미디어 ▶ ☐ 비디오
☐ 이미지

❻ 위 소스에서 첫 번째 빈 부분에 들어 갈 적당한 문장은 무엇인가? ( )

가) JFile   나) JMenu

다) JCheckBox   라) JList

❼ 위 소스에서 두 번째 빈 부분에 들어 갈 적당한 문장은 무엇인가? ( )

가) JCheckBoxMenuItem   나) JMenu

다) JCheckBox   라) JComboBox

❽ 위 소스에서 세 번째 빈 부분에 들어 갈 적당한 문장은 무엇인가? ( )

가) addActionListener   나) addItemStateListener

다) addItemChanged   라) addItemListener

❾ 다음 그래픽에 대한 설명 중에서 잘못된 것은 무엇인가? ( )

가) 그래픽 배경은 그림이 그려지는 논리적인 화면이고, 여기에 그려진 화면은 다시 화면이나 프린터로 출력된다.

나) 그래픽 배경을 위한 자바의 클래스가 Graphics이다.

다) 클래스 Graphics은 그림을 그리는 데 필요한 각종 기능을 제공하는 인터페이스이다.

라) 그래픽은 여러 종류의 그림을 그리기 위한 붓이나 팔레트와 같다.

❿ 다음은 이미지에 관련된 부분 소스이다. 소스에서 빈 부분에 적합한 문장을 순서대로 기술한 것은 무엇인가? ( )

```
ImageIcon imgIco = new ImageIcon("image.png");
[        ] img = imgIco.[          ];
```

가) ImageIcon, getImage()   나) ImageIcon, getImageIcon()

다) Image, getImage()   라) Image, getImageIcon()

4. 다음은 버튼의 이벤트를 처리하는 4개의 프로그램이다. 소스의 비어있는 부분을 완성하시오.

❶ 윈도우에서 이벤트 리스너를 직접 구현

```java
import java.awt.event.ActionEvent;
import java.awt.event.ActionListener;

import javax.swing.*;

public class ActionWin1 extends JFrame [                    ] {
    private static final long serialVersionUID = 1L;
    private int count = 0;

    public ActionWin1() {
        setDefaultCloseOperation(JFrame.EXIT_ON_CLOSE);
        setSize(300, 130);
        JButton btn = new JButton("Button");
        //버튼의 이벤트 처리를 위해 리스너를 추가
        btn.[                    ];
        add(btn);
        setVisible(true);
    }
    public void actionPerformed(ActionEvent evt) {
        //클릭된 버튼의 이름과 클릭 횟수를 윈도우 캡션에 출력
        setTitle(evt.getActionCommand() + ": " + ++count);
    }

    public static void main(String[] args) {
        ActionWin1 myWin = new ActionWin1();
        myWin.setTitle("리스너를 상속받아 구현");
    }
}
```

❷ 윈도우 내부에서 이벤트 리스너를 구현하는 내부 클래스를 직접 구현

```java
import java.awt.event.ActionEvent;
import java.awt.event.ActionListener;

import javax.swing.JButton;
import javax.swing.JFrame;

public class ActionWin2 extends JFrame {
    private static final long serialVersionUID = 1L;
    private int count = 0;

    public ActionWin2() {
        setDefaultCloseOperation(JFrame.EXIT_ON_CLOSE);
        setSize(300, 130);
        JButton btn = new JButton("Button");
        //버튼의 이벤트 처리를 위해 리스너를 추가
```

```
        btn.addActionListener(new [                    ]);
        add(btn);
        setVisible(true);
    }

    class MyActionListener [                          ] {
        public void actionPerformed(ActionEvent evt) {
            //클릭된 버튼의 이름과 클릭 횟수를 윈도우 캡션에 출력
            setTitle(evt.getActionCommand() + ": " + ++count);
        }
    }

    public static void main(String[] args) {
        ActionWin2 myWin = new ActionWin2();
        myWin.setTitle("내부 리스너를 새롭게 정의");
    }
}
```

❸ 윈도우에서 익명 리스너로 직접 구현

```
import java.awt.event.ActionEvent;
import java.awt.event.ActionListener;

import javax.swing.*;

public class ActionWin3 extends JFrame {
    private static final long serialVersionUID = 1L;
    private int count = 0;

    public ActionWin3() {
        setDefaultCloseOperation(JFrame.EXIT_ON_CLOSE);
        setSize(300, 130);
        JButton btn = new JButton("Button");
        //버튼의 이벤트 처리를 위해 익명 리스너를 바로 구현하여 추가
        btn.addActionListener(new ActionListener() {
            public void [                    ] {
                //클릭된 버튼의 이름과 클릭 횟수를 윈도우 캡션에 출력
                setTitle(evt.getActionCommand() + ": " + ++count);
            }
        }
        );
        add(btn);
        setVisible(true);
    }

    public static void main(String[] args) {
        ActionWin3 myWin = new ActionWin3();
        myWin.setTitle("익명의 ActionListener()를 인자로 구현");
    }
}
```

❹ 윈도우 외부에서 이벤트 리스너를 상속받는 클래스를 구현

```java
import java.awt.event.ActionEvent;
import java.awt.event.ActionListener;
import javax.swing.*;

public class ActionWin4 extends JFrame {
    private static final long serialVersionUID = 1L;

    public ActionWin4() {
        setDefaultCloseOperation(JFrame.EXIT_ON_CLOSE);
        setSize(300, 130);
        JButton btn = new JButton("Button");
        //버튼의 이벤트 처리를 위해 리스너를 추가
        btn.addActionListener(                    );
        add(btn);
        setVisible(true);
    }
    public static void main(String[] args) {
        ActionWin4 myWin = new ActionWin4();
        myWin.setTitle("외부에 새로운 리스너를 구현");
    }
}

class MyActionListener                    {
    ActionWin4 win;
    private int count = 0;

    public MyActionListener(ActionWin4 win) {
        this.win = win;
    }
    public void actionPerformed(ActionEvent evt) {
        //클릭된 버튼의 이름과 클릭 횟수를 윈도우 캡션에 출력
        ((JFrame)win).setTitle(evt.getActionCommand() + ": " + ++count);
    }
}
```

5. 다음 프로그램은 메뉴를 다음과 같이 구성하고 메뉴를 선택하면 선택된 메뉴 이름이 중앙
   의 리스트와 하단의 레이블에 출력되는 프로그램이다. 그러나 다음 프로그램을 실행하면
   메뉴를 선택해도 이벤트 처리가 되지 않는다. 다음 프로그램이 정상적으로 실행되도록 프
   로그램을 수정하시오.

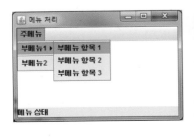 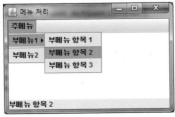

```java
import java.awt.event.ItemEvent;
import java.awt.event.ItemListener;

import javax.swing.JFrame;
import javax.swing.JLabel;
import javax.swing.JMenu;
import javax.swing.JMenuBar;
import javax.swing.JMenuItem;
import javax.swing.JTextArea;

public class MenuActionEventWin extends JFrame implements ItemListener {
    private static final long serialVersionUID = 1L;

    JTextArea txtArea = new JTextArea();
    JLabel status = new JLabel("메뉴 상태");

    public MenuActionEventWin() {
        setDefaultCloseOperation(JFrame.EXIT_ON_CLOSE);
        setSize(300, 200);

        //윈도우 구성과 포커스 리스너 추가
        add(txtArea, "Center");
        add(status, "South");
        makeMenuAndEventHandle();
        setVisible(true);
    }

    public void makeMenuAndEventHandle() {
        JMenuBar mBar = new JMenuBar();
        JMenu mainMenu = new JMenu("주메뉴");
        JMenu subMenu = new JMenu("부메뉴1");
        JMenuItem subMenu2 = new JMenuItem("부메뉴2");
        subMenu2.addItemListener(this);

        JMenuItem[] subMItem = new JMenuItem[3];
        subMItem[0] = new JMenuItem("부메뉴 항목 1");
        subMItem[1] = new JMenuItem("부메뉴 항목 2");
        subMItem[2] = new JMenuItem("부메뉴 항목 3");
        for (int i=0; i<subMItem.length; i++) {
            subMenu.add(subMItem[i]);
            subMItem[i].addItemListener(this);
        }
        mainMenu.add(subMenu);
        mainMenu.addSeparator();
        mainMenu.add(subMenu2);
        mBar.add(mainMenu);
        setJMenuBar(mBar);
```

```
    }

    public void itemStateChanged(ItemEvent evt) {
        status.setText(evt.getItem().toString());
        txtArea.append(evt.getItem() + "\n");
    }

    public static void main(String[] args) {
        MenuActionEventWin myWin = new MenuActionEventWin();
        myWin.setTitle("메뉴 처리");
    }
}
```

6. 다음 프로그램의 결과를 예상하여 그려보시오.

❶
```
import java.awt.*;
import java.awt.event.*;
import javax.swing.JFrame;

public class MouseDragLineWin extends JFrame implements MouseListener {
    private static final long serialVersionUID = 1L;
    int fromX, fromY, toX, toY;

    public MouseDragLineWin() {
        setDefaultCloseOperation(JFrame.EXIT_ON_CLOSE);
        setSize(400, 150);
        setVisible(true);

        //register mouse event handler, motion event handler
        addMouseListener(this);
    }

    public void mousePressed(MouseEvent e) {
        Rectangle bounds = getBounds();
        fromX = e.getX() + bounds.x;
        fromY = e.getY() + bounds.y;
    }
    public void mouseReleased(MouseEvent e) {
        Rectangle bounds = getBounds();
        toX = e.getX() + bounds.x;
        toY = e.getY() + bounds.y;
        getGraphics().drawLine(fromX, fromY, toX, toY);
    }

    //처리하지 않은 이벤트에 대한 메소드도 기능 없이 구현 필요
    public void mouseEntered(MouseEvent e) {
    }
```

```java
    public void mouseExited(MouseEvent e) {
    }
    public void mouseClicked(MouseEvent e) {
    }

    public static void main(String [] args) {
        MouseDragLineWin myWin = new MouseDragLineWin();
        myWin.setTitle("마우스를 누르고 이동한 후 놓아 보세요.");
    }
}
```

❷
```java
import java.awt.event.ActionEvent;
import java.awt.event.ActionListener;

import javax.swing.ButtonGroup;
import javax.swing.JFrame;
import javax.swing.JPanel;
import javax.swing.JRadioButton;

public class RadioButtonWin extends JFrame {
    private static final long serialVersionUID = 1L;

    JPanel pRadio = new JPanel(); //라디오 버튼이 배치될 패널

    public RadioButtonWin(String title) {
        setDefaultCloseOperation(JFrame.EXIT_ON_CLOSE);
        setSize(300, 100);
        setTitle(title);

        makeRadioButton();
        add(pRadio);
        setVisible(true);
    }

    public void makeRadioButton() {
        //2개의 라디오 버튼 생성
        JRadioButton r1 = new JRadioButton("남자");
        JRadioButton r2 = new JRadioButton("여자", true);
        r1.addActionListener(new MyActionListener());
        r2.addActionListener(new MyActionListener());
        //2개 중에서 하나만 선택되도록 버튼 그룹에 삽입
        ButtonGroup bg = new ButtonGroup();
        bg.add(r1); bg.add(r2);

        pRadio.add(r1); pRadio.add(r2);
    }

    class MyActionListener implements ActionListener {
```

```java
        public void actionPerformed (ActionEvent e) {
            setTitle(e.getActionCommand());
        }
    }

    public static void main(String[] args) {
        RadioButtonWin win = new RadioButtonWin("라디오 버튼 이벤트");
    }
}
```

프로그래밍 연습

1. 다음 조건을 만족하며 클래스 JFrame을 상속받는 클래스를 구현하여 테스트하는 프로그램을 작성하시오.

   * 윈도우의 하단에 색상을 표현하는 버튼 2개 추가
   * 버튼을 누르면 윈도우 바탕을 선택한 버튼의 색상으로 수정
   * 윈도우의 캡션 제목은 "버튼 액션 이벤트 처리"

2. 다음 조건을 만족하며 클래스 JFrame을 상속받는 클래스를 구현하여 테스트하는 프로그램을 작성하시오.

   * 버튼을 다음과 같이 5개로 구성
   * 색상을 지정하면 윈도우 제목에 색상이 표시
   * [pentagon] 버튼을 누르면 지정한 색상으로 오각형을 그리기

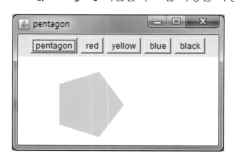 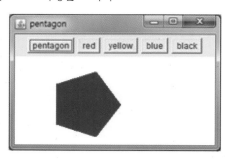

3. 마우스 이벤트를 처리하여 다음 조건을 만족하는 윈도우를 구현하여 테스트하는 프로그램을 작성하시오.

   * 마우스를 누른 지점에서 드래그 후 놓은 지점까지 직선을 그리기
   * 현재의 윈도우에서는 이전에 그린 직선도 계속 보이도록 구현
   * 윈도우 내부에서 MouseAdapter를 상속받는 클래스를 구현하여 이벤트 처리

4. 마우스 이벤트를 처리하여 다음 조건을 만족하는 윈도우를 구현하여 테스트하는 프로그램을 작성하시오.

  - 처음 실행 화면
  - 마우스를 누르면 윈도우 제목에 시작점: (x좌표, y좌표)가 표시
  - 마우스를 드래그하면 계속 중간점: (x좌표, y좌표)이 표시되면서 직선이 그려짐
  - 마우스를 놓으면 끝점: (x좌표, y좌표)이 표시되면서 직선이 그려짐
  - 마우스를 누르면 이전 직선은 없어지고 새로운 직선이 그려지도록 구현

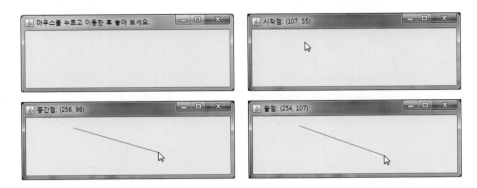

5. 마우스 이벤트를 처리하여 다음 조건을 만족하는 윈도우를 구현하여 테스트하는 프로그램을 작성하시오.

  - 처음 실행 화면 : No Mouse Event 표시
  - 마우스가 윈도우에 들어오면 윈도우 색상이 청록색^{cyan}으로 수정
  - 마우스가 윈도우 밖으로 나가면 윈도우 색상이 노란색으로 수정
  - 마우스를 누르면 : MousePressed(x좌표, y좌표)가 표시
  - 마우스를 드래그하면 : MouseDragged(x좌표, y좌표)가 표시
  - 마우스를 놓으면 : MouseReleased(x좌표, y좌표)가 표시

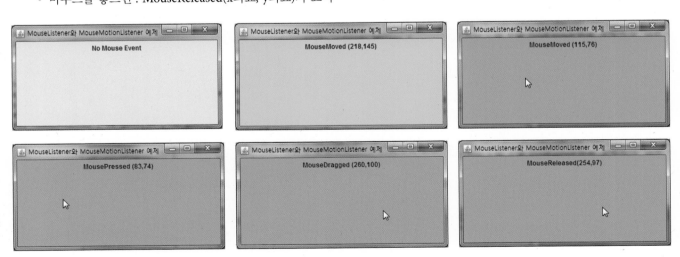

6. 마우스 이벤트를 처리하여 다음 조건을 만족하는 윈도우를 구현하여 테스트하는 프로그램을 작성하시오.

- 마우스를 누르고 드래그하면 드래그하는 부분에 "*"가 출력
  ※ g.drawString("*", x, y);
- 다음과 같이 드래그하는 부분이 출력

7. 다음 조건을 만족하며 클래스 `JFrame`을 상속받는 클래스를 구현하여 테스트하는 프로그램을 작성하시오.

- 메뉴를 다음과 같이 구성
- `JMenuItem`인 색상을 선택하면 윈도우의 바탕이 선택한 색상으로 수정

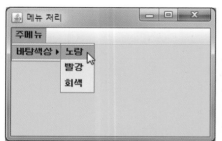 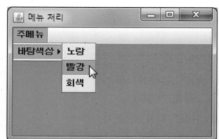 

INTRODUCTION TO **JAVA** PROGRAMMING

CHAPTER

11

입출력과 네트워크

INTRODUCTION TO JAVA PROGRAMMING

입력과 출력

1. 입출력 개념

자료의 이동

입출력은 입력^{input}과 출력^{output}을 함께 사용하는 용어로 컴퓨터와 장치 그리고 프로그램 사이에서 자료를 주고받는 일을 총칭한다. 자바에서 가장 흔한 출력은 콘솔에 여러 자료형을 출력하는 다음 문장이며, 메소드 println(인자)에서 인자는 자바의 모든 유형을 지원한다.

```
System.out.println(">> 서버 접속에 성공했습니다.");
System.out.println(23);
System.out.println('A');
```

그림 11-1 ● 다양한 자료의 출력

스트림

스트림의 사전적 의미가 개울, 시내, 흐름이듯 **입출력에 필요한 정보 흐름의 통로 역할을 하는 것을 스트림^{stream}이라 표현**한다. 사람과 사람이 전화를 하려면 유선이든 무선이든 전화선이 연결되어야 하듯 자바 프로그램에서 정보를 입출력하기 위해서는 스트림이 반드시 필요하다. 이러한 정보의 입력을 위해서는 입력 장소와 입력 스트림이 필요하며 마찬가지로 출력을 위해서는 출력 장소와 출력 스트림이 필요하다.

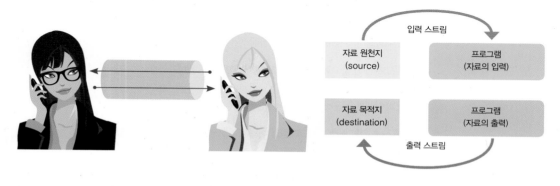

그림 11-2 ● 스트림 개념과 입력과 출력 스트림

바이트 단위와 문자 단위의 스트림

자료의 입력과 출력에서 고려해야 할 사항은 자료의 입출력 단위와 **입출력의 장소이다. 입출력의 단위는 크게 바이트와 문자로 구분**되며 입출력 장소는 파일, 메모리, 소켓^{socket} 그리고 다른 스트림 등 다양하다. 자바는 패키지 java.io에서 입출력을 담당하는 다양한 클래스를 제공한다.

입출력 장소가 배열, 문자열과 같은 메모리와 파일 등을 처리하는 자바의 클래스를 살펴보면 다음과 같다. **바이트 중심의 정보 입출력을 담당하는 클래스는 추상 클래스인 InputStream 과 OutputStream을 최상위 클래스로 가지며 이름이 ~InputStream과 ~OutputStream이다. 문자 중심의 정보 입출력을 담당하는 클래스는 추상 클래스인 Reader와 Writer를 최상위 클래스로 가지며 이름이 ~Reader와 ~Writer**인 것을 알 수 있다.

처리 내용	바이트 중심	문자 중심	설명
상위 클래스	InputStream OutputStream	Reader Writer	최상위 추상 클래스
배열 단위	ByteArrayInputStream ByteArrayOutputStream	CharArrayReader CharArrayWriter	각각의 배열에 입출력
문자열 단위	StringBufferInputStream StringBufferOutputStream	StringReader StringWriter	문자열에 입출력
파일 단위	FileInputStream FileOutputStream	FileReader FileWriter	파일에 입출력

표 11-1 ● 주요 기본 스트림을 위한 클래스

다음 BufferedInputStream과 BufferedOutputStream 등과 같은 스트림은 자체적으로 실제 자료를 입출력하는 스트림이 아니라 위의 실제 스트림의 입출력의 편리를 위하여 사용하는 보조 스트림이라고 볼 수 있다.

처리 내용	바이트 중심	문자 중심	설명
버퍼	BufferedInputStream BufferedOutputStream	BufferedReader BufferedWriter	입출력 시 버퍼링을 사용
자료형	DataInputStream DataOutputStream		자바의 자료형으로 입출력
객체	ObjectInputStream ObjectOutputStream		객체를 직렬화하여 입출력
바이트를 문자로 변환		InputStreamReader OutputStreamWriter	바이트 스트림을 문자 스트림으로 연결하여 입출력
출력	PrintStream	PrintWriter	출력에 편리성 제공

표 11-2 ● 주요 기본 스트림을 위한 클래스

2. 바이트 중심의 입출력 클래스

클래스 InputStream과 OutputStream

바이트 중심의 입출력을 담당하는 클래스인 `InputStream`과 `OutputStream`은 다음과 같이 입출력에 관한 주요 추상 메소드와 구현 메소드를 갖는 추상 클래스이다.

```
package java.io;

public abstract class InputStream implements Closeable {

    public abstract int read() throws IOException;
    public int read(byte b[]) throws IOException {
        return read(b, 0, b.length);
    }
    public int read(byte b[], int off, int len) throws IOException {
        ...
    }
    ...
}
```

그림 11-3 ● 클래스 InputStream

클래스 `InputStream`의 메소드는 하위 클래스에서 구현되거나 재정의되므로 기본으로 사용되는 중요한 메소드이다. 기본적으로 다음과 같은 `read()` 메소드를 이용하여 바이트 자료를 입력 스트림으로부터 읽어 버퍼에 저장하거나 반환한다.

메소드	설명
abstract int read() throws IOException	한 바이트를 입력 스트림에서 읽어 반환
int read(byte[] buf) throws IOException	버퍼의 수만큼 입력 스트림에서 읽어 버퍼 배열에 저장
int read(byte[] buf, int off, int count) throws IOException	count 수만큼 입력 스트림에서 읽어 버퍼 배열의 off 에서부터 저장
int available()	입력 스트림에서 읽을 수 있는 바이트 수 반환
void close()	입력 스트림을 닫고 관련된 모드 자원을 해제

표 11-3 ● 클래스 InputStream의 주요 메소드

다음은 클래스 `OutputStream`의 주요 메소드로 `write()` 메소드를 이용하여 지정된 인자의 바이트 자료를 출력 스트림에 출력한다.

메소드	설명
abstract void write(int one) throws IOException	지정된 한 바이트를 출력 스트림에 출력
void write(byte[] buf) throws IOException	지정된 바이트 배열을 출력 스트림에 출력
void write(byte[] buf, int off, int count) throws IOException	지정된 바이트 배열에서 off에서 시작하여 count 수만큼을 출력 스트림에 출력
void flush()	출력 스트림에 있는 모든 자료를 출력
void close()	출력 스트림을 닫고 관련된 모드 자원을 해제

표 11-4 ● 클래스 OutputStream의 주요 메소드

입출력 클래스 계층구조

클래스인 InputStream과 OutputStream의 하위 클래스로 바이트 중심의 입출력을 담당하는 클래스의 계층구조를 살펴보면 다음과 같다.

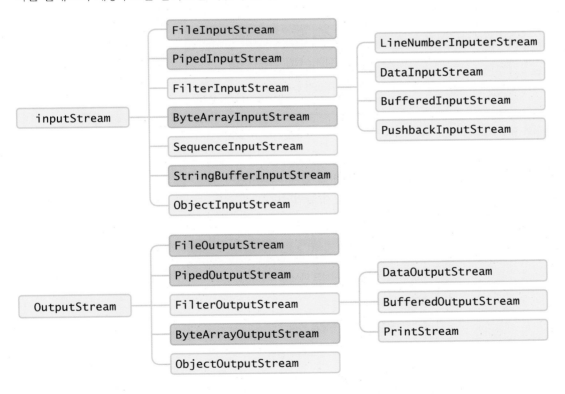

그림 11-4 ● 바이트 중심의 입출력을 담당하는 클래스의 계층구조

3. 바이트 배열 입출력

클래스 ByteArrayInputStream과 ByteArrayOutputStream

클래스 `ByteArrayInputStream`과 `ByteArrayOutputStream`은 바이트 배열 형태의 입출력을 위한 클래스이다. 다음은 입출력을 위한 객체를 생성하는 방법이다.

```
byte b [] = {'a', 'b', 'c', 'd'};
//배열 b를 읽는 ByteArrayInputStream 객체를 생성
ByteArrayInputStream bInput = new ByteArrayInputStream(b);
//배열 b를 소문자를 대문자로 출력하는 ByteArrayOutputStream 객체를 생성
ByteArrayOutputStream bOutput = new ByteArrayOutputStream();
```

그림 11-5 ● 클래스 ByteArrayInputStream과 ByteArrayOutputStream의 객체 생성

`ByteArrayInputStream`의 객체를 사용하여 다음과 같은 `read()` 메소드를 이용하여 지정된 바이트 배열 자료를 읽는다.

메소드	설명
`int read() throws IOException`	한 바이트를 입력 스트림으로부터 읽음
`int read(byte[] buffer, int offset, int count)` `  throws IOException`	count 수만큼 입력 스트림에서 읽어 버퍼 배열의 offset에서부터 저장

표 11-5 ● 클래스 InputStream의 주요 메소드

`ByteArrayOutputStream`은 바이트 배열의 출력 스트림에 출력하는 클래스로 다음과 같은 메소드를 제공한다. 버퍼인 출력 바이트 배열은 자동으로 크기가 늘어난다.

메소드	설명
`void reset()`	지금까지의 출력을 무시하고 다시 출력을 시작
`byte[] toByteArray()`	출력된 배열을 반환
`String toString()`	출력된 배열을 문자열 형태로 반환
`void write(int b) throws IOException`	지정된 한 바이트를 출력 스트림에 출력
`void write(OutputStream out)` `  throws IOException`	지정된 출력 스트림에 출력
`void write(byte[] b,  int off, int len)` `  throws IOException`	지정된 바이트 배열에서 off에서 시작하여 len 수만큼을 출력 스트림에 출력

표 11-6 ● 클래스 OutputStream의 주요 메소드

바이트 배열 형태의 입출력 예제

다음 ByteArrayIO는 ByteArrayInputStream과 ByteArrayOutputStream을 이용하여
소문자 4개를 입력받아 대문자로 출력하는 프로그램이다.

| 실습예제 11-1 | 바이트 배열에 저장된 문자를 읽어 대문자로 출력

ByteArrayIO.java

```
01  package basicio;
02
03  import java.io.*;
04  import java.util.Arrays;
05
06  public class ByteArrayIO {
07      public static void main(String args[]) throws IOException {
08          int c;
09          byte b [] = {'a', 'b', 'c', 'd'};
10
11          //배열 b를 읽는 ByteArrayInputStream 객체를 생성
12          ByteArrayInputStream bInput = new ByteArrayInputStream(b);
13          //배열 b를 소문자를 대문자로 출력하는 ByteArrayOutputStream 객체를 생성
14          ByteArrayOutputStream bOutput = new ByteArrayOutputStream();
15
16          System.out.println("문자를 읽어 대문자로 출력");
17          while ((c = bInput.read()) != -1) {
18              System.out.print((char)c);
19              //객체 ByteArrayOutputStream에 대문자를 출력
20              bOutput.write(Character.toUpperCase((char)c));
21          }
22          System.out.println();
23          //객체 ByteArrayOutputStream을 출력하면 출력된 자료가 그대로 출력
24          System.out.println(bOutput);
25
26          //배열 Arrays 메소드 toString() 사용하여 각각 입력 값과 출력 값을 출력
27          System.out.println(Arrays.toString(b));
28          System.out.println(Arrays.toString(bOutput.toByteArray()));
29      }
30  }
```

결과
```
문자를 읽어 대문자로 출력
abcd
ABCD
[97, 98, 99, 100]
[65, 66, 67, 68]
```

4. 파일 내용을 읽어 콘솔에 출력

클래스 FileInputStream

클래스 FileInputStream은 파일로부터 내용을 바이트 기반으로 입력하기 위한 스트림이다. 클래스 FileInputStream의 생성자는 세 가지로 제공되는데 인자 유형이 각각 String, File, FileDescriptor이다. 이 생성자는 인자 유형의 파일을 대상으로 자료의 입력을 위한 스트림을 생성한다. 생성자에서 인자의 유형이 String과 File인 경우 지정된 인자의 파일이 존재하지 않는 경우에는 FileNotFoundException을 발생하므로 예외 처리를 위한 try~catch 문을 이용하도록 한다.

```
public FileInputStream(String filename) throws FileNotFoundException
public FileInputStream(File file) throws FileNotFoundException
public FileInputStream(FileDescriptor fd)
```

그림 11-6 ● 클래스 FileInputStream의 생성자

다음은 FileInputStream에서 이용 가능한 메소드에 대한 설명이다.

메소드	설명
int read() throws IOException	한 바이트를 입력 스트림에서 읽음
int read(byte[] b) throws IOException	버퍼의 수만큼 입력 스트림에서 읽어 버퍼 배열에 저장
int read(byte[] b, int off, int count) throws IOException	count 수만큼 입력 스트림에서 읽어 버퍼 배열의 off에서부터 저장
public long skip(long n) throws IOException	파일의 InputStream으로부터 지정된 n 바이트만큼 건너 뜀
public int available() throws IOException	다음에 읽을 바이트의 수를 결정하여 반환
public void close() throws IOException	파일의 InputStream을 닫음
public final FileDescriptor getFD() throws IOException	파일의 파일 ID를 리턴

표 11-7 ● 클래스 FileInputStream의 주요 메소드

소스 파일 출력

다음 ReadFiles는 FileInputStream을 이용하여 소스 파일 'ReadFiles.java'를 읽어 콘솔에 표준 출력하는 프로그램이다. 파일 이름을 지정하여 FileInputStream 객체를 생성하여 read()로 하나의 바이트를 읽어 출력한다. 요구한 파일이 없는 경우는 적절한 메시지를 출력하도록 한다.

| 실습예제 11-2 | 파일 내용을 읽어 콘솔에 표준 출력

ReadFiles.java

```java
01    package basicio;
02
03    import java.io.*;
04
05    public class ReadFiles {
06        public static void main(String[] args) {
07            int data;
08            //읽을 파일 이름 지정
09            String fname = "src/basicio/ReadFiles.java";
10
11            try {
12                //읽을 파일 이름으로 FileInputStream 생성
13                FileInputStream fis = new FileInputStream(fname);
14                //한 바이트씩 읽어 문자로 변환하여 출력
15                while ((data = fis.read()) != -1) {
16                    char c = (char) data;
17                    System.out.print(c);
18                }
19            } catch (FileNotFoundException e) {
20                System.err.println("다음 파일이 없습니다. : " + fname);
21            } catch (IOException e) {
22                System.err.println(e);
23            }
24            System.out.println();
25        }
26    }
```

결과

```
package basicio;

import java.io.*;

public class ReadFiles {
    public static void main(String[] args) {
        int data;

이하 생략
```

5. 파일로의 출력

클래스 FileOutputStream

클래스 FileOutputStream은 파일로 출력하기 위한 스트림을 제공한다. 클래스 FileOutputStream의 생성자로는 네 가지가 제공되는데 인자 유형이 각각 String, File, FileDescriptor이고 마지막 생성자는 두 개의 인자가 필요하다. 이 생성자는 인자 유형의 파일을 대상으로 자료의 출력을 위한 스트림을 생성한다. 생성자에서 인자의 유형이 String과 File인 경우, 지정된 인자의 파일을 출력하기 위한 스트림의 생성에 문제가 발생하면 IOException을 발생하므로 예외처리를 위한 try~catch 문을 이용하도록 한다.

```
public FileOutputStream(String filename) throws IOException
public FileOutputStream(File file) throws IOException
public FileOutputStream(FileDescriptor fd)
public FileOutputStream(String filename, boolean append) throws IOException
```

그림 11-7 ● 클래스 FileOutputStream의 다양한 생성자

마지막 생성자인 경우 논리 유형인 append가 true인 경우, 파일 filename이 이미 있으면 기존의 내용 뒤에 추가되어 출력되고, false이면 파일 filename이 기존에 있더라도 무시하고 기존의 내용 위에 덮어쓴다. 다음은 FileOutputStream의 주요 메소드이다.

메소드	설명
int write(int oneByte) throws IOException	한 바이트를 출력 스트림에 출력
int write(byte[] b) throws IOException	버퍼의 수만큼 출력 스트림에 출력
int write(byte[] b, int off, int count) throws IOException	buf의 off에서 시작하여 count 수만큼 출력 스트림에 출력
public void close() throws IOException	출력 스트림을 닫음
public final FileDescriptor getFD() throws IOException	출력 스트림을 위한 파일 ID를 리턴

표 11-8 ● FileOutputStream의 주요 메소드

소스 파일 출력

다음 WriteFiles는 FileInputStream을 이용하여 소스 파일 'WriteFiles.java'를 읽어 새로운 파일 'WriteFiles.back'을 위한 FileInputStream을 이용하여 출력하는 프로그램이다. 파일 이름을 지정하여 FileInputStream과 FileOutputStream 객체를 생성한다. FileInputStream 객체의 read()로 읽은 하나의 바이트 data를 FileOutputStream 객체의 write(data)로 출력한다.

| 실습예제 11-3 | 파일 내용을 읽어 다른 파일에 출력

WriteFiles.java

```java
01   package basicio;
02
03   import java.io.*;
04
05   public class WriteFiles {
06      public static void main(String[] args) {
07         int data;
08         FileInputStream fis;
09         FileOutputStream fos;
10         String inFname = "src/basicio/WriteFiles.java";
11         String outFname = "src/basicio/WriteFiles.back";
12
13         try {
14            //읽을 파일 이름으로 FileInputStream 생성
15            fis = new FileInputStream(inFname);
16            //새로 만들 파일 이름으로 FileOutputStream 생성
17            fos = new FileOutputStream(outFname);
18            //한 바이트씩 읽어 FileOutputStream으로 출력
19            while ((data = fis.read()) != -1) {
20               fos.write(data);
21            }
22            System.out.println(outFname + " : 파일이 생성되었습니다.");
23         } catch (IOException e) {
24            System.err.println(e);
25         }
26      } // end main
27   }
```

결과   src/basicio/WriteFiles.back : 파일이 생성되었습니다.

6. 기본 스트림을 활용하는 필터스트림

클래스 BufferedInputStream과 BufferedOutputStream

추상 클래스 **FilterInputStream**과 **FilterOutputStream**의 하위 클래스인 **Buffered InputStream**과 **BufferedOutputStream**은 버퍼링을 사용하여 입출력의 성능을 향상시키는 스트림이다. 일반적으로 **버퍼링은 자료 처리 속도가 다른 두 장치 간에 일정 크기의 임시 저장 장치를 이용하여 정보 처리를 보다 빠르게 하는 방법**이다. 버퍼링의 예를 들자면 프린터의 사용을 들 수 있다. 만일 프린터로의 출력에 버퍼링을 사용하지 않으면 모두 프린팅될 때까지 시스템의 자원이 기다려야 하므로 성능이 저하될 것이다.

다음 소스와 같이 BufferedOutputStream의 객체는 다른 OutputStream의 객체를 인자로 생성한다. 다음은 파일에 BufferedOutputStream을 이용하여 바이트 배열의 출력을 수행하는 소스이다.

```
//새로 만들 파일 이름으로 FileOutputStream 생성
fos = new FileOutputStream("src/basicio/test.buff");
bos = new BufferedOutputStream(fos);
byte data[] = {'A', 'B', 'C', 'D', 'E'};
//한 바이트씩 읽어 FileOutputStream으로 출력
bos.write(data, 0, 5);
```

그림 11-8 ● 파일 출력에 버퍼링을 활용

다음 소스와 같이 BufferedInputStream의 객체는 다른 InputStream의 객체로 생성한다. 다음은 BufferedInputStream을 이용하여 파일에서 바이트 배열에 입력을 수행하는 소스이다. 즉 파일 'src/basicio/test.buff' 내용이 data에 저장된다.

```
//읽을 파일 이름으로 FileInputStream 생성
bis = new BufferedInputStream(new FileInputStream("src/basicio/test.buff");
data = new byte[10];
bis.read(data, 0, 10);
```

그림 11-9 ● 파일 출력에 버퍼링을 활용

소스 파일 출력

다음 BufferedStream은 특정한 파일 'test.buf'에 바이트 배열을 출력하고, 다시 그 파일을 읽어 콘솔에 출력하는 프로그램이다. 다만 파일로의 입출력에 버퍼링을 사용하기 위해 필터스트림인 BufferedOutputStream과 BufferedInputStream을 활용한다.

| 실습예제 11-4 | 버퍼링을 사용하여 파일에 출력 및 입력

BufferedStream.java

```
01    package basicio;
02
03    import java.io.*;
04    import java.util.Arrays;
05
06    public class BufferedStream {
07        public static void main(String[] args) {
08            FileOutputStream fos;
09            BufferedInputStream bis;
10            BufferedOutputStream bos;
11            String fname = "src/basicio/test.buff";
12
13            try {
14                //새로 만들 파일 이름으로 FileOutputStream 생성
15                fos = new FileOutputStream(fname);
16                bos = new BufferedOutputStream(fos);
17                byte data[] = {'A', 'B', 'C', 'D', 'E'};
18                //한 바이트씩 읽어 FileOutputStream으로 출력
19                bos.write(data, 0, 5);
20                bos.close();
21                fos.close();
22                System.out.println(fname + " : 파일이 생성되었습니다.");
23
24                //읽을 파일 이름으로 FileInputStream 생성
25                bis = new BufferedInputStream(new FileInputStream(fname));
26                data = new byte[10];
27                bis.read(data, 0, 10);
28                bis.close();
29                System.out.println(Arrays.toString(data));
30            } catch (IOException e) {
31                System.err.println(e);
32            }
33        }
34    }
```

결과
src/basicio/test.buff : 파일이 생성되었습니다.
[65, 66, 67, 68, 69, 0, 0, 0, 0, 0]

02 문자 중심의 입출력과 파일 정보

1. 문자 중심의 입출력 클래스

클래스 Reader와 Writer

문자 중심의 입출력을 담당하는 추상 클래스인 Reader와 Writer는 입출력에 관한 주요 추상 메소드와 구현 메소드를 갖는 추상 클래스이다. 클래스 Reader의 read()와 close() 메소드는 추상이어서 하위 클래스에서 구현되어야 하며 다른 대부분의 메소드도 성능 향상 등을 위해 재정의되는 경우가 대부분이다. 클래스 Reader와 Writer는 문자의 인코딩^{encoding}을 처리할 수 있다. 즉 다양한 인코딩 방식과 유니코드 사이의 변환을 처리해 준다.

메소드	설명
`int read() throws IOException`	한 개의 문자를 입력 스트림에서 읽어 반환
`int read(char[] buf) throws IOException`	문자를 읽어 버퍼 배열에 저장하고 읽은 수를 반환
`abstract int read(char[] buf, int off, int count)` `throws IOException`	count 수만큼 입력 스트림에서 읽어 버퍼 배열의 off에서부터 저장
`void mark(int readAheadLimit)`	스트림의 현재 위치를 표시
`boolean markSupported()`	mark()와 reset()의 지원 여부를 반환
`boolean ready()`	입력 스트림에서 문자를 읽을 준비가 되어있는지 반환
`int reset()`	입력 스트림을 표시되어 있는 부분에서 다시 시작하여 준비
`int skip(long n)`	문자 n개만큼 건너뜀
`abstract void close()`	입력 스트림을 닫고 관련된 모드 자원을 해제

표 11-9 ● 클래스 Reader의 주요 메소드

다음은 클래스 Writer의 주요 메소드로 write() 메소드를 이용하여 지정된 인자의 문자 자료를 출력 스트림에 출력한다. 메소드 write()에 사용되는 인자는 문자, 문자 배열, 문자열이다.

메소드	설명
void write(int one) throws IOException	지정된 한 문자를 출력 스트림에 출력
void write(char[] buf) throws IOException	지정된 문자 배열을 출력 스트림에 출력
abstract void write(char[] buf, int off, int count) throws IOException	지정된 바이트 배열에서 off에서 시작하여 count 수 만큼을 출력 스트림에 출력
void write(String str) throws IOException	지정된 문자 배열을 출력 스트림에 출력
void write(String str, int off, int count) throws IOException	지정된 바이트 배열에서 off에서 시작하여 count 수 만큼을 출력 스트림에 출력
Writer append(char c)	출력 스트림에 문자를 추가
void flush()	출력 스트림에 있는 모든 자료를 출력
void close()	출력 스트림을 닫고 관련된 모드 자원을 해제

표 11-10 • 클래스 OutputStream의 주요 메소드

입출력 클래스 계층구조

추상 클래스인 Reader와 Writer의 하위 클래스로 문자 중심의 입출력을 담당하는 클래스의 계층구조를 살펴보면 다음과 같다.

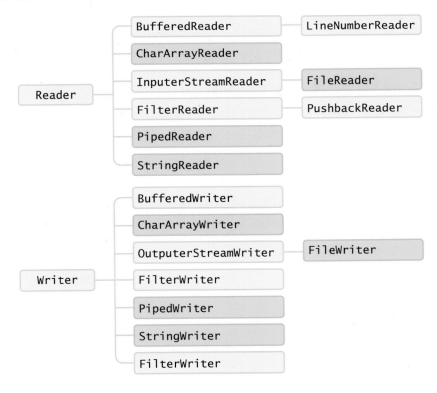

그림 11-10 • 문자 중심의 입출력을 담당하는 클래스의 계층구조

2. 파일 내용을 문자기반으로 읽어 다른 파일에 출력

클래스 FileReader와 FileWriter

문자 기반으로 파일에 입출력을 하려면 FileReader와 FileWriter를 사용한다. 다음은 파일에 문자 하나씩 읽어 콘솔과 다른 파일에 출력하는 소스로 바이트 기반의 파일 입출력과 비슷하다. FileReader의 read() 메소드로 문자 하나를 읽어 int 형의 data에 저장한 후, 이 data를 char로 변환하여 콘솔에 출력하고 FileWriter의 write() 메소드로 다른 파일에도 출력한다.

```java
int data;
//읽을 파일 이름으로 FileReader 생성
FileReader fr = new FileReader("src/basicio/MyFileReaderWriter.java");
//다시 출력할 파일 이름으로 FileWriter 생성
FileWriter fw = new FileWriter("src/basicio/MyFileReaderWriter.back");

//한 문자씩 읽어 콘솔과 파일에 출력
while ((data = fr.read()) != -1) {
    System.out.print((char) data);
    fw.write(data);
}
```

그림 11-11 • 클래스 FileReader와 FileWriter의 사용

FileReader와 FileWriter 예제

다음 MyFileReaderWriter는 FileReader를 이용하여 소스 파일 'MyFileReaderWriter.java'를 읽어 콘솔에 표준 출력하고 소스 파일 'MyFileReaderWriter.back'에 출력하는 프로그램이다. 요구한 파일이 없는 경우는 적절한 메시지를 출력하도록 한다.

| 실습예제 11-5 | 소스 파일을 문자 기반으로 읽어 다른 파일에 출력

MyFileReaderWriter.java

```java
01   package basicio;
02
03   import java.io.FileReader;
04   import java.io.FileWriter;
05   import java.io.FileNotFoundException;
06   import java.io.IOException;
07
08   public class MyFileReaderWriter {
09       public static void main(String[] args) {
10           int data;
```

```
11            //읽을 파일 이름 지정
12            String inFname = "src/basicio/MyFileReaderWriter.java";
13            String outFname = "src/basicio/MyFileReaderWriter.back";
14            try {
15                //읽을 파일 이름으로 FileReader 생성
16                FileReader fr = new FileReader(inFname);
17                //다시 출력할 파일 이름으로 FileWriter 생성
18                FileWriter fw = new FileWriter(outFname);
19
20                //한 문자씩 읽어 콘솔과 파일에 출력
21                while ((data = fr.read()) != -1) {
22                    System.out.print((char) data);
23                    fw.write(data);
24                }
25                fr.close();
26                fw.close();
27                System.out.println();
28                System.out.println("위 파일이 생성되었습니다. : " + outFname);
29            } catch (FileNotFoundException e) {
30                System.err.println("다음 파일이 없습니다. : " + inFname);
31            } catch (IOException e) {
32                System.err.println(e);
33            }
34        }
35 }
```

결과

```
package basicio;

import java.io.FileReader;
import java.io.FileWriter;
import java.io.FileNotFoundException;
import java.io.IOException;

public class MyFileReaderWriter {
중간 생략

위 파일이 생성되었습니다. : src/basicio/MyFileReaderWriter.back
```

3. 파일 내용을 문자 기반으로 읽어 버퍼링하여 콘솔에 출력

클래스 InputStreamReader와 InputStreamWriter

클래스 InputStreamReader와 InputStreamWriter는 바이트 기반의 스트림을 문자 기반의 스트림으로 연결시켜주는 스트림이다. 다음은 바이트 스트림인 FileInputStream 을 문자 스트림인 InputStreamReader로 연결하는 소스이다. 이제 파일의 내용을 Input StreamReader로 문자 기반으로 읽어 처리할 수 있다.

```java
//읽을 파일 이름으로 FileInputStream 생성
FileInputStream fis = new FileInputStream("src/basicio/MyInputStreamReader.java");
//파일 입력스트림을 다시 InputStreamReader로 연결
InputStreamReader isr = new InputStreamReader(fis);
//현재 InputStreamReader의 인코딩 방식 출력
System.out.println(isr.getEncoding());
```

그림 11-12 ● FileInputStream을 문자 스트림인 InputStreamReader로 연결하는 소스

클래스 BufferedReader 와 BufferedWriter

클래스 BufferedReader와 BufferedWriter는 문자 기반의 버퍼링을 처리하는 스트림이다. 다음은 InputStreamReader의 객체인 isr을 인자로 BufferedReader 객체를 만들어 메소드 readLine()으로 파일 내용을 한 줄씩 읽어 콘솔에 출력한다.

```java
String line;
BufferedReader br = new BufferedReader(isr);
while ((line = br.readLine()) != null) {
    System.out.println(line);
}
```

그림 11-13 ● 클래스 BufferedReader의 사용

다음 예제는 바이트 기반으로 파일을 열어 문자 기반의 파일 스트림으로 연결하여 다시 문자 기반의 버퍼링을 이용하여 콘솔에 출력하는 프로그램이다.

MyInputStreamReader.java

```java
01  package basicio;
02
03  import java.io.BufferedReader;
04  import java.io.InputStreamReader;
05  import java.io.FileInputStream;
06  import java.io.FileNotFoundException;
07  import java.io.IOException;
08
09  public class MyInputStreamReader {
10      public static void main(String[] args) {
11          String line;
12          //읽을 파일 이름 지정
13          String fname = "src/basicio/MyInputStreamReader.java";
14          try {
15              //읽을 파일 이름으로 FileInputStream 생성
16              FileInputStream fis = new FileInputStream(fname);
17              //파일 입력스트림을 다시 InputStreamReader로 연결
18              InputStreamReader isr = new InputStreamReader(fis);
19              //현재 InputStreamReader의 인코딩 방식 출력
20              System.out.println(isr.getEncoding());
21              //InputStreamReader를 다시 BufferedReader로 연결
22              BufferedReader br = new BufferedReader(isr);
23              System.out.println();
24              //한 줄씩 읽어 출력
25              while ((line = br.readLine()) != null) {
26                  System.out.println(line);
27              }
28              br.close();
29              isr.close();
30              fis.close();
31          } catch (FileNotFoundException e) {
32              System.err.println("다음 파일이 없습니다. : " + fname);
33          } catch (IOException e) {
34              System.err.println(e);
35          }
36          System.out.println();
37      }
38  }
```

결과 MS949

package basicio;

이하 생략

4. 파일의 다양한 처리

클래스 File

파일과 폴더에 대한 여러 연산을 수행하려면 클래스 File을 이용한다. 다음은 클래스 File의 생성자이다. File의 생성자에서 마지막 생성자를 제외하고는 인자의 유형이 모두 문자열이다. 특히 마지막 생성자에서 파일 패스의 폴더에 해당하는 부분을 File 객체로 나타내고 나머지 파일을 문자열로 나타낼 수 있다.

생성자	설명
public File(String path)	파일의 패스로 파일 객체를 생성
public File(String path, String name)	파일의 패스와 파일 이름을 분리하여 파일 객체를 생성
public File(File dir, String name)	파일의 디렉토리 객체와 파일 이름을 분리하여 파일 객체를 생성

표 11-11 • 클래스 File의 생성자

다음은 파일 'C:\My Documents\Book\IO\FileInfo.java'을 나타내는 객체를 생성하는 모듈이다. 즉 객체 f1, f2, f3 모두 동일한 위 파일을 나타내는 객체이다.

```
File f1 = new File("C:\My Documents\Book\IO\FileInfo.java");
File f2 = new File("C:\My Documents\Book\IO", "FileInfo.java");

File d1 = new File("C:\My Documents\Book\IO");
File f3 = new File(d1, "FileInfo.java");
```

그림 11-14 • 파일을 위한 File 객체를 생성하는 다양한 방법

클래스 File의 여러 메소드를 이용하여 이름과 패스 등을 조회할 수 있고, 이 객체가 파일인지 아니면 폴더인지를 검사할 수 있다. 다음은 클래스 File의 주요 조회 메소드이다.

메소드	설명
public String getName()	파일 이름을 반환
public String getPath()	파일의 패스를 반환
public String getAbsolutePath()	파일의 절대패스를 반환
public String getParent()	파일의 부모를 반환
public boolean canWrite()	파일에 현재 쓰기가 허용되는지 반환
public boolean canRead()	파일에 현재 읽기가 허용되는지 반환
public boolean isFile()	현재 이 객체가 파일인지 반환
public boolean isDirectory()	현재 이 객체가 디렉토리인지 반환
public native boolean isAbsolute()	현재 파일이름이 절대패스인지 반환
public boolean exists()	현재 이 파일이 존재하는지 반환
public boolean equals(Object obj)	현재 이 파일과 인자 obj가 같은지 여부를 반환

표 11-12 • 클래스 File의 주요 조회 메소드

클래스 File은 파일의 크기나 수정된 날짜를 조회할 수 있는 유용한 메소드도 제공하며 주어진 폴더의 전체 파일의 이름을 조회할 수 메소드, 새로운 폴더나 파일을 생성하는 메소드, 파일이나 폴더를 삭제하거나 이름을 수정할 수 있는 메소드 등도 제공한다.

메소드	설명
public boolean createNewFile() throws IOException	이 파일의 마지막 수정 날짜를 조회
public long lastModified()	이 파일의 마지막 수정 날짜를 조회
public long length()	이 파일의 크기를 조회
public boolean mkdir()	이 파일의 패스이름으로 디렉토리를 생성
public boolean mkdirs()	이 파일의 패스이름에서 모든 디렉토리를 생성
public String[] list()	이 파일의 디렉토리의 모든 파일을 조회
public String[] list(FilenameFilter filter)	이 파일의 디렉토리의 모든 파일 중에서 주어진 필터의 파일을 조회
Public boolean delete()	파일이나 디렉토리를 삭제, 디렉토리인 경우 파일이 없는 디렉토리인 경우 가능
Public boolean renameTo(File dest)	현재 파일의 이름을 수정
Public String toString()	이 객체의 문자열 표현을 리턴

표 11-13 • 클래스 File의 주요 메소드

파일 정보 출력

다음은 File을 만들어 학습한 다양한 메소드를 활용해 보는 프로그램이다.

| 실습예제 11-7 | 다양한 File의 메소드 활용

FileInfo.java

```
01    package basicio;
02
03    import java.io.*;
04    import java.util.Date;
05
06    class FileInfo {
07        public static void main(String args[]) {
08            //읽을 파일 이름 지정
09            String fname = "src/basicio/FileInfo.java";
10            //File 객체 생성
11            File f = new File(fname);
12            System.out.println("파일 " + f.getName() + " 정보:");
13            System.out.println();
14            System.out.println("\t패스: " + f.getPath());
15            System.out.println("\t절대패스: " + f.getAbsolutePath());
16            System.out.println("\t부모: " + f.getParent());
17            System.out.println("\t쓰기여부: " + f.canWrite());
18            System.out.println("\t읽기여부: " + f.canRead());
19            System.out.println("\t폴더여부: " + f.isDirectory());
20            System.out.println("\t수정일: " + new Date(f.lastModified()));
21            System.out.println("\t파일크기: " + f.length());
22        }
23    }
```

결과 파일 FileInfo.java 정보:

```
패스: src\basicio\FileInfo.java
절대패스: D:\자바\workspace\ch11\src\basicio\FileInfo.java
부모: src\basicio
쓰기여부: true
읽기여부: true
폴더여부: false
수정일: Wed Dec 12 14:50:55 KST 2012
파일크기: 958
```

파일 만들기

다음 예제는 File의 메소드 createNewFile()에 의해 내용이 전혀 없는 새로운 파일을 만들어 FileWriter로 원하는 문자열을 파일에 저장하는 프로그램이다.

실습예제 11-8 │ File 객체로 새로운 파일 생성

CreateFile.java

```java
01  package basicio;
02
03  import java.io.File;
04  import java.io.FileWriter;
05  import java.io.IOException;
06
07  public class CreateFile {
08     public static void main(String args[]) {
09        //읽을 파일 이름 지정
10        String fname = "src/basicio/newfile.txt";
11        //File 객체 생성
12        File f = new File(fname);
13        //실재 파일 존재 여부 확인
14        if (! f.exists()) {
15           //처음 실행하면 파일이 없으므로 실행됨
16           System.out.println("다음 파일을 찾을 수 없습니다. : " + fname);
17        }
18        //새로이 파일을 만들어 문자열을 쓰기
19        try {
20           f.createNewFile();
21           if (f.exists()) {
22              System.out.println("다음 파일이 있습니다. : " + fname);
23           }
24
25           FileWriter fr = new FileWriter(f);
26           fr.write("파일 내용이 들어갑니다.");
27           fr.close();
28
29        } catch (IOException e) {
30           System.out.println(e);
31        }
32     }
33  }
```

결과 다음 파일을 찾을 수 없습니다. : src/basicio/newfile.txt
다음 파일이 있습니다. : src/basicio/newfile.txt

SECTION | INTRODUCTION TO JAVA PROGRAMMING

03 네트워크와 인터넷

1. 네트워크와 IP 정보

IP 주소

이제 전 세계의 컴퓨터는 네트워크로 연결되어 있으며 컴퓨터마다 고유한 주소인 IP 주소를 갖는다. IP 주소는 0에서 255인 1바이트가 4개 모인 4바이트로 203.237.160.151와 같이 표현된다. 즉 도메인 이름이 www.naver.com인 회사의 호스트의 IP 주소는 202.131.30.12이다.

클래스 InetAddress

IP 주소를 처리하기 위한 자바의 클래스는 InetAddress이다. 패키지가 java.net인 InetAddress는 정적 메소드 getByName()을 사용하면 도메인 이름으로 InetAddress를 반환 받을 수 있다. 메소드 getByName()은 UnknownHostException 예외를 발생할 수 있으므로 다음과 같이 try 문을 사용해야 한다. 반환된 InetAddress를 출력하면 '도메인이름/ip주소'가 출력된다.

```
try {
    System.out.println(InetAddress.getByName("www.youtube.com"));
} catch (UnknownHostException e) {
    e.printStackTrace();
}
```

```
www.youtube.com/173.194.33.1
```

그림 11-15 • 클래스 InetAddress를 이용한 도메인 주소의 IP 정보 출력

다음은 InetAddress의 주요 메소드로, InetAddress.getLocalHost()로 현재 컴퓨터의 IP 주소 정보가 저장된 InetAddress로 반환 받을 수 있다.

패키지	설명
byte[] getAddress()	자신의 IP 주소를 바이트 배열로 반환
static InetAddress getByName(String host)	지정된 인자인 호스트의 IP 주소 정보를 InetAddress로 반환
String getHostAddress()	자신의 IP 주소를 문자열로 반환
String getHostName()	자신의 IP 주소를 호스트 이름으로 반환
static InetAddress getLocalHost()	현재 컴퓨터의 IP 주소 정보를 InetAddress로 반환

표 11-14 • java.net.InetAddress의 주요 메소드

다음 예제 MyInetAddress는 생성자 또는 setInetAddress()로 지정한 InetAddress의 정보를 출력하는 프로그램이다. InetAddress를 메소드 toSting()은 'www.youtube.com/173.194.33.35'와 같이 '도메인이름/ip주소'로 정보를 반환한다.

| 실습예제 11-9 | 네크워크 ip 주소에 대한 정보 출력

MyInetAddress.java

```
01  package network;
02
03  import java.net.InetAddress;
04  import java.net.UnknownHostException;
05
06  public class MyInetAddress {
07      InetAddress ip;
08
09      public MyInetAddress(InetAddress ip) {
10          this.ip = ip;
11      }
12      public void setInetAddress(InetAddress ip) {
13          this.ip = ip;
14      }
15      public void printInfo() {
16          System.out.println(ip.getHostName());
17          System.out.println(ip.getHostAddress());
18          System.out.println(ip.toString());
19      }
20
21      public static void main(String[] args) {
22          try {
23              System.out.println(InetAddress.getByName("www.youtube.com"));
24              MyInetAddress inet = new MyInetAddress(InetAddress.getLocalHost());
25              inet.printInfo();
26              inet.setInetAddress(InetAddress.getByName("www.infinitybooks.co.kr"));
27              inet.printInfo();
28          } catch (UnknownHostException e) {
29              e.printStackTrace();
30          }
31      }
32  }
```

결과
```
www.youtube.com/173.194.33.35
Kang-NEWPC
203.237.160.151
Kang-NEWPC/203.237.160.151
www.infinitybooks.co.kr
211.234.106.36
www.infinitybooks.co.kr/211.234.106.36
```

2. 웹 페이지 정보 처리

클래스 URL과 URLConnection

클래스 java.net.URL은 웹의 리소스인 URL^{Uniform Resource Locator}을 표현하는 클래스이다. URL은 특정한 페이지의 주소 문자열을 인자로 간단히 객체를 생성할 수 있다.

```
String site = "http://www.infinitybooks.co.kr/index.html";
URL url = new URL(site);
URLConnection conn = url.openConnection();
```

그림 11-16 ● URL과 URLConnection의 객체 얻기

클래스 **java.net.URLConnection**은 **응용프로그램과 URL 간의 통신연결을 나타내는 클래스의 최상위 클래스로 추상 클래스**이다. URLConnection의 하위 클래스로는 HttpURLConnection과 JarURLConnection 등이 있다. 위와 같이 URL의 메소드 openConnection()으로 URLConnection의 객체를 얻을 수 있다.

웹 페이지의 표준 출력

웹의 특정 페이지를 표준 출력하려면 URL 객체의 openStream()으로 입력 스트림을 열어 다음과 같이 처리하면 간편하다.

```
input = new BufferedReader(new InputStreamReader(url.openStream()));
while ( (inLine = input.readLine()) != null ) {
    System.out.println(inLine);
}
```

그림 11-17 ● 웹의 특정 페이지를 표준 출력

실습예제 11-10 │ 웹 페이지를 접속하여 문서를 표준출력으로 출력

URLReader.java

```
01  package network;
02
03  import java.io.BufferedReader;
04  import java.io.InputStreamReader;
05  import java.net.URL;
06
07  public class URLReader {
08      URL url;
09      BufferedReader input;
10      String inLine;
11
```

```
12      //접속 사이트를 URL로 지정
13      public URLReader(String site) {
14          try {
15              this.url = new URL(site);
16          } catch (Exception e) {
17              e.printStackTrace();
18          }
19      }
20      //접속한 페이지 내용을 표준출력에 출력
21      public void printPage() {
22          try {
23              input = new BufferedReader(new InputStreamReader(url.openStream()));
24              while ( (inLine = input.readLine()) != null ) {
25                  System.out.println(inLine);
26              }
27          } catch (Exception e) {
28              e.printStackTrace();
29          }
30      }
31      //접속한 페이지의 정보를 간단히 표준출력에 출력
32      public void printConnectionInfo() {
33          try {
34              URLConnection conn = url.openConnection();
35              System.out.println(conn);
36              System.out.println(conn.getURL() + "\n");
37          } catch (Exception e) {
38              e.printStackTrace();
39          }
40      }
41      public static void main(String[] args) {
42          String site = "http://www.infinitybooks.co.kr/index.html";
43          URLReader homePage = new URLReader(site);
44          homePage.printConnectionInfo();
45          homePage.printPage();
46      }
47  }
```

결과

```
sun.net.www.protocol.http.HttpURLConnection:http://www.infinitybooks.co.kr/index.html
http://www.infinitybooks.co.kr/index.html
```

```
<html>
<head>
<meta http-equiv="content-type" content="text/html; charset=euc-kr">
<title>::: 인피니티북스를 방문하여 주셔서 감사합니다 ::::::::::::::::::::::::::::::</title>

생략
```

04

소켓 프로그래밍

1. TCP와 UDP

소켓

자료 전송이 필요한 두 시스템을 각각 호스트^{host}라 하고, **자료 전송을 위해서는 호스트에 자료 전송의 끝단^{endpoint}인 소켓^{socket}이 필요**하다. 통신의 끝단인 소켓에 연결된 전송 통로인 스트림을 통하여 자료를 전송한다. 자료의 통신도 입력과 출력으로 다음 그림처럼 수신을 위한 입력 스트림과 송신을 위한 출력 스트림이 각각 필요하다.

그림 11-18 • 소켓과 스트림

TCP와 UDP의 비교

통신 방식에는 크게 TCP^{Transmission Control Protocol}**와 UDP**^{User Datagram Protocol} **방식이 있다. TCP는 연결^{connection} 기반 방식으로 전송할 자료의 특별한 형식이 없는 신뢰성 있는 자료 전송에 적합한 방식이다.** 특히 TCP는 자료를 전송한 후 수신자로부터 다시 자료 수신의 응답을 받는다. 그러므로 전송도중 순서가 바뀌더라도 다시 송신할 수 있으므로 신뢰성 있는 자료 전송 방식이다. UDP는 TCP보다 간단한 방식으로 비연결^{connectionless} 기반이며 일정한 형식의 패킷을 사용하여 자료를 전송한다. 전송되는 자료인 패킷에 배달될 주소가 함께 보내지는데 자료의 수신 여부를 확인하지 않으므로 패킷이 유실될 수 있다. 그러므로 **UDP는 자료 전송의 신뢰성이 떨어지며 대량의 정보 전송에 적합한 방식**이다.

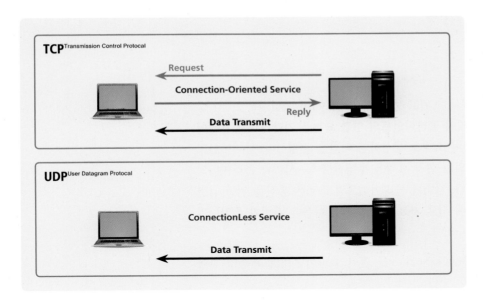

그림 11-19 ● TCP와 UDP의 차이

다음은 TCP와 UDP의 특징을 정리한 표로 전송 환경에 따라 적절한 방식을 선택하도록 하자.

항목	TCP	UDP
연결 방식	• 연결 기반 프로토콜	• 비연결 기반 프로토콜
전송 단위	• 바이트 중심의 스트림으로 자료를 전송하므로 특정한 구조 없이 자료 전송이 가능	• 메시지 기반의 전송으로 패킷이라는 단위로 전송이 가능
전송 순서	• 자료 전송 순서 유지	• 자료 전송 순서 유지하지 않음
자료 수신 확인	• 자료 수신여부를 확인	• 자료 수신여부를 확인하지 않음
신뢰성	• 전송 손실이 없어 신뢰성 있는 전송	• 전송 손실 가능성이 있어 신뢰성을 보장할 수 없는 전송
특징	• 신뢰성 보장이 필요한 중요 정보 전송에 적합 • 속도는 UDP보다 느림	• 신뢰성 보장이 필요 없으나 빠른 전송에 적합 • 멀티캐스트 또는 브로드캐스트 전송에 적합
주요 프로토콜	• FTP, TELNET, POP, HTTP 등	• DNS, DHCP, NFS 등
관련 클래스	• Socket • ServerSocket	• DatagramSocket • DatagramPacket • MulticastSocket

표 11-15 ● TCP와 UDP의 특징 비교

2. TCP 소켓 프로그래밍

서버 소켓과 소켓

서버와 클라이언트가 서로 자료를 교환하기 위한 통신을 하려면 서버 소켓^{ServerSocket}과 소켓^{Socket}이 필요하다. **서버 소켓은 실행되어 클라이언트의 연결 요청을 기다리다가 요청이 들어오면 클라이언트와의 통신을 위하여 소켓을 생성하는 역할을 수행**한다. 클라이언트는 소켓을 이용하여 서버와의 통신을 위한 연결 요청을 수행한다. 즉 서버와 클라이언트의 실제 통신은 각자의 소켓이 담당한다. 서버와 클라이언트의 소켓은 통신을 위한 입력과 출력 스트림을 생성하여 이를 통하여 서로 자료를 교환한다. 다음은 서버와 클라이언트가 통신하기 위한 절차와 설명 그림이다.

❶ [서버]: 포트번호를 이용해서 ServerSocket을 열어 클라이언트의 요청을 기다린다.

❷ [클라이언트]: 서버의 주소와 포트번호를 이용해서 Socket을 열어 서버와 연결한다.

❸ [서버]: 클라이언트의 요청을 받아 들여 서버의 Socket을 생성한다.

❹ [서버와 클라이언트]: 서버와 클라이언트에서 연결된 Socket에서 자료를 교환할 수 있도록 입력스트림과 출력스트림을 생성하여 서로 통신한다.

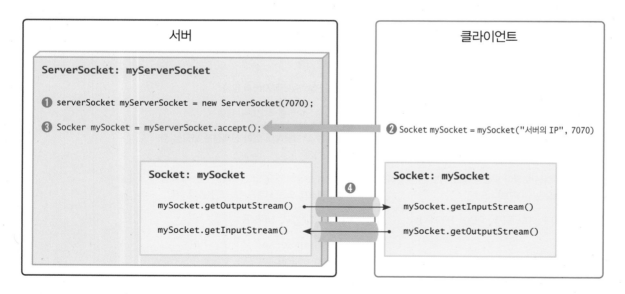

그림 11-20 ● 소켓 프로그래밍 절차

클래스 ServerSocket, Socket

클래스 java.net.ServerSocket이 서버 소켓을 구현하며, 클래스 java.net.Socket
이 소켓을 구현한다. Socket은 두 시스템의 통신을 위한 지점이라고 볼 수 있다.
ServerSocket은 포트번호를 사용하여 객체를 생성하여, 메소드 accept()로 네트워크
를 통해 들어오는 클라이언트의 요청을 기다리다가 요청이 오면 받아들인다. 클라이언트
의 소켓은 서버의 IP 주소와 포트번호로 서버 소켓에 연결을 요청한다. **ServerSocket의**
메소드 accept()는 클라이언트의 요청에 통신을 위한 Socket을 반환한다. 클라이언트와
서버 모두 통신을 위한 지점인 Socket이 생성되면 이제 실제 통신을 위한 입력과 출력 스
트림을 생성한다. **Socket의 메소드 getInputStream()과 getOutputStream()으로 입력**
과 출력 스트림을 생성한다. 이제 적절한 입출력 객체를 생성하면 클라이언트와 서버는
통신이 가능하다. 다음 그림은 서버와 클라이언트의 소켓 프로그래밍을 실제 이동되는
자료와 함께 설명하고 있다.

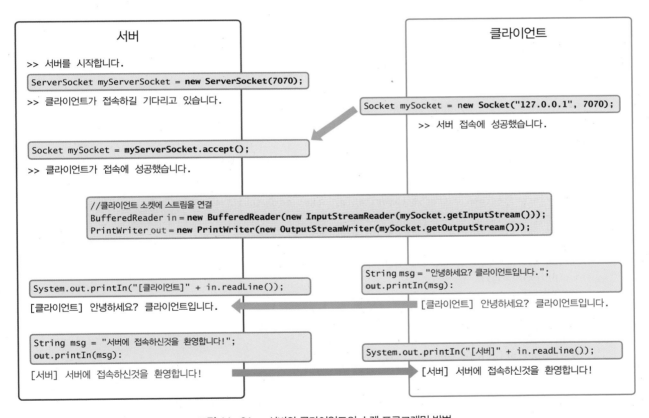

그림 11-21 ● 서버와 클라이언트의 소켓 프로그래밍 방법

서버 소켓 프로그래밍

다음은 지금까지 설명된 소켓을 위한 클라이언트와 서버의 통신 중에서 서버의 역할을 수행하는 프로그램이다. 다음 BasicServerSocket을 실행한 후 종료하지 말고 다음 페이지의 BasicClientSocket을 실행하도록 한다.

| 실습예제 11-11 | 클라이언트와 통신하는 서버 소켓 프로그램

BasicServerSocket.java

```
01   package socket;
02
03   import java.io.*;
04   import java.net.*;
05
06   public class BasicServerSocket {
07      public static void main(String[] args) {
08         try {
09            System.out.println(">> 서버를 시작합니다.");
10            ServerSocket myServerSocket = new ServerSocket(7070);
11            System.out.println(">> 클라이언트가 접속하길 기다리고 있습니다.");
12            //클라이언트 접속 때까지 대기
13            Socket mySocket = myServerSocket.accept();
14            System.out.println(">> 클라이언트가 접속에 성공했습니다.");
15            //클라이언트 소켓에 스트림을 연결
16            BufferedReader in =
17            new BufferedReader(new InputStreamReader(mySocket.getInputStream()));
18            PrintWriter out =
19            new PrintWriter(new OutputStreamWriter(mySocket.getOutputStream()));
20            //클라이언트 소켓으로부터 받은 메시지를 화면에 출력
21            System.out.println("[클라이언트] "+ in.readLine());
22            //클라이언트 소켓에 메시지 전송
23            String msg = "서버에 접속하신 것을 환영합니다!";
24            out.println(msg);
25            out.flush();
26            System.out.println("[서버] " + msg);
27            mySocket.close();
28         } catch(IOException e) {
29            System.out.println(e.toString());
30         }
31      }
32   }
```

결과
>> 서버를 시작합니다.
>> 클라이언트가 접속하길 기다리고 있습니다.
>> 클라이언트가 접속에 성공했습니다.
[클라이언트] 안녕하세요? 클라이언트입니다.
[서버] 서버에 접속하신 것을 환영합니다!

클라이언트 소켓 프로그래밍

다음은 클라이언트와 서버의 통신 중에서 클라이언트의 역할을 수행하는 프로그램이다.

다음 BasicClientSocket은 BasicServerSocket을 실행한 후 실행하여야 작동한다.

| 실습예제 11-12 | 서버와 통신하는 클라이언트 소켓 프로그램

BasicClientSocket.java

```
01  package socket;
02
03  import java.io.*;
04  import java.net.*;
05
06  public class BasicClientSocket {
07     public static void main(String[] args) {
08        try {
09           //서버 주소와 포트번호를 지정하여 서버에 접속
10           Socket mySocket = new Socket("127.0.0.1", 7070);      반드시 접속한 서버의 IP주소와 포트번호가
11           System.out.println(">> 서버 접속에 성공했습니다.");         일치해야 한다.
12
13           //서버 소켓에 스트림을 연결
14           BufferedReader in =
15              new BufferedReader(new InputStreamReader(mySocket.getInputStream()));
16           PrintWriter out =
17              new PrintWriter(new OutputStreamWriter(mySocket.getOutputStream()));
18
19           //서버 소켓에 메시지 전송
20           String msg = "안녕하세요? 클라이언트입니다.";
21           out.println(msg);
22           out.flush();
23           System.out.println("[클라이언트] " + msg);
24
25           //서버 소켓으로부터 받은 메시지를 화면에 출력
26           System.out.println("[서버] "+ in.readLine());
27
28           //서버 소켓 종료
29           mySocket.close();
30        } catch(IOException e) {
31           System.out.println(e.toString());
32        }
33     }
34  }
```

결과
>> 서버 접속에 성공했습니다.
[클라이언트] 안녕하세요? 클라이언트입니다.
[서버] 서버에 접속하신 것을 환영합니다!

정보가 출력되는 서버 소켓 프로그래밍

다음 MyServerSocket은 생성자와 메소드 waitForClient(), receive(), send(), close(), printInfo()로 구성된 클래스이다. 메소드 waitForClient()에서 클라이언트의 접속을 기다리다 접속이 되면 Socket 객체를 반환받아 자료 송수신을 위한 스트림 객체를 생성한다. 메소드 printInfo()에서 Socket 객체의 메소드 getLocalPort()로 서버의 포트번호를 출력하며, 클라이언트의 주소와 포트번호를 getInetAddress()와 getPort()를 호출하여 출력한다.

│ 실습예제 11-13 │ 간단한 정보를 출력하며 클라이언트와 통신하는 서버 소켓 프로그램

MyServerSocket.java

```java
01    package socket;
02
03    import java.io.*;
04    import java.net.*;
05
06    public class MyServerSocket {
07        int port = 7070;
08        ServerSocket server;
09        Socket socket;
10        BufferedReader in;
11        PrintWriter out;
12
13        public MyServerSocket (int port) {
14            this.port = port;
15            System.out.println(">> 서버를 시작합니다.");
16            try {
17                server = new ServerSocket(7070);
18            } catch (IOException e) {
19                System.out.println(e.toString());
20            }
21        }
22
23        public void waitForClient() {
24            System.out.println(">> 클라이언트가 접속하길 기다리고 있습니다.");
25            try {
26                // 클라이언트 접속때까지 대기
27                socket = server.accept();
28                printInfo();
29                //클라이언트 소켓에 스트림을 연결
30                in = new BufferedReader(new InputStreamReader(socket.getInputStream()));
31                out = new PrintWriter(new OutputStreamWriter(socket.getOutputStream()));
32            } catch (IOException e) {
33                System.out.println(e.toString());
34            }
35        }
36
```

```java
37      public void receive() {
38          try {
39              //클라이언트 소켓으로부터 받은 메시지를 화면에 출력
40              System.out.println("[클라이언트] "+ in.readLine());
41          } catch (IOException e) {
42              System.out.println(e.toString());
43          }
44      }
45
46      public void send(String msg) {
47          // 클라이언트 소켓에 메시지 전송
48          out.println(msg);
49          out.flush();
50          System.out.println("[서버] " + msg);
51      }
52
53      public void close() {
54          try {
55              // 클라이언트 소켓 종료
56              socket.close();
57          } catch(IOException e) {
58              System.out.println(e.toString());
59          }
60      }
61
62      public void printInfo() {
63          System.out.println(">> 클라이언트가 접속에 성공했습니다.");
64          //서비스 포트 번호와 클라이언트 주소와 포트번호 출력
65          System.out.println("      서버 포트번호: " + socket.getLocalPort());
66          System.out.println("      클라이언트 주소: " + socket.getInetAddress());
67          System.out.println("      클라이언트 포트번호: " + socket.getPort() + '\n');
68      }
69
70      public static void main(String[] args) {
71          int port = 7070;
72          MyServerSocket myServer = new MyServerSocket(port);
73          myServer.waitForClient();
74          myServer.receive();
75          myServer.send("서버에 접속하신 것을 환영합니다!");
76          myServer.close();
77      }
78  }
```

결과
```
>> 서버를 시작합니다.
>> 클라이언트가 접속하길 기다리고 있습니다.
>> 클라이언트가 접속에 성공했습니다.
   서버 포트번호: 7070
   클라이언트 주소: /127.0.0.1
   클라이언트 포트번호: 49592

[클라이언트] 안녕하세요? 클라이언트입니다.
[서버] 서버에 접속하신 것을 환영합니다!
```

표준입력을 서버에 전송하는 클라이언트 소켓 프로그래밍

다음 MyClientSocket은 생성자와 메소드 receive(), send(), close(), printInfo()로 구성된 클래스이다. 서버주소와 포트번호가 인자인 생성자에서 서버에 접속하여 자료 송수신을 위한 스트림 객체를 생성한다. 메소드 printInfo()에서 서버의 주소와 포트번호 그리고 클라이언트의 포트번호를 출력한다. main() 메소드에서 표준입력으로 받은 문자열을 서버에 전송한 후 다시 수신한 자료를 출력하고 종료한다. 다음 MyClientSocket도 반드시 서버인 MyServerSocket을 실행한 후 실행하여야 작동한다.

| 실습예제 11-14 | 간단한 정보를 출력하며 서버와 통신하는 클라이언트 소켓 프로그램

MyClientSocket.java

```
01   package socket;
02
03   import java.io.BufferedReader;
04   import java.io.IOException;
05   import java.io.InputStreamReader;
06   import java.io.OutputStreamWriter;
07   import java.io.PrintWriter;
08   import java.net.Socket;
09   import java.util.Scanner;
10
11   public class MyClientSocket {
12       Socket socket;
13       BufferedReader in;
14       PrintWriter out;
15
16       public MyClientSocket (String ip, int port) {
17           try {
18               socket = new Socket(ip, port);
19
20               //서버 소켓에 스트림을 연결
21               in = new BufferedReader(new InputStreamReader(socket.getInputStream()));
22               out = new PrintWriter(new OutputStreamWriter(socket.getOutputStream()));
23               printInfo();
24           } catch (IOException e) {
25               System.out.println(e.toString());
26           }
27       }
28
29       public void receive() {
30           try {
31               //서버 소켓으로부터 받은 메시지를 화면에 출력
32               System.out.println("[서버] "+ in.readLine());
33           } catch (IOException e) {
```

```
34            System.out.println(e.toString());
35        }
36    }
37
38    public void send(String msg) {
39        //서버 소켓에 메시지 전송
40        out.println(msg);
41        out.flush();
42        System.out.println("[클라이언트] " + msg);
43    }
44
45    public void close() {
46        try {
47            // 클라이언트 소켓 종료
48            socket.close();
49        } catch(IOException e) {
50            System.out.println(e.toString());
51        }
52    }
53
54    public void printInfo() {
55        System.out.println(">> 서버 접속에 성공했습니다.");
56        //서비스 포트 번호와 클라이언트 주소와 포트번호 출력
57        System.out.println("      서버 주소: " + socket.getInetAddress());
58        System.out.println("      서버 포트번호: " + socket.getPort());
59        System.out.println("      클라이언트 포트번호: " + socket.getLocalPort() + '\n');
60    }
61
62    public static void main(String[] args) {
63        //서버 주소와 포트번호를 지정하여 서버에 접속
64        MyClientSocket client = new MyClientSocket("127.0.0.1", 7070);
65
66        System.out.print("서버에게 보낼 메시지 입력 >> ");
67        Scanner s = new Scanner(System.in);
68        String msg = s.nextLine();
69        client.send(msg);
70        client.receive();
71        client.close();
72    }
73 }
```

결과

```
>> 서버 접속에 성공했습니다.
    클라이언트 주소: /127.0.0.1
    서버 포트번호: 7070
    클라이언트 포트번호: 49592

서버에게 보낼 메시지입력>> 안녕하세요? 클라이언트입니다.
[클라이언트] 안녕하세요? 클라이언트입니다.
[서버] 서버에 접속하신 것을 환영합니다!
```

3. 소켓을 이용한 채팅 프로그래밍

채팅 프로그램

이제 카카오톡과 같은 채팅 프로그램을 작성해 보자. 다음은 이미 배운 소켓을 이용하여 1:1로 채팅을 수행하는 프로그램의 실행 모습이다. 서버나 클라이언트 모두 어느 때나 메시지를 입력한 후 [Enter] 키를 누르면 상대에게 전송되며 전송된 메시지는 표준출력에 출력되도록 한다. 개념적으로 메시지를 전달하는 송신자인 sender와 메시지를 받아 표준출력을 수행하는 수신자인 receiver를 생각하자. 이 sender와 receiver는 서버나 클라이언트의 작동과 관계 없이 계속적으로 작업을 수행해야 한다.

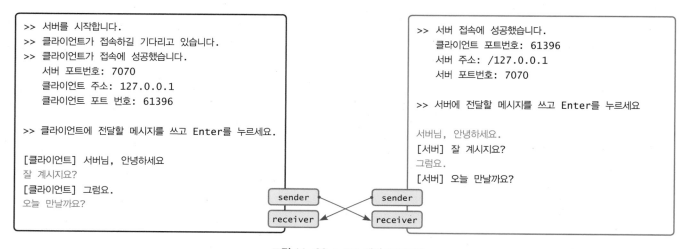

그림 11-22 ● 1:1 채팅 프로그램

Sender는 콘솔에 입력받은 메시지를 출력 스트림으로 송신하며, Receiver는 입력 스트림에 들어온 자료를 표준출력으로 표시한다. 이러한 메시지의 송신과 수신은 순서와 상관 없이 동시에 수행되어야 하므로 클래스를 다음과 같이 스레드로 구현한다.

```java
public class MsgReceiver extends Thread {
    ...
    public MsgReceiver(String nickname, Socket socket) {
        //소켓에 입력 스트림을 연결
        ...
    }
    public void run() {
        //소켓으로부터 받은 메시지를 화면에 출력
        ...
    }
}
```

그림 11-23 ● 수신자인 클래스 MsgReceiver의 구조

메시지 송수신을 위한 스레드 처리

MsgSender와 MsgReceiver는 메시지의 송수신을 처리하는 클래스로 모두 Thread를 상속받아 run() 메소드를 구현한다.

MsgSender: 스레드로 만들어 콘솔에 입력한 자료가 있으면 바로 전송하도록 기능을 수행

```java
import java.io.IOException;
...
public class MsgSender extends Thread {
    ...
    PrintWriter out;

    public MsgSender(String nickname, Socket socket) {
        ...
        this.socket = socket;

        //소켓에 출력 스트림을 연결
        out = new PrintWriter(
        new OutputStreamWriter(socket.getOutputStream()));
        ...
    }

    public void run() {
        Scanner s = new Scanner(System.in);
        while (out != null) {
            String msg = s.nextLine();
            //보내는 사람의 별명까지 앞에 붙여 전송
            out.println(nickname + msg);
            ...
        }
    }
}
```

> 콘솔에 입력한 자료를 받아 별명을 붙여 입력한 자료를 송신한다.

- 생성자: MsgSender와 MsgReceiver 모두 스트림을 연결할 소켓을 인자로 생성자를 구현하며, 각각 스트림을 생성한다.
- 스레드의 메소드 run()에서 계속적으로 입출력을 수행하기 위해 반복 구문에서 입력과 출력을 수행한다.

MsgReceiver: 스레드로 만들어 수신된 자료가 있으면 바로 출력하도록 기능을 수행

```java
import java.io.IOException;
...
public class MsgReceiver extends Thread {
    ...
    BufferedReader in;

    public MsgReceiver(String nickname, Socket socket) {
        ...
        this.socket = socket;
        ...
        //소켓에 입력 스트림을 연결
        in = new BufferedReader(
        new InputStreamReader(socket.getInputStream()));
        ...
    }

    public void run() {
        while (in != null) {
            ...
            //소켓으로부터 받은 메시지를 화면에 출력
            System.out.println(in.readLine());
            ...
        }
    }
}
```

> 수신된 한 줄을 읽어 표준 출력을 수행한다.

그림 11-24 • 계속적인 메시지의 송수신을 처리하는 MsgSender와 MsgReceiver 클래스

송신을 위한 클래스 MsgSender

클래스 MsgSender는 메시지 송신을 수행하는 스레드이다. 표준입력으로 메시지를 받아 별명을 앞에 붙여 상대방에게 송신한다. 송신되는 형식은 [메시지를_보내는_별명] '메시지내용'으로 전달된다. 반복 while() 내부에서 표준입력이 발생할 때마다 문장 s.nextLine()에 의해 계속 메시지를 송신하도록 한다.

| 실습예제 11-15 | 소켓을 이용하여 표준입력으로 받은 문자열 자료를 송신하는 스레드

MsgSender.java

```
01    package chat;
02
03    import java.io.IOException;
04    import java.io.OutputStreamWriter;
05    import java.io.PrintWriter;
06    import java.net.Socket;
07    import java.util.Scanner;
08
09    public class MsgSender extends Thread {
10        String nickname;
11        Socket socket;
12        PrintWriter out;
13
14        public MsgSender(String nickname, Socket socket) {
15            this.nickname = "[" + nickname + "] ";
16            this.socket = socket;
17            try {
18                //소켓에 출력 스트림을 연결
19                out = new PrintWriter(new OutputStreamWriter(socket.getOutputStream()));
20            } catch (IOException e) {
21                System.out.println(e.toString());
22            }
23        }
24
25        public void run() {
26            Scanner s = new Scanner(System.in);
27            while (out != null) {
28                String msg = s.nextLine();
29                //보내는 사람의 별명까지 앞에 붙여 전송
30                out.println(nickname + msg);
31                out.flush();
32            }
33        }
34    }
```

수신을 위한 클래스 MsgReceiver

클래스 MsgReceiver는 메시지 수신을 수행하는 스레드이다. 생성자에서 만든 소켓의 입력 스트림으로부터 메시지를 받아 이를 그대로 표준출력으로 출력한다. 출력되는 형식은 [메시지를_보내온_별명] 메시지내용 형식으로 표시된다.

| 실습예제 11-16 | 소켓을 이용하여 수신된 자료를 표준출력으로 출력하는 스레드

MsgReceiver.java

```
01  package chat;
02
03  import java.io.IOException;
04  import java.io.BufferedReader;
05  import java.io.InputStreamReader;
06  import java.net.Socket;
07
08  public class MsgReceiver extends Thread {
09      String nickname;
10      Socket socket;
11      BufferedReader in;
12
13      public MsgReceiver(String nickname, Socket socket) {
14          this.nickname = "[" + nickname + "] ";
15          this.socket = socket;
16          try {
17              //소켓에 입력 스트림을 연결
18              in = new BufferedReader(new InputStreamReader(socket.getInputStream()));
19          } catch (IOException e) {
20              System.out.println(e.toString());
21          }
22      }
23
24      public void run() {
25          while (in != null) {
26              try {
27                  //소켓으로부터 받은 메시지를 화면에 출력
28                  System.out.println(in.readLine());
29              } catch (IOException e) {
30                  System.out.println(e.toString());
31              }
32          }
33      }
34  }
```

채팅 서버인 클래스 ChatServer

클래스 ChatServer는 1:1 채팅을 위한 서버로 생성자에서 ServerSocket()을 생성한다. 메소드 communicate()에서 클라이언트의 접속을 기다리다 접속이 이루어지면 소켓을 생성하고 정보를 출력하며, 클라이언트와의 메시지 송수신을 위한 스레드 MsgSender와 MsgReceiver를 생성하고 실행한다. 클라이언트에게 메시지를 보내려면 문장을 쓴 후 [Enter] 키를 누른다. 반대로 클라이언트로부터 메시지를 받으면 표준출력에 [클라이언트] '메시지내용' 형식으로 표시된다.

| 실습예제 11-17 | 1:1 채팅을 위한 서버로 스레드인 MsgSender와 MsgReceiver를 사용

ChatServer.java

```
01    package chat;
02
03    import java.io.*;
04    import java.net.*;
05
06    public class ChatServer {
07        int port = 7070;
08        ServerSocket server;
09        Socket socket;
10
11        public ChatServer (int port) {
12            this.port = port;
13            System.out.println(">> 서버를 시작합니다.");
14            try {
15                server = new ServerSocket(port);
16            } catch (IOException e) {
17                e.printStackTrace();
18            }
19        }
20
21        public void communicate() {
22            System.out.println(">> 클라이언트가 접속하길 기다리고 있습니다.");
23            try {
24                // 클라이언트 접속 때까지 대기
25                socket = server.accept();
26                printInfo();
27                //서버 소켓에 입력과 출력을 위한 sender와 receiver를 연결
28                MsgSender sender = new MsgSender("서버", socket);
29                MsgReceiver receiver = new MsgReceiver("서버", socket);
30                //sender와 receiver의 스레드를 실행
31                receiver.start();
32                sender.start();
33            } catch (IOException e) {
```

```
34              e.printStackTrace();
35          }
36      }
37
38      public void close() {
39          try {
40              // 클라이언트 소켓 종료
41              socket.close();
42          } catch(IOException e) {
43              e.printStackTrace();
44          }
45      }
46
47      public void printInfo() {
48          System.out.println(">> 클라이언트가 접속에 성공했습니다.");
49          //서비스 포트 번호와 클라이언트 주소와 포트번호 출력
50          System.out.println("      서버 포트번호: " + socket.getLocalPort());
51          System.out.println("      클라이언트 주소: " + socket.getInetAddress());
52          System.out.println("      클라이언트 포트번호: " + socket.getPort() + '\n');
53          System.out.println(">> 클라이언트에 전달할 메시지를 쓰고 Enter를 누르세요." + '\n');
54      }
55
56      public static void main(String[] args) {
57          int port = 7070;
58          ChatServer myServer = new ChatServer(port);
59          myServer.communicate();
60      }
61  }
```

결과

```
>> 서버를 시작합니다.
>> 클라이언트가 접속하길 기다리고 있습니다.
>> 클라이언트가 접속에 성공했습니다.
    서버 포트번호: 7070
    클라이언트 주소: /127.0.0.1
    클라이언트 포트번호: 61396
>> 클라이언트에 전달할 메시지를 쓰고 Enter를 누르세요.

[클라이언트] 서버님, 안녕하세요.
잘 계시지요?
[클라이언트] 그럼요.
오늘 만날까요?
```

채팅 클라이언트인 클래스 ChatClient

클래스 ChatClient는 1:1 채팅을 위한 클라이언트로 생성자에서 Socket 객체를 생성하여 서버에 접속하고 정보를 출력한다. 메소드 communicate()에서 서버와의 메시지 송수신을 위한 스레드 MsgSender와 MsgReceiver를 생성하고 실행한다. 서버에게 메시지를 보내려면 문장을 쓴 후 [Enter] 키를 누른다. 반대로 서버로부터 메시지를 받으면 표준출력에 [서버] 메시지내용 형식으로 표시된다.

실습예제 11-18 | 1:1 채팅을 위한 클라이언트로 스레드인 MsgSender와 MsgReceiver를 사용

ChatClient.java

```
01  package chat;
02
03  import java.io.BufferedReader;
04  import java.io.IOException;
05  import java.io.PrintWriter;
06  import java.net.Socket;
07
08  public class ChatClient {
09      Socket socket;
10      BufferedReader in;
11      PrintWriter out;
12
13      public ChatClient(String ip, int port) {
14          try {
15              socket = new Socket(ip, port);
16              printInfo();
17          } catch (IOException e) {
18              e.printStackTrace();
19          }
20      }
21
22      public void communicate() {
23          //클라이언트 소켓에 입력과 출력을 위한 sender와 receiver를 연결
24          MsgSender sender = new MsgSender("클라이언트", socket);
25          MsgReceiver receiver = new MsgReceiver("클라이언트", socket);
26          //sender와 receiver의 스레드를 실행
27          sender.start();
28          receiver.start();
29      }
30
31      public void close() {
```

```
32          try {
33              // 클라이언트 소켓 종료
34              socket.close();
35          } catch(IOException e) {
36              System.out.println(e.toString());
37          }
38      }
39
40      public void printInfo() {
41          System.out.println(">> 서버 접속에 성공했습니다.");
42          //서비스 포트 번호와 클라이언트 주소와 포트번호 출력
43          System.out.println("      클라이언트 포트번호: " + socket.getLocalPort());
44          System.out.println("      서버 주소: " + socket.getInetAddress());
45          System.out.println("      서버 포트번호: " + socket.getPort() + '\n');
46          System.out.println(">> 서버에 전달할 메시지를 쓰고 Enter를 누르세요." + '\n');
47      }
48
49      public static void main(String[] args) {
50          //서버 주소와 포트번호를 지정하여 서버에 접속
51          ChatClient client = new ChatClient("127.0.0.1", 7070);
52          //서버와 통신
53          client.communicate();
54      }
55  }
```

결과
```
>> 서버 접속에 성공했습니다.
      클라이언트 포트번호: 61396
      서버 주소: /127.0.0.1
      서버 포트번호: 7070

>> 서버에 전달할 메시지를 쓰고 Enter를 누르세요.

서버님, 안녕하세요.
[서버] 잘 계시지요?
그럼요.
[서버] 오늘 만날까요?
```

4. UDP 통신

UDP 통신

User Datagram Protocol의 약자인 UDP는 TCP와는 다르게 비연결성^{connectionless}이며, 속도는 빠르지만 TCP보다 신뢰성이 떨어지는 통신 프로토콜이다. UDP의 특징은 다음과 같습니다.

① 송수신할 정보는 DatagramPacket에 저장하며, 이 패킷을 보낼 때마다 수신 측의 주소와 포트번호를 함께 전송해야 한다.
② DatagramSocket의 메소드 send()와 receive()로 송수신할 DatagramPacket을 전달하고 받는다.
③ UDP는 데이터를 전송할 때만 연결되는 비연결성인 특징이 있다.

UDP통신 과정을 살펴보면 서버는 포트번호를 사용하여 DatagramSocket을 생성하고 클라이언트는 기본생성자로 DatagramSocket을 생성한다. 클라이언트에서 송신을 위해 버퍼와 송신할 서버 주소, 포트번호를 지정하여 DatagramPacket을 생성한 후 send()를 호출하여 전송한다. 전송된 클라이언트의 자료를 서버에서 받으려면 저장될 버퍼를 지정하여 DatagramPacket을 생성한 후 receive()를 호출한다.

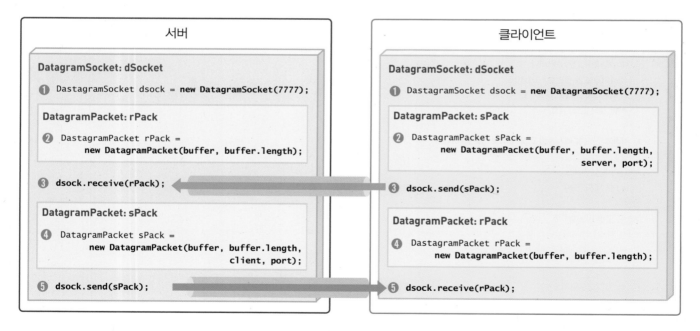

그림 11-25 ● UDP를 이용한 자료의 통신 과정

클래스 DatagramSocket과 DatagramPacket

UDP로 데이터그램패킷[DatagramPacket]인 정보를 송수신하기 위해서는 먼저 객체 Datagram
Socket을 생성해야 한다. DatagramSocket은 서비스할 포트번호를 지정하거나 또는 기
본 생성자로 생성할 수 있다. 주로 서버에 DatagramSocket을 생성할 때는 포트번호를 지
정하여 생성한다.

```
//현재 컴퓨터에서 지정된 포트번호로 데이터그램 소켓 생성
DatagramSocket serverSocket = new DatagramSocket(7777);
//현재 컴퓨터에서 사용 가능한 포트번호로 데이터그램 소켓 생성
DatagramSocket clientScoket = new DatagramSocket();
```

그림 11-26 ● 클래스 DatagramSocket의 생성 방법

DatagramSocket에 자료를 전송하려면 먼저 DatagramPacket을 생성해야 한다.
DatagramPacket의 생성은 다음과 같이 다양한 생성자를 이용하여 생성할 수 있다. 일반
적으로 다른 컴퓨터로 전송하는 패킷을 만들려면 받을 서버의 주소인 InetAddress와 포
트번호를 지정하여 생성하며, 수신할 패킷은 수신 정보가 저장될 수 있는 공간만 지정하
면 가능하다. 생성자에서 offset을 지정하면 자료 저장공간의 중간지점부터 저장이 가능
하다.

상수	의미
DatagramPacket(byte[] buf, int length)	수신 패킷인 length 길이의 buf를 생성
DatagramPacket(byte[] buf, int length, InetAddress address, int port)	주소 InetAddress에 포트번호 port로 전송할 패킷인 length 길이의 buf를 생성
DatagramPacket(byte[] buf, int offset, int length)	수신 패킷인 offset에서 시작하는 length 길이의 buf를 생성
DatagramPacket(byte[] buf, int offset, int length, InetAddress address, int port)	주소 InetAddress에 포트번호 port로 전송할 패킷인 offset에서 시작하는 length 길이의 buf를 생성

표 11-16 ● 클래스 DatagramPacket의 생성자

UDP 통신을 위한 서버 구현

수신된 DatagramPacket에서 메소드 getAddress()와 getPort()를 이용하면 이 패킷을 전송한 주소와 포트번호를 알 수 있다. 자료를 수신한 클라이언트에게 자료를 전송하려면, 이 주소와 포트번호를 사용하여 다시 DatagramPacket을 생성하여 DatagramSocket의 메소드 send()로 송신한다.

```
byte[] buffer = new byte[1024];
rPack = new DatagramPacket(buffer, buffer.length);
dsock.receive(rPack);
...
//클라이언트의 주소와 포트번호를 반환
client = rPack.getAddress();
cport = rPack.getPort();
...
sPack = new DatagramPacket(strOut.getBytes(), strOut.getBytes().length, client, cport);
dsock.send(sPack);
```

그림 11-27 ● UDP 서버에서 클라이언트에게 자료의 송수신

| 실습예제 11-19 | UDP 서버로 먼저 클라이언트의 자료를 수신한 후 다시 입력 자료를 전송

BasicUDPServer.java

```
01   package udp;
02
03   import java.net.DatagramPacket;
04   import java.net.DatagramSocket;
05   import java.net.InetAddress;
06   import java.io.BufferedReader;
07   import java.io.InputStreamReader;
08
09   public class BasicUDPServer {
10      DatagramSocket dsock;
11      DatagramPacket sPack, rPack;
12      InetAddress client;
13      int sport = 7777, cport;
14
15      public BasicUDPServer(int sport) {
16         try {
17            // DatagramPacket을 sport로 지정하여 생성
18            this.sport = sport;
19            System.out.println(">> 서버를 시작합니다.");
20            System.out.println(">> 클라이언트가 접속하길 기다리고 있습니다." + "\n");
21            this.dsock = new DatagramSocket(sport);
22         } catch (Exception e) {
```

```
23          System.out.println(e);
24       }
25    }
26
27    public void communicate() {
28       try {
29          //키보드로부터 전송할 문자열을 입력받기 위해 BufferedReader 형태로 변환
30          BufferedReader br = new BufferedReader(new InputStreamReader(System.in));
31          while (true) {
32             byte[] buffer = new byte[1024];
33             //클라이언트에서 전송되는 DatagramPacket을 받기 위해 rPack 생성한 후 대기
34             rPack = new DatagramPacket(buffer, buffer.length);
35             dsock.receive(rPack);
36             //전송받은 결과를 문자열로 변환,
37             //String(byte[] bytes, int offset, int length)
38             String strIn = new String(rPack.getData(), 0, rPack.getData().length);
39             //클라이언트의 주소와 포트번호를 반환
40             client = rPack.getAddress();
41             cport = rPack.getPort();
42             //전송받은 결과를 출력하고 quit이면 종료
43             System.out.println("[클라이언트" + client + ": " + cport + "]" + strIn);
44             if (strIn.trim().equals("quit")) break;
45             //표준입력으로 입력된 정보를 DatagramPacket으로 만들어 클라이언트에 전송
46             String strOut = br.readLine();
47             sPack = new DatagramPacket(strOut.getBytes(), strOut.getBytes().length, client, cport);
48             dsock.send(sPack);
49          }
50          System.out.println("UDP 서버를 종료합니다.");
51       } catch(Exception e){
52          System.out.println(e);
53       }
54    }
55
56    public static void main(String[] args) {
57       BasicUDPServer client = new BasicUDPServer(7777);
58       client.communicate();
59    }
60 }
```

결과 >> 서버를 시작합니다.
>> 클라이언트가 접속하길 기다리고 있습니다.

[클라이언트/127.0.0.1: 55549]자료 전송이 잘 됩니까?
잘 됩니다. 그 쪽은요?
[클라이언트/127.0.0.1: 55549]quit
UDP 서버를 종료합니다.

UDP 통신을 위한 클라이언트 구현

다음 클래스 BasicUDPClient는 UDP 통신을 위한 클라이언트 프로그램이다. 서버주소와 포트번호를 사용하여 BasicUDPClient 객체를 생성하며 메소드 communicate()에 의해 메시지를 전달하고 받는다. 프로그램이 실행되면 콘솔에 입력한 문자열을 서버에 전송한다. 입력한 문자열이 'quit'이면 이를 서버에 송신하고 클라이언트 프로그램이 종료된다. 문자열 'quit'가 서버에 수신되면 서버도 종료된다.

| 실습예제 11-20 | UDP 클라이언트로 먼저 표준입력 자료를 서버에 송신한 후 다시 수신한 자료를 출력

BasicUDPClient.java

```
01   package udp;
02
03   import java.net.DatagramPacket;
04   import java.net.DatagramSocket;
05   import java.net.InetAddress;
06   import java.io.BufferedReader;
07   import java.io.InputStreamReader;
08
09   public class BasicUDPClient {
10       DatagramSocket dsock;
11       DatagramPacket sPack, rPack;
12       InetAddress server;
13       int port = 8888;
14
15       public BasicUDPClient(String ip, int port) {
16           try {
17               // DatagramPacket에 들어갈 ip 주소가 InetAddress 형태여야 함
18               server = InetAddress.getByName(ip);
19               this.port = port;
20               this.dsock = new DatagramSocket();
21               System.out.println(">> 서버에 접속합니다.");
22               System.out.println(">> 서버에 전달할 메시지를 쓰고 Enter를 누르세요.");
23               System.out.println(">> 종료하려면 quit를 쓰고 Enter를 누르세요." + "\n");
24           } catch (Exception e) {
25               System.out.println(e);
26           }
27       }
28
29       public void communicate() {
30           try {
31               // 키보드로부터 서버에게 전송할 문자열을 입력받기 위해 BufferedReader 형태로 변환
32               BufferedReader br = new BufferedReader(new InputStreamReader(System.in));
33               String strOut = null;
34               while ((strOut = br.readLine()) != null) {
```

```java
35                    //DatagramPacket에 입력 줄을 저장하고 서버에 전송
36                    sPack = new DatagramPacket(strOut.getBytes(),
37                            strOut.getBytes().length, server, port);
38                    dsock.send(sPack);
39                    //서버에 quit를 전송하면 종료
40                    if (strOut.equals("quit")) break;
41
42                    //서버로부터 수신되는 DatagramPacket을 받아 표준출력
43                    byte[] buffer = new byte[1024];
44                    rPack = new DatagramPacket(buffer, buffer.length);
45                    dsock.receive(rPack);
46                    String strIn = new String(rPack.getData(), 0, rPack.getData().length);
47                    System.out.println("[서버" + server + ": " + port + "]" + strIn);
48                }
49                System.out.println("UDP 클라이언트를 종료합니다.");
50            } catch(Exception e){
51                System.out.println(e);
52            }
53        }
54
55        public static void main(String[] args) {
56            BasicUDPClient client = new BasicUDPClient("127.0.0.1", 7777);
57            client.communicate();
58        }
59    }
```

결과

>> 서버에 접속합니다.
>> 서버에 전달할 메시지를 쓰고 Enter를 누르세요.
>> 종료하려면 quit를 쓰고 Enter를 누르세요.

자료 전송이 잘 됩니까?
[서버/127.0.0.1: 7777]잘 됩니다. 그 쪽은요?
quit
UDP 클라이언트를 종료합니다.

내용점검 연습

INTRODUCTION TO *JAVA* PROGRAMMING

1. 다음에서 서술 내용이 맞으면 O, 틀리면 X 하시오.

   ❶ 입출력은 입력과 출력을 함께 사용하는 용어로 컴퓨터와 장치 그리고 프로그램 사이에서 자료를 주고받는 일을 총칭한다. (   )

   ❷ 스트림은 입출력에 필요한 정보 흐름의 통로 역할을 한다. (   )

   ❸ 입출력의 단위는 크게 문자열과 문자로 구분된다. (   )

   ❹ 문자 중심의 정보 입출력을 담당하는 클래스는 추상 클래스인 InputStream과 OutputStream을 최상위 클래스로 가진다. (   )

   ❺ 클래스 FileOutputStream은 파일로부터 내용을 바이트 기반으로 입력하기 위한 스트림이다. (   )

   ❻ 클래스 InetAddress의 메소드 getByName()은 UnknownHostException 예외를 발생할 수 있으므로 try 문으로 예외처리를 해 주어야 한다. (   )

   ❼ UDP는 연결 기반 방식으로 신뢰성 있는 자료 전송에 적합한 방식이다. (   )

   ❽ UDP 방식은 송수신할 정보는 DatagramPacket에 저장하며, 이 패킷을 보낼 때마다 수신 측의 주소와 포트번호를 함께 전송해야 한다. (   )

   ❾ ServerSocket의 메소드 receive()는 클라이언트의 요청에 통신을 위한 Socket을 반환한다. (   )

   ❿ TCP 방식은 적은 양의 자료를 전송하고 멀티캐스트 또는 브로드캐스트 전송에 적합하다. (   )

2. 다음에서 비어있는 부분을 적당히 채우시오.

   ❶ 추상 클래스 ▨▨▨▨▨▨▨(은)는 BufferedInputStream의 상위 클래스이다.

   ❷ ▨▨▨(은)는 자료 처리 속도가 다른 두 장치 간에 일정 크기의 임시 저장 장치를 이용하여 정보 처리를 보다 빠르게 하는 방법이다.

   ❸ 문자 기반으로 파일에 입출력을 하려면 ▨▨▨(와)과 FileWriter를 사용한다.

   ❹ 파일과 폴더에 대한 여러 연산을 수행하려면 클래스 ▨▨▨(을)를 이용한다.

   ❺ IP 주소를 처리하기 위한 자바의 클래스는 ▨▨▨(이)다.

   ❻ 자료 전송을 위해서는 호스트에 자료 전송의 끝단인 ▨▨▨(이)가 필요하다.

   ❼ 자료 통신 방식에는 크게 TCP와 ▨▨▨ 방식이 있다.

   ❽ ▨▨▨(은)는 자료 전송의 신뢰성이 떨어지며 대량의 정보 전송에 적합한 방식이다.

   ❾ Socket의 메소드 ▨▨▨▨▨(와)과 getOutputStream()으로 입력과 출력 스트림을 생성한다.

⑩ DatagramSocket의 메소드 send()와 receive()로 송수신할 ▨▨▨▨▨▨▨▨
   (을)를 전달하고 받는다.

3. 다음 문제에서 가장 적절한 것을 하나 선택하시오.

❶ 다음 중 바이트 중심의 입출력을 표현하는 클래스가 아닌 것은 무엇인가? (   )

가) `BufferInputStream`   나) `DataInputStrems`

다) `ObjectOutputStream`   라) `FileWriter`

❷ 다음에서 클래스의 계층 구조가 잘못된 것은 무엇인가? (   )

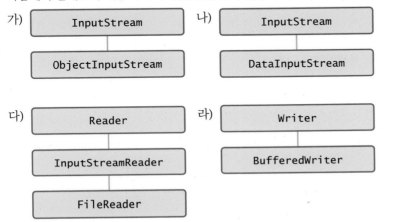

❸ 다음 중에서 파일과 폴더에 대한 여러 연산을 수행하는 클래스는 무엇인가? (   )

가) `File`   나) `FileInputStream`

다) `FileReader`   라) `FileWriter`

❹ 다음 중에서 `InetAddress`의 메소드 `getByName(string host)`의 반환형은 무엇인가? (   )

가) `String`   나) `int`

다) `URL`   라) `InetAddress`

❺ 다음 중에서 대표적인 통신 방식 2가지를 표현한 것은 무엇인가? (   )

가) TCP와 UDP   나) 소켓과 서버 소켓

다) 클라이언트와 서버   라) 소켓과 스트림

❻ 다음 중에서 `File`의 생성자가 아닌 것은 무엇인가? (   )

가) `public File(String path)`

나) `public File(String path, String name)`

다) `public File(File dir, String name)`

라) `public File(String name, File dir)`

❼ 다음 중 DatagramPacket의 생성자의 인자가 적절한 것은 무엇인가? (   )

가) DatagramPacket(byte[] buf, int length, InetAddress address, int port)

나) DatagramPacket(InetAddress address, int port, byte[] buf, int length,)

다) DatagramPacket(InetAddress address, int port)

라) DatagramPacket(byte[] buf, int length, int port)

❽ 다음 중 UDP에 사용하는 자바 클래스만을 나열한 무엇인가? (   )

가) ServerSocket, DatagramSocket

나) Socket, DatagramSocket

다) DatagramSocket, DatagramPacket

라) ServerSocket, Socket

❾ 다음 중 TCP에 대한 설명 중에서 잘못된 것은 무엇인가? (   )

가) 바이트 중심의 스트림으로 자료를 전송하므로 특정한 구조 없이 자료 전송이 가능하다.

나) 일반적으로 속도는 UDP보다 느리다.

다) 자료 전송 손실 가능성이 있어 신뢰성을 보장할 수 없는 전송 방식이다.

라) 연결 기반 프로토콜 방식이다.

❿ 다음은 TCP 방식을 위한 소켓 프로그래밍 절차를 기술한 것이다. 다음 중에서 소켓 프로그램이 실행되는 순서를 가장 적절한 나열한 것은 무엇인가? (   )

> A. [서버] : 포트번호를 이용해서 ServerSocket을 열어 클라이언트의 요청을 기다린다.
> B. [클라이언트] : 서버의 주소와 포트번호를 이용해서 Socket을 열어 서버와 연결한다.
> C. [서버] : 클라이언트의 요청을 받아들여 서버의 Socket을 생성한다.
> D. [서버와 클라이언트] : 서버와 클라이언트에서 연결된 Socket에서 자료를 교환할 수 있도록 입력스트림과 출력스트림을 생성하여 서로 통신한다.

가) A, B, C, D   나) B, A, C, D

다) C, A, B, D   라) A, C, B, D

4. 다음 프로그램의 비어있는 부분을 완성하시오.

❶ 표준 입력으로 받은 한 줄씩 파일에 쓰는 프로그램으로 자료 입력 중에 [CTRL] + [Z]를 누르면 그 이전 줄까지 입력된다.

```java
import java.io.*;

public class MyFileWriter {
    public static void main(String[] args) throws IOException {
        FileWriter fw;
        BufferedReader br;
        String fname = "src/test.data";
```

```
                br = new BufferedReader(new InputStreamReader(System.in));
                String line;
                while ((line = br.readLine()) != null) {
                    fw.write(line);
                    fw.write('\n');
                }
                fw.close();
                br.close();
            }
        }
```

❷ DataOutputStream을 사용하여 파일에 바이너리 자료를 저장한다.

```
import java.io.*;

public class MyDataStream {
    public static void main(String[] args) throws IOException {
        FileOutputStream fos;
        DataOutputStream dos;
        String fname = "src/data.txt";

        fos = new FileOutputStream(fname);

        dos.writeChars("데이터가 잘 들어가나요?\n");
        dos.writeInt(2385);
        dos.writeDouble(34.567);

        dos.close();
        fos.close();
    }
}
```

프로그래밍 연습

1. 다음 조건을 만족하도록 파일을 복사하는 프로그램을 작성하시오.
   - 현재 소스 파일을 읽어 한 줄의 가장 처음에 줄 번호가 나오도록 하여 다시 새로운 파일에 복사
   - 만일 MyClass.java라면 줄 번호가 있는 파일은 MyClass.num으로

2. 다음 조건을 만족하도록 이미지 파일을 처리하는 프로그램을 작성하시오.
   - 확장자 jpg의 이미지 파일을 읽어 표준 출력에 출력

3. 다음 조건을 만족하며 현재 폴더의 하부 파일을 출력하는 프로그램을 작성하시오.
   - 하부 폴더와 일반 파일을 구분하여 출력

4. 다음 조건을 만족하며 지정한 이름의 폴더를 생성하는 프로그램을 작성하시오.
   - 명령행에서 폴더 이름을 입력받아 생성

5. 다음 조건을 만족하며 파일 이름을 수정하는 프로그램을 작성하시오.
   - 클래스 이름은 Rename
   - 명령행에서 이전파일이름 새파일이름 순으로 입력되도록 구현
     ※ java Rename fromfile tofile

6. 다음 조건을 만족하며 기존 파일을 새로운 파일로 복사하는 프로그램을 작성하시오.
   - 클래스 이름은 FileCopy
   - 명령행에서 기본파일이름 복사된새파일이름 순으로 입력되도록 구현
     ※ java FileCopy originfile copyfile

7. 다음 조건을 만족하도록 1:1 채팅 프로그램을 작성하시오.
   - 클라이언트에서 입력받을 내용
     ※ 클라이언트의 이름을 표준입력으로 저장
     ※ 서버의 IP 주소를 표준입력으로 저장

- 클라이언트의 간단한 메뉴를 제공하여 실행되도록 구현

  ※ connect : 서버에 접속하기

  ※ bye : 접속 종료하고 클라이언트만 프로그램 종료

  ※ quit : 접속 종료하고 클라이언트와 서버 함께 종료

JDBC 프로그래밍

INTRODUCTION TO **JAVA** PROGRAMMING

01 데이터베이스와 MySQL

1. 데이터베이스 개요

데이터베이스

데이터베이스는 간단히 '관련 있는 데이터의 저장소'라고 볼 수 있다. 즉 **데이터베이스는 여러 사람이나 응용시스템에 의해 참조 가능하도록 서로 논리적으로 연관되어 통합 관리되는 데이터의 모임**이다. 데이터베이스에 저장된 자료는 데이터를 추가하고, 공유하고, 찾고, 정렬하고, 분류하고, 요약하고, 출력하는 등의 여러 조작을 통하여 정보로서 활용될 수 있어야 한다.

데이터베이스 관리시스템

데이터베이스 관리 시스템^{DBMS: DataBase Management System}**은 사용자가 데이터베이스를 만들고, 유지 관리할 수 있도록 돕는 프로그램**을 말한다. 즉 데이터와 응용 프로그램 사이에서 중재자 역할로서 모든 프로그램들이 데이터베이스를 유용하게 활용할 수 있도록 관리해 주는 소프트웨어이다. 데이터베이스는 '관련 있는 데이터의 저장소'이고, 데이터베이스 관리시스템은 '데이터베이스를 관리하는 소프트웨어'이다.

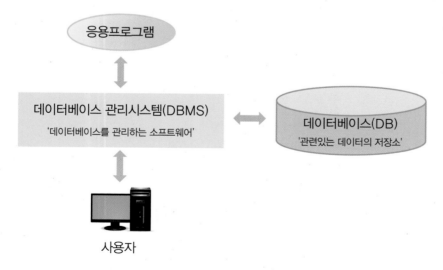

그림 12-1 ● 데이터베이스 관리시스템(DBMS)

필드와 레코드

자료의 가장 작은 단위는 비트^{bit}이다. 비트가 모여 바이트^{byte}가 되고, 바이트가 모이면 하나의 문자를 표현할 수 있다. 문자가 모여 하나의 의미를 나타내는 문자열을 표현할 수 있다. 문자뿐만 아니라 정수나 실수도 몇 개의 바이트로 표현할 수 있다. **특정한 종류의 데이터를 저장하기 위한 영역을 필드**^{fields}라 한다. 여기서 특정한 종류란 그 필드에 저장될 수 있는 데이터의 종류를 말하고 이를 데이터 유형$^{data\ type}$이라 한다. 다음과 같이 사람에 대한 이름, 학번, 생년월일, 주소가 있다고 가정하자. 이름, 학번, 생년월일, 주소와 같이 논리적으로 의미 있는 자료의 단위가 필드이다. 이러한 필드에는 실제 자료 값이 저장되며 **이러한 필드가 여러 개 모이면 하나의 레코드**^{record}**가 된다. 레코드가 여러 개 모이면 하나의 파일**이 된다.

그림 12-2 ● 필드와 레코드, 파일

파일과 데이터베이스

여러 개의 레코드가 모여 하나의 파일이 구성된다. 이러한 파일을 여러 개 모아 논리적으로 연결해서 필요한 정보를 적절히 활용할 수 있도록 서로 관련 있는 데이터들로 통합한 파일의 집합을 데이터베이스^{Database}라 한다.

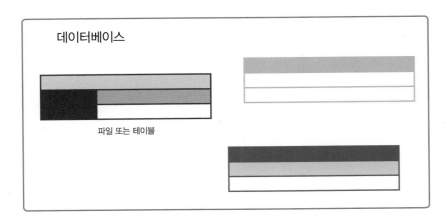

그림 12-3 ● 파일이 모인 데이터베이스

2. MySQL 개요와 내려받기

MySQL 개요

MySQL은 대표적인 오픈 소스 DBMS 제품으로 초기에는 무료로 연구용이었으나 현재는 성능이 향상되어 상용 DBMS로도 널리 사용되는 제품이다. MySQL은 원래 mSQL이라는 DBMS에서 기반이 되어 새로 개발된 DBMS로서 범용적으로 많이 이용하는 데이터베이스 관리 시스템이다. 특히 MySQL Community Server 버전은 무료로 공개된 데이터베이스로 교육 또는 연구 개발에 많이 사용된다.

그림 12-4 ● MySQL 홈페이지 www.mysql.com

MySQL Community Server 버전 내려받기

MySQL 홈페이지에서 [Download]를 누르고 왼쪽 메뉴 [MySQL Community Server]를 누르면 버전 5.5에 대한 다양한 설치 프로그램을 제공한다. 여러 종류의 설치 파일 중에서 설치에 편리한 MSI Installer 또는 설치 압축파일인 ZIP 파일을 내려 받는다. 여기에서는 설치에 편리한 [Windows (x86, 32-bit), MSI Installer]를 선택한 후, 설치 파일 [mysql-5.5.19-win32.msi]을 내려받는다.

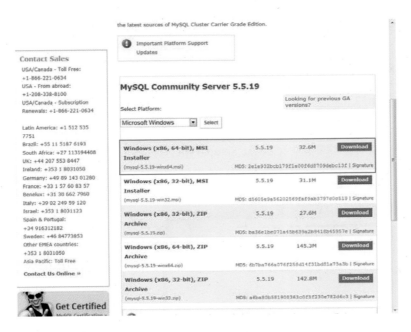

그림 12-5 • MySQL Community Server의 [윈도우] 버전

MySQL JDBC 드라이버 내려받기

MySQL DBMS를 이용하여 JDBC 프로그래밍을 하려면 JDBC 드라이버가 필요하다. MySQL JDBC 드라이버를 내려 받기 위해서 MySQL 홈페이지 [Download] 페이지 하부 [Connector/J]를 선택한다. MySQL은 JDBC 드라이버를 [Connector/J]라고 부른다. 현재 [Connector/J]의 버전인 5.1.18에 대한 압축 파일 [mysql-connector-java-5.1.18.zip]을 내려 받는다.

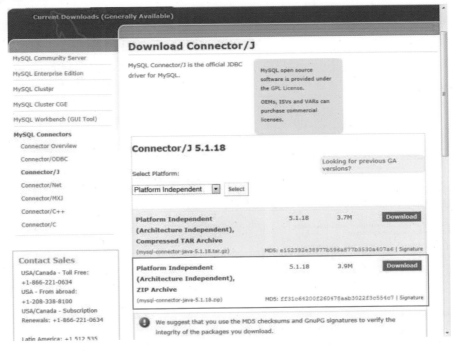

그림 12-6 • MySQL의 JDBC 드라이버 [Connector/J] 내려 받기

3. MySQL 설치와 환경 설정

MySQL 설치

내려받은 MySQL 설치 파일 [mysql-5.5.28-win32.msi]을 더블 클릭하여 설치를 시작한다.

① 첫 대화상자인 Setup에서 [next]를 선택한 후, 다음 대화상자 [Choose Setup Type]에서 [Typical] 버튼을 누른다.

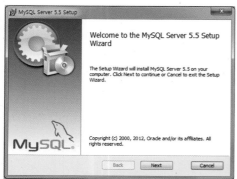
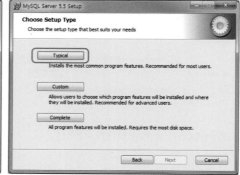

그림 12-7 • MySQL 설치 시작

② 설치가 완료된 후 [MySQL Enterprise] 대화상자에서 [Next >] 버튼을 누르면 설치 종료를 알리는 대화상자가 나타난다. 여기서 [Launch the MySQL Instance Configuration Wizard] 체크박스를 누르고 [Finish] 버튼을 누르면, 계속해서 설정 마법사가 실행된다.

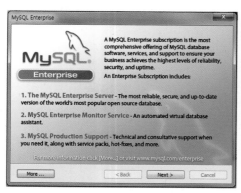

그림 12-8 • MySQL 설정 마법사 시작

설정 마법사

설정 마법사를 시작하여 설정할 MySQL 버전을 선택한 후 [Standard Configuration]을
선택한다. 다음 4번 대화상자에서 편의를 위하여 체크박스를 모두 선택한다. 5번 대화상
자에서 필요하면 데이터베이스 최고 권한자인 root의 암호를 지정한 후 [Next >] 버튼을
눌러 설정을 완료한다.

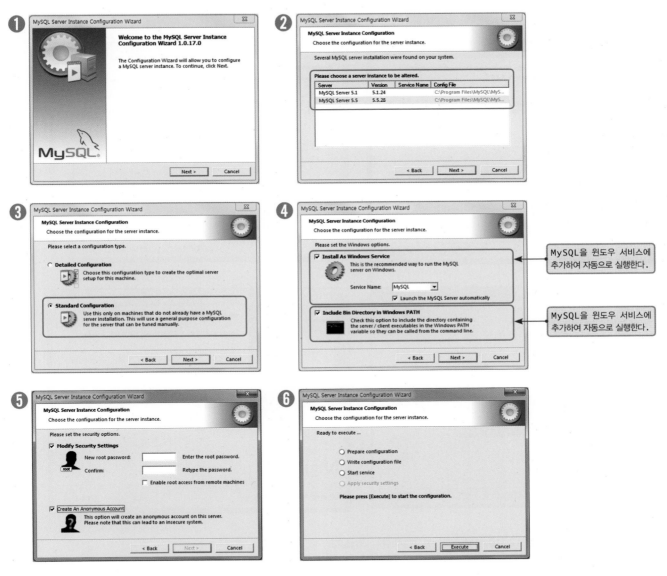

그림 12-9 • 설치 마법사 진행 과정

4. MySQL 워크벤치로 MySQL 설치 확인

MySQL 워크벤치 설치

MySQL 워크벤치는 MySQL의 윈도우 유틸리티로 홈페이지에서 내려받은 설치파일 [mysql-workbench-gpl-5.2.44-win32.msi]로 설치할 수 있다. MySQL 워크벤치의 설치 는 다음과 같이 [Complete]를 선택하면 빠르고 쉽게 설치할 수 있다.

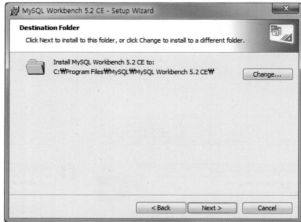
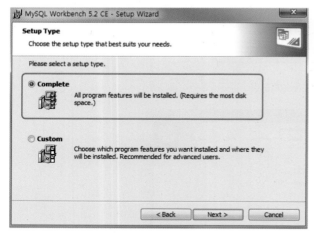
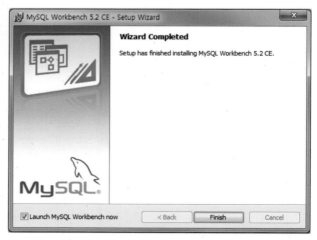

그림 12-10 ● MySQL 워크벤치 설치 대화상자

MySQL 설치 확인

다음은 MySQL의 윈도우 유틸리티인 워크벤치가 실행된 화면이다. 워크벤치는 바탕화면 메뉴 [MySQL] 하부 메뉴 [MySQL Workbench 5.2 CE]로도 실행할 수 있다. 화면 왼쪽의 [Open Connection to Start Querying]에서 [Local Instance MySQL55]를 더블 클릭하면 서버 접속 화면이 표시된다. 대화상자 [Connect to MySQL Server]에서 설치 시 지정한 암호를 입력하여 서버에 접속한다.

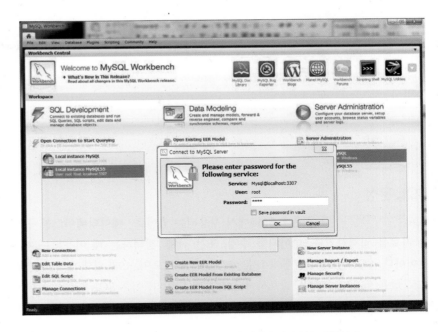

그림 12-11 ● MySQL 워크벤치 화면과 서버 접속 대화상자

현재 MySQL 서버 실행의 다른 확인 방법은 [Ctrl] + [Alt] + [Del]을 눌러 [Windows 작업 관리자]에서 [서비스]에서 서비스되는 MySQL55를 확인할 수 있다.

그림 12-12 ● 서버 접속에 성공한 워크벤치와 작업 관리자 화면

1. SQL 개요

SQL 문장

SQL^{Structured Query Language}**은 DBMS에서 사용되는 언어로, 데이터베이스를 구축하고, 새로운 자료를 입력하거나, 데이터를 수정, 또는 삭제, 검색하는 데 이용되는 가장 기본적인 언어이다.** SQL은 1970년대에 IBM에서 개발하였으며, 1980년대에 오라클에서 세계 최초로 상용 SQL 시스템을 발표하여 사용하게 되었다. 이후 SQL은 표준화가 되어 대부분의 상용 관계형 DBMS에서 이용되는 표준 언어이다. **SQL은 데이터베이스와 테이블의 구조의 생성, 수정, 삭제에 이용되는 DDL**^{Data Definition Language}**과 테이블 자료의 검색, 생성, 수정, 삭제에 이용되는 DML**^{Data Manipulation Language}**로 나눌 수 있다.** 다음은 여기서 살펴 볼 DDL과 DML을 정리한 표이다.

SQL 구분	SQL 종류	예문	의미
DDL	create database	create database univdb;	데이터베이스를 생성
	drop database	drop database testdb;	데이터베이스를 제거

	create table	create table professor (
		    id varchar(10) NOT NULL,
		    name varchar(20) NULL
		);
			테이블을 생성

	drop table	drop table professor;	테이블을 제거
	alter table	alter table student rename stud;	테이블의 구조를 수정
DML	select	select * from student;	테이블의 행을 검색
	insert	insert into professor values ("hgd", "홍길동");	테이블에 한 행을 삽입
	update	update student set depart='컴퓨터공학과' where depart = '전산학과';	테이블 내용을 수정
	delete	delete from student;	테이블의 행을 삭제

표 12-1 ● 기초 SQL 문장

필드 자료형

테이블을 구성하는 필드는 입력되는 자료에 따라 그 유형이 결정된다. 주로 문자열을 구성하는 문자 수가 255보다 작은 문자열은 문자형으로 처리하고 그 이상은 텍스트형으로 처리하며, 이진 자료는 바이너리형으로 처리한다. DBMS MySQL에서 테이블의 필드가 가질 수 있는 자료유형을 살펴보면 다음과 같다. 숫자형에서 size는 출력에 표현되는 전체 길이를 나타내며, decimal은 소수점 이하의 표현 자릿수를 나타낸다. 즉 int(4)는 -9999에서 9999의 표현을 의미하며, double(8,2)는 소수점을 포함한 길이가 8이며, 소수점 이하 2자리인 xxxxx.xx의 표현을 나타낸다. 필드 유형 char는 고정 길이 문자형으로, 주어진 길이보다 짧은 문자열은 뒤쪽에 공백을 추가하여 길이를 맞추어지게 된다. char와 다르게 varchar는 가변 길이 문자형으로 최소 1자부터 255자까지 미리 최대의 길이를 정해놓고 주어진 길이보다 짧은 문자열은 뒤쪽에 공백을 추가하지 않고, 문자열 길이 만큼만 저장된다. 그러므로 길이가 정해져 있지 않은 255자 이하 문자열은 varchar로 유형을 정하는 것이 효율적이다.

SQL 구분	SQL 종류	저장공간 크기(Bytes)	의미
숫자형	int(size)	4	4 바이트 범위의 정수
	bigint(size)	8	8 바이트 범위의 정수
	float(size)	4	4 바이트 범위의 실수
	double(size,decimal)	8	8 바이트 범위의 실수
	real(size,decimal)	8	8 바이트 범위의 실수
시간형	timestamp	4	열이 수정될 때마다 시간 정보가 수정되는 필드 유형
	date	3	년, 월, 일
	time	3	시, 분, 초
	datetime	8	날짜와 시간을 동시에 저장
	year	1	년도만 저장
문자형	char(length)	length	항상 지정된 문자 크기 저장
	varchar(length)	length	최대 지정 문자 크기 저장
텍스트 바이너리	text	length + 2	문자열 64KB까지 저장
	blob	length + 2	바이너리 64KB까지 저장
	longtext	length + 4	문자열 4GB까지 저장
	longblob	length + 4	바이너리 4GB까지 저장

표 12-2 • MySQL의 주요 필드 자료 유형

2. SQL 기본 문장

use 문장

SQL 문 use는 주어진 데이터베이스를 기본으로 선택하여 이후에 나오는 모든 질의에 대하여 기본 데이터베이스를 대상으로 함을 명시하는 문장이다.

```
use databasename;
```

show 문장

SQL 문 show는 데이터베이스 시스템에 대한 여러 정보를 보여주는 문장이다. 다음은 모든 데이터베이스를 보여주는 문장이다.

```
show databases;
```

다음은 현재 연결된 데이터베이스의 모든 테이블을 보여주는 문장이다.

```
show tables;
```

desc 문장

SQL 문 desc는 테이블의 구조 정보를 보여주는 문장이다.

```
desc tablename;
```

create 문장

SQL 문 create database는 데이터베이스를 생성하는 문장이다. SQL 문장은 대소문자를 구별하지 않으며, 다음 문장에서 이탤릭체 부분인 *databasename*은 대응하는 데이터베이스 이름을 구성하라는 의미이다.

```
create database databasename;
```

다음 문장은 각각 데이터베이스 univdb, testdb를 생성하는 문장이다.

```
create database univdb;
create database testdb;
```

SQL 문 create table은 테이블을 생성하는 문장이다.

```
create table tablename (fieldname fieldtype, … )
```

다음은 테이블 department를 생성하는 문장이다. 테이블을 생성하려면 다음과 같이 테이블을 구성하는 기본으로 필드의 이름과 유형, 그리고 NULL 여부를 기술한다. 필드 departid의 정의에서 속성 auto_increment는 레코드가 입력될 때마다 필드의 값을 기술하지 않거나 0 또는 **NULL**을 입력하면, 필드의 값이 자동으로 이전 값보다 1씩 증가하는 속성을 표현한다. 주로 주 키에 키 값이 중복되지 않게 auto_increment를 이용하면 편리하다. 테이블 생성에서 주 키를 필드 id로 기술하기 위해 PRIMARY KEY (departid)를 이용한다.

```
create table department (
    departid      int            NOT NULL  auto_increment,
    name          varchar(30)    NOT NULL,
    numstudent    int            NULL,
    homepage      varchar(30)    NULL,
    PRIMARY KEY  ( departid )
);
```

drop 문장

SQL 문 drop은 시스템에서 데이터베이스, 케이블, 인덱스 또는 사용자 정의 함수를 영구적으로 삭제할 때 사용하는 SQL 문으로, 이용 시 어떠한 경고문도 없이 관련 자료를 영구히 제거하므로 이용할 때 주의가 필요하다.

SQL 문 drop database는 데이터베이스 전체를 삭제하는 문장이다.

```
drop database databasename;
```

다음은 데이터베이스 univdb를 영구히 삭제하는 문장이다.

```
drop database univdb;
```

SQL 문 drop table은 하나 또는 여러 개의 테이블 전체를 삭제하는 문장이다.

```
drop table name[, name2, …];
```

다음은 테이블 user를 영구히 삭제하는 문장이다.

```
drop table user;
```

다음은 테이블 student와 professor를 삭제하는 문장이다.

```
drop table student, professor;
```

alter 문장

SQL 문 alter는 데이터베이스의 테이블의 구조를 바꾸는 문장이다. 다음은 테이블에 칼럼을 추가하는 문장이다.

```
alter table  tablename
add column create_clause;
```

다음은 테이블의 필드를 삭제하는 문장이다.

```
alter table  tablename
drop columnname;
```

다음은 테이블의 이름을 새로운 newname으로 바꾸는 문장이다.

```
alter table tablename
rename newname;
```

다음은 테이블 student에 새로운 칼럼 address2를 추가하는 문장이다.

```
alter table student
add column address2 varchar(100);
```

다음은 테이블 student에서 칼럼 year를 제거하는 문장이다.

```
alter table student
drop year;
```

다음은 테이블 student의 이름을 stdt로 수정하는 문장이다.

```
alter table student
rename stdt;
```

insert 문장

SQL 문 insert는 테이블에 한 행인 레코드를 삽입하는 문장이다.

```
insert [into] table [(column, …)]
values (values [, (values) … ]);
```

다음은 테이블 student에 문장에서 기술된 값의 레코드를 삽입하는 문장이다.

```
insert into student (id, passwd, name, year, snum, depart,
mobile1, mobile2, address, email) values ('javajsp',
'java8394', '김정수', 2010, '1077818', '컴퓨터공학과', '011',
'7649-9875', '서울시', 'java2@gmail.com');
```

만일 insert 문장에서 기술된 값의 순서가 테이블 student의 필드 생성 순서와 일치한다면 다음과 같이 필드 이름을 기술할 필요가 없다.

```
insert into student values ('jdbcmania', 'javajsp',
'김수현', 2009, '2044187', '컴퓨터공학과', '011', '87654-4983',
'인천시', 'java@hanmail.com');
```

delete 문장

SQL 문 delete는 테이블의 행을 삭제하는 문장이다. 즉 delete는 테이블 구조를 수정하지 않고 where 조건을 만족하는 행 자료를 모두 삭제한다.

```
delete from tablename [where condition_clause];
```

첫 문장은 테이블 student의 모든 자료를 삭제한다. 그러므로 테이블 student는 자료가 하나도 없는 처음에 만들어진 상태가 된다. 다음 문장은 테이블 student에서 필드 year가 2008인 행을 모두 삭제한다.

```
delete from student;
delete from student where year == 2008;
```

select 문장

SQL 문 select는 테이블 또는 테이블의 조합에서 조건인 [where] 절을 만족하는 행을 선택하는 문장이다. SQL 문에서 가장 복잡한 문장이 select 문으로 다음과 같은 기본 구문을 이용하며, 더 자세한 사항은 데이터베이스 전문 서적을 참고하자.

```
select fieldname1 [, fieldname2 …]
from tablename1 [, tablename2 …]
[where fieldname <op> value];
```

다음은 테이블 student에서 모든 레코드를 선택하여 모든 필드를 나타내는 문장이다.

```
select * from student;
```

다음은 테이블 student에서 모든 레코드를 선택하여 필드 name, snum, depart만 나타내는 문장이다.

```
select name, snum, depart from student;
```

다음은 테이블 student에서 필드 name이 '홍길동'인 레코드를 선택하여 모든 필드를 나타내는 문장이다.

```
select * from student where name = '홍길동';
```

다음 첫 번째 문장은 테이블 student에서 필드 name이 '홍'으로 시작하는 모든 레코드를 선택하여 모든 필드를 나타내는 문장이다. 즉 이름이 '홍'으로 시작하는 레코드를 추출하는 문장이다. 두 번째 문장은 테이블 student에서 필드 name 중간에 '홍'이 있는 모든 레코드를 선택하여 모든 필드를 나타내는 문장이다. 즉 이름 중간에 '홍'이 존재하는 레코드를 추출하는 문장이다.

```
select * from student where name like '홍%';
select * from student where name like '%홍%';
```

update 문장

SQL 문 update는 테이블의 구조를 바꾸지 않으면서 테이블 내용을 수정하는 문장이다.

```
update tablename
set column1 = value1 [, column2 = value2 …]
[where condition_clause];
```

다음은 테이블 student에서 필드 depart가 '전산학과'인 것을 모두 선택하여 depart를 '컴퓨터공학과'로 수정하는 문장이다. 즉 학과 이름이 '전산학과'에서 '컴퓨터공학과'로 변경되었다면 데이터베이스에 다음 문장을 실행하면 테이블 student가 효과적으로 수정된다.

```
update student set depart = '컴퓨터공학과'
where depart == '전산학과';
```

다음은 테이블 student에서 필드 id가 'javajsp'인 레코드를 선택하여 필드 year는 2010으로, address는 '인천시'로 수정하는 문장이다.

```
update student set year = 2010, address = '인천시'
where id == 'javajsp';
```

다음은 테이블 student에서 평균평점을 표현하는 필드 gpa가 4.3 이상인 학생의 레코드를 선택하여 필드 award에 '우등'으로 수정하는 문장이다.

```
update student set award = '우등' where gpa >= 4.3;
```

grant SQL 문장

SQL 문 grant는 사용자의 권한을 지정하는 문장이다. 다음 문장 구조에서 권한의 대상인 privileges는 모든 데이터베이스, 지정된 데이터베이스, 또는 테이블, 칼럼 등이며, 권한의 종류인 what은 모든 권한, select, insert, update 등의 질의 종류 등으로 지정될 수 있으며, 사용자 dbuser에게 암호 password로 권한을 부여한다. [with grant option]은 grant 권한을 다시 부여할 수 있는 권한을 지정하는 방법이다.

```
grant privileges [(columns)] on what
to dbuser [identified by 'password']
[with grant option];
```

grant 구문에서 권한을 부여 받는 사용자 계정은 'username'@'hostname'과 같은 포맷으로 된 사용자이름과 사용자가 데이터베이스를 연결해 오는 곳을 지정하는 호스트 이름으로 구성된다. 인용부호는 생략할 수 있으나, %와 같은 와일드 카드를 이용할 경우는 반드시 기술해야 한다. 권한 부여에서 사용자뿐 아니라 데이터베이스를 접속하는 컴퓨터의 위치도 지정하여 제한할 수 있다.
다음은 사용자 hskang에게 암호 kang으로 데이터베이스 univdb에 대한 모든 권한을 부여하는 grant 문이다. 다음 문장에서 권한에 해당하는 all privileges는 모든 권한을 의미하며 privileges는 생략 가능하고, 사용자 변수는 user@hostname의 형태를 가진다.

```
grant all privileges on univdb.* to hskang@localhost identified by 'kang'
with grant option;
```

다음은 사용자 gdhong에게 암호 hong으로 모든 데이터베이스에 모든 권한을 부여하는 grant 문이다. 즉 사용자 gdhong은 root와 동일한 권한을 갖는다.

```
grant all privileges on *.* to gdhong@localhost identified by 'hong'
with grant option;
```

03

JDBC 프로그래밍 구현

1. JDBC의 이해

JDBC API

Java DataBase Connectivity의 첫 자로 구성된 JDBC는 자바 언어로 데이터베이스 프로그래밍을 하기 위한 라이브러리이다. JDBC는 자바 언어로 데이터베이스 프로그래밍을 위하여 특정한 DBMS에 종속되지 않는 관련 API^Application Programming Interface를 제공한다. JDBC API는 기본적으로 JDK에서 제공하며 JDBC 프로그래밍을 위해서는 JDBC 드라이버가 필요하다. JDBC 드라이버는 각 DBMS 회사에서 제공하는 라이브러리 압축파일이다. 우리는 MySQL 데이터베이스관리시스템을 사용하지만 오라클을 사용한다면 오라클용 JDBC 드라이버가 필요하다.

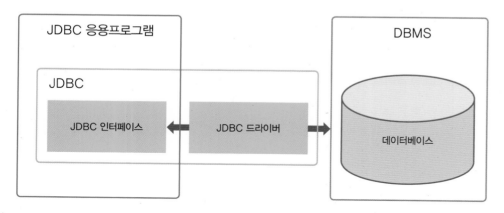

그림 12-13 ● JDBC 정의

자바 응용 프로그램은 데이터베이스 종류에 관계없이 JDBC API를 통해 데이터베이스에 접근하게 된다. 다양한 데이터베이스 관리시스템은 직접 만든 자신만의 JDBC 드라이버를 제공하며, JDBC API는 설치된 고유한 JDBC 드라이버를 통하여 특정 데이터베이스와 작업을 위한 통신을 수행한다.

JDBC API 클래스

JDBC는 Driver, DriverManager, Connection, Statement, PreparedStatement, CallableStatement, ResultSet, ResultSetMetaData, DatabaseMetaData, DataSource 등 여러 개의 클래스와 인터페이스로 구성된 패키지 java.sql와 javax.sql로 구성되어 있다. 즉 JDBC는 다음과 같은 데이터베이스 기능을 지원하기 위한 표준 API를 제공하고 있다.

- 데이터베이스를 연결하여 테이블 형태의 자료를 참조
- SQL 문을 질의
- SQL 문의 결과를 처리

특히 다음 그림은 JDBC 프로그램에서 가장 빈번히 사용되는 Connection, DriverManager, Statement, ResultSet 등의 인터페이스와 이들 간의 호출메소드를 정리한 그림이다.

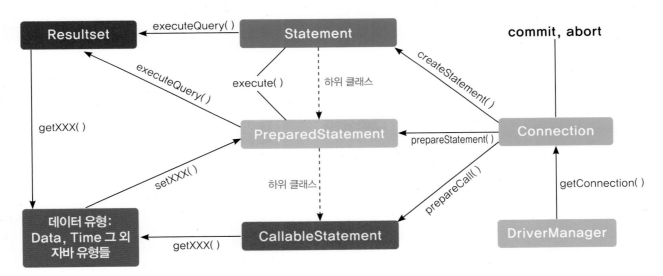

그림 12-14 ● JDBC API 패키지 java.sql의 클래스와 인터페이스

2. JDBC의 역할과 드라이버 설치

JDBC 역할

JDBC보다 자바 언어를 이용하여 다양한 DBMS에 독립적으로 데이터베이스 프로그래밍을 가능하도록 하는 API^{Application Programming Interfaces} 규격이다. 마찬가지로 ODBC^{Open DataBase Connectivity}는 마이크로소프트 사가 JDBC보다 먼저 개발한 것으로, C 또는 C++ 등의 언어를 이용하여 DBMS에 독립적으로 데이터베이스 프로그래밍을 가능하도록 하는 API 규격이다. JDBC도 ODBC와 마찬가지로 DBMS의 종류에 상관없이 쉽게 SQL 문을 수행하고 그 결과를 처리할 수 있도록 설계되어 있다. 즉 한번 JDBC로 작성된 프로그램은 오라클^{ORACLE}, MySQL, SQLServer, DB2 등 어떤 DBMS를 사용하든지 소스의 수정을 최소화하여 바로 실행할 수 있다. 물론 이러한 DBMS에 독립적인 프로그래밍을 가능하도록 하려면 JDBC와 함께 JDBC 드라이버^{JDBC Driver}도 필요하다.

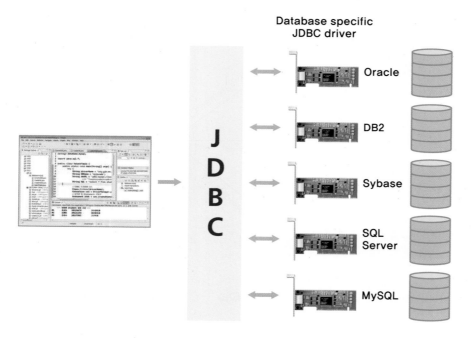

그림 12-15 • JDBC 라이브러리와 JDBC 드라이버

JDBC 드라이버의 설치

JDBC 드라이버는 데이터베이스와 자바 프로그램 간 사이에서 번역기와 같은 역할을
한다. 즉 자바 응용 프로그램과 JDBC 드라이버 사이는 JDBC API에 의해서 연결된다.
**JDBC API는 JDBC 인터페이스의 핵심적인 클래스로서 각종 데이터베이스에 연결하고
데이터베이스를 처리하는 클래스의 집합**이다.

자바에서 기본 지원하는 JdbcOdbcDriver를 제외하고는 사용하는 해당 데이터베이
스에 알맞은 버전을 구해서 설치해야 한다. MySQL에서 제공하는 JDBC 드라이버는
MySQL Connector/J라 부른다. MySQL의 JDBC 드라이버를 설치하려면 MySQL 홈페
이지www.mysql.com/products/connector에서 적당한 버전의 Connector/J 커넥터를 내려받아 압축
을 푼다. JDBC 드라이버 파일을 설치하기 위해 [jre 설치폴더] 하부 [lib/ext]에 [mysql-
connector-java-5.1.6-bin.jar]와 같은 JDBC 드라이버 파일을 복사한다. 다른 방법으로는
적당한 폴더에 복사한 후 `classpath`를 설정하는 방법도 있다.

jre 설치 폴더 하부 [lib/ext]에 복사한다면 다음과 같이 이클립스의 [JRE System Library]
하부에서 확인할 수 있다.

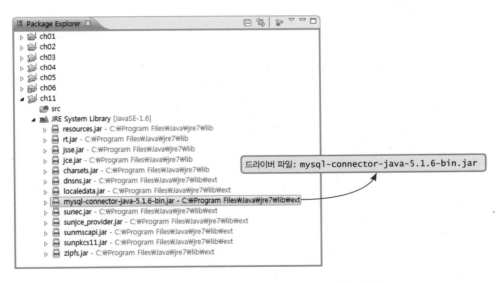

그림 12-16 ● 이클립스에서 MySQL JDBC 드라이버 확인

3. JDBC 프로그래밍 개요

JDBC 프로그래밍 과정 6단계

JDBC 자바 프로그래밍 절차는 일반적으로 6단계로 구성되는데, 다음은 select 문으로 간단한 질의를 수행하는 6단계를 표현한 그림이다.

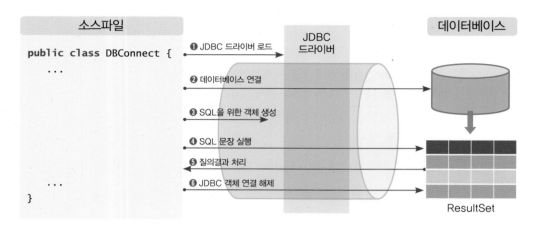

그림 12-17 ● 프로그램 소스의 JDBC 프로그래밍 과정 6단계

첫 번째 단계 [JDBC 드라이버 로드]에서부터 마지막 단계 [JDBC 객체 연결 해제]까지 여섯 단계를 거쳐 JDBC 프로그래밍 과정이 이루어진다.

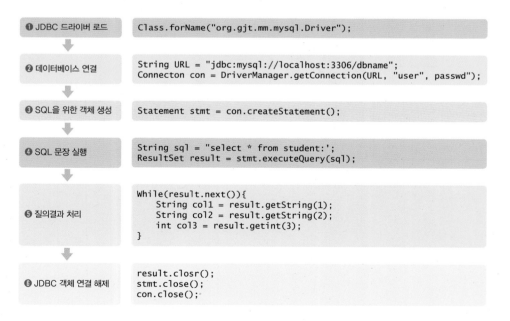

그림 12-18 ● JDBC 프로그래밍 과정 6단계의 프로그램 소스

JDBC 드라이버 로드와 데이터베이스 연결 프로그래밍

첫 JDBC 프로그램으로 MySQL에 접속하는 프로그램을 작성하자. 즉 JDBC 프로그래밍 6단계 중에서 1, 2, 6단계를 실행해 보자. 설치한 **mySQL의 JDBC 드라이버 내부를 살펴보면 드라이버의 파일 이름이 [Driver]이며, 패키지가 [org.gjt.mm.mysql]인 것을 알 수 있다.** 그러므로 로드할 드라이버의 클래스 이름을 [org.gjt.mm.mysql.Driver]로 지정하여 문장 Class.forName()을 호출한다. 데이터베이스 연결을 요구하는 단계로 DriverManager.getConnection()을 호출한다. 마지막으로 Connection의 메소드 close()로 연결을 해제한다.

| 실습예제 12-1 | MySQL 데이터베이스에 접속

ConnectDB.java

```
01  package database.mysql;
02
03  import java.sql.*;
04
05  public class ConnectDB {
06      public static void main(String[] args) {
07          try {
08              //JDBC 드라이버의 이름 지정
09              String driverName = "org.gjt.mm.mysql.Driver";
10              //JDBC 드라이버 로드
11              Class.forName(driverName);
12              //접속할 정보인 URL 지정
13              String dbURL = "jdbc:mysql://localhost:3306";
14              //데이터베이스에 연결
15              Connection con = DriverManager.getConnection(dbURL, "root", " ");
16              System.out.println("MySql 데이터베이스에 성공적으로 접속했습니다");
17              con.close();
18          }
19          catch (Exception e) {
20              System.out.println("MySql 데이터베이스 접속에 문제가 있습니다.");
21              System.out.println(e.getMessage());
22              e.printStackTrace();
23          }
24      }
25  }
```

결과 MySql 데이터베이스에 성공적으로 접속했습니다.

4. JDBC 드라이버와 관련 클래스

다양한 JDBC 드라이버 로드

문장 `Class.forName()`은 동적으로 JDBC 드라이브 클래스를 로드하는 것으로 지정한 드라이버 클래스가 객체화되고 객체화와 동시에 자동적으로 `DriverManager.registerDriver()`를 호출한다. 이로써 DriverManager에서 관리하는 드라이버 리스트에 드라이버 등록이 이루어진다.

```
//JDBC 드라이버의 이름 지정
String driverName = "org.gjt.mm.mysql.Driver";
//JDBC 드라이버 로드
Class.forName(driverName);
```

그림 12-19 ● MySQL용 드라이버 로드 방법

위의 문장은 다음 문장으로도 가능하다. DBMS MySQL은 JDBC 드라이버 이름을 [com.mysql.jdbc.Driver]로도 제공한다.

```
String driverName = "com.mysql.jdbc.Driver";
Class.forName(driverName);
```

그림 12-20 ● MySQL 드라이버 이름, "com.mysql.jdbc.Driver"

다음은 여러 DBMS에 따라서 이용하는 드라이버 클래스 이름을 정리한 표이다.

DBMS 종류	JDBC 드라이버 로드 문장
ORACLE	Class.forName("oracle.jdbc.driver.OracleDriver");
MS SQLServer	Class.forName("com.microsoft.jdbc.sqlserver.SQLServerDriver");
mSQL	Class.forName("com.imaginay.sql.msql.MsqlDriver");
MySQL	Class.forName("org.gjt.mm.mysql.Driver"); Class.forName("com.mysql.jdbc.Driver ");
ODBC	Class.forName("sun.jdbc.odbc.JdbcOdbcDriver");

표 12-3 ● DBMS 종류에 따른 JDBC 드라이버 로드

다양한 JDBC 관련 클래스

JDBC는 데이터베이스 처리와 관련된 일련의 기능을 지원하기 위한 클래스와 인터페이스의 집합이다. JDBC 프로그래밍에 이용되는 클래스로는 가장 먼저 JDBC 드라이버를 로드하는 클래스 java.lang.Class가 있으며, 패키지 java.sql에 소속된 클래스 DriverManager, 인터페이스 Connection, Statement, ResultSet 등이 있다. 이 클래스들의 용도와 주요 메소드를 정리하면 다음과 같다.

패키지	인터페이스(클래스)	클래스 용도
java.lang	클래스 Class	지정된 JDBC 드라이버를 실행시간에 메모리에 로드
java.sql	클래스 DriverManager	여러 JDBC 드라이버를 관리하는 클래스로 데이터베이스를 접속하여 연결 객체 반환
	인터페이스 Connection	특정한 데이터베이스 연결 상태를 표현하는 클래스로 질의할 문장 객체 반환
	인터페이스 Statement	데이터베이스에 SQL 질의 문장을 질의하여 그 결과인 결과 집합 객체를 반환
	인터페이스 ResultSet	질의 결과의 자료를 저장하며 테이블 구조

표 12-4 ● JDBC 관련 기본 클래스, 인터페이스와 메소드 이용

특히 JDBC의 인터페이스는 모든 데이터베이스에서 사용할 수 있는 공통적인 데이터베이스 참조 개념을 추상화한 것이다. 즉 Connection은 데이터베이스 연결을 나타내는 자바 인터페이스이고, ResultSet은 SQL 문의 select의 결과의 데이터 집합을 나타낸다. 대부분의 JDBC 인터페이스는 특정 제품의 JDBC 드라이버에서 상속받아 구현된다. 즉 패키지 java.sql에 소속된 인터페이스 Connection은 데이터베이스에 연결상태에서 수행할 수 있는 각종 메소드의 선언만으로 구성된다. 특정 DBMS 사는 인터페이스 Connection의 메소드를 상속받아 적절한 클래스를 구현하여 JDBC 드라이버로 제공한다. 그러므로 특정한 DBMS에서 데이터베이스 작업이 가능하게 한다.

5. 데이터베이스 연결 방법

데이터베이스 연결 URL 구조

데이터베이스에 연결하려면 `DriverManager.getConnection()`을 호출한다. 클래스 DriverManager의 static 메소드인 getConnection()을 호출하면 등록된 드라이버 중에서 주어진 URL로 데이터베이스에 연결할 수 있는 드라이버를 찾아서 그 Driver 클래스의 메소드 connect()를 호출하고, 결과인 Connection 객체를 반환하게 된다. 메소드인 getConnection()은 필요 시 인자로 데이터베이스 URL, 데이터베이스 사용자이름, 암호를 이용한다. 반환된 Connection 객체의 역할은 데이터베이스와 애플리케이션 간의 연결을 유지시켜주는 것이다. 데이터베이스의 연결은 Connection 객체의 close 메소드가 호출될 때까지 지속된다.

```
//접속할 정보인 URL 지정
String dbURL = "jdbc:mysql://localhost:3306";
//데이터베이스에 연결
Connection con = DriverManager.getConnection(dbURL, "root", " ");
                                               URL   사용자이름  암호
```

그림 12-21 ● 데이터베이스 연결 메소드 호출

드라이버로부터 Connection 객체를 가져오기 위해서는 실제 DBMS가 있는 장소를 알려주어야 하는데, 이는 문자열 형태의 데이터베이스 URL 정보로 표현된다. **데이터베이스 URL 정보는 다음과 같이 JDBC 프로토콜을 의미하는 jdbc로 시작하며 다음에 <subprotocol>, <subname>을 기술하는데, 세 부분을 콜론:으로 구분한다.**

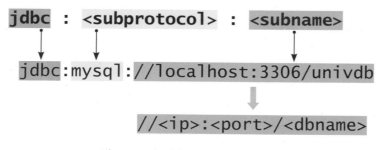

그림 12-22 ● 데이터베이스 연결 URL 구조

다양한 DBMS 연결 방법

MySQL DBMS인 경우, URL에서 DBMS를 지정하는 <subprotocol>은 [mysql]이며 마지막으로 연결하려는 데이터베이스 소스인 <subname>은 [//localhost:3306/dbname]으로 지정한다. **MySQL의 <subname>은 [//localhost:3306/dbname]으로 표현하는데, 구조는 //<ip>:<port>/<dbname>과 같다. 즉 [localhost]는 데이터베이스가 있는 서버이름이며, 현재의 컴퓨터에 데이터베이스가 있다면 localhost 또는 127.0.0.1이 가능하다.** [3306]은 DBMS가 서비스되는 포트 번호이며 마지막 [dbname]은 접속하려는 데이터베이스 이름이다. 데이터베이스 서비스 포트 번호는 기본 값이 [3306]으로, 기본 값을 이용하는 경우 생략 가능하다. 특정한 데이터베이스를 접속하지 않는다면 데이터베이스 이름도 생략 가능하다.

표현 요소	표현 내용	다른 표현	의미
//<host or ip>	//localhost	//203.214.34.67	MySQL이 실행되는 DBMS 서버를 지정, IP주소 또는 도메인 이름
:<port>	:3306	:3307	DBMS 서비스 포트 번호로, 3306으로 서비스된다면 생략 가능
/<dbname>	/univdb	/mydb	접속할 데이터베이스 이름

표 12-5 ● MySQL의 URL에서 〈subname〉 요소

여러 DBMS에 따른 데이터베이스 URL을 살펴보면 다음과 같다.

DBMS 종류	JDBC URL
ORACLE	"jdbc:oracle.thin:@localhost:1521:ORA"
MS SQLServer	"jdbc:microsoft:sqlserver://localhost:1433"
mSQL	"jdbc:msql://localhost:1114/univdb"
MySQL	"jdbc:mysql://localhost:3306/univdb"
ODBC	"jdbc:odbc:mydb"

표 12-6 ● DBMS에 따른 데이터베이스 URL

6. 데이터베이스 생성

데이터베이스 생성 방법

데이터베이스를 하나 생성하는 프로그램을 작성하자. 데이터베이스를 생성하기 위해서는 다음 SQL 문장을 실행해야 한다. 즉 데이터베이스 이름을 myjavadb로 생성하는 SQL 문장은 다음과 같다.

```
create database myjavadb;
```

그림 12-23 ● 데이터베이스 생성 SQL문장

JDBC 프로그램에서 데이터베이스를 생성하기 위해서는 데이터베이스 연결 메소드 getConnection()에 의해 반환된 Connection 객체를 이용해서 SQL 문을 실행하고 그 결과를 반환 받을 수 있는 Statement 객체를 생성하는 단계가 필요하다. Connection 객체의 메소드 createStatement()를 호출하여 Statement 객체를 얻어온다.

```
//질의를 할 Statement 만들기
Statement stmt = con.createStatement();
//데이터베이스 myJavaDB 만들기
stmt.executeUpdate("create database myjavadb;");
```

그림 12-24 ● 데이터베이스 생성을 위한 메소드 호출

질의 문장 SQL을 실행하기 위해 객체 Statement의 메소드 executeUpdate(SQL)의 인자로 SQL 문장을 넣어 호출한다. 객체 Statement의 메소드 executeUpdate()는 create 또는 drop과 같은 DDL^Data Definition Language이나 insert, delete, update와 같이 테이블의 내용을 변경하는 DML^Data Manipulation Language 문장에 사용한다. 메소드 executeUpdate()는 질의 문장이 DML이면 변경된 행의 수인 정수를 반환하며, DDL이면 0을 반환한다.

데이터베이스 생성 예제

다음 클래스 CreateDB는 데이터베이스에 접속하여 데이터베이스 myjavadb를 만드는 프로그램이다. 다음 프로그램을 성공적으로 수행한 후 데이터베이스를 살펴보면 myjavadb가 생성된 것을 확인할 수 있다.

| 실습예제 12-2 | 데이터베이스 myjavadb 만들기

CreateDB.java

```
01  package database.mysql;
02
03  import java.sql.*;
04
05  public class CreateDB {
06      public static void main(String[] args) {
07          try {
08              String driverName = "org.gjt.mm.mysql.Driver";
09              String dbURL = "jdbc:mysql://localhost:3306";
10
11              //JDBC 드라이버 로드
12              Class.forName(driverName);
13              Connection con = DriverManager.getConnection(dbURL, "root", " ");
14
15              //질의를 할 Statement 만들기
16              Statement stmt = con.createStatement();
17
18              //데이터베이스 myjavadb 만들기
19              stmt.executeUpdate("create database myjavadb;");
20              System.out.println("데이터베이스 myjavadb가 생성되었습니다.");
21              con.close();
22          }
23          catch (Exception e) {
24              System.out.println("MySql 데이터베이스에 문제가 있습니다.");
25              System.out.println(e.getMessage());
26              e.printStackTrace();
27          }
28      }
29  }
```

결과   데이터베이스 myjavadb가 생성되었습니다.

7. 테이블 생성과 레코드 삽입

테이블 생성과 레코드 삽입을 위한 SQL

테이블을 생성하는 SQL 문장 create는 다음과 같다. 테이블 student는 식별자, 이름, 학번, 학과 필드로 id, name, snum, dept로 하며, 주 키는 id이다. 생성된 테이블에 한 행을 삽입하는 insert 문장은 다음과 같다.

```
create table student (
    id    varchar(20) NOT NULL,
    name  varchar(20) NOT NULL,
    snum  int             NOT NULL,
    dept  varchar(20) NOT NULL,
    PRIMARY KEY ( id )
);
```

```
insert into student
values ('01', '홍길동', 20135678, '전산과학과');
insert into student
values ('02', '김제동', 20131234, '미생물학과');
insert into student
values ('03', '김지숙', 20147892, '고고학과');
```

그림 12-25 ● 테이블 생성과 레코드 입력 SQL 문장

테이블 생성과 레코드 삽입 예제

다음 클래스 CreateTable은 데이터베이스 myjavadb에 테이블 student를 만들고, 학생 레코드를 삽입하는 프로그램이다. **테이블 student의 생성 질의문을 sqlCT에 저장하여 객체 Statement의 executeUpdate(sqlCT)를 호출하면 테이블 student를 생성할 수 있다.** 마찬가지로 테이블 student에 레코드를 삽입하기 위해 insert 문장을 executeUpdate("insert …")로 호출한다.

실습예제 12-3 │ 테이블 생성하고 레코드 삽입하기

CreateTable.java

```
01  package database.mysql;
02
03  import java.sql.*;
04
05  public class CreateTable {
06      public static void main(String[] args) {
07          try {
08              String driverName = "org.gjt.mm.mysql.Driver";
```

```
09              String DBName = "myjavadb";
10              String dbURL = "jdbc:mysql://localhost:3306/" + DBName;
11                      //+ "?useUnicode=true&characterEncoding=euckr";
12              String sqlCT = "create table student (" +
13                          "id        varchar(20)      NOT NULL, " +
14                          "name      varchar(20)      NOT NULL, " +
15                          "snum      int              NOT NULL, " +
16                          "dept      varchar(20)      NOT NULL, " +
17                          "PRIMARY KEY ( id ) " +
18                          ");";
19
20              //JDBC 드라이버 로드
21              Class.forName(driverName);
22              Connection con = DriverManager.getConnection(dbURL, "root", " ");
23
24              //질의를 할 Statement 만들기
25              Statement stmt = con.createStatement();
26              //데이터베이스 myjavadb에 테이블 student 만들기
27              stmt.executeUpdate(sqlCT);
28              System.out.println("테이블 student가 생성되었습니다.");
29
30              //데이터베이스 myjavadb의 테이블 student에 레코드 삽입
31              stmt.executeUpdate("insert into student values ('01', '홍길동', 20125678, '전산과학과');");
32              stmt.executeUpdate("insert into student values ('02', '김제동', 20121234, '미생물학과');");
33              stmt.executeUpdate("insert into student values ('03', '김지숙', 20137892, '고고학과');");
34              System.out.println("테이블 student에 3개의 레코드가 삽입되었습니다.");
35              con.close();
36          }
37          catch (Exception e) {
38              System.out.println("MySql 데이터베이스에 문제가 있습니다.");
39              System.out.println(e.getMessage());
40              e.printStackTrace();
41          }
42      }
43  }
```

결과 테이블 student가 생성되었습니다.
　　　테이블 student에 3개의 레코드가 삽입되었습니다.

8. 메소드 executeQuery( )와 인터페이스 ResultSet

메소드 executeQuery( )

DML의 한 종류인 select 문장은 테이블 형태의 결과를 반환한다. 그러므로 select 문장을 실행하기 위해 Statement의 메소드 executeQuery()를 사용한다. **메소드 executeQuery()는 질의 결과로 테이블 형태의 결과를 반환하는데, 이 반환형이 인터페이스 ResultSet이다.** 메소드 executeQuery()는 데이터베이스 구조와 테이블의 내용에 영향을 미치지 않는 select 문 질의에 적합하다.

```
String SQL = "select * from student;";
...
ResultSet result = stmt.executeQuery(SQL);
```

그림 12-26 • select 질의

인터페이스 ResultSet

ResultSet은 실질적으로 질의 결과의 자료가 있는 영역과 함께 첫 행 자료 이전Before the First Row에 BOFBegin Of File와 마지막 행 자료 이후After the Last Row에 EOFEnd Of File라는 실제 자료가 없는 영역이 있다. 각각의 행에서 각 **칼럼은 select 문에서 이용한 칼럼 이름 또는 번호 순으로 식별할 수 있는데 편의를 위하여 번호는 1번부터 시작한다.**

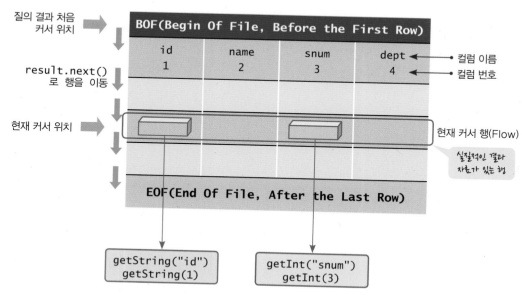

그림 12-27 • ResultSet 구조와 접근 방법

메소드 **executeQuery()**를 호출한 결과인 **ResultSet의 커서는 처음에 BOF에 위치한다.**
메소드 next()는 커서를 다음 행으로 이동하며 이동된 행이 자료가 있는 행이면 true를
반환하고, 그렇지 않고 BOF나 EOF과 같이 자료가 없는 행이면 false를 반환한다. 그러
므로 다음과 같이 while 문장을 이용하여 ResultSet에서 자료가 있는 1행부터 마지막
행까지 순회할 수 있다.

```
while (result.next()) {
    System.out.print(result.getString(1) + "\t");
    ...
    System.out.println(result.getString(4));
}
```

그림 12-28 • ResultSet의 모든 행을 순회하는 방법

인터페이스 ResultSet의 커서 이동 메소드

인터페이스 ResultSet에는 질의 결과의 현재 행^{row}**을 가리키는 커서**^{cursor}**라는 개념이 있**
으며, 이 커서를 다음 행으로 이동시키는 메소드가 next()이다. 인터페이스 ResultSet
에는 다음과 같이 커서를 이동시키는 다양한 메소드를 제공한다.

반환형	메소드	설명
boolean	absolute(int row)	ResultSet에서 지정된 행 번호로 커서를 이동
boolean	relative((int rows)	ResultSet에서 상대적인 위치로 커서를 이동
boolean	afterLast()	커서를 가장 마지막 행 뒤로 이동
boolean	beforeFirst()	커서를 가장 첫 번째 행 앞으로 이동
boolean	first()	커서를 가장 첫 번째 행으로 이동
boolean	last()	커서를 가장 마지막 행으로 이동
boolean	next ()	커서를 다음 행으로 이동
boolean	previous()	커서를 이전 행으로 이동

표 12-7 • 커서를 이동하는 다양한 메소드

8. 테이블 조회 프로그램

ResultSet의 메소드 getString( )과 getInt( )

ResultSet의 커서가 있는 행에서 컬럼 자료를 참조하기 위해 ResultSet이 제공하는 메소드 getString()을 이용한다. getString()의 인자는 칼럼 이름을 문자열로 직접 쓰거나 또는 칼럼 번호를 이용할 수 있다. **컬럼 값의 자료유형에 따라 메소드 getString() 뿐만 아니라 getInt(), getDouble(), getDate() 등 다양한 컬럼 반환 메소드를 제공한다.** JDBC 드라이버는 getXxx() 메소드를 사용하여 특정 컬럼 값을 가져올 때 데이터베이스의 자료 유형을 해당하는 가장 유사한 자바 유형으로 변환하여 반환한다. 만일 ResultSet의 컬럼이 4개이며, 각각 유형이 String, String, int, String이라면 다음 문장으로 전체 출력이 가능하다.

```java
while (result.next()) {
    System.out.print(result.getString(1) + "\t");
    System.out.print(result.getString(2) + "\t");
    System.out.print(result.getInt(3) + "\t");
    System.out.println(result.getString(4));
}
```

그림 12-29 ● ResultSet의 모든 행을 순회하며 필드를 출력하는 방법

테이블 조회 예제

다음 클래스 SelectTable은 데이터베이스 myjavadb에 있는 테이블 student를 모두 조회하여 출력하는 프로그램이다. 그러므로 다음 프로그램이 정상적으로 실행되려면 데이터베이스 myjavadb과 테이블 student가 생성되어 있어야 한다.

SelectTable.java

```java
01  package database.mysql;
02
03  import java.sql.*;
04
05  public class SelectTable {
06      public static void main(String[] args) {
07          try {
08              String driverName = "org.gjt.mm.mysql.Driver";
09              String DBName = "myjavadb";
10              String dbURL = "jdbc:mysql://localhost:3306/" + DBName;
11              String SQL = "select * from student;";
12
13              //JDBC 드라이버 로드
14              Class.forName(driverName);
15              Connection con = DriverManager.getConnection(dbURL, "root", " ");
16
17              //질의를 할 Statement 만들기
18              Statement stmt = con.createStatement();
19
20              //데이터베이스 myjavadb의 테이블 student에 레코드 조회
21              ResultSet result = stmt.executeQuery(SQL);
22              System.out.println("    --- 테이블 student 내용 조회 ---");
23              while (result.next()) {
24                  System.out.print(result.getString(1) + "\t");
25                  System.out.print(result.getString(2) + "\t");
26                  System.out.print(result.getInt(3) + "\t");
27                  System.out.println(result.getString(4));
28              }
29              con.close();
30          }
31          catch (Exception e) {
32              System.out.println("MySql 데이터베이스에 문제가 있습니다.");
33              System.out.println(e.getMessage());
34              e.printStackTrace();
35          }
36      }
37  }
```

결과
```
--- 테이블 student 내용 조회 ---
01 홍길동   20125678   전산과학과
02 김제동   20121234   미생물학과
03 김지숙   20137892   고고학과
```

1. 다음에서 서술 내용이 맞으면 O, 틀리면 X 하시오.

   ❶ JDBC 드라이버는 각 DBMS 회사에서 제공하는 라이브러리 압축 파일이다. (   )
   ❷ MySQL에서 제공하는 JDBC 드라이버는 MySQL Connector/J라 부른다. (   )
   ❸ JDBC 드라이버 파일을 설치하기 위해 [jre 설치폴더] 하부 [lib/ext]에 JDBC 드라이버 파일을 복사한다. (   )
   ❹ 메소드 forName()으로 JDBC 드라이버를 로드하는 클래스는 DriverManager이다.
      (   )
   ❺ 데이터베이스 MySQL의 JDBC 드라이버가 저장된 패키지는 [Org.Gjt.mm.mysql]이다. (   )
   ❻ Connection 객체의 메소드 createStatement()를 호출하여 Statement 객체를 얻어온다. (   )
   ❼ 메소드 executeQuery()를 호출한 결과인 ResultSet의 커서는 처음에 BOF에 위치한다. (   )
   ❽ JDBC 프로그래밍 6단계에서 첫 단계는 데이터베이스의 연결이다. (   )
   ❾ 메소드 getConnection()을 호출하여 MySQL을 접속하려면 URL은 "jdbc:mysql://localhost:3306"으로 접속한다. (   )
   ❿ 인터페이스 ResultSet에서 커서를 다음 행으로 이동시키는 메소드는 nextRow()이다. (   )

2. 다음에서 비어있는 부분을 적당히 채우시오.

   ❶ ▨▨▨▨▨▨▨▨▨▨(은)는 자바 언어로 데이터베이스 프로그래밍을 하기 위한 라이브러리이다.
   ❷ 데이터베이스를 연결하려면 DriverManager.▨▨▨▨▨(을)를 호출한다.
   ❸ 메소드 ▨▨▨▨▨(은)는 질의 문장이 DML이면 변경된 행의 수인 정수를 반환하며, DDL이면 0을 반환한다.
   ❹ 메소드 executeQuery()는 질의 결과로 테이블 형태의 결과를 반환하는데, 이 반환형이 인터페이스 ▨▨▨▨▨(이)다.
   ❺ ResultSet에는 결과의 현재 행^{row}을 가리키는 ▨▨▨▨▨(이)라는 개념이 있다.
   ❻ 메소드 DriverManager.getConnection() 호출에 의한 반환형은 ▨▨▨▨▨(이)다.
   ❼ select와 같은 질의 결과인 테이블 구조 자료를 저장하는 인터페이스는 ▨▨▨▨▨(이)다.

❽ JDBC 관련 클래스로 패키지 [   ]에 소속된 클래스 DriverManager, 인터페이스 Connection, Statement, ResultSet 등이 있다.

❾ 객체 Statement의 메소드 executeUpdate()는 create 또는 drop과 같은 DDL이나 insert, delete, update와 같이 테이블의 내용을 변경하는 [   ] 문장에 사용한다.

❿ 인터페이스 ResultSet에서 현재 행의 자료형 String인 첫 번째 필드를 참조하려면 메소드 [   ] (을)를 호출한다.

3. 다음 각각의 문제에서 가장 적절한 것을 하나 선택하시오.

❶ 다음은 JDBC에 대한 설명이다. 다음 중 잘못 설명하고 있는 것은 무엇인가? (   )
가) Java DataBase Connectivity의 약자이다.
나) JDBC 드라이버는 자바를 만든 회사에서 제공한다.
다) JDBC API는 기본적으로 JDK에서 제공한다.
라) 일반적으로 JDBC 프로그래밍을 위해서는 JDBC 드라이버가 필요하다.

❷ 다음 중에서 패키지가 java.sql이 아닌 것은 무엇인가? (   )
가) Class   나) DriverManager
다) ResultSet   라) Statement

❸ 다음은 ResultSet에 대한 설명이다. 다음 중 잘못 설명하고 있는 것은 무엇인가? (   )
가) 메소드 executeQuery()를 호출한 결과의 자료형이다.
나) 패키지 java.sql에 속하는 인터페이스이다.
다) 메소드로 getString()뿐만 아니라 getInt(), getDouble(), getDate() 등이 있다.
라) 메소드 next()의 반환형은 int이다.

❹ 다음 부분 소스에서 밑줄에 알맞은 클래스는 각각 무엇인가? (   )

```
String driverName = "org.gjt.mm.mysql.Driver";
//JDBC 드라이버 로드
[                    ](driverName);
```

가) Class.forName   나) DriverManager.forName
다) Connection.forName   라) Connection.getConnection

❺ 다음 부분 소스에서 밑줄에 알맞은 클래스는 각각 무엇인가? (   )

```
String dbURL = "jdbc:mysql://localhost:3306";
[              ] con = DriverManager.getConnection(dbURL, "root", "");
//질의를 할 Statement 만들기
[              ] stmt = con.createStatement();
```

가) Connection DriverManage   나) Connection Statement
다) Statement Connection   라) Connection ResultSet

4. 다음을 내려받는 사이트에 접속하여 현재 버전을 확인해 보시오.

➀ MySQL Community Server

➁ MySQL JDBC 드라이버

➂ MySQL 워크벤치

5. 다음에 대한 SQL 문을 작성하시오.

➀ 데이터베이스 world를 생성

➁ 테이블 city를 생성

필드 id를 auto_increment 제약을 주어, 행을 삽입할 때 id 열의 값을 null 또는 0 으로 명시하거나 아예 입력하지 않으면 이전에 마지막으로 삽입되었던 id보다 1 큰 값 으로 자동으로 입력되도록 한다. 여기서 제일 처음에 행을 삽입하면 id 값은 자동으로 1이 입력되고, 그 이후부터 2, 3, 4 … 순으로 입력한다.

필드번호	이름	내용	유형	크기	주키	NULL
1	id	아이디	int		PK	No
2	name	이름	varchar	50		No
3	major	시장이름	varchar	20		Yes
3	pop	인구	int			Yes

➂ 테이블 city를 생성한 후 테이블을 구성하는 필드 정보를 표시하도록 질의

➃ 테이블 city에 다음 자료를 삽입

```
서울, 이명길, 20000000
인천, 김동훈, 3500000
대구, 강수복, 3000000
부산, 남기문, 5000000
목포, 신용현, 2000000
```

➄ 테이블 city의 모든 행과 열을 출력

➅ 인구가 300만 명이 넘는 도시의 모든 열을 출력

➆ 인구가 300만 명 미만인 도시의 이름과 시장을 표시

➇ 도시 목포의 모든 정보를 출력

➈ 도시 목포를 삭제

➉ 서울의 도시 이름을 '서울특별시'로 수정

프로그래밍 연습

1. JDBC 프로그래밍 절차 6단계를 설명하시오.

2. 다음 조건을 만족하는 클래스 CreateUnivDB를 구현하여 테스트하는 프로그램을 작성하시오.

- 패키지 database.exercise에 구현
- 데이터베이스 univ를 생성

3. 다음 조건을 만족하는 클래스 CreateDeptTable을 구현하여 테스트하는 프로그램을 작성하시오.

- 패키지 programming.exercise에 구현
- 위에서 만든 데이터베이스 univ에 다음 테이블 department를 생성

  ※ 필드는 다음 3가지

필드 이름	id	name	numstudent
설명	식별자	학과 이름	학생 수
자료형	int	varchar(30)	int
비고	주키		

4. 다음 조건을 만족하는 클래스 InsertDeptTable을 구현하여 테스트하는 프로그램을 작성하시오.

- 패키지 programming.exercise에 구현
- 위에서 만든 테이블 department에 다음 학과를 삽입

  ※ 5개 학과를 삽입

id	name	numstudent
1	경영학과	120
2	컴퓨터공학과	60
3	기계공학과	80
4	전자공학과	80
5	국어국문학과	40

5. 다음 조건을 만족하는 클래스 SelectDeptTable을 구현하여 테스트하는 프로그램을 작성하시오.

- 패키지 programming.exercise에 구현
- 위에서 만든 테이블 department에 삽입된 모든 학과를 조회하여 출력

6. 다음 조건을 만족하는 클래스 CreateCourseTable을 구현하여 테스트하는 프로그램을 작성하시오.

- 패키지 programming.course에 구현
- 위에서 만든 데이터베이스 univ에 다음 테이블 course를 생성

   ※ 필드는 다음 4가지

필드 이름	id	name	professor	maxnum
설명	식별자	강좌 이름	담당 교수	최대 학생 수
자료형	int	varchar(30)	varchar(30)	int
비고	주키			

7. 다음 조건을 만족하는 클래스 InsertCourseTable을 구현하여 테스트하는 프로그램을 작성하시오.

- 패키지 programming.course에 구현
- 위에서 만든 테이블 course에 다음 강좌를 삽입

   ※ 5개 학과를 삽입

id	name	professor	maxnum
1	영어 회화	권해동	200
2	국어의 이해	신용현	120
3	한국 근대사	전성욱	80
4	대화의 기법	김희천	60
5	컴퓨터 개론	권순락	40

8. 다음 조건을 만족하는 클래스 SelectCourseTable을 구현하여 테스트하는 프로그램을 작성하시오.

- 패키지 programming.course에 구현
- 위에서 만든 테이블 course에 삽입된 모든 학과를 조회하여 출력

9. 다음 조건을 만족하는 클래스 SelectCourseMax를 구현하여 테스트하는 프로그램을 작성하시오.

- 패키지 programming.course에 구현
- 위에서 만든 테이블 course에 삽입된 모든 학과에서 강좌의 최대 학생 수가 80 이상인 강좌를 조회하여 출력

10. 다음 조건을 만족하는 클래스 SelectCourseName을 구현하여 테스트하는 프로그램을 작성하시오.

- 패키지 programming.course에 구현
- 위에서 만든 테이블 course에서 다음 조건을 만족하는 강좌 이름을 조회하여 모든 필드를 출력
  ※ 강좌 이름을 표준입력으로 받고, 표준입력된 이름이 포함된 모든 강좌 조회

CHAPTER
13

안드로이드 프로그래밍

INTRODUCTION   TO   **JAVA**   PROGRAMMING

안드로이드를 이해하고 안드로이드 앱 개발을 위한 개발환경을 설정할 수 있다.

- 안드로이드 개념과 구조 이해
- 안드로이드 SDK 내려받기와 설치
- 이클립스에 ADT 플러그인 설치
- 안드로이드 SDK 관리자로 필요한 버전 설치
- AVD 관리자로 AVD 실행

이클립스로 안드로이드 앱을 위한 프로젝트를 생성하여 실행할 수 있다.

- 안드로이드 앱 프로젝트 생성
- 안드로이드 앱 실행
- 안드로이드 앱 프로젝트의 주요 파일 이해

기초적인 안드로이드 앱 프로그래밍 방법을 학습하여 프로그래밍에 활용할 수 있다.

- 앱 전체의 정보를 저장하는 메니페스트 파일 이해
- 액티비티의 작업 처리를 이해
- 액티비티의 레이아웃 이해
- 다양한 문자열 관리 방법 이해
- 리소스의 상수관리 방법 이해

01

안드로이드와 앱 개발환경

1. 스마트폰을 위한 안드로이드 운영체제

안드로이드 운영체제 개요

구글은 안드로이드 회사를 2005년에 인수한 후, 2007년 11월에 스마트폰 운용체제 operating system의 오픈 플랫폼open platform을 지향하는 안드로이드를 공개한다. 이후 2008년 9월 안드로이드 운영체제가 탑재된 최초의 스마트폰인 대만 HTC 사의 G1이 발표되면서, 동시에 개발환경인 안드로이드 SDK 1.0을 발표한다. **안드로이드는 2.3 진저브레드 Gingerbread, 3.0 허니콤**Honeycomb, **4.0 아이스크림 샌드위치**Ice Cream Sandwich**를 거쳐 현재 4.2 젤리 빈**Jelly Bean **버전**에 이르고 있다.

안드로이드android**는 리눅스 커널을 기반으로 만들어졌으며, 내부 구조를 살펴보면 다음 그림과 같이 응용 프로그램, 응용 프로그램 프레임워크, 라이브러리, 안드로이드 런타임, 리눅스 커널의 5개 레이어**Layer**로 구성**되어 있다. 안드로이드 지원 언어는 자바이며, 안드로이드에서는 그래픽 라이브러리를 제외한 자바 SE 라이브러리를 사용할 수 있으며, 자바 가상 기계Java Virtual Machine를 사용하지 않고 **자체 가상 기계인 달빅 가상 기계**Dalvik Virtual Machine**를 사용**한다.

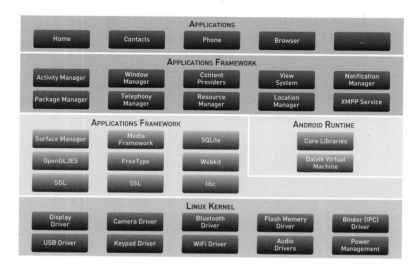

그림 13-1 ● 안드로이드 구조(출처: 안드로이드의 구조|작성자 kaka)

안드로이드 앱 개발환경

안드로이드 운영체제에서 실행되는 스마트폰 앱 프로그램을 개발하려면 다음과 같은 개발 환경이 필요하다. **우리는 JDK와 이클립스는 이미 설치했으므로 안드로이드 SDK와 ADT 플러그인만 설치하면 안드로이드 앱 개발을 위한 환경을 갖출 수 있다.**

이름	내려받기	내용
Java JDK	www.oracle.com	자바 SE인 기본 개발환경
이클립스^{Eclipse}	www.eclipse.org	플러그인plug-in 통합개발환경
안드로이드 SDK^{Software Developement Kit}	developer.android.com	안드로이드 앱 개발을 위한 소프트웨어 개발환경
ADT^{Android Development Tool}	이클립스에서 직접 설치	안드로이드 앱 개발환경인 안드로이드 SDK를 이클립스와 연결하는 플러그인 도구

표 13-1 ● 안드로이드 앱 개발환경에 필요한 도구

위의 4가지 개발환경 소프트웨어가 설치되면 안드로이드 앱 개발을 하기 전에 안드로이드 가상 기기를 생성해야 한다. **AVD**^{Android Virtual Device}**라 하는 안드로이드 가상 기기는 사용하고 있는 개인용 컴퓨터에서 휴대폰을 모의 실험할 수 있는 에뮬레이터**이다.

그림 13-2 ● 휴대폰 에뮬레이터 AVD

2. 안드로이드 SDK 내려받기

안드로이드 개발자 홈페이지 접속

안드로이드 SDK를 내려받기 위해 developer.android.com을 접속한다. 안드로이드 홈페이지는 www.android.com이며 **developer.android.com은 안드로이드 개발자를 위한 홈페이지**이다. 안드로이드 개발자 홈페이지는 디자인 가이드, 개발, 배포 등에 대한 다양한 자료를 제공한다. **안드로이드 SDK를 내려받기 위해 [Get the SDK] 버튼을 눌러 이동**한다.

그림 13-3 • 안드로이드 개발자를 위한 홈페이지: developer.android.com

안드로이드 SDK 내려받기

오른쪽 [Download the SDK] 버튼을 이용하면 SDK와 이클립스를 한 번에 설치할 수 있는 압축파일을 내려받을 수 있다. 만일 우리와 같이 이미 이클립스가 설치되어 있어 SDK만을 설치한다면 하단 [USE AN EXISTING IDE]를 눌러 [Download the SDK Tools for Windows]를 클릭하여 내려받는다. 여기서 내려받은 파일은 다음 설치 파일이다.

- installer_r22.0.4-windows.exe

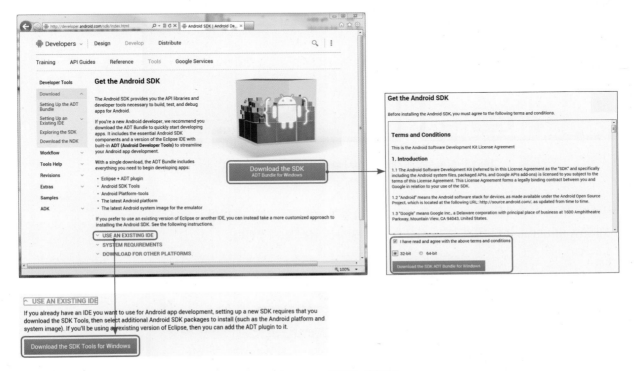

그림 13-4 ● 안드로이드 SDK 도구와 SDK ADT 번들 다운로드

ADT 번들 내려받기

페이지 Get the Android SDK 화면에서 [Download the SDK ADT Bundle for Windows]를 눌러 시스템에 적절한 버전(다음은 32비트의 2014년 봄 버전)을 내려받으면 필요한 개발도구가 이미 준비된 이클립스인 ADT 번들$^{ADT Bundle}$을 내려받을 수 있다. ADT 번들의 설치는 이클립스 설치와 같으며 지정한 폴더 하부에 파일이름과 같은 adt-bundle-windows-x86-20140321 폴더를 만든 후, 하부에 개발도구와 이클립스가 설치된다. 압축을 푸는 ADT 번들의 설치는 매우 간편하며, 추가 설치 없이 바로 앱을 개발할 수 있는 장점이 있다. ADT 번들의 설치 이후 바로 AVD 관리자를 실행시켜 적절한 휴대폰 에뮬레이터를 생성, 실행시킬 수 있다. 필요하면 SDK 관리자를 실행시켜 필요한 패키지를 추가 설치할 수 있다.

- adt-bundle-windows-x86-20140321.zip

안드로이드 SDK 설치 파일 실행

안드로이드 SDK 설치 파일을 실행하면 [Welcome] 대화상자에서 [Next >]를 눌러 자바 JDK의 설치를 확인한다. 물론 자바 JDK가 설치되어 있어야 다음 설치 진행이 가능하다.

 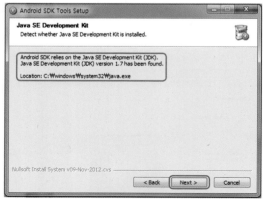

그림 13-5 ● 시작과 자바 SE 설치 확인

[사용자 선택]에서 모든 사용자를 위한 설치를 선택하고 [설치 폴더]는 기본 폴더인 C:\Program Files\Android\android-sdk 또는 다음과 같이 원하는 폴더를 지정한다.

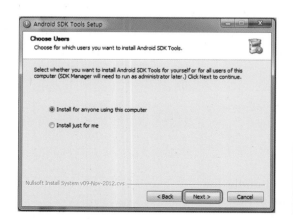 

그림 13-6 ● 사용자 선택과 설치 폴더 지정

다음 [시작 메뉴 폴더 선택]에서는 기본 폴더인 Android SDK Tool을 지정하고 [Install]
을 누르면 실제 설치가 시작된다.

그림 13-7 ● 시작 메뉴 폴더 선택

설치 과정을 보이는 화면을 거쳐 설치 완료를 알리는 마지막 대화상자가 나타난다. 이 대
화상자에서 [Start SDK Manager] 체크를 마크한 후 [Finish]로 SDK 관리자를 실행한다.

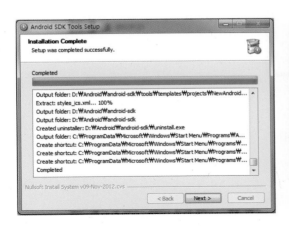

그림 13-8 ● 설치 과정과 SDK 관리자 실행

3. 안드로이드 SDK 개발환경 구축

안드로이드 SDK 관리자 설치

SDK 관리자^{SDK Manager} 실행으로 표시된 다음 안드로이드 SDK 관리자 화면에서 설치할 SDK 버전을 선택한다. SDK 개발도구인 [Tools]는 반드시 설치하고, 일반적으로 가장 최근 버전인 [Android 4.2]와 [Android 4.12], [Android 2.3.3], [Android 2.2] 정도의 버전을 설치하도록 한다. 만일 특정한 버전이 필요하면 선택한 후, [Insall 23 packages…]를 선택한다.

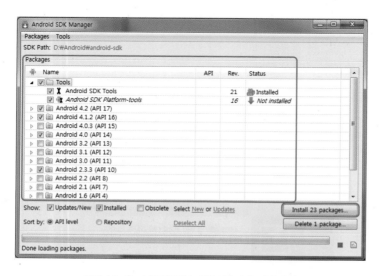

그림 13-9 ● 안드로이드 SDK 관리자 시작 화면

다음 [라이선스 동의]에서 모든 패키지를 모두 승인하는 [Accept All]을 선택한 후 [Finish]를 눌러 설치를 시작한다.

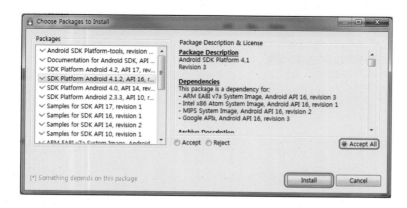

그림 13-10 ● 설치 목록 라이선스 동의

설치 확인 및 추가 설치와 삭제

선택한 도구의 설치가 완료되면 SDK 관리자 화면에서 설치된 도구 목록을 확인할 수
있다. 설치에 성공한 항목의 상태^status 표시가 Insatlled인 것을 확인할 수 있다. 표시된
SDK 관리자에서 계속해서 빠진 SDK 버전을 추가로 설치하거나 설치된 항목을 선택한
후 [Delete packages...]를 이용하여 삭제할 수 있다.

안드로이드 SDK의 하나의 버전에는 문서, 샘플, 소스 등 6개의 항목이 설치되는 것을 알
수 있다. **실제 설치된 폴더 [Android/android-sdk] 하부 폴더에는 AVD 관리자와 SDK
관리자 2개의 프로그램이 있으며, 하부에 [docs], [samples], [sources], [tools] 등의 많은
폴더**가 있는 것을 확인할 수 있다.

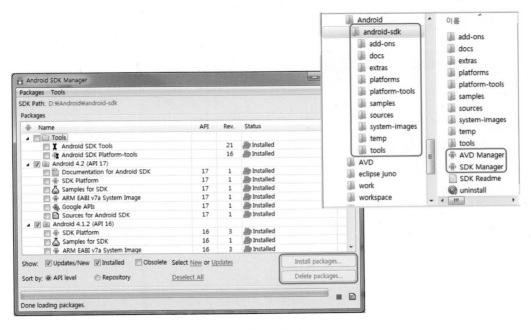

그림 13-11 ● 도구 설치와 삭제가 가능한 SDK 관리자

4. 이클립스 플러그인 ADT 설치

ADT 설치 항목 선택

지금까지 우리는 자바 응용프로그램의 개발에 이클립스라는 좋은 통합개발환경을 이용해 왔다. 지금까지와 마찬가지로 안드로이드 프로그래밍을 위한 통합개발환경으로 이클립스를 사용한다. 이를 위하여 ADT^{Android Development Tool}라는 플러그인^{plug-in}의 설치가 필요하다. 즉 **ADT는 이클립스와 개발환경인 안드로이드 SDK를 연결해 주는 이클립스 플러그인이다.** ADT가 설치되면 지금까지 사용하던 이클립스에서 바로 안드로이드 앱을 위한 프로젝트를 생성하고 실행할 수 있다.

ADT 플러그인을 설치하려면 이클립스에서 메뉴 [Help/Install New Software]를 선택하여 표시된 다음 [Install] 대화상자에서 시작한다.

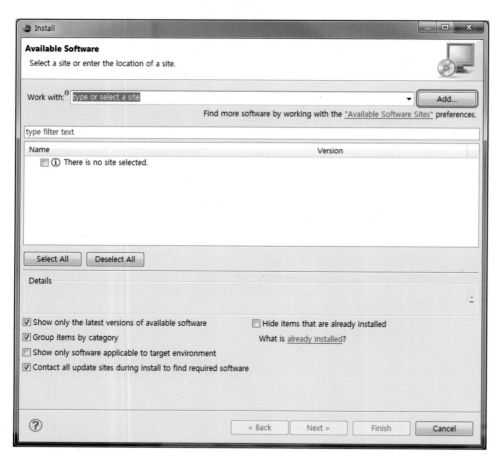

그림 13-12 ● 플러그인을 설치하는 [Install] 대화상자

[add...]를 눌러 생성된 [Add Repository]에서 Location에 다음 사이트를 입력하고
Name에는 Android ADT나 원하는 이름을 입력한 후 [OK]를 누른다.

- http://dl-ssl.google.com/android/eclipse/

그림 13-13 • ADT의 위치를 입력

설치할 ADT는 [Select All]로 모두 선택한 후 [Next >]를 누른다.

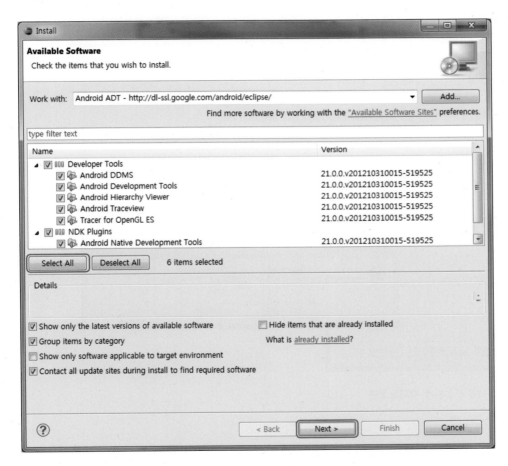

그림 13-14 • ADT의 설치 항목 선택

ADT 설치

설치될 항목을 확인한 후 [Next >]로 라이선스 동의를 한 후 [Finish]를 눌러 설치를 시작한다.

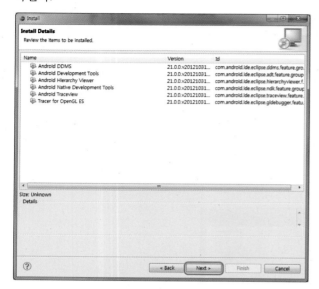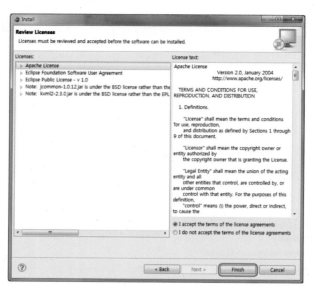

그림 13-15 ● 설치 세부 항목 표시와 라이선스 동의 대화상자

설치 과정이 표시되고 설치가 완료된 후 [Software Updates] 대화상자에서 [Restart Now]를 누르면 안드로이드 ADT가 설치된 이클립스가 다시 실행된다.

그림 13-16 ● 설치 후 재시작 화면

ADT가 설치된 이클립스

ADT가 설치가 완료된 후 다시 시작한 이클립스는 외형상으로는 큰 변화가 없지만 안드로이드 앱 개발을 위한 메뉴와 아이콘이 추가된 것을 확인할 수 있다. 메뉴 아이콘에 다음과 같이 안드로이드 개발에 관한 아이콘이 추가된 것을 볼 수 있다. 아이콘 중에는 **안드로이드 SDK의 설치와 삭제에 사용하는 안드로이드 SDK 관리자**^{Android SDK Manager} **아이콘과 안드로이드 가상 기기 관리자**^{Android Virtual Device Manager} **아이콘** 등이 있다.

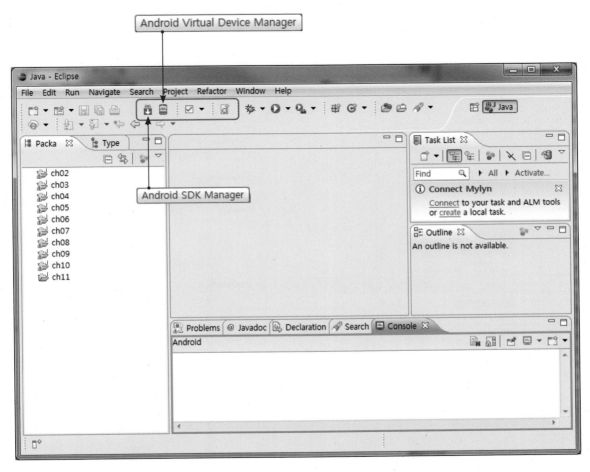

그림 13-17 ● 플러그인 ADT가 설치된 이클립스 전체 화면

5. 휴대폰 에뮬레이터 AVD생성

AVD 관리자 실행

안드로이드 앱을 개발하여 컴퓨터에서 실행하려면 휴대폰을 흉내내는 에뮬레이터^{emulator} **인 AVD**^{Android Virtual Device}**가 필요**하다. AVD를 만들려면 안드로이드 SDK에서 설치한 AVD 관리자를 실행해야 한다. 이클립스에서 아이콘 또는 메뉴 [Winows/Android Virtual Device Manager]를 선택하여 [Android Virtual Device Manager] 대화상자를 띄운다. AVD 관리자는 안드로이드 SDK의 도구이므로 컴퓨터의 [시작 메뉴]에서 [AVD 관리자] 메뉴로도 실행이 가능하다.

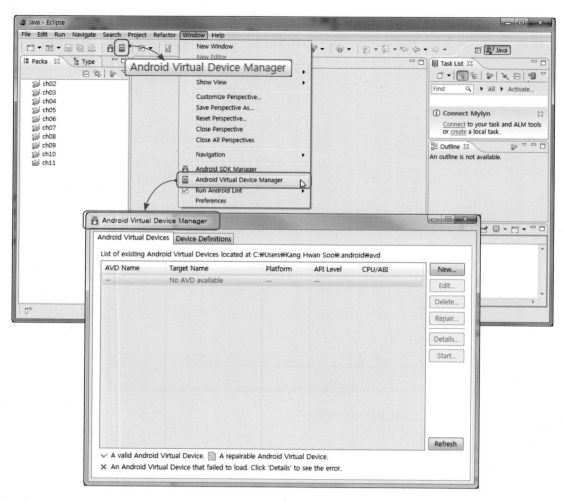

그림 13-18 ● 이클립스에서 실행한 AVD 관리자

AVD 관리자에서 가장 먼저 해야 할 일은 avd가 설치되는 폴더를 확인하는 것이다. 위의 AVD의 설치 폴더는 영문으로 C:\Users\Kang Hwan Soo\.android\avd이다. 만일 사용자 계정이 한글이라면 C:\사용자\강환수\.android\avd가 될 것이다. 만일 이와 같이 **avd 설치 폴더에 한글이 있으면 문제가 발생할 수 있으니, 사용자 계정을 영문으로 만들고 다시 로그인하여 AVD를 생성하도록 한다.** [Android Virtual Devices] 탭에는 생성된 AVD 목록이 표시되는데, 위와 같이 처음으로 AVD를 만든다면 목록이 비어 있을 것이다.

- 설치 폴더는 영문으로 C:\Users\Kang Hwan Soo\.android\avd

AVD 생성

[New] 버튼으로 표시된 다음 대화상자에서 적절한 값을 입력한 후 [OK] 버튼으로 AVD를 생성한다. [AVD Name:]은 가상 디바이스의 이름으로 영문자, 숫자, 마침표(.), 밑줄(_), 하이픈(-)을 사용하여 이름을 만들 수 있다. 이름의 문자가 적절하지 않으면 하단에 경고가 표시된다. Device와 Target 그리고 SD Card 등에 대한 설정을 다음과 같이 입력하고 [OK]를 누른다.

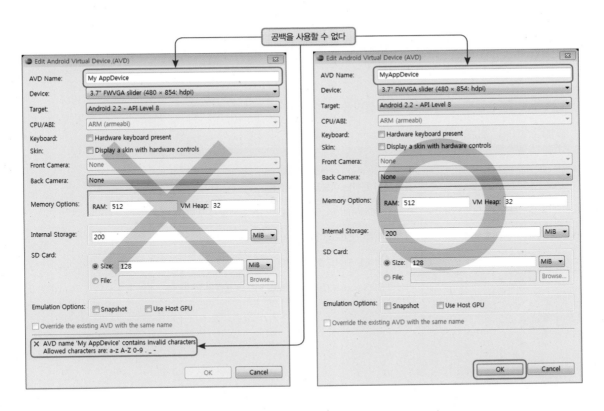

그림 13-19 • AVD 생성 대화상자(오른쪽이 올바른 AVD Name)

AVD 관리자 기능

성공적으로 AVD가 만들어지면 다음과 같이 이름 MyAppDevice로 목록에 표시된다. AVD를 선택하면 오른쪽의 편집Edit, 삭제Delete와 같은 기능이 사용 가능하다.

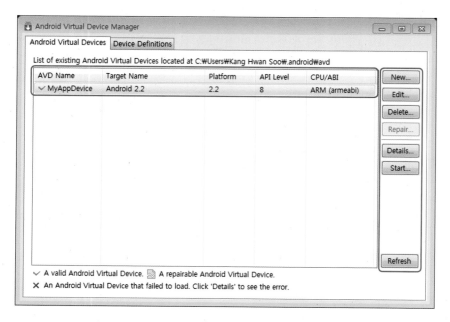

그림 13-20 ● AVD 관리자

다음은 AVD 생성 시 입력하는 주요 설정 값에 대한 예와 설명을 나타낸다.

번호	예	내용
AVD Name	AVD_for_Nexus_S	공백 없이 원하는 이름을 입력한다.
Device	Nexus S (4.0", 480 x 800: hdpi)	Device Definitions목록 중에 하나를 선택할 수 있다.
Target	Android 4.2 - API Level 17	기기에 적합한 안드로이드 SDK 버전을 선택한다.
Skin	480 x 800	기기에 정해진 해상도를 나타낸다.
SD Card	128	가상의 SDSecure Digital 메모리 카드의 용량을 입력한다.

표 13-2 ● AVD 생성 시 주요 설정 값

기기 정의를 이용한 AVD 생성

AVD 관리자의 [Device Definitions]를 누르면 현재 사용될 수 있는 기기 목록을 볼 수 있다. **오른쪽 메뉴를 사용하면 새로운 기기를 정의**^{New Device...}**하고, 복사**^{Clone...}**, 삭제**^{Delete...} **가 가능하며, 바로 AVD도 만들**^{Create AVD...} **수 있다.** 다음 그림과 같이 Galaxy Nexus를 선택하고 [Create AVD]를 누르면 바로 대부분의 항목은 자동으로 선택된 AVD 생성 대화상자가 나타나고, 값이 없는 SD Card만 256으로 지정하고 원하는 값을 수정하면 바로 쉽게 AVD를 생성할 수 있다.

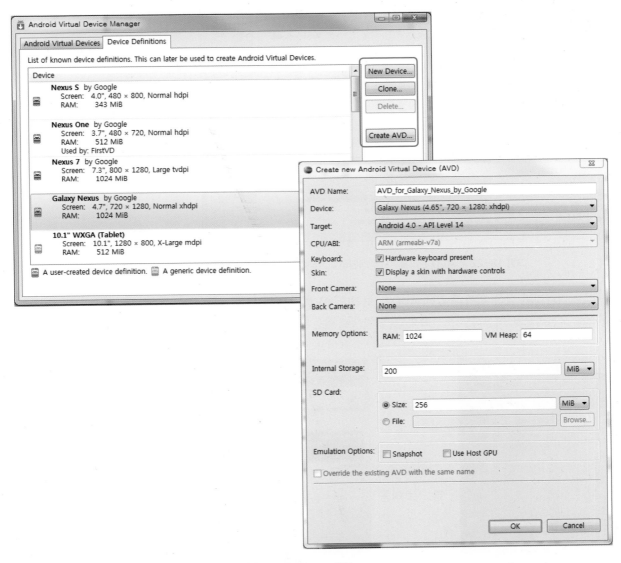

그림 13-21 ● Device Definition을 이용한 AVD 생성

6. AVD 실행과 사용

AVD 실행

AVD를 실행하려면 생성된 AVD 목록에서 AVD 하나를 선택한 후 [Start…] 버튼을 누른다.

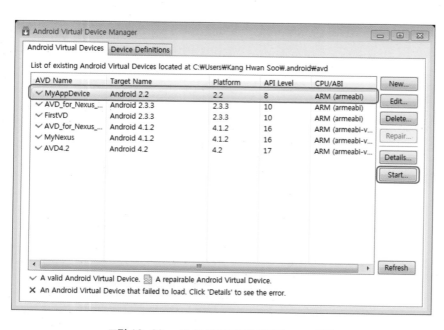

그림 13-22 ● AVD 관리자에서 생성된 AVD 실행

인내심을 갖고 기다리면 다음 왼쪽과 같은 AVD가 보인다. AVD 화면의 왼쪽 하단 자물
쇠를 마우스로 오른쪽으로 이동하면 오른쪽의 홈 화면으로 이동한다.

그림 13-23 ● AVD의 첫 화면과 홈 화면

AVD 사용

AVD 화면 오른쪽에 있는 버튼의 사용법은 다음과 같다. AVD 홈 화면 하단의 3개의 버튼을 누르면 왼쪽부터 전화걸기, 앱목록보기, 검색 화면으로 이동한다.

그림 13-24 ● 휴대폰의 여러 기능을 수행하는 AVD 버튼과 홈 화면

그림 13-25 ● 전화걸기, 앱목록, 검색 화면(왼쪽부터 순서대로)

1. 안드로이드 앱 개발을 위한 프로젝트

안드로이드 앱 프로젝트 선택

이제 안드로이드 개발환경을 갖추었으니 앱을 개발해 보자. 첫 앱 프로그램을 개발하는 일은 앱 개발환경을 설정하는 일보다 훨씬 간단하다. 자 앱 개발을 시작해 보자.

앱을 개발하기 위해 맨 먼저 해야 할 일은 안드로이드 프로젝트를 만드는 일이다. 다음과 같이 **[File/New/Android Application Project] 메뉴를 선택하거나 [New] 아이콘에서 직접 눌러 하부의 [Android Application Project] 메뉴를 선택**하여 시작한다.

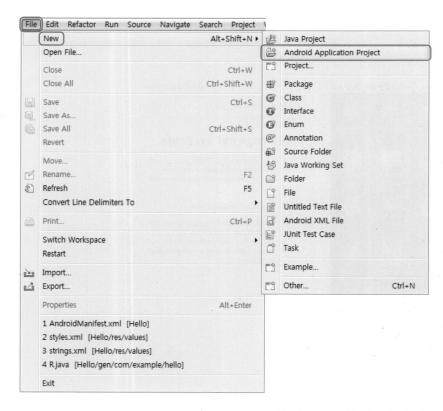

그림 13-26 • [Android Application Project] 메뉴 선택 방법

앱 프로젝트를 만드는 또 다른 방법은 [File/New/Project …] 메뉴를 선택하여 다음 [New Project] 대화상자에서 [Android] 폴더 하부 [Android Application Project]를 선택하는 방법도 있다.

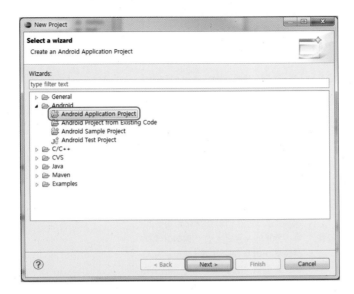

그림 13-27 ● [File/New/Project…] 메뉴를 선택하여 표시된 [New Project] 대화상자

위 대화상자에서 [Next >]를 누르면 다음 [New Android Application] 대화상자가 나타난다.

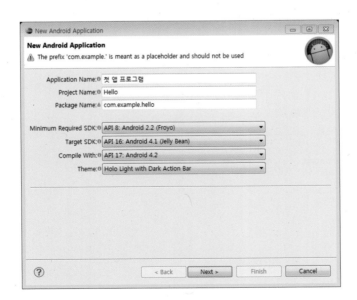

그림 13-28 ● [New Android Application] 대화상자

2. 안드로이드 앱 프로젝트 생성

이름 속성인 앱 이름, 프로젝트 이름, 패키지 이름

안드로이드 앱을 위한 프로젝트에서 지정해야 하는 주요 항목은 앱 이름, 프로젝트 이름, 패키지 이름 3가지이다. 앱이름은 앱 프로그램의 이름으로 한글도 문제없으므로 [첫 앱 프로그램]으로 지정하고 프로젝트 이름은 Hello로, 패키지 이름은 com.example.hello 로 지정한다. 앱 프로젝트에서 다음 3개의 속성 이름은 다음 표와 같은 의미로 사용된다.

- Application Name: 첫 앱 프로그램
- Project Name: Hello
- Package Name: com.examle.hello

항목	기본 값과 예	의미
Application Name	• 사용자가 입력하는 문자열로 한글과 공백도 가능 • Hello World	응용프로그램인 앱의 이름으로 마켓과 휴대폰에서 사용되는 앱 이름이며 휴대폰에서 아이콘 하단의 제목으로도 표시되므로 앱의 기능을 표현하는 이름으로 지정
Project Name	• 위에서 입력된 내용으로 공백을 제거하고 자동으로 생성되나 수정가능 • HelloWorld	작업공간에서 생성되는 프로젝트 폴더의 이름으로, 영문으로 첫 글자는 대문자 새로운 단어는 다시 대문자로
Package Name	• 위의 프로젝트 이름이 com.example 뒤의 3단계로 자동으로 삽입 • com.example.helloworld	클래스의 패키지 이름으로 모두 소문자로 쓰고, URL의 반대로 넓은 의미를 먼저 기술
예시	Application Name:⊙ Hello World Project Name:⊙ HelloWorld Package Name:⚠ com.example.helloworld	

표 13-3 • 앱의 주요 이름 속성

다음과 같이 3개의 이름과 함께 앱이 실행될 SDK의 버전과 테마를 지정한다. 특정한 목적의 앱의 개발이 아니라면 다음과 같이 SDK의 버전과 테마는 기본 값으로 지정한다. 다만 필요한 SDK가 설치되지 않았다면 설치가 필요하다. [Next >] 버튼을 누르면 바로 앱 프로젝트를 생성할 수 있는 다음 화면으로 이동한다.

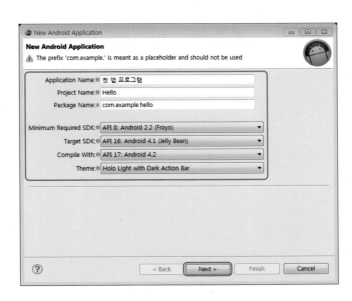

그림 13-29 ● [New Android Application] 대화상자의 첫 화면

SDK의 버전과 테마는 다음을 의미하므로 필요하면 다른 적당한 값으로 지정한다.

항목	의미
Minimum required SDK	• 표현 그대로 요구되는 최소 SDK 버전으로, Target SDK보다 낮은 버전이어야 함 • 현재 지정된 API 8로 하면 API 8: Android 2.2 (Froyo)의 SDK 설치가 필요
Target SDK	• 목적 SDK로 앱이 탑재될 휴대폰에 설치된 안드로이드 SDK 버전
Compile with	• 컴파일되는 SDK 버전
Theme	• 실행화면의 테마 지정

표 13-4 ● SDK 버전과 테마

앱 프로젝트의 주요 속성 지정 4단계

다음으로 앱 프로젝트에서 지정해야 할 것은 프로젝트 속성으로 다음 5가지이다. 기본 값으로 지정하고 바로 [Finish] 버튼으로 앱 프로젝트를 만들 수 있다.

그림 13-30 ● 프로젝트 속성 지정^{configure project} 화면

다음 화면에서는 앱의 아이콘의 속성을 지정하는 단계이다.

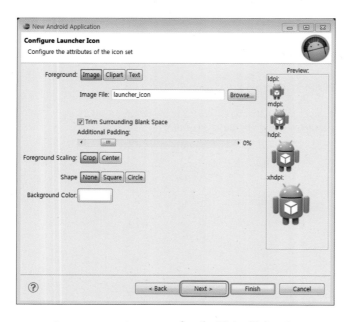

그림 13-31 ● 아이콘의 속성^{configure the attributes of the icon set} 화면

다음 화면은 액티비티 종류와 생성 여부를 지정하는 단계이다. 다음과 같이 기본 값으로
지정한다.

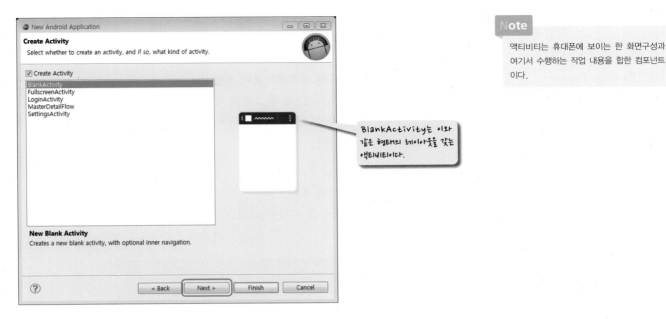

그림 13-32 ● 액티비티 종류와 생성 여부 지정 화면

다음 화면은 액티비티와 레이아웃의 이름, 내비게이션 종류를 지정하는 화면으로 자동으
로 설정된 이름을 지정하고 이름 MainActivity와 activity_main을 기억하자.

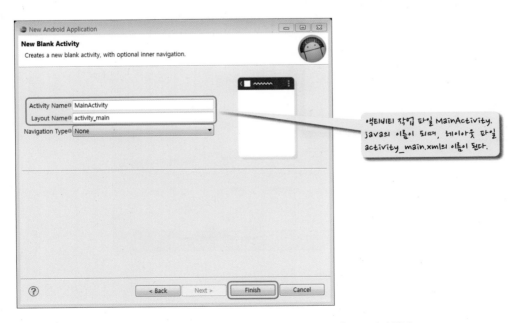

그림 13-33 ● 액티비티와 레이아웃의 이름, 내비게이션 종류 지정 화면

3. 안드로이드 앱 프로젝트 구성과 AVD 선정

앱 프로젝트 생성 이클립스 화면

다음은 안드로이드 앱을 위한 프로젝트에서 주요 이름인 앱 이름, 프로젝트 이름, 패키지 이름 3가지를 지정하고, 나머지 속성은 모두 기본 값을 지정한 후 생성된 이클립스 화면이다. **[Package Explorer] 뷰에서 보이는 폴더와 파일이 일반 자바 프로젝트보다 복잡하며, 중앙 편집기에는 액티비티인 `activity_main.xml` 파일이 보이며, 현재 그래픽 레이아웃**^{Graphical Layout}**에서 실행 화면도 보인다.** [Package Explorer] 뷰에서 앱 프로젝트 이름인 Hello 하부를 살펴보면 다음 주요 폴더와 파일을 확인할 수 있다.

- 폴더 src: 소스 파일 저장 폴더
- 폴더 res\layout: 레이아웃인 activity_main.xml 파일이 저장된 폴더
- 레이아웃 파일 activity_main.xml: 앱의 실행 화면의 레이아웃을 지정한 XML 파일

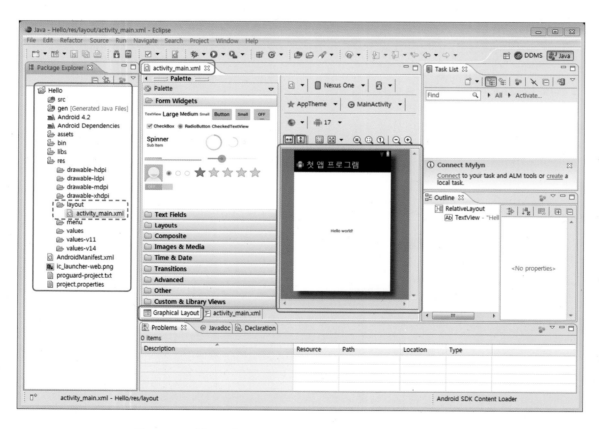

그림 13-34 ● 앱 프로젝트 Hello가 생성된 이클립스 화면

앱 프로젝트를 실행할 AVD 선정

이제 바로 생성된 앱 프로젝트에서 앱을 실행해보자. 프로젝트 폴더 Hello를 클릭하고 오른쪽 팝업 메뉴에서 [Run As/Android Application]을 선택하여 다음 [Android Device Chooser] 대화상자를 띄운다. 다음 대화상자에서 실행되고 있는 에뮬레이터인 AVD가 하나도 없다면 [Launch a new Android Virtual Device]에서 실행할 MyAppDevice AVD를 하나 선택하여 먼저 실행한다. 이후 [Choose a running Android Device]를 선택한 후 앱 프로젝트를 실행할 에뮬레이터를 선택한 후 [OK] 버튼을 눌러 실행한다. AVD에 별 문제가 없다면 이제 [첫 앱 프로그램]이 성공적으로 실행될 것이다.

자바 프로젝트와 같이 앱 프로젝트의 실행 방법도 다양하게 제공되는데, 일반 메뉴 [Run/Run/Android Application]와 Run 아이콘 (⊙·)에서도 실행 가능하다. **앱 프로젝트를 실행하려면 먼저 AVD 에뮬레이터가 먼저 실행되어 있어야 하므로 앱 프로그래밍 연습 중에 에뮬레이터인 AVD는 계속 실행**해 두도록 한다.

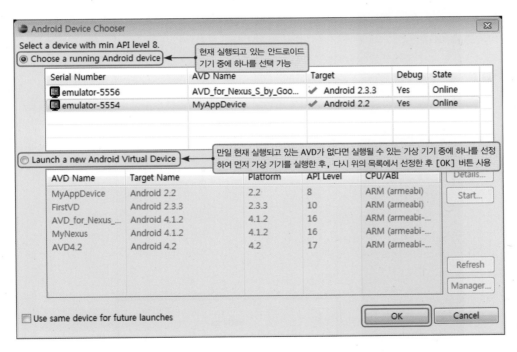

그림 13-35 ● 안드로이드 실행 기기 선택

4. 안드로이드 앱 프로젝트 실행

앱 프로젝트 실행

다음은 선택한 AVD에서 실행된 안드로이드 앱 프로그램 [첫 앱 프로그램]의 실행 화면이다. 프로젝트에서 코딩한 것이 하나도 없음에도 불구하고 화면 중앙에 "Hello World!"가 출력된 것을 볼 수 있다. 실행 화면을 살펴보면 앱 이름으로 지정한 "첫 앱 프로그램"을 화면 상단에서 볼 수 있다.

결과적으로 **우리가 처음 개발한 "첫 앱 프로그램"은 문자열 "Hello World!"를 화면 중앙에 출력하는 앱 프로그램이다. 오른쪽 기능 버튼에서 [MENU]를 누르면 다음 오른쪽과 같이 실행된 액티비티 하단에서 [Settings]라는 메뉴가 표시**된다.

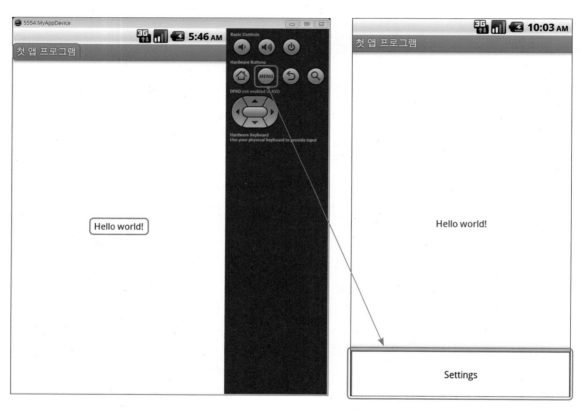

그림 13-36 ● [첫 앱 프로그램] 실행 화면

앱 아이콘 목록

AVD에서 앱 목록 화면으로 이동하며 다음과 같이 첫 앱 프로그램 아이콘을 볼 수 있으며 물론 직접 실행도 가능하다. 아이콘은 다음과 같이 홈페이지로의 이동도 가능하다.

그림 13-37 ● 앱 목록 화면에 표시된 첫 앱 프로그램 아이콘과 홈페이지로 이동

5. 앱 프로젝트 소스 파일과 리소스 문자열 파일

액티비티 클래스

프로젝트 하부 **폴더 [src]가 관련 자바 소스 파일이 저장되는 폴더**이다. 프로젝트 [Hello]에서 자동으로 생성된 자바 소스 파일은 MainActivity.java이다. **클래스 MainActivity는 클래스 android.app.Activity를 상속받아 2개의 메소드인 OnCreate()와 OnCreateOptionsMenu()를 재정의한 클래스**인 것을 알 수 있다.

앱 프로그램은 클래스 MainActivity의 OnCreate() 메소드의 자동 호출로 실행된다. 메소드 OnCreate()의 내용을 살펴보면 부모 클래스 Activity의 OnCreate()를 호출해 액티비티를 생성하며, 메소드 setContentView(R.layout.activity_main)를 호출하여 레이아웃 파일 activity_main.xml에서 정의한 레이아웃을 출력한다. 또한 메소드 OnCreateOptionsMenu()는 액션 바에 메뉴를 추가할 때 호출되는 메소드이다.

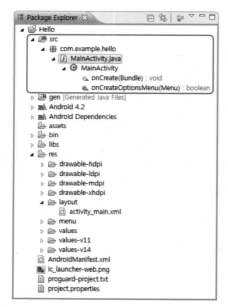

```
1  package com.example.hello;
2
3  import android.os.Bundle;
4  import android.app.Activity;
5  import android.view.Menu;
6
7  public class MainActivity extends Activity {
8
9      @Override
10     protected void onCreate(Bundle savedInstanceState) {
11         super.onCreate(savedInstanceState);
12         setContentView(R.layout.activity_main);
13     }
14
15     @Override
16     public boolean onCreateOptionsMenu(Menu menu) {
17         // Inflate the menu; this adds items to the action bar if it is present.
18         getMenuInflater().inflate(R.menu.activity_main, menu);
19         return true;
20     }
21
22 }
23
```

그림 13-38 ● 자바 소스의 폴더와 파일

문자열 파일

리소스인 문자열 저장 파일은 폴더 [res/values]의 strings.xml이다. 파일 strings.xml
에는 프로젝트에서 사용되는 모든 문자열 정보가 저장된다. 문자열 "첫 앱 프로그램"은
app_name으로, "Hello World!"는 hello_world, "Settings"는 menu_settings라는 이름으
로 저장된 것을 알 수 있다. 여기서 지정된 이름은 프로그램에서 문자열을 대신하여 사용
될 수 있다. 에디터에서 xml 파일을 Resources로 살펴보면 생성된 속성이 그림으로 표시
되는데, 지정된 이름의 문자열이라는 ⑤가 표시된다.

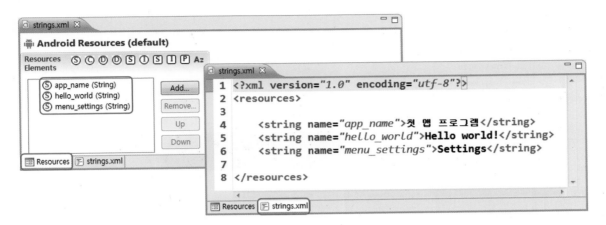

그림 13-39 ● strings.xml 파일의 보기

프로젝트 생성 중에 지정한 ApplicationName인 "첫 앱 프로그램"이 다음과 같이 태그
<string>으로 저장된 것을 확인할 수 있다. 프로젝트의 자원 파일 AndroidManifest.
xml에서 이 app_name을 이용하여 앱 제목으로 사용된다.

```
<string name="app_name">첫 앱 프로그램</string>
```

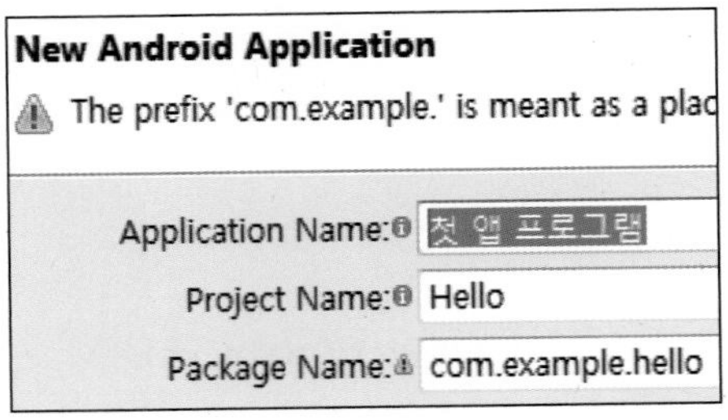

New Android Application

⚠ The prefix 'com.example.' is meant as a plac

Application Name:❶ 첫 앱 프로그램

Project Name:❶ Hello

Package Name:⚠ com.example.hello

그림 13-40 ● 응용프로그램 이름의 저장

6. 레이아웃 파일

[res/layout]의 activity_main.xml 파일

첫 실행 화면의 액티비티 레이아웃은 폴더 [res/layout]의 activity_main.xml 파일에 저장
된다. 이 기본 레이아웃 파일 이름은 프로젝트 생성 시 자동으로 부여되며 수정할 수 있다.
activity_main.xml 파일을 열면 다음과 같이 그래픽 레이아웃^{Graphical Layout}으로 표시되어
실행 화면을 볼 수 있다. 팔레트를 이용하여 출력결과 화면을 쉽게 수정할 수 있다.

그림 13-41 ● 레이아웃 파일 activity_main.xml의 그래픽 레이아웃 보기

레이아웃 소스 파일 분석

다음은 자동으로 생성된 레이아웃 소스 파일 activity_main.xml이다. 생각보다 xml 파
일이 간단하다는 것을 알 수 있다. 다음은 **전체적인 화면 레이아웃이 상대적인 화면인
RelativeLayout이며 화면에 출력되는 텍스트에 대한 속성이 <TextView ... /> 태그에
정의되어 있는 것**을 알 수 있다.

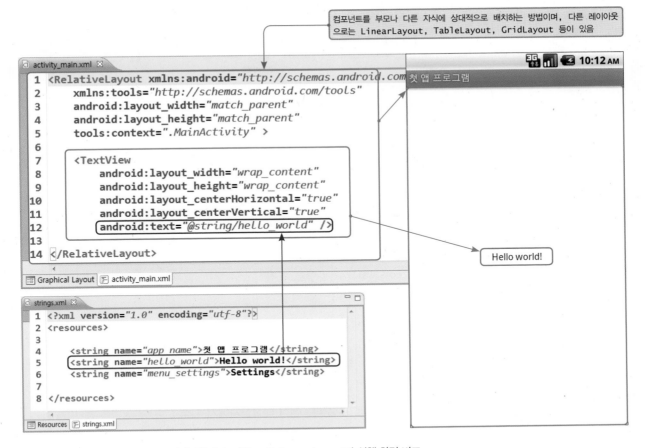

컴포넌트를 부모나 다른 자식에 상대적으로 배치하는 방법이며, 다른 레이아웃으로는 LinearLayout, TableLayout, GridLayout 등이 있음

```
activity_main.xml ⊠
1  <RelativeLayout xmlns:android="http://schemas.android.com
2     xmlns:tools="http://schemas.android.com/tools"
3     android:layout_width="match_parent"
4     android:layout_height="match_parent"
5     tools:context=".MainActivity" >
6
7     <TextView
8         android:layout_width="wrap_content"
9         android:layout_height="wrap_content"
10        android:layout_centerHorizontal="true"
11        android:layout_centerVertical="true"
12        android:text="@string/hello_world" />
13
14 </RelativeLayout>
```
Graphical Layout   activity_main.xml

첫 앱 프로그램   10:12 AM

Hello world!

```
strings.xml ⊠
1  <?xml version="1.0" encoding="utf-8"?>
2  <resources>
3
4     <string name="app_name">첫 앱 프로그램</string>
5     <string name="hello_world">Hello world!</string>
6     <string name="menu_settings">Settings</string>
7
8  </resources>
```
Resources   strings.xml

그림 13-42 ● 레이아웃 소스 파일 activity_main.xml과 실행 화면 비교

화면에 배치되는 컴포넌트의 위치를 다른 뷰에 대한 상대적 위치로 지정하는 방법인 상대적 레이아웃은 태그 <RelativeLayout …> … </RelativeLayout>로 정의한다. 상대적 레이아웃의 속성으로 android:layout_width, android:layout_height 등이 있으며, android:layout_height의 값은 match_parent라는 것을 알 수 있다. 여기서 match_parent는 부모 크기에 맞추는 방식을 말한다. 화면에 출력되는 텍스트에 대한 정보인 <TextView …/> 태그는 속성 android:layout_width, android:layout_centerHorizontal 등에 대한 값을 지정한다. 여기서 android:layout_width="wrap_content"은 출력되는 텍스트의 가로 크기를 내용물에 맞추라는 의미이며, android:layout_centerHorizontal="true"와 android:layout_centerVertical="true"는 각각 수평정렬과 수직정렬을 중앙으로 설정하는 방법이다. 또한 android:text="@string/hello_world"는 출력될 문자열이 자원 파일인 string.xml에 정의된 문자열 이름 hello_world로 지정된 문자열이라는 것을 의미한다. 그러므로 앱 결과 화면에 출력되는 텍스트가 Hello World!인 것을 알 수 있다.

안드로이드 앱 프로그래밍 기초

1. 앱 프로젝트 생성 과정

지정한 색상과 크기로 문자열을 출력하는 앱 프로그램

지금까지 배운 내용을 기반으로 다음 3가지 내용을 반영하는 앱 프로그램을 작성해 보자.

- 앱 응용프로그램 제목을 "문자열 출력 프로그램"으로 지정
- 실행 결과 화면에 출력되는 문자열을 다음과 같이 원하는 문자열로 지정
- 출력되는 문자열 폰트의 크기를 6^{pt}으로 색상으로 파란색$^{#0000ff}$을 지정

위 내용을 반영하려면 다음과 같은 내용을 고려하여 프로젝트를 생성한 후 관련 소스를 수정한다.

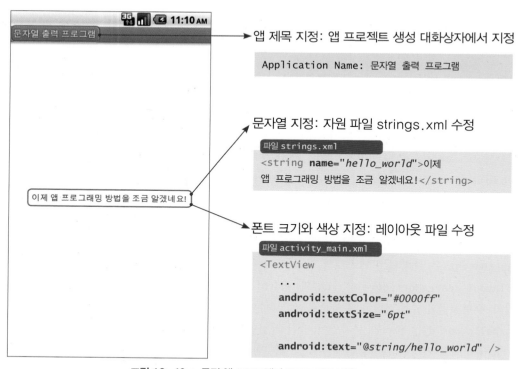

앱 제목 지정: 앱 프로젝트 생성 대화상자에서 지정

Application Name: 문자열 출력 프로그램

문자열 지정: 자원 파일 strings.xml 수정

파일 strings.xml
```
<string name="hello_world">이제
앱 프로그래밍 방법을 조금 알겠네요!</string>
```

폰트 크기와 색상 지정: 레이아웃 파일 수정

파일 activity_main.xml
```
<TextView
    ...
    android:textColor="#0000ff"
    android:textSize="6pt"

    android:text="@string/hello_world" />
```

그림 13-43 ● 목적 앱 프로그램과 프로그래밍 전략

앱 프로젝트의 앱, 응용, 패키지 이름 작성

안드로이드 앱을 위한 프로젝트에서 앱 이름, 프로젝트 이름, 패키지 이름을 다음과 같이 지정한다.

- Application Name: 문자열 출력 프로그램
- Project Name:　　 HelloText
- Package Name:　　 com.examle.hellotext

앱 프로젝트 생성의 첫 대화상자에서 우리가 원하는 이름 3개에 대한 값을 다음과 같이 설정한다. [Next >] 이후의 대화상자에서 수정 없이 설정 내용을 살펴본 후 앱 프로젝트를 생성한다.

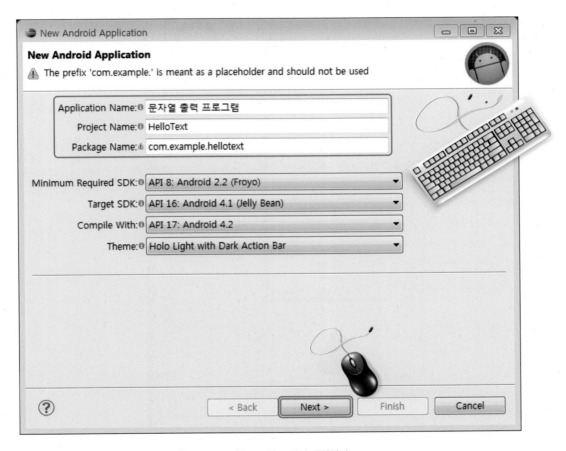

그림 13-44 ● 앱 프로젝트 생성 대화상자

앱 응용 프로젝트 폴더 지정

앱 프로젝트 생성 과정의 [Configure Project]에서 프로젝트 관련 파일이 저장되는 폴더를 확인할 수 있다. 체크박스 [Create Project in Workspace]가 지정된 Location을 보면 프로젝트 폴더를 알 수 있다. 만일 프로젝트 폴더를 수정하려면 체크박스를 풀고 Loaction을 다시 지정할 수 있다. 기본 프로젝트 폴더는 작업공간 폴더 하부 [프로젝트이름]으로 생성된다.

- 프로젝트 폴더: [작업공간\프로젝트이름]

  D:\2012 Android\workspace\HelloText

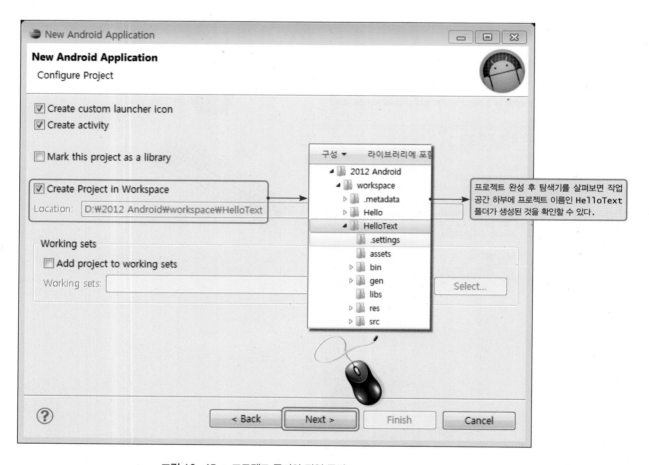

그림 13-45 ● 프로젝트 폴더와 작업 공간

액티비티와 레이아웃 이름 지정

앱 프로젝트 생성 과정의 [New Blank Activity]에서 앱의 첫 액티비티에 대한 정보를 지정한다. 자동으로 생성되는 **액티비티 이름은 MainActivity이며, 레이아웃 이름은 activity_main인 것을 확인할 수 있다.** 필요하면 각각의 이름을 수정할 수 있다. MainActivity는 프로젝트 폴더 하부 [src] 폴더의 MainActivity.java의 자바 소스 파일의 이름이 되며, activity_main은 프로젝트 폴더 하부 [res\layout] 폴더의 activity_main.xml 레이아웃 파일의 이름이 된다.

- Activity Name: 프로젝트 폴더 [HelloText]의 하부 [src] 폴더의 소스 파일 이름

      D:\2012 Android\workspace\HelloText\src\MainActivity.java

- Layout Name: 프로젝트 폴더 [HelloText]의 하부 [res\layout] 폴더의 레이아웃 파일 이름

      D:\2012 Android\workspace\HelloText\res\layout\activity_main.xml

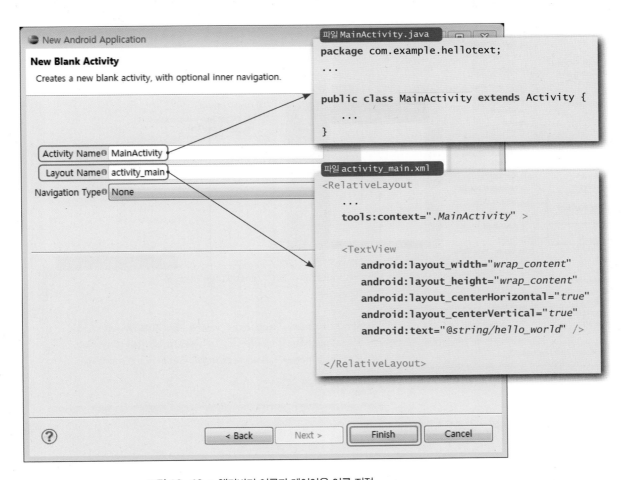

그림 13-46 ● 액티비티 이름과 레이아웃 이름 지정

2. 프로젝트 생성 확인과 주요 파일

이클립스 패키지 탐색기와 액티비티 레이아웃

이제 처음으로 스스로 작성하는 앱 프로젝트 생성이 완료되었다. 다음은 이클립스에서 생성된 프로젝트가 나타난 화면이다. 생성 과정에서 지정한 앱이름인 "문자열 출력 프로그램" 텍스트가 액티비티 화면의 결과에 표시된다. **폴더 [res/values]의 파일 strings.xml을 살펴보면 "문자열 출력 프로그램"과 "Hello World!"를 확인**할 수 있다. 바로 이 "Hello World!"를 우리가 원하는 "이제 앱 프로그래밍 방법을 조금 알겠네요!"로 수정할 것이다.

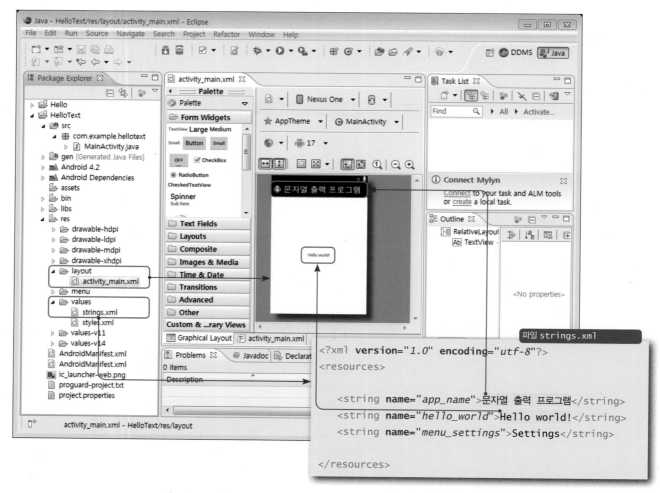

그림 13-47 ● 프로젝트가 생성된 이클립스

자동 생성된 프로젝트 관련 소스 파일

이제 이클립스의 패키지 탐색기와 주요 파일을 직접 확인해 보자. 패키지 탐색기의 프로젝트 폴더 [HelloText]와 그 하부 폴더 및 파일은 작업공간의 [HelloText]와 그 하부 폴더와 일치함을 알 수 있다. 다음은 앱 개발에서 생성되는 주요 소스 파일이며, 이중에서 strings.xml과 activity_main.xml 파일을 수정해야 할 것이다.

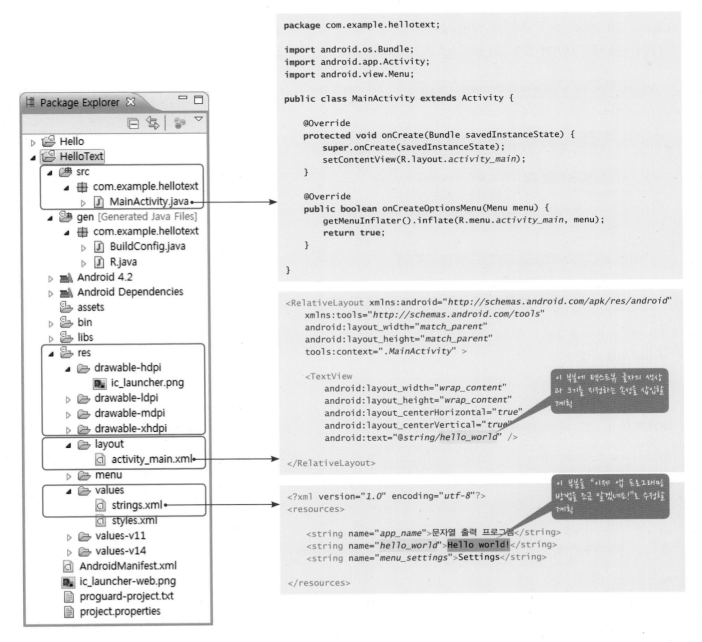

```java
package com.example.hellotext;

import android.os.Bundle;
import android.app.Activity;
import android.view.Menu;

public class MainActivity extends Activity {

    @Override
    protected void onCreate(Bundle savedInstanceState) {
        super.onCreate(savedInstanceState);
        setContentView(R.layout.activity_main);
    }

    @Override
    public boolean onCreateOptionsMenu(Menu menu) {
        getMenuInflater().inflate(R.menu.activity_main, menu);
        return true;
    }
}
```

```xml
<RelativeLayout xmlns:android="http://schemas.android.com/apk/res/android"
    xmlns:tools="http://schemas.android.com/tools"
    android:layout_width="match_parent"
    android:layout_height="match_parent"
    tools:context=".MainActivity" >

    <TextView
        android:layout_width="wrap_content"
        android:layout_height="wrap_content"
        android:layout_centerHorizontal="true"
        android:layout_centerVertical="true"
        android:text="@string/hello_world" />

</RelativeLayout>
```

이 부분에 텍스트뷰 글자의 색상과 크기를 지정하는 속성을 삽입할 계획

```xml
<?xml version="1.0" encoding="utf-8"?>
<resources>

    <string name="app_name">문자열 출력 프로그램</string>
    <string name="hello_world">Hello world!</string>
    <string name="menu_settings">Settings</string>

</resources>
```

이 부분을 "이제 앱 프로그래밍 방법을 조금 알겠네요!"로 수정할 계획

그림 13-48 ● 액티비티 작업, 레이아웃, 텍스트 자원 파일

3. 텍스트뷰의 문자열 수정과 글자 크기와 색상 수정

텍스트 자원 파일 strings.xml에서 텍스트뷰의 문자열 수정

앱의 화면에 출력하는 글자를 **텍스트뷰**^{textview}라 한다. 이 텍스트뷰의 문자열이 정의된 파일이 strings.xml 파일이다. XML의 엘리먼트^{element string} 태그인 <string name="hello_world"> Hello world!</string>으로, hello_world의 이름으로 텍스트뷰의 문자열을 "Hello world!"로 지정하고 있다. 이 "Hello world!"를 수정하고 싶은 문자열로 수정하자. 다음의 xml에 대한 간략한 설명으로 xml 소스를 익히도록 하자.

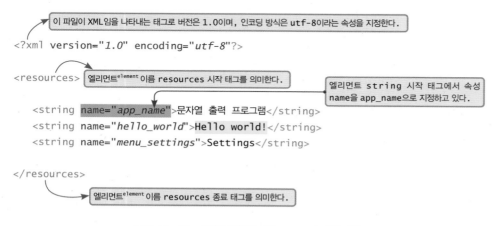

그림 13-49 ● 자동 생성된 strings.xml 파일 내용

다음은 텍스트뷰로 출력될 문자열을 "이제 앱 프로그래밍 방법을 조금 알겠네요!"로 수정한 strings.xml 파일이다.

| 실습예제 13-1 | 앱의 텍스트뷰에 출력할 문자열 수정

res\values\strings.xml

```
01   <?xml version="1.0" encoding="utf-8"?>
02   <resources>
03
04       <string name="app_name">문자열 출력 프로그램</string>
05       <string name="hello_world">이제 앱 프로그래밍 방법을 조금 알겠네요!</string>
06       <string name="menu_settings">Settings</string>
07
08   </resources>
```

레이아웃 파일 activity_main.xml에서 글자 색상과 크기 속성 추가

자동으로 생성된 액티비티의 레이아웃이 설계된 파일 activity_ami.xml은 다음과 같다. 이 액티비티의 전체 레이아웃은 RelativeLayout인 상대적 레이아웃이며, 텍스트뷰의 여러 속성이 지정되어 있다. **속성 android:text로 문자열은 지정되었으나 글자색상 android:textColor와 글자 크기 android:textSize 속성**은 아직 지정되어 있지 않다.

```
<RelativeLayout xmlns:android="http://schemas.android.com/apk/res/android"
    xmlns:tools="http://schemas.android.com/tools"
    ...
    tools:context=".MainActivity" >
```

텍스트뷰의 글자 색상과 글자 크기 속성을 지정하는 2개의 문장이 추가되어야 한다. xml에서 색상 #0000ff는 #RGB로 blue 부분이 ff인 파란색을 의미한다.

```
<TextView
    android:layout_width="wrap_content"
    android:layout_height="wrap_content"
    android:layout_centerHorizontal="true"
    android:layout_centerVertical="true"
    android:text="@string/hello_world" />
```

```
android:textColor="#0000ff"
android:textSize="6pt"
```

```
</RelativeLayout>
```

그림 13-50 ● 자동 생성된 activity_main.xml 파일 내용

다음은 텍스트뷰의 속성인 글자 색상은 파란색[#0000ff]으로, 글자 크기는 6[pt]으로 추가한 레이아웃 파일이다.

| 실습예제 13-2 | 앱의 레이아웃 파일에 텍스트 색상과 크기를 지정

res\layout\activity_main.xml

```
01   <RelativeLayout xmlns:android="http://schemas.android.com/apk/res/android"
02       xmlns:tools="http://schemas.android.com/tools"
03       android:layout_width="match_parent"
04       android:layout_height="match_parent"
05       tools:context=".MainActivity" >
06
07       <TextView
08           android:layout_width="wrap_content"
09           android:layout_height="wrap_content"
10           android:layout_centerHorizontal="true"
11           android:layout_centerVertical="true"
12           android:text="@string/hello_world"
13           android:textColor="#0000ff"
14           android:textSize="6pt" />
15
16   </RelativeLayout>
```

다음과 같이 여러 색상으로 자유롭게 수정 가능하다. 붉은색: #ff0000, 초록색: #00ff00

4. 자바 소스 파일 이해

액티비티 작업 처리 파일 MainActivity.java의 이해

하나의 앱 프로그램은 여러 개의 액티비티로 구성된다. 액티비티^{activity}는 하나의 화면과 그에 대한 작업 내용으로 구성된다. 액티비티의 사용자 인터페이스인 UI는 레이아웃 파일에서 지정하고 작업 내용은 자바 소스에서 구현한다. **액티비티의 구현은 클래스 Activity를 상속받아 구현**한다. 다음은 프로젝트 생성 과정에서 기본으로 정해진 MainActivity의 클래스 구조이다.

액티비티 구현 클래스인 MainActivity는 생성 과정에서 정해진 패키지 이름을 사용한 package 문장으로 시작한다. MainActivity는 클래스 Activity를 상속받아 메소드 onCreate()와 onCreateOptionsMenu()를 재정의^{overriding}하는 것을 알 수 있다. 메소드 onCreate()는 액티비티가 처음 생성될 때 자동 호출되어 실행된다.

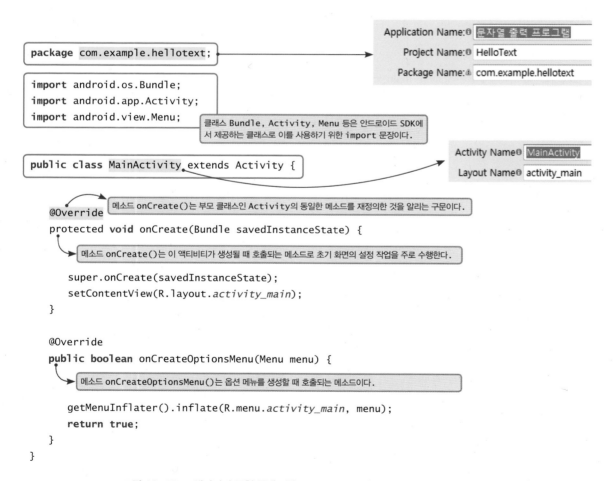

그림 13-51 ● 액티비티 구현 클래스인 MainActivity의 구조

액티비티의 메소드 onCreate( ) 메소드의 이해

**메소드 onCreate()에서 메소드 setContentView()를 상수인 R.layout.activity_main
인자로 호출하여 액티비티의 레이아웃을 지정**한다. 즉 지정 레이아웃이 **activity_main.
xml**로 설정된다.

그림 13-52 ● 레이아웃 파일을 상수로 호출

다음은 지금 살펴본 액티비티 작업 처리 자바 소스 파일 MainActivity.java이다.

| 실습예제 13-3 | 액티비티 작업 처리 자바 소스

src\MainActivity.java

```
01  package com.example.hello;
02
03  import android.os.Bundle;
04  import android.app.Activity;
05  import android.view.Menu;
06
07  public class MainActivity extends Activity {
08
09      @Override
10      protected void onCreate(Bundle savedInstanceState) {
11          super.onCreate(savedInstanceState);
12          setContentView(R.layout.activity_main);
13      }
14
15      @Override
16      public boolean onCreateOptionsMenu(Menu menu) {
17          // Inflate the menu; this adds items to the action bar if it is present.
18          getMenuInflater().inflate(R.menu.activity_main, menu);
19          return true;
20      }
21
22  }
```

5. 앱 응용 기본 정보와 리소스 메모리 관리

앱 기본 정보 파일 AndroidManifest.xml의 이해

프로젝트 폴더에 저장된 매니페스트^manifest 파일 **AndroidManifest.xml은 앱 프로그램의 기본 정보가 저장되는 xml 파일**이다. 즉 매니페스트 파일은 앱 전체에 대한 정보를 담는 설정 파일로 외부 manifest 엘리먼트에 uses-sdk와 application 등과 같은 내부 엘리먼트로 구성된다. 엘리먼트 manifest에서 패키지와 안드로이드 버전 정보가 기술되며, uses-sdk에서는 요구되는 최소 SDK 버전과 타겟 버전이 설정된다. 특히 application에서는 아이콘, 앱이름, 테마, 액티비티 등이 설정된다. 다음은 프로젝트 폴더 [HelloText]에 저장된 매니페스트 파일 AndroidManifest.xml이다.

실습예제 13-4 │ 앱 응용 기본정보를 설정

AndroidManifest.xml

```
01  <?xml version="1.0" encoding="utf-8"?>
02  <manifest xmlns:android="http://schemas.android.com/apk/res/android"
03      package="com.example.hellotext"
04      android:versionCode="1"
05      android:versionName="1.0" >
06
07      <uses-sdk
08          android:minSdkVersion="8"
09          android:targetSdkVersion="16" />
10
11      <application
12          android:allowBackup="true"
13          android:icon="@drawable/ic_launcher"
14          android:label="@string/app_name"
15          android:theme="@style/AppTheme" >
16          <activity
17              android:name="com.example.hellotext.MainActivity"
18              android:label="@string/app_name" >
19              <intent-filter>
20                  <action android:name="android.intent.action.MAIN" />
21
22                  <category android:name="android.intent.category.LAUNCHER" />
23              </intent-filter>
24          </activity>
25      </application>
26
27  </manifest>
```

> Application Name: ❶ 문자열 출력 프로그램
> Project Name: ❷ HelloText
> Package Name: ⚠ com.example.hellotext

> 앱 아이콘이 res 폴더의 drawable/ic_launcher로 설정됨을 나타내며, 실제 폴더 [res/drawable-?dpi]에 있는 ic_launcher.png 파일이 아이콘으로 사용됨을 표시

> 본 앱 응용에는 액티비티가 하나 있으며 클래스 MainActivity가 앱이 실행될 때 처음 실행되는 클래스이며, 액티비티 레이블이 app_name임을 표시

리소스에 관한 상수의 메모리 관리

[gen] 폴더에 저장되는 파일 R.java에는 메모리 주소 값이 내부 정적 클래스의 정수 상수 값으로 선언되어 있다. 상수로는 앱의 아이콘 파일과 액티비티의 레이아웃 파일, 그리고 텍스트 자원 파일인 strings.xml에서 정의된 텍스트 리소스인 app_name과 hello_world 등에 대한 메모리 값이다. 소스의 맨 처음 주석에 기술되어 있듯이 리소스 자료에 의해 자동 생성되는 **클래스 R은 개발자가 임의로 수정하지 말아야 한다.**

| 실습예제 13-5 | 텍스트 속성과 이미지 파일, 레이아웃 파일 등을 참조하기 위한 메모리 관리

gen\R.java

```
01   /* AUTO-GENERATED FILE.  DO NOT MODIFY.
02    *
03    * This class was automatically generated by the
04    * aapt tool from the resource data it found.  It
05    * should not be modified by hand.
06    */
07
08   package com.example.hellotext;
09
10   public final class R {
11       public static final class attr {
12       }
13       public static final class drawable {
14           public static final int ic_launcher=0x7f020000;
15       }
16       public static final class id {
17           public static final int menu_settings=0x7f070000;
18       }
19       public static final class layout {
20           public static final int activity_main=0x7f030000;
21       }
22       public static final class menu {
23           public static final int activity_main=0x7f060000;
24       }
25       public static final class string {
26           public static final int app_name=0x7f040000;
27           public static final int hello_world=0x7f040001;
28           public static final int menu_settings=0x7f040002;
29       }
30       public static final class style {
31           ...
32           public static final int AppBaseTheme=0x7f050000;
33           ...
34           public static final int AppTheme=0x7f050001;
35       }
36   }
```

[res\drawable-?dpi] 폴더에 있는 아이콘을 위한 이미지 파일 ic_launcher.png의 메모리 주소 지정

[res\layout] 폴더에 있는 액티비티 레이아웃 파일 activity_main.xml의 메모리 주소 지정

[res\values] 폴더의 파일 strings.xml에 정의된 텍스트 속성 app_name, hello_world, menu_settings 등에 대한 메모리 주소 지정

6. 개인 휴대폰에서 개발한 앱 응용의 실행

휴대폰 선택 후 실행

작성된 앱 응용프로그램을 본인의 스마트폰에서 직접 실행해 보도록 하자. 이를 위해 가장 먼저 본인 스마트폰을 현재 앱을 개발하고 있는 컴퓨터와 연결하여 연결 여부를 확인한다.

그림 13-53 • 컴퓨터와 휴대폰 연결

앱 실행을 위해 [Run As/Android Application] 메뉴를 선택하면 다음과 같은 대화상자가 표시된다. 다음 [Android Device Chooser] 대화상자의 [Choose a Running Android device] 체크박스 목록에 현재 연결된 휴대폰이 표시된다. 즉 다음 예에서 [samsung-shv_e160s-ccc01979] 항목이 현재 연결되어 실행할 수 있는 휴대폰이다. 실행할 휴대폰을 선택하고 [OK] 버튼을 누른 후, 잠시 기다리면 휴대폰에서 개발한 앱 응용이 실행된다.

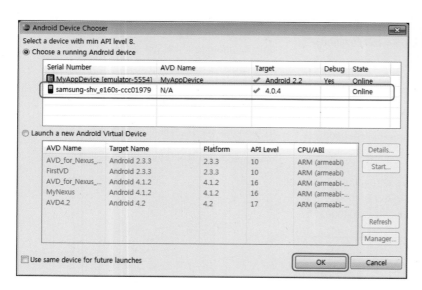

그림 13-54 • 연결된 휴대폰 선택 대화상자와 실행된 결과 화면

휴대폰 앱 응용 확인과 휴대폰 화면 캡처

이클립스는 컴퓨터와 연결된 스마트폰의 화면을 캡처하는 기능을 제공한다. 주메뉴 [Window/Show View/Other …]를 선택하여 표시된 대화상자에서 [Devices]를 선택하면 다음과 같은 [Devices] 뷰가 표시된다. 현재 연결된 스마트폰을 선택하고 캡처 아이콘을 누르면 현재 스마트폰 화면을 캡처할 수 있는 [Device Screen Capture] 대화상자가 나타난다.

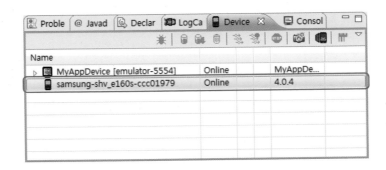

그림 13-55 ● [Show View] 대화상자와 [Device] 뷰

다음 오른쪽 [Device Screen Capture] 대화상자를 이용해 캡처한 화면을 복사 또는 저장할 수 있다. 다음 왼쪽은 직접 개발한 [문자열 출력 프로그램] 앱이 보이는 스마트폰 화면이다.

그림 13-56 ● 캡처된 스마트폰 화면과 [Device Screen Capture] 대화상자

앱 응용 프로젝트 소스 파일 관계

다음은 앱 응용 프로그램을 한 눈에 이해하기 위해 MainActivity.java, R.java, activity_main.xml, strings.xml, AndroidManifest.xml 그리고 아이콘 파일, 휴대폰 목록, 실행 화면으로 설명한 그림이다.

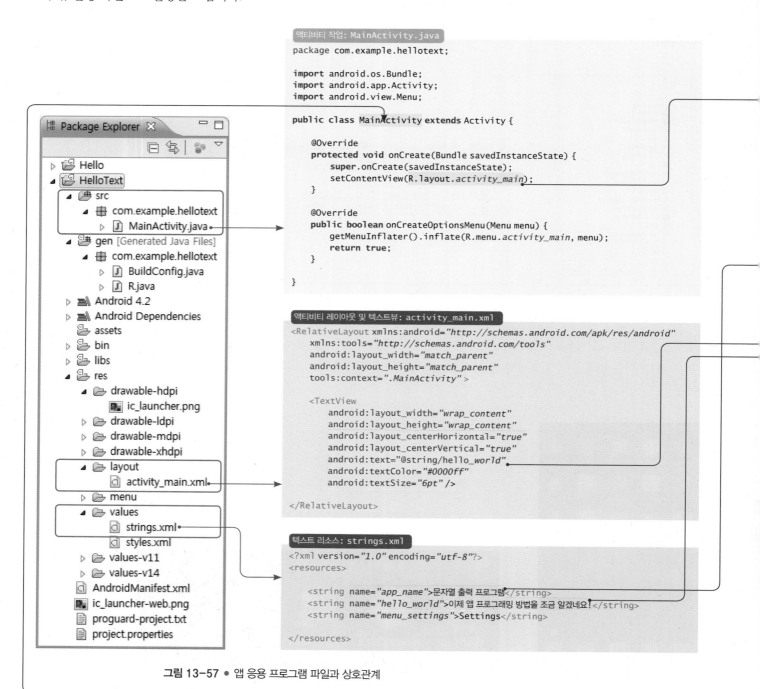

```
액티비티 작업: MainActivity.java
package com.example.hellotext;

import android.os.Bundle;
import android.app.Activity;
import android.view.Menu;

public class MainActivity extends Activity {

    @Override
    protected void onCreate(Bundle savedInstanceState) {
        super.onCreate(savedInstanceState);
        setContentView(R.layout.activity_main);
    }

    @Override
    public boolean onCreateOptionsMenu(Menu menu) {
        getMenuInflater().inflate(R.menu.activity_main, menu);
        return true;
    }

}
```

```
액티비티 레이아웃 및 텍스트뷰: activity_main.xml
<RelativeLayout xmlns:android="http://schemas.android.com/apk/res/android"
    xmlns:tools="http://schemas.android.com/tools"
    android:layout_width="match_parent"
    android:layout_height="match_parent"
    tools:context=".MainActivity" >

    <TextView
        android:layout_width="wrap_content"
        android:layout_height="wrap_content"
        android:layout_centerHorizontal="true"
        android:layout_centerVertical="true"
        android:text="@string/hello_world"
        android:textColor="#0000ff"
        android:textSize="6pt" />

</RelativeLayout>
```

```
텍스트 리소스: strings.xml
<?xml version="1.0" encoding="utf-8"?>
<resources>

    <string name="app_name">문자열 출력 프로그램</string>
    <string name="hello_world">이제 앱 프로그래밍 방법을 조금 알겠네요!</string>
    <string name="menu_settings">Settings</string>

</resources>
```

그림 13-57 ● 앱 응용 프로그램 파일과 상호관계

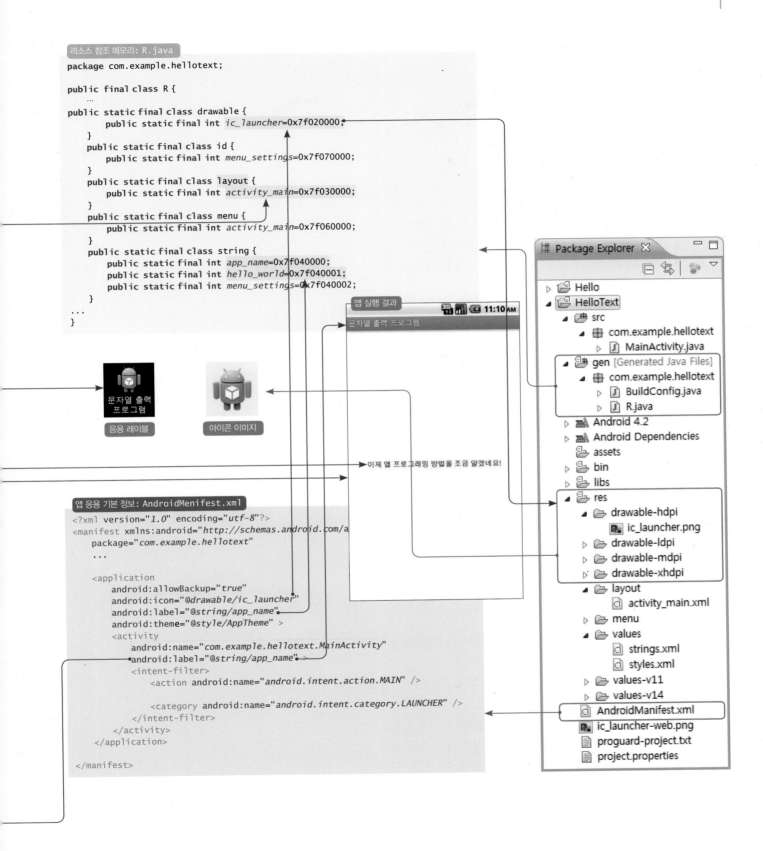

리소스 참조 메모리: R.java

```java
package com.example.hellotext;

public final class R {
    ...
public static final class drawable {
        public static final int ic_launcher=0x7f020000;
    }
    public static final class id {
        public static final int menu_settings=0x7f070000;
    }
    public static final class layout {
        public static final int activity_main=0x7f030000;
    }
    public static final class menu {
        public static final int activity_main=0x7f060000;
    }
    public static final class string {
        public static final int app_name=0x7f040000;
        public static final int hello_world=0x7f040001;
        public static final int menu_settings=0x7f040002;
    }
...
}
```

앱 실행 결과

🔋📶🔋 11:10 AM

문자열 출력 프로그램

문자열 출력
프로그램

응용 레이블

아이콘 이미지

이제 앱 프로그래밍 방법을 조금 알겠네요!

앱 응용 기본 정보: AndroidMenifest.xml

```xml
<?xml version="1.0" encoding="utf-8"?>
<manifest xmlns:android="http://schemas.android.com/a
    package="com.example.hellotext"
    ...

    <application
        android:allowBackup="true"
        android:icon="@drawable/ic_launcher"
        android:label="@string/app_name"
        android:theme="@style/AppTheme" >
        <activity
            android:name="com.example.hellotext.MainActivity"
            android:label="@string/app_name" >
            <intent-filter>
                <action android:name="android.intent.action.MAIN" />

                <category android:name="android.intent.category.LAUNCHER" />
            </intent-filter>
        </activity>
    </application>

</manifest>
```

Package Explorer ⊠

- ▷ 📁 Hello
- ▲ 📁 HelloText
  - ▲ ⊞ src
    - ▲ ⊞ com.example.hellotext
      - ▷ 🇯 MainActivity.java
  - ▲ ⊞ gen [Generated Java Files]
    - ▲ ⊞ com.example.hellotext
      - ▷ 🇯 BuildConfig.java
      - ▷ 🇯 R.java
  - ▷ ⊞ Android 4.2
  - ▷ ⊞ Android Dependencies
  - 📁 assets
  - ▷ 📁 bin
  - ▷ 📁 libs
  - ▲ 📁 res
    - ▲ 📂 drawable-hdpi
      - 📷 ic_launcher.png
    - ▷ 📂 drawable-ldpi
    - ▷ 📂 drawable-mdpi
    - ▷ 📂 drawable-xhdpi
    - ▲ 📂 layout
      - 📄 activity_main.xml
    - ▷ 📂 menu
    - ▲ 📂 values
      - 📄 strings.xml
      - 📄 styles.xml
    - ▷ 📂 values-v11
    - ▷ 📂 values-v14
  - 📄 AndroidManifest.xml
  - 📷 ic_launcher-web.png
  - 📄 proguard-project.txt
  - 📄 project.properties

내용점검 연습

1. 다음에서 서술 내용이 맞으면 O, 틀리면 X 하시오.

   ❶ 안드로이드는 리눅스 커널을 기반으로 만들어졌으며, 내부 구조는 응용 프로그램, 응용 프로그램 프레임워크, 라이브러리, 안드로이드 런타임, 리눅스 커널의 5개 레이어로 구성되어 있다. (   )

   ❷ 컴퓨터에서 개발한 안드로이드 앱을 실행하려면 휴대폰을 흉내내는 에뮬레이터인 SDK가 필요하다. (   )

   ❸ 레이아웃인 activity_main.xml 파일이 저장된 폴더는 [res\layout]이다. (   )

   ❹ 앱 프로그램은 클래스 MainActivity의 OnCreateOptionsMenu() 메소드의 자동 호출로 실행된다. (   )

   ❺ 텍스트뷰의 글자색상은 속성 android:textColor로 지정한다. (   )

   ❻ 하나의 앱 프로그램은 하나의 액티비티로 구성된다. (   )

   ❼ 매니페스트 파일은 프로젝트 하부 [res] 폴더에 저장된다. (   )

   ❽ 매니페스트 파일 AndroidManifest.xml은 앱 응용의 기본 정보가 저장되는 xml 파일이다. (   )

   ❾ 리소스 메모리 관리 파일인 R.java는 필요에 따라 개발자가 임의로 수정할 수 있다. (   )

   ❿ 이클립스는 컴퓨터와 연결된 스마트폰의 화면을 캡처하는 기능을 제공한다. (   )

2. 다음에서 비어있는 부분을 적당히 채우시오.

   ❶ 안드로이드는 자바 가상 기계^{Java Virtual Machine}를 사용하지 않고 _____ (을)를 사용한다.

   ❷ 안드로이드 앱을 개발하려면 JDK, 이클립스, _____ 그리고 ADT 플러그인이 필요하다.

   ❸ _____ (은)는 이클립스와 개발환경인 안드로이드 SDK를 연결해 주는 이클립스 플러그인이다.

   ❹ 안드로이드 앱을 위한 프로젝트에서 지정해야 하는 주요 이름 항목은 앱 이름, _____, 패키지이름 3가지이다.

   ❺ 리소스인 문자열 저장 파일은 폴더 [res/values]의 _____ (이)다.

   ❻ 텍스트뷰의 글자크기는 속성 _____ (으)로 지정한다.

   ❼ _____ (은)는 하나의 화면과 그에 대한 작업 내용으로 구성된다.

   ❽ 액티비티의 구현은 클래스 _____ (을)를 상속받아 구현한다.

❾ [gen] 폴더에 저장되는 파일 ⬚⬚⬚⬚에는 메모리 주소 값이 내부 정적 클래스의 정수 상수 값으로 선언되어 있다.

❿ 메소드 `onCreate()`에서 메소드 `setContrentView()`를 상수인 ⬚⬚⬚⬚ 인자로 호출하여 액티비티의 레이아웃을 지정한다.

3. 다음 문제에서 가장 적절한 것을 하나 선택하시오.

❶ 다음 소프트웨어 중에서 안드로이드 앱 개발환경에 필요 없는 것은 무엇인가? ( )

　가) JDK　　　　　　　　　나) 아파치 톰캣

　다) ADT 플러그인　　　　　라) 안드로이드 SDK

❷ 다음에서 안드로이드 구조 층에 속하지 않는 것은 무엇인가? ( )

　가) 리눅스 커널　　　　　　나) 응용 프레임워크

　다) 라이브러리　　　　　　라) 자바 가상 기계

❸ 개인용 컴퓨터에서 휴대폰을 모의 실험할 수 있는 에뮬레이터를 무엇이라 하는가? ( )

　가) AVD　　　　　　　　　나) JVM

　다) SDK　　　　　　　　　라) DVM

❹ 다음 중에서 안드로이드 앱을 위한 프로젝트에서 지정해야 할 3개의 이름은 무엇인가?
　( )

　가) 텍스트뷰, 프로젝트, 패키지　　나) 앱, SDK, 패키지

　다) 앱, 프로젝트, AVD　　　　　라) 앱, 프로젝트, 패키지

❺ 안드로이드 앱 프로젝트에서 생성되는 폴더와 소스 이름이 잘못된 것은 무엇인가? ( )

　가) [src], MainActivity.java

　나) [src], R.java

　다) [res\layout], activity_main.xml

　라) [res\values], strings.xml

❻ 안드로이드 앱 프로젝트에서 생성된 xml 파일이 아닌 것은 무엇인가? ( )

　가) R.xml　　　　　　　　나) AndroidManifest.xml

　다) strings.xml　　　　　라) activity_main.xml

❼ 안드로이드 앱 프로젝트에서 생성된 파일이 아닌 것은 무엇인가? ( )

　가) MainActivity.java　　나) Activity.java

　다) R.java　　　　　　　라) activity_main.xml

❽ 다음 중에서 액티비티 작업 처리 구현 파일은 무엇인가? ( )

　가) activity_main.xml　　나) R.java

　다) strings.java　　　　라) MainActivity.java

❾ 다음 중에서 텍스트뷰의 글자 색상을 지정하는 속성은 무엇인가? (   )

　가) layout:textColor　　　　　나) text:textColor

　다) android:textColor　　　　　라) :textColor

❿ 다음 중에서 앱 프로그램의 기본 정보가 저장되는 xml 파일은 무엇인가? (   )

　가) activity_main.xml　　　　　나) strings.xml

　다) AndroidManifest.xml　　　　라) R.xml

4. 다음은 안드로이드 앱을 위한 프로젝트에서 자동 생성된 파일에 대한 표이다. 다음 표에서 비어있는 부분을 완성하시오.

폴더	파일	설명
[src]	①	액티비티의 작업 처리
②	R.java	리소스를 위한 메모리 정보
[res/layout]	③	액티비티의 레이아웃 정보
④	strings.xml	앱의 문자열 정보
프로젝트 폴더	⑤	앱 프로그램에 대한 전체 설정 정보

5. 다음은 안드로이드 앱을 위한 프로젝트에서 생성된 파일들이다. 다음 소스의 비어있는 부분을 완성하시오.

❶ 액티비티 작업 처리 구현 파일

```
package com.example.hellotext;

import android.os.Bundle;
import android.app.Activity;
import android.view.Menu;

public class MainActivity extends [            ] {

    @Override
    protected void onCreate(Bundle savedInstanceState) {
        super.[            ](savedInstanceState);
        [            ](R.layout.activity_main);
    }

    @Override
    public boolean onCreateOptionsMenu(Menu menu) {
        // Inflate the menu; this adds items to the action bar if it is present.
```

```
            getMenuInflater().inflate(R.menu.activity_main, menu);
            return true;
    }


}
```

❷ 레이아웃 파일

```
<RelativeLayout xmlns:android="http://schemas.android.com/apk/res/android"
    xmlns:tools="http://schemas.android.com/tools"
    android:layout_width="match_parent"
    android:layout_height="match_parent"
    tools:context=".MainActivity" >

    [                    ]
        android:layout_width="wrap_content"
        android:layout_height="wrap_content"
        android:layout_centerHorizontal="true"
        android:layout_centerVertical="true"
        [                    ]="@string/hello_world"
        android:textColor="#0000ff"
        android:textSize="6pt" />

    [                    ]
```

❸ 매니페스트 파일

```
<?xml version="1.0" encoding="utf-8"?>
<manifest xmlns:android="http://schemas.android.com/apk/res/android"
    package="com.example.hellotext"
    android:versionCode="1"
    android:versionName="1.0" >

    <uses-sdk
        android:minSdkVersion="8"
        android:targetSdkVersion="16" />

    [                    ]
        android:allowBackup="true"
        android:icon="@drawable/ic_launcher"
        android:label="@string/app_name"
        android:theme="@style/AppTheme" >
        [                    ]
            android:name="com.example.hellotext.MainActivity"
            [                    ]="@string/app_name" >
            <intent-filter>
                <action android:name="android.intent.action.MAIN" />

                <category android:name="android.intent.category.LAUNCHER" />
```

```
            </intent-filter>
        </activity>
    </application>
```

┌─────────────────────────┐
└─────────────────────────┘

❹ 문자열 파일

```
<?xml version="1.0" encoding="utf-8"?>
```
┌─────────────────────────┐
└─────────────────────────┘

```
    <string  [      ]="app_name">문자열 출력 프로그램</string>
    <string  [      ]="hello_world">이제 앱 프로그래밍 방법을 조금 알겠네요!</string>
    <string  [      ]="menu_settings">Settings</string>

</resources>
```

6. 다음은 안드로이드 앱 프로젝트에서 생성된 레이아웃과 리소스 파일이다. 이 앱 프로그램의 결과를 예상하여 그려보시오.

❶ 파일 activity_main.xml

```
<RelativeLayout xmlns:android="http://schemas.android.com/apk/res/android"
    xmlns:tools="http://schemas.android.com/tools"
    android:layout_width="match_parent"
    android:layout_height="match_parent"
    tools:context=".MainActivity" >

    <TextView
        android:layout_width="wrap_content"
        android:layout_height="wrap_content"
        android:layout_centerHorizontal="true"
        android:layout_centerVertical="true"
        android:textColor="#ff0000"
        android:textSize="8pt"
        android:text="@string/hello_world" />

    <TextView
        android:layout_width="wrap_content"
        android:layout_height="wrap_content"
        android:layout_centerHorizontal="true"
        android:layout_centerVertical="true"
        android:textColor="#223344"
        android:textSize="10pt"
        android:text="@string/hello_android" />

</RelativeLayout>
```

❷ 파일 strings.xml

```xml
<?xml version="1.0" encoding="utf-8"?>
<resources>

    <string name="app_name">연습문제6</string>
    <string name="hello_world">Hello world!</string>
    <string name="menu_settings">메뉴</string>
    <string name="hello_android">안녕, 안드로이드!</string>

</resources>
```

실행 화면   Menu를 눌렀을 경우 화면

프로그래밍 연습

INTRODUCTION TO **JAVA** PROGRAMMING

1. 다음 조건을 만족하는 안드로이드 앱 프로그램을 구현
   하여 실행하시오.

   - 앱 제목: 프로그래밍 연습1
   - 프로젝트 제목: Ex01Programming
   - 패키지 제목: com.example.ex01programming
   - 앱 실행 결과 화면은 다음과 같이 구현

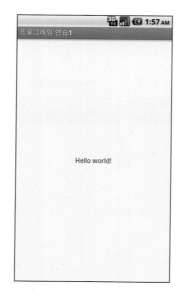

2. 다음 조건을 만족하는 안드로이드 앱 프로그램을 구현
   하여 실행하시오.

   - 앱 제목: 프로그래밍 연습2
   - 프로젝트 제목: Ex02programming
   - 앱 실행 결과 화면은 다음과 같이 구현

3. 다음 조건을 만족하는 안드로이드 앱 프로그램을 구현하여 실행하시오.
- 액티비티 레이아웃 파일을 다음과 같이 작성하여 다음과 같이 결과가 보이도록 구현

  ※ `<LinearLayout ....>` ... `</LinearLayout>`

```
<LinearLayout xmlns:android="http://schemas.android.com/apk/res/android"
    xmlns:tools="http://schemas.android.com/tools"
    android:orientation="vertical"
    android:layout_width="match_parent"
    android:layout_height="match_parent"
    tools:context=".MainActivity" >

    <TextView
        android:layout_width="wrap_content"
        android:layout_height="wrap_content"
        android:textSize="10pt"
        android:textColor="#0000ff"
        android:text="@string/name1" />

    <TextView
        android:layout_width="wrap_content"
        android:layout_height="wrap_content"
        android:textSize="10pt"
        android:textColor="#0000ff"
        android:text="@string/name2" />

    <TextView
        android:layout_width="wrap_content"
        android:layout_height="wrap_content"
        android:textSize="10pt"
        android:textColor="#0000ff"
        android:text="@string/name3" />

</LinearLayout>
```

4. 다음 조건을 만족하는 안드로이드 앱 프로그램을 구현
하여 실행하시오.

- 액티비티 레이아웃 파일을 다음과 같이 작성하여 다
  음과 같이 결과가 보이도록 구현

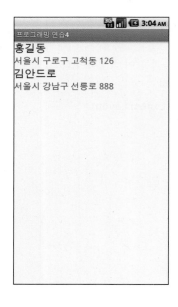

```xml
<LinearLayout xmlns:android="http://schemas.android.com/apk/res/android"
    xmlns:tools="http://schemas.android.com/tools"
    android:layout_width="match_parent"
    android:layout_height="match_parent"
    android:orientation="vertical"
    tools:context=".MainActivity" >

    <TextView
        android:layout_width="wrap_content"
        android:layout_height="wrap_content"
        android:textSize="10pt"
        android:text="@string/name1" />

    <TextView
        android:layout_width="wrap_content"
        android:layout_height="wrap_content"
        android:textSize="8pt"
        android:textColor="#0000ff"
        android:text="@string/add1" />

    ...

</LinearLayout>
```

5. 다음 조건을 만족하는 안드로이드 앱 프로그램을 구현하여 실행하시오.

- 앱 프로젝트 생성 과정에서 다음과 같이 LoginActivity를 선택하도록 하여 다음과
  같이 로그인 화면이 나오도록 구현

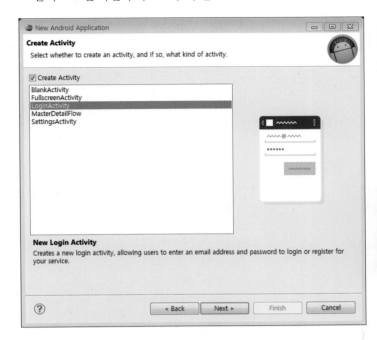 

INTRODUCTION TO **JAVA** PROGRAMMING

절대 JAVA

인　　　쇄	2021년 7월 19일 1판 5쇄
발　　　행	2021년 7월 26일 1판 5쇄
저　　　자	강환수, 조진형
발　행　인	채희만
출 판 기 획	안성일, 한혜인, 임민정
영업마케팅	한석범, 유효진
총 무 회 계	이승희
북 디 자 인	가인커뮤니케이션(070-8861-0525)
발　행　처	**INFINITY**BOOKS
주　　　소	경기도 고양시 일산동구 하늘마을로 158 대방트리플라온 C동 209호
대 표 전 화	02)302-8441
팩　　　스	02)6085-0777
Homepage	www.infinitybooks.co.kr
E - m a i l	helloworld@infinitybooks.co.kr
I S B N	978-89-92649-88-9
등 록 번 호	제 25100-2013-152호
판 매 정 가	**28,000원**